ポリュビオス

竹島俊之 訳

世界史 I

龍溪書舎

Ⓐ ΠΟΛΥΒΙΟΥ

ΤΟΥ ΛΥΚΟΡΤΑ

ΜΕΓΑΛΟΠΟΛΙΤΟΥ

ΙΣΤΟΡΙΩΝ τὰ σωζόμενα.

POLYBII LYCORTÆ F. MEGALOPOLITANI
Historiarum libri qui supersunt.

ISAACVS CASAVBONVS ex antiquis libris emendauit, Latine vertit, & COMMENTARIIS illustrauit.

ΑΙΝΕΙΟΥ Τακτικόν τε καὶ Πολιορκητικὸν ὑπόμνημα, περὶ τοῦ,
Πῶς χρὴ πολιορκούμενον ἀντέχειν.

ÆNEÆ, vetustissimi Tactici, Commentarius
De toleranda obsidione.

IS. CASAVBONVS PRIMVS VVLGAVIT,
Latinam interpretationem ac NOTAS adiecit.

AD HENRICVM IIII. FRANC. ET NAVARR.
REGEM CHRISTIANISSIMVM.

PARISIIS.
Apud HIERONYMVM DROVARDVM, sub scuto
Solari, via Iacobæa:

M. DCIX.

CVM PRIVILEGIO REGIS.

Ⓐ本扉　カソーボンの『ポリュビオス・ローマ史』
Casauboni. Paris. 1609. Fol. Gr. et Lat.

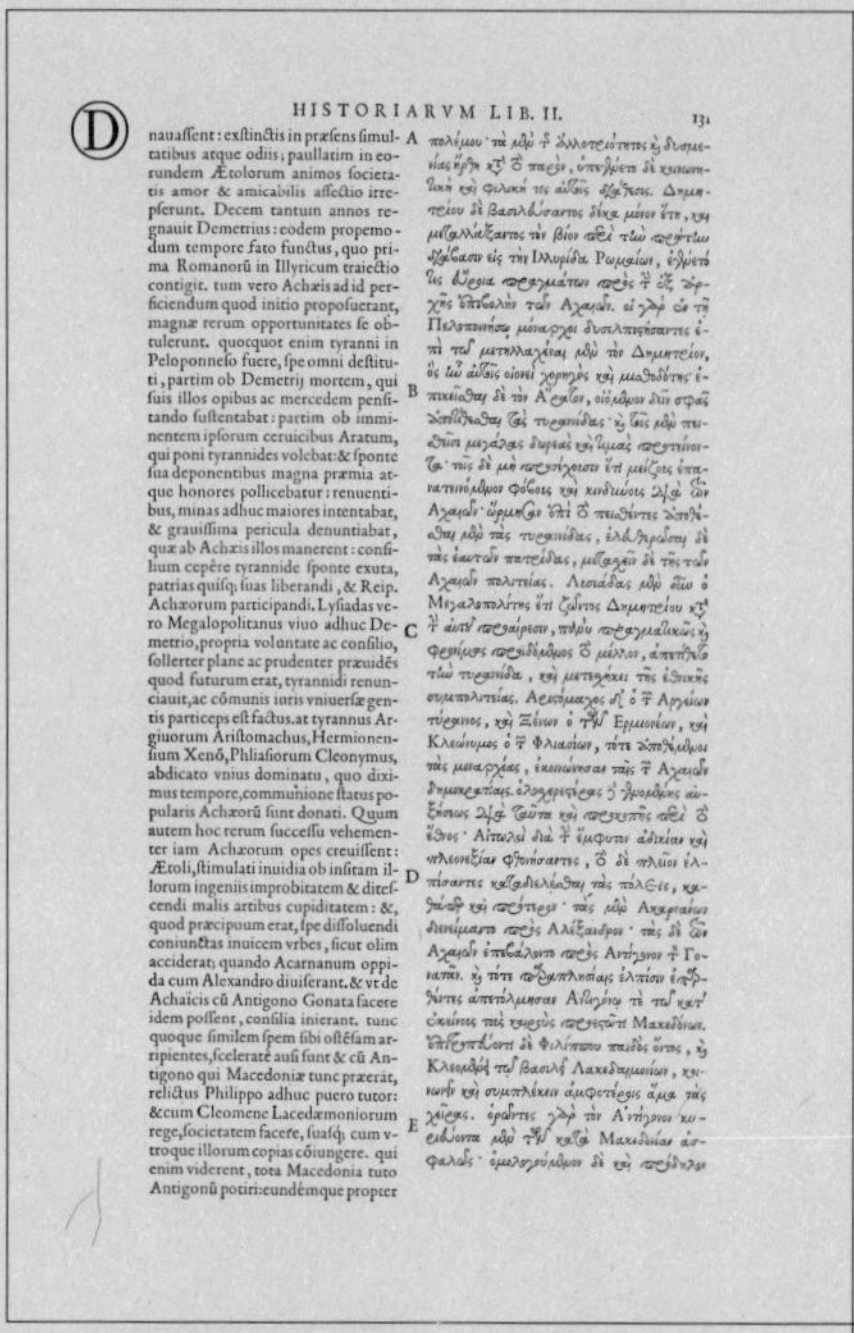

D

nauassent: exstinctis in præsens simultatibus atque odiis; paullatim in eorundem Ætolorum animos societatis amor & amicabilis affectio irrepserunt. Decem tantum annos regnauit Demetrius: eodem propemodum tempore fato functus, quo prima Romanorũ in Illyricum traiectio contigit. tum vero Achæis ad id perficiendum quod initio proposuerant, magnæ rerum opportunitates se obtulerunt. quocquot enim tyranni in Peloponneso fuere, spe omni destituti, partim ob Demetrij mortem, qui suis illos opibus ac mercedem pensitando sustentabat: partim ob imminentem ipsorum ceruicibus Aratum, qui poni tyrannides volebat: & sponte sua deponentibus magna præmia atque honores pollicebatur: renuentibus, minas adhuc maiores intentabat, & grauissima pericula denuntiabat, quæ ab Achæis illos manerent: consilium cepêre tyrannide sponte exuta, patrias quisq; suas liberandi, & Reip. Achæorum participandi. Lysiadas vero Megalopolitanus viuo adhuc Demetrio, propria voluntate ac consilio, sollerter plane ac prudenter præuidẽs quod futurum erat, tyrannidi renunciauit, ac cõmunis iuris vniuersæ gentis particeps est factus. at tyrannus Argiuorum Aristomachus, Hermionensium Xenõ, Phliasiorum Cleonymus, abdicato vnius dominatu, quo diximus tempore, communione status popularis Achæorũ sunt donati. Quum autem hoc rerum successu vehementer iam Achæorum opes creuissent: Ætoli, stimulati inuidia ob insitam illorum ingeniis improbitatem & ditescendi malis artibus cupiditatem: &, quod præcipuum erat, spe dissoluendi coniunctas inuicem vrbes, sicut olim acciderat; quando Acarnanum oppida cum Alexandro diuiserant. & vt de Achaïcis cũ Antigono Gonata facere idem possent, consilia inierant. tunc quoque similem spem sibi ostẽsam arripientes, scelerate ausi sunt & cũ Antigono qui Macedoniæ tunc præerat, relictus Philippo adhuc puero tutor: & cum Cleomene Lacedæmoniorum rege, societatem facere, suasq; cum vtroque illorum copias cõiungere. qui enim viderent, tota Macedonia tuto Antigonũ potiri: eundẽmque propter

B

ΠΟΛΥΒΙΟΥ ΜΕΓΑΛΟ-ΠΟΛΙΤΟΥ ΙΣΤΟ-ΡΙΩΝ πέμπτη.

A POLYBII MEGALOPOLITANI HISTORIARUM LIBER V.

IAM ille annus quo iunior Aratus Prætura est functus, in Vergiliarũ exortu circumagebatur. ita enim tẽpestate illa gens Achæorum, tempora putabat. Arato igitur exeunte magistratu, Eperatus summum apud Achæos imperiũ suscepit: erátque tum Prætor Ætolorum Dorimachus. quo tempore Hãnibal manifesto iã suscepto aduersus Romanos bello, initio æstatis Carthagine noua profectus, Iberúmque amnem transgressus, consilium simul suum & profectionem in Italiã exsequi cepit. Romani Tiberium Semproniũ in Africã, Pub. Cornelium in Hispaniam cum exercitu miserunt. Antiochus quoque & Ptolemæus, postquam sperare desierant exortam inter ipsos de Cœle Syria controuersiam legationib. ac colloquiis sedari posse, bellare inuicẽ aggrediebãtur. At Rex Philippus & frumento & pecunia ad alẽdum militem destitutus, per magistratus consilium Achæorum conuocat. coacta autem Ægij, vt leges iubebant, multitudine, animaduertens Rex, Aratum quidem propter fraudem & malas artes Apellis, quibus comitiorum iura violauerat, auctoritatem qua pollebat apud suam gentem vltro remittere: Eperatum verò natura inhabilem ad res agendas esse, eundẽmque ab omnibus vituperari: cognito per hæc Apellis & Leontij errore, præcipuam deinceps Arati habere rationem statuit. mox vbi à magistratibus impetrasset, vt concilium Sicyonem transferrent, assumptis & seniore & iuniore Arato ad familiare colloquium, præteritorũ omnium culpa in Apellem translata, petiit ab illis, vt quo prius erga se fuerãt

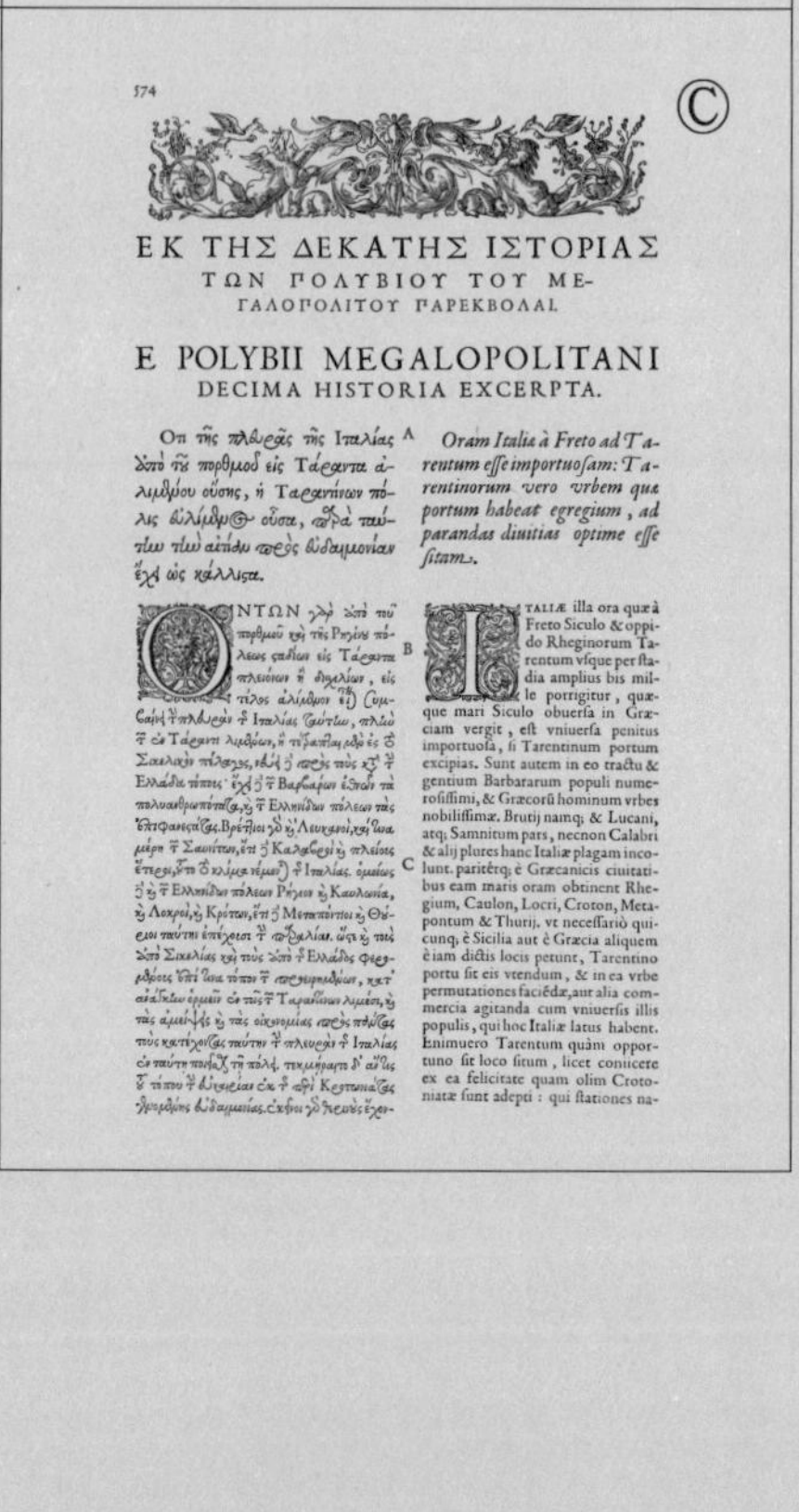

C

ΕΚ ΤΗΣ ΔΕΚΑΤΗΣ ΙΣΤΟΡΙΑΣ ΤΩΝ ΠΟΛΥΒΙΟΥ ΤΟΥ ΜΕΓΑΛΟΠΟΛΙΤΟΥ ΠΑΡΕΚΒΟΛΑΙ.

E POLYBII MEGALOPOLITANI DECIMA HISTORIA EXCERPTA.

Ὅτι τῆς παραλίας τῆς Ἰταλίας ἀπὸ τοῦ πορθμοῦ εἰς Τάραντα ἀλιμένου οὔσης, ἡ Ταραντίνων πόλις εὐλίμενος οὖσα, παρὰ ταύτην τὴν αἰτίαν πρὸς εὐδαιμονίαν ἔχει ὡς κάλλιστα.

Oram Italiæ à Freto ad Tarentum esse importuosam: Tarentinorum vero vrbem quæ portum habeat egregium, ad parandas diuitias optime esse sitam.

ITALIÆ illa ora quæ à Freto Siculo & oppido Rheginorum Tarentum vsque per stadia amplius bis mille porrigitur, quæque mari Siculo obuersa in Græciam vergit, est vniuersa penitus importuosa, si Tarentinum portum excipias. Sunt autem in eo tractu & gentium Barbararum populi numerosissimi, & Græcorũ hominum vrbes nobilissimæ. Brutij namq; & Lucani, atq; Samnitum pars, necnon Calabri & alij plures hanc Italiæ plagam incolunt. paritẽrq; è Græcanicis ciuitatibus eam maris oram obtinent Rhegium, Caulon, Locri, Croton, Metapontum & Thurij. vt necessariò quicunq; è Sicilia aut è Græcia aliquem è iam dictis locis petunt, Tarentino portu sit eis vtendum, & in ea vrbe permutationes faciẽdæ, aut alia commercia agitanda cum vniuersis illis populis, qui hoc Italiæ latus habent. Enimuero Tarentum quàm opportuno sit loco situm, licet conicere ex ea felicitate quam olim Crotoniatæ sunt adepti: qui stationes na-

カゾーボンの『ポリュビオス・ローマ史』

Casauboni. Paris. 1609. Fol. Gr. et Lat.

最も卓越した版本である。その長所の数々は、つとに学界に知られている。カゾーボンはフランス王の文庫に秘蔵されていた多数かつ良質の写本を用い、さらにルーアンのジョユー枢機卿所蔵の写本をも精査して、この版本を作成した。ギリシア語本文に対置されたラテン語訳も正確であり、序説もすばらしい。Ⓑ Ⓒ小扉Ⓓ本文(塚田孝雄氏提供)

目次

第三巻

第四巻

第五巻

第六巻

ヘレニズム世界地図

ポエニ戦争の世界

A
B
C
D
1
2
3
4
5
アルウェルニ族
ピュレーナイア（ピレネ）山脈
ウォルカイ族
ナルボ
ウァッカエイ族
ドゥリウス川
サルマンティケ
ヌマンティア
グラックリス
オスカ
エデタニ族
イベール川
イレルゲテス族
アウセタニ族
イリベリス
ローデー
エンポリオン
セゴンティア
ケルティベリ族
ヒスパニア・キテリオル
タラッコーン
デルトサ
インティビリ
イリトゥルギ
タグス川
カルペタン二族
オレタニ族
ザカンタ
シュクロ川
バレアエス諸島
マゴ
エブソス
ピテュウッサエ諸島
トゥルデタニ族
イリパ
イタリカ
コルドゥバ
バエクラ
カストゥロ
イリトゥルギ
ヘメロスコペウム
アクラ・レウケ
タデル川
イロルキ
イリキ
バエティス川
ウルソ
ヒスパニア・ウルテリオル
オロンギス
カルターゴー・ノウァ
ガデス
マラカ
セクシ
アブデーラ
カルテイア
ティンギス
リクソス
メタゴニウム岬
ルサッディル
シガ
カルテンナ
イオル
ティパサ
イコシウム
ルスクル
サルダエ
ヌミディア　地方名
エンポリア　地域名
アウセタニ族　部族名
△　山
][　峠
▼　鉱山
■　北アフリカの外のカルタゴ系諸都市ないし同盟国：第一次ポエニ戦争勃発以前のサルディニアとシリア、第二次ポエニ戦争勃発以前のイベリアの諸都市
●　ハンニバルによって占領されたローマ同盟市
□　イタリア半島以外のローマないしラテン植民市
▽　イタリアの外のローマ同盟市ないし根拠地
○　その他の地名
0　150
km

ポエニ戦争の世界

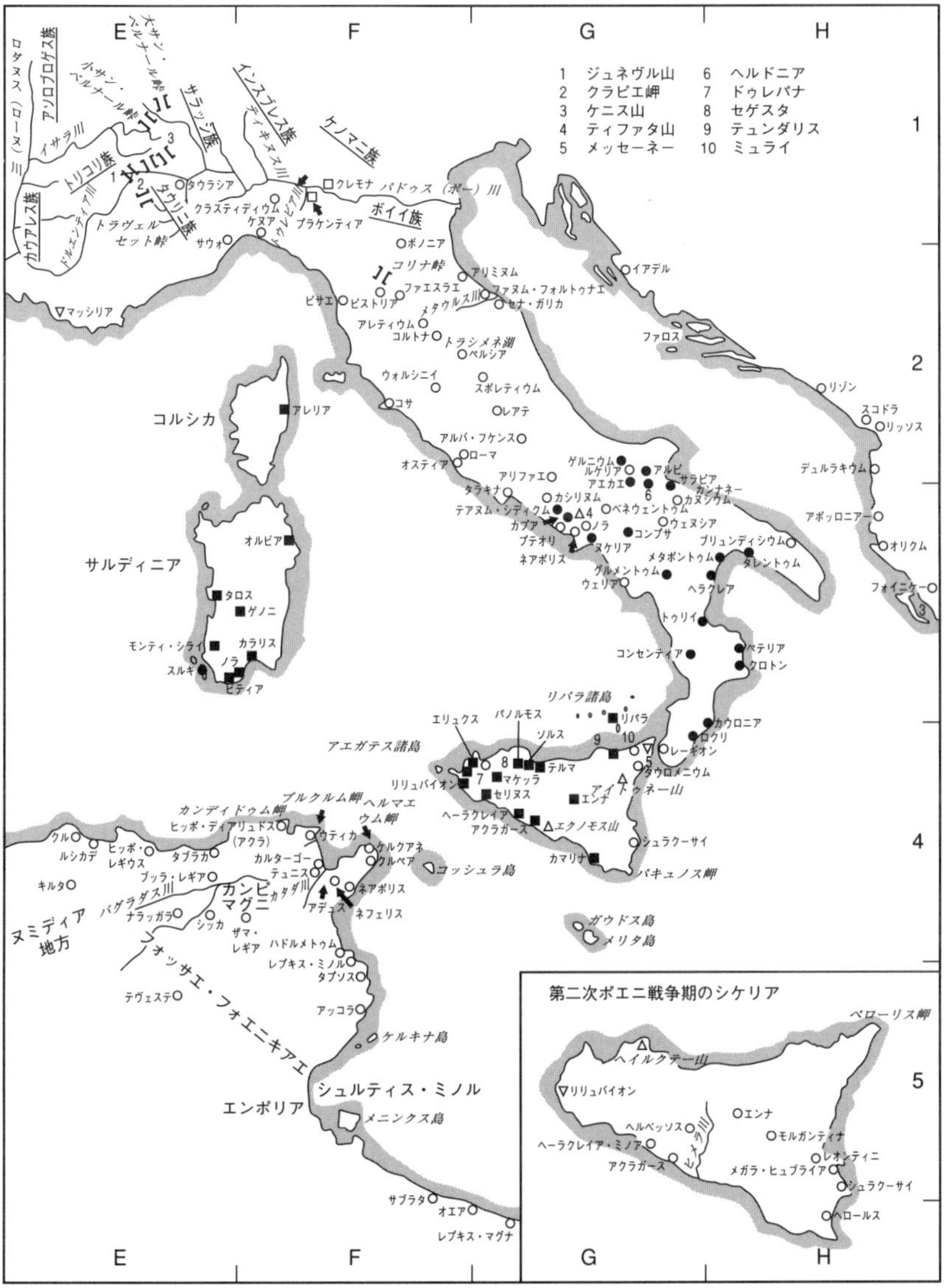
1　ジュネヴル山
2　クラピエ岬
3　ケニス山
4　ティファタ山
5　メッセーネー
6　ヘルドニア
7　ドゥレパナ
8　セゲスタ
9　テュンダリス
10　ミュライ
E
F
G
H
1
2
4
5
ロダヌス（ローヌ）川
アンソロブログス族
大サン・ベルナール峠
小サン・ベルナール峠
イサラ川
サラッシ族
インスブレス族
ティキヌス川
ケノマニ族
トリコリ族
タウリニ族
タウラシア
カウアレス族
ドルエンティア川
トラヴェル セット峠
クラスティディウム
ケヌア
トレビア川
クレモナ
プラケンティア
パドゥス（ポー）川
ボイイ族
サウォ
ボノニア
コリナ峠
アリミヌム
ファエスラエ
ピストリア
ピサエ
メタウルス川
ファヌム・フォルトゥナエ
セナ・ガリカ
マッシリア
アレティウム
コルトナ
トラシメネ湖
ペルシア
イアデル
ファロス
ウォルシニイ
スポレティウム
コサ
レアテ
アレリア
コルシカ
リゾン
スコドラ
リッソス
アルバ・フケンス
ローマ
オスティア
ゲルニウム
ルケリア
アルピ
アエカエ
サラピア
カンナエ
カヌシウム
アリファエ
タラキナ
カシリヌム
テアヌム・シディクム
ベネウェントゥム
カプア
ノラ
ウェヌシア
プテオリ
ヌケリア
コンプサ
ネアポリス
ブリュンディシウム
メタポントゥム
タレントゥム
グルメントゥム
ウェリア
ヘラクレア
デュルラキウム
アポッロニアー
オリクム
フォイニケー
オルビア
サルディニア
タロス
ゲノニ
モンティ・シライ
カラリス
スルキ
ノラ
ビティア
トゥリイ
ペテリア
クロトン
コンセンティア
リパラ諸島
リパラ
カウロニア
ロクリ
レーギオン
タウロメニウム
エリュクス
パノルモス
ソルス
テルマ
アエガテス諸島
リリュバイオン
マケッラ
セリヌス
アイトゥネー山
エンナ
ヘーラクレイア
アクラガース
エクノモス山
シュラクーサイ
カマリナ
パキュノス岬
カンディドゥム岬
プルクルム岬
ヘルマエウム岬
ヒッポ・ディアリュトゥス（アクラ）
ウティカ
クル
ルシカデ
ヒッポ・レギウス
タブラカ
カルターゴー
テュニス
ケルクアネ
クルペア
コッシュラ島
キルタ
ブッラ・レギア
バグラダス川
カンピ・マグニ
カタダ川
ネアポリス
アデュス
ネフェリス
ヌミディア地方
ナラッガラ
シッカ
ザマ・レギア
ハドルメトゥム
レプキス・ミノル
タプソス
ガウドス島
メリタ島
フォッサエ・フォエニキアエ
テヴェステ
アッコラ
ケルキナ島
エンポリア
シュルティス・ミノル
メニンクス島
サブラタ
オエア
レプキス・マグナ
第二次ポエニ戦争期のシケリア
ペローリス岬
ヘイルクテー山
リリュバイオン
エンナ
ヘルベッソス
モルガンティナ
ヘーラクレイア・ミノア
ヒメラ川
レオンティニ
アクラガース
メガラ・ヒュブライア
シュラクーサイ
ヘロールス

ギリシア人の植民によるシケリアの諸都市

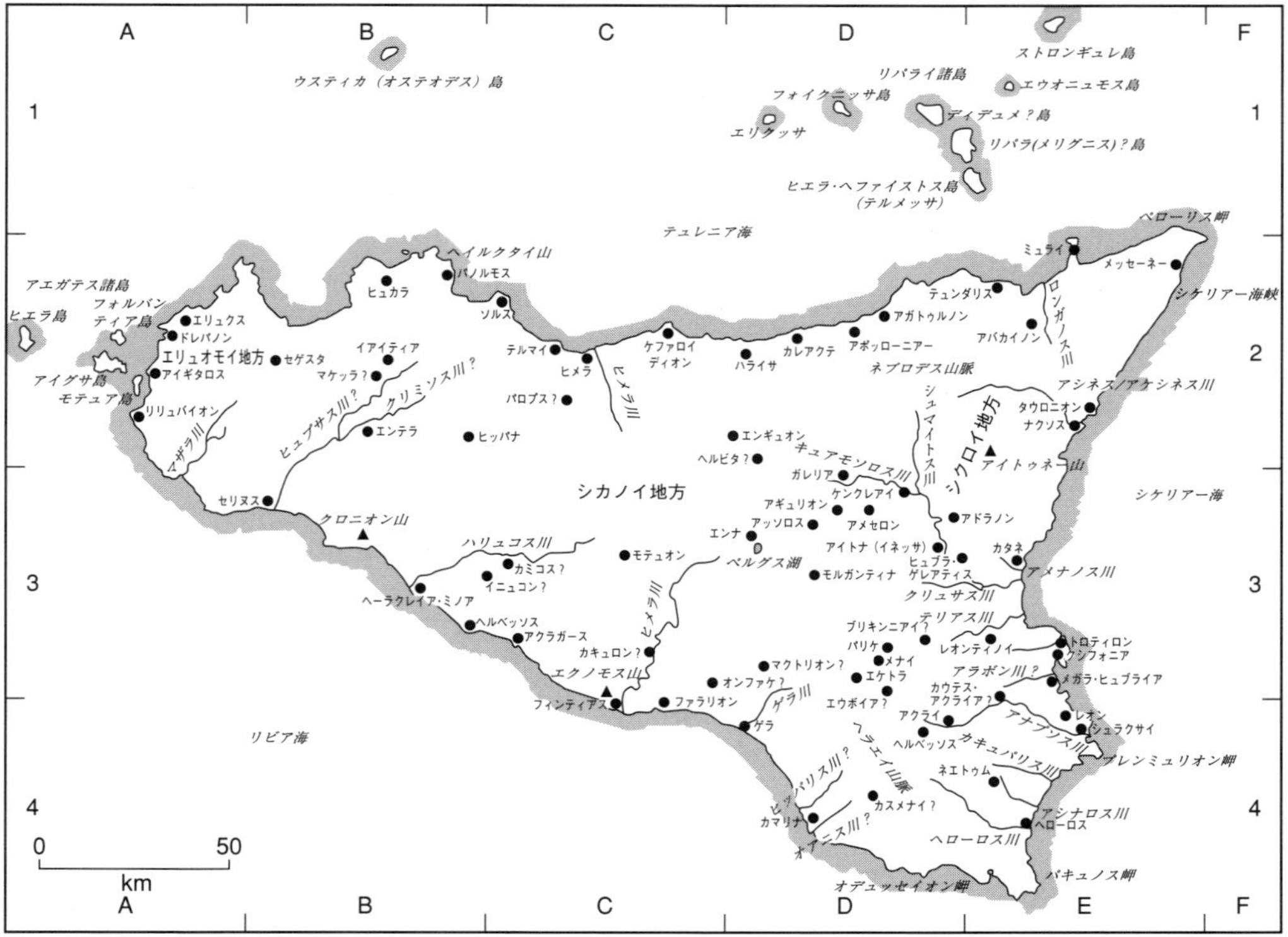

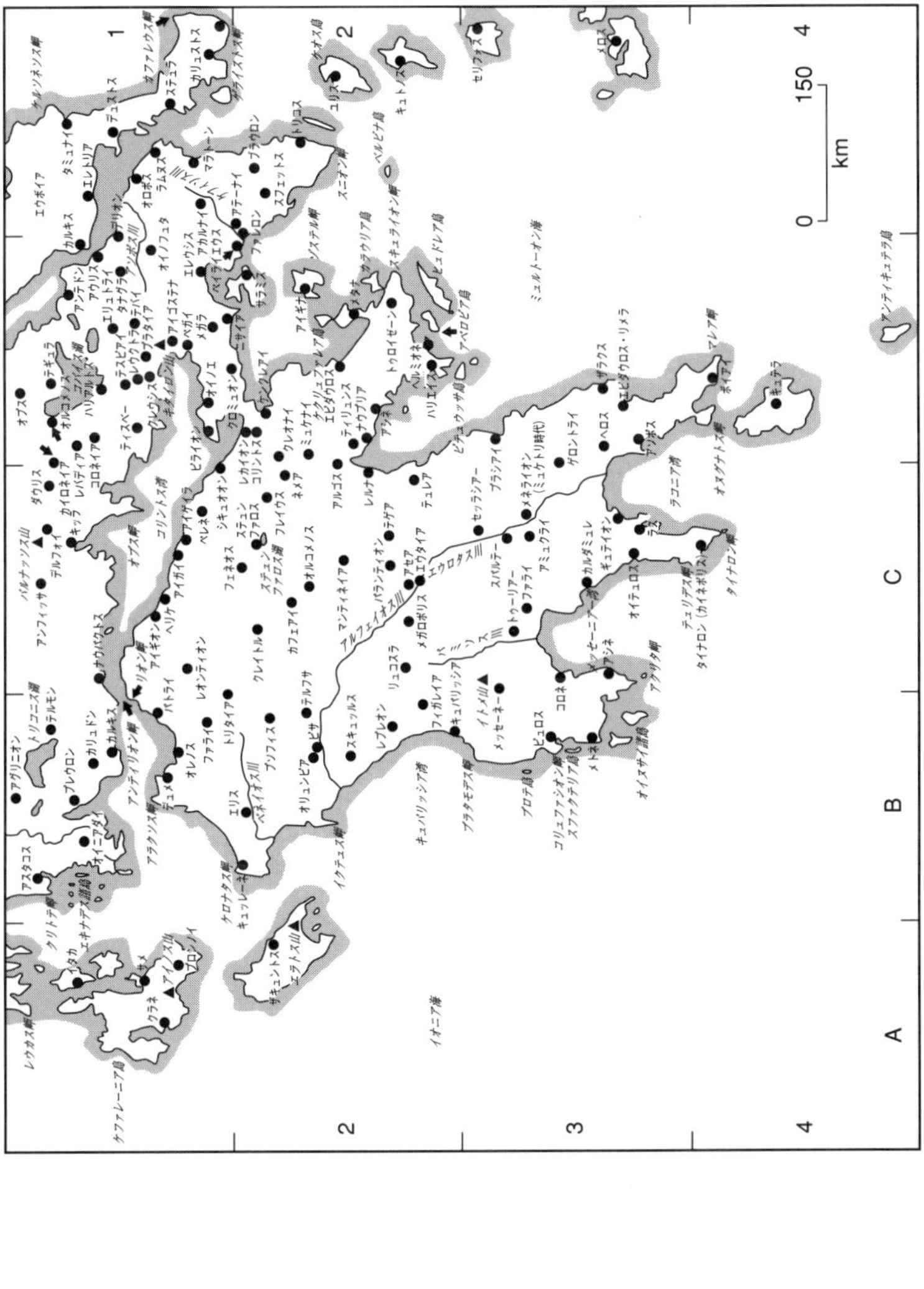

ペロポンネソス半島およびギリシア中央部

エーゲ海世界

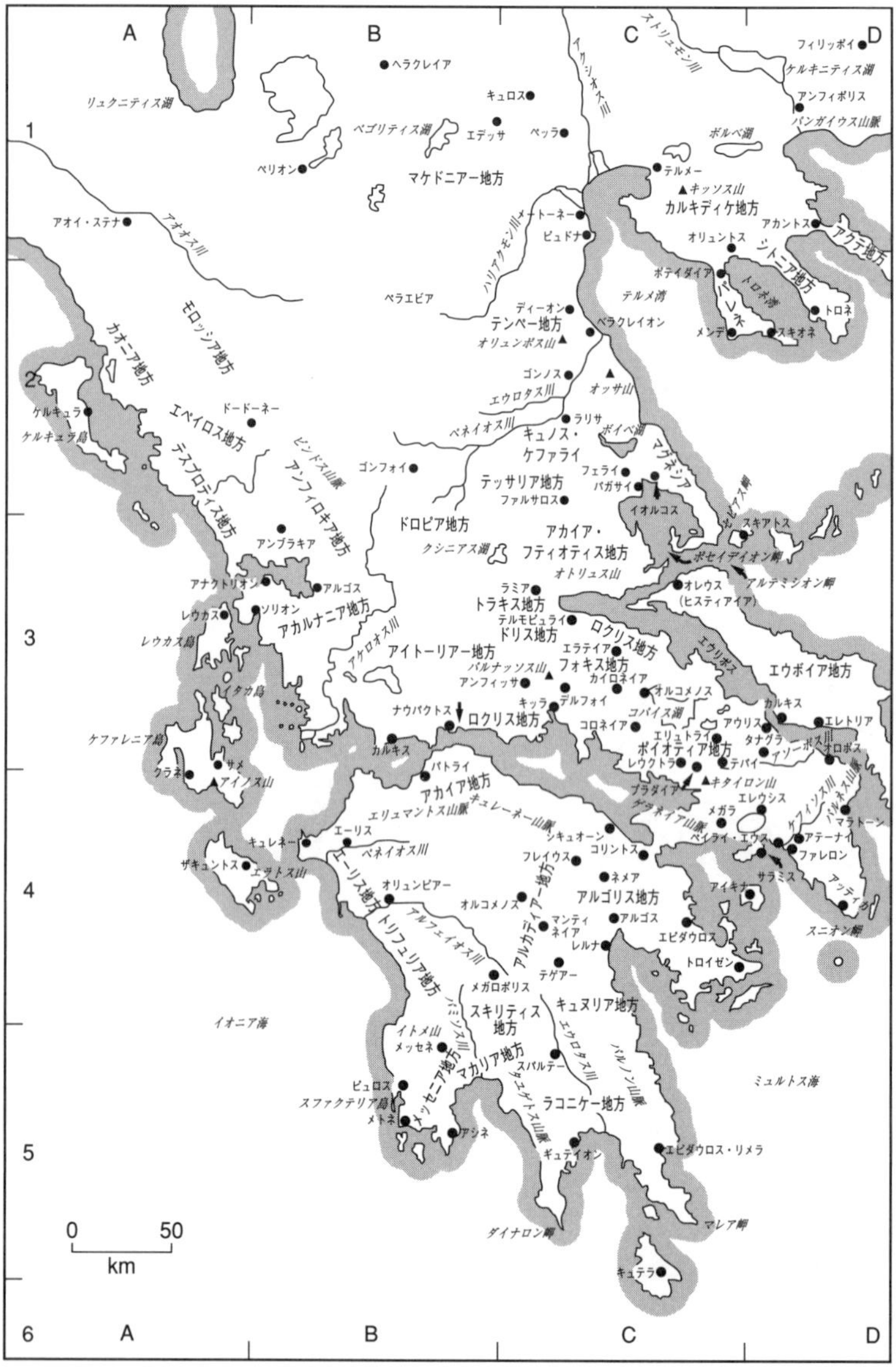

A
B
C
D
1
2
3
4
5
6
リュクニティス湖
ヘラクレイア
キュロス
エデッサ
ペッラ
ベゴリティス湖
ペリオン
マケドニアー地方
アクシオス川
ストリュモン川
フィリッポイ
ケルキニティス湖
アンフィポリス
パンガイウス山脈
ボルベ湖
テルメー
キッソス山
カルキディケ地方
アカントス
アクテ地方
オリュントス
シトニア地方
ポテイダイア
トロネ湾
パレネ
トロネ
メンデ
スキオネ
テルメ湾
アオイ・ステナ
アオオス川
メトーネー
ピュドナ
ハリアクモン川
ペラエビア
ディーオン
テンペー地方
ヘラクレイオン
オリュンポス山
モロッシア地方
カオーニア地方
ゴンノス
オッサ山
エウロタス川
ドードーネー
エペイロス地方
ケルキュラ
ケルキュラ島
テスプロティス地方
ピンドス山脈
アンフィロキア地方
ペネイオス川
ラリサ
キュノス・ケファライ
ボイベ湖
マグネシア
ゴンフォイ
フェライ
パガサイ
テッサリア地方
ファルサロス
イオルコス
ドロピア地方
アンブラキア
アカイア・フティオティス地方
スキアトス
セピアス岬
ポセイディオン岬
アルテミシオン岬
クシニアス湖
オトリュス山
アナクトリオン
アルゴス
ラミア
オレウス
（ヒスティアイア）
レウカス
ソリオン
トラキス地方
アカルナニア地方
テルモピュライ
ドリス地方
ロクリス地方
レウカス島
アケロオス川
アイトーリアー地方
エラテイア
フォキス地方
エウリポス
エウボイア地方
パルナッソス山
カイロネイア
アンフィッサ
イタカ島
デルフォイ
オルコメノス
ナウパクトス
キッラ
ロクリス地方
コパイス湖
カルキス
エレトリア
ケファレニア島
コロネイア
アウリス
エリュトライ
タナグラ
アソーポス川
オロポス
カルキス
パトライ
ボイオティア地方
レウクトラ
テバイ
サメ
クラネ
アイノス山
アカイア地方
キタイロン山
プラタイア
ゲラネイア山脈
エレウシス
パルネス山脈
ケフィソス川
メガラ
マラトーン
エリュマントス山脈
キュレーネー山脈
シキュオーン
エーリス
ペイライ・エウス
アテーナイ
キュレネー
ペネイオス川
コリントス
ファレロン
ザキュントス
エラトス山
フレイウス
サラミス
トーリス地方
ネメア
アイギナ
アッティカ
オリュンピアー
アルカディアー地方
アルゴリス地方
オルコメノス
アルゴス
スニオン岬
アルフェイオス川
マンティネイア
エピダウロス
トリフュリア地方
レルナ
トロイゼン
テゲアー
メガロポリス
パミソス川
スキリティス地方
キュヌリア地方
イオニア海
イトメ山
メッセネ
エウロタス川
マカリア地方
スパルテー
パルノン山脈
ミュルトス海
ピュロス
メッセニア地方
タユゲトス山脈
スファクテリア島
メトネ
ラコニケー地方
アシネ
エピダウロス・リメラ
ギュテイオン
マレア岬
ダイナロン岬
キュテラ
0
50
km

エーゲ海世界

E
F
G
1
2
3
4
5
6
トゥラケー地方
ネストス川
ビストニス湖
ヘブロス川
ネアポリス
アブデラ
マロネイア
ドリスコス
タソス
アイノス
メラス湾
サルペドン岬
プロポンティス海
プロコンネソス
キュジコス
サモトゥラケー
カルディア
パリオン
トゥラケー海
ケルソネソス地方
ランプサコス
グラニーコス川
インブロス
セストス
アビュドス
ダスキュリオン
リュンダコス川
アトース山
レムノス島
ヘレスポントス海峡
トロアス地方
ヘファエスティア
ミュリナ
イリオン
ミュシア地方
スカマンドロス川
テネドス島
イッサ
イデー山
アンタンドロス
アッソス
アドラミュッティオン
ハロンネソス島
マケストス川
フォカイア
メテュムナ
ペルガモン
レスボス島
カイコス川
ミュティレーネー
アイオリス地方
スキュロス
リュコス川
リュディア地方
キュメー
フォーカイアー
マグネシア
ヘルモス川
プシュラ島
サルディース
キオス島
シピュロス山
パクトロス川
スミュルナ
トモロス山
キオス
エリュトライ
クラゾメナイ
オリュンポス山
イオニア地方
カユストロス川
コロフォン
エーゲ海
カリュストス
エフェソス
カウリオン
マグネシア
マイアンドゥロス川
アンドロス島
アンドロス
イカロス島
サモス
プリエネ
ケオース島
ギュアロス島
ミュカレ山
ラトモス山
ユリス
テノス
ミレトス
キュトノス
シュロス
ミュコノス
レネア島
デロス島
パトモス島
カリアー地方
キュクラデス諸島
セリフォス
ハリカルナッソス
パロス島
ナクソス
オリアロス
カリュムノス
シフノス
コース
キモロス島
アモルゴス島
コース島
メロス
シキノス島
イオス
新クニドス
旧クニドス
アステュパライア島
シュメ
フォレガンドロス島
テーラ島
アナフェ島
ロドス
オイア
テーラ
ロドス島
アタビュリス山
カルパトス海
カルパトス島

ヘレニズム世界

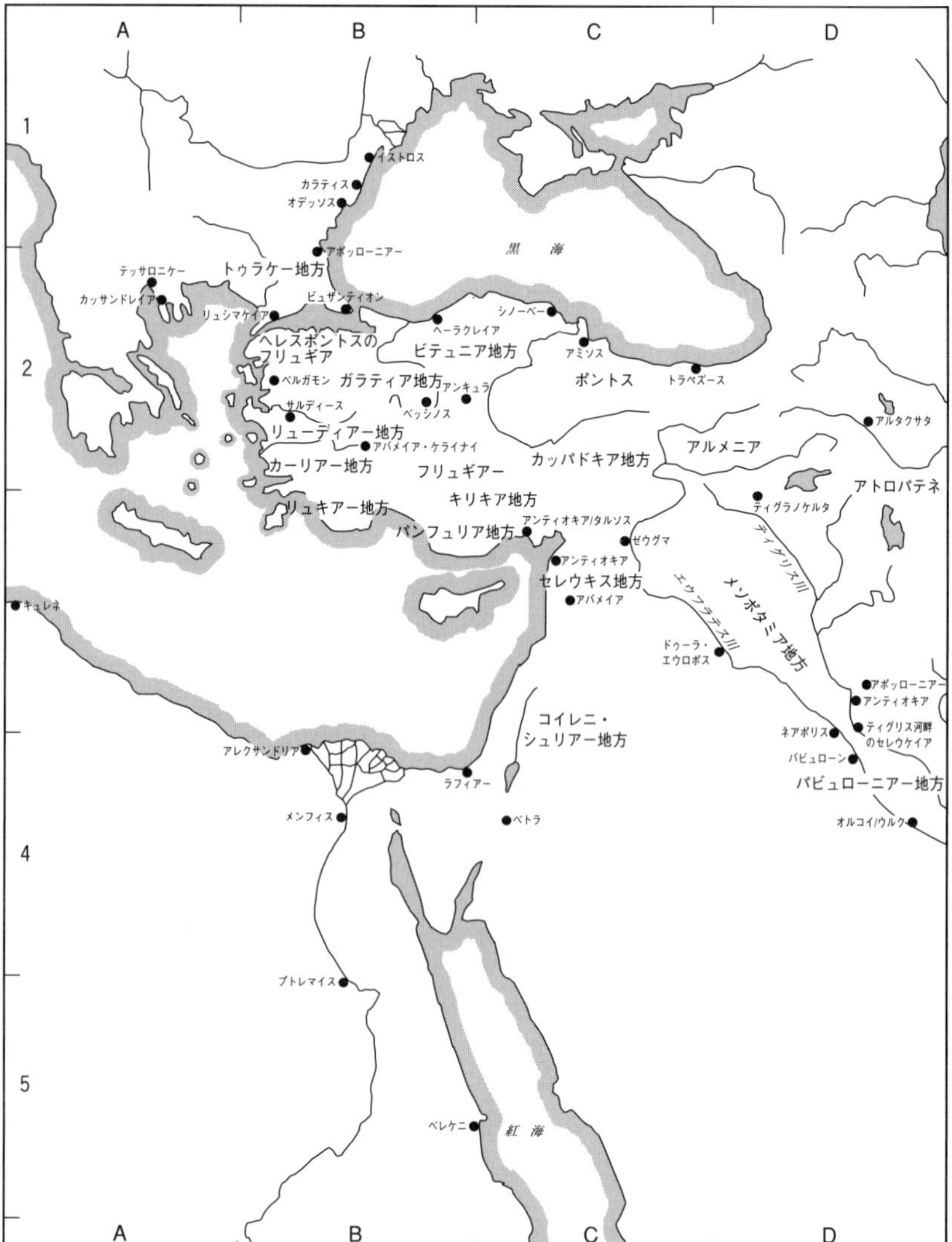
A
B
C
D
1
2
4
5
イストロス
カラティス
オデッソス
アポッローニアー
黒　海
テッサロニケー
トゥラケー地方
カッサンドレイア
ビュザンティオン
リュシマケイア
シノーペー
ヘーラクレイア
アミソス
ヘレスポントスのフリュギア
ビテュニア地方
ペルガモン
ガラティア地方
アンキュラ
ポントス
トラペズース
サルディース
ペッシノス
アルタクサタ
リューディアー地方
アパメイア・ケライナイ
アルメニア
カーリアー地方
フリュギアー
カッパドキア地方
キリキア地方
ティグラノケルタ
アトロパテネ
リュキアー地方
パンフュリア地方
アンティオキア/タルソス
ゼウグマ
アンティオキア
セレウキス地方
ティグリス川
アパメイア
エウフラテス川
メソポタミア地方
キュレネ
ドゥーラ・エウロポス
アポッローニアー
アンティオキア
コイレニ・シュリアー地方
ネアポリス
ティグリス河畔のセレウケイア
アレクサンドリア
バビュローン
ラフィアー
バビュローニアー地方
メンフィス
ペトラ
オルコイ/ウルク
プトレマイス
ベレケニ
紅　海

モ

モテュア島　Μότυα ……………iii A2
モルガンティナ　Μοργάντινα
…………………………ii H5, iii D3
モロッシア地方　Μολόσσια　… v A2
モンティ・シライ　Monti Sirai
………………………………ii E3

ラ

ラコーニアー地方　Λακωνία　… v C5
ラコーニア湾　Λακωνικός κόλπος
………………………………iv C3
ラトゥモス山　Λάτμος …………vi G4
ラフィアー　Ραφία………………vii B4
ラミア　Λάμια　………………… v C3
ラリサ　Λάρισα ………………… v C1
ランプサコス　Λάμψακος………vi F1

リ

リオン岬　Ρίον ἄκρα……………iv B1
リクソス　Λίξος………………… i A4
リゾン　Ρίζον ……………………ii H2
リッソス　Λίσσος ……………… ii H2
リパラ諸島　Λίπαρα …… ii G3, iii D1
リパラ　Λίπαρα ………………… ii G4
リビュエー海　Λιβύη……………iii B4
リュキアー地方　Λυκία　………vii B3
リュクニティス湖　Λυχνιτίς … v A1
リュコス川　Λύκος　……………vi G3
リュサッディル　Ρυσάδδιρ …… i B4
リュシマケイアー　Λυσιμαχεία
………………………………vii B2
リューディアー地方　Λυδία
…………………………vi G3, vii B2
リュンダコス川　Ρύνδακος ……vi G2
リリュバイオン　Λιλύβαιον
…………………… ii F4, ii G5, iii A2

ル

ルスクル　Rusucuru …………… i D4

レ

レウカス　Λεύκας ……………… v A3
レウカス島　Λεύκας …………… v A3
レウカス岬　Λεύκας ἄκρα ……iv A1
レウクトゥラ　Λεύκτρα…iv D1, v C4
レオン　Λέον ……………………iii E4
レオンティノイ　Λεοντινοί
…………………………ii H5, iii E3
レカイオン　Λέχαιον……………iv D2
レスボス島　Λέσβος ……………vi F2
レバデイアー　Λεβαδεία ………iv D1
レプキス・ミノル　Lepcis Minor
………………………………… ii F5
レプキス・マグナ　Lepcis Magna
………………………………… ii G5
レプレオン　Λέπρεον……………iv B2
レームノス島　Λῆμνος …………vi E2
レルナ　Λέρνα …………………iv C2

ロ

ロクリス地方　Λόκρις ………… v B3
ローデー　Ρώδη ………………… i D2

マ

マイアンドゥロス川　Μαιάνδρος ……viG4
マカリアー地方　Μακαρία …… v B5
マクトリオン　Μακτόριον ……iii D3
マグネーシアー〔テッサリアの〕Μαγνησία…… v C2
マグネーシアー〔シピュロス山麓の〕Μαγνησία……viG3
マグネーシアー〔マイアンドロス河畔の〕Μαγνησία ……viG4
マケストス川　Μάκεστος ……viG2
マケッラ　Μακέλλα …… ii G4, iii B2
マケドニアー地方　Μακεδονία …… v B1
マゴ　Μάγο …… i D3
マザラ川　Μάζαρα ……iii A2
マッシリア　Massilia …… ii E2
マラカ　Malaka …… i B4
マラトーン　Μαραθών …iv E1, v D4
マレアー岬　Μαλέα ……iv D4, v C5
マロネイアー　Μαρονεία ……vi E1
マンティネイアー　Μαντινεία ……iv C2, v C4

ミ

ミュカレー　Μυκάλη……vi G4
ミュケーナイ　Μυκῆναι ……iv D2
ミュコノス　Μύκονος ……vi E4
ミュシアー地方　Μυσία ……vi G2
ミュティレーネー　Μυτιλήνη …vi F3
ミュライ　Μύλαι …… ii ：10, E2
ミュリーナ　Μυρίνα……vi E2
ミュルトーオン海　Μυρτώον πέλαγος ……iv D3, v D5
ミレートス　Μίλητος ……vi G4

メ

メガラ　Μέγαρα ……iv D1, v C4
メガラ・ヒュブライア　Μέγαρα Ὕβλαια …… ii H5, iii E3
メガロポリス　Μεγαλόπολις ……iv C2, v B4
メッセーニアー地方　Μεσσηνία …… v B5
メッセーニオス湾　Μεσσήνιος κόλπος ……iv C3
メッセーネー　Μεσσήνη …… ii ：5, iii E2
メッセーネー　Μεσσήνη ……iv C3, v B5
メソポタミア　Μεσοποτάμια ……vii D3
メタウルス川　Metaurus …… ii F2
メタゴニウム岬　Metagonium … i B4
メニンクス島　Μένινξ …… ii F5
メネライオン　Μενέλαιον ……iv C3
メーテュムナ　Μητύμνα ……vi F2
メトーネー〔メッセーニアーの〕Μεθώνη ……iv B3, v B5
メトーネー〔マケドニアの〕Μεθώνη …… v C1
メナイ　Μέναι ……iii D3
メラス湾　Μέλας κόλπος ……vi F1
メリタ島／マルタ島　Μέλιτα／Μάλτα …… ii G4
メロス　Μέλος ……iv E3, vi D5
メンデ　Μένδε …… v C2
メンフィス　Μέμφις ……vii B4

ブリキンニアイ　Βρικίννιαι …iii D3
フリュギアー　Φρύγια …………viiB2
ブリュンディシオン　Βρύνδισιον
…………………………………ii H3
フリウス　Φλίυς ………………v C4
プレウローン　Πλεύρων ………iv B1
プレンミュリオン岬　Πλεμμύριον
…………………………………iii E4
プロコンネーソス　Προκόννησος
…………………………………vi G1
プロポンティス　Προποντίς …vi F1
プロンノイ　Πρόννοι …………iv A1

へ

ペイライエウス　Πειραίευς
…………………………iv D1, v C4
ヘーイルクテー山　Ἡίρκτη
………………………… ii G5, iii B2
ベゴルリティス湖　Βεγορριτίς
…………………………………v B1
ペテリアー　Πετερία…………… ii H3
ペッラ　Πέλλα ………………… v C1
ペトゥラ　Πέτρα ………………viiC4
ペーネイオス川　Πηνείος……… v B2
ベネヴェントゥム　Beneventum
………………………………… ii G3
ヘーファイスティアー　Ἡφαιστία
…………………………………E2
ヘブロス川　Ἕβρος………………vi F1
ヘメロスコベウム　Hemeroscopeum
………………………………… i C3
ヘラエイ山脈　Ἑραίει …………iii D3
ペルラエビアー　Περραεβία … v B2
ヘーラクレア　Heraclea ……… ii H3
ヘーラクレイア・ミノア　Ἡράκλεια
Μίνοα ………… ii G4, ii G5, iii B3
ヘーラクレイア　Ἡράκλεια …… v B1
ヘーラクレイア　Ἡράκλεια ……viiB2
ペリオン　Πέλιον ……………… v B1
ヘリケー　Ἑλίκη…………………iv C1
ヘルドニア　Herdonia ………… ii ：6
ペルガモン　Πέργαμον … vi F2, viiB2
ベルビナ島　Βέλβινα……………iv E2
ヘルモス川　Ἕρμος………………vi G3
ペルシア　Perusia ……………… ii F2
ペルゴス湖　Πέργος ……………iii D3
ヘルベッソス　Ἑρβέσσος
………………………… ii G5, iii B3
ヘルベッソス　Ἑρβέσσος ………iii D4
ヘルマエウム岬　Hermaeum … ii F4
ヘルミオネー　Ἑρμιόνη…………iv D2
ヘッレースポントス海峡
Ἑλλήσποντος ………………vi F2
ベレニケー　Βερενίκη …………viiB5
ペローリス岬　Πέλωρις … ii H5, iii E1
ヘローロス　Ἑλῶρος …… ii H5, iii E4
ヘローロス川　Ἑλῶρος …………iii E4

ホ

ボイアイ　Βοίαι…………………iv D4
ボイイ族　Boii …………………… ii F1
ボイオーティアー地方　Βοιωτία
………………………………… v C3
ポセイデイオン岬　Ποσείδειον
………………………………… v C3
ボノニア　Bononia ……………… ii F2
ポテイダイア　Ποτείδαια……… v C2
ボルベ湖　Βόλβε………………… v C1

ヒスパニア・ウルテリオル
Hispania Ulterior …………i A3
ヒスパニア・キテリオル
Hispania Citerior ……………i B3
ヒッパナ　Ἵππανα ………………iii B3
ヒッパリス川　Ἵππαρις…………iii D4
ヒッポ・ディアリュドス（アクラ）
Ἵππο Διάρρυτος/Ακρα ……ii F4
ヒッポ・レギオス　Ἵππο Ῥέγιος
…………………………………ii E4
ビティアー　Βιτία ………………ii E3
ビテュウッサ島　Βιτύοσσα ……iv D2
ピテュウッサイ諸島　Πιτύσσαι
…………………………………i D3
ビーテューニアー地方　Βιθυνία
…………………………………vii B5
ヒメラ　Ἵμερα……………………iii C2
ヒメラ川　Ἵμερα Ποταμός
…………………………ii G5, iii C3
ヒメラ川　Ἵμερα Ποταμός
…………………………………iii C2
ヒュッカラ　Ὕκκαρα ……………iii B2
ビュザンティオン　Βυζάντιον…vii B2
ビュッラ・レギア　Βύλλα Ῥέγια
…………………………………ii E4
ピュドナ　Πύδονα ………………v C1
ヒュドレアー島　Ὑδρέα ………iv D2
ヒュプサ川　Ὕψα ………………iii B2
ヒュブラ・ゲレアティス
Ὕβλα Γελέατις………………iii D3
ピュルキュロン岬　Πύλχυρον… ii F4
ピュレーナイア山脈　Πυρήναια
…………………………………i C1
ピュロス　Πύλος…………iv B3, v B5
ピンドス山脈　Πίνδος …………v B2

フ

ファスラエ　Faesulae …………ii F2
ファヌム・フォルトゥナエ
Fanum Fortunae……………ii G2
ファライ　Φάραι ………………iv C3
ファライ　Φάραι ………………iv B1
ファレロン　Φάλερον …iv E2, v D4
ファロス　Φάρος ………………ii G2
フィガレイア　Φιγάλεια ………iv B2
フィリッポイ　Φίλιπποι ………v D1
フェネオス　Φένεος ……………iv D2
フェライ　Φέραι…………………v C2
フォイニクス島　Φοῖνιξ ………iii D1
フォイニケー　Φοινίκη ………ii H3
フォーカイア　Φώκαια…………vi F3
フォキス地方　Φόκις……………v C3
フォッサエ・フォイニケー
Φόσσαε Φοινίκη ……………ii E4
フォルバンティアー島　Φορβαντία
…………………………………iii A2
フォレガンドゥロス島　Φολεγάνδρος
…………………………………vi E5
プシュラ島　Ψύρα ………………vi E3
プソーフィス　Ψῶφισ …………iv B2
プテオリ　Puteoli ………………ii G3
プトレマイス　Πτολέμαις ……vii B5
ブラウロン　Βραῦρον …………iv E2
プラケンティアー　Πλακεντία
…………………………………ii F2
プラシアイ　Πλάσιαι …………iv D3
プラタイア　Πλάταιαι …iv D1, v C4
プラタモーデース湾
Πλαταμώδης κολπός ………iv B3
フリウース　Φλίους ……………iv D2
プリエーネー　Πριήνη …iv B3, vi G4

ヌマンティア　Numantia ……… i C2
ヌミディア地方　Numidia……… ii E4

ネ

ネアポリス〔ナポリ〕 Neapolis
……………………………… ii G3
ネアポリス〔アフリカの〕Neapolis
……………………………… ii F4
ネアポリス〔トゥラケーの〕Neapolis
………………………………vi D1
ネアポリス〔パレスティナの〕
Neapolis ……………………vii D4
ネトゥム　Netum ……………… iii E4
ネストス川　Νέστος …………… vi D1
ネフェリス　Νέφερις ……………… ii F4
ネブロデス山脈　Νέβροδες …… iii D2
ネメアー　Νεμέα ……………… iv D2

ノ

ノラ　Nola ……………………… ii G3
ノラ　Nora ……………………… ii F3

ハ

バエキュラ　Βαέκυλα ………… i B3
バエティス川　Βάετις ………… i B3
パガイ　Πάγαι …………………iv D1
パガサイ　Πάγασαι …………… v C2
パキュノス岬　Πάχυνος
………………………… ii G4, iii E4
パクトロス川　Πάκτολος………vi G3
バグラダス川　Bagdaras ……… ii E4
パドゥス（ポー）川　Padus…… ii F1
パトゥライ　Πάτραι ……iv B1, v B4
ハドルメトゥム　Hadrumetum
……………………………… ii F4
パノルモス　Πάνορμος … ii G3, iii B2
バビュローン　Βαβύλων ………vii D4
バビュローニアー地方　Βαβυλωνία
………………………………vii D4
ハライサ　Ἄλαισα ……………… iii D2
パランティオン　Παλλάντιον…iv C2
ハリアクモン川　Ἀλίακμον …… v B2
ハリアルトス　Ἀλίαρτος ………iv D1
ハリエイス　Ἀλίεις ……………iv D2
パリオン　Πάριον ………………vi F1
ハリカルナッソス　Ἀλικαρνάσσος
………………………………vi G5
パリケー　Παλίκη ……………… iii D3
ハリュコス川　Ἄλυκος ………… iii B3
パルナッソス山　Παρνάσσος …iv C1
パルネス山脈　Πάρνες ………… v D4
パルノン山脈　Πάρνον ………… v C5
バレアレス諸島　Baleares …… i D3
パッレネー　Παλλένη ………… v C2
パロス島　Πάρος ………………vi E5
パロプス　Πάροψ ……………… iii C2
パンガイウス山脈　Πανγαίυς … v D1
パンフュリアー地方　Παμφυλία
………………………………vii B3

ヒ

ヒエラ島　Ἴερα ………………… iii A2
ヒエラ・ヘーファイストス島（アルメッサ）Ἴερα Ἡφαίστος …iii D
ピーサ　Πίσα ……………………iv B2
ピサエ　Pisae …………………… ii F2
ビストニス湖　Βίστονις ………vi E1
ピストリア　Pistoria …………… ii F2

デュメー　Δύμη …………………… iv B1
デュルラキウム　Δυρράχιυμ … ii H2
テュレアー　Θυρέα …………… iv C2
テュレニア海
Τυρρηνικὸς Πέλαγος …… iii C1
テュンダリス　Τύνδαρις
………………………… ii ：9, iii E2
テーラ島　Θῆρα …………………… vi E5
テリアス川　Τέριας …………… iii D3
デーリオン　Δήλιον …………… iv D1
デルトサ　Dertosa ……………… i C2
デルフォイ　Δέλφοι …… iv C1, v C3
テルフーサ　Θέλφουσα ………… iv B2
テルマイ　Θέρμαι ……… ii G4, iii C2
テルメー　Θέρμη ……………… v C1
テルメ湾　Θερμαικὸς Κόλπος
………………………………… v C2
テルモピュライ　Θερμόπυλαι … v C3
テルモン　Θέρμον ……………… iv B1
デーロス島　Δῆλος……………… vi E4
テンペー地方　Τέμπη ………… v C1

ト

ドゥーラ　Δοῦρα ……………… vii C3
トゥラケー地方　Θράκη … vi E1, vii A2
トゥラペズース　Τραπέζους … vii C2
トゥラシメヌス湖　Trasimenus
………………………………… ii G2
ドゥリウス川　Durius ………… i A2
トゥリイ　Τρί …………………… ii H3
トゥリコーニス湖　Τρίχωνις … iv B1
トゥルデタニ族　Turdetani …… i A3
トゥーリアー　Θουρία ………… iv C3
トゥリタイア　Τρίταια ………… iv B1
トゥリフュリア地方　Τριφυλία
………………………………… v B4
ドゥレパノン　Δρέπανον
………………………… ii ：7, iii A2
トゥレビア川　Trebia ………… ii F2
ドゥルエンティア川　Druentia
………………………………… ii E2
トゥロイゼーン　Τροίζην
………………………… iv D2, v C4
トゥローアス　Τρῳάς ………… vi F2
トゥロティルム　Trotilum …… iii E3
ドードーネー　δωδώνη ………… v A2
トラキス地方　Τράχις ………… v C3
トラヴェル　セット峠 ………… ii E1
トリコス　Θόρικος …………… iv E2
トリコリイ族　Tricorii ………… ii E1
ドーリス地方　Δῶρις ………… v C3
ドリスコス　Δορίσκος ………… vi E1
トロネー　Τορόνη …………… v D2
ドロピアー地方　Δολοπία …… v B3

ナ

ナウパクトス　Ναύπακτος …… iv C1
ナウプリアー　Ναύπλια ……… iv D2
ナクソス　Νάξος ……………… iii E2
ナクソス　Νάξος ……………… vi E5
ナラガッラ　Ναραγάρρα ……… ii E4
ナルボ　Narbo ………………… i D2

ニ

ニサイア　Νίσαια ……………… iv D1

ヌ

ヌケリア　Nuceria …………… ii G3

スミュルナ　Σμύρνα
……………… vi F 3スルキ　ii E3

セ

ゼウグマ　Ζεύγμα ……………… vii C2
セクシ　Σέξι …………………… i B4
セゲスタ　Σέγεστα ……… ii ：8, iii B2
セゴンティア　Σεγόνττια ……… i C2
セーストス　Σήστος …………… vi F1
セナ・ガリカ　Sena Gallica …… ii G2
セピアス岬　Σέπιας …………… v C2
セラシアー　Σελασία ………… iv C3
セリヌス　Σέλινυς ……………… iii B3
セリフォス　Σέριφος …… iv E3, vi D5
セレウケイア（ティグリス河畔の）
Σελεύκεια …………………… vii D3

ソ

ソリオン　Σόλλιον ……………… v B3
ソリュス　Σόλυς ………… ii G4, iii C2

タ

タイナロン岬　Ταίναρον
………………………… iv C4, v C5
タウゲトン山脈　Ταύγετον …… v C5
タウラシア　Taurasia ………… ii E1
タウリニ族　Taurini …………… ii E1
タウロニオン　Ταυρόνιον……… iii E2
タウロメニオン　Ταυρομένιον
……………………………… ii G4
タグス川　Tagusd ……………… i A2
ダスキュリオン　Δασκύριον … vi G2
タデル川　Tader ………………… i C3
タナグラ　Τανάγρα ……… iv D1, v D4
タプソス　Τάψος ……………… ii F5
タブラカ　Θάβρακα …………… ii E4
タミュナイ　Ταμυναι ………… iv E1
タッラコ　Tarraco ……………… i D2
タッロス　Θάρρος ……………… ii E3
タラキナ　Taracina …………… ii G3
タレントゥム　Talentum ……… ii H3

テ

テアヌム・シディキヌム
Teanum Sidicinum ………… ii G3
ディーオン　Δίον ……………… v C2
ティキヌス川　Ticinus ………… ii F1
ティグラノケルタ　Τιγρανόκερτα
……………………………… vii D3
ティグリス川　Τίγρις ………… vii D3
ティスベー　Θίσβη …………… iv D1
ティパサ　Τίπασα ……………… i D4
ティファタ山　Tifata ………… ii ：4
ティリュンス　Τίρυνς ………… iv D2
ティンギス　Τίνγις …………… i A4
テゲアー　Τεγέα ………… iv C2, v C4
テスピアイ　Θέσπιαι…………… iv D1
テスプロティス地方　Θέσπροτις
……………………………… v A2
テッサリアー地方　Θεσσαλία … v C2
テッサロニケー　Θεσσαλονίκη
……………………………… vii A2
テネドス島　Τένεδος…………… vi E2
テーノス　Τῆνος………………… vi E4
テーバイ　Θῆβαι ………… iv D1, v C4
テヴェステ　Θέβεστε…………… ii E5
デュストス　Δύστος …………… iv E1
テュニス　Τύνις ……………… ii F4

コロフォーン　Κολόφων ………viF4
コンセンティア　Consentia …… ii G3
ゴンノス　Γόννος ……………… v C2
ゴンフォイ　Γόνφοι …………… v B2

サ

サウォ　Savo …………………… ii E2
ザカンタ　Ζάκανθα …………… i C3
ザキュントス　Ζάκυνθος
…………………………iv A1, v A4
サブラタ　Σάβραθα …………… ii F5
ザマ・レギア　Ζάμα Ῥέγια …… ii F4
サメ　Σάμε ………………iv A1, v A3
サモス島　Σάμος ………………viF4
サモトゥラケー　Σαμοθράκη …viE1
ザラクス　Ζάραξ ………………iv D3
サラッシ族　Salassi …………… ii E1
サラピア　Salapia ……………… ii G2
サラミス　Σάλαμις ………iv D2, v D4
サルダエ　Saldae ……………… i D4
サルデイース　Σαρδεις …viG3, viiB2
サルディニア　Sardinia ………… ii E4
サルペードーン岬　Σαρπηδων…viE1
サルマンティケー　Σαλμαντίκη
………………………………… i B2
小サン・ベルナール峠
Little St. Bernard ………… ii E1
大サン・ベルナール峠
Great St. Bernard ………… ii E1

シ

シガ　Siga …………………… i C4
シキュオーン　Σικύων …iv C1, v C4
シキノス　Σίκινος ……………viE5
シケリアー海峡　Σικελία ……… iii F2
シッカ　Σίκκα…………………… ii E4
シトニア地方　Σιθόνια ………… v D1
シノーペー　Σινώπη ……………viiC2
シピュロス山　Σίπυλος ………viF3
シフノス　Σίφνος ………………viD5
シュクロ川　Σύκρο……………… i C3
シュニオン岬　Σύνιον …iv E 2, v D4
ジュネヴル山　Genevre ……… ii ：1
シュマイトス川　Σύμαιθος …… iii D2
シュラクーサイ　Συράκουσαι
…………………ii G4, ii H5, iii E4
シュルティス・ミノル　Syrtis Minor
………………………………… ii F5
シューロス　Σύρος ……………viE4

ス

スカマンドゥロス川　Σκάμανδρος
…………………………………viF2
スキアトス　Σκίαθος ………… v C3
スキオネー　Σκιόνη …………… v D2
スキッルース　Σκίλλους ………iv B2
スキューロス　Σκύρος …………viD3
スキリティス地方　Σκίριτις … v B4
ステュラ　Στύρα………………iv E1
ステュンファロス　Στύμφαλος
…………………………………iv C2
ストリュモン川　Στρύμον……… v C1
ストロンギュレー島　Στρονγύλη
………………………………… iii E1
スパルテー　Σπάρτη ……iv C3, v C5
スファクテリア島　Σφάκτερια
………………………iv B2, v B5
スフェトス　Σφέτος ……………iv E2
スポレンティウム　spolentium
………………………………… ii G2

ク

クニドス　Κνίδος ………………viG5
クラゾメナイ　Κλαζόμεναι ……viF3
クラスティディウム　Clastidium
………………………………ii F1
グラックリス　Graccurris……… i C2
グラピエ峠　Clapier ……………ii ：2
クラナイ　Κράναι ………iv A1, v A4
グラニーコス川　Γράνικος ……viF1
クリュサス川　χρύσας …………iii D3
クリミソス川　χρίμισος ………iii B2
クル　chullu………………………ii E4
グルメントゥム　Grumentum … ii G3
クレイトール　Κλείτωρ ………iv C2
クレウシス　Κρεύσις……………iv D1
クレオーナイ　Κλέωναι ………iv D2
クレモナ　Clemona ……………ii F1
クロトーン　Croton ……………ii H3
クロニオン山　Κρόνιον…………iii B3

ケ

ケオース島　Κέως ………iv E2, vi D4
ケクリュファレイアー島
Κεκρυφαλεία ………………iv D2
ケニス山　Cenis…………………ii ：3
ゲヌア　Genua …………………ii F1
ゲノニ　Genoni …………………ii F3
ケノマニ族　Cenomani …………ii F1
ケファロイディオン　Κεφαλοίδιον
………………………………iii C2
ケファレウス岬　Κεφαρεύς ……iv E1
ケファルレーニアー島　Κεφαλληνία
…………………………iv A1, v A3
ケフィソス川　Κέφισος…………v D4
ゲライストス岬　Γέραιστος ……iv E1
ケルキナ島　Κέρκινα……………ii F5
ケルキニティス湖　Κερκίνιτις
………………………………v D1
ケルキュラ　Κέρκυρα …………v A2
ケルキュラ島　Κέρκυρα ………v A2
ケルソネーソス岬　Χερςόνησος ἄκρα
………………………………iv E1
ケルソネーソス地方　Χερςόνησος
………………………………vi F1
ケルティベリ族　Celtiberi …… i C2
ゲルニウム　Gerunium …………ii G2
ケロナタス岬　χελόνατας………iv B1
ゲロントゥライ　Γερόνθραι……iv D3
ケンクレアイ　Χέγχρεαι ………iii D3
ケンクレアイ　Χέγχρεαι ………iv D2

コ

コイレー・シュリアー　Κοίλη Συρία
………………………………viiC3
コサ　Cosa ………………………ii F2
コース島　Κώς …………………vi F5
コッシュラ島　Κόσσυρα ………ii F4
コーパイス湖　Κώπαις …iv D1, v C3
コリナ峠　Colline Pass …………ii F2
コリュファシオン岬　Κορυφάσιον
………………………………iv B3
コリントス　Κόρινθος …iv D2, v C4
コリントス湾　Κορινθιακὸς κόλπος
………………………………iv C1
コルシカ　Corsica ………………ii E2
コルトナ　Cortona ………………ii F2
コルドゥバ　Corduba ………… i B3
コローネイアー　Κολωνεία
………………………iv D1, v C3

カッパドキアー地方　Καππαδοκία ……viiC2
ガデス　Gades ……i A4
カヌシウム　Canusium ……ii G3
カプア　Capua ……ii G3
カファレウス岬　Καφάρευς ……iv E1
カマリーナ　Καμάρινα … ii G4, iii D4
ガラティアー地方　Γαλατία …viiB2
カラティス　Κάλλατις ……viiB1
カラリス　Caralis ……ii E3
カーリアー地方　Καρία ……vi G4, viiB2
カリュストス　Κάρυτος … iv E1, vi D4
カリュドーン　Καλυδών ……iv B1
カリュムノス　Καλύμνος ……vi F5
カルキス　Χαλκίς ……iv B1, v B3
カルキス　Χαλίς ……v D3
カルキディケー地方　Χαλκιδίκη ……v C1
カルターゴー　Carthago ……ii F4
カルターゴー・ノウァ
Carthago Nova……i C3
カルダミュレー　Καρδαμύλη ……iv C3
カルテイアー　Καρτεία ……i B4
カルディアー　Καρδία ……vi F1
カルテンナ ……i C4
カルパトス島 ……vi F6
カルペタニ族　Carpetani ……i B2
カレアクテー　Καλεάκτη ……iii D2
ガレリアー　Γαλερία ……iii D3
カンディドゥム岬　Candidum … ii F4
カンナエ　Cannae ……ii G3
カンピマグニ　Campi Magni … ii E4

キ

キオス島　Χίος ……vi E3
キッソス山　Κίσσος ……v C1
キタイローン山　Κιθαίρων ……iv D1, v C3
キッラ　Κίρρα ……iv C1
キフォニア　Χιφόνια ……iii E3
キモロス島　Κίμολος ……vi D5
キュアーモソロス川　Κυαμόσορος ……iii D2
キュクラデス諸島
Κυκλάδες νησοι ……vi E4
キュジコス　Κύζικος ……vi G1
ギュテイオン　Γύθειον … iv C3, v C5
キュテーラ　Κύθηρα ……iv D4, v C5
キュトノス　Κύθνος ……iv E2, vi D4
キュヌリアー地方　Κυνουρία ……v C4
キュニアス湖　χύνιιας ……v B3
キュノス・ケファライ
Κυνὸς κεφαλαί ……v C2
キュメー　Κύμη ……vi F3
キュッレーネー　Κυλλήνη ……iv B2,
キュッレーネー山脈　Κυλλήνη ……v B4
キュパリッシア　Κυπαρίσσιαι ……iv B2
キュパリッシア湾　Κυπαρίσσια
κολπός ……iv B2
キラ　Κίρρα ……v C3
キルタ　Cirta/Constantina ……ii E4

エラテイア　Ἐλάτεια……………v C3
エラトス山　Ἐλατός ……………iv A1
エリクッサ　Ἐρίκυσσα…………iii D1
エーリス　Ἦλις …………iv B2, v B4
エーリス地方　Ἦλις ……………v B4
エリュックス　Ἔρυξ ……ii F4, iii A2
エリュトライ　Ἐρυθραί ………v C3
エリュトライ　Ἐρυθραί ………vi F3
エリュマントス山脈　Ἐρύμανυος
………………………………v B4
エリュモイ地方　Ἐρυμοί ………iii A2
エレウシス　Ἐλευσίς …………v D4
エレトリア　Ἐρέτρια ……iv E1, v D4
エンギュオン　Ἔγγυον …………iii D2
エンテラ　Ἐντέλλα………………iii B2
エンナ　Ἔννα………ii G4, ii H5, iii D3
エンポリア　Ἐμπορία …………ii F5
エンポリオン　Ἐμπ όριον ………i D2

オ

オアニス川　Ὀανίς ……………iii D4
オイア　Οἴα ……………………ii F5
オイテュロス　Οἴτυλος ………iv C3
オイニアダイ　Οἰνιάδαι ………iv B1
オイヌーサイ諸島　Οἰνοῦσσαι νῆσοι
………………………………iv B3
オイノエー　Οἰνόη………………iv D1
オイノフュタ　Οἰνόφυτα ………iv D1
オスカ　Ὄσκα ……………………i C2
オスティア　Ostia ………………ii F2
オッサ山　Ὄσσα …………………v C2
オデッソス　Ὀδέσσος …………vii B1
オデュッセイオン岬　Ὀδύσσειον
………………………………iii D4
オトゥリュース山　Ὄθρυς ……v C3
オヌーグナイトス岬　Ὀνουγναῖθος
………………………………iv D4
オプース岬　Ὀποῦς ……………iv C1
オリクム　Oricum ………………ii H3
オリュントス　Ὄλυνθος ………v C1
オリュンピアー　Ὀλυμπία
……………………………iv B2, v B4
オリュンポス山　Ὄλυμπος ……v C2
オリュンポス山　Ὄλυμπος ……vi F3
オルコイ　Ὄλχοι…………………vii D4
オルコメノス　Ὀρχομενός
……………………………iv D1, v C3
オルコメノス　Ὀρχομεό ς………iv C2
オルビア［サルディニアの］　Ὄλβια
………………………………ii F3
オレウス（ヒスティアイア）Oreus
（Ιστιαια）…………………………v C3
オレタニ族　Oretani ……………i B3
オーレノス　Ὤλενος ……………iv B1
オロポス　Ὄροπος ………iv E1, v D3

カ

カイーコス川　Κάικος …………vi F3
カイネーポリス　Καινή Πόλις
………………………………iv C4
カイロネイア　Χαιρώνεια………v C3
カウァレス族　Cavares…………ii E1
ガウドス島　Γαύδος ……………ii G4
ガウリオン　Γαύριον……………vi D4
カオニア地方　χαόνια …………v A2
カキュパリス川　Κακύπαρις …iii E4
カシリヌム　Casilinum …………ii G3
カステゥロ　Καστύλο …………i B3
カタダ川　Κατάδα ………………ii F4
カタネー　Κατάνη ………………iii E3
カッサンドレイアー　Κασσανδρεία
………………………………vii A2

イ

イアイティアー Ἰαιτία ………iii B2
イアデル Iader …………………ii G2
イオース Ἴως …………………vi E5
イオーニアー地方 Ἰωνία ……vi F3
イオーニアー海 Ἰωνικός πέλαγος
…………………………iv A2, v A4
イオル Ἰόρ ……………………i D4
イオルコス Ἰόρκος ……………v C2
イカロス島 Ἴκαρος ……………vi F4
イクテュス岬 Ἰχθῦς ἄκρα………iv
イコシウム Icosium ……………i D4
イサラ川 Isara …………………ii E1
イストゥロス Ἴστρος …………vii B1
イタケー Ἰθάκη…………iv A1, v A3
イタリカ Italica ………………i A3
イッサ Ἰσσά ……………………vi E2
イデー山 Ἴδη……………………vi F2
イトーメー山 Ἰθώμη …iv C3, v B5
イベール川 Ἴβηρ ………………i C2
イユリス Ἰῦρις …………………iv E2
イリオン Ἴλιον …………………vi F2
イリキ Ilici ……………………i C3
イリトゥルギ Iliturgi…… i B3, i C3
イリパ Ilipa ……………………i A3
イリベリス Iliberis ……………i D2
イレルゲテス族 i Ilergetes ……C2
イロルキ Ilorci …………………i C3
インスブレス族 Insbres ………ii F1
インティビリ Intibili …………i C3
インブロス Ἴμβρος ……………vi E1

ウ

ウエッカエイ族 Vacaei ………i B2
ウェリア Velia …………………ii G3
ウォルカイ族 Volcae …………i D2
ウォルシニイ Volsini …………ii F2
ウスティカ（オスオデス）島 Ustica
……………………………………iii B1
ウティカ Utica …………………ii F4
ウルソ Urso ……………………i B3

エ

エウオニュモス島 Εὐόνυμος …iii E1
エウフラテース川 Εὐφράτης …vii C3
エウボイア地方 Εὔβοια
…………………………iv E1, v D3
エウボイア Εὔβοια ……………iii D3
エウロポス Εὔροπος …………v C3
エウロータース川 Εὐρώτας
…………………………iv C2, v C2
エウロータース川 Εὐρώτας …v C5
エクノモス山 Ἔκνομος ………ii G4
エーゲ海 Αἰγαίων Πέλαγος
……………………………………vi E4
エケトラ Ἐχέτλα ………………iii D3
エデタニ族 Ἐδετανοί …………i C2
エデッサ Ἐδέσσα ………………v B1
エピダウロス Ἐπίδαυρος
…………………………iv D2, v C4
エピダウロス リメラ
Ἐπίδαυρος Λίμερα …iv D3, v C5
エフェソス Ἔφεσος ……………vi G4
エブソス Ebussos………………i D3
エーペイロス地方 Ἤπειρος …v A2

……………………………… ii E1
アテーナイ　Ἀθῆναι ……iv E1, v D4
アトース山　Ἄθως ………………vi D2
アドゥラミュッテイオン
Ἀδραμύττειον ………………vi F2
アトロパテネ　Ἀτροπάτενε ……vii D2
アナクトリオン　Ἀνακτόριον … v B3
アナフェ島　Ἀνάφε………………vi E5
アナプソス川　Ἄναψος …………iii E4
アバカイノン　Ἀβάκαινον ……iii E2
アパメイア・ケライナイ
Ἀπάμεια Κέραιναι …………vii B2
アパメイア　Ἀπάμεια …………vii C3
アビュドス　Ἄβυδος ……………vi F2
アブデーラ　Ἄβδηρα …………… i B4
アブデーラ　Ἄβδηρα ……………vi E1
アペロピア島　Ἀπερόπια ………iv D2
アポッローニアー　Ἀπολλωνία
……………………………… ii H3
アポッローニアー　Ἀπολλωνία
……………………………… iii D2
アポッローニアー　Ἀπολλωνία
………………………………vii B2
アポッローニアー　Ἀπολλωνία
………………………………vii D3
アミソス　Ἄμισος ………………vii C2
アミュクライ　Ἀμῦκλαι ………iv C3
アメナノス川　Ἀμένανος ………iii E3
アメセロン　Ἀμέσελον …………iii D3
アモルゴス島　Ἀμοργος…………vi E5
アラクソス岬　Ἀράξος …………iv B1
アラボン川　Ἀλάβον ……………iii E3
アリファエ　Allifae ……………ii G2
アリフェイオス川　Ἄλφειος
……………………………iv C2, v B4
アリミヌム　Ariminum ………… ii F2
アルウェルニ族　Arverni……… i D1
アルカディアー地方　Ἀρκαδία
……………………………… v C3
アルゴス　Ἄργος ………………… v B3
アルゴス　Ἄργος …………iv C2, v C4
アルゴリス地方　Ἀργολίς……… v C4
アルタクサタ　Ἀρτάξατα………vii D2
アルテミシオン岬　Ἀρτεμίσιον
……………………………… v C3
アルバ・フケンス　Alba Fucens
……………………………… ii F2
アルピ　Arpi …………………… ii G2
アルメニアー　Ἀρμενία ………vii C2
アレクサンドレイア　Ἀλεξάνδρεια
………………………………vii B4
アレティウム　Arretium ……… ii F2
アレリア　Aleria………………… ii F2
アンキュラ　Ancyra ……………vii B2
アンタンドゥロス　Ἀντάνδρος
……………………………………vi F2
アンテードーン　Ἀνθηδών ……iv D1
アンティオケイアー/タルソス
Ἄντιοχεία Τάρσος……………vii C3
アンティオケイアー　Ἀντιοχεία
………………………………vii C3
アンティオケイアー　Ἀντιοχεία
………………………………vii D3
アンティキュテーラ　Ἀντικύθηρα
………………………………iv D4
アンティリオン岬　Ἀντίριον ἄκρα
………………………………iv B1
アンドゥロス島　Ἄνδρος ………vi E4
アンフィッサ　Ἄμφισσα ………iv C1
アンフィポリス　Ἀμφίπολις … v D1
アンフィロキアー地方　Ἀνφιλοκία
……………………………… v B2
アンブラキアー　Ἀμβρακία …… v B

地図索引

（ヘレニズム世界の地名は原則としてギリシア語表記とする）

ア

アイオリス方　Αἰολίς …………viF3
アイガイ　Αἰγαι ……………………ivC1
アイギーナ　Αἴγινα………ivD2, vD4
アイギオン　Αἴγιον ……………ivC1
アイギタロス　Αἰγίθαλλος ……iiiA2
アイグーサ島　Αἰγοῦσα ………iiiA2
アイゲイラ　Αἴγειρα ……………ivC1
アイゴステナ　Αἰγόσθενα ……ivD1
アイトナ（イネッサ）　Αἴτνα
…………………………………iiiD3
アイトゥネー山　Αἴτνη ……iiG4, E2
アイトーリアー地方　Αἰτωλία
…………………………………vC3
アイノス　Αἶνος …………………viE1
アイノス山　Αἶνος ………ivA1, vA4
アウセタニ族　Ausetani ………iC1
アウリス　Αὐλίς ………………ivD1
アエカエ　Aecai …………………iiG2
アエガテス諸島　Ἀέγατες
…………………………iiF4, iiiA2
アオイ・ステナ　Ἄοι Στένα……vA1
アオオス川　Ἄoos ………………vA1
アカイア地方　Ἀχαιοί …………vB4
アカイア・フティオティス地方
Ἀχαία Φθίοτις ……………vC3
アガトゥルノン　Ἀγάθρνον
…………………………………iiiD2
アカルナイ　Ἀχαρναί …………ivE1
アカルナーニーア地方　Ἀκαρνανία
…………………………………vC3
アカントス　Ἄκανθος …………vD1
アギュリオン　Ἀγύριον…………iiiD3
アクシオス川　Ἀξιός ……………vC1
アクテー地方　Ἀκτή ……………vD1
アクライ　Ἄκραι…………………iiiD4
アクラガース　Ἀκράγας
………………………iiG4, iiG5,
アクラ・レウケ　Ἄχρα Λευκε … iC3
アグリニオン　Ἀγρίνιον ………ivB1
アケローオス川　Ἀχελῶος ……vC3
アコッラ　Ἀχόλλα ………………iiF5
アシナーロス川　Ἀσίναρος ……iiiE4
アシネー　Ἀσίνη …………ivD2, vB5
アシネー　Ἀσίνη…………………ivC3
アシネス　アケシオス川
Ἄσινες　Ἀκέσιος……………iiiE2
アスタコス　Ἄστακος …………ivB1
アステュパライア島　Ἀστυππάλαια
…………………………………viF5
アセアー　Ἀσεά …………………ivC2
アソーポス　Ἀσωπός ……ivD3, vD3
アタビュリス山　Ἀτάβυρις ……viG5
アッソロス　Ἄσσορος …………iiiD3
アッソス　Ἄσσος ………………viF2
アッティケー　Ἀττική …………vC4
アッロブロゲス族　Allobroges

「解　題」

一　生　涯

アカイアー同盟の指導的政治家リュコルタースの息子として前一九九年より以前に（すなわち、アカイアー同盟の第二位の要職である騎兵隊長に前一六九年に就いたとき、少なくとも三十歳だったから）メガロポリスで生まれた。（Ps.-Lukianos, makrobioi 22によると、前一二〇年頃に八十二歳で落馬によって亡くなった）。ポリュビオスの著作の中で最後に年代が確定しうる出来事はドミティア街道の敷設であり（第三巻三九・八）、これは前一二一年のグナエウス・ドミティウス・アヘノバルブスのイサラにおけるアヴェルナー人に対する勝利の後で初めて可能だった。第三次マケドニアー戦争（前一七一―一六八年）の後ポリュビオスは千人のアカイアー人とともにイタリアに抑留された（パウサニアース第七巻一〇・七―一一を参照）。そして前一五〇年になってやっと、なお生存していた三百人とともに解放された（第三五巻六）。この時期は前一四六年のコリントの破壊でその頂点に達する故郷アカイアの破局（第三八巻九―一八）のすぐ直前だった。ポリュビオスはイタリアでは優遇された、これはおそらく、彼の失われた軍事的、戦術的著作Taktika『戦術論』によるものであったろう。彼は十八歳だったスキピオ・アエミリアヌス（前一八五／八四年―一二九年）の先生となり、以後師弟もしくは親友の関係がつづいた。そこで第三次ポエニ戦争（前一四九―一四六年）（その場合事情によっては可能な研究旅行〔25 Ziegler, 1455-1462〕）、そしておそらくはヌマンティア戦争（前一四三―一三三年）の目撃者となった。一四六年以後になると、彼はローマの十人委員会と共に（第三九巻二―四）、後には単独でアカイアーの諸関係において積極的に影響を及ぼすようになった。（ペロポンネーソスの諸都市からの顕彰については第三九巻五、第三九巻八・一）。

二　諸　著　書

次の小作品が知られている。

二・一　三巻本のアカイアー同盟の有名な政治家フィロポ

イメン（メガラ出身のクラウギスの息子、前二五三―一八二年）の伝記（第一〇巻二一において、この書について言及）。それはフィロポイメーンの死（一八三年）後すぐに書かれたもので、かれを輝かしい英雄として叙述している。第二巻三七・七―一一において、フィロポイメーンは、ポリュビオスによるとペロポンネーソスの統一を目指したアラートス（シキュオーンの人、前二七一―二一三年）の同志で思想的後継者の中に組み入れられている。それに対してフィロポイメーンについての冷静な価値評価は第二四巻に述べられている。

二・二　『戦術論』（Taktika）という書はポリュビオスを有名にした（この書についてはは第九巻二〇・四で言及されている）。これはアッリアーノス（およそ八五―九〇年生、Anabasis『アレクサンドロス東征記録』の著者）の『戦術論』Taktik一、一に引用されている。そしてこの書ではアイネイアス・タクティコスAineias Taktikos（前四世紀半ばに活動したギリシア最古の軍事的著者）がしばしば言及されている。

二・三　「赤道地帯の居住可能性について」の下書き。これは、ゲミノス（前七〇年頃の著作活動の全盛期にあったポセイドニオス学派の天文学者であり数学家）のEisagoge eis ta phainomena『現象学入門』一六・三二で言及されている。これはおそらく独立した書ではなく、『世界史』第三四巻の草稿だったと考えられる。

二・四　ヌマンティア戦争についての書（キケロー『親しき者たちへの手紙』epistulae ad familiales五・一二・二）。

三　『世界史』

ポリュビオスのこの主著は本来は前二二〇年から一六七年の時代を目標に置いていたが、一四六年ないしは一四四年までに拡大されたローマによる世界支配について記述された四〇巻の歴史書である。

三・一　保存状態

『世界史』の約三分の一が保存されていて、一〇世紀に一七、一九、二六、三七（四〇）巻が失われた。①第一巻から五巻は完全に残っている。②第一巻から第一六巻までと第一八巻に関してはExcerpta antiquaにおける抜粋。および内容的な基準で配列された、いく人かの古典期の著作家たちから集められたコンスタンティヌス七世（一〇世紀）の時代の『コンスタンティヌス抄録』における抜粋。とくにExcerpta de legatis「使節に関する抜粋」、Excerpta de sententiis「格言に関する抜粋」、Excerpta de virtutibus et vitiis「美徳と悪徳に関する抜粋」、Excerpta de insidiis「陰謀に関する抜粋」そしてわずかばかりのExcerpta de stratategematis「戦略に関する抜粋」。③古典期の作家における抜粋と引用。紀元後一九〇年頃のソフィストあるいは文法家のアテナイオス、数学者であり技師のアレクサンドリアのヘロン（彼の生涯についての詳細は知られていない）、プルータルコス、ストラボーン、紀元後一世紀のシケリアのアギュリオン出身の歴史家ディオドーロス、紀元後九〇年と九五年頃に生まれたアレクサンドリア出身の歴史家アッピアーノス、紀元後三世紀の歴史家クラウディウス・カッシウス・ディオ・コッケイアヌス。とくに紀元前五九年に生まれ、紀元後一七年に亡くなったローマの歴史家リーウィウス。

三・二　構　成

序言でテーマと方法論的原則が述べられている。第一巻の序言（一・一―五、そして三・一―三および六―七も参照）では前二二〇年―一六七年に関して、第二巻の序言（三・四―五）では一六七年―一四四年に関して。第三巻二一・九―一〇と第六巻一一・三―八は特にギリシアの知識人が読者層であり、最後の十巻ないしは後の挿入部分（第三一巻二二―八）ではローマの知識人も読者層である。だがギリシャ人の政治的組織能力が低下しているという事実があるにもかかわらず（第三巻五九・三―五）、ギリシア人の展望が依然として姿を現わしている（第三六巻九、22 F.W. Walbank, P.s Last Ten Books, in Historiographia antiqua, 162)。

第一巻から第五巻までは東と西の出来事は別々に叙述される。しかし第七巻（すなわち第一四一オリュンピアー期、前二一六／五年）からは、出来事は分析的にまとめられ、タウロメニアのティマイオス（前三五〇―二六〇年の西ギリシアの重要な歴史家）を範としてオリュンピアー期に従って年代が付される（第一二巻一〇・四、一一・一―四）。題材の量に応じてオリュンピアー期全体あるいは半期あるいは一年の出来事だけが一巻で叙述されている。第一巻と第二巻では導入の後で、ティマイオスの叙述を継承して（第一巻五・一、第三九巻八・四）前二六四年からの西の出来事が、東に関してはアラートスを継承して（第四巻二・一）記述されている。その時代よりさらに遡っての記述は第二巻三七―七一。その後主要な物語（第三巻―第五巻、前二二〇年―二一六年）が西のハンニバル戦争、同盟戦争（前二二〇―二一七年）、および東の第三次シュリアー戦争（前二四六―二四一年）で始まる。第七巻から二九巻は前二一五年から一六八年の出来事を包括し、第三〇巻から四〇巻は一六七年から一四四年の出来事を包括している。

通時論的叙述と並行して出来事の内容的な転回点では個々の巻は体系的な問題に費やされている。たとえばカンナエでの敗北（前二一六年）にもめげなかったローマ人の態度は第六巻でローマ人の政体を政体循環論の理論に従って（25 K. Ziegler, 1497f.とは逆に矛盾なく）、また他の国の政体と比較して特に安定したものとして提示し、ローマ人の世界支配への能力を証明するきっかけをポリュビオスに与えている（文献は1 W. Bloeselを参照）。第一二巻はスキピオがアフリカに渡った時点で、彼以前の歴史家（とくにティマイオス）とのポリュビオスの対決を含んでいる（これに関しては18 H. Verdin, 39–61を参照）。第二四巻では「劣悪化への転換期」との関係でアカイアーの体制のための付説が組み入れられたのであろう。第二四巻一〇・一〇では前一八〇年以来のギリシアの諸都市のローマとの関係に関して、ローマの元老院でのカリクラテス（前一八〇／七九年のアカイア同盟の将軍で、リュコルタスの政敵）の告訴による不幸な結果が記述されている。これはしかし前一四六年の後に執筆されたものであり、前一六七年以前の第二巻三七―七一の執筆と一四六年後の挿入に終っている。第三四巻は「世界」Oikomeneの地理的記述を含んでいる。これは前一五〇年頃の大きな最後の騒乱と混乱（第三巻四・一二―一三）以前にポリュビオスが書き入れたものであり、これは彼がいわゆるスペインの「火の戦争」―Sudaはpyrinos polemosの見出しの下に第三五巻一を参照するように指示しているものであり、前一五四年・一三三年のケルティベル戦争―に関わり、その経過の中でローマの組織の弱点を明るみに出させている。ポリュビオスの補説は原則として、特に歴然と分かる欠点（たとえば第一〇巻九―一一）のためにとがめられる〔25 K. Ziegler, 1567–1569; 9 K. Meister, 163〕。

三・三　作品の成立

ポリュビオスによる『世界史』のいくつかの出版は、その編纂が一息になされたと推測することが間違いであると同様に明白に立証することはできない。確かなことは四〇巻への計画が最終的であったこと（第三巻三二・二―三）、全体の出版が死後であったこと（第三九・五）である。これについての詳しい議論は25 K. Ziegler, 1485–1489, 9 K. Meister, 153ff.を参照。元来、ポリュビオスは決定的な五十三年間を予定し（第一巻一・五）、そして勝利のうちに終った第三次マケドニアー戦争の結果による前一六七年のローマの支配権の獲得を叙述しようとしていた（第一巻・第三〇巻）。そしてこれを―後の補遺を別にすると―前一四六年へと拡張したのである。ローマ人の支配が被征服者の立場からどの程度確証されるかが次に補足的な批判的問題提起を形成した（第三巻四―五）。それ以降の十巻がこの問題に費やされている。これらの巻は（それに対して〔21

F.W. Walbank, 25, 183; 22 F.W. Walbank, 162〕）内容的に決して異なるものではなく、まったく同質的である〔Polybe (Entretiens 20), 1974, 186ff〕。たとえ選択された結末一四六年に基づいてギリシアに対する悲観的な展望（第三巻四・一二―一三、第三六九巻九）、ローマに対するそれ（第三八巻二二）を伴っているにしても。二つの起草時期は、最初の一五巻では（後の巻および補遺とは対照的に）前一四六年に滅亡したカルターゴーがなお存在しているものとして言及されている（たとえば第一巻六五・九、第一巻六七・一三、第一巻七三、第六巻五一―五六、第一四巻一〇・五、第一五巻三〇・一〇）。他方で、初期の巻はグラックス兄弟の改革へと通じる不安の知識を推測させる（第二巻二一・八、第六巻五―九、第六巻五七・五以下、〔10 E. Meyer, 392ff.〕）。

四　方法論的原理

四・一　真　理

ポリュビオスは真理に義務を負っており（第一巻一四・六）、意図的な変造を非難する（第一六巻二〇・八）。しかし間違いからは免れていないことを告白する（第二九巻一二・九―一二）、しかしながらこれは世界史の中では、著者が自分たちの事柄の関心において虚言へと走り易い（第七巻七、第二九巻一二）個別の歴史の中でよりも容赦されるべきである、と述べる。不思議な話（第四巻四〇・二）、党派性（第八巻八）は真理を損なうものであるが、愛国心は許されるものである（第一六巻一七・八）。それぞれの行為は個別に評価されるべきである（第一六巻二八）。ポリュビオスは虚構の演説を拒否し（第一二巻二五b四）、演説をわずかに使用することによってトゥーキューディデースの厳格な基準（第一巻二二・一）を凌駕している。

四・二　原因分析と目的論

史料の効用はポリュビオスによれば原因の解説においてのみあり（第三巻三一・一二）、さもなければ歴史は諸出来事の単なる列挙に留まる（第一一巻一八a、第一二巻二五b、二および四）。トゥーキューディデースと同様に（第一巻二三・五―六、〔15 Polybe (Entretiens 20), 1974, 165–169を参照〕）ポリュビオスは開始、きっかけおよびより深い原因への体系を展開している（第三巻六・一、第二二巻一八・八）。原因は個人的なもの（計画、行為者の目標）にあるか、あるいは行動の諸条件（体制）の中にある。ポリュビオスは個人の意志を惹き起す原因の中心とみなしているにもかかわらず、自分の著作を伝記とは鮮明に一線を画す（第一〇巻二一・八）、なぜなら伝記では人物の称賛が要求されるからである。ポリュビオスはたとえばハンニバル、スキピオを例にして（第九巻二二―二六、第一〇巻二―五）、行動の自由の制限を論じる。そして原因を探求する場合に、Tyche（運命、偶然）という不合理な要素によって人間に課されている限界を意識している（第二九巻二一、〔20 F.W. Walbank A Historical Commentary on Polybius I, 16–26, 25 K. Ziegler, 1532を参照〕）。ポリュビオスによるとTycheにはさまざまな機能が割当てられる。それは唯一の原理として世界を目的へ誘導することができる（第一巻四・一および四）。それは調停するように作用を及ぼすことがある（第二巻四、三・;第一五巻二〇・五、第二九巻一九・二）。あるいは一見恣意的に罰したり、ないしは報いることがある（第一巻三五・二、第八巻二〇・一〇）。それにもかかわらずポリュビオスは非合理的な領域を制限する（第一巻六三・九、第一五巻二一・三、第一八巻二八・二―四、第三一巻三〇・三）。そしてその点ですべての問題は人間にとって解決可能であることを確認する（第九巻二・五、進歩の信念第九巻二・四）。宗教はポリュビオスにとっては、大衆を御するために、またローマ人の国家においてそうであるように、良い風習を保証するために公的にのみ必要である（第六巻五六・六以下）。大衆に対するこの否定的態度（第二一巻七・六、第二七巻九―一〇、第三一巻六・六）にもかかわらずポリュビオスは社会的問題に対して鈍感ではない（第四巻七三、第五巻九三、第三六巻一六、第三六巻一七・五―一五）。

四・三　歴史書の効用

因果的な諸関連（特に他人の運命からの）を説明する実際的な歴史記述（pragmatike historia第三九巻一・四）は政治的行動のための尺度を与えようとするものである（第三巻四・七―八、第七巻一一・二）。従ってポリュビオスはトゥーキューディデースのように詳述によって楽しませようとするのではなく、実践のために教えようとする（第三巻三一・一三・;第三巻五七・八―九）。なるほど叙述においては「有益なこと」（chresimon）と並行して「楽しいこと」（terpnon）も不足することはない（第一巻四・一一、第一五巻三六）。しかし前者が優先する（第一二巻二五b、第一二巻二五g、26 H. Sacks, Polybius on the Writing of History 1981, 171–186）。それゆえにポリュビオスによると（第九巻一―二、さらに第一三巻二一―二三を参照）、実践的な歴史記述は系譜学や植民地建設史などの史料的ジャンルとは対照的に政治的に関心のある人に知識獲得をもたらす。実践的な歴史記述の編纂者にはポリュビオスに従うと、資料研究、場所に関する知識および政治的―軍事的経験が適切な叙述のために推奨されるべきである。

四・四　世界史

ポリュビオスによると第一四〇オリュンピアー期の三年目（前二二〇年）以来の「世界史」が提案される。なぜならその時から東と西の出来事が絡み合うからである（第一巻三、三以下、第四巻二八、第五巻一〇五、四以下）。Tyche「運命」のおかげですべてがローマ人の支配という結果になる。ローマ人は世界支配の計画を追求したというポリュビオスの見解はそれに一致する（第一巻六三・九、第三巻二・六）。それに対してこの時期に関する専門史書はその断片的な性格と不釣合いな叙述のために不適切である。

四・五　史　料

地中海の西の歴史に関してポリュビオスが利用した史料は15 Polybe (Entretiens 20), 1974 105–139で論じられている。さらにギリシアの一般的な史料に関しては同書147–205および9　K. Meister　Die　griechishe　Geschichte-Schreibung 1990, 162–163で論じられている。「宮廷」史料に関しては、アンティオコス三世〔16 H.H. Schmitt, 175–185、リウィウス第三五巻一七・三―一九・七、ポリュビオス第三巻一一―一二〕、プトレマイオスの宮廷（第一五巻二四―三六）およびフィリッポス五世と彼の息子のペルセウスについての（DER NEUE PAULY）辞書項目で確実に確認されうる。記録史料に彼が精通していたことは直接利用〔25 K. Ziegler, 1564〕、彼の報告の証明（ポリュビオスに基づくリウィウスにおいても）および碑文材料によって立証されうる。

五　信頼性

ポリュビオスの信頼性は高く評価されるべきである。彼において故意の歪曲を非難することはほとんどできない。彼が個人的に当惑した場合に、敵および信奉者に対して冷静な距離をおいていることは注目すべきである〔それに対してはK. Ziegler, 1557f. K. Meister, Die griechische Geschichte Schreibung, 1990 163f.〕。このことはローマの政治およびその変化についても当てはまる（第一八巻三七、第二四巻一〇、第二八巻六、第二九巻四・八―一〇、第三六巻九、第三九巻三）。アカイアー同盟における自分の「党」と活動に関しても客観性を得ようと努力している（第二二巻九、第二四巻一一―一三、第二八巻三・七―一〇、第二八巻七・八―一五、第二八巻一二―一三、第二九巻二三―二五）。だが個々の政治家についての彼の判断は定まっていないのかも知れない（第四巻八・七―一二、第八巻八・七―九）。アラートスに対して（第四巻七・一一―第四巻八・七、第四巻一〇―一一）、フィロポイメーンに対して（第一〇巻二一、第二三巻一九、第二四巻一一―一三）、彼の父リュコルタスに対して（第二二巻九、第二三巻一五―一六）あるいはディオファネスに対して（第二一巻九、第二二巻一〇、四）そうである。アカイアー人の敵、特にアイトーリア人に対しての否定的な判断（さらには肯定的な判断、ケルト人を彼らが防禦したこと、第二巻三五、七、第九巻三五、一―四）は彼の『歴史』を研究した者によって、しばしば苦言が呈せられる。だが彼はそれでもって孤立しているわけではない。王権に対する彼の態度は基本的に拒否的なのではなく、公益とくにギリシア人の全体に関してのそのつどの王の業績に応じて査定される（フィリッポス五世に関しては第二巻三五、第八巻一一・三、アンティオコス三世に関しては第一一巻三九、第一五巻二〇、第一五巻三七）。トゥーキューディデースに見習った真理と信憑性への高い要求は過去および同時代の歴史家に対する厳しい批判へと彼を向かわせる。エフォロス（前四〇〇―三三〇年、小アジアキュメ出身）は唯一の世界史家として肯定的に判定されている。第一に方法論的に、さらには事象的にも批判されるのはヒュラルコス（アテーナイ前三世紀のギリシアの歴史家、戦略的ないしは身振り表情を事細かに記述する歴史家の代表者）第二巻五六、ハンニバル史家第三巻四七、ロドス出身のゼノンおよびアンティステーネス（ロドス出身でポリュビオスの同時代人）第一六巻一四―二〇、ティマイオス第一二巻、テオポンポス第一六巻一二、およびカリステネース（オリュントス出身、アレクサンドロス史家、アリストテレースの姪の息子で、彼の下で成長した、プルータルコス英雄伝「アレクサンドロス」五五、八を参照）第一二巻一七―二三である。その批判の評価については8 K. Meister, 179–192。

六　文体

ポリュビオスの文体についての古典期の判断は古典の理想から出発しており、それに応じて否定的である〔Dionysius Hallicarnassensis, de Compositionis Verborum 四・一五、Cicero, de re publica 一・三四、二・二七、四・三〕。母音接続回避とごたごたした分詞使用と不定詞使用によってしばしば鈍重な印象によって特徴づけられる彼の文体は公文書体と言い表される〔3 M. Dubuisson; 4 J. A. de Foucault; 18 H. Verdin,.... (Hersg), 233–243; 25 K. Ziegler, 1569–1572〕。これと共にポリュビオスが政治的な実践を通して影響を及ぼしたことが強調された。それに対してJ. Palmは新しい文学的散文の特性を強調している〔13 J. Palm, Polyubios und der Kanzleistil, 1957〕。

七　後世への影響

ポリュビオスはすでに古典時代に十分に利用されていた（上記三・一を参照）。そしてビザンティン時代においても頻繁に読まれた著者でありつづけた〔K. Ziegler, 1572–1578〕。レオナルド・ブルニによる歴史家としての再発見一四二〇年以後、マキャベリは彼を政治的な思想家として利用し、アンジェロ・ポリツィアノは彼を古典文献学研究観点から分析した。一六世紀にカサウボヌスCASAUBONUSによって編集され、リプシウスLIPSIUSによって軍事的歴史家として高く評価された後、ポリュビオスは一七八九年まで最も影響力のある歴史家となり、彼の連邦国家の理論（第二巻三七）によりUbbo Emmius〔Vetus Graecia illustrata, tomus tertius repraesentan Graecorum res publicas, Leiden 1626〕を経て、Federalist Papers「連邦主義者論文集」（一七八七年、アメリカ合衆国憲法の基礎になったもの）においておよびモンテスキューによって混合憲法の原理〔W. Nippel, Mischverfassungstheorie und Verfassungsrealitaet in Antike und frueher Neuzeit, 1980, 159ff.; 308ff.〕の仲介者として影響を及ぼしている。

八　文　献

八・一　新パウリー古典百科事典に記載されている文献

1　W. Blösel, Die Anakyklosis–Theorie und die Verfassung Roms im Spiegel des 6. des Polybios und Ciceros De republica, Buch II, in: Hermes 126, 1998, 31–57

2　J. Deinger, Bemerkung zur Historizität der Rede des Agelaos 217 v. Chr. (Polybios 5, 104), in: Chiron 3, 1973, 103–109

3　M. Dubuisson, Le latin de Polybe, 1985

4　J.A. De Foucault, Recherches sur la langue et le style de Polybe, 1972

5　M. Geizer, Die hell. Prokataskene im 2. Buche des P., in: Hermes 75, 1940, 27–37

6　G.A. Lehmann, Die Rezeption der achaiischen Bundes–verfassung in der Verfassung der USA, in: W. Schuller (Hrsg.) Ant. in der Moderne, 1985, 171–182

7　G.A. Lehmann, The 》Ancient《 Greek History in P; Historiae, in Scripta Classica Israelica 10, 1989/90, 66–77

8　K. Meister, Historische Kritik bei Polybios, 1975

9　K. Meister, Die griechische Geschichte–Schreibung,

1990, 153–166

10 E. Meyer, Untersuchung zur Geschichte der Gracchen, in: KS 1, 1910, 363–421

11 J.M. Moore, The Manuscript Tradition of Polybios, 1957

12 H. Nissen, Kritische Untersuchung uber die Quellen der 4. und 5. Dekade des Livius, 1863

13 J. Palm, Polybios und der Kanzleistil, 1957

14 P. Pédech, La méthode historique de Polybe 1964

15 Polybe (Entretiens 20), 1974

16 H.H. Schmitt, Untersuchung zur Geschichte Antiochos, des Großen und seiner Zeit, 1964

17 H. Tränkle, Livius und Polybios, 1977

18 H. Verdin, G. Schepens, F. de Keyser (Hrsg.), Purposes of History: Stud. in Greek Historiography from the 4th to the 2nd Century B.C. (Studia Hellenistica 30), 1990

19 F.W. Walbank, Philippos Tragwdoumenos, in: JHS, 58, 1938 56–68

20 F.W. Walbank A Historical Commentary on Polybios, Bd. 1, 1957; Bd. 2, 1967; Bd. 3, 1979

21 F.W. Walbank Polybios, 1972

22 F.W. Walbank Polybios' Last Ten Books, in: Histriographia antiqua, Festschrift W. Peremans, 1977, 139–162

23 F.W. Walbank Polybios, Sicht der Vergangenheit, in: Gymnasium 97, 1990, 15–30

24 K.-W. Welwel, Könige und Königtum im Urteil des Polybios Dissertation, Köln 1963

25 K. Ziegler, Paulys Real-Encyclopaedie der classischen Altertumswissenschaft 21, 1440–1578

26 H. Sacks, Polybius on the Writing of History, 1981

27 W. Nippel, Mischverfassungstheorie und Verfassungrealitä in Antike und früher Neuzeit, 1980

八・二　本翻訳書で使用したテクスト・注釈書・翻訳

1 Th. Buettner-Wobst Polybii Historiae, Teubneri 1962

2 W.R. Paton Polybius, Loeb 1926

3 Schweighaeuser, Lexicon Polybianum, Leipzig 1795

4 J.A. Ernesti, Polybius Gr. & Lat. Lipsiae, 1764

5 F.W. Walbank, A Historical Commentary on Polybius, Vol. 1, 1957; Vol. 2, 1967; Vol. 3, 1979

6 E.S. Shuckburgh, The Histories of Polybius, Indean University Press 1962

7 H. Drexler, Polybios Geschichte 1963 Artemeis Verlag

8　D.V. Thillier, Polybe Histoire, Gallimard, 1970
9　I. Schott–Kilvert Polybius The rise of the Roman empire, Penguin Books

八・三　本翻訳書で使用した参考文献

(1)　J. Kromayer und G. Veith Antike Schlachtfelder, Bd. 1 Berlin 1912
(2)　長谷川博隆『カルタゴ人の世界』講談社二〇〇〇年
(3)　澁江　保『羅馬　加爾達額　ピユニツク戦史』博文館明治二十九年
(4)　マドレーヌ・ウルス＝ミエダン　高田邦彦訳『カルタゴ』白水社　一九九六年
(5)　ベルナール・コンベ・ファルヌー　石川勝二訳『ポエニ戦争』白水社　一九九九年
(6)　塚原富衛『ローマ・カルタゴ百年戦争』学研文庫　二〇〇一年

八・四　古典ギリシア語・ラテン語原典からの翻訳

(1)　プラトン『国家』藤沢令夫訳、岩波書店
(2)　プラトン『法律』森真一・池田美恵・加来彰俊訳、岩波書店
(3)　アリストテレス『政治学』牛田徳子訳、西洋古典叢書、京都大学学術出版会
(4)　キケロー『義務について』高橋宏幸訳、キケロー選集、岩波書店
(5)　キケロー『弁論家について』大西英文訳、キケロー選集、岩波書店
(6)　キケロー『善と悪の究極について』永田康昭・兼利琢也・岩崎務訳、キケロー選集、岩波書店
(7)　キケロー『国家について』岡　道男訳、キケロー選集、岩波書店
(8)　キケロー『法律について』岡　道男訳、キケロー選集、岩波書店
(9)　キケロー『縁者・友人宛書簡集Ｉ』高橋宏幸・五之治昌比呂・大西英文訳、キケロー選集、岩波書店
(10)　キケロー『ウェッレース弾劾Ｉ・Ⅱ』大西英文・谷栄一郎・西村重雄訳、キケロー選集、岩波書店
(11)　パウサニアス　飯尾都人訳『ギリシア記』龍渓書舎一九九一年
(12)　ストラボン　飯尾都人訳『ギリシア・ローマ　世界地誌』龍渓書舎　一九九四年
(13)　中野定雄・里美・美代訳『プリニウスの博物誌』雄山閣　一九八六年
(14)　アッリアノス　大牟田章訳『アレクサンドロス大王東征記』岩波書店　二〇〇一年
(15)　『プルターク英雄傳』高橋五郎訳・幸田露伴校並評、

国民文庫刊行会
(16) ディオゲネス・ラエルティオス『ギリシア哲学者伝』加来彰俊訳、岩波文庫
(17) タキトゥス『年代記』国原吉之助訳、岩波文庫
(18) アリストテレス『詩学』松本仁助・岡　道男訳、岩波文庫

第一巻

序論

一　もしわれわれ以前に記録を記した人々が歴史一般の真実探求そのものの醍醐味に対する称賛を怠っていたとしたら、だれにたいしてでもそれらの諸記録の中から正しい資料を選択させ研究した上で是認するように仕向けることがおそらく必要だっただろう。なぜなら過去の知識ほど人間にとって正しい道を指し示すのに適しているものはないからである。[1]㈡このことはほんのわずかの歴史家がさりげなく述べているのではなく、いわばすべての歴史家がつぎのように主張して作品を始め、また終えている。すなわち歴史から学ぶということは公的活動にとっての最も正しい意味での教育であり、訓練なのであり、「運命」の盛衰をいかに勇敢に耐えるかを学ぶ最も確かなそして唯一の方法は他人の不幸を思い起こすことによってである。㈢したがってすでに多くの人によって立派にとり扱われたテーマについておなじことを述べることは誰にとってもふさわしくないことは少なくともわれわれにとっては明らかである。㈣というのもわれわれが記述しようと意図している出来事の特異さはそれだけですでに老いも若きも、すべての人をわれわれの作品の研究へと駆り立てるのにじゅうぶんな魅力を備えたものであるからである。㈤どのようにしてどんな種類の政体によっていわばほとんど全世界が五十三年[2]も経たないうちにローマ人に征服されてその唯一支配下に入ったか、これは歴史上前例を見ない出来事なのだが、それを知ろうと思わないほどそれほどに人間のうち誰が無関心で、かつ安易であろうか。㈥あるいは美的観察あるいは学問的知識の何かほかの対象にたいしてこれから述べることを聞くよりも、もっとそちらの方が重要であるというほどの情熱をもって誰がそれにとりくむだろうか。

1　ここに現れている歴史の教育的な見方は初期のギリシアの歴史家に共通だった。トゥーキューディデース『歴史』第一巻二二、第二巻四八・三。

2　五十三年は前二二〇年から一六七年まで。ペルセウスの敗北後は多くの独立国家を残していたが、ローマ人と対等の関係にあった国家はなかった。

研究対象の大きさ

二　われわれがテーマに選んだ出来事は予想を遥かに越えるものであり、大規模なものであることは、歴史家がとり扱った以前の帝国のうち最も有名なものをローマの卓越さと比較し、対比してみるとおそらく最も明瞭になるだろう。㈡次のようなものがそのような比較に値するものである。ペルシアはある時代に大きな支配権と力を獲得した。しかしアシアーの境界を踏み出そうとするごとに自分の支配権を失っただけでなく、かれ自身をも危険にさらしたのである。[1] ㈢ラケダイモーン人は長い間ギリシアの覇権を目指した。しかしそれを得た時、この地位を明確に主張できたのは十二年ばかりに過ぎない。[2] ㈣マケドニアーはエウローペーでアドリア海の海岸からイストロス川まで支配したが、それはこの大陸のわずかな部分にすぎないように思われる。[3] ㈤つぎにペルシア帝国を滅ぼした後、アシアー全体にたいする支配権を獲得した。地理的かつ政治的に広範囲にわたる支配権を獲得したにもかかわらず、かれらの支

1　ペルシア人はキュロス（前五五九―五二九年）の下でペルシアからメーディアーのイランの人びとを統一し、エーゲ海に達し（前五四六年）そしてバビロンを征服した（前五三九年）。かれの後継者カンビュセス（前五二九―五二二年）はエジプトを併合した。そしてダーレイオス（前五二二―四八六年）はスキュティアーに侵入し、ギリシア本土への最初の試みをおこなったが前四九〇年に失敗した。「アジアの境界を超えようとするペルシア人の試み」はダーレイオスのスキュティアーへの遠征（これはイオニアーの革命に通じた）とダーレイオスとクセルクセスのギリシアへの侵入であり、これはマラトーンおよびサラミスとプラタイアで阻まれた。

2　リュサンドロスのアイゴスポタモイでの勝利（前四〇五年）からコノンがペルシア艦隊とともにラケダイモーンを破った（前三九四年）までである。

3　イストロス川は誇張である。アレクサンドロスはトリバルロイ族とゲーイ族にたいして前三三五年にダニューブ川を渡った。またトゥラケーでのアンティパトロス人の将軍ゾピュリオンはダニューブ川の向こうで前三二五年にスキュタイ人の手で滅ぼされた。川はマケドニアーの前線では決してなかった。フィリッポスがエーペイロス人を支配することによってアドリア海に達した時点でアジアの侵入に先立つかれのヨーロッパの所有をポリュビオスはごく簡単に触れているに過ぎない。ポリュビオスのアドリア海の概念については第二巻一四・四脚注を参照。

配領域以外の人の住む地上の大部分は残したままであった。㈥なぜならシケリアーも、サルディニアも、リビュエーも一度も獲得しようとすらしなかったからである。エウローペーについては、十分な自信をもってはいえないが遥かな西のはての民族たちの中で獰猛きわまりない部族どもは夢にも知らなかったらしい。㈦それにたいしてローマ人は個々の部分ではなく、ほとんどいわば全世界を自分に従わせたのである。それとともに支配権を以前の支配権がそれと比較できないほどに、また後世のそれがそれを凌駕できないであろうほどに高めたのである。㈧このことについては実に多くのことがこの書によってより一層明瞭に理解されるだろうし、出来事を報告する具体的な歴史記述は熱心な読者にさまざまな有益なことをもたらすことがわかるだろう。

第一四〇オリュンピアー期の出来事

三　この歴史は第一四〇オリュンピアー期[1]からはじまることになろう。ギリシアではペルセウスの父でありデーメートゥリオスの息子であるフィリッポスがアカイアー人と組んでアイトーリアーに対して最初の同盟戦争を行った年であり、アシアーではコイレー・シュリアーをめぐってアンティオコスとプトレマイオス・フィロパトルがたがいに戦争をしかけた年であり、㈡イタリアとリビュエーでは、たいていの人がハンニバル戦争と名づけるローマ人とカルターゴー人間の戦争が最初に起こった年である。これらの出来事はシキュオーンのアラートス[2]が末尾に叙述した出来事とつながっているものである。

1　第一四〇オリュンピアー期（前二二〇―二一六年）の出来事は（1）同盟戦争（第四巻三―三七、五七―八七、第五巻一―三〇、九一―一〇六を参照）、（2）第四次シュリアー戦争（第五巻三一―八七を参照）、（3）第二次ポエニ戦争（第三巻、第七巻から第十五巻の関連した箇所）。同盟戦争は前二二〇年に始まり、ほかのふたつは前二一九年に始まった。第二巻三七・二、七一・九、第四巻二を参照。

2　このアカイアー人の政治家は三十巻以上の回想録を書いた（第二巻四〇・四の脚注、第四巻二・一、またウォルバンク『アラートス』六―八を参照。自分をアラートスの歴史の後継者にしたポリュビオスは確立されていた伝統に従ったのである。トゥーキューディデースの後継者としてのクセノフォーン『ギリシア史』第一巻一・一を参照。ポリュビオスは導入の巻でティマイオスをも継承している五・一、第三九巻八・四を参照。

諸出来事の統一、それゆえに世界史

㈢この前の時代にあっては、世界の出来事はいわばばらばらであった。それらの計画性、結果またその地域もそれぞれ異なり、関連性がなかったからである。㈣しかし、この時点からは歴史はまるで関連した全体像のようになり、イタリアとリビュエーの事件はアシアーとギリシアの事件と絡み合い、すべてはただひとつの目標に向かう。㈤それゆえにこの時点をわれわれの歴史の出発点として選んだのである。㈥なぜなら前述の戦争でローマ人はカルターゴー人を制圧し、世界制覇の道への決定的な一歩を踏み出したと思われた後すぐにほかの地域へも手を伸ばし、兵を率いてギリシアとアシアーへと海外派兵するという挙にあえてでたのであるから。

㈦もし、世界制覇をめぐって争ったこのふたつの国家のことをわれわれギリシア人が知っていたならば、これ以前のことにさかのぼり、どのような意図であるいはどんな国力に基づいてかれらがこのような挙に出たかを記述する必要はなかったであろう。㈧しかしたいていのギリシア人にはローマとカルターゴー人の以前の国力も、かれらの行った事柄も知られていないので、この歴史の記述のためにこの巻およびそれにつづく巻を先行させることが必要だと考えたのである。㈨これらの事件の叙述に関心を向けた読者がローマ人はどんな意図で、どんな国力であるいはどれほどの資金をもって地中海領域を制覇しようとする挙に出たのかと当惑しないようにとの配慮からである。㈩そして、これらの導入の巻によって読者はかれらが当然の動機をもって世界制覇という挙に出て、それを成し遂げたことを知るだろう。

四　この歴史記述の独自性とこの時代の驚くべきこととはつぎのことである。すなわち「運命」が世界のほとんどすべての事件をただひとつの方向に導き、すべてがひとつの同じ目標へと傾くことをよぎなくさせたように、歴史家は読者にこの歴史を通して、すべての事件の完成がただひとつの「運命」によって達成されたことを感得させねばならない。㈡というのもこの歴史を記述するという計画へとわれわれを駆り立て、けしかけたものは主としてこのことであったからであり、また同時代の誰一人として歴史を総体的に見ることに注意を向けていないからである。さもなければわたしは人と張り合ってまでこの課題に取り組むことはなかっただろう。㈢いく人かの歴史家は個々の戦争およびそれと関連のある出来事は研究しているが[1]、われわれの知るかぎり誰一人として、出来事の経過を全体として、またいつそしてどの時点からこの相互に密接に連関し合うことがはじまったのか、またどのようにしてその完成をみたのかというその統一体において研究しようという考えをいだいていない。㈣「運命」の最も美しいそして同時に最も祝福に満ちた支配を沈黙して経過させず、無視しないことが無条件に必要だとわたしは考えたのである。㈤というのも「運命」はつねに新しいことを開始し、絶えず人間の生活の間にまじって戦うのであるが、このような仕事をそもそも一度も完成させたことはなく、われわれの時代におけるほど壮大にその力をあからさまに見せたことはなかった。㈥このことは歴史の個々の叙述からは認識され得ない。もし誰かが最も有名な都市をひとつひとつ訪ね歩きあるいは絵でそれを見てすべての人の住んでいる大地の姿、それらの各部分の状況と配置を理解したと思うならば別だが、そんなことは考えられえない。㈦歴史の個々の叙述から全体を正しい方法で認識できると確信している人は、誰かがかつて生きていた、美しかった動物のばらばらに投げ散らされた四股を見て、その動物自体の行動と優美さの目撃者となったのも同然であると思う人の場合と似ているようにわたしには思われる。㈧というのも、現場でその各部分を寄せ集め、行動力と生命の美しさを修復し、それをおなじ人物に見せるやいなや、すぐに以前の自分は現実とはほど遠く、夢の中の人のようだと告白するだろう。㈨というのも全体の表象は部分から得られるが、それから知識および明晰な洞察をえることは不可能だからである。㈩同様に個々の歴史は全体についての信頼できる知識にはあまり寄与しないのである。(一一)個々のこと、その類似点と相違点を相互連結する研究によってはじめて一般的な概観を得ることができるのであり、このようにして歴史から利益と楽しみを得ることができるのである。

1　主としてカルタゴー人の立場からそしてハンニバルの個性をめぐって書いたギリシア人の歴史家はラケダイモーン人のソシュロス（FGH、一七六）、カイレアス（FGH、一七七）、カレアクテのシレノス（FGH、一七五）、ナポリのオイマコス（FGH、一七八）、クセノフォーン（FGH、一七九、ディオゲネス・ラエルティオス第二巻五九を参照）。前二二一—一八七年のセレウコスの歴史を書いたフュラコス（FGH、八一T一）、キュメーのムネシプトレモス（FGH、一六一T一）。

第一次ポエニ戦争までのイタリアとシケリアー

五　この書の出発点として、ローマ人がイタリアから最初に海を渡った出来事を取り上げよう。[1]これはティマイオス[2]がそこで筆を置いた事件に続くものであり第一二九オリュンピア期である。㈡すなわち、ローマ人がいかにしてイタリアにおける地位を確立し、その後どんな動機で、シケリアーへ渡る決心をしたかを述べておかねばならない。すなわち、その地からはじめてイタリア以外の地へと渡ったからである。㈢さもないと原因から原因へ辿ることになって全体の構想の始まりと理論の基礎がしっかりしないものになってしまうからである。さらにこの最初の原因も簡単に述べておかねばならない。㈣さらに出発点としては時間的に疑う余地なく定まっていて、一般的によく知られており、また年代順に溯り、問題の出来事を短い要約で記憶に呼びもどさなければならない場合でも客観的に理解されうる時点を選ばねばならない。㈤というのも出発点が知られていないものであり、論争の余地すらありそうな場合には、それにつづくものについては同意と信頼が何も得られないからである。それにたいしてそれについて一般的な合意が達成されている場合には、それにつづくすべての物語も読者に進んで聞き入れてもらえるのである。

六　アイゴスポタモイ川の海戦後十九年目、レウクトラの戦いの十六年前、[1]㈡ラケダイモーン人がアンタルキダース[2]と呼ばれる和平をペルシア王と締結し、長老のディオニュシオス[3]がエレポロス川でイタリアのギリシア人に対して勝利した後レーギオンを攻囲し、ガッリア人が急襲に

1　執政官クラウディウス・カウデクスが前二六四年の夏の終わりに行った。

2　タウロメニアのティマイオス（前三五〇—二五五年）。僭主アンドロマコスの息子。前三一七と三一二年の間にアガトクレースによって追放された。アテーナイで五十年過ごし（第一二巻二五・d一を参照）。異民族、ローマ人、カルターゴー人を含む西ギリシア人の歴史を記述した。本来はアガトクレースの死で終わっているが、ピュッロスの歴史をカバーするところまでつづけられた。かれの作品をポリュビオスは第一二巻で厳しく批判しているが、かれを含む後世の歴史家にとって無尽蔵の源泉である。オリュンピアー期によって計算するかれの体系は一般的に採用された方法となった。すなわちかれの年表が後の歴史の基礎になった。

よってカピトルを除いてローマそれ自体を占領した年である。[4] ㈢ローマ人はガッリア人とかれらを満足させる条件の下[5]で協定を結び思いがけず[6]祖国をふたたび手に入れ、新たな成長への可能性を獲得した後、次の時代は境界を接する隣人と戦争を続けていた。㈣勇敢さと戦いにおける幸運によって全ラティウムを征服し、つぎにはエトルリア、ケルト、続いて東と北でラテン人の国と境界を接しているサムニウム人と戦争を行った。[7]

1　この年は明らかに第九八オリュンピアー期の二年目（前三八七／六年）が考えられている。アンタルキダースの和平は第九八オリュンピアー期の二年目、前三八六年の春である。レウクトラは第一〇二オリュンピアー期（前三七二／一年）に戦われた。アイゴスポタモイ川での戦いは第九三オリュンピアー期の四年目（前四〇五年）である。

2　ペルシア人によってけしかけられたスパルテーとアテーナイ、テーバイ、アルゴスおよびコリントスの同盟軍の戦いはクニドスでのスパルテーの敗北（前三九四年）後三八七／六年に終わった。その時ティリバゾスが王の訓令で、講和のための条件を受けるように交戦国をサルデイスに召集してなされたものである。（クセノフォーン『ギリシア史』第五巻一・三一以下、ディオドーロス第一四巻一一〇を参照。）

3　シュラクサイのディオニュシオス一世が前三九六年にカルタゴを破った後、イタリアに渡り、前三八九年にエレボロス（現在のスティラロ）の近く、ブルッティウムのカウロニアの北でヘロリスにひきいられたイタリオテースの二万七千人の兵を打ち破った（ディオドーロス第一四巻一〇四）。レーギオンはほぼ一年間（前三八七年）ディオニュシオスに抵抗した。陥落したとき、その住民は手厳しく扱われた（ディオドーロス第一四巻一〇六―八、一一一、一一二）。これらの勝利は海峡のイタリア側でディオニュシオスの地位を確立させた。

4　前三八七／六年、

5　金千ポンドの賠償金（ディオドーロス第一四巻一一六を参照）。

6　予想していなかったヴェネティア人のガリア領域への侵入によってかれらは救われたからである。

7　第二巻一八・五を参照。ガッリア人の侵入の後、ラテン同盟には独立主義が現れ、ティブル人、プレネステ人は別の同盟を結成しようとした。脱退した諸都市はボルサイ族、ヘルニキ族、後にはガッリア人を傭兵として呼び入れた。しかしローマ人は前三五八年に同盟を再編成した。そして前三五四年までに最後の町を服従させた。エトルリア人、ガッリア人、サムニウム人にたいする戦いはポリュビオスが暗示しているように連続した時期には行われなかった。前三八七年に南エトルリアが回復され、四つの部族に分けられた。そして前三五一年にはタルクイニ族とファレリ族は四〇年間の休戦を受け入れた。ガッリア人については第二巻一八―二〇を参照。サムニウム人はローマ人と通例では三度戦争をおこなった。アドコック（CAH. vii. 594ff.）は最初の戦争（前三四三年―三四一年）を非歴史的としてしりぞけている。二番目のそして最も重要な戦争（前三二七年―三〇四年）はローマ人に物質的な利益をもたらした。ガッリア人とエトルリア人を含む連合とローマ人との間の衝突に発展した三番目の戦争（前二九八年―二九〇年）でサムニウム人は無力なものへと弱められた。これらの戦争が中央イタリアにおけるローマの地位を強固なものにした。そしてマグナ・グラキアエの境界まで力を拡大した。

㈤つぎにしばらく経てタレントゥム人がローマの使節に与えた傲慢さとそれに対する恐れからピュッロスを呼び寄せた時[1]、すなわち一部はデルフォイで破滅し、一部はアシアーへ渡ったガッリア人の襲撃の前年に[2]、㈥すでにエトルリア人とサムニウム人を征服し、イタリアにいるガッリア人を多くの合戦で打ち負かしたローマ人は、今はじめてイタリアのほかの部分に転じた。すなわち異民族に対してではなく、すでに自分たちの同胞、当然自分たちに帰属する者たちに対して戦おうとしたのである。そしてかれらはサムニウム人とガッリア人に対する戦いで戦争に従事する真の戦士になっていた。㈦この戦争をかれらは勇敢に切り抜け、最後にはピュッロスとその兵をイタリアから追い出し、ピュッロスと手を組んでいた者たちとふたたび戦い、征圧した[3]。㈧思いがけず、すべてを手に入れ、ガッリア人を除いてはイタリアに住む者たちを配下に置き、その後で自分たちのある同胞によって占拠されているレーギオンを攻囲することに着手した。

七　海峡に建設されていたふたつの都市メッセーネーとレーギオンは似たような運命をたどった。㈡すなわち今述べている時代のすぐ直前に、メッセーネーに対して、かねてよりこの都市の美しさと豊かさに目をつけていたアガトクレース[4]のひきいるカンパニアの傭兵軍がその機会をとら

1　前二八二年に、ルカニア人にたいしてトゥリ人に援助を送ったのにつづいてローマ人の船がタレントゥムに現れた。タレントゥム人はローマ人がラキニア岬の東を航行しないと誓った条約を強く主張して、四隻を沈め、一隻を拿捕した。つぎにローマの守備隊をトゥリから追い出した。謝罪を要求するために送られた使節は侮辱された。前二八一年に、タレントゥムを攻撃するために執政官L・アエミリウス・バルブラが送られたとき、かれらはエーペイロス人のピュッロスを招いた。かれはこの要請を受け入れ、二万五千人の兵を率いて渡った。

2　ガッリア人の最初のマケドニアーへの侵入（そのときにプトレマイオス・ケラウノスが死に遭遇した）の日付は確定できない。タレントゥム人がピュッロスに助けを求めた後の年であることが述べられている。これはアエミリウス・バルブラとマルキウス・フィリップスが執政官であった前二八一年。

3　前二七八年の秋から前二七五年の春までピュッロスはシケリアでカルターゴー人と戦っていた。そしてイタリアへ戻ったとき、かれの疲弊しきった兵はローマ軍に打ち破られた。伝承によるとベネウェントゥムで（しかしおそらくルカニアのパェストゥムの近くで）前二七五年の秋に。プルータルコス「ピュッロス伝」二六・二を参照。

4　シュラクーサイの僭主アガトクレース（前三一七―二八九年）はメッセーネーを前三一五年から三一二年の間占領した（ディオドーロス第一四巻六五以下を参照）。

えるとすぐに条約を破ることを企てたのである。㈢かれらは友人として入れてもらうと、その都市を占拠し市民の一部は追い出し、一部は殺害した。㈣その後かれらは不幸な人の妻子を「運命」が暴力行為の瞬間にそれぞれの手に手渡したのだとして自分たちのものにし、そしてそのほかの財産と土地を分配した。[1] ㈤かくも素早くかつ容易に美しい土地と都市を奪取したので即座にかれらは追従者を見出した。㈥つまりレーギオンはピュッロスがイタリアに渡った時、かれの進撃に対する恐れと海を支配しているカルターゴー人に対する恐れから都市を守るために、ローマ人に駐留を懇請したのである。㈦この駐留軍はカンパニア人デキウス[2]がひきいる四千人からなっていてしばらくはその都市を守り忠誠を保っていたが、㈧結局はマメルティニ人の例がかれらを誘惑しかれらを協力者としてレーギオンに対して協定を破ってしまった。かれらはこの都市の裕福さ、住民の豊かな生計にたいして狂暴になり市民のある者は追い出し、ある者は殺害し、カンパニア人とおなじ方法でその都市を占拠した。㈨ローマ人はその出来事に憤慨した。しかし上述の戦争で手一杯だったので何もできなかった。㈩しかし手があくと上述したようにレーギオンを攻囲した。(一一)その都市が攻略されるとローマ人は占拠し、起るべきことを考えて勇敢に戦った者の大部分は殺し、三百人以上を生け捕りにした。(一二)かれらがローマへ送られると執政官によって広場へ引き出され、それが習慣であったように、先ず鞭で打たれつぎに斧で処刑された。できるかぎりの罰を加えることによって同盟者のローマ人に対する信頼をとり戻したかったからである。町と土地はただちにレーギオン人に返された。

八　マメルティニ人は、というのもカンパニア人はメッセーネーを占領した後、自分たちをこう呼んでいたからであるが、レーギオンを占領したローマの同盟を享受していた間、自分たちの都市と領土を所有していただけでなく隣接している領域への攻撃によってカルターゴー人とシュラクーサイ人をおおいに悩ませ、シケリアーの多くの地域から貢税を徴収していた。㈡しかしレーギオンを占拠したローマ人が攻囲へと密集し、その後ろ盾を失った時、かれ

1　アガトクレースがシュラクーサイに置き、かれの死後シケリアーを去ることに同意していたカンパニアの傭兵（すなわちオスカン人）によるこの占拠は前二八八年から前二八三年の間に起こった。ここでかれらはマメルティニ人という名を使った（Mars「軍神」のオスカン語の形式Mamersから）ディオドーロス第二一巻一八を参照。

2　デキウス・ウィベリウスはカプアの名門家の一員。リーウィウス（第二八巻二八・四）はかれを軍司令官と呼んでいる。ディオドーロス第二二巻一・二―三を参照。

らはただちにシュラクーサイ人によって次のような理由で自分たちの都市へ押しもどされた。[1]㈢これより少し前にかれらの都市の市民たちと争いメルガネに滞在していたシュラクーサイ人の兵は自分たちの指揮官としてアルテミドロスおよび後にシュラクーサイの王となったヒエローンを選んだ。[2]かれは当時まったく若かったが、生まれつき政治家として、また王としてのあらゆる種類の活動の素質を持っていた。㈣かれは支配権を握ると、いく人かの身内の手を借りて町に入り反対派の人を押さえた。かれは穏健にまた寛大に行動したので、兵士たちが選挙権を不当に我が物にすることに同意していなかったシュラクーサイ人はヒエローンが自分たちの将軍であることに一致して同意した。㈤最初の処置から正しく判断する人にとっては、かれの望みが兵を指揮することよりも高い目標にあることはただちに明らかであった。

九　つまりシュラクーサイ人は兵およびその兵と共に指揮官を派遣するとかれらは自分たちの間で党派争いをし、

1　他では知られていない。
2　ヒエローンの統治の初期の年代は確証されえない。パウサニアースは第一二六オリュンピアー期の二年目（前二七五／四年）を挙げている。第六巻一二・二。

つねに何かの改革を図るのを見て、㈡またレプティネースが名声と信頼においてほかの市民をはるかに凌駕し、多数の人の間で非常に愛されていることを知り、かれと婚姻関係を結んだ。ヒエローンが兵をひきいて前線へ出かけなければならない時に、いわば予備としてレプティネースを町に残そうと思ったのである。㈢ヒエローンはレプティネースの娘と結婚し、古くからの傭兵軍が不満であるのを見てとり、メッセーネーを占拠している異民族に対して出兵する。㈣ケンクレアイで対抗して陣を張り、キュアモソーロス川で交戦する。この戦いでかれは市民兵である騎兵と歩兵を、ほかの場所で敵と交戦しようとしているかのように距離を置いて配置した。しかし傭兵軍は先に送り、かれらがすべて異民族によって切り倒されることを許したのである。㈤かれらが敗北している頃、かれ自身は市民兵と共に安全にシュラクーサイへと退いたのである。㈥こうした方法で自分の意図を巧みに達成し、兵からすべての不穏で扇動的な要素を取り除いた後で、個人的にじゅうぶんな数の傭兵軍を募り、それ以降は安全に支配し続けたのである。㈦異民族たちが勝利したために大胆で向こう見ずな態度で行動するのを見ると、市民の兵を武装させ、じゅうぶんに訓練し、かれらを率いて戦地に赴いた。そしてミュライオン平地のロンガノスと呼ばれる川の近くで敵とぶつかる。

㈧かれらに容赦ない敗北を与え、首領たちを生け捕りにし、異民族たちの思い上がりを終わらせ、[1]シュラクーサイに戻るとすべての市民および同盟者から王と挨拶された。

一〇　先に述べたようにレーギオンでの後ろ盾を先に失っていたマメルティニ人はその時、これから述べる理由で、完全な敗北を喫し、ある者たちはカルターゴーへ[2]逃亡し、自分たち自身と城塞をかれらに引き渡そうとした。㈡しかしほかの者たちはローマに使節を送り、町を引き渡し、同族である自分たちを助けることを要請しようとした。㈢この援助の不合理さは明らかであると思われたのでローマ人は長い間決心がつかなかった。㈣というのもかれらはこれより少し前にレーギオン人を裏切ったという理由で自分たちの市民に非常に厳しい罰を課し、処刑したからである。メッセーネーだけでなくレーギオンにもおなじ方法で不正を行ったマメルティニ人は弁明できない罪があるように思われた。㈤しかしかれらはこのことはじゅうぶん知っていたのではあるが、カルターゴー人が全リビュエー[3]だけでなくイベーリアーの多くの地方を隷属させ、その上、サルディニア海とテュレニア海のすべての島々を手中にしているのを見て、㈥もしかれらがシケリアーに対する支配権を得たら非常に危険な隣人になるだろうと心配したのである。かれらは自分たちを攻囲し、イタリアをあらゆる方向から脅かすことになるからである。㈦マメルティニ人が援助を得ない場合、シケリアーをすぐに支配下に置くことは明らかだった。㈧というのもかれらにメッセーネーが引き渡され、支配権を握ると、ほかのすべてのシケリアーは意のままにしているので、かれらはシュラクーサイを滅ぼすであろう。㈨ローマ人はこのことを予見し、メッセーネーを見捨てないこと、イタリアへまるで橋を作って渡すようなことをカルターゴー人に許さないことが必要だと考え、長時間協議した。

一一　元老院は今述べた理由で結局結論を下せないでいた。マメルティニ人に対する援助の不合理さはそれから生

1　この遠征にかんしてはディオドーロス第二二巻一三に詳しい記述がある。

2　すなわちハンニバルの下へ。

3　本来のカルターゴー人の領土は大きくなかった。九六〇平方キロ。しかし前四〇〇年にはリビュエーの多くが属国だった。前六世紀からカルターゴー人は西のフォイニケー殖民地の強力な同盟を形成し、それはギリシア人の西地中海の拡大をくい止めた。前二六五年にはシュルティスのフィラエヌスの祭壇からジブラルタル海峡までの全海岸を包含した。重要なフォイニケーの植民地はアコラ、レプキス・ミノル、ウティカ、ハドゥルメトゥム、両ヒッポス、カンタレだった。

ずる利益と釣り合っているように思われたからである。㈡しかしこれまで行われた戦争によって疲労困憊し、あらゆる種類の改善を必要としている平民は躊躇なく執政官の言うことに耳をかたむけた。かれが今挙げた理由で戦争から期待できる国家にとっての利益だけでなく、それぞれの個人にとっての確実で大きな戦利品の利益を提示したからである。㈢この法案を人びとが通過させた後、執政官の一人アッピウス・クラウディウス[1]を司令官に選び、メッセーネーへ渡り、援助するように命じて派遣した。㈣マメルティニ人はすでに城塞を占拠しているカルターゴー人の司令官を策略や脅しを用いて追い出した。そしてアッピウスを呼び寄せかれに町を引き渡した。㈤カルターゴー人は司令官が無思慮に同時に臆病に城塞を放棄したと考えてかれを磔にした。㈥かれら自身は艦隊をひきいてペロリアス岬[2]周辺に出撃し、歩兵部隊はシュネイスへと出撃し、メッセーネーを激しく攻撃した。㈦この頃ヒエローンは今の状況はメッセーネーを占拠している異民族をシケリアーから完全に追い出す好機だと考えてカルターゴー人[3]と同盟を結ぶ。㈧その後シュラクーサイから軍を動かし、上記の都市へと進軍していた。その都市のほかの側のカルキディコンと呼ばれる山に陣を張り、この方向からの脱出を閉ざした。㈨ローマ人のアッピウスは夜、危険をおかして川を渡りメッセーネーへ到着した。（一〇）敵が四方から迫っているのを見て、敵は地上も海も制圧しているのでこの攻囲は自分にとって恥辱でもあるし、危険でもあると計算し、（一一）マメルティニ人を戦争の危険から回避させようと思って、最初は両方に対して交渉を開始しようとした。（一二）しかしどちらもかれに同意しなかったので結局止むをえず戦いを断行し、まずシュラクーサイ人を攻撃することを決意した。（一三）つまり兵を出動させ戦列を敷いたのである。シュラクーサイの王も進んで戦いの場へと赴いた。（一四）長時間戦い、敵を征圧し、敵対する者を柵で囲まれた陣営まで追跡した。（一五）アッピウスは死体の武具を剥ぎメッセーネーへ戻るように命じた。この戦いの最終的な結果を判断したヒエローンは夜になると急いでシュラクーサイへ戻った。

一二　つぎの日アッピウスはシュラクーサイ人が退去したことを知り、それによって勇気づけられ、ぐずぐずせずにカルターゴー人を攻撃することを決心した。㈡兵士たちに早めに準備しておくことを命じ、夜が明けると同時に出撃した。㈢戦いでかれらの多くを殺し、残りの者たちを近くの

1　アッピウス・クラウディウスは前二六四／三年の執政官。
2　現ファロ岬、シケリアーの北東の岬。
3　ディオドーロス第二三巻一・二によるとハンニバルの息子ハンノーンと。

町へ逃げることをよぎなくさせた。㈣アッピウスはこうした幸運を利用して攻囲を解き、その後は恐れることなく前進し、シュラクーサイおよびかれらの同盟軍の地を荒らして行った。都市の外にいる者は誰も抵抗しなかった。最後はシュラクーサイの前に陣を張り、それを攻囲しようと企てた。㈤これがローマ人が兵をひきいて海を渡った最初であり、それはこのような原因で行われたのであり、そしてこの時に行われたのである。㈥そしてわたしはそれが全体の構想の出発点として最もふさわしいと判断し、原因の説明で、疑問点を残さないために後戻りすることはあるのだが、そこからこの歴史の記述を開始したのである。㈦イタリアそれ自体において躓いたローマ人がどのようにしていつ新たな前進へと立ち上がったのか、さらにいつそしてどのようにしてイタリアを平定した後、ふたたび国外のことへ手を伸ばすことに着手しはじめたのかは、今のかれらのずば抜けた優位さの要点を正しく追跡しようとする人にとって必須のことと考えたのである。㈧だからつぎに最も重要な国の場合に、時を少し後戻りしても不思議に思ってはならない。㈨こうしたことをおこなおうとするのは、それぞれの国が今の状況へと何からはじめていつ、どのように到達したか、その出発点を把握するためである。そのことをローマ人に関しておこなっているのである。

第一次ポエニ戦争

一三　こうした説明は中断し、導入の章の主要テーマを簡単に記述した後で[4]本来の課題に向かう時である。㈡時間的流れに従えば最初はシケリアーをめぐるローマ人とカルターゴー人の間の戦争である。これに続くのはリビュエー戦争であり、㈢さらにはハミルカルの指揮の下でイベーリアーにおいてカルターゴー人によってなされたこと、つぎにハスドゥルーバルの指揮の下でなされたこと。㈣おなじ

4　ここでポリュビオスは第一巻と第二巻の内容を要約する。第一次ポエニ戦争（前二六四—二四一年）は第一巻一三—六四で記述され、傭兵戦争（前二四一—二三八年）は第一巻六五—八八で、ハミルカルのイベーリアーでの功績（前二三七—二二九年）は第二巻一で、ハスドゥルーバルのそれ（前二二八—二二一年）は第二巻一三と三六で、第一次イッリュリアー戦争（前二二九—二二八年）は第二巻二—一二で、ガッリア戦争（前二二五—二二二年）は第二巻二一—三五で、クレオメネース戦争（前二二八—二二二年）は初期のアカイアー史の要約とともに、第二巻三七—七〇に記述されている。

時にローマ人がイッリュリアーへそしてエウローペーのこの部分（すなわちイベーリアー）に最初に渡ることが行われた。それに続くのはイタリアにおけるガッリア人に対する戦争である。㈤これと同時期にギリシアではいわゆるクレオメネース戦争が行われた。それでもって全体の導入部と第二巻が終わるであろう。

㈥これらの出来事について詳細を語ることはわれわれにとって必要でもないし、読者にとって有用でもない。㈦というのもわれわれはそれらについて詳細を記述することを意図しておらず、叙述したいと思っているエウローペーの歴史への導入として本質的な事柄だけに言及しておきたいと考えているからである。㈧したがって時間的流れに沿ってのそれらの出来事は本質的な事柄に触れるに止め、導入の終わりをわれわれの歴史記述の最初と結び付けようと思う。㈨すなわち、このような方法で叙述は一貫したものとなり、すでにほかの人によって語られている事柄にもう一度立ち戻ったとしても正当化されるであろう。興味を持っている人にとってこの配列はこれから述べようとする事柄への接近を容易にするであろう。(一〇)ローマ人とカルターゴー人の間の最初の戦争だけは少し注意深く取り扱っておこう。(一一)というのもあの戦争におけるほど永く続き、広範な装備と辛抱強い努力でもって行われ、数多くの戦いが行われ、両方の側で大きな運命の逆転があった戦争を見出すことは容易ではないからである。(一二)国家それ自体どちらも当時、道徳は堕落しておらず、幸運さという点では中ぐらいで、軍事力はほぼ等しかった。(一三)それゆえ、両国家の独自性と能力のより良い評価はそれにつづく戦争よりもこの戦争におけるかれらの行動を比較することによって得られる。

一四　上述の理由に劣らずわたしがこの戦争に関心を向けるよう駆り立てられたのは、それについて熟知していると思われているフィリノス[1]とファビウス[2]が真理を正しく伝

1　アクラガースのフィリノス（ＦＧＨ、１７４）は多分戦争と同時代の人で、カルータゴー人の立場から書かれていた。ローマにたいするかれの敵意は前二六一年（一九・一五）のアクラガースの扱い方によって際立たされる。ディオドーロスがフィリノスを第一次ポエニ戦争の資料としてのみ用い、傭兵戦争の資料としてはポリュビオスに移っているという事実はかれがそれについてモノグラフを書いたことを示唆する。

2　ローマ人の最古の歴史家であるファビウス・ピクトルは「断片」以外では残存しておらず、その断片は実際は後の著述家における引用である。彼は元老院議員でハンニバル戦争と同時代の人だった。ローマの創設（前七四八／七年）からかれ自身の時代までローマ人の沿革をたどったかれの歴史はギリシア語で書かれていてギリシア人に対してローマ人の政策を正当化するという明確な政治的目的をもっていた。

えていないからである。㈡かれらの性格および主義から判断してこの二人が意図的に嘘を言っているとは思わない。しかし愛する人に似たようなことがかれらに起こったようにわたしには思われる。㈢かれの確信とカルターゴー人に対する共感ゆえに、フィリノスにはかれらがすべての点で理性的であり、立派にかつ勇敢に行動し、ローマ人はその逆であるように思われるのである。㈣さらにファビウスにとってはその逆である。人生のほかのことだったらおそらく非難されることはないであろう。良き人は友を愛し、祖国愛を持ち、友と共に敵を憎み友人を愛さねばならない。㈤だが歴史家の任務を引き受ける場合には、こうしたことはすべて忘れ、かれらの行為がそれを要求する時は敵をしばしば褒め、最大の称賛の言葉で飾らなければならないし、また行動の仕方の欠陥がそれを惹き起したのであれば最も親しい友をも非難し、容赦なく批判しなければならない。㈥視力を失った生き物が何の役にも立たないように、歴史記述から真理を取り去ったならば、残ったものは無益なむだ話となる。㈦それゆえに友を告発し、敵を褒めることを躊躇してはならないし、同じことをある時は非難し、ある時は称賛することは用心すべきである。ことに当たっている人がつねに正しいことを行い、またつねに過ちをおかすということはありえないからである。㈧つまり史書においては行為者からは目を転じ、むしろ行為それ自体にそれにふさわしい判断と評価を与えなければならない。㈨ここで述べたことが真実であることは以下の記述から洞察できるだろう。

アッピウス・クラウディウスの作戦についてのフィリノスの説明

一五　フィリノスは歴史記述をはじめる第二巻の最初で述べる。「カルターゴー人とシュラクーサイ人はメッセーネーの前で戦争を行っていた。㈡つぎにローマ人が海からその都市に到着し、ただちにシュラクーサイ人に向かって出動した。しかしさんざん打ちのめされてメッセーネーに戻った。かれらはふたたびカルターゴー人に向かって出撃したが敗北を喫しただけでなく捕虜として相当な数の兵士を失った。」㈢こう述べた後「ヒエローンは合戦後理性をまったく失い、ただちに陣営とテントに火をつけ、夜の間にシュラクーサイへ逃げただけでなくメッセーネー地方にあった要塞をすべて空にした。㈣同様にカルターゴー人も戦いの後、すぐに陣営を去り、町へ四散し、壁の外に姿を現すことはあえてしなかった。そのためかれらの指揮官たちは軍勢の士気喪失を見て合戦による決着を放棄することを決議した。㈤ローマ人はかれらの後を追いカルターゴー人とシュラクーサイ人の領域を荒らしただけでなく、シュラクーサイの前に陣取り、攻囲することに着手した」と述べる。㈥この記述はまったくの嘘で満ちているように思われる。詳細な説明はまったく必要としない。㈦なぜならメッセーネーを攻囲し、勝利したとかれが述べた者たちがつぎにかれの主張によれば逃げて行き、戦場から退き最後には包囲され、戦意を喪失したとされるのである。㈧かれが最初敗れて包囲されたと述べた者たちが追跡し、ただちに戦場を支配し、最後にはシュラクーサイを攻囲したとかれは主張するのである。㈨このことはたがいにどうしても一致しない。どうしてそういうことがありうるか。最初の主張が間違っているか、続いて起こった出来事についての陳述が嘘であるに違いない。㈩しかし後者は正しい。というのもカルターゴー人とシュラクーサイ人は戦場を明け渡し、シュラクーサイをローマ人は攻囲し、シュラクーサイ人とカルターゴー人の属州の間にあるエケトラスさえも攻囲した。(一一)つまり最初の主張、前提が間違っていること、およびメッセーネーをめぐる合戦で勝利したローマ人があの歴史家によって敗れたと述べられていることを承認せざるをえない。

㈢フィリノスはかれの全著作を通してこういう人だと分かる。ファビウスも同様である。そのことは適切な箇所で示すことにしよう。この脱線で、必要だと思われることは述べたので、本来の事件に戻ってそれをひとつひとつたどりながらこの戦争の真の概念へと読者を導くことを試みてみよう。

一六　アッピウスとその軍団の成功がシケリアーからローマへ伝えられると、マニウス・オタキリスとマニウス・ウァレリウス[1]を執政官に選び、全軍団と両者を司令官としてシケリアーに派遣した。㈡ローマには同盟軍以外に毎年徴兵名簿にいれられるローマ市民の四軍団がある。それぞれの軍団は四千人の歩兵と三百人の騎兵で成り立っている。㈢かれらがシケリアーに到着すると、大部分の都市がカルターゴー人とシュラクーサイ人から離叛した。[2]㈣ヒエローンはシケリアー人の混乱と驚きをまた同時にローマ

1　マニウス・オタキリスとマニウス・ウァレリウスは前二六三／二年の執政官。
2　詳細はディオドーロス第二三巻四に記述されている。

の軍団の数の多さと重厚さを見たとき、そのことからローマに賭ける期待の方がカルターゴー人に賭けるそれよりも輝いているという結論を出した。㈤かれは熟慮の結果、ローマ側に傾いたので司令官に使節を送り和平と同盟について協議しようとした。㈥ローマ人は補給のことを考えてかれに同意した。㈦つまりカルターゴー人は制海権を握っていたので補給があらゆる方面から遮断されるのではないかと恐れたのである。㈧それゆえにヒエローンはこの点で自分たちに大いに尽力してくれるだろうと考えて喜んでこの同盟を受け入れた。㈨条約はつぎのような条件で締結された。王はローマに身請け金なしですべての捕虜を釈放すること。それに加えて百タレントの銀を支払うこと。今後ローマ人はシュラクーサイ人を友好者、同盟者とすること。㈩王ヒエローンはその後自分をローマ人の保護の下におき、ことがある場合にはつねにかれらに援助を仰ぎ、シュラクーサイ人を支配し[3]。またギリシア人から冠やほかの栄誉を得ることを追い求めた。(一一)かれはあらゆる人びとのうちで最も傑出した人としてかつほかの人よりも永く個人的にも公的な政策においてもかれ自身の叡智の果実を享受したように思われる。

一七　条約がローマに伝えられ、人びとがヒエローンとの和解を受け入れ、それを批准したとき、ローマ人は将来は全軍団ではなく二軍団だけ派遣することを決議した。㈡王がかれらの側に立ったので戦争の重荷が軽くなったとみなし、他方そのようにして兵をあらゆる必要な事柄に用立てようと考えたのである。㈢カルターゴー人はヒエローンが自分たちの敵になり、ローマ人がシケリアーのさらに多くの事柄に干渉してくるのを見て、敵に敢然と立ち向かい、シケリアーの支配を主張できるもっと強い装備が必要だと考えた。㈣対岸の大陸から多くのリグリア人とガッリア人さらにこれよりも多くのイベーリアー人を傭兵軍として募り、かれらすべてをシケリアーへ派遣した。㈤またアクラガース[4]が自分たちの軍備にとって最良の場所に位置し、同時に自分たちの領域で最も重要な場所であることを知り、そこに補給品と兵を集め、この都市を戦争に対する基地として用いることにした。

3　ヒエローンはシュラクーサイのほかにアクラエ、レオンティニ、メガラ、ヘロルム、ネートゥム、タウロミニウムの都市を支配した。

4　アクラガースはシケリアーの南西海岸の途中にあり、第二の都市だった。第九巻二七を参照。ディオドーロス第二三巻四・二、五はシュラクーサイ人との和平後のそれ以降のローマ人の活動の詳細でポリュビオスを補っている。

(六)ローマ人のうちヒエローンと同盟条約を締結した執政官はローマに戻った。[1] かれらの後任者ルキウス・ポストミウスとクイントゥス・マミリウス[2]が兵をひきいてシケリアーへやって来た。(七)そしてカルターゴーの意図とアクラガースでの軍備を知ったので、大胆に仕事に取りかかることを決意した。(八)それゆえ戦争のほかの課題は後回しにして全軍を投入してアクラガースそれ自体を襲撃した。その都市から八スタディオン（一・四四キロ）離れた所に陣を張り、カルターゴー人を城壁の中に閉じ込めた。(九)しかし収穫時期の最盛期[3]であり、攻囲は長期にわたりそうだったので、兵士たちは必要以上に大胆に穀物を収穫しはじめた。(一〇)カルターゴー人は敵が畑で分散しているのを見て、出撃して穀物を収穫している者たちに襲いかかった。そしてかれらを容易に敗走させ、ある者たちは陣営の略奪へと向かい、ある者たちは待ち伏せへと向かった。(一一)しかし戦争における規律の優秀さがこれまでしばしばそうであったように、その時もローマ人を救った。というのもかれらの間では勝手に場所を離れたり、歩哨に立っていて完全に逃げ出した場合の罰は死刑と定められていたからである。[4] (一二)その時も敵は数倍だったが、勇敢にもちこたえ自軍の多くを失ったが、さらに多くの敵を倒したのである。(一三)最後には陣営の柵を根こそぎにしようとしていた敵を包囲し、かれらのある者たちは殺し、また残りの者たちに襲いかかり殺戮しつつ都市へ追い返した。

一八　その後カルターゴー人は攻撃に対してより用心深くなり、ローマ人は糧秣を調達するのにより慎重になった。(二)カルターゴー人は小競り合い以上の攻撃はしてこなかったので、ローマの執政官たちは軍をふたつに分けて一方の部隊は都市の前のアスクレピオス神殿[5]の近くに留め、もうひとつの部隊は都市のヘーラクレイア[6]に面した側に配置した。(三)このふたつの陣営の間は都市の両側から強化した。

1　ウァレリウス・マクシムスは前二六二年三月一七日に凱旋式を祝った。
2　ルキウス・ポストミウスとクイントゥス・マミリウスは前二六二・一年の執政官。
3　すなわち六月。
4　第六巻五六・六を参照。
5　セラディファルコ男爵によって（Le antichita della Sicilia（Palermo, 1834), iii. 28, 75）ふたつの川の間にある町の南にある聖グレゴリオ教会のそばの神殿と同一視された。
6　ヘーラクレイア・ミノアは海岸沿いに北西二七・二キロにあった。二五・九およびディオドーロス第二三巻八・一を参照。

すなわち、都市からの出撃に備えて内側に向かって塹壕を掘って外からの攻撃を警戒し、攻囲された都市で行われるのが普通である、補給品を持込んだり、援軍を入り込ませることを警戒して兵を配置した。㈣塹壕と陣営の間の空間には歩哨を配置し適切な場所を選んで距離をおいて防備を固めた。㈤補給品とそのほかの装備品はほかのすべての同盟軍が集めてヘルベーソス[7]に運び込み、かれら自身はそれほど離れていない都市から絶えず生活必需品や家畜を運んで来て必要とするものを潤沢に調達した。㈥さてかれらは、小競り合い以外はたがいに完全な優位を得られないまま約五ケ月間おなじ地点に留まっていた。㈦しかしカルターゴー人は都市に閉じ込められた五千人を下らない兵士の数の多さのために飢えに苦しみ、攻囲された兵の司令官ハンニバルは状況を報告し、援助を要請する使者を次々にカルターゴーへ送っていた。㈧カルターゴーでは集めた兵士と象を船に積み込みシケリアーのもう一人の司令官ハンノーンのもとへ送り出した。㈨かれはすべての軍需物資と兵力をヘーラクレイアに集め、まず不意打ちによってヘルベーソスの都市を占拠し[8]、そのことによってローマ軍団に対して市場と最も必要な生活必需品の補給を遮断した。㈩このことによってローマ人は攻囲していると同様自ら攻囲されるという状況に陥った。つまりかれらは食料の欠乏と生活必需品の不足でこのような苦境に陥ったので攻囲を解くことを繰り返し協議した。⑾そしてもしヒエローンが必要な補給を必要な量だけ確保するために全力をあげ、また巧妙さを発揮しなかったら、かれらはそうしたであろう。

一九　さて、ハンノーンはローマ軍が病気と物資の不足で弱っているのを見たとき、というのもかれらの間では伝染病的状況が生じていたのであるが、自軍は戦いに耐え得ると判断し、㈡五〇頭の象と残りのすべての兵をひきいてヘーラクレイアから急いで進軍した。そしてノマディアの騎兵には先頭に立って進み、敵の陣営に近づき、かれらの騎兵をおびき出し、つぎにふたたび本隊まで退くように命じた。㈢ノマディア人が命じられたことを実行し、ひとつの陣営に接近するとローマ人の騎兵はただちにどっと出て来て、ノマディアの騎兵に対して大胆にとびかかってきた。

7　ヘルベーソスはアクラガースから遠くない所にあり、従ってシュラクーサイの近くのシセル人の町ではない。ディオドーロス第二三巻八・一で言及されている（裏切って渡そうとハンノーンに差し出された町）。

8　内部にいる者との共謀による、ディオドーロス第二三巻八・一を参照。

㈣リビュエー人は命じられた通りハンノーンの軍と出会うまで退却した。つぎにかれらは向きを変えて四方から敵に押し迫り、かれらの多くを殺し、残りは陣営まで押し戻した。㈤その後ハンノーンは敵から一〇スタディオン（一・八キロ）離れているトロスと呼ばれる丘[1]に陣を張った。㈥二ケ月間状況は変わらないままだった。[2] 毎日の小競り合い以外はどちらも完全に優位に立つことはなかった。㈦しかしハンニバルは狼煙によって合図を送り、また絶えず都市からハンノーンへ使者を送り、多くの者が飢えをもはや耐えることができないこと、多くの者が欠乏ゆえに敵へと脱走していることを知らせたので、カルターゴー人の司令官はあらゆる危険をおかすことを決意し、一方ローマ軍も上にあげた理由でそれに劣らず合戦を望んでいた。㈧それゆえ、両軍共に陣営の間の空間に兵を出し、たがいにぶつかりあった。㈨戦いが長い間つづいた後、やっとローマ軍は最初にぶつかったカルターゴー人の傭兵軍を敗走させた。㈩かれらが象の方へと退き、他の部隊が後衛へ退くと、カルターゴー軍全体が混乱に陥るということになった。(一一)混乱は全体にひろがり、多くの者が死に、[3] ある者たちはヘーラクレイアに逃げ帰った。ローマ軍は大部分の象とすべての装備を手中にした。(一二)夜になり、ローマ軍はひとつには勝利の喜びから、ひとつには疲れから歩哨をおろそかにしたので、すべての希望を失っていたハンニバルは上記の理由で救われる絶好の機会を見出したと思い、真夜中頃傭兵軍とともに都市を後にした。(一三)濠を籾殻の入った籠で埋め、敵に気づかれずに安全に自軍を連れ出した。(一四)夜が明けるとローマ軍は起こったことに気づき、ハンニバル部隊のしんがりをすこしばかり追い、その後一団となって門へ突進した。(一五)誰一人妨害してかれらに立ち向かう者はいなかったので、急襲して町を略奪し、多くの者を捕虜にし、[4] さまざまな種類の戦利品を得た。

二〇　アクラガースをめぐる出来事についての知らせがローマの元老院に届くと、かれらは大喜びをし、計画においてもっと大胆になり、本来の目的に止まることなく、マメルティニ人を救ったことと戦争がもたらした戦利品では

1　他には知られていない。
2　すなわち前二六二年一二月から前二六一年一月まで。攻囲は七ケ月つづいたディオドーロス第二三巻九・一では六ケ月とある。
3　ディオドーロスはかれの損失を歩兵三千人、騎兵二百人と記述している。第二三巻八・一を参照。
4　ディオドーロスは全住民が奴隷にされ、その数は二万五千人以上と記述している（第二三巻九・一）。

満足せず、㈡カルターゴー人を島から追い出せる、そうなると力の大きな増大が望めると期待した。そうした考えと実現のための計画にかれらは没頭していた。㈢陸上軍にかんしてはすべてがかれらの望み通りに進んでいるのを見た。㈣アクラガースを攻囲した執政官の後任として任命されたルキウス・ウァレリウスとティトゥス・オタキリウス[5]はシケリアーの処理を状況に応じて満足の行く方法でおこなうだろうと思われた。㈤しかし海はカルターゴー人が明らかに支配していたので、戦争の釣り合いは取れていた。㈥というのもその後、ローマ人がアクラガースを占拠した時、内陸部の多くの都市はかれらの陸軍を恐れてローマ軍の側に立ったが、まだ多くの沿岸部の都市はカルターゴー人の海軍を恐れて離叛していた。㈦しかし分銅の釣り合いが上述の理由からある時はこちらへ、ある時はあちらへと傾くのを見て、さらにイタリアが敵の海軍力によってしばしば荒らされ、リビュエーはまったく無傷のままであるのを見て、カルターゴー人と共に海に乗り出すことを決意した。㈧とくにこの出来事がシケリアーをめぐる戦争の記述にわたしを長く留まらせた原因である。ローマ人がどのようにして、いつ、どのような理由でまず海に乗り出したかについて、そのきっかけを読者は知っていなければならないからである。

㈨つまり、ローマ人は戦争が長引くのを見て、はじめて百隻の五段櫂船と二十隻の三段櫂船[6]を造船したのである。㈩しかし船大工たちは、それまで誰もそのような船は用いず、五段櫂船の造船には無経験だったので、ひじょうに苦労した。(一一)まさにこのことが、ローマ人が何か事をしようと決めたときにはいかに生気あふれていて、大胆であるかをほかの何よりもよく示す。(一二)すなわちもっともな動機というようなものはなく、というよりそもそも動機などまったくなく、今まで海に思いを致すこともなく、その時はじめて意識にのぼったのであるにもかかわらず、ことに取りかかる前に先祖から誰にも負けない海の支配権を受け継い

5　ルキウスウァレリウスとティトゥス・オタキリウスは前二六一／〇年の執政官。

6　三段櫂船、四段櫂船、五段櫂船については熱い議論が依然としてなされている。たとえば三段櫂船では同じ段に漕ぎ手の三つのグループがいたのか、あるいは漕ぎ手のグループが三段にいたのかという議論である。今同意がなされているのは、五段櫂船では一本のオールに五人の漕ぎ手がいて、同様に四段櫂船では四人の漕ぎ手がいるということである。ポリュビオスは五段櫂船を他のタイプの船をも含めて用いるが、それは前二六〇年以降は五段櫂船が際立ってローマの軍艦だったからである。

でいたカルターゴー人と海で戦う挙に出るほどの大胆さをもってことに着手したのである。㈢今述べたことの正しさ、かれらの冒険心のとてつもなさを示す例として次のことが役立つだろう。最初にメッセーネーへ兵を渡そうとした時甲板《カタプラクトス》を備えた船はなく、軍船《プロイオン》も快速艦《レンボス》[1]も一隻もなく㈣タレントゥム、ロクリス、ウェリア、ネアポリスから五段櫂船と三段櫂船を借り、それに兵士たちを乗せて渡したのであった。㈤さてその頃、カルターゴー人が海峡でかれらに向かって船を進めている間に、一隻の甲板を備えた船がローマ人の熱意によって手に入るということになった。かれらはそれを手本として使い、全艦隊を作りあげたのである。もしこの事件が起こっていなかったら、経験がなかったために、計画の完遂ということは考えられなかったであろう。

二一　造船を託された人は船の装備に携わり、乗組員を集めた人びとはかれらに地上でつぎのような方法で漕ぎ方を教えた。㈡陸に据え付けた漕ぎ座に座らせて船上での漕ぎ座とおなじ配置をし、真ん中に水夫長を置き、全員を同時に仰向けに身を横たえさせ、手を自分の方に引き、それからふたたび体を前に倒し、腕を伸ばし、指導者の指揮に従って動きをはじめたり、止めたりすることに慣れさせた。㈢こうした準備の後で、船が完成すると同時[2]に海へ引き降ろし、海上で短期間実際に漕ぐ訓練をした後で、執政官の命令に従ってイタリアの海岸に沿って航行した。㈣ローマ人によって海軍の指揮権を委ねられていたグナエウス・コルネリウス・スキピオはそれより数日前に航行する準備ができるや否や、海峡へ[3]航行するようにと船長たちに命令を与え、かれ自身は十七隻の船をひきいて出航し、メッセーネーで艦隊に必要な物をすべて準備するために先にそこに向かって航行していた。㈤リパラの都市に関することがかれの耳に入ると過度の希望をいだき上記の船と共に航行しその都市の前で錨を降ろした。㈥カルターゴーの司令官ハンニバルはパノルモスでそのことをきくと、元老院のメンバーであるボーデスに二十隻の船を与えて送り出した。㈦かれは夜のうちにリパラへ航行し、湾の中にスキピオを閉じ込めた。夜が明けると、船の乗組員たちは逃亡したが、スキピオは狼狽して何もすることができずに身柄を敵に引き渡した。㈧カルターゴー人は敵の船と司令官を手に入れて、ただちにハンニバルのいる所へと出航した。㈨数日後、

1　甲板を備えた船は大きくて甲板を備えた軍艦、軍船は一般的な軍艦、快速艇は軽くて甲板のない船。

2　プリーニウスの伝承に従うと、六十日以内に、第一六巻一九二。

3　前二六〇／五九年の執政官。

スキピオの不運は明白でそのすぐ前に起こったことであるにもかかわらず、ハンニバル自身すんでのところで明らかに似たような過ちをおかすところだった。㈩というのもローマ人の艦隊がイタリアの海岸に沿って航行し、近くにいると聞くと、敵の数と全編成の仕方を知りたいと思って、五〇隻の船をひきいてそれに向かって航行していた。㈡しかしイタリアの先端を曲ったとき、秩序だった編隊を組んで航行して来る敵と衝突し、船の多数を失い、かれ自身は残った船と共に逃れたが、このことは思いもよらないことだった。

二二　ローマ人はその後、シケリアーの海岸に接近し、グナエウスを見舞った不幸を知り、ただちに陸軍の司令官ガイウス・ドゥイリウスへ使者を送り、かれの到着を待った。㈡同時に敵の艦隊が遠くないところにいると聞くと、海戦の準備にとりかかった。㈢船は装備が劣っており、動きが鈍かったので、戦いのための助けとして後に烏と呼ばれる装置[4]を誰かがかれらに教えた。それは次のように設計されている。㈣前甲板に長さ四オルギュイア（約七・二メートル）、直径三パライステ（約二二・五センチ）の丸い棒が立っている。㈤これには上端に滑車が取り付けられていて、さらにその回りには斜めに板が釘付けされた幅四プース（約一・二メートル）、長さ六オルギュイア（約一〇・八メートル）の梯子が掛けられていた。㈥板張りの穴は楕円形で梯子の先端から二オルギュイア（約三・六メートル）の所で棒を取り巻いていた。この梯子にはさらに膝の高さまでの側面板が両側面に取り付けられていた。㈦梯子の先には先を尖らせた一種のつるはしが取り付けられていて、その先には輪が取り付けられていてその結果全体はパンを焼く道具と似ていた。㈧この輪には綱が結びつけられていて、その綱で船と船が衝突した際に、棒に取り付けられている滑車を使って烏を持ち上げ敵の船の甲板に落とした、ある時は前甲板に、ある時は側面から来る体当たりに対して装置を回転させることによって。㈨さて烏が甲板の板に食い込むやいなや、舷側でたがいに結び付けられた場合には四方から敵の船に飛び移り、船首でたがいにぶつかった時には二隻が相接続して烏の通路を通って攻撃を行った。㈩最初の船は楯を前にさし出して正面を守り、後続の船は楯の縁を側面に押し付けることによって側面を安全にした。㈡このような方法で装備して、ローマ人は合戦

4　これは前四一三年にアテーナイ人によって使われた四爪錨《よつづめ》の改良されたものにすぎない。トゥーキューディデース第七巻四一・二、アリストファネース『騎士』七六二、プリーニウス『博物誌』第七巻二〇九を参照。

への好都合な機会を窺っていた。

二三　ガイウス・ドゥイリウスは艦隊の司令官の災難を知ったとき、軍司令官に陸軍の部隊を任せてかれ自身は艦隊へ移った。

ミュライの戦い

㈡敵がミュライ[1]地方を荒らしているのを知ると全艦隊をひきいてそれに向かった。㈢カルタ－ゴー人はそれに気づくと、百三十隻の船で大喜びで、急いで出航した。ローマ人の未経験をあなどり、どの船も船首を敵に向けて航行した。秩序を保つことが戦いでは大切だと考えもせずに、何かの獲物を目指しているのだという様相を明らかに見せていた。㈣かれらを指揮したのはハンニバルであった。かれは夜陰に乗じて兵をひそかにアクラガースから連れ出し、かつてはピュッロス王が乗っていた七段櫂船に乗っていた。㈤カルタ－ゴー人は敵船のすべての船首に高く引き揚げられている烏を目にしたとき、装置の景観が見慣れないものだったので、ちょっと驚いたが、敵を完全にあなどっていたので、最初に航行して来る船を恐れを知らずに攻撃した。㈥しかし戦いに巻き込まれた船はそのつど、その装置に捕まり、ただちにローマ人が烏を用いながら前進し、甲板で接近戦となったので、カルタ－ゴー人のある者は斬り倒され、ほかの者は何が起こったのかという狼狽から降参した。というのもこの戦いは陸上での戦いとまったく等しくなったからである。㈦このようにしてかれらは最初に攻撃した船を乗組員もろとも三十隻を失った。その中には司令官の乗った船もあった。ハンニバル自身は希望を失い、危険をおかして一隻の中型ボートで逃れた。㈧カルタ－ゴー人のほかの艦隊は敵の船に衝突するために、近寄ってきたが、先行した船の運命を見て、わきへそれ、その装置の一撃を回避した。㈨なお、かれらは自分たちの速いスピードを頼りにして敵の周りを回りながら、舷側からかあるいは船尾から攻撃できることに望を託した。㈩しかし烏が回転し、あらゆる方向にあらゆる方法で突進してきて、それに近づ

1　ミュライ現ミラッツォ）はペロロス岬（現在のカポ・ディ・ファロ）の西約四〇キロのシケリアの北海岸にある岬の付け根に位置していた。

くものが必ずつかまえられたとき、ついに退き、五十隻の船を失い、この新しい経験によってかれらは恐怖に怯えて逃げて行った。

二四　ローマ人はおもいがけない方法で海戦への期待が満たされるのを見たときに戦争への熱意を倍加した。㈡まずかれらはシケリアーに上陸し、攻囲され、すでに極端に疲労困憊していたセゲスタの都市を解放し、アイゲステーから帰還する途中でマケッラを攻撃して奪った。㈢しかし海戦後、陸軍に配属されパノルモスに滞在していたカルターゴー人の将軍ハミルカルはローマ軍の陣営においてローマ人と同盟軍の間で合戦においてどちらが目覚しい働きをしたかをめぐって内紛が生じているのを知り、㈣また同盟軍は自分たちだけでパローポスとヒメラー人のテルマイの間で陣を張っているのことを知った。陣を引き払おうとしていたかれらに、全軍をあげて急襲し、ほとんど四千人を殺した。[2]㈤この成功の後ハンニバルは救出された船とともにカルターゴーへ向けて出港し、それからまもなく、さらに何隻かの船と名高い三段櫂船の指揮官らを加えてそこからサルディニアへと渡った。㈥その後間もなくサルディニアでローマ人によってある湾に閉じ込められ、多くの船を失い、生き残ったカルターゴー人によってただちに捕らえられて磔にされた。㈦というのもローマ人は海に乗り出すやいなやただちにサルディニアへ手を伸ばしていたからである。

㈧シケリアーのローマ軍は次の年は言うに値するようなことは何もしなかった。㈨当時新たに任命された執政官アウルス・アティリウスとガイウス・スルピキウスがその軍[3]を引き受けパノルモスに向かって出発した。というのもカルターゴー軍がそこで越冬していたからである。(一〇)執政官たちは全軍をひきいてその都市に接近し、戦列を敷いた。しかし敵は対抗して出撃してこなかったので、そこからふたたび目標をヒッパナの都市に変え、最初の攻撃でその都市を占拠した。(一一)同様にその堅い地形のために長い攻囲に耐えていたミュティストラトンを奪った。(一二)さらに少し前にかれらから離叛したカマリーナの都市を攻囲の機械を持ち込み、城壁を壊した後で占拠した。同様にエンナとさら

2　ディオドーロスは六千人という数を記している、第二三巻九・四。戦いはおそらくテルマイ（現テルミニ）の海岸沿いの平地で行われ、年代は前二六〇／五九年。ドゥイリウスは明らかにローマに帰還しており、前二五九年二月に凱旋式を祝った。

3　前二五八／七年の執政官。

にほかのカルターゴー人に属していた小さな都市も占拠し、これらのことを終えた後、リパラを攻囲することに着手した。

二五　つぎの年テュンダリスで[1]錨を降ろしていたローマ人の執政官ガイウス・アティリウス[2]はカルターゴー人の艦隊が無秩序に航行しているのを見て自分の乗組員に先航している船を追うことを命じ、かれ自身は一緒に航行していた十隻の船をひきいて先頭にたった。㈡カルターゴー人は敵のある者たちがちょうど船に乗り込もうとしており、ほかの者たちはすでに出航しており、先頭を行く船はほかの船よりもずっと先に行っているのに気づくと、向きを変えてかれらに立ち向かおうとした。㈢そしてほかの船は取り囲んで壊滅させ、執政官の乗った船もすんでのところで、乗組員もろとも奪うところだった。しかしながら、その船にはすぐれた水兵が乗り込んでおり、非常に速く航行し、思いがけず危険を逃れた。㈣しかし、ローマのほかの船も徐々に集まってきた。かれらは一列横隊になると敵にぶつかってきて、十隻を奪い、八隻を沈めた。カルターゴー人の残りの船はリパライアイーと呼ばれる島へ退却した。

㈤この海戦から両者は今や等しい条件で戦ったと考え、完全な海軍を組織し、海上権を奪おうとはやりたった。㈥陸軍はこの間、取りたてて言うほどのことは何もせず、行き当たりばったりの些細な行動で時を過ごした。㈦両者ともすでに述べたように、間近に迫った夏に備えて準備をした後、ローマ人は三百三十隻の甲板を備えた軍艦で出航し、メッセーネーを目指した。㈧そこからシケリアーを右手にしてパキュノス岬[3]で折れそれを越えてエクノモスまで航行した。陸軍がこの地にいたからである。㈨カルターゴー人は三百五十隻の軍艦でリリュバイオンに上陸し、ミノーアーのヘーラクレイアで錨を降ろした。

1　テュンダリスはミュライ（現在のティンダロ）の西約二四キロにある。

2　前二五七／六年の執政官。

3　パキュノスは現代のパッセロ岬で、シケリアーの南東の岬。エクノモス山はヒメラ川（現代のサルソ）の右岸にある。

エクノモスの戦い

二六　ローマ人の意図はリビュエーへ航行しカルターゴー人がシケリアーではなくかれ自身の領土、かれ自身の存在を賭けて戦うようにとそこへ戦場を移すことだった。㈡カルターゴー人はそれを阻止することを決意した、というのもかれらはリビュエーが攻撃し易く、この地方の住民はすべて、一度その地に侵入して来た者には容易に屈服することを知っていたので、黙認することはできず、決定的な海戦で決着をつけようと急いだ。㈢一方は渡航を阻止しようとし、他方は力ずくで取ることを決意していたので、これからの戦争は双方の野心から戦われることは明らかだった。

㈣ローマ人は両方の目標に備えて、すなわち海上での戦いとリビュエーへの上陸の際の戦いに備えて軍備を整えていた。㈤それゆえかれらは陸軍から最も優れた兵士を選び、全戦力を四つの部隊に分けた。㈥この部隊のそれぞれにふたつの名前が付けられた、すなわち第一軍団あるいは第一艦隊そしてほかはそれに応じて。第四部隊にはさらに第三の呼び名が付けられていた、それは陸軍での使用に応じてトゥリアリーと呼ばれた。[1] ㈦船に乗船していた全部隊の総数は約十四万人で、それぞれの船には三百人の漕ぎ手と百二十人の海兵が乗船していた。

㈧それに対してカルターゴー人は主として海戦だけを目指して手はずを整えていた。かれらの人数は船の数に対応して、十五万人を超えていた。㈨それによってそこに居合わせて、自分の目で見た人だけでなくそれを聞いた人も軍人と船の数から推論して、その戦いの大きさと、両国家の豊かさと力に驚いたに違いない。

(一〇)さてローマ人は広々とした海を航海すると敵は速さの点で自分達よりも勝《まさ》っていると考えたので、船列があらゆる側から安全でかつ攻撃し難いようにしようと努めた。(一一)執政官マルクス・アティリウスとルキウス・マンリウスが[2]乗っていた二隻の六段櫂船[次頁]を最前線にたがいに並べて配列した。(一二)この両船のそれぞれに続けて一隻には第一艦隊を、

1　これらの呼び名については第六巻二一・七―一〇を参照。
2　前二五六／五年の執政官。

一隻には第二艦隊を配置し、艦隊のそれぞれの一隻ごとに間の空間が大きくなるようにした。船首を外側に傾けた各船は隊列を形成して停止していた。㈢第一艦隊と第二艦隊を楔形に配置した後で、それらに続けて一隻づつ一列横隊に第三艦隊を配置した。それぞれの船が配置につくと戦闘隊形全体は完全な三角形を形成した。㈣それらの背後に馬を運ぶ船を配置し、その船から第三艦隊の船に引き索を張った。㈤その背後にトゥリアリーと呼ばれる第四艦隊を、両方の側で前にいる船を越えて突き出ているほどに伸びている戦線に配置した。㈥すべてが上述の方法で配置されたとき、戦線の全体の形は前部分がうつろで、底辺は閉じられ、全体は頑丈で行動力があり、同時に破られ難い完全な楔形を形成した。

二七　カルターゴー人の司令官たちはおなじ頃、乗組員を短い言葉で励まし、この海戦に勝てば、シケリアーをめぐって戦争が行われるであろうし、負ければ自分達の祖国と血縁の者たちが危険にさらされるだろうことを想起させた後、船に乗り込むことを命じた。㈡全員が進んで命令に従った。述べられたことから、未来が予見されたからである。そして勇敢にかつ決然と出航した。㈢指揮官たちは敵船の配列を見ると、戦略上の状況に合わせ、かれらの戦力の四分の三を一列に配列し、敵を取り囲むために右翼を開かれた海に伸ばし、全部の船の船首を敵に向けた。㈣第四艦隊が全艦隊の左翼を形成し、陸地に対して折れ曲って向いていた。㈤カルターゴー軍の右翼を指揮したのはハンノーンであった。かれはアクラガースの戦いでは負けていたが、攻囲作戦が遂行できるように攻撃に最も適した最も速い五段櫂船の先頭にいた。㈥左翼を指揮したのはハミルカルで、かれはテュンダリスで海戦を行っていた。かれは戦いの使命では中心に配されていたのだが、次のような戦術を用いた。㈦ローマ軍はカルターゴー人の艦隊が一本の薄い線で伸びているのを見たので、かれらは攻撃を中央部にしかけ、それと共に戦いがはじまった。㈧しかし中央部のカルターゴー軍はローマ軍の戦列を乱すために、命令で逃走へと転じた。かれらは全速力で退却し、ローマ軍はその後を激しい勢いで追って行った。㈨第一艦隊と第二艦隊が逃げて行く船を追っている間に第三艦隊と第四艦隊は距離を開けて後方に止まっていた。前者は馬の運搬船を引き索で引いており、後者はこれらと一緒に待機するために共に止まっていた。㈩カルターゴー軍は第一艦隊と第二艦隊がほかの艦隊からじゅうぶんに離れたと思ったとき、ハミルカルの船

前頁　甲板を備え、一本のオールに六人がついた、ひとつのベンチのある大型の船。

から揚げられた合図で全部が向きを変え、追跡してくる船を攻撃した。㈡激しい戦いが始まると、カルターゴー軍は敵を包囲し、容易に接近し、同様にすばやく後退できる、航行する速さと動きのよさとではるかに優勢であった。㈢それに対してローマ軍には接近戦での執拗さと近づいてくる船を繋ぎ合わせる烏とが、同時に二人の執政官が共に戦っていること、つまりかれらの指揮者の眼下で戦っているという事実がカルターゴー軍に決して劣らない勝利への希望を与えた。㈢これがこの時点での戦いの状況だった。

二八　おなじ時にハンノーンは最初の衝突では距離をおいて止まっていた右翼をひきいて海に面した側から迂回する動きをした後、トゥリアリーの船を攻撃し、少なからぬ苦境へと追い込んだ。㈡陸に沿って配置されたカルターゴー軍はこれまでの編隊から線へと方向を変え、敵に対して正面を向き、引き索で馬の運搬船を引いていた船に対して攻撃を開始した。かれらは引き索を離し、敵と取っ組みあい、戦った。㈢戦い全体は三つの部分で成り立っていた。そして空間的にたがいに切り離された海戦が燃え上がっていた。㈣双方の戦いの最初の構想に応じてその各部分がほぼおなじであったことによって、この戦いは同じ条件で戦われた。㈤しかしまさにそれゆえに、戦う者がそれぞれの関係でたがいに等しい場合には、その戦いは個々の点で予期されたような結果となった。㈥戦いが最初にはじまった所で、最初に決着がついた。つまりハミルカルの船は結局打ち負かされ逃亡に転じた。㈦ルキウスは獲得した船を曳航した。マルクスはトゥリアリーと輸送船での戦いを見ると、第二艦隊の傷ついていない船をひきいて急いで援助に駆けつけた。㈧かれがハンノーンとぶつかり、かれと戦いを開始した後、トゥリアリーは新たな勇気を得て、不利な状況にあったにもかかわらず、新鮮な力で戦いを開始した。㈨一方はカルターゴー軍に対して前方から戦い、他方は背後から襲撃したので、カルターゴー軍は困難な状況に陥り、思いがけず救援にきたものに取り囲まれ、開かれた海の方向へ退いて行った。㈩おなじ頃ルキウスはすでに帰航しつつあったのだが、第三艦隊がカルターゴー軍の左翼によって陸に閉じ込められているのを見て、さらにマルクスは輸送船とトゥリアリーを安全な状況に戻すことができたので、かれらは脅かされているものへの救援にと急いだ。

㈠というのもここでは戦いはほとんど包囲の様相を呈していた。そしてもしカルターゴー人が烏を恐れず、陸地近くで固まって周囲を防禦し、交戦による攻撃へと立ち向かわなかったら、かれらは明らかに全員滅んでいただろう。㈢今や執政官は攻撃を開始し、カルターゴー人を包囲し、敵の五十隻の船を乗組員もろとも奪うことに成功した。ほんのわずかの船だけが海岸に沿って抜け出し逃れることができた。

㈢これがここの時点での経過であった。海戦全体の最終結果はローマ軍の勝利だった。㈣ローマ軍の二十四隻が破壊され、カルターゴー軍の三十隻以上が破壊された。ローマ側では乗組員を含み一隻も敵の手に落ちなかったがカルターゴー側では六十四隻が奪われた。

二九　この後ふたたびローマ軍は糧秣を調達し、拿捕した船を修繕し、乗組員を保護した後、リビュエーに向けて出航した。㈡かれらは最初に出航した船でヘルマエウムと呼ばれる岬[1]に上陸した。この岬はカルターゴーの入江の前にあり、シケリアーの方向に突き出している。かれらはそこで後続の船を待って待機していた。全艦隊が集まったとき、陸に沿って航行し、アスピス[2]と呼ばれる都市に到着した。㈢ここでかれらは上陸し、船を陸に揚げ、柵と塹壕で船を囲み、その都市を占領している者たちが進んで自分たちに降伏しようとしなかったので、攻囲することに取りかかった。㈣しかし海戦から逃れたカルターゴー人は帰航し、勝ち取った勝利に有頂天になった敵がすぐにカルターゴーそれ自体にねらいをつけるだろうと確信して陸軍と海軍で都市の前方の場所を見張っていた。㈤ローマ軍が安全に上陸し、アスピスを攻囲したのを知ると、艦隊の接近を見張ることを断念し、軍勢を集め都市とその地方の安全に専念した。その間にローマ軍はアスピスを占拠し、その都市とその地域を保持するために守備隊を残し、㈥さらに起こった出来事について報告し、これから先のことについて何をなさねばならないか、ことをどのように取り図ったらよいかを尋ねる使節を送り、その後全軍をあげて出発し、その地方を荒らすことへと邁進した。㈦誰も妨害しようと立ち向かわなかったので、多くの豊かな財のある家々を破壊し、たくさんの家畜を戦利品とし、二万人以上の捕虜を船に連れ帰った。㈧その間にローマからの急使が到着し、執政官の一人はじゅうぶんな兵力を持って留まること、もう一人の執政官は艦隊をローマへ連れ戻すべきことを伝えた。㈨マルクス・レグルスは四十隻の船と一万五千人の歩兵、五百人の騎兵を手元に止めて、リビュエーに留まった。㈩ルキウスは乗組員とたくさんの捕虜を乗船させ、シケリアーに沿って航行し、無事ローマに到着した[3]。

1　現在のボン岬、カルターゴーの北東にある。
2　ボン岬の少し南、半島の東側、現在のメンツェル・テミネの幾分北にあった。
3　ルキウスのローマへの帰還は前二五六年の秋。

リビュエーのレグルス

三〇　カルターゴー人は敵の戦争への備えが長期間を考慮にいれたものであるのを見て、まずハンノーンの息子ハスドゥルーバル[4]とボスタルを司令官に選び、つぎに使者をヘーラクレイアにいるハミルカルのところに送り、急いでかれを呼び寄せた。㈡かれは五百人の騎兵と五千人の歩兵をひきいてカルターゴーに到着した。かれは三人目の司令官に任命され、ハスドゥルーバルとボスタルと共に現況をどのようにとり扱うべきかを協議した。㈢かれらは領域を援助し、自由に荒らされるのを傍観しないことを決議した。㈣マルクスは数日後前進し、進軍中城壁で囲まれていない場所は略奪し、城壁で囲まれている場所は攻囲した。㈤名高い都アデュス[5]に到着すると、それを取り囲み、ただちに攻囲攻撃にとりかかった。㈥カルターゴー人はその都市を援助することを急ぎ、開かれた領域の支配を奪還することを決議し、兵を出撃させた。㈦そして敵よりは高い位置にあるが自分たちの兵には不適切な丘に陣を張った。㈧最大の勝利の見込みを騎兵と象に置いていたのであるが、平地の有利さを手放し、険しくてなかなか通れない地形の所に閉じこもり、いかにして最も巧くかれらを攻撃すべきかを敵に明白に示したことは確かだった。㈨戦争の経験豊かなローマ人の指揮官たちは敵軍の最も危険で、最も戦闘力のある部分が地形の関係で役に立たないことに気づくとかれらが平地へ降りてきて、(一〇)そこで戦闘隊形を整えるまで待っていずに好都合な状況を利用して夜明けと共に両側からその丘に登った。(一一)カルターゴー軍にとって、上述したように騎兵と象はまったく使えなかった。傭兵軍はひじょうに勇敢に、かつ決然と敵に立ち向かい、ローマの第一軍団は退却し、退却することを余儀なくされた。(一二)しかしかれらはずっと前方へと進みすぎ、別の側から進撃してきた部隊に包囲され

4　ハスドゥルーバルはここではじめて登場し、前二五一年のかれの作戦行動で重要な役割を演ずる（四〇・一―一五を参照）。ボスタルは他では知られていない

5　ほかには言及されていない。ウティナ（現在のウドナ）のローマ人の町と同一視され、テュニスの南約一五マイル。

敗走させられた。㈢その後、全カルターゴー軍は陣営を追われた。象は騎兵と共に平地に達すると、安全に退却した。㈣ローマ人はわずかな距離だけ追跡し、陣営を略奪し、その後は煩わされることなく地方と都市を侵略し、略奪した。㈤そのようにしてテュニス[1]と呼ばれる都市を手に入れた。これはこの侵略軍にとって格好の基地となり、首都とその近郊に対する作戦にとって都合の良い所に位置していた。そしてそこに陣を張った。

三一　少し前に海上でそして今や陸地で手痛い敗北を喫したカルターゴー人はしかもそれは兵士たちの臆病さによってではなく指揮官の無思慮さによるものだが、どの点からも困難な状況に落ち込んだ。㈡というのも、上述の不幸に加えてノマディアの民族がかれらに対して立ち上がり、かれらの周辺の地方にローマ人よりも少なくない、それどころかもっと多くの損害を与えたからである。㈢その結果不安に駆られた地方の住民が都市に逃げ込んできたので、人口過剰と攻囲の懸念のためにまったくの絶望感が漂い、飢饉が生じた。㈣マルクスはカルターゴー人が海と陸で敗れたのを見て、今にもその都市が手に入るだろうと考えたのだが、後継者がそうなる以前にローマから到着し、勝利の栄誉を手に入れるのではないかと、懸念してカルターゴー人に和解の交渉を呼びかけた。㈤かれらは喜んで聞き入れ最初の使節を送り出した。しかし交渉が始まるとすぐかれの提案に同意しようという気持は消え失せ、条件の厳しさを静かに傾聴することすらできなかった。㈥すなわちマルクスはすでに勝利を手中にしたのであり、カルターゴー人はかれがかれらに対してなす全ての譲歩を恩寵と贈物と見なさなければならないと考えたのである。㈦カルターゴー人はしかし完全な服従さえかれらに今課されたものより厳しいものは何も引き起こさないと知り、その提案を拒否しただけでなくマルクスの厳しさと無愛想さに立腹して帰って行った。㈧カルターゴー人の議会はローマの執政官の条件を聞くと救いの希望をほとんど失っていたとはいえ、不名誉なこと、以前の行為の対面を傷つけるものを何ひとつ蒙らないために自分が一切を引き受け、あらゆる手段とあらゆる機会を試してみようとするほどに男らしい勇敢な態度を示した。

三二　この頃以前ギリシアへ送られていた傭兵軍を募る人が沢山の数の兵士と共にカルターゴーに入港した。その中にはスパルテーのクサンティッポスもいた。かれはラ

1　テュニスはカタダ川の河口で潟（現エル・バヒラ）と塩水の湿地（セブカ・エス・セジュミ）の間の高台にあった。カルターゴーからは一二〇スタディオン（一八・五キロ）離れている。

コーニケーの教育を受け、少なからぬ軍事的経験を積んだ男であった。㈡かれは敗北についてどのようにしてまたどんな方法でそうなったか、またカルターゴー人の戦争能力を聞き特に騎兵と象の力を見通したとき、すぐに結論を出し、カルターゴー人はローマ人によってではなくかれ自身の咎《とが》で、かれらの指揮の未経験さによって負けたのだということを友人に明らかにした。㈢クサンティッポスの発言は都市が危機的状況にあったため、すぐ兵士たちにまた司令官たちに伝えられた。指導者たちはかれを招き、かれを試してみることを決心した。㈣かれはやって来ると指導者たちに、なぜかれらが敗れたのかの説明を行い、そしてかれらがかれに従い、行進し、陣を張り、戦闘へと配列する場合には平地を用いるならば、かれ自身の存在を安全にするだけでなく、敵に勝つことも出来るだろうと、説明した。㈤司令官たちはかれの主張を受け入れ、かれに従い、ただちに軍をかれに委ねた。㈥クサンティッポスのこの説明はすぐに口から口へと伝えられ兵士たちの間に希望に満ちた気分を惹き起した。㈦かれが兵を都市の前に引き出し、それを秩序だって配列し、軍人的な方法で命令を与えはじめると、これまでの司令官たちの未経験さにたいして違いがあまりにも大きかったので、兵士たちは叫び声を上げて賛意を表し、クサンティッポスが指揮をとったならば危険なことは何も蒙ることはないと信じて、できるだけ早く敵に立ち向かうことを望んだ。

㈧司令官たちは兵士たちがこのような方法でそしてあらゆる期待が新たな勇気で満たされるのを見ると、現在の状況に応じた訓戒をかれらに与え、数日後、兵と共に出発した。㈨この兵は一万二千人の歩兵、四千人の騎兵およびほぼ百頭の象で編成されていた。

三三　ローマ軍はカルターゴー軍がただ、平地だけを通って進軍し、同様に平地にのみ陣を張るのを見ると、このことで驚愕と不安を感じたのだが、結局敵に接近することを急いだ。㈡ローマ軍は敵の所に到達すると最初の日は敵から一〇スタディオン（一・八キロ）離れた所に陣を張った。㈢翌日、カルターゴー人の指導者たちはこの状況でどのように行動すべきかを協議した。㈣しかし多くの兵士たちは戦闘意欲に満ち、あちこちで群がりクサンティッポスを名指しで呼び、できるかぎり早く敵に向かって行くことを要求した。㈤将軍たちは兵士たちの戦闘意欲と興奮状態に気づき、同時にクサンティッポスが好機を見逃してはならないと明言したので、かれらに準備するように命令し、クサンティッポスには、最も目的にかなっていると思われることをするようにと戦闘の実行を委ねた。㈥かれは全権を得ると象を引き出し、それを全軍の前線の前に一列に配置した。その後ろにカルターゴー人の密集軍を適切な距離をおいて配置した。㈦傭兵軍の一部を右翼に配置し、足の早い部隊を騎兵といっしょに両翼の前に配置した。㈧ローマ軍は敵が戦闘へと配列されるのを見ると、決然とかれらに向かって進んで行った。㈨しかしかれらは象の攻撃を予見し、またそれを恐れて軽装歩兵隊を先頭におき、その背後に多くの歩兵中隊を深く配置し、騎兵隊を両翼に分けた。(一〇)かれらは戦闘隊形全体を通常よりは狭く、その代わりに深くし、象との戦いに備えて適切な処置をした。それに対して自分たちより数倍勝っている騎兵隊に対しては完全に見込み違いをした。両者は全体としてまた個々の部分において計画した通りに戦列を引いた後、整然として攻撃のための適切な時点を待っていた。

三四　クサンティッポスが象を操る者たちに敵の戦列を引裂き、騎兵たちに両翼で敵を取り囲んで攻撃するよう命令を下した瞬間、㈡即座にローマ軍もかれらの習慣に従って武器を打ち合わせ、鬨の声を上げて敵に向かって前進して行った。㈢さてローマ人の騎兵隊はカルターゴー軍の騎兵が数倍も多かったので両翼へ逃げた。㈣歩兵隊のうち左翼にいた者は、ひとつには象の突進を回避するために、ひとつには傭兵をあなどってカルターゴー軍の左翼に対して向きを変え、それを敗走させ陣の中まで押し迫った。㈤象の突進では、先頭の戦列は象の力によって踏み倒され、踏みにじられ、接近戦で多数殺された。しかし戦闘隊形の組織全体はその隊列の深い梯形編成のためにしばらくの間無傷なままだった。㈥だが最後尾の部隊は騎兵隊に四方から攻囲され、それに向かって向きを変え、かれらと戦うことをよぎなくされた。そして象の真ん中を通って前方へと追い出され、これらの動物の背後に集まり、カルターゴー人の無傷な隊列を整えている方陣の中に陥って殺された。㈦その時ローマ軍は四方から攻め立てられ、大部分が象の圧倒的な力によって踏み殺された。そのほかの者は多数の騎兵隊によって配列についたその場で槍を投げつけられ、ほんのわずかの者だけが逃亡した。㈧しかしその退却は平地の上で行われたので、かれらのある者は象と騎兵隊によって殺され、執政官マルクスと逃げた約五百人はしばらくしてかれと共に敵の手に落ち、全員生け捕りにされた。㈨ローマ軍の左翼で戦ったカルターゴー人の傭兵軍のうち八百人が戦死した。ローマ軍のうち約二千人が助かったが、かれらは傭兵隊を追跡して本来の戦いの部署から離れていた者たちだった。(一〇)執政官マルクスおよびかれと一緒に逃亡した者以外のローマ軍は全員殺された。(一一)逃亡した歩兵中隊は非常な幸運によってアスピスへと到達した。(一二)カルターゴー人は死体から武具を剥ぎ、執政官とほかの捕虜を連れて大喜びで都市へ戻って来た。

レグルスの「運命」についての内省

三五　この出来事の結末を正しく把握するならば、そこから人間の人生の改良に何が貢献するか多くのことが見付かるであろう。㈡すなわち、「運命」が当てにできないこと、成功した場合にとくにそうだということがマルクスの不幸によって当時すべての人に強く印象づけられたからである。㈢少し前、躓いた者たちに同情も思いやりも示さなかったかれがそのすぐ後で今度は自らがかれらに自分の命乞いをしなければならなくなったのである。㈣昔から正しいと認められていたエウリーピデースの「ひとつの賢い助言が多くの手に勝利する」[1]という言葉がその時、事実それ自体によって証明されたのである。㈤すなわち一人の人のひとつの思慮のある助言が戦備が整っているために無敵と思われていた敵に破滅をもたらし、他方明らかに完全に敗れていた国家と軍の深く沈み込んでいた気持を高揚させたのである。㈥わたしがこのことを述べたのは読者がこのことからひとつの教訓を引き出すためである。㈦すべての人間にはより良きことへの修正のためのふたつの方法がある、ひとつは自分自身の不幸によってであり、ひとつは他人の不幸によってである。このうち前者はより印象的であり、後者は危険がより少ない。[2]㈧それゆえに、前者は大変な苦労と危険を冒して改善を図らねばならないからそれを決して自ら進んで選んではならない、後者を追求すべきである。これはわれわれに害を与えずに正しいことを認識させてくれる。㈨このことを考慮するならば歴史の出来事から汲み出される経験はわれわれの人生の道にとっての最良の学校とみなさねばならない。これだけがあらゆる機会、あらゆる状況においてわれわれに害を与えることなく、何が最善

1　エウリーピデースのアンティオペからの一節、ナウク断片二二〇・三。これはしばしば引用される一節（たとえば、プルータルコス『倫理集』七九〇・A）で、暴民政治にたいする独裁政治の力に言及したものである。

2　同じテーマがディオドーロス第二三巻一五・四で論じられている。

であるかの信頼できる判断をあたえてくれるのである。だがこのテーマについてはこれだけにしておこう。

三六　すべてが自分たちの思い通りにいったカルターゴー人は神にたいして感謝の捧げものをし、また各種の祝賀の催しをおこないながら最高の喜びを表現することを怠りはしなかった。㈡カルターゴー人の国事においてこれほど貢献し、事態の急転回をもたらしたクサンティッポスは思慮深く、賢明にもその後間もなく出航した。㈢というのも並外れた、人の予想もしなかった行為は深い妬みや辛辣な中傷を生み出すことがあるからである。そして土地の人は親族や沢山の知人を後盾にして耐えることができるが異国の人はすぐにこうしたことがらによって敗れ危険にさらされることになる。㈣クサンティッポスの退去についてはもうひとつ別の話がある。それはここよりもっと適切な箇所で明らかにしよう。

㈤ローマ人はリビュエーにおける予想もしなかった不幸についての報せを受け取ると、すぐに艦隊をもとどおりにし、リビュエーで救出された人を連れ帰ることにとりかかった。㈥その後、カルターゴー軍はアスピスの前に陣を張り、戦いから逃れた者を捕えることを目的としてその都市を攻囲した。㈦しかし防御者の勇敢さと大胆さのために成功せず、ついには攻囲を断念した。㈧ローマ人が艦隊を準備しふたたびリビュエーへ遠征しようとしているという報せが入ると、カルターゴー人はある船は再装備し、ある船は最初から造船した。㈨すぐに二百隻の船に人を乗り組ませ、出航して敵の接近航路で待ち構えていた。

㈩夏が始まるとローマ人は三百五十隻の船を海へ降ろし執政官としてマルクス・アエミリウスとセルウィウス・フルウィウス[1]を任命して送り出した。⑪かれらは出航して、リビュエーを目指してシケリアーに沿って航行した。ヘルマエウム岬でカルターゴー人の艦隊と衝突しかれらを攻撃で簡単に敗走させ[2]、乗組員もろとも百十四隻の船を奪った。⑫そしてリビュエーに残っていた若者たちを乗せてアスピスからふたたびシケリアーへ航行した。

三七　海峡を無事に渡りカマリーナの土地に近づいた時[3]、そこでかれらはあまりの悲惨さゆえに適切な方法で描写できないほどの烈しい嵐と恐ろしい惨事に襲われた。㈡つまり三百六十四隻の船のうちわずか八十隻だけが救われ[4]、ほ

1　マルクス・アエミリウスとセルウィウス・フルウィウスは前二五五／四年の執政官。
2　この戦いはディオドーロス第二三巻一八・一にも記述されている。
3　パキュノス岬に向かう方向。
4　ディオドーロス第二三巻一八・一では三百四十隻の軍艦と三百隻の輸送船が沈んだと記述されている。

かの一部は波に沈み、一部は砕ける波によって岩礁と岬に投げ出され、そこで粉みじんになり海岸を死体と船の残骸で覆った。㈢歴史は海で一度に起こったこれ以上不幸な例を知らない。その責任は運命よりも司令官たちのせいにしなければならない。㈣船長たちは海岸は岩だらけで錨を降ろす場所がなく、不吉を予告する星座のひとつが消えていず、もうひとつは今昇りつつあるからと主張して、リビュエー海に向いているシケリアーの外側の海岸に沿って航行しないように繰り返し促した。すなわち、航行していたのはオリオン座の出る季節と狼座の出る季節の間であった。[5]㈤執政官たちはこの説明のどれにも耳を傾けず、海岸に沿って広々とした海を航行したのである。というのもかれらはその進路にある沿岸都市のいくつかを勝ち得た勝利の勢いにのって、恐怖におとしいれようとしたのである。㈥かれらは小さな希望のために大きな不幸に遭遇し、その時になってはじめて自分たちの無思慮を知ったのである。㈦一般的にローマ人は力で押し通そうと思い、自分たちの意図を強要し、実行しようと固く決心したことは実行不可能とは考えない。かれらはこのような衝動によって多くのことにおいて成功し、いくつかのことでは失敗する。とくに海のことではそれが著しい。㈧というのも陸上では人間やこの種の事柄に対して計画を立て、力が接近している場合は暴力を用いるために多くのことで成功し、めったに失敗しない。㈨しかし海と大気に対しては、危険を冒し、無理に戦おうとするとき、手痛い敗北を喫するのである。このことを当時何度も経験したし、これからも経験するだろう、かれらが自分たちにはいつでも、どこでもが航行可能だし、通行可能のだと考える無謀と力を正すまでは。

三八　カルターゴー人はローマ人の艦隊の壊滅を聞いたとき、陸上では先の勝利のために自分たちはじゅうぶんであり、海上でもローマ人に関して伝えられた事態の急変のためにじゅうぶんだと考えてさらに一層乗り気になって陸軍と海軍の装備にとりかかった。㈡そしてハスドゥルーバルにこれまでの兵士に加えてヘーラクレイアから到着した兵士と百四十頭の象を与えてすぐにシケリアーに送り出した。㈢かれを送り出した後、二百隻の船に装備を施し出航のためのそのほかの準備を行った。㈣ハスドゥルーバルは無事にリリュバイオンに到着し、象と兵士を訓練した。かれが広々とした場所を争って手にいれようとしていることは明らかだった。

㈤ローマ人は難破船の生存者から事情を聞き一時は重い気分になったが、これをかぎりとして屈することを望まず、

5　オリオン座は七月四日に、狼座は七月二八日に昇る。

新たに二百二十隻の船を建造することを決定した。㈥これをほとんど信じられないことだが三ケ月で成し遂げて、新たに任命された執政官アウルス・アティリウスとグナエウス・コルネリウス[1]はただちに船に装備を施して出航した。㈦海峡を通ってメッセーネーで難破から救われた船を付け加え、カルターゴー人の属州で最も重要な都市であるシケリアーのパノルモスに入港し、それを攻囲攻撃することに着手した。㈧かれらは二ケ所で攻囲攻撃の準備を進め、そのほかの準備をして装置を城壁に運んだ。㈨海に面した塔が簡単に倒され、兵士たちはこの突破口を通って侵入し、新しい町と呼ばれる都市は陥落した。そのことによって古い都市も危険にさらされ間もなく陥落した。[2]その都市を攻略した後、執政官たちは守備隊を残してローマへ帰還した。

三九　その後夏に新しい執政官グナエウス・セルウィリウスとガイウス・センプロニウス[3]は全艦隊をひきいて出航し、シケリアーを通過して進路をリビュエーに向け、㈡海岸に沿って航行した。何回も上陸したが特筆すべきことは何もせずメニンクス[4]と呼ばれる小シュルティスから遠くないロートパゴスの島に到着した。㈢そこでかれらはその水域について無知であったために浅瀬に乗り上げ、引き潮になった時に航行が非常に困難になった。㈣しかし思いがけずしばらくして潮が満ちてきた時に大いに苦労はしたが、すべての重い物を投げ捨てることによって離礁に成功した。㈤その後、逃亡に似た航海を行い、シケリアーに到達し、リリュバイオンで曲ってパノルモスで錨を降ろした。㈥そこから航路を無謀にも真っ直ぐに取り、激しい嵐に遭遇し、百五十隻以上の船を失った。[5]

㈦ローマ人はこの大惨事の大きさと数を目にして、いつも示していた異常な行動力にもかかわらず新たな艦隊の建造は見合わせ、㈧これからは陸軍にのみ望を託すことが必

1　アウルス・アティリウスとグナエウス・コルネリウスは前二五四／三年の執政官。
2　この攻撃はディオドーロス第二三巻一八・三—五にも記述されている。
3　グナエウス・セルウィリウスとガイウス・センプロニウスは前二五三／二年の執政官。
4　メニンクス島（現ジェルバ、テュニス海岸沖、ガベスの南西約三五マイル）のホメーロスの島との同一化はエラストテネスによってなされた（プリーニウス第五巻四一）。そしてロトパギティスという名は小シュルティスへ拡大された（ストラボーン第一七巻八三四）。
5　ディオドーロス（第二三巻一九）もまた損失を百五十隻と記述している。

要だと悟り、執政官としてルキウス・カエキリウスとガイウス・フリウス[6]をローマ軍団と共にシケリアーに派遣し、陣営に生活物資を運ぶため、六十隻だけに船員を乗り込ませた。㈨上述の大惨事からカルターゴー人の状況はふたたび好転することになった。㈩すなわちローマ人が海から手を引いた後、カルターゴー人は海の支配を確実なものにし、陸でも大きな希望を持った。このことも根拠のないことではなかった。㈠すなわちローマ人の間ではリビュエーの戦いで象が戦列を壊走させ、大部分の兵士を殺した、という報道が広まっていた。㈡そして象に対する激しい恐れが非常に増大したので、それにつづく二年間はリリュバイオンとセリヌスでわずか六あるいは五スタディオン離れて向き合って立っていたにもかかわらず、象の突進を恐れて、先に戦争をしかけるとか、あるいはそもそも平地に降りることすらあえてしなかったほどである。㈢その間かれらは山岳地帯や歩き難い地形を離れることをあえてせず、テルマイとリパラだけを攻略した[7]。

6　ルキウス・カイキリウスとガイウス・フリウスは前二五一／〇年の執政官。
7　ディオドーロスは第二三巻一九・二〇でヘイルクテ山での不成功に終わった攻撃に言及している。

㈣それゆえローマ人は陸軍の陣営をおおっている恐怖と失望を見て、考えを変えてふたたび海に未来を託すことを決定した。㈤そしてガイウス・アティリウスとルキウス・マンリウス[8]を執政官に任命して五十隻の船を造船し艦隊の編成とそのための徴募を精力的に行った。

四〇　さてカルターゴーのハスドゥルーバルは敵と出会ったとき、ローマ人の臆病さに気づき、そして執政官の一人は軍の半分と共にローマに戻り、カエキリウスだけが残りの兵とともに、その時真っ最中であった収穫の作業で同盟者を守るために滞在していることを知った。㈡そこで軍をひきいてリリュバイオンを立ってパノルモスの領域の境界に陣を敷いた。㈢かれの自信を知り、戦いへのかれの決心を強めることを望んだカエキリウス[9]は兵士を門の中に留めた。㈣ハスドゥルーバルはそれによって勇気づけられ、カエキリウスはあえて出撃してはこないと考え、全軍をひきいて大胆に前進し、隘路を通ってパノルモスの領域へ降りて行った。㈤カエキリウスは最初の計画に固執し、都市

8　ガイウス・アティリウスとルキウス・マンリウスは前二五〇／四九年の執政官。
9　カエキリウスは前二五一／五〇の執政官、ポリュビオスは二五〇／四九年を先回りしていっている。

の前を流れている川を渡ることへとかれを誘導するまで、

パノルモスの戦い[1]

(六)カルターゴー人が象と兵を渡すと、全軍を用いることをよぎなくさせるまで妨害するために軽装兵を送り出した。(七)かれの意図が達成された後で軽装兵の一部を囲壁と濠の前に配置し、象が接近してきたら投げ槍を惜しみなく用い、(八)もし退却を強いられたら濠に逃げ込みそしてそこからふたたび飛び出してその生き物の突進に向かって投げ槍を投げるように、と命じた。(九)市民の下層の人びとには槍を持ってきて外の囲壁の下に置くように命じた。(一〇)かれ自身は歩兵中隊をひきいて敵の左翼に面した門の所に立ち、遠くから槍を投げる兵士たちに次々と増援軍を送りだした。(一一)この最後の部隊がさらに全体的に敵と交戦しはじめたときに、象を操る者たちはハスドゥルーバルに対して功名心で競い合い、誰もが第一の殊勲をたてたいと望み、先んじて危険を冒す者たちに襲いかかり、かれらをやすやすと敗

1　ディオドーロスはカルターゴーのガッリア人の傭兵がこの惨敗にどれほど寄与したかを記録している。第二三巻二一を参照。

城壁に至るまでの収穫物を荒らすにまかせた。

走させ、濠まで追跡した。(一二)象は塹壕に突撃し、あるものは囲壁から矢を放つ者によって傷つけられ、あるものは濠の前で隊列を整えている兵士によっておびただしい槍を同時に投げつけられ、(一三)また同時に何本もの矢を射られ、傷つけられると、象たちはたちまちのうちに混乱に陥り、向きを変え自軍の方へと走って行き、兵士を踏みつけて殺し、自分たちの戦列をめちゃくちゃにして引き破ってしまった。(一四)それを見たカエキリウスは兵を精力的に出動させ、活力に満ちた、よく整った部隊ですでに混乱に陥っている敵を側面からとらえ、敵の完全な逃亡をひきおこし、多数の兵を殺し、残りの逃亡しようとあわてふためいている者たちを追い立てた。(一五)十頭の象がインド人[2]と一緒にとらえられた。インド人が放棄した残りの象は合戦後追い立てて集め

2　インド人は「象使い」を表す起源的述語としてインド人であれ、そうでないにしてもポリュビオスによって用いられている。第三巻四六・七、一一、第一一巻一・一二を参照。

させ、すべて手中にした。㈥この手柄によりカエキリウスはローマの国力にかんして陸軍の士気をふたたび高め、開かれた平野の支配権を取り戻すのに貢献したと一般に認められた。

四一　この勝利の知らせはローマにおいて大きな喜びをひきおこした。象の喪失によって敵の力が弱められたからというよりも、むしろこの動物を捕獲したことにより自分たちの兵士に与えられた自信のためである。㈡それによって執政官を艦隊および海軍とともに送り出すという本来の計画にたちもどるよう勇気づけられた。㈢準備を終えた後、執政官たちは二百隻の船でシケリアーへ向けて出航した、それは戦争の十四年目だった。[2] ㈣かれらはリリュバイオンの前で錨を降ろした。そこに歩兵の兵がかれらに立ち向かってきたので、攻囲攻撃にとりかかった。なぜならその都市を占拠すると、困難なく戦場をリビュエーに移せるとかれらは考えたからである。㈤カルターゴー人の指導者たちもおなじ検討に基づいてほぼ同様に考えていた。㈥それゆえにかれらはほかのことはすべて後回しにして、その都市を救援し、かれらのためにすべてをあえて行い、引き受けようと考えていた。すなわち、かれらにはそのほかには基地がなく、その島の残りのすべてはドゥレパナを除けばローマ人が支配していたからである。

読者にとって地理的知識がないために物語が曖昧にならないように、その場所の自然的な利点と正確な位置について表象が得られるよう簡単に述べておこう。

シケリアーとリリュバイオンの地理

四二　シケリアー全体のイタリアおよびその南端との位置関係はペロポンネーソス半島がその他のギリシアおよびその南端にたいして持つ位置関係に等しい。㈡ただつぎの点だけでたがいに異なっている。すなわち前者は島であり、後者は半島である。その間の空間は前者では船で往来し、後者では歩いて通行できる。㈢シケリアーの形態は三角形であり、それぞれの角の頂点は岬の形をとっている、㈣そ

2　ポリュビオスが記述している執政官のシケリアーへの出発の年は前二五〇／四九年であるが、この年代には様々な議論がある。

のうち南に向いていてシケリアー海に伸びている部分はパキュノスと呼ばれていて、(五)イタリアから約一二スタディオン（二・一六キロ）離れている。[1]海峡の西側を形成する北の部分はペロルスと呼ばれている。(六)第三の部分はリビュエーそれ自体に向いていてカルターゴーの突出している岬に対して好都合な位置で横たわっている。それは約千スタディオン（一八キロ）離れていて、南西の方向にあり、リビュエー海とサルディニア海を分け、リリュバイオンと呼ばれている。(七)ここに同じ名前の都市がある。それに対してその時、ローマ人は攻囲攻撃をすることを企てた。この都市は城壁で工事を施され、周辺は深い濠が掘られ、[2]海からは干潟があり、それを通って入港するには経験と慣れが必要である。(八)ローマ人はそこに両側から陣を張り、この陣営の間の空間を濠と防柵で強固にし、[3]リビュエー海に面している海に最も近い所に立っている塔の下に攻囲攻撃の道具を運びはじめた。(九)すでに完成しているものに次々と施設を付け加え、側面への追加の建築によって徐々に拡張し、ついにはそれに最も近い塔を陥落させた。そして同時に残りの塔に対して破城槌を作動させはじめた。(一〇)攻囲攻撃が精力的かつ驚くべきものとなると、塔は一日一日とぐらつきはじめ、一部は陥落し、同時に攻囲道具は都市の内部に前進しはじめたので、(一一)その都市の中には市民から動員された者以外に一万人の傭兵軍が[4]いたにもかかわらず、攻囲された側には大きな混乱と驚きがあった。(一二)しかしながらかれらの司令官ヒミルコは出来ることはなにも手控えることはせず、対抗城壁、対抗坑道によって敵を少なからず困らせた。(一三)そのうえかれは毎日前進し、攻囲道具を攻撃し、その下で多くの向こうみずの戦いを昼も夜も行った。その結果ときにはこの戦闘で戦列を整えての戦いで普通であるよりも多くの死者が出た。

1　この一二スタディオンはプリーニウス第三巻七三にも記述されている。

2　ディオドーロスは第二四巻一・二でこの濠を幅六〇ペーキュス、深さ四十ペーキュスと記述している（一ペーキュスは約四五センチ）。

3　ローマ軍の砦はディオドーロス第二四巻一・一に記述されていて、軍勢は十一万人だったと述べている。

4　ディオドーロス（第二四巻一・一）は歩兵七千人、騎兵七百人、後に四千人によって強化された、と記述している。

アレクソーンがカルターゴー人を傭兵隊の裏切りから救う

四三　この頃、傭兵隊のいく人かの将校が都市をローマ人に引き渡すことを仲間内で語り合い、服従している者たちは自分たちに従うだろう、と確信した。そして夜間に都市からローマ人の陣営へと逃げ出し、このことについてローマ人の執政官と語り合った。㈡以前にアクラガースにとっての救済者となったアカイアー人のアレクソーンはシュラクーサイ人の傭兵軍がかれらを裏切ろうとしたとき、その陰謀に気づきカルターゴー人の司令官に伝えた。㈢かれはこれを聞くと都市に残っていた指導者をただちに集め、自分に忠誠を守り、出て行った者たちの陰謀に荷担しないように、と強く訴えるように命じ、謝礼として大きな贈物を約束した。㈣かれらが言われたことを進んで受け入れたので、かれらを伴わせてサルディニアで戦死したハンニバルと同名の息子ハンニバルをただちにガッリア人の所へ送った。なぜならかれは以前の遠征からかれらと親密な関係になっていたからである。そしてほかの傭兵軍へは人望があり、かれらに信頼されているアレクソーンを送った。㈤かれらは兵員を集め、かれらを励まし、各人に成功褒賞の贈物を請け合って、義務に忠実であるように、と簡単に説得した。㈥それゆえ敵の所に行ったあの将校たちが城壁の所へ来て、兵士たちを説き伏せようとして、またローマ人の申し出をかれらに言おうとしたとき、それはかれらの注意を引かなかっただけでなく、聞くことすら望まず、かれらに石と槍を投げつけ、城壁から追い払った。㈦カルターゴー人は傭兵軍の裏切りによってすんでのところで都市を失うところだった。㈧そしてかれらが破滅を食い止めたのは、忠誠によって以前アクラガース人の都市とその領域だけでなく、法と自由を救ったアレクソーンのおかげである。

四四　カルターゴーではこのことについては何も知らされなかった。攻囲攻撃を受けた場合に必要とされるものは明らかだったので、五十隻の船で増員をリリュバイオンに送った。ハミルカルの息子であり、三段櫂船の艦長であり、アドヘルバルの最も親しい友人であるハンニバルを指揮官としていつもの訓戒を与えて送りだした。そして、時を失うことなく最初の機会に攻囲されている者たちを決然として助けるように、という指図を与えた。㈡ハンニバルは一万人の兵士と共に出航し、リリュバイオンとカルターゴーの間にある、アイグーサと呼ばれる所で錨を下ろし、ここで航行の機会を窺った。㈢順風を受け、帆をすべて拡げ、順風に乗って港の入口を目指して真っ直ぐに航行し、兵士たちを武装させ、戦いの用意をさせて船の甲板に立たせた。㈣ローマ人は、ひとつにはかれらが突然現れたことに対する驚きから、ひとつには風の力によって敵と共に敵の港へ一緒に運ばれるのではないか、という恐れから、援助隊が近づくのを阻止することを断念し、敵の大胆さに唖然として停泊地でじっとしていた。㈤城壁に集まった群衆は、これから起こるであろうことを懸念して同時に思いがけない希望を喜んで、武具をガタガタ鳴らし、大声で入って来た者たちを励ました。㈥ハンニバルは大胆にかつ勇敢に入港し、錨を下ろし、兵士たちを上陸させた。㈦都市の中にいる人は救援が来たことに対する以上にローマ人がカルターゴー人の入港を妨害しなかったことを喜んだ。

四五　都市の司令官ヒミルコは、最初からいる守備隊は救援隊が来たために、新たに来た者たちは今の危険な状況を知らないために気概と確信に満ち溢れているのを見たとき、㈡両者の新たな勇気をそれがまだ弱まらないうちに、攻囲の道具に火をつけるためにじゅうぶんに利用しようと思い、全員を集会へ集めた。㈢そしてその場合にふさわしく、かなり長い演説でかれらを励まし、個人的に武勲を立てた者にたいする気前のよい約束と、兵全体が当然政府によって報われるという断言によって熱狂へと駆り立てた。㈣かれらは全員拍手喝采し、躊躇せずに、ただちに自分たちを戦場に導くようにと叫んだので、かれらを称賛し、かれらの熱意に対する喜びを表明した。そして早く休むために退き、上官に従うように命令して、ひとまず去らせた。㈤その後、かれは将校たちを集め、各々に攻撃に際しての適切な場所を当てがい、合い言葉と攻撃の時刻を明らかにした。そしてすべての部下たちと共に早朝の守備の時には部署についているように命じた。㈥かれらは命令に従った。かれはそのようにして、夜明けとともに部隊を連れ出し、いくつかの場所で攻囲の道具を攻撃した。㈦ローマ人は来るべきことを予想していたために、何もせず、何の準備もしていなかった、そして決然と防御のためにそこへ急いだ。㈧短時間のうちに全員が戦いに巻き込まれ、城壁の周りでは激しい格闘がはじまった。というのも攻撃を行った者の数は二千人を下らなかったし、外からの者はこれ以上だったからである。㈨それぞれが敵を選ぶと、兵士たちは相乱れてたがいに混じりあって戦ったので、その戦いは異常に激しかった。というのも集団はそれほど大きかったからである。そして戦う者たちの間では人対人、戦列対戦列[1]でまるで一騎打ちの名誉心争いのようなものが生じた。(一〇)しかしながら攻囲道具それ自体をめぐる叫び声と混乱が最も激しかった。(一一)というのも一方では、最初から道具を守ろうしている人びとを追い払おうと決め、他方では、それを見捨てないと決めている人びとが功名心を一方は相手を排除することに、他方はどんなことがあっても退かないことに置いていたので、かれらは自分の部署で息をひきとるまでもちこたえた。(一二)戦う人の間に混じって、たいまつと麻屑と火を運ぶ人も非常な大胆さで道具に向かって強引に前に出て、機械に火を投げたので、ローマ人は敵の突進を押さえることができず、非常な危険に陥った。(一三)だがカルターゴー軍の司令官は道具を奪うという、この作戦の目的を達成できないまま、戦いで多くの者が死んだのを見て、ラッパで呼び戻すように命じた。(一四)すんでのところですべての道具を失うところであったローマ人は結局はその道具を確保し、すべてを安全に守った。

ロドス人・ハンニバルのバリケード突破方法術

四六　ハンニバルはこの仕事を終えた後、敵に気づかれずに船でドゥレパナにいるカルターゴー軍の司令官アドヘルバルの許に航行した。(二)ドゥレパナの都合の良い位置とその港の美しさのためにカルターゴー人はつねにその防護のために大きな注意を払っていた。(三)これはリリュバイオンから約百二十スタディオン（二一・六キロ）離れている。(四)カルターゴーではリリュバイオンの事情がどうなっているか知りたがっていたが自軍が都市に閉じ込められ、ローマ軍が警戒していたので、できないでいた。それゆえに、貴族の出身でロドス人と呼ばれていたハンニバルがリリュバイオンの港に入港し、目撃者として詳細に報告できる、と申し出ると、(五)この申し出は喜んで受け入れられた。しかしローマ人が入港の入口を艦隊で監視しているのでかれが実行できるようには思えなかった。(六)かれは自分の船を修理して、出航し、リリュバイオンの前の島のひとつに

1　第三巻八一・二、第二巻六九・五を参照。Zygonは厳密にはstoixos縦列と対比的に使われる兵士の横列である。

行き、つぎの日、幸運にも順風を得て、敵の全員が見ていて、驚いている間に、四時頃入港した。㈦そしてつぎの日、ただちに帰航に取りかかった。㈧ローマ人の執政官は入港する個所をもっと入念に見張るために、もっとよく走る船を夜の間に十隻用意して、かれ自身港に立ち、成り行きを、また同様に軍全体を見守っていた。㈨湾に配置された船は浅瀬のために歩いて近づくことができるほどの狭い距離の二ケ所で、出て行こうとする船を攻撃し拿捕するために、羽をつけたように櫂を張らせつづけていた。㈩しかしロドス人は帰還を公然と行いつつ、まるで立ち尽くしているかのような敵の船の間を走り抜けて無傷で船と人を連れ出しただけでなく、㈡少し先に出ると、敵に挑戦するかのように櫂をピーンと張って止まって見せたほどに、大胆さと、船を早く走らせる業において敵よりはるかに優っていた。㈢かれの漕ぐことの速さのためにかれに対して追撃のために船を向けようとあえてする船は一隻もなかった。このように敵の全艦隊に対して一隻の船で挑戦した後、漕ぎ去った。㈢それからもかれは何度もおなじことを行って、カルターゴー人に緊急を要することを知らせ、攻囲されている者たちに勇気を与え、ローマ人をその大胆さで驚かして大いに貢献した。

四七　かれの大胆さに最も寄与したのは、非常に浅い所を通って入港することをかれが経験から精確に知っていたことである。㈡すなわちかれが海を横切り、現れる場合、かれはイタリアに向いている側で、海辺に立っている塔がリビュエー側にあるすべての塔を完全に覆うようにして、その塔に向けてコースを取った。というのもこの方法によってのみ湾の入口を安全に通ることが可能だったからである。㈢ロドス人のこの大胆さはほかの土地の事情に通じている人びとにもかれの例に倣う勇気を与えた。それに対してローマ人は無力だったので、かれらは港の入口を堰堤で塞ぎ止めようとした。㈣計画の大部分の個所でかれらは何ひとつ完成させなかった、それは海の深さのため、そして投げ込まれた土が定着することができなかったため、あるいはそもそも一緒にまとまることすらできなかったためである。投げ込まれた土は大波と流れの力によってたちまち遠ざけられ、撒き散らされた。㈤しかし海が浅い所では、非常な苦労をかさねた末にやっと堰堤が出来た。そこに四段櫂船が夜間に、走り出て来て止まり、敵の手に落ちた。この船は造船の装備が際立っていた。㈥ローマ人はそれを手に入れると、精選した乗組員を乗り込ませ、入港してくるすべての船を見張った、とくにロドス人を。㈦かれはその後運良く入港し、ふたたび公然と出航しようとした。しかし四段櫂船が最初からかれと共に突進してくるのを見て、その船には見覚えがあったので逃げようとした。㈧最初は、速さによって、その船に先んじようとした。しかし訓練された漕ぎ手によって追いつかれ、結局向きを変えて敵と闘うことをよぎなくされ、㈨乗組員の数と人選の点で負けて敵の手に落ちた。㈩ローマ人はこの船を手に入れ、よく装備し、修理して就役させて、その後リリュバイオンへ入港しょうとする者を防ぐことができた。

攻囲機械の火災

四八　攻囲されている者たちは対抗して築くことは根気よく続けていたが、敵の装置を傷つけ、壊すことは断念した。㈡この時、嵐が起こった。[1] それは機械を前進させる装置に対して、その保護屋根をあちこち投げ飛ばし、その前に立っている木の塔を運び去るほどの力と激しさを持っていた。㈢そのとき、ギリシア人の傭兵のある者が装置の破壊のためにまたとない好機であることに気づき司令官に考えを申し出た。㈣司令官はその計画に同意し、その目的に役立つ物をすべて準備し、若い者が集められ、三ケ所でその装置に投げ込まれた。㈤その建造物は時が経って容易に点火し易い状態になっていたので、風の力がその塔と装置に吹きつけると火の広がりは活発となり、効果的となった。それに対するローマ人の防ぎ、救おうとする試みは困難であった、というより不可能だった。㈥防御者はこの突発事故によって非常に恐怖させられたので、何が起こったのか見ることも理解することも出来ず、運ばれて来た炎と火の粉によって、さらにはもうもうたる煙によって目が見えなくなり、大火災と戦うためにじゅうぶん近づくことができず、少なからぬ者が圧倒され、倒れた。㈦敵がこれらのさまざまな理由で遭遇した窮境は莫大だった。一方火を送り出した方はそれだけ一層仕事がやりやすくなった。㈧敵をめくらにし、傷つけることのできるあらゆるものが炎の中に吹きこまれ、前に押し進められ、投げつけられた物は狙いを過たずに、助けようとする人と装置の破壊へと迫った。というのも、火を放つ方は自分の前の場所を見ることができ、投げられたものに風の力が協力したので、その破壊が

1　ディオドーロスは同じ出来事を第二四巻一・三で記述している。

非常に効果的となったからである。㈨その結末は、塔の土台も破城槌の垂木も役に立たなくなったほどの完全な破壊であった。㈩この出来事の後、ローマ人は装置を使っての攻囲攻撃は断念し、その都市を濠と防柵で取り囲んだ。さらに自分の陣営の前に壁を築き、その実行に時を費やした。㈪リリュバイオンの人は倒された城壁を建築し、すでに勇気を持って攻囲に耐えていた。

ドゥレパナの戦い

四九　ローマにこのことが知らされ、その後多くの使者たちが、艦隊の乗組員の大部分が装置を守る戦いと攻囲攻撃で命を落としたことを伝えると、㈡かれらは急いで船員を徴募し、一万人を集めシケリアーに送った。㈢かれらが海峡を通って徒歩で陣営地に到着すると、ローマ人の執政官プブリウス・クラウディウス[1]は軍団司令官を集め、全艦隊でドゥレパナへ航行する時だ、㈣なぜならそこに任命されているカルターゴー人の最高司令官アドヘルバルは乗組員の到着を知らず、ローマの艦隊は攻囲攻撃で蒙った人的損失で作戦行動は不可能だ、と信じているので将来に対して備えていないからだ、と言った。㈤かれらが喜んで同意したので、以前からいる者と新たに到着した乗組員を乗船させ、兵全体から戦闘員として、航行は短時間だし、利益は用意されているように見える、として志願してきた最も優れた者を選んだ。㈥こうした準備をすると、かれらは敵に気づかれずに真夜中頃出航した。そして陸を右手に見ながら最初は密集隊形で航行した。㈦夜が明け、最初の船がドゥレパナに姿をあらわすと、アドヘルバルはそれを見て、最初は思いがけないことだったので驚いたがすぐにわれにかえり、㈧敵が都市に向かって航行しているのを知ると、意図しているように見える封鎖を避けるために、あらゆる手段を試み、あらゆることをあえてしようと決心した。㈨それゆえ、ただちに船の乗組員を海岸に集め、伝令で傭兵軍を都市から集めるように命じた。㈩かれらが集まると、短い言葉で、もしあえて海戦を行うなら、勝利する希望があり、危険を予見しながらぐずぐずしていたら攻囲という

1　プブリウス・クラウディウスは前二四九／八年の執政官の一人。

困難な状況に陥るという意図にかれらを導こうと熱望した。㈡かれらは進んで海戦へとけしかけられ、海戦へ導くように、ぐずぐずしないように、と叫び、かれは出撃の用意があることを称賛し、ただちに乗船し、自分の船を見てその船尾に続くようにと命じた。㈢この指図を急いで与えた後、敵が入港した反対側の港の岩の下へと真っ先に出航した。

五〇　ローマの執政官プブリウスは敵が自分の期待にまったく反して屈服もせず、艦隊による攻撃を恐れもせず、海戦することに取りかかっているのを見ると、㈡一部はすでに港の中に、一部はちょうど港の入口にいて、一部は入口へと向っているすべての自分の船に、戻ってふたたび沖へ出るように命じた。㈢しかし港の中にいた船が向きを変えるさいに、港に入って来た船と衝突したので、人びとの間で大変な混乱が起ったただけでなく、船がたがいに衝突したとき、櫂が壊れてしまった。㈣それにもかかわらず三段櫂船の船長たちは戻ってきたかぎりの船を陸にぴったりとつけて戦闘へと配列し、敵に船首を向けた。㈤プブリウス自身は本来は全艦隊の後ろにいて指揮をとっていたのだが、その時の航行では、外洋へと向きを変え、戦列全体の左翼に位置をとっていた。㈥同時に五隻の戦艦とともに敵の左翼に回ったアドヘルバルは自分の船を外洋の方向から敵に面して配置した。㈦ほかの船がやってきて、戦列に加わると、命令を下す人を通して、自分とおなじ位置に配置するよう命じた。㈧すべてが一列に配置されたとき、合戦の合図を与え、最初は整然と敵に向って進んだ。一方、港から戻ってくる船を待っていたローマ人は陸地の所に留まっていた。㈨そのことからかれらは陸のすぐ近くで戦いをおこなわねばならないという不利な状況が生じた。

五一　かれらがたがいに近づいたとき、両方の旗艦から合図が上げられ、戦いがはじまった。㈡双方ともに陸軍からの最も優れた戦闘員を用いていたので、最初は、戦いの均衡が保たれていた。㈢しかし、カルターゴー軍は多くの点でずっと有利な状況にあったので、徐々に優勢になっていった。㈣というのもかれらは造船術に優れていることと乗組員の訓練によって速く船を走らせるという点で、はるかに勝っていたからである。その上かれらは外洋から配置していたので、その位置がかれらに非常に役立った。㈤というのもカルターゴー人の船が敵によって押された場合には、速く船を走らせることによって後ろへ開いている場所に退いたからである。㈥つぎに向きを変え、追跡して来る船のうち、前に飛び出して来た船に対して、ある時はその船の周りをまわり、ある時は側面から攻撃し、向きを変え、そして船の重さのため、また乗組員の未経験のために操縦し難くなっている船に対して、つねに体当たりを加えて多数の船を沈めた。㈦自分の艦隊のある船が危険に陥っているときには、直接の危険から外に出て、自分たちの戦列の艫を通過して外洋へ航行できたので、かれ自身にとってはまったく安全に救援を差し出す用意を整えていた。㈧ローマ人にはこれと正反対のことが起こっていた。すなわち、陸地の側で戦いを行っていたかれらは圧迫された場合には後方へ退くことができなかった。前から激しく攻め立てられた船は浅瀬に乗り上げて艫で動かなくなってしまうかあるいは陸へ追い立てられて座礁した。㈨敵の戦列の間を突き破ること、すでにほかの船と戦っているものの背後に現れること、これは海戦では効果的な作戦だが、船の重さと乗組員の未経験さゆえにできる状態ではなかった。㈩同様にかれらは必要な船に後ろから助けに駆けつけることもできなかたった、陸に押しつけられ、危険にさらされている船を助けるほんのわずかの空間も残っていなかったからである。⑪戦い全体に関してこのように不利な状況にあり、船は浅瀬に座礁し、あるいは陸地に投げつけられていたので、その状況を見たローマの執政官は左翼から陸に沿って外洋へと脱出しながら逃亡へと転じた。かれと共に逃れたのは近くにいた三十隻だった。⑫そのほかの九十三隻は船を海岸に投げ出して退却した者を除いた乗組員を含めてすべてカルタゴー人の手に落ちた。

五二　戦いはこのような結果に終わった。アドヘルバルは、この成功はかれの洞察力と勇気のためであるとみなされて、カルタゴー人の間で高く評価された。㈡プブリウスは、ことをでたらめに無思慮に処理し、自分の過失でローマに重大な失敗をもたらした、としてローマ人の間で悪い評判が立ち、激しく非難された。㈢それゆえに後に裁判にかけられ、重い罰金を課せられ、死刑だけはやっと免れた。

㈣しかし、ローマ人は、このようなことが起こったにしても、全体についての名誉心のために可能なことは何ひとつ見捨てようとはせず、次の事柄へと取りかかっていった。㈤選挙の時が近づいていた。新しい執政官が任命されたとき、そのひとりのルキウス・ユニウス・プッルスを送り出した。[1]かれはリリュバイオンを攻囲している者たちに生活用品やそのほかの必要な備品を送る使命をおびていた。そして六十隻の船に乗組員を乗せた。㈥陣営およびシケリアーのほかの地から来た船に出会い、それを同伴して百二十隻の軍艦およびほぼ八百隻の輸送船をひきいてシュラクーサイへ海岸沿いに航行した。㈦そこで財務官に輸送船

1　これは間違いである。ルキウス・ユニウスは前二四九／八年の執政官の一人であり、プブリウスの同僚だった。

の半分と軍艦の若干を渡して出航した。兵に必要な物を運搬することを急いでいたからである。㈧かれ自身は、航行で遅れて来る船を待ち、奥地の同盟軍からの穀物を受け取るためにシュラクーサイに留まった。

五三　同じ頃、アドヘルバルは、海戦でとらえた捕虜と拿捕した船をカルターゴーに送り出した。㈡そして同僚のカルタローン[2]に自分がひきいてきた七十隻に三十隻を加えて渡し、㈢リリュバイオンに停泊している敵の船を急襲して、できるならばそれを拿捕し、残りは火を放つように、と命令を与えた。㈣カルタローンはそれに従って、早朝、襲撃を行い、ある船は燃やし、ある船は拿捕しはじめたとき、ローマ軍の陣営では大混乱が生じた。㈤すなわち、かれらが大きな叫び声をあげて船の救援に駆けつけつけると、リリュバイオンで見張っていたヒミルコがそれを聞き、そしてちょうど夜が明けはじめたので、何が起こっているかを見て、都市から傭兵軍を送ったからである。㈥四方八方から危険に取り巻かれたローマ軍は大混乱に陥った。㈦カルターゴー人の提督は少数の船を運び去り、ほかは破壊した後、すぐにリリュバイオンを去って、ヘーラクレイアの方向へある距離を進み、ローマ軍へと航行する船を妨害するためにそこで見張っていた。㈧見張りがさまざまな種類の相当数の船がこちらに向かっており、もう近くまで来ている、と報告すると、かれは出航し、かれらと交戦することを望んで航行していた、というのも最近の勝利でローマ軍をあなどっていたからである。㈨同様にシュラクーサイから先に送られていた財務官にも、通常、艦隊より先に航行する通報艇によって敵の接近が報じられた。（一〇）かれらは、自分たちは海戦に対してはじゅうぶんではない、と考えて、自分たちの支配下にあって、港はないが、岬が都合よく取り巻いている小さな都市で錨を降ろした。（一一）そこに上陸して都市から運んだ投石器を据えて敵の艦隊の接近を待っていた。（一二）カルターゴー人は接近すると、先ずローマ人を攻囲しようと企てた、というのも乗組員は驚いて小さな町に退き、船を易々と所有できるだろう、と考えたからである。（一三）この期待は外れて、かれらは逆に勇敢に防御し、そしてその場所の位置がさまざまな種類の多くの困難さを差し出したので、食糧を積んだ少数の船を運び去り、ある川へと出航し、そこで停泊してローマの艦隊がふたたび海へ出るのを待っていた。

2　ディオドーロス第一八巻三—五を参照。

カマリナ沖での難破[1]

五四　シュラクーサイに残った執政官は、計画したことを片づけると、先に送った船に何が起こったかについて、何も知らずに、パキュノス岬を回ってリリュバイオンの方向へ航行していた。㈡カルターゴー人の提督は、見張りが敵の出現をかれに知らせると、出航し、自分たちの船とはできるだけ離れたところでかれらと交戦することを望み、急いで航行していた。㈢ユニウスはカルターゴー人の艦隊と船の数を見たとき、あえてぶつかることもせずまた敵が近くにいるので逃げることもできずに、海岸のでこぼこの、かつどの点からも危険な地点へ進路を取り停泊した。㈣自分の艦隊が人もろとも敵の手に入るよりも最悪のことを甘受した方が良いと考えたのである。㈤カルターゴー人の提督はこの動きを見て、このような場所に船を進め、危険にさらされることは得策ではないと考えて両艦隊の間の岬を通って、その麓に錨を降ろした。㈥その間に嵐が起こり、海は最悪の事態を予測させた。カルターゴー人の艦長は場所および事柄の経験から起こることを予測して、カルタローンにこれから起こるだろうことを予め述べ、嵐を避け、パキュノス岬を曲るよう説得した。㈦かれは賢明にもその忠告に従い、かれらは大いに苦労して、やっとの思いで岬を曲って無事に錨を降ろした。㈧それに対してローマ人の両艦隊は、嵐が襲ってきた時、そこには港が無かったので、難破船のどれひとつとしてもはや使用に耐えるものはなく、両艦隊とも思いもよらず徹底的に役に立たなくなったほど、完全に破壊された。

五五　この事件のためにカルターゴー人の希望はふたたび膨らんだ。そして戦争の「運」は自分たちに傾いているように思った。㈡一方ローマ人は以前もある程度「不運」であったが、これほどの完璧な惨事に遭遇したことはなかった。そしてその時は海から完全に手を引き、陸を制圧しようとした。カルターゴー人は今や海を支配し、また陸上での地位をとり戻すことも完全に諦めたわけではなかった。㈢その後、ローマにいる人びとも、リリュバイオン周辺にいる兵の誰もが、上記の不幸ゆえに、全体の状況を甚

1　この事件についてはディオドーロス第二四巻一・七―九を参照。

く嘆いていた。㈣しかし開始した攻囲は放棄せず、戦争のための必需品を陸に送ることを躊躇せず、攻囲している者は力の及ぶかぎりこのことに従事した。㈤ユニウスは、難破船から艦隊に戻り、そして自失呆然としていたのだが、蒙った敗北の埋め合わせを望んで何か新しいことを、必要なことをすることに取りかかった。㈥それゆえにかすかな可能性がかれの目の前に開かれたとき、それをつかみ、エリュクス[2]を奇襲攻撃で占拠し、アフロディテ神殿[3]とその都市を自分のものにした㈦エリュクスはイタリアに向いた側で、シケリアーの海沿いにある山であり、ドゥレパナとパノルモスの間にある。それはドゥレパナに境を接し、つながっていてエトナ山を除けば、シケリアーの山々の中で高さの点で際立っている。㈧その山の平らな頂上にアフロディテ・エリュキナの神殿がある。それは世間一般に認められているように富とそのほかの華麗さでシケリアーの神殿の中で最も有名である。㈨都市はその頂上の下の丘に沿って延びていて、[4]あらゆる側からの非常に長く、険しい坂がある。㈩ユニウスはその頂上に守備隊を置き、さらにドゥレパナからの坂にも同様に配置し、両地点を注意深く見張っていた、とくに後者を。そのようにして都市と山全体を所有できると確信したからである。[5]

五六　カルターゴー人はその後、バルカスと呼ばれているハミルカル[6]を司令官として任命し、かれに艦隊の指揮権を委ねた。㈡かれは海軍の指揮権を受け取ると、イタリアを荒らすために出航した。これは戦争の十八年目であった。㈢ロクリスとブルティス地方を荒し、そこから全艦隊で出航して、パノルモスに入港した。そしてヘイルクタイ[7]と呼ばれる場所を占拠した。そこはエリュクスと海沿いのパノ

2　現サン・ギウリアノ山、海抜七五一メートル。
3　パウサニアースは第八巻二四・六でパポスのアフロディテ神殿と比較している。
4　エリュクスのもとの住民はエリュモス人で（トゥーキューディデース巻二・三）、その住民は前二五九年にドゥレパナに移住させられた（二四・八脚注参照）。
5　ディオドーロス第二四巻一・一〇ではユニウスが八百人でエリュクスを占拠したと記述されている。
6　カルサロンの後継者であり、ハンニバルの父であるハミルカル・バルカスの到着は戦争での新しい局面を意味する。かれは前二四七年の春に到着し、戦争が他の手段によって決着がつくまで（前二四四／三年、二四三／二年）、エリュクスで二年以上にわたってかれの闘争はつづいた。
7　ディオドーロス第二二巻一〇・四、第二三巻二〇ではヘルクテと呼ばれている。これはパノルモスの北に孤立してそびえているペレグリノ山と普通同一視されている。

ルモスの間にあり、兵を長期にわたって安全にするのにふさわしいという点でほかの場所より際立っているように思われる。㈣すなわち周りに周辺の地域から相当な高さでそびえ立っている山があるからである。上の縁の周囲は一〇〇スタディオン（一八キロ）を下らない。それによって取り巻かれている空間は牧草地として、また耕作に適していて、危険な動物の恐れはまったくない。㈤海に面した側と内陸に向かった側でこの台地は近づき難い断崖で取り囲まれている。その間の部分はわずかな備えでじゅうぶんである。㈥そこには丘があり、アクロポリスとして、またその下の麓の地域を見張るのに役立つ。㈦さらにそれはドゥレパナとリリュバイオンからイタリアへの航路に適した港を持っており、そこには豊富な供給水がある。㈧丘には三つの接近路があるだけである。すべて歩き難く、ふたつは陸の方からで、一つは海の方からである。㈨ハミルカルはここに危険を冒して陣を張った。自分の都市からの支援もあるいはほかからのどんな支援の見込みもなく、敵の真っ只中に身を置いたからである。かれがローマ人にたいして差し出した危険そしてかれらに強いた戦いは決してささいなものではなかった。㈩まずここから海へ出撃し、イタリアの海岸をキュメーの地方まで荒した。㈠つぎに陸でローマ人がパノルモスの前で自分の陣営から五スタディオン（〇・九キロ）の距離をおいて陣を張ると、ほぼ三年間絶え間ない、またさまざまな戦いを挑んでかれらを苦しめた。それについては、ここでは、ひとつひとつを詳細に述べることはできない。

五七　というのもボクシングの試合で勇気という点で秀でており、訓練という点でも完璧な二人のチャンピオンが賞品を争って絶え間なく殴打を与え続けながら戦うとき、それぞれのひとつひとつの攻撃あるいは殴打に注意し、先手を打ち、予見することは拳闘家自身にとっても、見物人にとっても不可能である。㈡しかし各々の全体的行動そして各々が示す決断力からそれぞれの技、力、勇気についての公平な見解を得ることは可能である。この二人の司令官[1]の場合がそうだった。㈢日々の待ち伏せ、対抗待ち伏せ、企ておよび攻撃の原因あるいは仕方は非常に多様なので著者はそれらを適切に記述することはできない。同時にその物語は読者にとって最も退屈なものとなり、不適切なものとなるだろう。㈣事実の概念が伝えられうるのはむしろ二人の男についてのそしてこの好敵手の努力についての一般的な意見表明によってである。㈤伝統的な戦術、機会およ

1　すなわち、ハミルカルとユニウス・プッルス。

び状況によって示唆される計画、冒険的、無理矢理な暴挙といってもよいほどの行動のどれひとつとして無視されるということはなかった。㈥しかしそれはさまざまな理由で絶対的な決定とはなりえなかった。すなわち両者の戦力は拮抗していて、双方の陣営は堅固さのために近づき難く、両陣営の間隔はまったく短かった。㈦このことが、毎日そして絶えず個々の交戦は行われたが主要な会戦にはならなかったことの理由である。㈧その交戦では、白兵戦に巻き込まれた者だけが倒れ、一度退いた者は皆同僚の援護のもとですぐに危険の外に出た。そしてふたたび戻って来て、戦いに突進した。

五八　しかし良き審判員である「運命」が突然かれらを今述べた場所およびこれまでの競技からより危険な競演そしてもっと狭い場所へ移動させて閉じ込めた。㈡ローマ軍は、われわれが述べたように、守備隊をエリュクスの頂上と山に続く平地に置いていたのだが、ハミルカルは山の麓にある都市を占領することに成功した。[2] ㈢このことから突然ローマ軍の頂上を占領している守備隊もカルタゴ軍もこの都市の中で攻囲するということになった。カルタゴ軍は信じられないほど耐えた。というのも敵は四方から押し寄せ、補給は、かれらがただ一ケ所でひとつの道路でのみ海と結ばれていたので、非常な困難さをもって運び込まれたからである。㈣しかし両者はここでたがいにふたたびあらゆる種類の攻囲技術と力を試し、あらゆる種類の欠乏に耐え、あらゆる種類の急襲と戦闘を試みた後、㈤最後には、ファビウスが言うように、消耗と労苦のために、しかし無傷で、無敵のチャンピオンのように争いを引き分けにしたのである。㈥なぜなら、どちらかが他を征服する前に戦いはこの地点でもう二年間つづけられたけれども、戦争はほかの方法によって決着を見ることになったからである。[3]

㈦エリュクスにおける事件の状況と歩兵軍にかんしてはこのようであった。両国家によって示された精神は息もたえだえに闘われる闘鶏のそれと比較してよいかも知れない。[4] ㈧鶏が疲れる前に翼が使用できなくなった場合、かれらは不屈の気力で持ちこたえ、打撃を与えつづける。不本意な

2　ディオドーロス第二三巻八—九を参照。かれはハミルカルがローマ人を斬り殺し、住民をドゥレパナに移住させたこと（二四・八脚注）を付け加えている。

3　これはローマ人が海軍政策をふたたび始めようという決定（五九・二）によってなされた。これは前二四二年におこなわれた。

4　闘鶏への比喩の転換は描写に変化を添える。このような比喩はすでにプラトーン『テアイトス』一六四Cにみいだされる。

がら接近し、たがいに致命的な一撃を与え、これが起こるや否や、二羽のうち一羽あるいは相手が先に倒れて死ぬ。㈨まさにそのようにローマ人とカルターゴー人は、絶え間ない戦いの骨折りと永続する戦時特別税と費用によって力の限界に来ており、絶望の淵にあった。

五九　闘鶏の鶏とおなじように息たえだえに闘っていたローマ人は、あの大惨事のためにそして陸軍だけで戦争に決着をつけることができると確信していたためにすでに五年[1]間海での戦争からは離れていた。㈡その時、とくにカルターゴー人の司令官の大胆さによって、ことが計算通りに進まないのを見て、海軍で三度目の運を試みようと判断した。㈢というのも、この方向が、もし自分たちがともかく致命的な一撃をくわえることができたならば戦争に有利な決着をつける唯一の道だと考えたからである。㈣最初の場合にかれらが海から退いたのは運命の一撃に屈したからであった。二度目はドゥレパナでの敗北のためだった。㈤その時は、海戦に勝ち、カルターゴー人のエリュクスにいる兵に対して海からの供給品を遮断して全体に決着をつける、というのが三度目の計画だった。㈥しかしその試みは生存を賭けての苦闘という性質を帯びていた。国庫にはこの目的のための財源が無かったからである。しかし国家の指導者たちの祖国愛と高潔な精神によって必要な金が調達された。㈦すなわち、計画が成功したときに、費用を償還してもらうという条件で財産の程度に応じて、かれらは一人であるいは二人であるいは三人で五段櫂船の造船を引き受けた。㈧このようにしてたちまち二百隻の五段櫂船が用意された、そのさい、かれらはロドス人の船を手本にした。その後、ガイウス・ルタティウス[2]を指揮官に任命し、夏がはじまる頃に送りだした。㈨突然かれはシケリアーの海岸沖に現れ、カルターゴーの全艦隊は故郷へ戻っていたので、ドゥレパナの港並びにリリュバイオンの停泊地を占拠した。㈩ドゥレパナの都市の周りに機械を組立て、攻囲のためのすべての準備を整え、力の及ぶかぎりの熱意をもってこのことにとり組んだ。㈡かれはこの遠征の最初の動機、すなわち、戦争を決定的に終結させることができるのはただ海戦によるだけだという信念を忘れてはいなかった。また時が無益に怠惰に経過することを許さず、㈢この目的にかなうように乗組員を訓練することで時を過ごし、また絶えず

1　前二四九年のカマリナ沖での難破から新しい決定（二四三／二年冬）までは丸六年である。

2　前二四二／一年の執政官はルタティウス・カトゥルスとA・ポストミウスだった。

良い食べ物と飲み物に気を配った。その結果、まったく短期間のうちに乗組員を差し迫った戦いのための訓練された戦士にしてしまった。

アイグーサ島沖での戦い

六〇　ローマ人が艦隊で出航し、ふたたび海軍の覇権を争おうとしている、という予期しなかった報せがカルターゴー人に届くと、かれらはただちに船を整え、㈡エリュクスの部隊に必要不可欠な物資を補給するために、穀物およびほかの必要なものを積み込み、艦隊を送り出した。㈢海軍の司令官にはハンノーンを任命した。かれは出航してヒエラ島と呼ばれる島に到達し、そこから敵に気づかれずにできるだけ早くエリュクスに渡ろうと計画した。そして供給品を陸揚げして船を軽くした後、傭兵軍から最も有能な兵士を船の戦闘員として付け加え、かれらと共にバルカスを乗船させ、そのようにして敵と交戦することを目指した。

㈣ハンノーンの到着を知り、かれの意図を予知したルタティウスは陸軍の中から最も優れた者を乗船させ、リリュバイオン沖のアイグーサ島へ航行した。㈤そこで、その折りにふさわしいように部隊に訓戒をあたえた後、船長たちに翌日海戦が行われることを伝えた。㈥早朝、ちょうど夜が明けはじめた頃、爽快な微風が敵に有利に吹いている、しかし自分たちにとっては逆風で、そして激しい高波が立っており、出航は困難だと知った。最初はこの困難な状況で何をすべきか決心がつかなかった。㈦しかしつぎに、もし嵐の中で危険をおかせば、ハンノーンおよび海軍それ自体とそしてまだ荷を積んでいる船にたいして戦いを行うことになるだろう、㈧もし上天気を待ち構えていて、ぐずぐずし、敵が渡って、陸軍と一緒になるのを許せば、自分は動きの良い、荷を降ろした軽い船に対して、また陸軍の最も有能な戦士に対して、そして最も決定的なことは、ハミルカルの大胆さにたいして戦わねばならないだろうと考えた。㈨それゆえに現在の好機を見逃さないことを決心した。そして敵の船が帆を一杯に張って帆走しているのを見ると、急いで出航した。㈩乗組員がすぐれた訓練のおかげでやすやすと高波を乗り切ったとき、かれは舳先を敵にむけて艦隊を一列に配置した。

六一　カルターゴー人は、ローマ人が自分たちの渡航を妨害しようとしているのを見ると、帆を引き降ろし、おたがいにそれぞれの船に向かって勇気をだせ、と呼びかけ、衝角をぶつけ合った。㈡それぞれの軍の艤装はドゥレパナでの戦いの時とちょうど逆の関係にあったので、戦いの終わりも当然逆の結果となった。㈢ローマ人は造船の組織を改善し、海戦に必要な物以外の重荷はすべて陸揚げしていた。そして乗組員は漕ぐことで完全な域に達するよう訓練されており、かれらが擁していた海兵隊員は堅忍不抜さで陸軍から選ばれた男たちだった。㈣カルターゴーの場合はちょうど逆であった。船には重い荷が積んであり、戦いには不便で、乗組員は完全には訓練されておらず、時の勢いで乗船させられていた。船の乗員は最近集められた者であり、戦いの苦しみと恐ろしさをはじめて経験しょうとする者たちだった。㈤というのもカルターゴー人は、ローマ人が海では決して対抗してくるとは思っていなかったので、あなどって海軍のことは等閑に付していたのである。㈥それゆえにぶつかるとすぐに戦いの多くの個所で不利となり、すぐに敗れ、五十隻が沈められ、六十隻が乗組員もろとも拿捕された。㈦残りの船はマストを立て、順風に乗って航行し、ヒエロ島へ戻った。幸運にも、思いがけず、必要な時に風向きが変わってかれらに協力してくれたのである。㈧その間に、ローマの執政官はリリュバイオンの部隊に戻り、拿捕した船と乗組員にかんしての処理と大きな仕事に従事していた。すなわち、その戦いで捕虜となった者の数は一万人をわずかに下回るほどだったからである。

六二　カルターゴー人は予期していなかった敗北を知らされると、戦争への熱情と野心に関するかぎり、まだ戦争を遂行する用意があったが、冷静に考えた場合、逃れる方策が見えなかった。㈡すなわち敵が海を支配しているのでシケリアーの兵に補給物資を運べなかったからである。これを断念して、ある方法で彼らの裏切り者となった場合、どんな軍勢で、また誰を指揮官として戦争すればよいか、わからなかった。㈢それゆえすぐにハミルカルに使者を送って、かれに状況を処理する全権をあたえた。かれは優れた、思慮深い指揮官の仕事をした。㈣状況の中で合理的な希望があるかぎりは、それがたとへ暴挙であり危険であると思われたとしても、かれは何ひとつ手控えることはしなかった。ほかの司令官がそうするように、戦争で勝利を期待させるものはすべて吟味した。㈤しかし、運命が逆転し、自分の指揮下の兵を救う道理にかなった見込みは残されていなかった。そのとき、かれは状況に屈して、和平の交渉のために使節を送るという点で実際的な良識を示した。㈥すなわち指揮官はいつ勝者になるか、いつ敗者になるかを識別する能力が要求されるのである。㈦ルタティウスは、ローマ人がこの時期、戦争によって疲弊され、弱っていることを意識していたので交渉することに進んで同意した。そしてつぎのような条件でこの争いに終止符をうつことに成功した。㈧「次の条件でカルターゴー人とローマ人の間に友好関係が成立することとする、ただし、ローマの民衆が承認する、という条件で。カルターゴー人はシケリアー全体を明け渡し、ヒエローンに対してもシケリアー人に対しても戦争をしないこと。シュラクーサイ人もシュラクーサイの同盟軍も攻めないこと。㈨カルターゴー人はローマ人に身の代金なしですべての捕虜を返還すること。カルターゴー人は銀でローマ人に二十年間で二千二百オイボイア・タレント[1]を支払うこと」

六三　この条約がローマに委託されたとき、民衆はそれを承認せず、事柄を調査するために十人の委員を送り出した。㈡かれらは到着すると、条約の主要点は変更せずにカルターゴー人にとってさらに厳しい条項を二、三付け加えさせた。㈢すなわち、支払の期間を半分にし、賠償金に千タレントを追加し、イタリアとカルターゴーの間にあるかぎりの島からカルターゴー人が手を引くことを要求した。

第一次ポエニ戦争の要約

㈣シケリアーをめぐって起こったローマ人とカルターゴー人の間の二十四年間つづいた戦争[2]はこのような条約でこのような結末を迎えた。われわれが聞いて知っている最も長くつづいた、最大の戦争であった。㈤その戦争ではほかの戦いおよび装備は別にして、両者ともにある時は五百隻以上の五段櫂船で、ある時は七百隻に少し足りない数の船でたがいに戦った。㈥ローマ人はこの戦争で難破船を含めて七百隻以上の五段櫂船を、カルターゴー人は約五百隻を失った。㈦それゆえに、アンティゴノス、プトレマイオスおよびデーメートゥリオスの海戦[次頁]およびその艦隊を調べ

1　一オイボイア・タレントはローマ人の八〇ポンドと等しい。一ポンドは銀三二七・四五グラムなので一タレントは銀二六・一キログラムである。

2　前二六四年の晩夏から前二四一年まで、すなわち二三年と数ケ月である。

て驚嘆する人はこの戦争行為の規模の大きさに驚くに違いない。㈧もし五段櫂船と、ペルシア人がギリシア人と、さらにはアテーナイ人がラケダイモーン人とたがいに戦った三段櫂船との違いを考慮に入れるならば、海でこれほどの規模の兵が会戦したのを見つけることは、そもそもできないであろう。㈨ローマ人の進展は、いく人かのギリシア人が信じているように、「運」あるいは「偶然」によるのではなく、このような壮大で危険な企画で自らを鍛えた後では、世界支配を目指す勇気をえただけでなく、その目的を達成したのはまったく当然だったという最初に私があえておこなった主張をこのことは確証するのである。

六四　世界支配を獲得し、以前よりも数倍も大きな力を所有した後で、なぜかれらは多くの船に乗組員を乗船させ、大きな艦隊で海に乗り出すことができなかったのか、不思議に思う人がいるかもしれない。㈡しかしながらこのことに困惑した人は、われわれがかれらの政体を扱う段になったときに、明白にその理由を理解できるだろう。これは著者が付随的に取り扱うべきではない、また読者がいいかげんに注意を向けるべきではないテーマである。㈢すなわち、このテーマは素晴らしいのだが、それを扱った人の無能力のために、今までいわばほとんど知られていないも同然だったからである。㈣すなわち、ある人にはすべての知識が欠けており、またある人はそれについて不正確でまったく役に立たない説明をしているからである。㈤しかし、われわれが記述しているこの戦争において、両国家の信条は競い合っていたことがわかるだろう、その計画においてだけでなく、その高邁な精神においても、とくに覇権を求めるその野心において。㈥個人的な勇気という点ではローマ人が全体としてはるかに優っていた。司令官としては、ハミルカル・バルカスが最高の称賛に値する。かれはのちにローマ人と戦ったハンニバルの実父である。

前頁　たとえば、デーメトゥリオス・ポリオルケテスがプトレマイオス一世を破ったサラミスの海戦（前三〇六年）。

カルターゴー人の傭兵戦争

六五　この条約締結後、両国家に、それぞれの領域で、まったく似たことが起こった。㈡すなわち、内戦がローマ人をもカルターゴー人をも待ち受けていた。ローマ人にとってはファリスキ族に対するもので、これを、数日間で、都市を占領することによって、短期間で有利に決着をつけた。㈢同時期にカルターゴー人を待ち受けていた内戦は小さくはなく、また取るに足らぬ物でもなかった。それは傭兵軍、ノマディアそしてかれらと共に離叛したリビュエーに対してのものである。㈣この戦争でかれらは多くの恐ろしい事柄を切り抜けねばならなかった。そして最後は領土だけでなく自分たちの存在と祖国の土台をも危険にさらした。㈤この戦争には、われわれがそれを最初の計画に従ってその主要点を手短に語ることができれば、多くの理由で、心を向ける価値がある。㈥多くの人の間で和解し難いと言われているあの戦争がどんな性格を持ち、どんな状態であったかは、当時起こったことからわかるだろう。㈦そして傭兵軍を用いる人が何を予見し、何を遠方から注意していないといけないかは、その時の事情から最も明瞭に観察できるだろう。それに加えて、雑然と寄せ集められた異民族の群れが、国家の教育を受け、国家の法律と道徳の中で成長した軍人からなる兵士とどの点で、どれほど違っているかもわかるだろう。㈧さらに最も重要なことは、当時の出来事からローマ人とカルターゴー人の間のハンニバル戦争の勃発の原因が理解できるだろうということである。㈨それについての原因は歴史家の間だけでなく、戦争を行った人の間でも意見が分かれているので、真相に最も近い意見を提示することは学問を愛好する人にとって有益である。

六六　条約締結後、バルカスは兵をエリュクスからリリュバイオンへ連れ戻すとすぐに指揮権を譲り渡した。そして国家の最高司令官にはゲスコーンが任命され、兵士をリビュエーに輸送する任務を負った。㈡かれは起こりそうなことを予見し、非常に賢明に部隊ごとに分けて、また時間的間隔を置いて乗船させた。㈢それは、到着した兵士に未払いの給料を支払い、次の部隊が続いて来る前にカルターゴーからかれらの故郷へ去らせるための時間的余裕をカルターゴー人に与えるためだった。㈣ゲスコーンはこのような意図を持って搬出の仕事を処理した。㈤カルターゴー人は、ひとつには、これまで生じた出費のために金をじゅうぶんに持っていなかったからであり、ひとつには、かれらを集めて、すべてをカルターゴーに受け入れれば、負債のある給料の一部を交渉によって値切ることができると確信したからである。このようなことを意図して、入港してきた兵士をそこに引き止め、都市の中に集めておいた。㈥彼らは夜も昼もひんぱんに法を犯したので、政府は群集と自制心のなさを疑惑の目で見て、まず指揮官たちに、給料を調達し、残されている者を迎え入れるまで、最も緊急を要する必要のための金を各々が受け取って、シッカ[1]と呼ばれる都市に全員が退却するようにと要請した。㈦かれらは進んで撤退の要求に応じ、そして給料支払いのために帰還はすぐになろうから、以前そうしたように、持ち物をそこに残しておくことを望んだ。㈧カルターゴー人は、かれらが最近の長引いた不在の後であるから、妻あるいは子供たちと一緒にいることを望んで、多くの場合にカルターゴーを去ることを拒否するのではないかと恐れた。あるいは立ち去ってもふたたび家族のもとへ戻って来るのではないか、その結果、都市では暴力行為が減らないのではないかと恐れた。㈨こうしたことを予見して、まったく望まない人びとに荷物を持ち出すことを強制した。このことは多くの敵意を生み出した。

㈩シッカ[1]に集められた傭兵軍は、久しぶりに暇な時間と緊張弛緩を見出した。これは傭兵軍の扱いには最も不適当であり、いわば暴動の源泉であり、唯一の原因である。すなわちかれらは自由に時を過ごしていた。⑾かれらは何もすることがなかったので、ある者は未払いの給料を高く計算し、ある者は数倍も多く総額をはじき出し、カルターゴー人からそれだけを要求しなければならないと説明した。⑿司令官たちが危険な状況にあった時、自分たちを励ましたあの約束を全員が思い出していた。そして自分たちを金持ちにしてくれる給料の支払いへの希望と期待に浸っていた。

六七　それゆえに、全員がシッカに集められた後すぐ、当時リビュエーでのカルターゴー人の最高司令官であったハンノーンがそこに来て、期待を満たさず、約束を果たさなかっただけでなく、逆に貢税の重さ[2]と都市の全体的な苦境を述べ、契約上負債のある給料の一部を値切ろうとした

1　シッカ・ウェネリアはカルターゴーの南西一六〇キロ先、現エル・ケフの遺跡上にあった。エル・ケフはその土地では今でもシッカ・ベナルとして知られている。
2　ローマ人への貢税。

とき、㈡すぐに争いと暴動が生じた。絶えず大勢の人が集まった。ある時は、部族ごとに、ある時は全員が同じ場所に。㈢かれらはひとつの部族に属していたわけでなく、またひとつの言語を話していたわけでもなかったので、陣営は混乱、騒ぎそしていわゆる無秩序で満ちていた。㈣カルターゴー人は多くのさまざまな民族から傭兵軍を徴募することによって、兵士たちが服従を拒み、指導者に反抗するために、たがいに意志を疎通し合わないことは達成する。㈤しかし、怒りあるいは中傷的な噂、あるいは不満が爆発したときには、真実を伝え、激情を鎮め、無知な人に過ちを指摘しようとする努力にとっては最も不利になるのである。㈥というのも、このような部隊が一度激怒と憤激の状態に陥ると、かれらは人間的な不正では満足せず、最後は、野獣のような心の状態になるのである。

㈦このことがその時起ったのである。この部隊のある者はイベーリアー人、ある者はガッリア人、ある者はリグリア人、ある者はバリア人だった。また相当数の混血児のギリシア人がいた。かれらの大半は逃亡者と奴隷だった。しかしリビュエー人が最も大きな割合を占めていた。㈧それゆえ、かれらを全員たがいにひとつの軍の集まりにまとめることもできなかったし、影響を与える別の手段もなかった。㈨どうしてできるだろうか。司令官がすべての部族の言語を理解することは不可能だった。通訳を通してかれらに話し、そしておなじことを四度、五度と繰り返すこともほとんど不可能だった。㈩傭兵軍の指揮官を通して要求し、勧告する道が残っていた。このことをそのときハンノは絶えず行おうと試みた。(一一)しかしかれらはかれが言ったことをある場合には全部は理解しなかったし、時には司令官に同意すると表明しておいて、兵士たちには間違ったこと、悪意に満ちたことを報告した。そのことからすべてが不明瞭さ、不信用、疎遠で満ちたものとなった。(一二)ほかのすべてのことにかんしても、カルターゴー人はシケリアーで自分たちの功績を知っていて、約束をした司令官を故意に自分たちの許に送らずに、自分たちと一度も居合わせていなかった司令官を送って来た、とかれらは考えた。(一三)ついにかれらは、ハンノーンを軽視し、副指揮官をまったく信用せず、カルターゴーから一二〇スタディオン（二一キロ）離れたテュニス[3]に陣を張った。その数は二万人以上だった。

六八　カルターゴー人は、今自分たちの愚かさを痛切に感じとった。㈡と

3　三〇・一五、第一四巻一〇・五を参照。傭兵軍は町の北、ベルベデレ公園と同一視されている地点に野営した。

いうのも、かれらはふたつの大きな過ち過ちをおかしてしまっていた。ひとつは市民軍の戦闘能力からは何の希望ももてないのに、傭兵軍のこんなにも大きな集団を一ヶ所に集めたことである。㈢もうひとつの過ちはもっと重大だった。すなわち、傭兵の妻と子供を家財といっしょに手放したことである。本来ならそれを人質として、交渉の際の確かな担保として、兵士たちを自分たちの提案に従順にさせる脅迫手段として役立てることができたはずであった。

㈣しかしこんなにも近くに陣を張った兵に驚いて、かれらの怒りを和らげるためにすべてを我慢しようとした。㈤かれらはたくさんの生活必需品の備蓄を送り出し、かれらが望むように、そしてかれらが決めた値段でそれらを売った。そしてつねに使節として議会の二、三人の議員を送り出した。どうにかして、力が戻れば、かれらが要求することは何でもしよう、と約束して。㈥しかし、傭兵軍は、カルターゴー人の驚きと狼狽を見て、すっかり大胆になり、毎日何か要求すべきことを思いついた。㈦シケリアーでのローマ軍に対する自分たちの成功のために思い上がって、カルターゴー人だけでなく世界中の誰も武器をもって自分たちに容易には抵抗できないと思いあがり、信じ込んだ。㈧それゆえにカルターゴー人が給料の要求に同意するや否や、かれらはもっとつけあがり、倒れた馬の賠償を要求した。㈨これが受け入れられると、かなり前からかれらに対して、負債となっている穀物支給にかんして、自分たちは戦争中最高になった価格で受け取らねばならないと主張した。㈩つまり、かれらの間には不満をいだかせ、反乱を起こさせる多くの要素が存在していたために、事柄を折り合うことが不可能なことへと逸らしながら、つねに何か新しい、新奇なことを考案しつづけたのである。⑴しかし、カルターゴー人ができることはすべて約束したので、かれらはシケリアーで司令官を務めた者のうちの一人に論争点を委ねることに同意した。⑵シケリアーで一緒に戦ったハミルカル・バルカスにはかれらは憤慨していた、つまり、かれは自分たちと交渉したくないために自ら司令官職を辞任したと考えたために、かれによって軽視されたと考えたのである。⑶それに反し、ゲスコーンには、非常に好意的な気持をいだいていた。というのも、かれはシケリアーでの司令官であり、特に帰還にさいしては、考えうるかぎりのあらゆる方法でかれらのために配慮してくれたからである。そのためかれらはゲスコーンに決定を委ねた。

六九　かれは海路、金を持って到着し、テュニスに上陸すると、すぐに指導者たちを呼び、つぎに部族ごとに群集を集めた。⑵かれは起こした出来事のことでかれらを非難し、現在の状況について教えようとした。さらに、未来のことに鑑みてかれらに警告し、これまで給料を支払ってくれた者たちに好意的であるよう要請した。㈢最後に遅れていた給料の支払いに取りかかった。支払いは部族ごとに行われた。

㈣そこに、ローマ人から脱走したカンパニア人の奴隷がいた。かれは肉体的に非常に強く、戦争では向こう見ずな勇気を持ち、スペンディオスという名であった。㈤かれは主人がやって来て、引き渡しを要求され、つぎにローマ人の慣習に従って拷問を受けて殺されることを恐れたので、カルターゴー人との和解を無に帰せしめるために、言葉と行為とであらゆることを試みようとした。㈥かれの側に立ったのは、リビュエー人のマトースであった、かれは自由人であったが、戦争に参加し、前述の暴動の際、首謀者として頭角を現した。そのほかのことにかんしても罰を受けなければならないだろうという不安がスペンディオスの同士にした。㈦かれはリビュエー人を叱責し、カルターゴー人は、給料支払い後、ほかの民族が故郷へ帰った後、かれらに対する怒りを自分たちに向け、自分たちを罰することによって、リビュエーにいる、すべての者たちを怖がらせるだろうと言った。

㈧兵士たちはこのような言葉によってすぐに扇動された。ゲスコーンはなるほど給料は払ってくれたが穀物と馬の弁償は遅らせている、という些細な機会をとらえて、集会所に集まった。㈨かれらはスペンディオスとマトースがゲスコーンとカルターゴー人を中傷し、非難するのを聞き、語っている二人に注意深く心を向けていた。㈩もしほかの人が進み出て、そしてその議論に加わろうとしたら、聴衆はかれがスペンディオスに賛成なのか反対なのか知る以前に、かれをその場で投石で殺したであろう。㈠かれらはこの方法で多くの指導者と平民を殺していた。㈡かれらが全員共通に知っていた言葉はただひとつ、「投げろ」である。すなわち、いつもその言葉を投げていたからである。昼食から酔って群れ集まったとき、とくにこのことが起こった。㈢それゆえ、どこかで「投げろ」という言葉が声高に鳴り響くと、すぐに四方から石が飛んできて、前に進み出ただけの誰一人として逃げ通すことはできなかった。㈣この理由で、誰一人あえて口を開かず、マトースとスペンディオスを自分たちの将軍にした。

七〇　ゲスコーンは全体が無秩序となり混乱しているのを見て、祖国の利益に重きを置く人だったので、かれらが野獣のようになると祖国の存在が危機にさらされると判断し、㈡ある時は指導者を呼び寄せ、ある時は民族ごとに集めて励ましながら、命を賭けてことに当たった。㈢しかし、リビュエー人はまだ給料を受け取っていなかったので、期限は過ぎていると考えて、ゲスコーンのもとに行き、非常に横柄な態度でそれを要求した。かれは僭越を非難しようと思って、お前たちの大将のマトースに支払ってもらえと命じた。㈣かれらは非常に立腹し、一瞬たりともおろそかにせず、用意されている金を略奪し、つぎにゲスコーンとかれと一緒にいたカルタゴー人を捕らえた。㈤マトースとスペンディオスは、もしかれらが法律違反を行い、条約を破れば、すぐ戦争が燃え上がるだろうと考えて、群集の無思慮に荷担してカルタゴー人の荷物と金を略奪し、ゲスコーンとかれと一緒にいた者を侮辱的に縛り、牢獄に投げ込んだ。㈥それからは、全人類によって認められている道義[1]に反する不敬な誓いを立てて、公然とカルタゴ人に対して戦争を開始した。

㈦いわゆる傭兵戦争あるいはリビュエー戦争はこのようなことが原因ではじまったのである。㈧ここまで目的をやり遂げたマトースはつぎにリビュエーの諸都市に使節を送り、かれらを自由へと呼びかけ、自分たちを助け、事に参加するようにと要請した。㈨その後、ほとんどすべてのリビュエー人が進んでカルタゴー人からの離叛への要請に応じ、熱心に生活必需品と支援軍を送った。そして二手に分かれて一方はウティカ[2]を、もう一方はヒッパクリタイ[3]を攻囲しはじめた。というのもこれらの都市は離叛に加わろうとしなかったからである。

七一　カルタゴー人は、個人的な必需品はつねに地方からの産物で賄い、国家の戦争の装備およびその維持はリビュエーの収入で賄っていた。さらに、戦争は傭兵軍を伴って行う習慣だったのだが、㈡これらのすべてを突然失っただけでなく、逆にそれらが自分たちに敵対するのを見たときに、ことが予期に反して進んでしまっているのに気づき、非常な絶望と落胆状態に陥った。㈢すなわち、シケリアーをめぐる長期の戦争で疲労困憊し、和解が成立した後で、ちょっとした休養と満足のいく状態が得られるも

1　このような道義は伝令官に対する敬意（第二巻八・一二）や戦いで降参した者たちに対する敬意（第三八巻八・二）を含んでいた。同様の言及からポリュビオスの国際法と万民法の概念を再建することは可能である。傭兵たちがどんな誓いを立てたかは曖昧なまま残されている。

2　ウティカはカルタゴーの北西約三二キロの海岸沿いに位置していた。

3　ヒッパクリタイはヒッポ・ディアリュツス（現ビゼルタ）の住民の都市である。これは以前はヒッポ・アクラとして知られていた（ディオドーロス第二〇巻五五・三）。

のと期待していたからである。㈣逆のことが生じようとしていた。㈤その前はシケリアーをめぐって争っていたのだが、その時は、同族戦争という形をとって自分のために、自分の祖国のために危険をおかそうとしていた。㈥これらのことに加えて、あれほどの海戦をした後なので、武器の蓄えも海軍も装備した船もなかった。財源も悪い状態にあり、友人のそして同盟軍による外からの援助の希望もなかった。㈦それゆえに、その時、海の向こうでのこれまで長年遂行して来た傭兵軍を用いての戦争が同族の内乱、動乱とどれほど相違しているか、かれらは明確に認識した。しかし、この不幸の責任はかれら自身にあったのである。

七二　前回の戦争では筋の通った理由があると考えて、リビュエーの人びとを厳しく監督した。㈡すなわち、すべての収穫の半分を取り去り、都市には以前に命じたよりも二倍の貢税を課し、かれらの要請のどれにおいても支払い不能な者にはいかなる容赦も寛大さも与えなかった。㈢司令官のうち、柔和に、人道的に大衆に対処する者は評価されず、尊敬もされず、最も多くの財源と資材を調達し、地方の人びとを最も厳しく扱う者が評価され、尊敬された。その一人がハンノーンであった。㈣したがって、離叛への要請は必要なく、ただ報せだけでよかったのである。㈤以前、自分の夫が、そして両親が特別税にかんして連行されるのを見守っていた女性たちが、その時、すべての都市で、自分が持っている物は何も隠すまい、と一緒に誓い、軍の供給と支払いのために、装飾品を税として躊躇せずに差し出した。㈥そのことによってマトースとスペンディオスに、相当額の資金が調達された。すなわち、傭兵を離叛へと誘った約束に従って、滞っていた給料を支払うことができただけでなく、さらに引き続き、豊か財源を確保できたほどであった。㈦このことはわれわれに、現況に目をむけるだけでなく、さらに注意深く将来のことを考えることが正しい政策であることを教えてくれる。

七三　しかしカルタゴー人はこのような苦境にあったにもかかわらず、ハンノーンが以前、リビュエーのヘカトンタピュッロスの件[4]を制圧したことを理由に、かれを司令官に任命し、傭兵軍を集め、市民のうち軍務に服せる者たちを武装させ、㈡市民からなる騎兵隊を組織し、船のうち、まだ使える三段櫂船、五段櫂船および荷役船の最も大きいものを修理した。

4　ディオドーロスはヘカトンピュロスという形を使い（第四巻一八・一、第二四巻一〇・二）、ハンノーンによるその町の占拠（前二四七年）を記述している。かれはこの町を寛容にとり扱ったが、三千人の人質を取った。

㈢リビュエー人の七万人が兵に加わったとき、マトースはかれらをいくつかの部隊に分け、妨害されることなくウティカとヒッパクリタエを攻囲し、陣をテュニスに張り、安全に固め、それによってカルターゴー人をすべての外リビュエーから遮断した。㈣カルターゴー自体は湾に面し、半島の形で突き出ている。その結果ほとんどいたる所が水によってとり囲まれている。一方は海によって、他方は潟によって。㈤その都市をリビュエーと結び付けている地峡は約二五スタディオン（四・五キロ）の幅がある。海側に向かって、遠く離れていない所にウティカ人の都市があり、㈥別の側で潟に面して、テュニスがある。両方の都市の前で今傭兵軍は陣を張っていた。そしてそれと共にカルターゴー人を地方から遮断し、㈦最後に都市それ自体に策略をめぐらし、ある時は昼間、ある時は夜、城壁にやって来て、中にいる人びとを完全な恐怖と混乱へおとし入れようとした。

七四　ハンノーンは可能なかぎりを尽くして準備にとりくんでいた。㈡この点にかんしては才能があったのである。だが、軍をひきいて出動した時は、別人だった。利用すべきチャンスも知らなかったし、そもそも、経験なしで、鈍重に戦争を行ったのである。㈢それゆえに、最初、攻囲されている人を救援するためにウティカに行き、象の数で敵を驚かした、すなわち百頭を下らない象をひきいていた。最初完全な優位に立ちながら、その後で攻囲されている者たちをも滅ぼしたかもしれないほどに、まずく行動したのである。㈣投石器、飛び道具、一言で言えば、都市の攻囲攻撃に役立つすべての道具を運んで敵の防柵に対しての攻撃に着手した。㈤象が陣地の中に押し入ると、敵は攻撃の重みに耐えることができず、全員が陣地から逃げ出した。㈥かれらの多くは、象によって傷つけられて死んだ。防備の囲い、樹の生い茂った丘へと逃げて救われた部隊は、自分たちのいる場所の安全さを頼りに耐えていた。㈦一度逃亡した時には、退いて二日、三日と逃亡をつづけるノマディア人と戦うことに慣れていたハンノーンは、戦争は終わった、全体として勝利していると考えて、㈧兵士たち、そしてそもそも陣営のことは等閑に付して、都市へ入り、身体の手入れに取りかかった。㈨傭兵軍のうち、丘へ一緒に逃げた兵士たちは、バルカスの豪胆さで教育され、シケリアーでの戦いで、同じ日に一度退却し、つぎにふたたび敵を攻撃することに慣れていたのであるが、㈩その時も、司令官が都市へと遠ざかり、優位に立ったために多くの兵士たちは怠けていて、野営地からばらばらに離れていると知ると、㈡密集して防柵に攻撃をかけ、かれらの多くを殺し、残った兵士たちは不名誉にも、城壁と門の下へと逃げることを余儀なくされた。㈢そしてすべての荷物およびハンノーンが都市から運んだ攻囲の装置をすべて敵のものにしたのである。

㈢かれが鈍重に行動したのは、この時だけでなく、数日後、敵がゴルザ[1]と呼ばれる都市でかれと向かい合って立った時もそうだった。敵がかれと非常に近くに布陣していたので、四回かれらを打ち破るチャンスがあった。二回は会戦で、二回は奇襲攻撃で。㈣そして行き当たりばったりの行動と判断力の欠如でそれらを棒にふったように思われる。

七五　それゆえに、カルターゴー人はかれがことをまずく処理したのを見て、ふたたびハミルカル・バルカス[2]を軍の司令官に任命し、㈡七〇頭の象、集められた傭兵軍、敵から脱走してきた兵士、それに加えて市民から動員された騎兵を与えて送りだした。㈢かれは最初の出撃ですぐに攻撃の大胆さによって敵を驚かせ、戦う意欲を失わせ、攻囲されていたウティカを解放して、かれの以前の行為および国民が彼に託した期待にふさわしい働きを示した。㈣かれがこの戦役で成し遂げたことは以下のことである。

カルターゴーをリビュエーと結ぶ地峡の周りの丘は登り難く、人の手で敷設された二、三の道路を通ってのみ可能だった。そこでマトースは、この丘を通るのに好都合である地点すべてに見張りを置き、㈤これに加えてマラカスと呼ばれる川[2]を利用して、同じ方法で都市から地方への出口を遮断した。すなわち、流れの水嵩の量が多いために、たいていの個所は渡れず、ひとつの橋だけがかかっていて、渡河点としてのそれをかれは注意深く見張ったのである。さらにそこに都市さえ建設した。㈥このことからカルターゴー人は軍隊で田舎に到達できないだけでなく、個人がこっそり通り抜けようとしたとき、敵の注意を逃れることさえできないことになった。㈦都市から自由に出ることが妨害されたためにあらゆる手段、あらゆる機会を熟慮していたハミルカルはこの状況を見て、次のような考えに達した。

㈧かれは上述の川の海への河口が、ある特定の風向きのとき、泥で塞がれ、浅瀬が河口で通路となることを観察した。そこで軍隊の出陣のためのすべての準備を整え、自分

1　場所は知られていない、しかし明らかにウティカの近く。
2　ハミルカルはローマ人との戦争の終結以来嫌われていた。おそらくローマ人の委員会への譲歩と傭兵にたいして繰り返しおこなった約束（六六・一二、六七・一二）のためである。

2　八六・九、第一五巻二・八。バグラダス（現ウァディ・メジェルダ）として知られている。

の計画を厳重に隠して、好都合の風を待っていた。㈨その瞬間が来ると、夜間に出動し、誰にも気づかれずに夜明けには、軍隊をあの個所へ渡した。㈩ハミルカルが平地を通って橋を守っている兵士に向かって行進しているのを見た時、都市の人も敵もまったく驚いた。

七六　スペンディオスは起こったことに気づくと、平地へと立ち向かい、たがいに援助へと急いだ。橋のまわりの都市から来た兵士の数は一万人を下らず、一方ウティカからの兵士は一万五千人以上だった。㈡たがいに見える距離まで近づいた時、カルターゴー人を真ん中で閉じ込めた、とかれらは考えて、急いで命令を次から次へと伝え、自分たち自身を励ましそして敵にぶつかろうとした。㈢ハミルカルは、象を先頭に配し、騎兵と軽装兵がそれに続き、重装歩兵部隊が隊列を閉じる、というようにして行進した。㈣敵が性急に挑んで来るのを見ると、全軍に引き返すように命じた。㈤しかも、先頭の部隊を急いで引き返させ、本来は、隊列の最後であった部隊を方向転換で回して敵の前線に配置した。㈥リビュエー人と傭兵軍は敵が驚いて逃げるのだと考えて、隊列をほどいて、白兵戦へと突進した。㈦しかし騎兵が戦列に近づき、転じてリビュエー軍に立ち向かい、カルターゴー人の残りの部隊が迫ってくると、敵は思いがけなかったために非常に驚き、進んで来たのとおなじ無秩序な、混乱した状態で、あわてふためいて逃げ出した。㈧そしてある者は後ろから迫って来る者と衝突し、躓き、自分をそして味方を破滅させた。㈨多くの者は激しく迫って来る騎兵によって、あるいは象によって踏みつけられた。リビュエー人と傭兵軍の約六千人が命を落とし、約二千人が捕らえられた。残りは逃げて行った。ある者は橋の周りの都市へ、ある者はウティカの前の陣営へ。㈩ハミルカルは、こうした方法で成功すると、ただちに敵を追跡し、守備隊がかれらを見捨て、テュニスへ逃げたので、最初の攻撃で、橋の周りの都市を占領した。それからそのほかの地方を横断し、降伏によって二、三の都市を獲得したが、大部分は力で征服した。㈡このことによってふたたびカルターゴー人は若干の勇気と自信を取り戻した。少なくとも、これまでの絶望からは解放された。

七七　マトース自身はヒッパクリタイ人の攻囲を継続し、ガッリア人の指導者、アウタリトスとスペンディオスには敵を押さえるように命じ、㈡騎兵と象を持つ敵の兵の強さのため平地は避け、山麓で対抗し、敵にとって生じる困難さを利用するようにと忠告した。㈢同時にかれはこうした意図でノマディア人とリビュエー人に使者を送り、自分た

[1] 七〇・九脚注を参照。

ちを助け、自由の機会を放棄しないように要請した。㈣スペンディオスはテュニスで各々の民族から総数六千人を付け加えて前進した。山麓でカルタ－ゴ－人にむかって兵を進めながら、またアウタリトスにひきいられた二千人のガッリア人を加えて。㈤本来の部隊の残りはエリュクスの野営地にいるロ－マ人へと脱走した。

㈥ハミルカルが周りを山で囲まれている平地で戦列を配置している間に、まさにその頃、ノマディア人とリビュエ－人からの援軍がスペンディオスの部隊と出会うということが起こった。㈦突然、リビュエ－人がカルタ－ゴ－人の前から、ノマディア人が後ろから陣を張り、一方、スペンディオスはかれらのわきにいるので、ハミルカルはそこから逃れることはほとんど不可能なように思われる困難な状況に陥った。

七八　敵の陣営には非常に名声のある、好戦的な気力で満ちているナラウァスというノマディア人がいた。かれはすでに先祖の代からいつもカルタ－ゴ－人に対して友好的な関係をもっていた。かれは司令官ハミルカルに対してだいている尊敬の念によって、かれらになお引き付けられるのを感じた。㈡今、かれに接近し、かれの友情を獲得するのに、ちょうどよい時に来ている、と思ったので、約百人のノマディア人を伴ってカルタ－ゴ－人の陣営に赴いた。㈢そして大胆に防柵に近づいて、手で合図しながらそこで待っていた。㈣ハミルカルはかれがどんな計画をもっているのか、いぶかしく思い、騎兵を送り出した。かれは、司令官と話し合いがしたいのだと説明した。㈤カルタ－ゴ－人の指導者はまったく途方にくれ、まったく信じていなかったが、ナラウァスは、馬と槍をかれと一緒にいる者に手渡し、武器を持たずに勇敢に陣営の中に入って来た。㈥カルタ－ゴ－人は感嘆と驚きの混じったきもちでかれの大胆な行動を見つめていた。㈦しかしかれらは彼を受け入れた。かれは会談に入ると、自分はカルタ－ゴ－人全員に好意を持っている、とくにバルカスと友人になることを望んでいる、それゆえに、かれと友情の契りを結び、そしてどんな仕事でも、どんな計画でも、かれの忠実な協力者になるために、今ここに来ているのだと説明した。㈧ハミルカルはこれを聞いて、来たことの勇敢さ、会談での若者の素朴さを非常に喜び、かれを戦友として受け入れることに同意しただけでなく、もしカルタ－ゴ－人に対して忠誠を守るならば、娘を与えよう、と誓いと共に約束した。㈨この取り決めを結んだ後、ナラウァスは自分の命令に従う二百人のノマディア人を連れてやって来た。㈩ハミルカルは、この一団によって強化されたので、敵に対して戦列を配置した。スペンディオスは平地へ降りてきて、リビュエ－人とひとつになり、戦争をはじめた。㈠今や燃え上がった激しい戦いで、ハミルカルは、象の傑出した戦闘力とナラウァスがかれに果たした抜群の功績のおかげで勝利した。㈡アウタリトスとスペンディオスは逃亡した、しかし約一万人が殺され、約四千人が捕虜とされた。

㈢この勝利の後、ハミルカルは、捕虜のうち、望む者に自分の兵に加わる許可をあたえ、㈣望まぬ者を集めて、次のように述べて励ました。自分はこれまでの罪は許すつもりである。それゆえ、それぞれが望む所へ、自分の道を行くことを自由にする、と。㈤将来にかんしては次のように脅した。何人もカルターゴー人に対して武器を向けようと思いついてはならない。すなわち、もし捕まれば、思い罰が課されるからである、と。

七九　同じ頃、サルディニア島に駐留していた傭兵軍がマトースとスペンディオスを嫉んでその島のカルターゴー人を攻撃した。㈡その時の外人部隊長ボスタルをかれの同胞とともに閉じ込め、殺した。㈢それに対してカルターゴー人がハンノーンを司令官として軍隊と共に派遣するとこの軍隊もハンノーンを見捨て、㈣暴動者に加わった。そしてかれを捕虜にして、すぐにかれを磔にした。その後、正気を逸した拷問を考えだし、島のすべてのカルターゴー人を拷問台にのせて身体を引き伸ばして殺した。それからは諸都市を自分の勢力下に置き、㈤かれらがサルディニア人と不和になり、イタリアへ追放されるまでその島の主人となった。㈥このようにしてサルディニアはカルターゴー人から失われた。その大きさと人口の多さと産物とで際立っている島だったが。[1]㈦しかし多くの人がそれについて詳細に語っているので、有名な事柄についてもう一度語ることをわたしは必要だと思わない。

㈧マトースとスペンディオス、さらにかれらと共にガッリア人のアウタリトスは、ハミルカルの捕虜に対する慈悲を疑惑の目で見て、リビュエー人と傭兵軍の大部分がこのようにして惑わされ、提示された安全さへと急ぐのではないかと恐れた。それゆえにかれらはカルターゴー軍にたいする憎しみをさらに野蛮にする破廉恥な犯罪を考案することに着手した。㈨かれらは多数を集め、その集まった所でサルディニアの同盟者から送られて来た者だとして、一人の手紙を携えた人を導き入れた。㈩その手紙は、すでに述べたように、かれらがテュニスで裏切り行為で逮捕したゲスコーンとその一行を注意深く監視するように、というのも陣営のある人たちはかれらの釈放のためにカルターゴー人と交渉しているから、と忠告していた。㈠スペンディオ

1　パウサニアース第一〇巻一七・一を参照。

スは、これを口実にして、カルターゴー人の司令官によって捕虜に対して示された慈非を信用しないよう呼びかけた。㈢というのも、かれがこの方針をとったのは捕虜を顧慮して、かれらの命を容赦しようと考えたのではなく、かれらを釈放することによって自分の勢力下におこうと目論んだのである、その結果、いく人かではなく、かれを信用したわれわれ全員に復讐がなされるだろうと述べた。㈢つぎに、ゲスコーンおよびその同伴者を釈放すれば、敵の侮りを招き、自分たちの事柄に不利益を付け加えることになる、なぜならこのように優れた司令官を釈放すれば、つぎにはもちろん恐ろしい敵になるからである、と警告した。㈣かれがこのことを述べている間に、もう一人のいわゆるテュニスから送られて来たという使者がサルディニアからのそれと同様の内容が書かれた手紙を持って現れた。

八〇　つづいてガッリア人のアウタリトスが発言し、かれらにたいする安全の唯一の希望はカルターゴー人にたいする信頼をすべて放棄することであると主張した。㈡かれらからの慈悲を期待しつづける者は真の同盟者とはなりえない。㈢それゆえに、とかれは要求した、カルターゴー人に対して最も悪意にみちた、厳しい処置を提案しているこの者たちの言うことを聞き、信じそして心を向けるように、と。この者たちと反対のことを言う人たちを裏切り者、敵と考えるように、とかれは勧告した。㈣こうしたことを述べた後、ゲスコーンとその同行の者、およびカルターゴー人でその後、捕虜として捕らえられた者に辱めを与えて殺すことを提案した。㈤アウタリトスはその集会で最も影響力を持っていた発言者だった。というのも、多くの人びとがかれの言葉を理解したからである。㈥すなわち、かれはすでに長く従軍していたので、フェニキア語を話せたからである。そして、この言葉は長い遠征のために多くの人に馴染みがあり、頭によく入ったのである。㈦それゆえ、人びとは心をひとつにしてかれに賛同し、かれは拍手を浴びながら退いた。㈧各民族から多くの発言者が進み出て、ゲスコーンから受けた好意のために責め苦の刑罰をとり下げるよう願ったが、かれらが言ったことは、何ひとつ理解されなかった。というのも多くの発言者が同時に、自分の言語で申し立てたからである。㈨しかし、かれらが刑罰をとり下げようとしているのだ、ということが明らかになると、座っていた者のうち、誰かが「投げろ」、と言った、進み出ていた者は全員石でうち殺された。(一〇)まるで野獣によってであるかのように切りさいなまれた不幸な人々は身内の者によって埋葬のために運びだされた。(一一)スペンディオスは、ゲスコーンおよびかれと運命を共にする仲間、およそ七百人を陣地から引き出した。そして陣地から少し離れたところに連れて行き、㈢少し前に、かれらがすべてのカルタゴ人の中から選んで、自分たちの恩人と宣言し争点についての判定を委ねたゲスコーンからはじめて、先ず、手を切り落とした。かれらの手を切り落とした後、ほかの四股も切り落とし、切断し、脚を砕いて、未だ生きているままに塹壕へ投げ込んだ。

八一　カルターゴー人は、その不幸が伝えられたとき、何もすることができなかった。しかしかれらの憤激はすさまじく、その憤激にかられるままに、助けに来て、不幸な犠牲者に復讐するよう懇願して、ハミルカルともう一人の司令官ハンノに使者を送った。

㈡かれらは冒涜的行為を行った者たちに、死体を手渡すようにと伝令を送った。㈢しかしかれらはその要請を拒絶しただけでなく、二度と、伝令あるいは使節を自分たちの所に送るな、来た者にはゲスコーンが受けたのと同じ刑罰が待っている、と申し渡した。㈣将来に亙って、カルターゴー人を捕らえたら、復讐して、殺すように、同盟者を捕らえたら、手を切り落として、カルターゴー人へ送り出すように、と命令を発し、勧告した。そしてこのことを執拗に行い続けた。

傭兵の野獣性についての考察

㈤それゆえにこのことを見ると、人間の身体およびかれらの中に生じた傷や潰瘍のような何かが野獣化していただけでなく、まったく救われない状態になっていた、とくに魂が、とためらわずに言えるだろう。㈥潰瘍の場合にはもしそれに治療を施せば、それに刺激されて時にはすぐに潰瘍は広がる。もし止めればその本質に従って周辺をさらに食いつづけそれが捕らえた肉体が完全に破壊されるまで止まない。㈦魂においてもしばしばこれに似て黒さ、腐敗が生ずる、その結果、最後がどんな動物でも人間ほど不敬に残酷になるものはない。㈧このような場合に許しや同情を差し出すとそれは策略、欺まんだと考えられ、同情を差し出した人に対してますます敵意をいだき、背信的となる。㈨もし復讐しようとするなら、禁じられたこと、何か恐ろしいこと、といったようなものは何も受け取らない。野獣化したかれらは人間的な本質から逸れてしまったのである。㈩このような状態が生じた起因は、悪い習慣、若い時からの教育に帰さねばならない。それに協力して、力を貸す原因は他にもある。そのうち、最も重要なのは指導者の高慢と貪欲である。㈠これが当時傭兵軍の組織に生じたのであり、もっとひどく、かれらの指導者に起こったのである。

八二　ハミルカルは敵の狂気に苦しみ、ふたつの兵を一つにすれば、戦争全体に早く決着を付けることができるだろうと確信して、ハンノーンに自分と合流するように要請した。㈡その間かれは、戦場で敗れた敵は斬り殺しつづけ、一方捕虜としてかれの所に連れてこられた者は、象の下に投げ込んだ。敵が徹底的に根絶されるまではこの謀反が収まらないことがかれには明らかだったからである。

㈢この戦争におけるカルターゴー人の見込みが今や明るくなってきたと思われたとき、突然形勢がかれらに逆流となった。㈣これまで、一致していた二人の司令官の間で、やっかいな不和が生じ、その結果、敵に打撃をあたえる多くの機会を逃がしただけでなく、敵にたいして多くのぼろを出したのである。㈤カルターゴー人はそれに気づき、一人は立ち去り、軍隊が選んだもう一人が残るように命じた。㈥これに加えて、かれらの間でエンポリア[1]と呼ばれている所から運ばれて来た市場、そこからの食料、そのほかの生活必需品にかれらは大きな期待を寄せていたのだが、それが海岸で嵐によって完全に駄目にされたのである。㈦さらに、困難な状況のときに、かれらに大いに役立っていたサルディニアは、すでに述べたように[2]、失われてしまっていた。㈧しかし、最も深刻な打撃は、ヒッパクリタイ人とウティカ人が離叛したことであった。リビュエーにおいてこのふたつの都市だけが今の戦争を勇敢に受け入れなかっただけでなく、アガトクレースの時代もまたローマ人の侵略の時も耐え抜いて来た[3]、一言で言えばカルターゴー人に対して一度も敵対行為をしたことがなかったのである。㈨リビュエーへの筋の通らない離叛は別にして、突然リビュエー人に対して最大の親しさと信頼を示し、カルターゴー人に対しては仮借ない怒りと憎しみをいだくようになったほどかれらへの共感は大きく変化したのである。㈩すなわち、カルターゴーから救援に来ていた兵士、その数五百人とかれらの指揮官を殺し、皆を城壁から投げ出し、都市をリビュエー人に手渡し、カルターゴー人に対しては、不幸な人を埋葬したい、という嘆願さえ拒絶したのである。

㈠マトースとスペンディオスは、こうした出来事に意気

1　エンポリアはシュルティス・ミノル周辺の地区。
2　七九・一―七を参照。
3　ディオドーロス第二〇巻五四―五五はウティカの長い抵抗を記述している。

があがり、カルターゴー自体を攻囲することに取りかかった。(二)バルカスはハンニバル[1]を司令官として受け入れた。すなわち、司令官の間でたがいに対して争いが生じたときに、カルターゴー人によって与えられた調停に従って、ハンノーンが去らねばならないと軍隊が決定した後、市民はかれを軍隊に送り込んだのであった。(三)ハミルカルはこのハンニバルとナラウァスを伴って、マトースとスペンディオスへの補給路を遮断しながら、地方をくまなく駆け巡った。その際ハミルカルはこの点で、またほかのことでもノマディア人のナラウァスから最大の援助を受けた。

(四)戦場の兵はこのような状況にあった。

八三　カルターゴー人は、いたる所で、周囲をとり囲まれ、同盟軍の都市へ逃げることをよぎなくされた。(二)ヒエローンはこの戦争の間、かれらによって要請されるすべてのことに対して最大の熱意をもって、ことに当たっていたが、今はさらに大きな熱意を示した。(三)そしてカルターゴー人を救うことは自分にとっても、シケリアーにおけるかれの支配にとっても、ローマ人との友好にとっても利益になると確信していた。またより強い権力は努力なしではその究極の目標を完全には達成できないという信念ももっていた。賢い、そして分別のある考慮である。(四)すなわち、このような事柄は無視すべきではないし、また容認された権利についてさえ、争えないほどの圧倒的な力がひとつの国家によって維持されることへと貢献すべきでもないからである。(五)しかし、ローマ人も条約に基づく正義を守り、熱意に欠ける所は無かった。(六)最初は両国家間に次のような理由でちょっとした争いが生じた。(七)カルターゴー人は、イタリアからリビュエーへ航行して、敵に生活必需品を運送する商船を拿捕し、カルターゴーへ曳航した。拿捕された商船は五百隻であった。かれらはそれを保管した。それに対して、ローマ人は怒ったのである。(八)その後、使節を通して、交渉ですべてを返して貰い、シケリアー戦争で残っていた捕虜を直ちにカルターゴー人に返礼として贈ったほどにローマ人は喜んだ。(九)その時から、かれらはそれぞれの要求をかなえるのに極めて友好的な態度を取った。(一〇)それゆえに、商人にも、カルターゴー人に最も必要な物を調達することを許し、敵との交通は禁止した。(一一)サルディニアで傭兵軍がカルターゴー人から離叛して、島を占拠するようにとローマ人を招いた時も、条約に基づく正義を守って、かれらは耳を傾けなかった。(一二)カルターゴー人はこれらの友から援助を得て、攻囲に耐えていた。

1　おそらく、前二五〇／四九年にローマ人の封鎖へと駆けつけた（四四・一以下）アドヘルバルの友のハンニバル。

八四　マトースとスペンディオスは攻囲しているのに劣らず攻囲されている、という状況にあった。㈡すなわち、ハミルカルは補給路を阻止することによって、かれらが攻囲を放棄せざるをえないほどの苦境にかれらを追い込んだのである。㈢その後しばらくして、かれらは傭兵軍とリビュエー軍の精鋭兵士を五万人集め、また自分の配下の部隊をひきいたリビュエー人のザルザスを加えて、ハミルカル軍を見張り、開けた場所で敵に向かって兵をすすめようと意気込んでいた。㈣しかし象とナラウァスの騎兵隊を恐れて、かれらは平地からは離れていた。むしろハミルカル軍が通過せざるを得ない山岳と隘路を占取しようとしていた。㈤この作戦でかれらは計画と豪胆さでは敵の誰にも劣らなかったが、経験が無いという点でしばしば劣る、ということになったのである。㈥これは司令官の経験と術によってえられた方法が無経験な非合理的な軍事的浪費とどれほどの差異を持つかを事実の光に照らして見てとることができる好機であったように思われる。㈦すなわち、ハミルカルは将棋差しの名人のように、かれらの多くをばらばらの集団に切り離して、遮断して、戦わずして滅ぼし、㈧予想もしていなかった個所に多くの者を待ち伏せして誘い込み、布陣を敷いた会戦で殺し、思いもよらず絶望的に思わせるほど突然現れて、かれらを愕然とさせ、生け捕りにしたかぎりの者を象の下に放り出した。㈨最後は不意にかれらにとっては不利な、ハミルカル自身にとっては有利な地形で陣地戦に移行し、封鎖によってかれらを次のような苦境に追い込むことに成功した。すなわち、かれらは思い切って決戦にでることも出来ず、四方を土塁と塹壕で囲まれているために、逃げることも出来ず、最後は一ケ所に集められたかれらは飢えのためにたがいを食べることを余儀なくさせられたのである。㈩神が、かれらがほかの場所で行った極悪非道な冒涜行為に対して、それにふさわしい罰を下したのである。㈠かれらは敗北と、捕まった場合の罰は覚悟していたので、あえて戦いには出動しなかった。和平を請うことは、自分たちの犯罪を意識していたので、年頭にすら浮かばなかった。㈢指導者の約束をつねに当てにして、自分たち自身に対する、ぞっとする犯罪を成し遂げたのだった。

八五　最初は捕虜を、つぎには奴隷を殺して食べ尽くしたが、テュニスからは誰も援助に来なく、㈡絶望的な状況から、指導者たちに対する多数の兵士からの暴力行為が起こることは目に見えていたので、アウタリトス、ザルザスおよびスペンディオスは身柄を敵の手に渡し、ハミルカルと和平について交渉することを決心した。㈢伝令を送り、使節団についての許しを得てかれらはカルターゴー人の所へやってきた、その数は十人だった。㈣かれらに対して、ハミルカルは次のような協定をした。カルターゴー人に、敵のうち、カルターゴー人自身が望む十人を選ぶことを許すこと。残りは、衣服を持たせて釈放すること。㈤このことが同意されると、ハミルカルはすぐ、ここにいる者を協定に基づいて選ぶ、と言った。このようにして、カルターゴー人はアウタリトス、スペンディオスおよびそのほかの最も重要な指導者たちを手中にした。㈥リビュエー人は指導者たちが捕まったことを知ると、あの協定を知らなかったので、自分たちは協定を破られたと思い、武器をとることへと急いだ。㈦ハミルカルはかれらの周りに象と四万人以上の残りのすべての軍勢を立たせ、殺害させた鋸の形と似ているために、その名が付いているプリオン[1]という所でこのことは行われた。

八六　この成功によってハミルカルはすでに救いを諦めていたカルターゴー人に改善への大きな希望を流し込んだ。かれ自身はナラウァスおよびハンニバルと共に地方をめぐり、都市から都市へ移動した。㈡大抵のリビュエー人はかれの成功のために降伏し、かれらの方へ離反した。大部分の都市を降伏させ、マトースを攻囲するためにテュニスへやって来た。㈢ハンニバルは、攻囲の輪をカルターゴーの方向の側に取り、ハミルカルはその反対側に布陣した。㈣その後、スペンディオスおよびそのほかの捕虜を城壁の下に連れて来て、敵の目の前で磔にした。㈤マトースはハンニバルが軽率にかつ自信をもって仕事に従事しているのに気づき、陣営を襲いカルターゴー人の多くを殺し、陣営から全員を追い出し、すべての装具を奪い、司令官ハンニバルも捕虜にした。㈥直ちにかれをスペンディオスの杭の所へ連れて行き、かれを残酷に復讐した後、スペンディオスを降ろし、かれを生きたままその杭に掛け、カルターゴー人のうち最も著名な三十人をスペンディオスの身体の周りで虐殺した。㈦そのように運は故意であるかのようにすぐ合い前後して両者に復讐で競い合う機会を与えた。㈧両陣営が離れていたためにバルカスが出撃と攻撃を知ったのはしばらくたってからだった。気がついても間の地形の困難さのために布陣できなかった。それゆえに、テュニスを発って、マカラス川に移動し、その河口と海沿いに陣を張った。

八七　この突然の逆転はカルターゴー人を驚きでとらえ、かれらはふたたび勇気と希望をなくした。すなわち、かれらはたった今勇気をとり戻したのに、すぐにもうその希望は消えていた。㈡しかし、かれらは救いに役立つことをす

1　このプリオン「鋸」という場所は特定されていない。

ることをおこたらなかった。㈢そのため、かれらは三十人の長老会議員を任命し、かれらと共に、以前に指揮官から引退し、今ふたたび復帰した司令官ハンノーンをバルカスのもとへ送り出した。㈣またかれらは、長老会院議員たちにあらゆる手段を使って、以前に起こった二人の司令官の不和を終わらせ、現況を鑑みて協調へ強いるように命じた。㈤かれらが二人を集め、強く訴えるように説得したので、ハンノーンとハミルカルは、ついに折れて、かれらの要求通りに行動せざるをえなかった。㈥それからは、二人はすべてのことにおいて、心をひとつにしてカルターゴー人の望み通りに行動した。㈦その結果、マトースはレプティス[2]およびそのほかの二、三の都市での戦闘で何度も敗北を喫した後で、会戦で決着を付けよう、とついに決心した、このことはカルターゴー人の望みにもかなうことだった。㈧そのために両者は同盟軍をすべて戦いへ呼び寄せ、都市から、守備隊も集めた。というのも、かれらはすべてを賭けようとしていたのである。㈨双方の準備が整うと、申し合せ通り、戦列に配置し、たがいにぶつかり合った。㈩勝利

2　レプティス（あるいはレプキス）ミノルはハンニバルが前二〇三年に上陸した（リーウィウス第三〇巻二五・一二）ソウセSousseの南東二〇マイルのフェニキア人の町である。

はカルタゴ人に与えられた。大部分のリビュエー人はその戦いの中で殺された。若干の者が都市へ逃げたが、その後まもなく、降伏した。マトース自身も敵にとらえられた。

八八　リビュエーのほかの地域は、その戦いの後、ただちにカルターゴー人に降伏した。㈡ただ、ヒッパクリタイ人とウティカ人の都市だけは、平和的な和議への見込みがなかったので、耐えていた。かれらは、離叛したはじめにあらゆる同情と許しを請う権利を失っていた。㈢このことは、このような過ちにおいてですら、節度があり、許されない過激な行動を進んで手控えることは非常に有利であることをわれわれに教えてくれる。㈣しかしながら、ハンノーンとバルカスがそれぞれ、都市の前で布陣し、すぐに、降伏して、カルターゴー人のあらゆる要請に同意することを余儀なくさせた。

㈤これがリビュエー戦争の終わりである。この戦争はカルターゴー人をこのような苦境に陥らせ、そして、カルターゴー人が、ふたたびリビュエー人を支配することになっただけでなく、この離叛の帳本人を所業に応じて処罰する、という結末を持った。㈥すなわち、凱旋行列が都市を通過した後、最後に、若者がマトースとかれの仲間たちにあらゆる種類の拷問を加えて復讐したのである。

㈦傭兵軍は三年と約四ケ月間[1]、カルターゴー人と戦争を

行った。この戦争は、われわれの歴史的知識が及ぶかぎり、その方法において、残虐さと極悪非道さという点でほかのすべてを凌駕している。

(八)この頃、ローマ人はサルディニアから自分たちの所へ逃亡した傭兵に要請されて、その島への遠征を決定した。(九)カルターゴー人がそれにたいして、これらの島々の支配は自分たちの権限に属するという理由で異議を唱え、そして離叛の張本人の処罰のための軍備を整えた時、(一〇)ローマ人は、この軍備はサルディニア人ではなく、自分たちに向けられている、と主張して、カルターゴー人に対する布告戦争の口実とした。(一一)カルターゴー人は、傭兵戦争の致命的な危険から苦心惨憺の末、まさにたった今、逃れて来たばかりであり、その結果、目下のところ、ローマ人に対してふたたび敵対行為を取れる立場にはないので、サルディニアを断念しただけでなく、(一二)現在の時点で、新たな戦争に巻き込まれないために、さらにローマ人に千二百タレントを支払ったのである。これが、この重要な幕間劇の結末だった。

1　ポリュビオスは前二四一年の秋から二三八年の終わりまでを計算に入れている。

第二巻

第一巻の要約

一　前の巻で明らかにしたことは、イタリアを征服した後、いつローマ人が、イタリア以外の事柄に介入しはじめたか、これに次いで、いかにしてかれらはシケリアーに渡り、そしてどのような理由でかれらはこの島をめぐって、カルターゴー人にたいして、戦争を企てたのかということである。㈡つぎに、かれらは、いつ最初に海軍力を造りはじめたのか、そしてこの戦争での双方の終わりまでの「運命」、カルターゴー人によるシケリアー全体からの撤退およびヒエローンに支配されている部分を例外として、ローマ人によるこの島の獲得についてであった。㈢これにつづけて、いかにして傭兵軍がカルターゴー人にたいして反乱を起こし、そしていわゆるリビュエー戦争を始めたのかを記述した。そしてこの戦争で行われた残虐行為、思いもよらぬ出来事、カルターゴー人の最終的な勝利に終わるまでのその結末を記述しようと試みた。㈣ここからは、これに直接つづく出来事を最初からの計画にしたがって要点をかいつまみながら語っていこう。

㈤カルターゴー人は、リビュエーの情勢を元通りにするやいなや、軍隊を組織して、ただちに、ハミルカルをイベーリアーへ送り出した。㈥かれは軍隊を率いて、当時九歳の息子のハンニバルを連れて出発した。かれはヘーラクレスの柱[1]を渡り、イベーリアーでのカルターゴー人の支配を元の状態に戻すことにとりかかった。㈦かれはこの地方にほぼ九年間留まり、イベーリアーの多くの部族を戦争によって、あるいは説得によってカルターゴー人に従属させ、自分の達成したかずかずの業績にふさわしい最期を遂げた。㈧最も勇猛果敢で勢力のある諸部族にたいする戦いにおいて、戦場で危険に身を曝して勇敢に戦って死んだのである。[2]㈨カルターゴー人は軍隊の指揮権をかれの婿であり、三段櫂船隊の提督であるハスドゥルーバルに渡した。

1　ガデスへのジブダルタル海峡。ディオドーロス第二五巻十・一はハミルカルがノマディアとマウレタニアの海岸に沿い、海峡を通って進んだことを示唆している。
2　かれはハンニバル戦争の勃発の十年前に死んだ（第三巻一〇・七）。

第一次イッリュリアー戦争（前二三一—二二八年）

二　同じ頃、[1] ローマ人は、イッリュリアーへそしてエウローペーのこれらの部分へ軍隊を率いて、はじめて渡った。㈡これは、この作品の目的そしてローマ人の支配の形成と成長を真に把握しようと思う人が軽く見過ごしてはならず、注意深く観察しなければならない事柄である。㈢ローマ人はつぎのような理由でそれを決意したのである。

㈣イッリュリアー人の王、アグローン[2]はプレウラトスの息子であり、かれ以前のイッリュリアーのどの王よりも大きな力を陸と海で獲得した。㈤フィリッポス五世の父であるデーメートゥリオス[3]は金によって、かれをアイトーリアー人によって攻囲されているメディオーン人を救援する気にさせた。[4]㈥すなわち、アイトーリアー人は同じ同盟に加わるようにメディオーン人を説得できず、力でそれを奪おうと企てたのである。㈦それゆえに、かれらは全戦力を動員して進撃し、都市の前に陣を張り、力と技術のさまざまな手段を用いて組織的な攻囲をはじめた。㈧さて、年一回の選挙の日が近づき、かれらは別の将軍を選ばなければならなかった。そして攻囲されている側の人たちは最悪の状態になっていて、毎日降伏されるのを予期していたほどだった。その時、これまでの将軍がアイトーリアー人に話

1　ハミルカルは前二二九／八年冬に亡くなり、ローマ人がイッリュリアへ渡ったのは前二二九年春である。

2　アグローンはスコドラとリゾンのベイ周辺の一群の部族の支配者。かれの拡大された王国は南方のダルマティアの大きな領域を支配し、ダルマティアの島ファロス、ブラック・コルキュラのギリシア人の殖民都市を含んだ。

3　デーメートゥリオス二世はアンティゴノス・ゴナタスの息子で、マケドニアの王（前二四〇／三九—二二九年）。

4　前二三一年の少し前に共和国革命がエーペイロスを襲い、王家を転覆させた。エーペイロス人はアカイアー人とアイトーリアー人を同盟者として求めた。そしてアカルナニアー人が独立を宣言した。前二三一年にアイトーリアー人は中央アカルナニアーの前線にあるメディオーンの攻囲をはじめた。アカイアー人とアイトーリアー人の敵として援助を送るのがデーメトゥリオスの関心事だった。そこでメディオーン人の援助のために金を出してイッリュリアー人に頼んだのである。

しかけて、㈨自分は攻囲の苦しさと危険に耐えて来た者なので、都市が陥落したときには、戦利品を分け、戦勝碑に自分の名前を書かせる権利は自分に認められると主張してもよいだろうと述べた。㈩この要求に対して、若干の人が、とくに、立候補者たちが、異議を唱えて、前もって言うのではなく、「運命」が誰にこの冠を授けようとしているのか、手つかずのままにしておくようにと人びとに要請した。(一一)このことにかんして、アイトーリアー人は、新しく任命された将軍はかれが都市を占領した場合、戦利品と名前を武器に書き付ける権利は前任者と分けることを決議した。

三　このことが決議され、次の日に選挙とその引継ぎが、アイトーリアー人の習慣に従って行われるはずだった。その時、夜の間に、百隻の快速艇が、その都市の先端に位置しているメディオーン人の海岸に到着した。それには五千人のイッリュリアー人が乗っていた。㈡かれらは船を停泊させ、夜明けとともに、急いでかつひそかに上陸を行い、かれらの間で習慣となっている隊形を用いながら、歩兵連隊ごとにアイトーリアー人の陣営に進んで行った。㈢アイトーリアー人は起こったことに気づき、イッリュリアー人が思いがけなく現れたこととその大胆さに驚いた。しかし、自分たちの軍事力は、長年月来誇りにし、信頼を置いていたので、多かれ、少なかれ自信をもっていた。㈣かれらは重装兵と騎兵隊の大部分を陣営の前に配列し、一部の騎兵隊と軽装歩兵部隊とで、陣営の前の戦略的に有利な高台を先に占領した。㈤イッリュリアー人は急襲して、軽装兵を、戦闘隊形の数の多さと重さで追い出した。かれらと一緒に戦っていた騎兵隊は、重い重装兵の部隊へ退却することをよぎなくされた。㈥その後、イッリュリアー人は高地から平地に配置された部隊に攻撃を行い、同時にメディオーン人も都市からアイトーリアー人にたいして攻撃に加わったので、すぐにかれらを敗走させた。㈦かれらの多くを殺し、さらに多くの者を捕虜とし、武器とすべての装備を自分のものにした。㈧イッリュリアー人は王によって命じられたことをそのようにして行い、荷物とすべての戦利品を快速艇に運び、故郷へと航行すべく出航した。

四　メディオーン人は思いがけず救われて、集会所に集まり、武器の刻銘について、またそのほかのことについて協議し、㈡刻銘には、アイトーリアー人が意図したように、これまでのアイトーリアー人の司令官の名前ならびに来年の候補者の名前を採用しようという結論に達した。㈢この人びとに降りかかった事柄は「運命」がその力を人々一般

5　メディオーンは海岸の都市ではないが、その領域はテュレニア湾とリムナエアの谷間のアンブラキア湾に達していた。

に示すために目論まれたように思われた。(四)すなわち、メディオーン人自身が目前に、敵から予期せねばならなかった仕打ちを、「運命」はそのすぐ後、敵にすることを許したのである。(五)アイトーリアー人は、かれらが夢にも思わなかったこの不幸によって、次のような教えを受けたのである。すなわち、未来の出来事について、それがまるでもう起こったかのように、決して協議しないこと。また変わりうる事柄について、あらかじめ良い結果を確信せず、つねに、とくに戦争では、予期しないことを計算に入れること、われわれは人間なのだからと。

(六)アグローン王は、快速艇が帰航した時、指揮官から戦争でのことをすっかり聞くと、非常な自尊心を持っているアイトーリアー人に勝利したと思い、ひじょうに喜び、酒宴やほかの放蕩に耽り、数日のうちに肺炎で死んだ。(七)王権は妻のテウタが引継ぎ、個々の政務は信用のできる友人によって片づけさせた。(八)しかし、彼女は女性の本性に従って、最近の成功しか目に入らず、それ以外のものは、すべて見逃した。彼女はまず第一に。個人的用件で航行している船に出会ったいかなる船に対しても海賊行為を行うことを許した。(九)第二に、以前より小さい艦隊と軍隊を送り出して、指揮官たちに、すべての海岸を敵国としてとり扱うことを許した。

フォイニケーでのエーペイロス人の敗戦

五　派遣された者たちは、最初の行動の目標として、エリスとメッセーニアーを選んだ。というのも、これらの国をイッリュリアー人はつねに荒しつづけていたからである。(二)すなわち、その海岸線が長いためと主要な諸都市が奥地にあったために、かれらの不意の侵入に対する援軍は遠く離れており、その到着は遅かったからである。その結果、その地方をかれらは安心して荒し、略奪したのである。(三)しかしその時は、エーペイロスのフォイニケー[1]に糧秣徴発のために入港した。(四)ここでかれらは、エーペイロス人のもとで傭兵としてフォイニケーで過ごしていた、四百人ばかりのガッリア人と出会い、この都市を裏切ることについて相談した。そしてガッリア人が同意したので、上陸し、

1　新しいエーペイロス同盟共和国の首都。

ガッリア人が市中から協力し、攻撃でこの都市およびその住民を征圧した。㈤エーペイロス人はこの出来事に気づき、全軍を挙げて救援に駆けつけた。フォイニケーに着くと、その都市のそばを流れている川を前にして陣を張り、安全のために、川の上にかかっている橋の桁を取り払った。㈥スケルディライダース[2]が五千人のイッリュリアー人を率いて陸路アンティゴネイア[3]の地峡を通って近づいている、という報せが来るとかれらはアンティゴネイアを監視するために、軍隊の一部を派遣した。かれら自身はその後、怠惰に過ごし、土地の産物を享受し、監視と前方の見張りの仕事を怠っていた。㈦イッリュリアー人は軍隊の分割と残りの者の怠惰に気づき、夜出動する。㈧そして橋に板を張り、川を安全に渡った。そして堅固な場所を取り、夜の残りの部分を待っていた。夜が明け、両者は都市の前で戦列を配置したのであるが、エーペイロス人は敗れ、かれらの多くは戦死し、さらに多くは捕らえられ、残りはアティンタネス族の方角に逃げるということになった。

六　かれらはこのような不幸に遭い、すべての希望を失いアイトーリアー人とアカイアー同盟に使節を送り、嘆願して、自分たちを助けるよう要請した。㈡かれらはその不幸をひじょうに憐れみ、聞き入れて、その後、救援軍を率いてヘリクラノンに到着した。㈢フォイニケーを占領したイッリュリア人は、まずスケルディライダースと合流し、ヘリクラノンへと進み、合戦を行うために、陣を張った。㈣その場所の足場は非常に悪く、かれらは難儀した。同時に、イッリュリア人の一部がダルダニアン人[4]へと離叛したので、すぐに帰還するように、と要請するテウタからの手紙が届いた。㈤そのためかれらはエーペイロスを略奪した後、エーペイロス人と休戦条約を結んだ。㈥その条約に基づいて、身の代金と引き換えにエーペイロス人の全員を自由にし、都市を解放し、奴隷身分の捕虜と残りの装備は快速艇に運んだ。一方は出航し、他方、スケルディライダースの部隊は徒歩でふたたび、アンティゴネイアの地峡を通り、㈦沿岸地方に住むギリシア人に小さくはない驚愕と恐れを生ぜしめつつ、退却した。㈧エーペイロス人の最も堅

2　おそらくアグローンの兄弟。

3　アンティゴネイアはテペレニの側、アオウス川の左岸でドリュノスとの合流点のちょうど真下にある。

4　イッリュリアー人の一部族で、その西の辺境はドリロン川が航行できるようになる地点だった。ストラボーンは言う、ダルダニア族はまったくの野生人で、暖房用にごみ捨て場の下へ洞穴を掘り、そこで日を送っているほどだが、それでも音楽を習い、楽器では終始笛と弦楽器を共に使っている、と（ストラボーン第七巻三一六）。

固で、最も力のある都市が〔自分たちイッリュリアー人の手で〕思いもよらず、このように略奪されるのを見て、かれらは、以前のように、その地方からの収入を心配するのではなく、自分自身と自分たちの都市を心配したのである。㈨思いがけず救われたエーペイロス人は不正を働いたイッリュリア人に仕返しを試みようあるいは、〔アイトーリアー人とアカイアー同盟の〕救援者たちにお返しをしよう、という考えは毛頭なく、逆に、テウタに使節を送り、アカルナニアーと共にイッリュリアー人と同盟を結んだ。㈩それに基づいて、それにつづく時期は、かれらと協力し、アカイア人とアイトーリアー人とは反対の行動を取った。(一一)恩人に対するこの態度で、以前、自分自身の問題で示したのと同じ判断力の無さが示された。

ローマ人に対する攻撃

七　すなわち、われわれが人間として予想もしなかった不幸に見舞われた場合、それを蒙った人は非難されず、非難されるのは「運命」とそれをひき起こした人である。㈡しかし、判断力がなくて、目を見開いて自ら最大の不幸に跳び込む場合、その責任は疑いもなく、それを起こした人である。㈢それゆえに、「運命」が破滅させた人には、同情が寛容と結び付けられ、援助が与えられる。一方、それが判断力の無さのせいであるときは、分別のある人びとの間で侮辱と非難がいたるところでつきまとう。㈣このことが、その時に、ギリシア人の側からエーペイロス人の身に当然のごとくに起こったのである。㈤すなわち、第一に、ガッリア人についての共通の噂を疑惑の目で見ながら、裕福な、そして裏切りへの多くの誘惑を差し出す都市をそうした人に任せることを誰が用心し、気を付けないだろうか。㈥第二に、誰がこの集団との付き合いに用心しないだろうか。ガッリア人はまず第一に、自分の身内の者、親戚を裏切ったために、同族の一般的動きによって、かれら自身の祖国から追放された者なのである。㈦カルターゴー人が戦争の苦境にあったとき、かれらに受け入れられたが、給料のことでの兵士と司令官の意見の相違を契機として、はじめて、かれらは当時、三千人以上の部隊だったが、守備隊として配置されていたアクラガース人の都市を略奪することを企てたのである。㈧その後、ふたたび同じ目的でローマ人によって占領されていたエリュクスに移されたとき、この都市およびここに攻囲されていた者を裏切ろうとして、㈨これが失敗した時、敵へ寝返り、そしてそこでふたたび、かれらに任されていたエリュクスのアフロディテの聖域を略奪したのである。㈩それゆえに、かれらの冒涜行為をはっきりと認識したローマ人が、カルターゴー人との平和条約締結後、真っ先にしたことは、ガッリア人を武装解除し、船に乗せ、イタリアからできるかぎり遠くに運ぶことだった。㈡エーペイロス人がかれらを民主主義とかれらの法律の番人にし、そしてかれらに裕福な都市を任せたとしたら、かれら自身だけにその責任がある、ということは明白ではなかろうか。

㈢エーペイロス人の無思慮についてそして、よく考える人は、強すぎる守備隊とくに異民族のそれを自分の都市に入れるべきでないことについて、これだけのことは言っておくべきだ、とわたしは判断した。

テウタのローマ人使節の殺害

八　イッリュリアー人はすでに以前の時代にもイタリアから航行してくる船に対し不正をはたらく習慣をもっていたのだが、㈡かれらがフォイニケーに滞在していた時期に、かなり多くのイタリア人の商人を船から切り離して、ある物は略奪し、ある者は殺し、また生け捕りにした少なからぬ者を連れ去った。㈢ローマ人は、以前はイッリュリアー人を訴える人の言うことを聞き逃していたのだが、その時は、かなり多くの人が元老院にやって来たので、ことを調べるために、イッリュリアーへの使節として、ガイウスとルキウス・コルンカニウスを任命した。

㈣テウタは、小艦隊がエーペイロスから帰航した時、戦利品の多さと美しさに、驚きと喜びでわれを忘れた、というのもフォイニケーは当時エーペイロス人の都市のうちで、裕福さの点で際立っていたからである。そこで、ギリシア人を悩ますことに以前にも増して熱心になった。㈤しかし、その時は、国内の混乱のために控えていた。離叛したイッリュリアー人の件をすぐに片づけると、彼女に唯一服従しないイッサ次頁を攻囲することに従事していた。㈥この頃、ローマ人の使節が入港した。そしてかれらに会見の時間が与えられると、自分たちになされた不正行為について述べた。(七)テウタは、その会見の間中ずっと、傲慢に、驕り高ぶって聞き流していた。(八)かれらが演説を終えると、国家にかんしては、イッリュリアー人からローマ人に対して不正が行われないよう考えてみよう、しかし、個人に関しては、海での利益を妨害する法的権利は、王にはないと言った。(九)使節のうちの若い方が、言われたことに腹を立て、気兼ねせずに自由に発言した、このことは当然ではあるがその場には決してふさわしくなかった。(一〇)「おゝ、テウタよ、ローマ人には、個人的に受けた不正を国が追跡し、不正を受けた者を助けるという非常に美しい習慣がある。(一一)それゆえ、神が望むなら、イッリュリアー人に対して王の法を改善するようにわれわれはあなたに強く求めよう」、と言った。(一二)彼女は女性らしく、かつ無思慮にその自由な発言を受け止め、ひじょうに立腹したので、国際法を無視して、使節のうち、自由に発言した者を殺すようにと、出航しようとしているかれらに人を送ったのである。(一三)この報せがローマに届いたとき、その婦人の冒涜的行為に対して怒りが燃え上がった。かれらはただちに準備にとりかかり、軍隊への徴募リストを作り、艦隊を終結させた。

エピダムノス人とケルキューラ人

九　テウタは、春の初め[1]、前回より多くの快速艇を装備し、ふたたびギリシアの地に送った。(二)そのうちの一部はまっすぐ外洋を横切ってケルキューラを目指し、一部は、水汲みと糧秣徴発を口実として、実際は、都市の急襲を目指して、エピダムノス人の港に入港した。(三)エピダムノス人は善意に、かつのんきに受け入れたので、イッリュリアー人は水を汲むのだとして、前掛けだけをつけ、甕の中には剣を入れて、都市に入り、それでもって、門を警備していた者たちを斬り殺して、すぐに門を手に入れた。(四)船からの援軍が決められた通りに精力的に攻撃し、かれらを

前頁　イッサはダルマティア海岸沖の島で、ファロスの西、現在のリッサである。
1　すなわち、前二二九年春。

引き継いで容易に城壁の大部分を手中に収めた。㈤都市から駆けつけた者たちは、思いもかけなかったことだけに、準備もしていなかったのだが、勇敢に救援し、戦い抜き、抵抗するイッリュリアー人を長い時間かけた末、やっと都市から追い出した。㈥エピダムノス人はこの件で、義務を怠っていたために、都市を失う危険にさらされたのではあるが、勇敢さによって、被害を受けずに、将来に向けて教育されたのだった。㈦イッリュリアー人の指導者たちは急いで出航し、先に航行していた船と合流し、ケルキュラに入港した。そして住民を驚かせつつ上陸し、都市を攻囲することに着手した。㈧ケルキュラ人は、生活全体が不便となり、絶望的状態となったので、アポッロニアー人およびエピダムノス人と共に、アカイアー人およびアイトーリアー人に使節を送り、自分たちがイッリュリアー人によって荒されるのを傍観せずに、急いで援助するようにと要請した。㈨かれらは使節の要請を受け入れ、共同でアカイアー人の十隻の船に乗組員を乗せ、数日のうちに用意を整えて、攻囲を解くために、ケルキューラへ航行した。

アカイアー人とアイトーリアー人

一〇　イッリュリアー人は、同盟条約に基づいてアカルナニアー人の軍艦を率いて、パクソス島[2]でアカイアー人の船と出会った。㈡アカルナニアー人の船とそれに対抗して配列されたアカイアー人の船は、戦いでは均衡を保ち、傷ついた人を除けば双方無傷なままだった。㈢イッリュリアー人は快速艇を四隻づつ結び付けて敵とぶつかった。そして、自分の船の安全は無視して敵に舷側を差し出し、そのことによって故意にかれらに体当たりを容易にさせた。㈣しかし敵の船が突撃し、ぶつかると、かれらとつながり、動きの自由を失うと、その時、アカイアー人の船の甲板に跳び込み、戦闘員の多さで優位に立った。㈤この方法で四隻の四段櫂船を自分たちのものにし、一隻の五段櫂船を乗組員もろとも沈めた。その中にはカリュネイアのマルゴス[1]が乗っていた、かれは死ぬまでアカイアー同盟に対して忠実な働きをしたのである。㈥アカルナニアー人と戦ってい

2　パクソスとアンティパクソスのふたつの島があり、ケリュキューラの南五マイルの所にある。

た者たちはイッリュリアー人の優位を見ると、自分たちの速さを頼みとして、また、順風に助けられて、無事に故郷へ戻った。㈦イッリュリアー人の軍隊は勝ち取った勝利で思い上がり、それからは苦労せずに、自信に満ちて攻囲を継続した。㈧ケルキューラ人はこの出来事の結果、救われることに絶望的となり、わずかの間、攻囲に耐えていたが、イッリュリアー人と和議を結び、守備隊およびファロスのデーメートゥリオスを城壁の中に受け入れた。㈨このことがなされた後、イッリュリアー人の指導者はただちに出航し、エピダムノスに上陸し、新たにその都市を攻囲しはじめた。

第一次イッリュリアー戦争の終結（前二二九年）

一一　おなじ頃、執政官が一人、グナエウス・フルウィウスが二百隻の船でローマを出航し、一方もう一人の執政官アウルス・ポストミウス[2]は陸軍を率いて出発した。㈡グナエウスの最初の目標はケルキューラだった、すなわち、決着が着かないうちに、攻囲されている都市に到着するだろうと考えたのである。㈢遅すぎたにもかかわらず、島で何が起こったか、同時にデーメートゥリオスの申し出を試すために、ケルキューラへと航路を取った。㈣すなわち、デーメートゥリオスは中傷されていて、かつテウタを恐れて、ローマに使者を送り、その都市ならびにかれが手中に収めているすべてをかれらに委ねると申し出たのである。㈤ローマ人の到着を喜びとともに迎えたケルキューラ人はデーメートゥリオスの了解を得てイッリュリアー人の守備隊を引き渡し、また自らをローマ人の保護下へ委ねた。というのも、それが将来にわたり、イッリュリアー人の無法行為に対する唯一の安全策だと考えたのである。㈥ローマ人はケルキュラ人を友好関係に受け入れ、デーメートゥリオスをこれから先の行動の指揮官として任命し、アポッローニアーへ向けて出帆した。㈦おなじ頃、ポストミウス

1　かれのそれ以前の経歴については第二巻四一・一四（ブラの僭主の暗殺前二七五／四年）、四三・二（単独の将軍職の保持者、前二五五／四年）を参照。
2　グナエウス・フルウィウスとアウルス・ポストミウスは前二二九／八年の執政官。

は二万人の歩兵と二千人の騎兵から成る陸軍をブルンディシウムから運び渡した。(八)それぞれの軍隊が同時にアポッローニアーに到着すると同時に、その都市の人びとも同様に自分たちをローマ人の保護下に置くことに同意したので、エピダムノスが攻囲されていると聞いて、ふたたび出航した。(九)イッリュリアー人は、ローマ人の接近に気づくと、攻囲を放棄して逃げて行った。(一〇)ローマ人はエピダムノス人も保護下へ受け入れると、イッリュリアーの奥地へと進んで行った。同時にアルディアイオイ人を服従させた。(一一)多くの使節が、その中にはパルシノス人の使節もいたが、服従するために、会いにやってきた。かれらも友好関係に受け入れ、同様にアティンタネス人も。それからイッサへと進軍した。すなわち、その都市がイッリュリアー人によって攻囲されていたからである。(一二)かれらは到着し、攻囲を解き、イッサ人も自分たちの友好関係に受け入れた。(一三)沿岸航行ではいくつかのイッリュリアー人の都市を攻撃で征服した。ヌトゥリアの場合には、〔ローマ側も〕多くの兵士だけでなく、軍団司令官と財務官も失った。(一四)しかし地方から戦利品を運ぶ二十隻の快速艇を捕獲した。(一五)イッサを攻囲していた者のうちファロス人はデーメートリオスのお蔭で罰せられずに留まった。ほかのすべての者たちは、ばらばらになってアルボーンへ逃げた。(一六)テウタはひじょうにわずかの者とリゾンへ逃れた。これは、海から少し離れていて、同じ名前の川沿いにある要塞堅固な小さな都市である。(一七)こうしたことを成し遂げ、デーメートリオスにイッリュリアー人の大部分を従わせ、大きな権限を授けて、艦隊と陸軍とで、同時にエピダムノスに戻った。

講和（前二二八年）

一二　グナエウス・フルウィウスは海軍と陸軍の大部分を率いて、ローマへ帰航した。[3] (二)ポストミウスは四十隻の船を手許に残し、近隣の諸都市から軍勢を集め、アルディアイオイの民族および自分たちをローマの保護下に置いたほかの民族を守るためにエピダムノスで越冬していた。(三)早春の頃、テウタはローマ人に使節を送り、条約を結ぶ。

3　フルウィウスは海戦の勝利を前二二八年六月二一日に祝った。

その条約で、彼女は課されたすべての貢税を支払い、少数の場所を除いて全イッリュリアーから撤退することに同意した。そして、これが主要点であり、ギリシア人にかかわっていることなのだが、非武装の二隻以上の船でリッソス[1]の外に航行しないということに同意した。

㈣この条約締結後、ポストミウスはアイトーリアー人とアカイアー同盟に使節を送った。かれらは到着すると、まず、戦争とアドリア海を渡ったことの理由を説明し、それに続けて行われたことを詳細に語り、イッリュリアー人と交わした条約を朗読した。㈤両民族からふさわしい丁重な挨拶を受け、㈥上記の条約によってギリシア人から恐れを取り除いた後、ふたたび、ケルキューラへ帰航した。その当時、イッリュリアー人はある特定の民族にとって、というのではなく、全人類の敵だったのである。

㈦ローマ人が軍隊を率いてイッリュリアーへ、エウローペーへのこの部分へ最初に渡ったということ、およびギリシアとの使節を通しての交渉は、このようにしてまたこのような理由で起こったのである。㈧このはじめからローマ人はすぐ、ほかの使節をコリントス人およびアテーナイ人に送った。この時はじめて、コリントス人は、ローマ人がイストモスの競技に参加することを承認した。

イベーリアーにおけるハスドゥルーバル（前二二九—二二一年）・イベール条約

一三　ハスドゥルーバルはこの頃、すなわち、この時点でわれわれはイベーリアーでの出来事を離れていたのであるが、一般的に、職務を賢明にかつ用意周到に遂行することによって、大きく前進しただけでなく、ある人はカルターゴーと、ある人は新カルターゴーと呼ぶ都市を建設して[2]、カルターゴーの成長に大きく貢献した。㈡しかもその建設は主として、イベーリアー内部においても、リビュ

1　リッソス、現レシュあるいはアレシオはドリロ（ドリン）の山の近くの要塞化された丘の上にあった

2　新カルターゴーは前二二八年頃、古いフォイニケー人の植民地マスティアー（第三巻二四・四脚注を参照）の遺跡上に建設され、カルターゴーそれ自体と著しく似ている。

エーに対しても、その戦略上優れた位置のためである。この都市の位置および、それがこれら二つの国に対して提供できる利用価値を叙述するために、われわれは適切な箇所を待つことにしよう。[3]㈢ローマ人は、かれがすでに主権をより大きく、より巨大に確立したのを見て、イベーリアーの情勢に干渉することを決心した。[4]㈣かれらは、自分たちがこれまでは眠っていて、カルターゴー人が強力な支配権を確立するのを許したのだと知って、できるかぎり遅れをとり戻そうと努力した。㈤しかしローマ人は、カルターゴー人にただちに命じたり、あるいは戦争する、という大胆な行動はとれなかった。なぜなら、ガッリア人の侵入という脅威がかれらに迫っていて、日々、かれらの攻撃を予期していなければならなかったからである。㈥そこで、かれらは、まずハスドゥルーバルをなだめ、すかしておいて、つぎにガッリア人を攻撃し、戦争によって決着をつけることを決意した。すなわち、かれらがうるさくつきまとっているかぎり、イタリアについての主権を主張できないどころか、ローマにおいてですら、安全ではないと考えたからである。㈦それゆえ、ハスドゥルーバルに使節を送って、カルターゴー人は戦争の意図をもってイベールと呼ばれている川[5]を渡ってはいけない、という以外はイベーリアーのことについて触れられていない条約を締結し[6]、ただちに、イタリアにいるガッリア人との戦争をはじめた。

3　第一〇巻一一・四。
4　元老院（ローマ人）はこの時点までイベーリアーの事柄を無視してきたというポリュビオスの示唆にもかかわらず、イベーリアーにおけるカルターゴー人の活動を糾すために使節を前二三一年にハミルカルに送っている。
5　ton de kaloumenon ibera potamonのiberaは「イベーリアー」を意味するiberの対格形であり、特定の川を指してはいない。
6　二二・一一、第三巻一五・五、二一・一、二七・九、二九・二、三、三〇・三。この条約は前二二五年に頂点に達したガッリア人の危険を考慮して二二六年秋と二二五年春の間にハスドゥルーバルと元老院の代表の間で締結された。

上部イタリアの地誌

一四　この民族についていくつか説明しておくことが有用だろう。しかしそれは概観にとどめておかねばならない、序文で明らかにしておいたこの作品の最初の計画からそれないためである。㈡しかしながらかれらが最初にこの地方を占拠しはじめた時代へさかのぼっておかねばならない。というのも、ガッリア人についての歴史は、知っていて、記憶しておく価値があるだけでなく、その後、ハンニバルがどんな人間と土地を信頼してローマ人の支配を滅ぼすことに着手したのかを示してくれるので、われわれの目的のためにまったく必要だからである。㈢まず、土地について、それがどんなものであり、イタリア全体に対してどのように位置しているかを述べておかねばならない。すなわち、このようにして、この地方の地理的な特徴をあらかじめ記述しておいたならば、この出来事の特異性をよりよく理解できるからである。

㈣イタリア全体の形は三角形である。[1]その東側はイオニア海峡が、それにつづいてアドリア湾が境を接している。南側と西側がシケリアー海とテュレニア海である。㈤この側が互いに合流して三角形の頂点を形成し、それは、イタリアの南に突き出ている突出部であり、コキュントスと呼ばれ、イオニア海とシケリアー海を分けている。㈥三角形の残りの部分、すなわち北と奥地の側はアルプス山脈によって境界づけられている。それはマッシリアとサルディニア海の北海岸にはじまり、少しの地帯を除けば、連続してアドリア湾の最奥部まで伸びていて、アルプスはその少し先で終わっており、その結果、アルプスは海に直接にはぶつからない。㈦この山脈は、いわば三角形の底辺と言わざるをえないのであるが、その麓の南側に、平原が広がっていて、そこがイタリア全体の最北端である。それについて、これから話をしようと思うのであるが、われわれの調査で知るかぎり、肥沃さという点でエウローペーでは際立っている。㈧この平原を結ぶ線の全体的な形は同様に三

1　これは不自然な、図式的な記述である。イタリアを三角形として表すことはストラボーン（第五巻二一〇）によって批判されている。しかしながらシケリアーを頂点とする、と述べるかれはポリュビオスの図式を明らかに借用しており、それを改善しているのである。

角形である。アペンニヌス山脈とアルプスのぶつかる所がその図形の先端を形成し、それはマッシリアでそしてサルディニア海の上部の地方からはじまっている。㈨北側は、すでに述べたように、アルプスそれ自体によって形成され、長さは約二、二〇〇スタディオン（三九六キロ）である。㈩南側は三、六〇〇スタディオン（六四八キロ）の距離で延びているアペンニヌス山脈によって形成されている。㈡三角形全体の底辺がアドリア湾の海岸であり、セナ[2]の都市から湾の最奥までは二、五〇〇スタディオン（四五〇キロ）の長さである。㈢その結果、この平原の周囲は一〇、〇〇〇スタディオン（一、八〇〇キロ）に少し足りないだけである。

一五　この平原の肥沃さについて述べることは容易ではない。すなわち、この地方の穀類の豊かさはつぎのごとくである。われわれの時代では、小麦の一シケリアー　メディムノス（約五一・五リットル）が四オボロス（六分の四ドラクマ）、大麦が二オボロン、葡萄酒一メトレテー（約四〇リットル）が大麦と同じ価格である。粟とキビも信じられないほど多量に産出する。㈡この平原に散在するオークの森が産出するドングリの多さはつぎのことで推測しうる。㈢イタリアで個人的消費のためにまた軍隊を養うために屠殺される豚の数は非常に多い。それらのほとんどはこの平原から供給される。㈣食料のすべての品目の安さと豊富さはつぎの事実からもっとも明瞭に理解されるだろう。㈤すなわち、この地方を旅行する人が旅館で宿を取る場合、ひとつひとつのサービスについて同意して決めるのではなく、一人いくらで泊めてくれるかを尋ねて決める。㈥この宿泊代はじゅうぶんなサービスを受け、たっぷりとした食事が提供されて、普通、半アスである（アスは一オボロスの四分の一）、それ以上高いことはめったにない。㈦最後に、住民の多さ、かれらの体格の大きさと美しさ、さらには戦争における勇気は行為それ自体からはっきりと認識することができる。

㈧[3]アルプスの両斜面、すなわちロダヌス川に向かった北の斜面と、上述の平原に向かったじゅうぶんな土壌のある丘陵地帯には人が住んでおり、前者にはトランスアルピヌス・ガッリア人が、後者にはタウリスキ、アゴネス、そのほか多くの異民族が住んでいる。㈨トランスアルピヌスは族の違いを意味しているのではなく、場所の違いを表して

2　セナ、現シニガグリアは平原の南の境界である。

3　ロダヌス川の進路についての詳細は第三巻四七・一―五、四九、ストラボーン第四巻一八三―六を参照。

いるのである。トランスは翻訳すると、「越えて」である。ゆえに、かれらはアルプスの向こうの住民をトランスアルピヌスと呼ぶのである。(一〇)山頂は険しくて、万年雪のためにまったく人は住まない。

パドス川

一六　アペンニヌス山脈は、マッシリアの上のアルプスとの接合点から両斜面に人が住んでいる。テュレニア海の方に向いていて、平原へと曲っている斜面にはリグリア人が住んでいて、㈡かれらの領土は、西エトルリアの最初の都市、ピサまでの海岸に達し、陸の側ではアッレーティーノー[1]までである。㈢つぎにエトルリア人、それにつづいてウンブリア人が住んでいる。㈣ここで、アペンニヌス山脈はアドリア海から約五〇〇スタディオン（九〇キロ）離れて平原を後にし、右に折れ、イタリアのそのほかの地の真ん中を通ってシケリアー海まで伸びている。㈤その山脈が斜面に残している平原は海とセナの都市にまで達している。㈥詩人によってエリダノス[2]と何度も口にされたパドス川はアルプスのあの三角形の頂点辺りに水源を持ち、南の方向に山から平野へ流れ下る。㈦平地に達した後、カーブし、二つの河口でアドリア湾に注ぐまで東に流れる。その川は平地の大部分をアルプスへ向かう地方とアドリアの奥地へ向かう地方へと分ける。㈧水量ではイタリアのほかのどの川にも劣らない、すなわち、平原へと傾く流れはすべてアルプス山脈からとアペンニヌス山脈の両方から流れ込むからである。㈨この川はシリウスの昇る頃[3]、山で溶けた雪の量の多さで水嵩が増し、最大で最も美しい流れとなる。(一〇)海からオラナ[4]と呼ばれる河口を通り、ほぼ二、〇〇〇スタディオン（三六〇キロ）が航行可能である。(一一)最初は水源

1　アッレーティーノー、現アレッツォはアルノ川、ティベル川、ヒアナ川の分岐点のそば、フロレンスとペルジアの途中にある。

2　ヘーロドトス第三巻一一五。プリーニウス第三七巻三二はロダヌス川と同一視している。ストラボーン第五巻二一五。ロドスのアポロニオス『アルゴーの船乗りたち』第四巻六二七。ディオドーロス第五巻二三・三。

3　第一巻三七・五脚注。七月二八日頃。プリーニウス第三巻一一七。

からただひとつの川床で流れ、つぎにトゥリガボロイと呼ばれる場所で二つに分かれる。これらの河口のひとつはパドアでありもうひとつがオラナである。㊂そこには港があり、アドリア海のほかのどれにも劣らず、安全な停泊所を提供する。土地の人びとの間でその川は、ボデンクス[5]という異名で呼ばれている。㊂この川についてギリシア人の間で語られていること、すなわち、パエトン[6]とかれの墜落のこと、ポプラの涙、パエトンへの哀哭から習慣として今日でもこういう服装をしている、と言われているこの川岸の黒い服を着た住民、㊃悲劇やそれに似た詩のためのすべての題材は、今は傍へ置いておこう。すなわち、こうした事柄に詳細にかかわることはこの導入にふさわしくないからである。㊄しかし、適切な機会が提供されれば、それに戻ることにしよう。とくに、この場所について記述しているティマイオス[7]のためにである。

ガッリアの部族

一七　この平原はかつてはエトルリア人が、カプアとノラの近くのプレグライア平原を所有していた時代に住んでいた。その地は近づきやすくてよく知られていたために、肥沃さという点で大きな名声を博していた。㊁それゆえにエトルリア人の力を調べようとする人は、今かれらが住んでいる地方に限定せずに、今述べた平原およびそれが提供する資料を付け加えねばならない。㊂かれらとガッリア人が隣人として交わり、その地方の美しさに嫉妬し、小さなことを口実に思いもよらず大軍で攻撃し、エトルリア人を

4　これは北の河口ポ・ディ・ウォラノである。プリーニウス第三巻一一七―一一八、一二三、ストラボーン第五巻二一七。

5　プリーニウスはこの名前はリグリア語で、「底なし」を意味する、と言う、第三巻一二二。

6　パエトンの物語、すなわち父である太陽神の馬車を駆っている間にゼウスの雷電による死、姉妹のポプラへの変容、彼女たちの涙の琥珀への変容（オウィディウス『メタモルフォーセース』第二巻三六四―六を参照）はヘーシオドスの時代から作家と詩人によって広くとり扱われていた。ディオドーロス第五巻二三を参照。

7　ティマイオスについては第一巻五・一脚注を参照。

パドス川周辺の土地から追い払い、自分がその平原を占拠したのである。

㈣パドス川の水源地周辺は、最初は、ラェウィ族とレベキイ人が、かれらのつぎには、ガッリア人のうちで最も大きい部族であるインスブレス族が定住した。[1]ついで、ケノマニ族が川に沿って定住した。[2]㈤アドリア海に近い平原は、風俗と服装はガッリア人とほんのわずかしか相違していなかったが、別の言語を話す、ひじょうに古い、ウェネティと呼ばれる部族が所有を止めなかった。㈥かれらについては悲劇作家がさまざまに話し、さまざまな不思議なことを語っている。㈦パドス川の対岸のアペンニヌス山脈の麓には最初、アナレス族が、つぎにボイイ族が定住した。かれらに続いて、アドリア海に向かって、リンゴネス族が、そして最後に、海の近くに、セノネス族が定住した。

㈧これが上述の場所に定住した者のうちで最も有名な部族であった。㈨かれらは、余計な家具は持たず、城壁のない村に住んでいた。㈩すなわち、かれらは敷き藁の上で寝て、肉を食べ、戦争と耕作以外は何もほかのことはせず、簡素な生活をしていた。ほかの知識と技術的能力はかれらの間では、まったく知られていなかった。(一一)各人の財産は、家畜と金だった、というのも、これだけが事情次第でどこにでも持ち運び、自分の意志で移すことができたからだった。(一二)かれらは友人関係にかんすることを最も重要なこととした。すなわち、仕える人、交際する人を最も多く持つ人が、かれらの間では、最も畏怖され、力があったからである。

ガッリア戦争（前三四五—二九五年）

一八　かれらは最初は、[3]地方を制圧しただけでなく、近隣の多くの人びとを大胆さで驚愕させて、服従させた。㈡その後しばらくして、[4]ローマ人および、かれらとともに戦列に配置された者に勝利し、逃亡しようとする者を追跡し

1　プリーニウス第三巻一二四。
2　ストラボーン第五巻二一六。
3　キサルピン・ガッリア人の最初の侵入は前五世紀の後半。
4　ポリュビオスは前三八七／六年を考えている。第一巻六・一—二を参照。

つつ、三日後に、カピトリウムを除いてローマそれ自体を占領した。㈢しかし撤退の止むなきに至った。すなわち、ウェネティ族がかれらの国に侵入したためで、その時は、ローマ人と条約を結び、都市を返却し、故郷へ戻った。㈣その後、かれらは同族内の戦争に専念した。しかし、アルプスに住むいくつかの部族は、ローマ人に与えられている幸福を自分たちと比較しながら眺め、かれらを目標にして、しばしば集結し、襲撃を行った。㈤その間に、ローマ人は自分の力を取り戻し、ふたたびラティウムの支配者となった。㈥ローマの占領後三十年目に、ガッリア人が大軍を率いてふたたび現れても、ローマ人はそれに対抗して軍隊を出動させることをあえてしなかった。その襲撃が思いがけないものであり、機先を制せられて、同盟軍を集めることが間に合わなかったためである。㈦しかし十二年後、ガッリア人がふたたび、大軍を率いて、新たな攻撃を目指して接近して来ると、ローマ人はあらかじめそれを知り、同盟軍を集め、戦闘意欲に満ちてかれらに立ち向かい、ぶつかって、決戦を行おうと決心した。㈧ガッリア人はかれらの攻撃に驚き、互いに分裂し、夜のうちに、逃亡に近い形で故郷へ退いた。㈨この恐怖から十三年間[5]は静かにしていたが、その後、ローマ人の力が増大したのを見て、和平を締結した。

ガッリア戦争（前二八五—二七〇年）

一九　この条約は、一度も破られることなく、三十年間続いたが、トランスアルピヌス族がふたたび動きを示した時[6]、ガッリア人[7]は、厄介な戦争が起こされるのではないかと恐れて、贈物をし、同族関係であることを口実として持ち出し、移住民族の衝動を自分たちから逸らせ、ローマ人へと駆り立て、自らその遠征軍に加わった。㈡かれらはエトルリアを通って前進し、エトルリア人もまたその遠征に加わり、ローマ人の領土から多くの戦利品を手に入れて安全に戻った。㈢故郷に戻ると、分配をめぐって、強欲さゆえに内乱が起こり、戦利品の大部分だけでなく、自分たち

5　すなわち前三四四—三三一年。
6　前二九五年。
7　ポリュビオスは「ガッリア人」を多くの場合「ケルト人」と呼んでいるが、この訳では「ガッリア人」と統一的に訳すことにする。

の軍隊の大部分をも破滅させてしまった。㈣これは、ガッリア人が隣人の財産を巻き上げた時、かれらの間では普通の出来事である。それはとくに、不節制な暴飲、暴食のためであった。㈤その後四年目に、ガッリア人はサムニテス人と同盟をむすび、カメリヌム人の領土でローマ人と交戦し、かれらの多くを戦いで滅ぼした。㈥数日後、ローマ人は、この敗北に復讐することを決意して全軍団で出撃し、センティヌム人の領域でガッリア人とサムニテス人を攻撃し、かれらの非常に多数を斬り殺したので、残った者は、まっしぐらに故郷へ逃げ帰ることをよぎなくされた。㈦一〇年が経過するとガッリア人は、アッレーティーノーを攻囲しようと、ふたたび大軍を率いてやって来た。[1]㈧ローマ人は援軍を出して、都市の前で衝突し、敗れた。司令官ルキウス・カエキリウスがこの戦いで戦死したので、マニウス・クリウス・デンタトゥス[2]が後任者として任命された。㈨かれは捕虜について交渉するために使節をガッリア人に送ったが、かれらは条約に違反してただちに使節を殺した。㈩ローマ人は怒りに駆られてただちに戦場へ出撃した。セノネスと呼ばれるガッリア人が立ち向かって戦った。(一一)ローマ人は戦列を敷いて制圧し、大部分を殺し、残りを追い出して、すべての領域を手中に収めた。(一二)これはかれらが殖民都市を建設したガッリアでの最初の領域だった。それを以前に定住していたガッリア人の名前にちなんでセナと呼んだ。(一三)これはアドリア海の近く、パドス川の平原の端にあると先述した都市である。

ローマ人のガッリア人征圧

二〇　ボイイ族はセノネス人が自分たちの領土から追い出されたのを見て、自分たち、およびその領土が同じ目に遭うのではないかと恐れて、エトルリア人に援軍を要請した後、全軍で出撃した。[3]㈡かれらはヴァディモニス湖[4]の周辺で集結し、ローマ人に対して戦列を配置した。㈢この戦いでエトルリア人の大部分が殺戮され、結局、ボイイ族の

1　前二八四年。
2　マニウス・クリウスはこの時期の最も有名な人物で、第三次サムニテス戦争を成功裏に前二九〇年に終わらせていた。

少数が逃げ延びた。㈣翌年[5]、両部族はもう一度連合して、若い人びとを武装させて、ローマ人に対して戦列を配置した。㈤しかし、この戦いで完全に敗北し、精神的に屈して、休戦について使節を送り、ローマ人と条約を締結した。㈥これはピュッロスがイタリアへ渡る三年前[6]、ガッリア人の一派ガラテア人がデルフォイで全滅した五年前に起こった[7]。㈦すなわち、この時期に「運命」がガッリア人全体を、言わば流行病であるかのように戦争で苦しめたのである。

㈧この戦いから、ローマ人は二つの有利な点をつかんだ。第一に、ガッリア人によって打ち倒されることに慣れていたかれらは、もはや、これまで自分たちに起こったことより恐ろしいことを蒙ることはなくなり、それを予期する必要もなくなったのである。㈨このために、つぎにかれらがピュッロスと会戦したとき、戦争において完全に訓練された競技者として立ち向かったのである。㈩その結果、手遅れになる前にガッリア人の鋭気をそぐことができ、それ以降はまず、イタリアをめぐってのピュッロスとの戦いに、つぎにシケリアーの支配をめぐってのカルターゴー人との戦いの持続のために全精神を傾けることができたのである。

3　ポリュビオスは日付は記していないが、明らかに前二八三年の出来事に言及している。その年の執政官はコルネリウス・ドラベラとドミティウス・カルウィヌス・マクシムスであり、伝承はヴァディモン湖におけるセノネス人にたいする勝利を伝えているからである。

4　ローマの真北約六七・六八キロ、テベレ川の西の平坦な地にある。

5　すなわち前二八二年、ファブリキウス・ルスキヌスとアエミリウス・パプスが執政官だった年。

6　ピュッロスは前二八一／〇年に渡った。

7　ガラテア人の全滅は前二七九／八年だった。

ローマ人のガッリア人領域への殖民

二一　この敗北後、ガッリア人は四十五年間静かにしていて、ローマ人と平和を保っていた。[1] ㈡しかし、戦争の目撃者がその年月の経過のうちにこの世を去り、気概と無分別さに溢れていて、しかも、あらゆる悲惨さ、あらゆる状況については未経験で見たことがない若者が生まれると、㈢そうなることが自然であるように、現状を揺り動かそうとし、些細な事からローマ人に対して憤り、アルプスのガッリア人を誘いはじめた。㈣最初は、人びとが知ることがないように、秘密裏に指導者自身によってことは押し進められた。㈤ゆえに、トランスアルピヌス・ガッリア人が軍隊を率いてアリミヌム[2]まで前進して来たとき、ボイイ族の人びとはかれらに嫌疑をいだいた。そして自分たちの指導者および到着した者と争いを起こし、自分たちの王アティスとガラトスを殺し、戦列を整えてぶつかった。その戦いで互いに多くの者が倒れた。㈥ローマ人は侵攻を恐れ、軍隊を率いて出動した。しかし、ガッリア人の自ら招いた破滅を知ると、故郷に引き揚げた。

㈦この恐怖の五年後、マルクス・レピドゥスが執政官職にあったとき、[3]ローマはガッリアのピケンティニ人[4]の領域をローマ市民に分配した。すなわち、かれらはセノネス人に勝利して、そこからかれらを追い出したからである。㈧この民衆迎合政治を導入したのはガイウス・フラミニウスであるが、それが、いわば、ローマ人にとって市民を堕落させる第一歩だったのであり、その後のガッリア人との戦争の原因だった、と言わざるをえない。㈨すなわち、ガッリア人の多くがことを起こそうとしていた、中でも、ボイ

1　モムゼン（『ローマ研究』二巻三六二頁）は二三六年のアルミヌムへのガッリア人の登場（五節）でそれが終わるとして、全体として前二八一—二三七年と計算している。

2　最初はウンブリア族の植民地だったが、二六八年にラテイニー人の殖民都市が建設された。ストラボーン第五巻二一七。

3　前二三二年。

4　ストラボーン第五巻二一一を参照。

イ族はローマ人の領域と隣合っていたために、ローマ人は、覇権および主権をめぐってではなく、完全な追放と破滅を狙って自分たちに対して戦争を起こそうとしている、と考えたからである。

二二　それゆえに、その民族のうちで最大の部族である、インスブレス人とボイイ族は同じ考えをいだき、アルプスのガッリア人およびロダヌス河畔に住み、給料のために出征するので、ガイサタイ人と[5]呼ばれているガッリア人に使節を送った。すなわち、ガイサタイという語は主としてこれを意味する。㈡使節はかれらの王、コンコリタノスとアネーロエストスにただちにたくさんの黄金を送り、ローマ人の繁栄の大きさと、もしかれらを破った場合、自分たちにもたらされる戦利品の多さを指摘して、かれらを駆り立て、励ました。㈢かれらを説得するのは困難ではなかった。王たちは忠実な同盟者であることを誓約し、またかれら自身の祖先の偉業をかれらに思い出させた。㈣すなわち、かれらは戦いでローマ人に打ち勝っただけでなく、その戦いの後、ローマそれ自体をも攻撃して占拠し、㈤かれらの全財産を押さえ、都市を七ケ月支配した後、自発的に、そしておなさけで都市を引き渡し、無傷で、被害も受けずに戦利品を携えて故郷へ戻ったのだと。㈥王たちがこれらすべてのことを語ると、指導者たちは、これほどの勢力で、またこれほど前評判高く、好戦的に、かつてガッリアの地から出撃したことはないほどに遠征へとけしかけられた。

㈦この頃、ローマ人は、起こったことを聞き、来つつあることを予言して絶えざる恐怖と混乱に陥っていた。㈧そこで、軍隊の徴募を行い、穀物や必需品の用意をし、ある時は、ガッリア人はまだ故郷から動いていないのに、敵がすでに領域内へ入り込んでいるとして軍隊を国境へ移動させた。㈨こうした動きも、カルターゴー人がイベーリアーのことを安全に整えるのに、少なからず貢献した。㈩すなわち、ローマ人は、すでに述べたように[6]、ガッリア人による危険性の方が、それが自分たちのわき腹にあるだけに、高いと判断し、ガッリア人の問題を解決するために、イベーリアーのことは傍観せざるをえなかったのである。㈡それゆえに、ローマ人は先ほど説明したハスドゥルーバルとの条約によってカルターゴー人にたいする事を安全にしておき、イタリアにいる敵に対して決着をつける方が自分たちには有利であると考えて、かれらとの争いに全力を投入したのである。

5　ストラボーン第五巻二一二を参照。

6　一三・五—七を参照。2　年は前二二五年。

ガッリア人の前二二五年の侵入・ローマにおける不安

二三　ガイサタイ・ガッリア人は莫大な費用をかけた、重厚な軍隊を組織し、ピケヌムの分割後、八年目[1]にアルプスを越え、パドス川の平原に降りて来た。㈡インスブレス族とボイイ族は勇敢に最初からの計画に忠実であったが、ウェネティ族とケノマニ族はローマ人と交渉し、こちらに味方する方を選んだ。㈢それゆえに、ガッリア人の王は、かれらからの危険に備えてその地方を守るために、戦力の一部を残さざるをえなかった。㈣かれら自身は全力を挙げて出発し、勝利を確信して、五万人の歩兵と二万人の騎兵および戦車[2]を擁した陣容で、エトルリアに向かって進軍した。㈤ローマ人はガッリア人がアルプスを越えたと聞くとすぐに、執政官ルキウス・アエミリウス[3]を軍隊とともに、敵の進軍を見張るために、アリミヌムへ派遣し、副執政官の一人をエトルリアへ派遣した。㈥すなわち、もう一人の執政官、ガイウス・アティリウスはそれ以前に軍隊を率いてサルディニアに出撃していたからである。㈦ローマにいる人びとは、大きな、恐ろしい危険が迫っていると考えて、ひじょうに恐れていた。ガッリア人に対する古くからの恐れが心の奥底にしまわれていたので、このような心境に至ったのも当然のことであった。㈧それゆえに、かれらはそのほかのことは何も考えず、軍団の兵士を徴用し、兵籍に入れる仕事に従事し、同盟軍に準備しているようにと命じた。㈨家臣たちは皆、兵役適齢期にある者のリストを提出するように命じられた。すなわち、自分たちが自由に使用できる戦力の全体の数を確認しようとしたのである。(一〇)穀類、武器、そのほか戦争のために最も必要な物の量は、歴史の記憶が溯るかぎり、かつてないほどの規模であった。(一一)どこでも、誰もが進んでローマ人に協力した。(一二)すなわち、イタリアの住民は、ガッリア人の出撃に驚き、もはや、ローマ人と同盟者になるのだ、かれらの支配のために戦争

1　年は前二二五年。
2　戦車は御者と戦士を運び、戦士は投げやりを投げた後、それから降りて接近戦で戦った（ディオドーロス第五巻二九）。
3　前二二五年の執政官はL・アエミリウスとC・アティリウスだった。

が行われるのだとは考えず、自分の都市、自分の領域のために戦争に耐えるのだと考えた。(一三)それゆえ誰もが進んで命令に従ったのである。

前二二五年におけるローマとイタリアの軍隊

二四　ハンニバルがどれほど大きな事を企て、その後、どれほどの主権に向こう見ずに立ち向かい、ローマ人を最大の不幸に巻き込み、その目標を達成したかが、事実それ自体から明らかになるために、㈡当時のローマ人の軍隊の装備と大きさに言及しておかねばならない。

㈢二人の執政官とともにローマ市民の四軍団が出撃した。一軍団はそれぞれ、五千二百人の歩兵と三百人の騎兵で組織されている。㈣二人の執政官の軍隊には合わせて三万人の同盟軍の歩兵と二千人の騎兵がいた。㈤緊急時に援軍としてローマに来たサビニー人とエトルリア人の戦力は四千人の騎兵と五万人以上の歩兵だった。㈥これらを集めて、副執政官の命令下に置き、エトルリアの前線に配置した。㈦アペンニヌス山脈に住むウンブリア人とサルシナタエ人は二万人、かれらとともにウェネティ人とケノマニ人が二万人集められた。㈧かれらは、ボイイ族の領域に侵入し、かれらが出動した場合に、後退を強いるためにガッリア人の国境に配置された。これがその領域の防衛のために戦場に配置されていた軍隊であった。㈨ローマには戦争での変化のための備えとして、二万人の歩兵および千五百人の騎兵で構成されている予備軍がいた。すべてローマ市民だった。同盟軍は三万人の歩兵と二千人の騎兵が待機していた。㈩申告された兵役につける人のリストは以下のようであった。ラテイニー人は歩兵八万人、騎兵五千人、サムニテス人は歩兵七万人、騎兵七千人、(一一)イアピュギア人とメッサピイ人は合わせて、歩兵五万人、騎兵一万六千人、(一二)ルカニア人は歩兵三万人、騎兵三千人、マルシ人、マルキニ人、フレンタニ人、ウェスティニ人は歩兵二万人、騎兵四千人であった。(一三)さらに、シケリアーとタレントゥムには二軍団が守備隊として駐留し、そのそれぞれが四千二百人の歩兵と二百人の騎兵で組織されていた。(一四)ローマ人とカンパニア人の総数は、リストに従うと、歩兵二五万人、騎兵二万三千人である。(一五)その結果、兵役に就くことのできるローマ軍の総数は、歩兵一五万人以上、騎兵六千人以上となる。㈥ローマ人と同盟軍の兵役に就ける兵士の総数は歩兵七十万人以上、騎兵約七万人以上となる。㈦それに対してハンニバルは二万人よりも少ない兵を率いてイタリアに攻撃を仕掛けたのである。だがこれらについては、もっと明白な情報を説明の流れの中であたえることができるだろう[1]。

敵との最初の接触

二五　ガッリア人はエトルリアに侵入した後、自由に略奪を行いながらその領域を前進し、誰もかれらに抵抗しなかったのでついにローマそれ自体を目標とした。㈡かれらがすでにローマから三日の行程の距離のクルシウム[2]と呼ばれている都市の周りにいたとき、エトルリアの国境に配置されていたローマ軍が背後から追って来て、すでに近くにいると報告された。㈢それを聞くと、かれらと交戦することを望んで、引き返して、たち向かっていこうとした。㈣すでに日没の頃、両軍はきわめて接近していた。その夜は、両軍ともにそれほど離れていない場所に陣を張った。㈤夜が訪れると、ガッリア人は火を燃やし、騎兵に夜明けまで待ち、敵に見えるようになったら自分たちの後を追ってくるように命じて、かれらを後に残し、㈥本隊はファエスラエ[3]の方向へとひそかに後退し、そこで戦列を配置した。すなわち、自分たちの騎兵を待つと同時に意表を突いて敵の攻撃を妨害するという意図を持っていたのである。㈦ローマ人は朝になって、騎兵だけが見えるので、ガッリア人は逃げ去ったと考えて、急いでかれらの退却路に沿って、騎兵を追って行った。㈧敵が接近してくると、ガッリア人は持ち場を出てかれらに襲いかかり、はじめて双方から激しい戦いがはじまった。㈨結局、ガッリア人が豪胆さと数で勝り、ローマ人の六千人を下らない兵士が殺され、残りは

1　ハンニバル軍の兵の総数については第三巻三五・一脚注を参照。

2　クルシウム（現在のキウシ）はローマからアッレティウムへの道筋上のクラニス・ヴァリ（ヴァル・ディ・キアナ）にある。

3　ファエスラエはクルシウムから一二八キロ離れた都市。

逃げるということになった。かれらの大部分はある要害堅固な丘へ退却し、踏みとどまっていた。㈩ガッリア人は最初かれらも即座に包囲攻撃しようとした。しかし、前夜の長い進軍と、昼間の激戦によって疲労困憊しきっていたので、㈡明日、もし逃げ込んだ兵士が進んで降伏しないならば、攻囲しようと決め、丘の周りに自分の騎兵を残し、とりあえず休息し、身体の手入れし始めた。

ガッリア人の退却

二六　この頃、アドリア海岸のアリミヌムに駐在していた軍を指揮していた執政官ルキウス・アエミリウスは、ガッリア人がエトルリアに侵攻し、ローマに接近していると聞き、味方を助けるためにそちらへ急ぎ、幸運にも、まさにきわどい時に到着した。㈡かれが敵の近くに陣を張ると、丘に逃げ込んでいた者たちは野営のかがり火をみて、何が起こったかを推論し、すぐ勇気を取り戻し、司令官に自分たちがおかれている苦境を伝えるために、夜間、数人を武器を持たせずに森を横切って送り出した。㈢執政官はそれを聞くと、もはや選択の余地はないことを見て、かれの軍団司令官たちに曙光とともに、歩兵部隊を出動させることを命じ、自分自身は騎兵隊を率いて、前述の丘の方向に前進した。

㈣ガッリア人の指揮官たちはその夜、火を遠くから見て、敵の到着を知り、会議を開いていた。㈤アネーロエステース王は次のような提案をした。すなわち、これほどの戦利品を手に入れたからには、というのも捕虜、家畜、そのほかさまざまな戦利品の量は測り知れないほどに思われたからであるが、㈥もはや、戦いに手を出して、すべてを危険にさらすべきではなく、無事に故郷に帰り、戦利品を片づけて、身軽になり、もしそう望むならば全兵力を投じてローマ人に戦いを挑むべきだと述べた。㈦かれらはアネーロエステースの提案に従うことを決議し、夜明け前に出発し、リグリア湾の海岸に沿うエトルリア人の領域を通って戻って行った。㈧ルキウスは丘を守っていた軍隊の生存者を自分の部隊に合体させた。かれは戦列を整えての会戦で危険をおかすことは決して有利でないと考え、敵の後衛にしがみつき、かれらに損傷をあたえ、あるいは戦利品のいくらかをもぎ取るのに好都合な時と場所を見張ることにした。

テラモンにおける戦い

二七　ちょうどこの時、もうひとりの執政官ガイウス・アティリウスがサルディニアから船で軍団とともにピサに到達し、敵と反対方向へ行進しながら、ローマへの途上にあった。㈡ガッリア人はすでにエトルリアのテラモンにいたのだが、その時かれらの糧秣徴発隊がガイウスの前衛とぶつかり、捕らえられた。㈢かれらは尋問されて、執政官に最近起こった事をすべて語り、敵味方双方の軍隊の現在位置を伝え、ガッリア人がすぐ近くにいることと、ルキウスが後を追っていることを告げた。㈣執政官は知らされたことに驚いたが、同時にガイウスとルキウスが率いるふたつの軍隊の間で行進中のガッリア人を捕捉したと考えて大きな希望をいだいた。そして軍団司令官たちに、軍団を戦闘配置につけ、地形が一列になっての攻撃を許すかぎりの行軍速度で前進するように命じた。㈤かれ自身は敵が通過しなければならない道の上に横たわっている丘に幸運にも気づき、敵が到着する前に丘の頂上を占拠して、真っ先に戦いをはじめようとして、騎兵を率いて全速力で前進した。そうすればその日の結果から与えられる名誉の大部分は自分のものになると確信したからである。㈥ガッリア人は最初、アティリウスの到着したことを知らず、目前に起こった事態から、アエミリウスが夜のうちに騎兵で迂回してその場所を先取したのだと考え、丘の位置をローマ人と争うために、騎兵と若干の軽装兵をただちに送り出した。㈦しかし、捕虜たちを尋問した結果、ガイウスの到着をすぐに知り、後衛からと前衛からのそれぞれの出現に備えて戦闘隊形を整えつつ、急いで歩兵を戦列に配置した。㈧すなわち、かれらが知っているルキウスの軍隊がすぐ後ろに迫っており、ガイウスの別軍が前方から現れることが予期されたからである。このことは報告と、その時に起こったことから推測された。

二八　アエミリウスは軍隊がピサに入港したことは聞いていたが、それが近づいているとは、まったく期待していなかった。しかしその時、丘をめぐる戦いから、味方の軍隊がすぐ近くにいることをはっきりと認識した。㈡それゆえ、丘で戦っている者を助けるために、ただちに騎兵隊を送りだし、かれ自身は歩兵をいつもの隊形に配列し、敵に向かって前進して行った。㈢ガッリア人は、アエミリウスが攻撃してくると予測される後衛にアルプスからのガイサタイ族を配列し、その後ろにインスブレス族を配置した。㈣反対方向に面してはガイウス軍団の攻撃と出会う用意をして、タウリスキー族とパドス川のこちら側の岸に住むボイイ族を配置した。㈤四輪車群と二頭立ての戦車群を両翼の端に並べ、戦利品は近隣の山々のひとつに集め、分遣隊によって守った。㈥ガッリア人の軍隊は二つの前線を形成することによって、恐ろしい外観を呈するだけでなく、状況の急場によく適していた。㈦インスブレス族とボイイ族はかれらが習慣としているアナクシュリス[1]を穿き、サギス[2]をはおって、戦列についた。㈧ガイサタイ族は虚栄心と勇敢さからそうした物は排斥し、裸で[3]武器だけを持って、第一線に立った。すなわち、その場所は茨の藪で覆われていて、それが外套に付着し、それによって武器の扱いが難しくなるので、そうすることによって、最もよく戦えると考えたのである。㈨最初は、戦いは丘の上で始まったので、それは誰にも見ることができた。というのも、両軍からのこれだけの数の騎兵が、互いに、入り組んで、接近戦を行ったからである。(一〇)この折りに、執政官のガイウスは白兵戦で向こう見ずに戦って命を落とし、かれの首級は敵の王たちに手渡されるというはめになった。しかしローマ軍の騎兵は力を尽くして戦い、ついに、その場所と敵を征圧した。(一一)その後、歩兵部隊が対戦したが、そこで繰り広げられた光景は、その場に実際に居合わせた人にとってだけでなく、その後、その報告から自分でそれを思い描くことができた人にとっても異様で、驚くべきものだった。

1　アナクシュリスはゆったりと身につけられ、踝でしっかりと留められる長ズボン、ストラボン四巻一九六を参照。
2　サギスは軽い外套でラテン語でサグンとして知られている。
3　アルプスの向こうから来たこれらの野蛮な人々は裸で戦うというガッリア人の習慣を維持していた。ディオードロス第五巻二九・二一、三〇・三を参照。

ガッリア人の敗北（前二二五年）

二九　すなわち、まず、戦いは三つの軍隊のあいだでおこなわれたので、互いに対して配列された軍隊の外観と動きが最高度に異質で異常であったことは明らかである。㈡つぎに、次のことは、当時その場に居合わせた人にとっても、わたしたちにとっても疑問となる事柄である。すなわち、ガッリア人が取った位置は、敵が両側から同時に進んで来るので、最も危険だったのか、㈢それとも逆に、同時に両方に対して戦うが、同時に相互に背中を覆い合うので、最も効果的だったのかということである。とくに敗れた場合、後方へのどんな後退も、どんな救いも切断されていたからである。㈣これが両刃の配列の特異性である。㈤しかしながら、ローマ人は一方でふたつの軍隊で敵を挟み撃ちにしていることによって勇気づけられたが、他方でガッリア軍の整然とした配列とものすごい騒音によって恐れさせられた。㈥というのも、数え切れないほどのラッパ手とサルピンクス吹奏者がいて、また軍全体が同時にの声をあげたので、ラッパと兵士たちだけでなく、その付近の周囲全体がこだまし、自らが声を発したかのように思われるほどだったからである。㈦前線に立ち、若さの盛りと容姿の美しさで際立っている裸の戦士たちの光景と動きも人を愕然とさせるようなものだった。㈧第一線部隊の全員が黄金の首輪と腕輪の飾りを付けていた。㈨それを見たローマ人は、一方では驚いたが、他方、分捕りたいという希望によって、二重の戦闘意欲で満たされた。

三〇　しかし、ローマ軍の投げ槍兵がいつもの方法で戦線から前に進み出て、よく狙いを定めて、力強く一斉に槍を投げ放って、戦いを開始するやいなや、後衛のガッリア人は外套とズボンによってよく守られたが、㈡裸で最前列にいたガッリア人はこの予期せぬ戦いの仕方によって非常な苦境に陥った。㈢すなわち、ガッリア人の楯は兵士をカバーすることができず、裸であり、身体が大きかっただけに、それだけ一層槍は中に突き刺さるということになった。㈣ついには、距離が近いためと落ちて来る槍の多さのために、投げ槍を投げる人を防ぐことができず、非常な苦戦に陥り、現況を処理できず、ある者は怒りと無思慮さのあまり、でたらめに敵に向かって飛び出し、進んで自分自身を差し出し、死んでいった。ある者は味方の方へ後ずさりして退却し、臆病さを提示することによって、後方にいる者を混乱へと落とし入れた。㈤ガイサタイ族の気概は投げ槍兵の面前ではこのような方法で役に立たなかった。㈥しかし、インスブレス族とボイイ族およびタウリスキ族の本隊は、ローマ人が自分たちの投げ槍兵を戦列の中に迎え入れ、歩兵中隊を投入すると同時に敵にぶつかり、激しい白兵戦を行った。㈦ほとんど戦列は粉砕されたが、勇気は敵と等しかった。そして劣っていたのは、軍隊としてまた個人的にも、その武器においてであった。㈧つまりローマ人の楯は守るために、刀は戦うために、より適していた。なぜなら、その楯は身体全体を覆うが、ガッリア人のそれは小さすぎ、ローマ人の刀はとくに、突き刺すのにも役立つが、切るのにも役立ち、一方ガッリア人の刀は切るためにのみ向いているからである。㈨ローマ人の騎兵が高所から翼に攻撃を加え、丘から激しく攻撃すると、ガッリア人の歩兵は戦列についたその場で殺戮され、騎兵は逃亡へと向かった。

三一　ガッリア人は四万人が死に、[1]少なくとも一万人が捕虜となった。その中には、王の一人、コンコリタノスが[2]いた。㈡もう一人の王、アネーロエステースは少数の従者とある場所にのがれて、そこで自分と自分の友人の人生に終止符をうった。㈢ローマ人の執政官は剥ぎ取った武具を集めてローマに送らせ、略奪物は所有者に返還した。㈣かれ自身は軍団を率いてリグル族の領域を通過して、ボイイ族の領域に侵入した。[3]かれの軍隊が思う存分戦利品を掠奪した後、ほんの数日で[4]軍隊とともにローマに到着し、㈤カピトリウム丘を部隊の識別標識とネックレスで飾った。これは黄金の輪で、それをガッリア人は首の周りに掛けているのである。㈥そのほかの戦利品の武具と捕虜は執政官自身の入場と凱旋行進の飾りのために用いた。

㈦これらのガッリア人はこのようにして滅ぼされた。かれらの侵入はかつて起こったもののうちで最も容易ならぬものであったが、この間すべてのイタリア人はとくにロー

1　四万人の死者は他の資料にも現れる。ディオドーロス第二五巻一三を参照。

2　ディオドーロスによるとかれは最大の王アネーロエステースにつぐ王だった、二五巻一三を参照。

3　この遠征についてはディオドーロス第二五巻一三を参照。

4　「ほんの数日で」というのはほとんど不可能である。かれは前二二四年に凱旋式を行っており、冬は遠征していなく、明らかに前二二五年の九―一〇月にアペンニヌス山脈を越え、ウィア・フラミニアの道に沿って帰還したからである。

マ人は大きな、恐ろしい危険にさらされていた。㈧この成功によってローマ人は、ガッリア人をパドス川周辺の地域から完全に追い出すことができるとの望みをいだき、クイントゥス・フルウィウスとティトゥス・マンリウスを執政官に任命し[1]、両者を大掛かりな装備をした軍隊とともにガッリア人に対して出撃させた。㈨かれらはボイイ族を襲撃によって驚愕させ、ローマ人に屈服することを余儀なくさせた。遠征の残りの期間は、とてつもない雨が降り、疫病がかれらを襲ったので、それ以上の攻撃は完全に不可能になった。

インスブレス族に対する戦い

三二　その後、プブリウス・フリウスとガイウス・フラミニウスが執政官に任命され、[2]マッシリアから遠くない所に住んでいるアナレス族の領域を通って、ふたたびガッリア人の領域へ侵入した。㈡そしてかれらを友好関係へと受け入れた後、インスブレス族の領域のアッドゥア川とパドス川の合流点を渡った。㈢川を渡るさいに、また陣地を張るさいに損害を蒙ったのでそこに留まり、その後協定を結び、同意を得てそこから出発した。㈣数日間迂回行軍をして、クルシオス川を渡り、ケノマニ族の領域にやって来た。同盟者であるかれらを付け加え、アルプスの麓の地域から、インスブレス族の平原へ侵入し、その地を荒し、かれらの住居群を略奪した。㈤インスブレス族の指導者たちは、ローマ人の攻撃が変わらないのを見て、運を試し、かれらとの決戦に賭けてみようと決心した。㈥ほかに必要な装備を施し、その後、勇敢に敵に対して威嚇的位置をとった。その数は五万人だった。

㈦ローマ人は、一方で、自分たちが敵よりはるかに劣っているのを見て、自分たちと同盟を結んでいるガッリア人の軍を用いようと望んだが、㈧他方、ガッリア人がいかに当てにならないか[3]、そして仲間に加えた同族の者に対して

1　Q・フルウィウスとT・マンリウスは前二二四年の執政官。
2　前二二三年。
3　ガッリア人の裏切りについては、第三巻四九・二、七〇・四、七八・二を参照。

戦争を行おうとしていることを考慮して、このような決定的な戦闘にかれらを参加させることに慎重になった。(九)結局、かれらは川の内側に残り[4]、一緒にいたガッリア人を渡らせ、流れの上に架かっていた橋を壊した。(一〇)このようにして、かれらに対する事柄を安全にしておくと同時に、自分たちが救われる唯一の希望を勝つことに残した。すなわち、かれらの背後には、渡ることのできない川が横たわっていたからである。(一一)こうしたことをして、決戦に備えていた。

インスブレス族にたいする勝利（前二二三年）

三三　ローマ人はこの戦いで万事を非常に巧く処理したように思われる。つまり、軍団司令官は、集団として、かつそれぞれが個人的にどのように戦わねばならないかを教え示したのである。(二)先に行われた戦いでわかったことは、すべてのガッリア人はその狂暴さゆえに、最初の攻撃で、力がまだ溢れているかぎり最も恐ろしいということ、(三)またすでに述べたように、かれらの剣は最初の一撃においてのみ効果を発揮し、つぎに、すぐに切れなくなり、もし大地に突き立て、足で真っすぐにする猶予を与えなければ、かれらの二回目の打撃は全く効果がないほどに、縦と幅において曲ってしまうことである。(四)軍団司令官は、後ろに立っている第三戦列兵の槍を、最初の歩兵中隊に渡し、敵の最初の攻撃では、槍で持ちこたえ、つぎに槍を剣と交換し、それを用いるように命じて、戦列を配してガッリア人の真正面から衝突した。(五)ガッリア人が槍に対して打ち下ろした最初の一撃で剣が役に立たなくなるやいなや、ローマ軍は接近戦へと走り寄り、ガッリア人が応戦できないようにした。(六)一方、ローマ人は、刀を振り下ろすのではなく、真っすぐ突き刺すのに使用し、そして刀の尖った先はそのことにまさに適していたのだが、胸に、顔に、一撃、一撃と加え、戦列に配置されていた敵の大部分を滅ぼしてしまった。そしてこれが軍団司令官の深い読みだった。(七)しかし執政官フラミニヌスは戦いを正しく設定したようには思えない。つまり、かれは兵士を川の高い土手に配置し、

4　すなわち、川の右岸である。ケノマニ族は左岸へ派遣された。

歩兵中隊に一歩一歩後退する余地を残さず、ローマ人の戦い方の特性を生かせなくしたのである。(八)もし、兵士たちが戦いで狭い場所に押し込められるということになっていたら、指導者の過ちのために、自らを川に投げ出さざるをえなかったであろう。(九)しかしすでに述べたように、兵士たちは武勇で数多くの勝利を収め、たくさんの戦利品と非常に多くの剥奪した武具[1]を手にしてローマに帰還した。

三四　つぎの年、ガッリア人は和平のための使節を送り、すべての事を実行しようと約束したのだが、新たに任命された執政官マルクス・クラウディウスとグナエウス・コルネリウスは和平はかれらには認められないことを強く主張した。(二)思い通りにならなかったかれらは最後の望みを試そうと決意し、ロダヌス川沿いに住むガイサタイ族を傭兵として募ることを急いだ。その数は三万人だった。かれらを加えて兵力を増強し、敵の襲撃を待ち受けていた。(三)ローマ人の両執政官は春が来ると、軍隊を率いて、インスブレス族の領域へ入って行った。(四)到着すると、パドス川とアルプス山脈の間にあるアケラエ族[2]の周りに陣を張り、その集落[2]を攻囲した。(五)インスブレス族は要衝が先取されたために、救援できず、アケラエ族を解放しようと急ぎ、軍隊の一部を川を越えてアナレス族の領域へ導き、クラスティディウム[3]と呼ばれる都市を攻囲していた。(六)このことが両執政官に届くと、マルクス・クラウディウスは騎兵と若干の歩兵部隊[4]を率いて、攻囲されている者を助けるために急いだ。(七)ガッリア人は敵の到来に気づくと、攻囲を解き、立ち向かって戦列を敷いた。(八)ローマ人は勇敢に騎兵隊だけで攻撃すると、ガッリア人は最初は持ちこたえていたが、やがてアナレス族の出撃によって背後と翼を包囲され、苦境に立たされ、ついに騎兵隊に背を向けて潰走した。(九)多くの者が川に身を投じ、流れによって命を失い、また多くの者が敵によって切り倒された。(一〇)ローマ軍はまた食料が十分に蓄えられているアケラエ族の集落を占領した。すなわちガッリア人がその集落を撤退し、インスブレス族

1　リーウィウス二三巻一四・四によると戦利品は六千人の武器を賄うのにじゅうぶんだった。

2　アケラエはラウス・ポンペイ（現在のロディ・ヴェヒオ）から二二マイル、クレモナから一三マイル。アッダ川沿いでパドス川との合流点から少し上流にあった。

3　クラスティディウム、現在のカステディオはアナレス族の領域にあり、イリア（現在のウォゲラ）とティキヌム（現在のパウィア）の間のパドス川の南の丘のへりにあった。

4　プルータルコス（「マルケッルス伝」六・六）によれば六百人と記述されている。また騎兵は三分の二を率いたと述べている。

の領域のうち最も重要な拠点であるメディオラヌム[5]に戻ったからである。㈡グナエウスがすぐ後を追い、突然メディオラヌムの前に現れたとき、最初は静かにしていたが、㈢かれがふたたびアケラエ族へ向かおうと離れると、出撃し、後衛隊に追いつき、ローマ人の相当数を殺し、一部の者を逃亡の止む無きに追い込んだ。㈢グナエウスが前衛を呼び戻し、逃亡しようとしている者を立ち止まらせ、敵にぶつかるよう励ますまでつづいた。㈣するとローマ軍は執政官の命令に従い、追って来る者にたいして決然と戦いぬいた。㈤ガッリア人は今の成功によって勇気づけられ、しばらくは勇敢に持ちこたえたが、ほどなく敗走させられ、山麓へと逃げて行った。グナエウスは追跡し、その領域を荒らし、メディオラヌムを急襲して奪った。

三五　インスブレス族の指導者たちは救われるすべての望みをあきらめ、すべてをローマ人にゆだねた。

㈡ガッリア人にたいする戦争はこのようにして終わった。敵の死に物狂いの、および向こう見ずな行動という点で、さらに戦いに加わった敵方の兵士およびその戦いで倒れた人の数という点で、歴史が記述しているどの戦争にも劣らないものであった。㈢しかし、全体としての計画の不足、あらゆる個々の作戦についての無思慮さという点でまったく無価値なものと見なさざるを得ない。すなわち大部分のことがというのではなく、ガッリア人のとった個々の処置が全体としてみた場合に、計算によるよりも情熱によって判断が下されていたからである。㈣われわれはかれらがわずかの間にアルプスの麓の少しの土地を除いてパドス川周辺の平地から追い出されたのを見たので、かれらの最初からの攻撃、それ以降の行為そして最後の放逐も忘れずに、触れずにおいてはいけないと考えたのである。㈤すなわち「運命」のこのような幕間劇を記憶に呼び起こし、後世に伝えることが歴史記述の使命だとわれわれが考えるのは、㈥このような事柄をまったく知らないわれわれの子孫が野蛮人の突然の、予期せぬ襲撃にたいして勇気を失うことなく、このような民族の力がいかに短命であるか、またかれらを滅ぼすことがいかに容易であるかをある程度理解しておけば、ある必要欠くべからざるものを譲る前に、持ちこたえ、救いへの見込みを提供するすべてを試みることができるだろう。㈦というのも、ペルシア人のギリシア人に対する遠征[3]、ガッリア人のデルフォイへの遠征をわれわれの記憶に伝承した人[4]は全ギリシア人の自由のための戦いに、決して些細な貢献ではなく、大きな貢献をしたように思わ

5　現在のミラノ、ガッリア人が前三九六年に破壊したエトルリアのメルプムの遺跡上にある。

れるからである。㈧すなわち、当時起ったことを眼前に描き出して、理性とともにまた思慮を働かせて戦った者の献身と尽力が、何万という軍勢をまたどんな大胆不適な行動を、あるいはどれほどの装備をうち破ったかを思い出すならば、自分たちの領土のため、祖国のために戦うという最後の希望を放棄する人はいないだろう。㈨ガッリア人への恐怖は単に昔のことだけでなく、われわれの時代でもすでに何度もギリシア人を驚愕させた。[1]㈩とくにこのことが、ガッリア人についての説明を概観ではあるが、最初からしてみようという気にわたしをさせたのである。

前二二一年におけるハンニバルのハスドゥルーバルの継承

三六　カルターゴー人の司令官、ハスドゥルーバルは——ここからわれわれは説明を脱線したのであるが——イベーリアーを八年間統治した後、[2]あるガッリア人の個人的な復讐心によって、自分の宿舎で暗殺された。[3]㈡しかしかれはカルターゴー人の支配を著しく拡大し、確固たるものにした。それは戦争行為によるよりも土地の有力者との説得による方が大きかった。㈢イベーリアーの最高指揮権をカルターゴー人はハンニバルに授けた。かれはまだ若かったが、実戦から垣間見させる俊敏さと豪胆さが買われたためである。㈣かれは最高指揮権を受け取ると、ローマ人に対して戦争を起そうとしていることが、すぐにかれの取った措置から明らかとなった。㈤カルターゴー人とローマ人の関係はこの頃から緊張感と相互にたいする不信感に満ちていた。㈥一方はシケリアーで蒙った敗北への復讐をひそかに企て、ローマ人はカルターゴー人の計画を見て、不信感をいだいていた。㈦このことから注意深い観察者には、かれらの間で近い将来戦争が起きようとしていることは明らかだった。

3　ペルシア戦争を扱ったヘーロドトス（第一巻六三・八脚注）とエフォロス（ポリュビオス第五巻三三・二）を参照。
4　ポリュビオスが誰のことを考えているかは不確かである。
1　ポリュビオスはとくに二世紀の小アジアでのガラティア戦争について考えている（第三巻三・五、第二二巻四一・二）。
2　すなわち前二二九—二二一年。
3　ディオドーロス第二五巻一二を参照。

前二二〇年以前のギリシアの出来事（アカイアー同盟の結成、クレオメネース戦争）

三七　おなじ頃、アカイアー人とフィリッポス王はほかの同盟国とともにアイトーリアー人にたいして同盟戦争[4]と呼ばれる戦争をはじめていた。㈡われわれはこの導入の要約において、シケリアーとリビュエーの出来事およびそれに続く事件についての報告を終結した後、同盟戦争とローマ人とのカルターゴー人の間の戦争——これは大抵の人の間でハンニバル戦争と呼ばれている——の開始時点に到達し、最初に展開した計画に従って、この時点でわれわれ自身の見方を組み込ませたいので、つぎのことは目的にかなっているように思われる。㈢すなわちこれらの事はまだ傍へ置いておき、ひとまずギリシアの出来事にとり組むことである。つまり、前提をあらゆる面から均等に説明し、われわれが詳細な歴史物語をはじめる前に、その出来事にかんしておなじ時点まで下って来るためである。㈣すなわち、われわれは以前の人々が個々の出来事、たとえばギリシアのあるいはペルシアのというように叙述したのではなくて、知られている世界のすべての部分における出来事を一緒にし、ひとつの統一体として叙述することを企てたのである。またわれわれの現在の目的にとってこの時点は、別の箇所で詳細に説明するように、特別なまた独自の意味を持っているので、㈤作品をはじめる前に世界で最も重要で、有名な民族と国に触れておくことが必要であろう。㈥さて、アシアーとアイギュプトスの関係にかんしては、この国についての報告は、今述べた時点からはじめるだけでじゅうぶんである。なぜなら、その古い歴史は多くの人によって叙述され、皆に知られているが、現代においては前代を回顧する必要があるほど「運命」による以前と違った異変や激変が起っているからである。㈦アカイアー同盟とマケドニアーの王家については、少し過去に溯ることが時宜にかなっている。㈧後者に関してはわれわれの時代に、完全な破壊が起り、アカイアー人に関しては、すでに述べたように、思いもよらない成長と同盟が成立したからである。㈨

4　同盟戦争は前二二〇年にはじまった。アンティゴノス・ドソンによって創始された同盟国のメンバーについては五四・四を参照。いわゆる同盟戦争はその名をアイトーリアー人と戦ったこの同盟国からえている、第一巻三・一、第四巻三・一以下を参照。

以前はペロポンネーソス人を共通の利益に引き入れようと多くの国家が試みたが、どの国家もそれを達成しえなかった。なぜなら個々の国家は共通の自由ではなく、自分の支配を重視したからである。(一〇)しかしわれわれの時代になると、重要な進歩が、完全な現実化といってよいほどに達成されたので、同盟の共同体およびかれらの間での友情が生じただけでなく、同じ法律を守り、同じ秤、同じ度量衡、同じ貨幣を用い、議会はひとつで、だれもが同じ役人と裁判官を持つようになったのである。(一一)簡単に言えば、ペロポンネーソス全体は、住民が城壁によって囲まれていないというただの一点でのみ、唯一の国家と違っていて、それ以外のすべての点では、全体としての国家においても、個々の国家においても完全な同意が成立していたのである。

アカイアー同盟

三八　まず、アカイアーという名前がいかにして、またどのような方法でペロポンネーソス全体に広がり、定着したかを学ぶことは無益ではない。(二)国の大きさによっても、その都市の人口によっても、この名前を昔から、そして先祖伝来のものとして所有していた部族は、富によってもあるいは住民の勇敢さによっても際立った存在ではない。(三)すなわち、アルカディアー族さらにはラコーニアー族の方が人口の数の上でも、国の大きさでもかれらを凌駕しているのである。前述の部族は勇敢さと言う点で、ギリシア人のほかのどの部族に対しても優位を主張できない。(四)いかにして、またどのような理由で今、これらふたつの部族がまたペロポンネーソスのほかの多数の部族がアカイアー人の国家機構およびその呼び方を甘んじて受け入れることになったのか[1]。(五)「運命」を持ち出すことが適切でないことは明らかである。それは逃げ口上である。むしろ原因を探らねばならない。すなわち、原因なしでは、把握できるも

1　アルカディアーが最初に吸収され、メガロポリスは僭主リュディアデースのもとで前二三五年に吸収された（四四・五）。スパルテーはフィロポイメーンによって強制的に前一九二年に組み入れられたが、後に革命を起こし、前一八二／一年に最終的に再編入させられた。「今」という記述はポリュビオスが前一四六年以前に記述したことを示す。

のも、把握できないものも何も起りえないからである。その原因はわたしの考えではつぎのことにある。㈥法律上の平等、意見発表の自由、簡単に言うと、真の民主主義の政体および政治的原理は[2]、アカイアー人の間で成立している以上に、より純粋な形ではほかには見出されないだろう。㈦このために、ペロポンネーソス人のあるものは自由意志でそれを選んだのであり、その一方で多くの人を説得し、言葉で味方に引き入れたのである。アカイアー人がいくつかの訪れた機会をとらえて当初は力で強制した場合にも、その強制された人は即座にその利益を悟って同盟に受け入れられたことに納得する、という具合に達成されたのである。㈧すなわち、元来の構成員の誰にも特権を許さず、そのつど加わる人を前者の人と平等にすることによって、目標をすぐに達成したのである。その場合、平等と人道主義という、二つのひじょうに観念的な要素を天秤皿に投げ込まねばならなかった。㈨それゆえに、この政治的原理の中に、ペロポンネーソス人が統一へとたどり着き、それによって今の幸福と裕福さに到達したことの第一のそして本来の原因を認めねばならない。

(一〇)この政治的原理、この比類のない国家秩序はすでに昔からアカイアー人の間にあったのである。(一一)このことは、ほかの多くのことから推論されるが、例としてひとつかふたつの論拠を挙げるだけでじゅうぶんだろう。

三九　その当時、マグナ・グラエキア[3]と呼ばれていたイタリアで、ピュタゴラス教団の会館[4]が焼き討ちされ、㈡そののち政体上の完全な転覆が生じ、そうなるのが当然のように、それぞれの都市の指導的立場にある人たちが何の理由もないのに殺されたとき、㈢そのほかのギリシア人の都市は殺害、内乱、そのほかあらゆる種類の混乱で満たされるということになった。㈣その頃、当時の最悪の状態からの脱出をアカイアー人およびその政治的原理に託して、ギ

2　「平等」、「発言の自由」をアカイアー同盟の民主主義の目標とするというポリュビオスの主張は、四二・三、四四・六、第四巻一・五、第二二巻八・六、第二三巻一二・八（第四巻三一・四脚注を参照）で繰り返されている。

3　マグナ・グラエキアはロクリからタレントゥムまでの南イタリアのギリシア人の都市を意味する（プリーニウス第三巻九五）。

4　南イタリアでのピュタゴラス教団の影響は前五三〇年頃のピュタゴラスのサモスからクロトーンへの移住ではじまった。指導者の哲学的および宗教的教えに基礎を置く教団のメンバーは、かれらが政府を樹立した多くの都市で影響を及ぼす地位を得た。この政府の全体的な色合いは貴族的だったように思われる。会館への攻撃の日付はいろいろと議論がある。たとえばvon Fritz, Pythagorean Politics in Southern Italy. New York, 1940（78–79, 97–98）は前四四五年頃としている。

リシアの多くの都市から解決を図るために使節がやって来た。㈤アカイアー人の政治的組織を受け入れたのはこのときだけでなく、その後間もなく、かれらの政体を完全に摸倣しようと決心さえしたのである。㈥すなわち、クロトン人、シュバリス人およびカウロニア人はかれらを招き、熟慮した後、まず、ゼウス・アマリウスの共同の神殿を建立し、聖域を定め、その中で同盟会議と協議をとり行おうとした。つぎに、アカイアー人の習慣と法律を受け入れてそれを用い、それに倣って政体を管理することを企画した。㈦しかしかれらはシュラクーサイのディオニュシオスのもとで、さらには周辺に住む異民族の主権の下で足枷をかけられて、自分たちの意志に反してではあるが、必然的にそれらから離れた。

㈧その後、ラケダイモーン人が予想外にレウクトラの戦いで敗れ[1]、テーバイ人が思いがけなくギリシアにおける主導権を主張したとき、すべてのギリシア人の間で不安定な状態が支配した。とくにこの両国の人びとの間で、すなわちラケダイモーン人は敗北を認めず、テーバイ人は自分たちの勝利を完全には信じていなかったからである。㈨しかしテーバイ人とラケダイモーン人は、ギリシア人のうちでアカイアー人だけにこの論争についての判定を委ねたのである。㈩その力に目を向けたからではなく、というのも当時かれらはギリシア人の間でほとんど最も小さい国家だったからであるが、信頼できること、あらゆる観点での誠実さに注目したためであった。

㈡その頃はこの政治原理にかかわることは単にかれらの間で存在していたに過ぎず、その実現あるいは、自己の力の上昇へと通じる、言うに値する行為へとは到達していず、㈢ある時はラケダイモーン人の支配によって、ある時はマケドニアー人の支配によって、つねに陰に置かれ、妨げられていたのである。

四〇　しかし、時がきて、その課題を処理する能力を有する指導者を見出したとき、ただちにそれに内在する力が発揮され、ペロポンネーソス人の統一という最も美しい仕事が成就されたのである。㈡その創始者として計画全体の先導者として名を挙げておかねばならないのはシキュオーンのアラートス[2]であり、先駆者、完成者は、メガロポリスのフィロポイメーン[3]であり、永続性をもつようにその統一体を確立したのはリュコルタス[4]とかれの同志である。㈢

1　第一巻六・一、第四巻八一・一二を参照。

2　（前二七一―二一三年）前三世紀と二世紀の歴史上非常に重要な役割を演ずる形態の同盟を創始した。

個々の人の活動が何であり、いかにして、いつそれが行われたかは、われわれの物語が許す範囲でそのつど立ち止まりながら叙述するつもりである。㈣アラートスの政治的活動については、後にもう一度取り上げるが、今は簡単にその概略を述べておこう。すなわちかれが自分の活動について、ひじょうに真実で詳細な回想録を著作しているからである。ここではほかの二人の達成したことをより精確に、かつより詳細に記述しておこう。㈤つぎに述べる時代からはじめるならば、わたしにとって説明は最も容易であるし、読者にとっても最も理解しやすくなると思う。すなわち、マケドニアの王によってアカイアー同盟が個々の都市に解体された後、諸都市が復活への展望をもってふたたび互いに接近しはじめた時代である。㈥同盟が徐々にそして間断なく成長を遂げ、われわれの時代に存続し、たった今わたしが述べた形態へと完成される、その最初がはじまった時代である。

アカイアー同盟の前史

四一　第一二四オリュンピアー期[5]にパトライとデュメーの住民が協調しはじめた。㈡ラゴスの息子プトレマイオス[6]、リュシマコス、セレウコス[7]およびプトレマイオス・ケラウノスが世を去った年である。すなわち、かれらはすべてこのオリュンピアー期に亡くなったのである。㈢これより以前のアカイアー人の政治的状況は次の通りであった。㈣か

3　フィロポイメーン（前二五二―一八二年）は前二二二年にセッラシアーの戦い（六七・八以下）アカイアー人の軍隊を改革し、スパルテー人を前二〇七年に敗北させ、前二世紀のアカイアーの最も有名な政治家になった。

4　テアリダスの息子、ポリュビオスの父で一九二年に騎兵隊長としてはじめて現れる。長い政治的生涯を通じてローマにたいして中立的政策を促進させた。

5　第一二四オリュンピアー期は前二八四―二八〇年。

6　プトレマイオス一世は前二八三年十一月二日と前二八二年十一月一日の間のある時に亡くなったが詳細な日付けは知られていない。

7　リュシマコスは前二八一年のコルペディウムの戦いで戦死した。それは前二八一年八月二五日と九月二四年の間に倒れたセレウコスの殺害の七ケ月前だった。ケラウヌスの死亡の日付はまだ不確かである。

れらの最初の王はオレステスの息子、ティッサメノスで[1]あった。かれはヘーラクレスの子孫の帰還でスパルテーから追放され、アカイアー人の地を占拠した。かれから始まってオーギュゴスまで間断なくこの地はこの家の王によって支配された。㈤その後、かれらは法に基づいてではなく、独裁的に支配したオーギュゴスの息子に不満を持ち、政体を民主制に変更した。[2]㈥それに続く時代はアレクサンドロスとフィリッポスの支配までは政治的関係に応じて状況は変った。しかしすでに述べたように、共通の政体として民主制を守ろうとした。㈦これは十二の都市[3]から成っていて、それはレウクトラの戦い以前に海に呑み込まれたオレノスとヘリケー[4]を除いて、今も存続している。㈧これは

1　ティッサメノスはトロイア戦争におけるギリシア軍の総帥アガメムノーンの子オレステスとヘルミオネーの息子だった（パウサニアース第二巻一八・六）。伝承による話では彼はヘーラクレスの子孫の帰還（ドーリア人の侵入）の時にアカイアー人をアルゴスとラコーニアからペロポンネーソスの北海岸へと導き、イオーニアー人を追い出した（アポロドロス『アルゴナウティカ』第二巻一八・六、パウサニアース第二巻一八・六以下、三八・一、第七巻六・一）。

2　ストラボーン第八巻三八四、アリストテレース「政治学」第七巻（五巻）一二・七以下、一三一六a。

3　アカイアーの十二の都市のリストはストラボーン第八巻三八五—六、ヘーロドトス第一巻一四五。

パトライ、デュメー、ファライ、トゥリタイアー、レオンティオン、アイギオン、アイゲイラ、ペッレーネー、ブーラ、カリュネイアである。

㈨アレクサンドロス以降、上述の第一二四オリュンピアー期以前の時代[5]は、これらの諸都市はひじょうに不和で悲惨な状態にあった。しかもそれは主としてマケドニアーの王のためだった。すなわち各都市は分裂し、互いに利害が対立する状況にあった。㈩このことからいくつかの都市はデーメートゥリオスとカッサンドロス[6]の後はアンティゴノス・ゴナタス[7]の守備隊を受け入れ、ある都市は圧制を受けるという状況に陥ったので、この地方はギリシアで最も多くの独裁君主がしたように思われる。(一一)しかし第一二四オリュンピアー期に、すでに言及したように、かれらは考えを変え、ふたたび連合しはじめた。これはちょうど

4　ヘリケーの地震による海没は前三七三年。

5　すなわち前二八三と二八一年の間。

6　マケドニアーにおけるアレクサンドロスの総督アンティパトロスの息子カッサンドロスは前三一七年から二九七年のかれの死まで勢力があった。

7　アンティゴノスI世の息子であるデーメトゥリオス・ポリオルケテスは三〇七年以降ギリシアとマケドニアーで勢力があり、二九四年以降王という称号を得た。

ピュッロスがイタリアに渡ったときと一致している。[8] ㈢まずデュメー、パトライ、トゥリタイアー、ファライの人々が連合した。そのため、これらの諸都市が盟約を結んだことについての碑文を記した記念柱が存在しないのである。㈢その後、約五年目[9]にアイギオンの住民がマケドニアーの守備隊を放逐した後、同盟に加入した。これにブーラ人が独裁者を倒した後で続いた。㈣かれらと同時にカリュネイアー人が復帰した。すなわち、カリュネイア人を独裁支配していたイセアスはアイギオンから守備隊が追放され、ブーラ[10]の専制君主[11]がカリュネイアーの亡命者マルゴス[12]とアカイアー人によって滅ぼされたのを見て、また自分が至る所から戦いを挑まれそうになっているのを見て、㈤官職を去り、アカイアー人から自分の生命の保証をえて、都市をアカイアー人の組織に渡したのである。

四二　何のためにわたしはこの時期へとさかのぼったのか。それはまず第一に、いかにして、どの時期にまた、さいしょからのアカイアー人の都市のうちどれが同盟を改革しようという最初のステップを踏み出し、新たに連合という形にしたのかを明らかにするためである。㈡第二にかれらの政治的原理はわれわれの判断によるだけでなく、事実によっても証明されるからである。㈢すなわち、アカイアー人の間にはつねにひとつの政治的原理がある。それが一方で、法律上の平等と言論の自由を差し出して他者をひきつけ、他方、自分自身によってあるいは王によって自分たちの祖国を隷属化しようとする者たちと戦争して打ち負かし、この方法によりまたこの目標をもって、ある時は自分たちの力で、ある時は同盟国に支えられてこの仕事を完成させたのである。㈣すなわち、次の時期にこの方向へと行われた援助もアカイアー人のこの政治的原理と関連させて述べられるべきである。㈤かれらは多くの人々とともに事に共同で加わり、そして最も多くのまた最も美しい事柄に協力したとは、ローマ人に協力したことであるが、個人的に有利なことは何も欲せずに、同盟者の目の前にある自分たちの功名心の代わりに、各々の都市の自由とペロポンネーソス人の共通の心の一致を得たのである。

8　第一巻六・五脚注、第二巻二〇・六脚注を参照。
9　同盟の結成は前二八一／〇年。
10　ブーラはカラヴリュタの東、ディアコフトの周辺の丘にあった。
11　名は不明。W. Smithの『希羅地理辞書』Pauly–Wissowaによる。
12　マルゴス（一〇・五）はカリュネイアーからの避難所として同盟の中で活動していた。

シキュオーンのアラートスによる同盟の拡大

四三　最初の二十五年間[1]これらの都市は、輪番制で共通の書記と二人の将軍を選んで、同盟を続けた。㈡その後、一人の将軍を選んで、かれにすべてを任せることに決めた。この栄誉を最初に得たのはカリュネイアーのマルゴスだった。[2]㈢マルゴスが将軍職に就いて四年後、シキュオーンのアラトスは歳は二〇才だったが、その勇敢さと大胆さによって祖国を僭主支配から解放し、[3]最初からアカイアー人の政治的原理の信奉者だったので、祖国をその同盟の一員にした。㈣八年後、[4]かれは二度目の将軍に選ばれ、アンティゴノスが支配していたアクロコリントスを奇襲によって奪ってそれを占拠し、ペロポンネーソス人を大きな恐れから解放しただけでなく、コリントス人を自由にしてアカイアー同盟に加入させた。㈤同じ在職期間中、メガラ人の都市をアカイアー同盟に加えることを達成した。[5]㈥これはカルターゴー人の敗北の前年に起ったのである。[6]その敗北の結果、カルターゴー人はシケリアーから完全に撤退し、はじめてローマ人に賠償を支払わねばならなかったのである。㈦アラートスは短期間で計画を大きく前進させ、それからはずっとアカイアー同盟を指導し続け、[7]すべての計画

1　すなわち前二八〇／七九年—前二五六／五年。会議はホマリオンで開かれたと詳細を加えているストラボーンは二〇年間を、すなわち、ホマリオンが位置していたアイギオンの加入の年からを認めている、第七巻三八五を参照。
2　前二五五／四年。
3　プルータルコス「アラートス」五—九、ウォルバンク『アラートス』三一—三四を参照。シキュオーンの僭主はニコクレスだった。シキュオーンが同盟に加わったのは前二五一年の秋／冬。
4　すなわち前二四三／二年。アラートスの最初の将軍職は二四五／四（プルータルコス「アラートス」一六、ウォルバンク『アラートス』四二。
5　パウサニアース第二巻八・4、第七巻七・二。プルータルコス「アラートス」二四章三節を参照。
6　もしアエガテス島での戦いが二四一年の三月だったとすると（第一巻六〇—六一脚注）、それは二四二年五月—二四一年五月のアカイアー同盟将軍職の年紀であり、二四三年五月—二四二年五月のコリントスの自由化の後の年である。

と実践で、ただひとつのことを目の前に置いていた。㈧すなわちマケドニアー人を追い払うこと、独裁制を倒すこと、そしてそれぞれの都市に、祖先から受け継いだ共通の自由を確保することだった。㈨アンティゴノス・ゴナタスが生きている間はかれの干渉の試みにたいして、さらにはアイトーリアー人の貪欲さにたいして、個々のことを効果的に処理しながら、立ち向かい続けた。㈩両者はアカイアー同盟の分割について条約を結ぶほどまでに不正と無謀さを進めていたのであるが。

四四　アンティゴノスが亡くなり[8]、アカイアー人がアイトーリアー人と同盟[9]を結び、デーメートゥリオスに対する戦争[10]で勇敢に支援したとき、まず疎外感と敵意が取り除かれ、かれらの間に協調と友情関係が生じた。㈡デーメートゥリオスはわずか十年間だけ統治し、[11]ローマ人がイッリュリアーに渡った頃[12]亡くなったのであるが、アカイアー人が最初から目指していた計画にとって最も好都合な情勢が生じた。㈢すなわちペロポンネーソス人の僭主たちは勇気を失っていたからである。というのも一方でいわば自分たちの扶養者であり出資者であるデーメートゥリオスが亡くなり、他方でアラトスが圧迫し、僭主政治を廃止し、同意する者には大きな贈物と栄誉を約束し、拒む者をアカイアー人の側からの恐れと危険で脅したので、㈣従順に身を退き、自分たちの国に自由を与え、アカイアー同盟に加わることを決意したのであった。㈤メガロポリスのリュディアデース[13]は将来を予見するのにじゅうぶんなほどの分別があり、理解力のある人だったので、デーメートゥリオスの生存中に僭主政治を廃止し、同盟に加わっていた。㈥アル

7　プルータルコス「アラートス」二四・五。アラートスはかれの死二一三／一二年まで隔年に将軍職についた、ウォルバンク『アラートス』一六七—七五を参照。

8　前二四〇／三九年。

9　アラートスのアイトーリアーのパンタレオンとの同盟についてはプルータルコス「アラートス」三三・一を参照。それはアンティゴノス・ゴナタスの死の直後だったようにおもわれる。

10　デーメトゥリオス戦争はアッティカで前二三九／八年に起こった。

11　デーメトゥリオス二世の死とアンティゴノス三世の継承は前二二九年春と年代を固定することができる。

12　ローマ人がイッリュリアーへ渡った日付（前二二九年春）については二・一脚注を参照。

13　エウダモスの息子リュディアデースはゴナタスが前二四五年にコリントスをとり戻した後、まもなく僭主になった。メガロポリスのアカイアー同盟への加入についてはプルータルコス「アラートス」三〇・四を参照。

ゴスの僭主アリストマコス、[1]ヘルミオネーのクセノンおよびフリウスのクレオーニュモス[2]が独裁政治を止め、アカイアー人の民主政治に加わった。

クレオメネース戦争

四五　同盟はこのようにして広がりと力が実質的に増大したのであるが、アイトーリアー人は生得である勢力扶植への無原則の情熱のために、もっと多くの都市が分配されることを望んだ。すなわち以前アカルナニアー人の都市をアレクサンドロスと分け、[3]アカイアー人の都市に関してアンティゴノス・ゴナタスと企てたように、[4]㈡その時も、ほぼ同じ欲望に駆られて、当時マケドニアー人の指導者であり幼いフィリッポスの後見人だったアンティゴノス・ドソン[5]およびラケダイモーン人の王クレオメネース[6]と共同して事を謀り、両者と手を組むことさえしたのである。[7]㈢すなわちアンティゴノスが戦わずしてマケドニアー人を支配し、㈣アクロコリントスを裏切りによって奪い、占領したのでかれらは明らかにアカイアー人の敵であるのを見て、アイ

1　アリストマコスは兄弟の僭主アリスティッポスの後、前二三五年にアルゴスを奪った。前二二九／八年に同盟に加わった（六〇・四、プルータルコス「アラートス」三五・一以下参照）。

2　クセノンおよびクレオーニュモスについてはプルータルコス「アラトス」三四・七、三五・五を参照。

3　エーペイロスのアレクサンドロス二世は前二七二年に父ピュロスの後を継承した。しかしアカルナニアーの分割は確実性をもって年代を定めることはできない。

4　第九巻三四・六、三八・九を参照。

5　アンティゴノス・ドソンはデーメトウリオス・ポリオルケテスの孫であり、デメトリオス二世の従兄弟であるが、最初は若い相続人フィリッポスの後見人として、またデーメトウリオスの未亡人の夫として前二二九年に後を継いだ。

6　クレオメネース三世は前二三五年に父レオーニダースの王位を継承した。かれはレオーニダースが前二四一年に殺害したアギス四世の未亡人アギアティスと結婚した（プルータルコス「クレオメネース」一・一―三）。かれはアギスの革命的な政体変更計画を受け継ぎそれをペロポンネーソスにおけるスパルテーの支配の政策と結びつけた。

7　このうわべだけの盟約は最も早くて前二二九／八年の冬である。

トーリアー人は考えた。もしラケダイモーン人を自分たちの計画に加え、同盟にたいする敵意へとあらかじめ持ち込んでおけば、ちょうどよい時期に一緒に攻撃し、四方から襲いかかるかぎり、アカイアー人を打ち倒すことができると。㈤もしそのさいに最も重要な事を見落としていなかったならば、そのことをおそらくすぐに達成していただろう。すなわちその計画においてすべての状況に正確に合わせることのできるアラートスを敵対者として持つことになることを計算に入れていなかったのである。㈥それゆえに、かれらの陰謀と不正な攻撃の結果は、計画がまったく失敗しただけでなく、逆に当時の指導者であったアラートス[8]の力と同盟の力を強化したのである。かれがどのようにして全体を実行したかは以下の説明で明らかになるだろう。

四六　アラートスは思慮深い人物であったからアイトーリアー人を観察して次のことに気づいた。アイトーリアー人はデーメートゥリオス戦争におけるアカイアー人からのかれらへの尽力が最近のことなので、自分たちにたいして公然と戦争をふたたび仕掛けることは恥じている。㈡しかしラケダイモーン人と協議し、またアカイアー人に対してひじょうに嫉妬し、クレオメネースが背信行為でアカイアー人を攻撃し、アイトーリアー人と同盟を結んでいるだけでなく、アカイアー同盟のメンバーであるテゲア[9]、マンティネア[10]、オルコメノス[11]を奪い取ったとき、アイトーリアー人はそれについて立腹しなかっただけでなく、その獲得を公然と認めたほどである。㈢また以前、何の害も与えていない都市に対して、言わば戦争するためにだけじゅうぶんな口実を作ったそのアイトーリアー人がそのとき、故意に条約を破り、クレオメネースがアカイアー人に対して信頼できる敵対者であるのを見届けることだけを目的に、最も重要な都市を滅ぼそうとしているのを見たとき、㈣アラートスおよびアカイアー人の政治組織の指導者たちは誰かに対してこちらから戦争をしかけるつもりはないが、ラ

8　前二二九／八年、かれは当時九回目の将軍だった。

9　テゲアはマンティネイアの南二〇キロ、トリポリスの南東八キロにあった。

10　マンティネイアは現在のトゥリポリの北一二キロのアルカディアー平原にあった。前二五一年のマンティネイアの戦い（四四・五脚注を参照）のとき、アカイアー同盟のメンバーであったことは証明されていない。

11　オルコメノスはマンティネイアの北一七キロにあり、以前はアカイアーに属していた。オルコメノスとアカイアー同盟間の同盟条約はメガロポリスに味方する条項を含んでおり、その日付はその市の同盟への加入前二三五年の後である。

ケダイモーン人の計画には抵抗しなければならないと判断した。[1] ㈤アラートスは最初はこのような判断であったが、しばらくしてクレオメネースが大胆にメガロポリス人の領土にアテナー神殿を建て、明白にかつ容赦なく自分たちに対して敵であることを示したとき、㈥アカイアー人を集め、議会とともにラケダイモーン人に対する敵意を公然と示すことを決議した。[2]

㈦いわゆるクレオメネース戦争はこのようにして、またこの時期にはじまったのである。[3]

アンティゴノスとの接触

四七　アカイアー人は最初は自分の力だけでラケダイモン人に立ち向かおうとした。[4] ㈡すなわち、ひとつには、他人の手を借りて自分の安全を手に入れるのではなく、自らの手で都市と領土を救うことはより美しいことだと考えたからであり、ひとつには、以前に自分たちに大きく尽力してくれたプトレマイオス[5]にたいして友好関係を守り、自分たちがほかのものに手を伸ばしているように見られることを避けるためだった。㈢しかし、すでに戦争がある程度進み、クレオメネスが先祖伝来の政体を解体し[6]、合法的な王

1　抵抗政策を採用するというこの決定が実際に行われたとしたら、それは前二二九年の夏か秋と日付を確定することができる。それがクレオメネースの神殿の占拠に先立つからである。

2　この決議は前二二九年の秋か二二八年の春、アラートスの第九回目の将軍職の終結二二八年五月の前に行われた。

3　開始の時期はしたがって前二二九年の秋か二二八年の春であり、それは二二二年までつづいた。

4　アカイアー人の独力の抵抗の時期はスパルテーでのクレオメネースのクーデター（議場に乗り込んでエフォロスたちと与党を殺した・前二二七／六年冬）にさかのぼる。

5　すなわち、プトレマイオス三世エウエルゲテース。プトレマイオス二世フィラデルフォスとなされた協定によって前二五一年エジプトを訪問したあと（プルータルコス「アラートス」一二・一）。アラートスはクレオメネース戦争（五一・二脚注）に入るまで毎年六タレントを受取った。予備的な二五タレントの後、二五一年にプトレマイオス二世によってアラートスに一五〇タレント与えられた（プルータルコス「アラートス」一一・二）。

6　プルータルコス「クレオメネース」七・一以下を参照。

権を僭主制に変え、また戦争を断固としてまた大胆に遂行したので、㈣アラートスは未来を予測し、またアイトーリア人の狂気と無謀を恐れて、かれらの機先を制して、かれらの計画を台無しにしようと決心した。㈤かれはアンティゴノスが経験と知力を持った人であることに気づき、また王というものは本性上、誰をも協力者とも敵ともみなさず、有用さの量で敵と味方を計ることを知っていたので、㈥平和にかんして王と話し合い、事の成り行きがとるであろう結果を指摘して、王と手を組む決心をした。㈦明白にこれを行うことは多くの理由で不都合であるとかれは考えた。すなわちもしそうしたらクレオメネースとアイトーリアー人はただちに対抗処置をとり、㈧自分は敵へと逃亡し、自分の力への信頼を失ったのだと思われて、アカイアー人の軍隊の士気を損なうことになるからだった。かれはこう思われることは最も避けたかったのである。㈨そのためこの計画はひそかに遂行しようとした。㈩このことから、外に対しては自分の意見とは違うことをたびたび発言し、また行うことをよぎなくされた。そのためにそのことについては回想録の中においてですら触れていない。

四八　メガロポリスの住民がラケダイモーン人の隣に住み、ほかの部族より先に戦争をするために、戦争で苦境に立たされていることも、またアカイアー人による適切な援軍を得ていないこともアラートスはよく知っていた。というのもアカイアー人も現況では苦しめられ困難だったからである。㈡またアラートスが明白に認識していたことは、メガロポリス人がアミュンタスの息子フィリッポスの時代に受けた好意のために、マケドニアー人の王家に好意をいだいており、[7]㈢クレオメネースによって重い圧迫を加えられた場合、すぐにアンティゴノスとマケドニアー人からの希望へ逃げようとした。㈣そのためかれはメガロポリス人のニコファネスおよびケルキダース[8]とひそかに相談した。かれらは先祖代々の盟友の契りによって結ばれた人であり、この計画に適任だった。㈤そしてかれらを通してメガロポリス人に対してアカイアー人に使節を送り、アンティゴノスに援軍を求めて使節をおくることを容易に要請する決心をさせた。㈥メガロポリス人はニコファネスとケルキダース自身をアカイアー人へのそして同盟が同意されればそこからただちにアンティゴノスへの使節に任命した。㈦アカイアー人もメガロポリス人の許へ使節として行くことに同

7　リュディアデースが前二三五年にかれの僭主政治を放棄するまでの三世紀を通じてメガロポリスとマケドニアー人の間には密接な関係が存在した。

8　ニコファネスは知られていない。ケルキダース（六五・三参照）は社会的内容をもつ風刺詩を書いた有名な犬儒学派の詩人。

意した。㈧ニコファネス一行は急いで王に会い、自分の祖国については必要なことを短くかつ要点だけを述べ、全体の状況については、アラートスの命令と指示に基づいて詳細に述べた。

ドソンへの使節

四九　それは、アイトーリアー人とクレオメネースの共同の企てに関してそれが何を意味し、また何を目標としているかを教示することであり、そしてまずアイトーリアー人に、それ以上にアンティゴノスに対して用心すべきであることを明らかにすることだった。㈡アカイアー人がふたつの戦争に耐えられなかったであろうことは明らかであるし、さらに、すべての識見のある人にとってもっと明瞭だったことは、アイトーリアー人とクレオメネースが勝利した場合、その現状に満足しなかったであろうことである。㈢すなわち、アイトーリアー人の権勢欲はペロポンネーソスの国境に満足しないだけでなく、全ギリシアですら狭すぎたのである。㈣クレオメネースの名誉欲とかれの全計画は目下のところ、ペロポンネーソスの支配に向けられているが、これを達成した後では、ただちにギリシアの支配を目指すだろうことである。㈤これは、それより前にマケドニアー人の支配を達成しておかねばならないことを意味していた。㈥かれらはアラートスが将来を予見して、自分の計画においてどちらが有利であるかをよく考えるように要求した。すなわち、ペロポンネーソスにおいてアカイアー人およびボイオティアー人[1]とギリシア人の支配のためにクレオメネースに対して戦争を行うのと、テッサリアにおいてマケドニアー人の支配のためにアイトーリアー人およびラケダイモーン人に対してあらゆる危険をおかすのと、どちらが有利であるのかと。㈦もしアイトーリアー人がデーメートゥリオスに対する戦いの際の、アカイアー人から示された好意に義理を立て、ちょうど今のように、平静にしていると判断されるならば、アカイアー人だけでクレオメネースに対して戦争を行い、もし「運命」が援助してくれるならば、諸君

1　アカイアー—ボイオーティアー同盟は前二二八と二二七／六年の間に締結された。

の援助は必要でない、とかれらは主張した。㈧しかし、もし「運命」が自分たちに敵対し、アイトーリアー人が協同して攻撃してくるならば、ことの展開を注意深く見守り、ペロポンネソース人がまだ救われうるかぎり、好機を逸することなくかれらの側に立つように、と要請した。㈨盟約への忠誠と感謝については、諸君は気にしないようにとかれらは主張し、アラートス自身が両方を満足させる保証をみつけるだろうと約束した。㈩同様に援助の時期はアラートスが教えるだろうとかれらは言った。

五〇　アンティゴノスはこれを聞いて、アラートスは状況を正しくかつ実際的に把握していると確信し、ことの成り行きを注意深く見守っていた。㈡そしてメガロポリス人に書簡を送り、もしアカイアー人が望むならば、援助しようと約束した。㈢ニコファネースとケルキダースが帰国し、王からの手紙を持参し、口頭でかれの好意と熱意を伝えると、㈣メガロポリス人は勇気を奮い起し、アカイアーの同盟会議へただちに行き、アンティゴノスを招き寄せることを要請し、執行権をただちにかれの手に委ねることを切望した。㈤アラートスはニコファネースからアカイアー人およびかれに対する王の意向を聞いて、自分が無駄に熟慮したのではなかったことと、アンティゴノスがアイトーリアー人が望んでいるのとは相違して、結局は自分と疎遠でないと分かって、ひじょうに喜んだ。㈥アカイアー人を通してメガロポリス人がアンティゴノスに進んで歩み寄る気になっていることも歓迎すべきことだった。㈦上述したように、かれは外からの援助をさらに必要としないことを強く望み、もし止むを得ずそれに訴えねばならないとしたら、その要請は自分からではなく、むしろ、アカイアー人全体からなされることを望んでいたからである。㈧すなわち、もし王がやって来てクレオメネースとラケダイモーン人を征圧し、同盟に対して敵意のある態度をとったならば、㈨アクロコリントスの件でマケドニアーの王家にたいするアラートスの攻撃に対して、かれの側で正当化したと思われるので、起ったことについてかれ自身が一般的に非難されるのではないかと恐れたのである。㈩それゆえにメガロポリス人同盟会議[2]に集り、アカイアー人に王の手紙を提示し、王の好意を明確に伝え、王に即座の干渉を要請することを要求し、多数が同じ要求を表明したとき、㈡アラートスが登場し、王の熱意を受け入れ、その会議の判断を称賛し、つぎにかなり長い演説で、自分の力で都市と領土を守ることを要求した。これ以上美しいもの、利益になるものはないからである。㈢しかしこの試みで「運命」が自分たちに

2　前二二六年春。

敵対するならば、そのときは自分たち自身の力を諦めて盟友の許に逃げ場を求めねばならないとかれは言った。

アンティゴノスとの同盟（前二二四年）

五一　多数が賛意を表明し、現状に留まり、自分たちの力で今の戦争をし遂げることが議決された。㈡プトレマイオスはマケドニアーの王家の計画を押さえるのに、アカイアー人よりもラケダイモーン人の方により多くの期待をいだいたために、クレオメネースをけしかけようと望み、かれを経済的に支援しはじめたとき、[1]㈢アカイアー人は最初はリュカイオンへ進軍してクレオメネースとぶつかり、敗れた。二度目はメガロポリス人の領域のラドケイアで会戦に敗れた。その際、リュディアダースが戦死した。三度目は全軍を挙げて戦い、デュメーのヘカトンバイオンと呼ばれる所で完敗した。[2]㈣その時、状況はもはや猶予を許さず、アンティゴノスに逃げ場を求める以外手段は残されていなかった。㈤アラートスは援助についての条約を結ぶために、息子を使節としてアンティゴノスのもとへ送った。[3]㈥王はアクロコリントスを取り戻し、コリントスを今の戦争の基地として獲得しなければ援助せず、一方アカイアー人は意志に反してコリントス人をマケドニアー人にあえて手渡そうとはしないように思われたので、大きな困難さが生じた。㈦それゆえに、保証の問題が議論され、交渉は長引いた。

1　フイギュプトスのアラートスにたいする援助金については四七・二脚注を参照。それらが中断された日付は前二二六／五年。

2　将軍として十回目の会戦に臨んだ（前二二七／六年）アラートスはリュカイオン山（現在のディアフォルティ、アンドリトサエナの南東）で大敗北を喫した（二二七年）。プルータルコス「クレオメネース」五・一、「アラトス」三六・一―二、パウサニアース第八巻二八・七を参照。

3　前二二五年の晩夏、アカイアー人は最終的な合意をえるために若いアラートスをドソンのもとに送った。第四巻三七・一（将軍職二一九／八年）、第七巻一二（九）（フィリッポス五世との関係）を参照。

アンティゴノスの介入・アルゴス

五二　クレオメネースはそれからは妨害を受けずに、ある都市は説得し、ある都市は恐怖をちらつかせつつ自分の側に付けていった。㈡かれはこの方法でカピュアー、ペッレーネ、フェネオス、アルゴス、フリウース、クレオーナイ、エピダウロス、ヘルミオーン、トゥロイゼーン、最後にコリントスを獲得し、[4]かれ自身はシキュオーンの前で陣営を張った。しかしかれはアカイアー人の最も困難な問題を解決したのだった。㈢すなわち、コリントス人が将軍のアラートスとアカイアー人には都市から立ち去ることを要求し、クレオメネースに使節を送り、呼び寄せたことによって、アカイアー人には機会と適切な理由が与えられ、㈣アラートスはそれをつかみ、アンティゴノスに、当時アカイアー人が占拠していたアクロコリントスを差し出し、それによって王家に対する以前の負い目を除去し、将来の同盟のためのじゅうぶんな保証を与え、つづいてラケダイモーン人に対する戦争のための基地としてアンティゴノスに差し出した。

㈤クレオメネースはアカイアー人とアンティゴノスの間に同意が成立したのに気づき、シキュオーンから陣営を撤退し、イストモスに陣を張り、アクロコリントスとオネイオーン（驢馬の）山の間の空間を柵と塹壕で遮断した。すなわちペロポンネーソス全体の支配はすでに確実だと思ったのである。㈥アンティゴノスはとっくに準備を整えて好

4　前二二五年夏（五一・五）、交渉の挫折後クレオメネースはふたたび戦争を宣言し、アカイアーへ侵入した（プルータルコス「クレオメネース」一七・三以下、「アラートス」三九・四以下）。テゲアからシキュオーンへと進軍し、そこをほとんど占拠し、それから西へ方向を変え、ペレネを奪い、そして南に戻りアルカディアーのフェネオス（そしてペンテレイオンの要塞）を奪った（プルータルコス「クレオメネース」一七・六、「アラートス」三九・四）この成功はスパルテーにコリントス湾へと領土を延長させた。クレオメネースは今や東半分に全力を集中し、ネメアー休戦の間にアルゴスを奪い、クレオナーとフィリウスを占拠するために守備隊を送った（プルータルコス「クレオメネース」一九・一、「アラートス」三九・五）。一方アルゴリスの南東の戦役ではヘルモイネ、トウロイゼン、エピダウロス、フィナリー、そして住民の招きでコリントスを占拠した。これは前二二五年の八月である。

機をうかがい、アラートスからの連絡を待ちうけていた。㈦そこで敵方が進攻してきたという知らせをうけると、クレオメネースが軍を率いて今にもテッサリアに現れようとしているという結論を出し、取り決めを正式に結ぶためにアラートスとアカイアー人に使者を送り、軍隊を率いてエウボイアーを通ってイストモスにやって来た。㈧すなわち、ほかの時に加えてその時もアンティゴノスの援助を阻止しようとしたアイトーリアー人は軍隊とともにテルモピュレーの境界を通過するのを禁じたからである。㈨アンティゴノスとクレオメネースは互いに向かい合って陣を敷いたのは、前者はペロポンネソースへ侵入しようとして、クレオメネースはアンティゴノスの侵入を阻止しようとしたからである。

五三　アカイアー人は全体として手ひどく敗北していたのではあるが、初志から離れず、自分自身への希望を失わず、㈡アルゴスのアリストテレースが同志とともにクレオメネースの支持者たちに反対して立ち上がると援軍を送り[1]、かれらはティモクセノスを指揮官として駆けつけ、忍び込んでアルゴスの都市を占領した。㈢この出来事はこの戦争の決定的な転回点とみなされる。すなわち、それからの経過それ自体から明らかなように、このことがクレオメネースの勢いを弱め、軍隊の士気をあらかじめ打ち負かしていたのである。㈣すなわちクレオメネースはアンティゴノスより有利な場所を先取し、豊富な資金を使い、より大きな勇気と名誉欲で駆り立てられながら、㈤アルゴス人の都市がアカイアー人によって占領された、という報せがかれの耳に入ると、すぐに退却し、最初から明らかであった優位を捨て、敵が四方から攻めて来るのではないかと恐れて、逃亡に近い退却をしたからである。㈥かれはアルゴスに突進し[2]、都市のある程度は得ようと努めたが、アカイアー人が勇敢に、アルゴス人が後悔から名誉心を求めてかれを撃退したので、この計画も失敗し、マンティネイアを通ってスパルテーに戻った[3]。

1　プルータルコス「アラートス」四四・二以下、「クレオメネース」二〇・六以下を参照。

2　プルータルコス「アラートス」四四・三―四、「クレオメネース」二一を参照。

3　テゲアーを通過する際にかれは妻アギアティスの死の報せを受けた（プルータルコス「クレオメネース」二二・一）。

アルカディアーの奪還（前二二三年）

五四　アンティゴノスは安全にペロポンネーソスに入り、アクロコリントスを占拠し、そこでいかなる時間も浪費することなく、計画を続行し、アルゴスへと急いだ。㈡そしてアルゴス人に感謝し、都市の状態を秩序付け[4]、アルカディアを目指した。再びただちにどんどんに進んで行った。㈢ここでアイギスとベルミナーティスの領域にクレオメネースによって築かれていた砦から守備隊を追い出し、要塞をメガロポリス人に渡して、アカイアー人の会議に出席するためにアイギオンへ行った[5]。㈣自分が取った処置について説明し、これからの戦争の遂行について論議し、すべての同盟軍の総帥に任命され、㈤その後しばらくの間[6]、シキュオーンとコリントス周辺で越冬して時を過ごした。春の季節になると、軍隊を率いて前進した。㈥三日目にテゲアーに到着した。そこでアカイアー人が出迎えたので、テゲアーの周囲に陣地を築き、それを攻囲しはじめた。㈦マケドニアー人はほかの攻囲や坑道を掘ることを精力的に行ったので、テゲアー人はすぐに勇気をなくして降伏した[7]。㈧アンティゴノスは都市を安全にした後、ただちに次の任務に取りかかり、急いでラコニアへ進んだ。㈨自分の領土を守っているクレオメネースに近づき、試してみようと小競り合いをはじめた。㈩しかし偵察者によって、クレオメネースを助けるために部隊がオルコメノスから移動していると知らされると、ただちに陣の撤収を行い、急行した。㈠その後、マンティネイアの前で陣を張り、その都市を攻囲した。㈡そしてオルコメノスを攻撃し、強襲して占領した[8]。㈢そしてマケドニアー人の武器に対する恐れがかれらをすぐ降伏へと追い込んだ後、さらにヘーライアーとテルフーサーへと進んだ[9]。㈢これらの都市も住民が進んで降伏したので、手に入れた。冬がすでに近づいていたので、アカイ

4　プルータルコス「アラートス」四四・五を参照。
5　前二二四年九月
6　前二二四／三年冬。

7　プルータルコス「クレオメネース」二三・一を参照。
8　前二二六年。

アーの同盟会議に出席するためにアイギオンへ行き、㈣マケドニアー人はすべて越冬のために故郷へ帰らせた。かれ自身はアカイアー人と現況を論じ合った。

メガロポリスの占領

五五　この頃クレオメネースは敵方の部隊が解かれ、アンティゴノスが傭兵隊とアイギオンで時を過ごしており、距離はメガロポリスから三日の旅程であるのに気づいた㈡。[1] さらに、この都市はその規模の大きさと荒涼としているために防禦することが難しいうえに、今はアンティゴノスが近くにいるために、警備がまったく手薄であることを知った。とくに兵役に耐える男たちの大部分がリュカイオンの合戦で、その後ラドケイアで戦死したのを知り、㈢当時メガロポリスに滞在していたメッセーネー出身の追放者のいく人かを協力者として、かれらの手引きで夜間に気付かれずに都市の中へ忍び込んだ。㈣夜が明けたとき、かれはすんでのところで、追い出されただけでなく、メガロポリス人の勇敢さによって、完全な敗北を喫するところだった。㈤このことは三ケ月前にこの都市のコライオンと呼ばれる所に忍び込んだときに蒙ったことだった。[2] ㈥しかし今度はかれの軍隊の強さと、都合の良い場所を先取したため

9　ヘーライアーはアルフェイオス川の右岸、ラドン川から一五スタディオン（二・七キロ）に位置している。パウサニアース第八巻二六・一―三を参照。テルフーサーはラドン川の左岸、ヘーライアーの北約一六キロ。ヘーライアーは前二三六年にアカイアーの将軍ディオエタースによって奪われ、そしてこれがアカイアー人のテルフーサーを所有する前提となった。クレオメネースは前二二七年に襲撃でヘーライアーを、前二二五年にテルフーサーを占拠（プルータルコス「クレオメネース」七・五）。

1　㈡―㈦はクレオメネースによるメガロポリスの占領。アカイアー人がまだアイギオンの会議にいた間（プルータルコス「クレオメネース」二五・二）に起こったこの事件はプルータルコスによっても記述されている（「クレオメネース」二三―二五、「フィロポイメーン」五）。さらにはパウサニアース第八巻二七・一五―一六。

2　ポリュビオスは第九巻一八・一―四でその詳細を記述している。それによると最初の攻撃はすばる星の昇る頃、すなわち五月二二日と時日が確定される。また二回目の攻撃は八月とされている（五四・一三脚注）。ふたつの攻撃は前二二三年のマケドニアー人の戦役の直前と直後だった。

に、目標を達成し、最後はメガロポリス人を追い出してその都市を占領した。(七)かれはこれを手中に収めると、誰も二度と住めないと思うほど苛酷に敵意をいだいて破壊した。(八)かれがこんなことをしたのは、メガロポリス人およびステュムファリア人の間ではかれらが窮乏しているときでも、かれの計画の支持者も、推進者も、内応者も得られなかったからと思われる。(九)というのもクレイトリアー人の自由への愛と高貴さが一人の男の卑劣さによって傷つけられたからである、すなわちテアルケースによって。しかしクレイトリアー人は当然ながら、かれは自分たちの間で生まれたのではなく、異国の兵士のオルコメノスから押し付けられた子供であると主張する。

ヒュラルコス批判[3]

五六　アラートスと同時代の歴史家のうち、ヒュラルコスはいく人かの間で名声を博しているのだが、たびたびアラートスの記述と矛盾しており、また逆のことを記述しているので、(二)アラートスの記述に従うことを決心しているわれわれにとって、正確さの問題を論及しないままにしておかないことはわれわれにとって有用だろう、あるいはむしろ必要であるだろう。われわれの怠慢ゆえに、歴史書の中で嘘が真実と同じ価値を主張しないためである。(三)一般的に言えることは、ヒュラルコスはかれの全著作の中でしばしば恣意的にかつ行き当たりばったりに報告していることである。(四)しかし、かれの作品のほかの部分を詳細に批判することは目下のところ必要ではないだろう。それにたいして、われわれが取り扱う時代にかかわることはすべて、すなわちクレオメネース戦争についての報告は無条件に厳密な吟味に委ねなければならない。(五)この部分的な吟味はしかしながら、かれの作品の一般的目的の理念と性格を伝えるのにじゅうぶんだろう。(六)アンティゴノスとマケドニアー人の残忍さと同時にア

3　かれはピュッロスのペロポンネーソス侵入（前二七二年）からクレオメネースの死（前二二〇／一九年）の時期までをカバーする二八巻の歴史書を記述した。かれはデュリス流儀を踏襲した歴史家の「悲劇」学派の代表としてだけでなくアラートスに反対するクレオメネースの一味（プルータルコス「アラートス」三八・一二を参照）としてポリュビオスによって反論されている。

ラートスとアカイアー人のそれを証明するために、とヒュラルコスは主張する。マンティネイア人は屈服したとき[1]、恐ろしい危険にさらされた。アルカディアーで最大のまた最も古い都市の「運命」はひじょうに厳しかったので、すべてのギリシア人の間で同情と涙を引き起こしたほどであったとかれは言う。㈦読者を自分の説明によって同情する気分にさせ、深い同情の念を惹き起そうとして、婦人たちの抱擁、髪を引っ掻くこと、胸を露出すること、これらに加えて、子供や老いた両親と一緒に隷囚として引かれて行く男女の群の慟哭をかれは持ち込む。㈧かれは作品全体にわたってそのように処理し、いつも、いたる所で、目の前に恐ろしいものを置こうとする。㈨かれの意図の低俗さと女性的なところはそのままにしておこう。しかしそのようなものが歴史書にふさわしく、必要であるかどうかは吟味すべきである。㈩歴史家は信じられないことを述べて、歴史によって読者の心を打とうとすべきではないし、受け入れてくれる人を探すべきではない。また悲劇作家のように起ったことを挿話で飾ってもいけない。そうではなくて、実際に行われた事、言われた事だけを報告しなければならないのである。たとえそれが普通のことであっても。(一一)歴史と悲劇の目的は同じではなく、逆なのである。すなわち、悲劇はひじょうに感銘の深い言葉で聞き手を一瞬捉えて、心を動転させねばならないが、歴史は真実と言葉によって学問を愛好する人をつねに教え、説得しなければならないからである。(一二)つまり、悲劇にとっては、たとえそれが真実でないにしても、感銘深さが尺度である。観客の幻想にかかわることだからだ。それに対して歴史では真理が尺度である。すなわち、その目的は歴史から学ぼうとする読者にとっての利益だからである。(一三)この点を無視してヒュラルコスは事態の急変の大部分を、その原因および詳しい状況には触れずに詳述する、それなしでは起ったことのどれひとつに対しても正当に同情したり、適切に怒ることはできないのに。(一四)自由人が打たれたからといって、誰がそれを恐ろしいことと考えるだろうか。それにもかかわらず、もしそのことが争いをはじめた人の身に降りかかったのであれば、かれには当然のことが起ったのだと判断される。さらに改善のため、教えるために行われたのであれば、自

1　前二二三年（五四・一一―一二を参照）。ヒュラルコスの問責の反響はプルータルコス「アラートス」四五・一一―一二に現れている。男たちの多くは虐殺され、残った者は妻や子供たちとともに奴隷にされた。都市の富はアカイアー人とマケドニアー人の間で分割された。アラートスはアンティゴネイアの名で都市を再建した。紀元後ハドリアヌス帝が古い名前を復活させた（パウサニアース第八巻八・一二）。

由人を殴った人は名誉と感謝に値する。㈤市民を殺すことは最大の冒涜行為であり、最も重い罰に値すると見なされる。しかし泥棒あるいは姦夫を殺す人は罰せられない。裏切り者、僭主を殺す人は劇場での特等席さえ得られる。㈥このようにあらゆる事柄において判断のための最後の尺度は行為それ自体の中ではなく、行為者のまったく異なる動機と意図にあるのである。

マンティネイア人の背信

五七　マンティネイア人はまず、アカイアー人との同盟を見捨て、自由意志で自分と祖国を最初にアイトーリア人の、次にクレオメネースの手に委ねたのである。㈡かれらは計画的にかれの側につき、アンティゴノスの侵入の四年前に、かれらの都市がアラートスへ内応によって渡され、アカイアー人によって強制的に占拠されたときにはラケダイモーン人の盟友として認められていたのである。[2]㈢そのさい、かれらは最近の過失のために残酷に取り扱われることとはほど遠く、両方の側の感情の突然の急変のために、状況は祝福されたものとなった。㈣すなわちアラートスは都市を占領するやいなや、かれの部下に他人の財産には何ひとつ手を触れてはならないと命じた。㈤つぎにマンティネイア人を召集し、安心しているように、そして自分の立場に留まるように、というのもアカイアー同盟に加わった者には安全が保証されているのだからと励ました。㈥マンティネイア人は予期しない、思いがけない希望が提示されたので、すぐに反対の政体に移った。㈦少し前に、身内の多くの者が戦い、殺され、深い傷を負わされるのを見たかれらが、当の征服者を自分の家に連れて行き、自分や身内の者とかまどをひとつにする者にし、相互の友好に欠けるものは何ひとつなかった。そしてこのことを当然のこととして行ったのである。㈧人間のうち誰かマンティネイア人ほど、こんなに親切な敵にあったことがあるかどうか、あるいは最大と思われた不幸と無傷で戦ったことがあるかど

2　アラートスによるマンティネイアの占拠（第四巻八・四、プルータルコス「アラートス」三六・二、「クレオメネース」五・一・二、パウサニアース第二巻八・六を参照）は前二二七年の春、かれの第十一回目の将軍職の期間中でリュカイオン山での敗北の直後だった。

うか、わたしは知らない。それもアラートスとアカイアー人のおかげなのである。

五八　その後、自分たちの中での内紛とアイトーリアー人とラケダイモーン人による陰謀を予見し、アカイアー人に使節を送り、守備隊を置くことを要求した。㈡かれらは同意して三百人を籤で選んだ。籤に当たった者たちは自分の祖国と生活を捨て、マンティネイア人の自由と安全を護衛するために出発した。㈢かれらとともに二百人の傭兵を送りだした。㈣ほどなく、マンティネイア人は内乱を起こし[1]、ラケダイモーン人を引き入れ、都市を明け渡し、アカイアーから来て、自分たちのもとで暮らしていた者たちを斬り殺した。これ以上大きな条約違反と恐ろしいことを述べることは易しくない。㈤すなわち同盟に対する感謝と友好を完全に破棄することを決めていたとしても、上記の兵士たちは友好条約に基づいて殺さずに、故郷へ戻ることを許さねばならなかったのである。㈥すなわち敵にもこれを許すということは一般的な国際法に基づく慣例なのである。[2]㈦かれらはクレオメネースとラケダイモーン人に計画遂行のためのじゅうぶんな保証を差し出すために、人間の共通の正義を踏みにじり、最大の卑劣な行為を自分の意志で遂行したのである。㈧以前に力でかれらを征服し、何の危害も与えなかった人びとに対して殺人者、復讐者になるということはどれほどの怒りに値するか。㈨そのためにどれほど厳しい罰がじゅうぶんなのか。戦争によって制圧した後、妻子共々奴隷に売られるべきだ、と言う人がひょっとしているかも知れない。㈩しかしこの「運命」は戦争の法律に基づくと、卑劣なことを犯していない人も蒙るよう定められている。かれらの犯した罪はそれ以上に完全で重い罰に値するものなのである。(一一)したがって、ヒュラルコスが言っているようなことをもしかれらが蒙ったとしても、かれらに対してギリシア人からの同情が伴わないのも当然であり、むしろ罰を遂行し、卑劣な行為に復讐した人には同

1　前二二六年の初夏。プルータルコス「アラートス」三九・一、「クレオメネース」一四・一を参照。

2　人としての人の行動を支配する一般的な規則という概念はヘーロドトス第七巻一三六・二に現れている。しかし実際には前五世紀では主としてギリシア人にとっての共通の慣例と関係していた、トゥーキューディデース第三巻五八・三、六七・六。国際法の問題はイソクラテス学派の注意を引いた、ディオドーロス第一三巻二〇―二七。同様に比較法の有名な研究〝テオフラストスの法〟を生み出したアリストテレース学派はギリシア人を越えて包括する概念へと到達した（アリストテレース『ニコマコス倫理学』第八巻一一・三、一一五五a二一f）。

意と承認が与えられるに違いない。㈢しかし、都市の陥落によってマンティネイア人には財産が略奪され、自由人が売られたこと以外にはそれ以上の悪い結果は伴わなかった。にもかかわらず、この歴史家はセンセーションを狙い、まったくの嘘だけでなく、一見真実としか思えない嘘を並べ立てており、㈢無知が度を越えていたために、平行して行われた事件を比較として引き合いに出すことすらできなかったのである。すなわちアカイアー人が同じ時にテゲアーを占領して、どうして同様のことを何もしなかったかということである。㈣もし残忍さ以外の事がマンティネイア人を罰したことの動機だったとしたら、同じ時期に同じ「運命」にあったテゲア人にも同じ「運命」が見舞ったに違いない。もし例外的なとり扱い方がマンティネイア人に与えられたのであれば、かれらにたいする怒りへの動因がひじょうに強かったに違いないことは明らかである。

アリストマコスの「運命」

五九　さらにヒュラルコスは言う、アルゴスのアリストマコス[3]は最も上流階級の出で、僭主の子孫で、かれ自身アルゴスを支配し、アンティゴノスとアカイアー人の手に落ち[4]、ケンクレアイに連行され、拷問を受けて死んだ[5]。それもすべての人間のうちで最も不正で、最も恐ろしい目にあって、と。㈡この事件についても、この歴史家はかれの独自性を守り、拷問を受けている人の叫び声は、夜の静寂を通して付近に住んでいる人びとの家に届き、ある者はその犯罪についての恐怖で満たされ、ある者は信じられなくて、ある者は行われていることに腹を立ててその家に駆け

3　前二七二年、アルゴスの親マケドニアー派の指導者はアリスティッポス一世だった（プルータルコス「ピュッロス」三〇・一）。前二四九年のコリントスでのクラテロスの息子、アレクサンドロスの革命のとき、アルゴスの僭主はアリストマコス一世であり、かれは前二四一／〇年に殺害され、アリスティッポス二世が継承した（プルータルコス「アラートス」二五・四）。かれはつぎにはアリストマコス二世によって継承され、かれがアカイアー同盟に加わった。

4　アルゴスの陥落の後、前二二四年。五三・二を参照。

5　プルータルコス「アラートス」四四・六を参照。

つけた、とかれは言う。㈢このような扇情主義はこれくらいにしておこう。もうじゅうぶん明らかにされている。㈣アリストマコスは、そのほかの点でアカイアー人にたいして罪を犯していないにしても、かれの人生の一般的行程[1]と祖国にたいして犯した不正ゆえに最も厳しい罰に値する、とわたしは判断する。㈤しかし、この歴史家はかれの名声を高め、アリストマコスが蒙ったことにたいして、読者が一緒になって腹を立てることを強要しようとして、アリストマコスは僭主になっただけでなく、僭主の後裔である、とかれは主張する。㈥これ以上酷く人を弾劾することは容易ではない、とわたしは思う。すなわちその名前自体が最も背徳な外見をまとい、人間におけるすべての不正と不法を内包しているのである。㈦アリストマコスが、たとえかれが言うように、最も恐ろしい罰を受けたとしても、あの一日の罪をじゅうぶんに償ったとは言えない。㈧すなわちアラートスがアカイアー人とともに都市に侵入し[2]、アルゴス人のために激しい戦いと危険に耐え、僭主に対する恐れのために、取り決めておいた人の誰一人として動かなかったために結局追い出されてしまったあの日の罪を。㈨アリストマコスは、ある人たちはアカイアー人の侵入を知っていたということを口実として、何の不正も働いていない市民の上層階級の人びと八十人を身内の者の前で拷問にかけ、打ち殺したのである。㈩かれおよびかれの先祖が全生涯を通じて犯したほかの犯罪については、触れないで置く。

六〇　それゆえアリストマコスがこうしたことの何かに遭遇したとしても、それを腹立たしいことと考えるべきではない。もしこうしたことの試練に何ひとつ会わず、罰せられずに死んだとしたら、はるかに腹立たしいことと考えねばならない。㈡非道な行為をアンティゴノスにまたアラートスに結びつけるべきではない。すなわち戦争で手中に落ちた僭主を拷問にかけて殺したことを。平和時にかれを殺し、復讐した人にも賞賛と名誉が洞察力のある人の間では与えられるだろう。㈢上述のこと以外でもアカイアー人との信義を破ったとき、かれはどんな目にあうのがふさわしかったのか。㈣すなわちかれはそれより少し前にデーメートゥリオスの死によって困難な状況に置かれて僭主を辞し、アカイアー人の温和と志操高尚によって守られて、思いがけず安全を手に入れたのである。[3]㈤かれらは僭主時代からの冒涜行為の罪を問わなかっただけでなく、同盟の中に受け入れ、かれら自身の指導者および司令官に任命し、最高の栄誉を授けたのである。㈥しかし、かれはクレオメ

1　すなわち、僭主としてのそれ。
2　前二三五年。プルータルコス「アラートス」二七・三—四。

ネースの中に未来についての、少しばかり輝く希望を見出すと、すぐに上述の人道主義を忘れ去り、祖国と自分の政治的原理をひじょうに危機的な状況の中でアカイアー同盟から切り離し、敵にあてがったのである。㈧かれは捕らえられたとき、ヒュラルコスがいうように、ケンクレアイに連れて行かれて、夜間、拷問にかけられて死ぬのではなく、ペロポンネーソスを引き回され、死ぬまで復讐としてさらし者にされねばならなかったのである。しかしかれはケンクレアイに配置された将校によって海に投げ込まれた以外はそのような恐ろしい目には何もあわなかった。

ヒュラルコスのその他の虚言

六一　これ以外にもマンティネイア人の不幸を装飾と誇張とともにかれは報告している。明らかにかれはあらゆる悪行をさらしものにするのが歴史家の義務と考えているからである。㈡それに対してメガロポリス人がおなじ時に示[4]した驚嘆すべき態度については、㈢まるで、立派でかつ正しい行為を浮き立たせるよりも、行為者の過失を列挙することの方が歴史家の使命であるかのように、言葉を失っているのである。あるいは、読者は回想録において、優れた人および崇拝者の業績よりも、不法な行為および避けるべき行為による方がより改善される、と考えているかのようである。㈣クレオメネースがいかにして都市を占領したか、いかにして無傷のまま守り通して、ただちにメガロポリスのメッセーネーに手紙を持った使者を送ったか[5]、そしてかれらが味方になったならば、自分たちの祖国を損傷を受けずにとり戻せる、と申し出たことを、われわれに明らかにしているが、それはクレオメネースの敵に対する寛容と温和を教え示したいからである。㈤さらに、その手紙が読み上げられたとき、メガロポリス人がいかにして最後まで読み上げることを許さず、手紙を持参した人をほとんど石を

3　これは真実ではない。アリストマコスが前二二九／八年に僭主を辞したとき、アカイアー人はかれの安全を保障する特定の協定を結んだ（プルータルコス「アラートス」三五・一―五を参照）。

4　前二二三年秋（五四・一三）アリストマコスの処刑の後の年。

5　この出来事については五五・二―七脚注を参照。

投げて殺そうとしたか、かれはそこまでは明らかにしている。(六)しかしそれに続くもの、歴史に本来属するものをかれは省略している。(七)もし、宣言と決議だけで友人と同盟者のために戦争に耐える人を勇敢な男とみなし、地域の破壊と攻囲に耐える人には賞賛だけでなく、感謝と最大の贈物をも分配するのだとしたら、(八)メガロポリス人についてはどんな判断を持たねばならないだろうか。最も崇高な、最良の物をではなかろうか。(九)かれらは最初、クレオメネースに領土を投げ出し、つぎにアカイアー同盟との政治的原理のために完全にその都市から追放され、(一〇)そして最後に、突然思いがけなく都市を無傷でとり戻す可能性がかれらに与えられると、同盟者に対する信義を守るために、領土、墓、神社、祖国、財産、一言で言うと、人間にとって無くてはならないものすべてが奪われる道をかれらは選択したのである。(一一)これより美しいことが起こったことがあっただろうか。この歴史家は読者の関心を何に向けようと思っているのか。どんな行為によって読者を、信ずべきことを守ることへと、また真の信頼しうる関係に固執することへと駆り立てようというのか。ヒュラルコスはそうしたことについては何も言及していない。最も美しいもの、歴史という作品に最もふさわしい事柄については盲目になって書いているようにわたしには思われる。

六二　しかしこれにつづけてかれはメガロポリスの戦利品からラケダイモーン人に六千タレントが流入し、そのうち二千タレントが慣例に従ってクレオメネースに与えられた、と主張する。[1] (二)このことでまず第一に、かれの無学およびギリシアの国家の財源と能力についての最も基礎的な知識が欠けていることに誰が驚嘆しないでいられるだろうか。それを歴史家に期待しないで、誰に頼れというのか。(三)マケドニアーの王によって、さらにはたがいに対する相つづいた戦争によってペロポンネーソスの高い生活水準が徹底的に破壊されたあの時代のことについてわたしは言うのではなく、(四)誰もが一致して、最大の幸福を享受しているように思われるわれわれの時代について言うのだが、[2] 全ペロポンネーソスの奴隷を除く動産をもってしてもそれだけの額の金を集めることはできない。(五)このことをわれわれはでたらめにではなく、じゅうぶんな根拠に基づいて言

1　プルータルコス「クレオメネース」二五・一以下。

2　ポリュビオスがここで前三世紀の後半と比較しているペロポンネーソス統一の時期と繁栄は、リュコルタスの努力がラケダイモーン人を同盟に加入させた前一八一年（三八・三脚注）と前一四六年のコリントスの破壊および同盟の解散（パウサニアース第七巻一六・九）の間である。

明できる。それは、つぎのことから明らかである。㈥アテーナイ人がテーバイ人とともにラケダイモーン人に対して戦争をはじめ、一万人の兵士を送り、百隻の三段櫂船に乗組員を乗り込ませたとき、[3]㈦戦時特別税を能力に応じて適切に等級付けるためにアッティカ地方のすべての土地と家さらにほかの財産を査定させた。[4]この財産評価の総額は六千タレントより二百五十タレント下回っていた。このことを誰か知らない人がいるだろうか。㈧このことからペロポンネーソスについてわたしがたった今述べたことは根拠がないことのようには思われない。㈨あの時代に、たとえ誇張して言う人であっても、メガロポリスだけから三百タレント[5]以上をあえて引き出す人はいないだろう。㈩自由人および奴隷の大部分はメッセネーに逃げていたことは確かに同意されていることだから。これがわたしの見解の正しさの最大の根拠である。㈠ヒュラルコス自身が言うように、マンティネイア人は力の点でも、富の点でもアルカディアーのほかの都市に引けを取らないのではあるが、攻囲の後で引き渡され、その結果誰も逃げ出せず、誰も何も盗み出せなかったにしても、奴隷を含めて戦利品の総額は三百タレントだった。[6]

六三　これにつづく記述はさらに人を驚かす。ヒュラルコスは以上のことを指摘しておいてつぎのように言う。戦いの十日前に、プトレマイオスが経済援助を取り消したことをクレオメネースに伝えるための使者がやって来てアンティゴノスと了解し合うことを勧めた。[7]㈡これを聞いたクレオメネースは軍隊がこれを聞き知る前に早急に戦いで自

3　ディオドーロス第一五巻二九・六によるとアテーナイ人は二万人の重装歩兵と五百人の騎兵を動員し、二百隻の船に人を乗組ませた。前三七六年にはペイライエウスの造船所に百六隻の船があった（Inscriptiones graecae II^2 1604）。

4　ポリュビオスが言及しているアテーナイの財産査定はナウシニコスがアルコン職だった前三七八・七年に行われたものである（ディオドロス第一五巻二五・一を参照）。

5　三百アッティカ・タレントは六万九千三百英貨ポンド。

6　Wilhelm, Jahreshefte des östereichischen archäologischen Instituts 1914, 111 によると、その都市の全人口は一万二千人を超えていなかった。その内の約九千人が一人頭一・五ムナで奴隷に売られたとすると、総額は二百二十五タレントとなる。

7　クレオメネースにたいする最後通牒の前までアンティゴノスとの交渉がつづいていたことはプルータルコス「クレオメネース」二二・七から明らかである。クレオメネースにとって金の重要さはプルータルコス「クレオメネース」二七・一、四。戦いは前二二二年七月に戦われたセッラシアーのそれである（六五―六九脚注を参照）。

分のすべてを賭けることを決定した。なぜなら自分の財源では俸給を支払う見込みがないからである[1]、とヒュラルコスは言う。㊂しかし、同じ頃、六千タレントを所有していたのであったら、財政能力の点ではプトレマイオス自身を凌駕することができたのである。㊃三百タレントさえ自由に使えたならば、アンティゴノスに対して、あらゆる財源の心配をせずに長い戦争にじゅうぶん耐えることができたであろう。㊄同時にかれはこう主張する。クレオメネースにとってすべての希望はプトレマイオスとかれの援助にあった、と。また同時にかれはその時にあれほどの財源を所有していたと言うのであるから、どうしてこれが理屈に合わないことばかり述べていることの、さらにはかれの愚かさの証拠とならないだろうか。㊅ヒュラルコスはこの種のことを、今話題にしている時代だけでなく、いたる所で数多く述べている。しかし、それらについては最初からの計画に基づいて今述べたことでじゅうぶんであると思う。

クレオメネースの襲撃（前二二二年）

六四　メガロポリス占領後[2]、アンティゴノスがアルゴスで越冬している間に、クレオメネースは春の季節がはじまると同時に、軍隊を終結させ、その折にふさわしい激励の言葉を述べて、軍隊を率いてアルゴス人の領土へ侵入した。㊁これは侵入路の堅固さのために多くの人には危険で、大胆な行動のように思われたが、ことを正しく観察した場合には安全で、よく考えられていたことがわかる。㊂すなわちアンティゴノスが軍隊を解散したのを見て、まず第一に、侵入を危険をおかさずに行えることをよく知っていた。第二にその地方を城壁まで荒らしたならば、アルゴス人は起こったことを見て、アンティゴノスに腹を立て、かれにその罪をきせることは必至であることも知っていた。㊃もしかれが人びとの誹謗に耐えられず、現在の弱い兵力で出撃し、あらゆる危険をおかすということになれば、かれが容易に勝利するだろうことは確実に想定することができた。㊄もしかれが決意を守り、静かにしているならば、自軍に勇気が生じ、安全に故郷へ退却できると考えた。そしてそ

1　プルータルコス「クレオメネース」二七・四を参照。
2　五五・二・七を参照。前二二三年秋である。

うなったのである。㈥すなわち領土が荒らされたとき、人びとは集まりアンティゴノスを非難した。しかし、かれは指導者にそして王にふさわしく、理論によって事を処理すること以外のことには価値を認めず、静かにしていた。㈦クレオメネースは最初からの計画に従って、その領土を荒らし、敵を驚愕させ、迫り来る戦いにたいして自分の軍隊を勇気づけて故郷に戻った。

セッラシアーの戦い[3]（前二二二年）

六五　夏がはじまり、マケドニアー人とアカイアー人が越冬地から集まって来ると、アンティゴノスは軍隊を率いて、同盟軍とともにラコーニケーへ進んで行った。㈡マケドニアー軍は方陣を形成する一万人、三千人の盾兵、三百人の騎兵で構成されていた。これに千人のアグリアン人[4]、同数のガッリア人を加え、傭兵は三千人の歩兵と三百人の騎兵であった。㈢アカイアー人は選ばれた三千人の歩兵と三百人の騎兵を供給した。またメガロポリスのケルキダースの指揮下にマケドニアー流に武装した[5]千人のメガロポリス人がいた。㈣同盟軍はファロスのデーメートゥリオス[6]の指揮下にボイオーティアー人の二千人の歩兵と二百人の騎兵、エーペイロス人の千人の歩兵と五十人の騎兵、千六百人のイッリュリアー人で構成されていた。㈤その結果、全軍は歩兵二万八千人、騎兵千二百人で構成されていた。

㈥クレオメネースは敵の攻撃を予測し、ラコーニケーへのほかの進入路に守備隊を配置し、塹壕と、木のバリケードで固め、㈦自分はセッラシアーと呼ばれる場所に二万人

3　ウォルバンクはその年代の確定について詳細な考察を行っているが、それによると前二二二年である。

4　マケドニアー流の武装についてはプルータルコス「クレオメネース」二三・一を参照。

5　マケドニアー流の武装についてはプルータルコス「クレオメネース」二三・一を参照。

6　一〇・八、一一・一七脚注を参照。デーメトゥリオスはドソンの個人的な同盟者であり、明らかにギリシア同盟のメンバーではなかった。

の兵[1]で陣を張った。敵は当然そこから侵入してくると推測したのである。[2]そしてそういうことになった。

㈧その進入路に、ひとつはエウアスと呼ばれ、もうひとつはオリュンポスと呼ばれるふたつの山がある。㈨これらの間にオイヌス川に沿ってスパルテーに通ずる道がある。クレオメネースはこのふたつの山を塹壕と柵で固め、エウアス山には周辺に住む人[3]と同盟軍を配置し、弟のエウクレイダース[4]をその指揮官にした。自分自身はオリュンポスをラケダイモーン人と傭兵で守った。[5]㈩川沿いの平地で道のそれぞれに傭兵隊の一部とともに騎兵隊を戦列に配置した。
(一一)アンティゴノスは到着して、その場所の堅固さと、クレオメネースが自国民の兵士からなる軍隊で狙いをあやまたず前もって押さえ、戦闘隊形の全体の形は優秀な剣士の戦うための構えに似ているのを見た。(一二)攻撃と同時に備えのために何ひとつ欠けているものはなく、それは活発に働く戦列であると同時に近づき難い陣営であった。(一三)それゆえアンティゴノスは思い切って接近し、ただちに戦いに突入する事を断念した。

六六　少し距離をおいて陣を張り、ゴルギュロスと呼ばれる川を防禦とし、数日間待ち、その間に場所の特異性と軍隊の特徴を観察し、㈡同時にある動きを先にして見せて手札を見せることを試みた。㈢しかしクレオメネースがあらかじめ対抗処置を取っていたために、弱い個所、無防備な所を見つけることができず、㈣その計画は断念し、両者はついに一致して会戦によって決着をつけることを選んだ。

1　プルータルコス『クレオメネース』二七・一一を参照（おそらくポリュビオスからの引用）。

2　エパミノーンダースが前三七〇／九年にラコーニケーへの侵入において四縦隊を一点に集中させたのはここだった。（ディオドーロス第一五巻六四・五）。

3　周辺に住む人（第四巻三四・九を参照）はラコーニケーの丘と海岸部分の非スパルテー系住民で、自由身分の農民だった。異国民との関係ではラケダイモーン人と見なされるが、政治的権利はもっていなかった。ラケダイモーン人としてかれらは戦争での従軍というすべての市民の義務を共にした。クレオメネースは前二二七／六年の襲撃の後かれらをスパルテーの組織体に入れ、四千人の部隊を形成し（プルータルコス「クレオメネース」一一・三）マケドニアー風に武装させた。

4　クレオメネースはこの弟を同僚のアルキダモスの死後二二六年に王にした、おなじ家から二人の王をだすことは前例のないことだったが（プルータルコス「クレオメネース」一一・五）。

5　ラケダイモーン人は六千人のスパルテー人の方陣である（プルータルコス「クレオメネース」二八・八）そして傭兵もおなじ隊形をとっていた。かれらはエジプトの援助金（五一・二、六三・一）とメガラポリスの戦利品（六二・九）で雇われた。

すなわち「運命」はこの二人の男を資質の優れた、似ている指導者としてぶつからせたのである。㈤王はエウアス山の守備隊に対して、マケドニアー人の青銅の盾の部隊とイッリュリアー人を交互の戦列で配置し、アクメトスの息子アレクサンドロスとファロスのデーメートゥリオスを指揮官とした。[6] ㈥これにつづけてアカルナニアー人とクレーテー人を配した。かれらの後ろには予備軍として二千人のアカイアー人がいた。㈦騎兵隊は敵の騎兵隊に対してオイヌス川に配置し、アレクサンドロス[7]をその指揮官とし、アカイアー人の歩兵千人およびそれと同じ数のメガロポリス人を一緒に配置した。㈧自分は傭兵隊とマケドニアー人を率いて、オリュンポス山でクレオメネースと対決することを決意した。㈨傭兵隊を先頭に配置し、それにマケドニアー人の二重の方陣がつづいた。こうしたのはその場所の狭さを考慮してのことである。㈩イッリュリア人とは、オリュンポス山で亜麻布の大旗が揚げられるのを見たときに、その山へ攻めかかるようにとの取り決めがなされていた。すなわち、かれらは夜の間にゴルギュロスの川床を渡って、その山の麓まで移動していたのである。㈠メガロポリス人と騎兵隊とは同様に王から紫の旗が揚げられたらと取り決めがなされていた。

フィロポイメーンの英雄的行為

六七　戦いの瞬間が来て、イッリュリアー人に合図が与えられ、将校たちが配下の兵士たちに、自分の義務を果たすように、と訓戒したとき、かれらは全員、潜んでいた場所からすぐに姿をあらわし、山への攻撃を開始した。㈡クレオメネースの騎兵隊の近くに配置されていた傭兵隊の軽装兵が、その部隊が後衛においてアカイアー人によってカバーされていないのを見ると、背後から襲いかかり、山へ迫ろうとしている兵士たちをひじょうに大きな危険に陥れた。㈢すなわち、エウクレイダースとその配下の兵士たち

6　アクメトスの息子、アレクサンドロスは他では知られていない。デーメートゥリオスは六五・四脚注を参照。
7　このアレクサンドロスはおそらくドソンがフィリポスの侍従として任命した男（第四巻八七・五）。

は真正面の高みから威嚇し、傭兵隊が背後から迫り、激しく攻撃したからである。㈣その瞬間、メガロポリスのフィロポイメーンは起こったことに気づき、またそのことを予想していたのだが、まず、指揮官に起こったことを教えようとした。㈤しかし誰もかれに注意を払おうとはしなかった。かれはまだ一度も指揮官に任命されたことはなかったし、それにまったく若かったからである。かれは自分と同郷の兵士に呼びかけて大胆に突撃した。㈥その時、後衛で突進して来る者を攻撃しようとしていた傭兵隊がその叫び声を聞き、騎兵隊同士の乱戦を見て、突進して来るものは放置し、最初の持ち場へかけ戻り、自分たちの騎兵隊を助けようとした。㈦このことが起こると、イッリュリアー人、マケドニアー人およびかれらとともにエウアスの山へ登ろうとしていた集団は背後が自由になり、勇気をとり戻して、敵に向かって意気軒昂と突進した。㈧このことからその後、エウクレイダースに対しての成功の功労者はフィロポイメーンであることが明らかになった。

六八　それゆえに、後に、アンティゴノスは、指揮権を委ねていたアレクサンドロスになぜ合図が与えられる前に戦いをはじめたのかと尋ねると、㈡かれは否定して、メガロポリス人の若輩が自分の意見を無視して、時間にならないのに企てたのだ、と答えた。すると王は、その若輩は機を見て、立派な指揮官の仕事を行った。それに反して、指揮官であるお前は行き当たりばったりの若輩の仕事しかしていない、と言ったそうである。[1]

㈢しかしエウクレイダースの部隊は敵の戦列が近づいて来るのを見ると、地形の有利さを利用することを放棄した。㈣かれらは敵がまだ離れている間に、かれらを攻撃し、戦列を壊し、敵の密集隊形を混乱させて、それからゆっくりと後退して、高い場所に安全に戻るべきだったのだ。㈤このようにしたならば、敵の完全武装と戦闘隊形の特性をあらかじめ打ち壊し、場所の有利さを利用して容易に敵を敗走させたであろう。㈥しかしこうしたことは何もせず、最初から勝利は自分たちにあるかのごとく、逆のことを行ったのである。㈦すなわち、敵の逃亡が長い距離にわたって険しい、急斜面で起こるように、敵をできるだけ高い位置で迎えようとしたかのごとくに、かれらは山頂の最初からの位置に留まっていたのである。㈧当然のごとく、結果は逆だった。自分たちに逃げ場を残さず、組織されたままの無傷の歩兵中隊を迎えいれたので、押し寄せて来る敵と狭い山頂で戦わざるをえない困難な状況に陥った。㈨それゆ

1　同じ逸話がプルータルコス「フィロポイメーン」六・六—七に記述されている。

え、かれらは敵の武器と戦闘隊形の重圧に圧倒され、イッリュリアー人はすぐかれらがいた場所を占拠し、エウクレイダースの部隊は整然と後退し、組隊形を変えるための空間を残しておかなかったので、そのすぐ後ろの低い位置へと押しやられた。㈩そのことからすぐにかれらは潰走させられ、逃亡へと向かわざるをえなくなった。それは悲惨なものだった。というのもそれは長距離にわたって困難な、険しい道だったからである。

六九　同時に騎兵隊の戦いもおこなわれていた。その戦いではアカイアー人のすべての騎兵が抜きん出ていた。中でもフィロポイメーンは目覚しい働きをしたのだが、それはこの戦い全体が自分たちの自由のために行われていたからである。㈡その折に、フィロポイメーンの馬が致命的な傷を負って倒れ、かれ自身は両腿に深い傷を負った。[2]㈢オリュンポス山ではアンティゴノス王が軽装兵と傭兵によって戦いを開始した。両軍ともに五千人の陣容だった。㈣かれらはある時は小さな部隊で、ある時は前線で対戦したのだが、王と軍隊が見ている中で戦っただけに、両軍ともに最大の勇敢さを示した。㈤かれらは一騎打ちで、また部隊と部隊の戦いで互いに競り合った。㈥クレオメネースは兄弟が率いていた部隊が総崩れとなって退却してしまい、平地の騎兵隊はほとんど傾きかけているのを見て、至る所から敵を迎えることになるのではないかと恐れて、外堡をとり壊し、全軍を陣営のひとつの側に一線に並べて連れ出すことをよぎなくされた。㈦両軍の歩兵が中間地点からラッパで召集され、全員一斉に大声で鬨の声をあげ、槍を低く下げて方陣が互いにぶつかり合った。㈧激しい戦いとなった。あるときは、マケドニアー人がラケダイモーン人の勇敢さによって一歩一歩退却させられ、圧迫され、あるときはラケダイモーン人がマケドニアー人の戦闘隊形の重圧によって押し出されたが、㈨最後はアンティゴノスが槍を密集させ、つぎからつぎに連なった方陣の特異性を用い、力で襲いかかってラケダイモーン人を要塞から追い出した。(一〇)ほかの大部分は殺されながら一目散に逃げ出した。クレオメネースはいく人かの騎兵を周りに置き、かれらとともに無事にスパルテーへ退却した。[3]㈡夜になると、ギュティオンへ降りて行った。そこにはすでにずいぶん前から緊急の場合に備えて出航のためのすべての準備が用意され

2　プルータルコス「フィロポイメーン」六。

3　プルータルコス（「クレオメネース」二九・一以下）はクレオメネースの到着をヒュラルクスの資料を用いてさらに詳細な状況描写をしている。

ていた。そして友人とともにアレクサンドレイアに向けて亡命のために出航した。[1]

スパルテーにおけるアンティゴノス、イッリュリアー人のマケドニアーへの侵入[2]

七〇　アンティゴノスは攻撃でスパルテーを制圧すると、ほかのことは寛容にそして人道主義的にラケダイモーン人を扱い、先祖伝来の政体も戻してやり、[3] イッリュリアー人がマケドニアーに侵入し、領土を荒らしているという報せが来たので、数日すると、軍を率いて都市から出発した。㈡このように「運命」はつねに最も重要な事柄においてあらゆる予測に反した決定をする。㈢すなわちクレオメネースがほんの数日戦争を引き伸ばしていたら、あるいは都市へ退却して短期間争っていたら、かれは支配権を保持していたであろう。㈣しかし、アンティゴノスはテゲアーに着くと、かれらに先祖伝来の政体を戻し、そこから二日目にアルゴスに到達し、そこで行われているネメシスの祭りに間に合った。㈤その地においてアカイアー同盟からまた個々のそれぞれの都市から不滅の栄光と名誉にふさわしいものが授けられた後、マケドニアーへ急いだ。㈥イッリュリアー人を領域内で捉え、戦列を配してぶつかり、勝利者になった。しかしその戦いで意気軒昂と励ましていたのだが、喀血し、それに付随する病的な状態に陥ったまま、その後間もなく病気でなくなった。[4] ㈦かれはすべてのギリシア人の間に戦場におけるかれの支援によってだけでなく、かれの一般的な高尚な原理と美徳によって、自分自身の希望を高めた。㈧マケドニアーの王位はデーメートゥリオスの子フィリッポスに残した。[5]

1　ギュティオンは首都の南五六―六四キロにある、ラコニケーの主要な港。アイギュプトスにおけるクレオメネースのその後の生涯については第五巻三五―三九を参照。
2　プルータルコス「クレオメネース」二七と三〇を参照。
3　アンティゴノスはクレオメネースのリュクールゴス的改革を廃止し、エフォロス（監督官）を復帰させた（第四巻二二・五を参照）。
4　実際にはアンティゴノスは前二二一年の七月あるいは少なくとも八月までは生きていた。プルータルコス「クレオメネース」三〇・四を参照。

予備的考察（一巻と二巻）の結び

七一　なぜわれわれはこの戦争についてこのように詳細に報告したのか。㈡それはこの時期が叙述しようとしている時期につながっていて、その当時のマケドニアーおよびギリシアについての政治的状況がすべての人にとって明白であり、認識されていることが必要であると考えたからであり、最初からの計画に従った場合、それが必然的であるように思われたからである。

㈢同じ頃プトレマイオスが病気で亡くなり、フィロパトルと呼ばれたプトレマイオスが王位を継いだ。[6] ㈣同様にカリニコスあるいはポゴンと呼ばれたセレウコスの子セレウコスがシュリアーの王座の後継者となった。[7] ㈤この三人には、アレクサンドロスの死後の最初の支配者であるセレウコス、プトレマイオス、リュシマコスと何か似たようなことが起こったのである。㈥後者は皆、第一二四オリュンピアー期（前二八四—二八〇年）に亡くなり、前者は第一三九オリュンピアー期（前二二〇年）に亡くなっている。

㈦われわれは序文とこの歴史全体の予備的考察をくわしく語ってきたのだが、その中でローマ人が全イタリアを制圧した後、いつ、どのようにして、そしてなぜイタリア以外の関係に干渉し、カルターゴー人とはじめて海の支配を

5　デーメトゥリオス二世の息子、フィリッポス五世は前二三八年に生まれた。そこで前二二一年に王位を継承したときは十七歳だった。

6　プトレマイオス三世・エウエルゲテースは前二四六年から二二一年まで統治し、プトレマイオス・フィロパトルが継承した（第四巻二・八および第五巻三四・一を参照）。

7　シュリアーではアンティオコス三世が兄のアレクサンドロスを継承した。かれは二二五年にセレウコス二世を継承したとき（第四巻四八・六および第五巻四〇・五を参照）、セレウコス三世の王位をえた（第四巻二・七を参照）。セレウコス三世は前二二三年の夏にアパトリオスとニカノルによる陰謀の結果としてフリュギアで暗殺された（第四巻四八・八および第五巻四〇・六を参照）。セレウコス二世の呼び名カリニコス「勝利者」はラオディケ戦争でプトレマイオス三世からシュリアーの王位を復活させたことを祝したもの。ポゴン「髭の生えた」は他では立証されないがコインの肖像から証明される。

争ったかを明らかにしてきた。㈧またその中で同時にギリシア、マケドニアーならびにカルターゴーにおける当時の状況を叙述してきた。㈨すなわちわれわれはギリシア人が同盟戦争を、ローマ人が戦争を、アシアーの諸王がコイレー・シュリアー、をめぐって戦争をはじめそうになっている時点に意図的にたどりついたので、先行する出来事の終結およびそれらを指導した支配者の死でもってこの巻を終えることは正しいであろう。

第三巻

歴史それ自体への序言

一　歴史の出発点として同盟戦争、ハンニバル戦争、コイレー・シュリアーをめぐる戦争を選んだことは作品全体の第一巻[1]とこの前の巻で明らかにした。㈡同様に、なぜこの時期より前の時代にさかのぼってこれに先立つ巻を構成したのかその理由も明らかにした。㈢ここでは上述の戦争がなぜ起こったか、何によってそれほどまでに拡大したのか、その原因を実証的に説明してみよう。しかしまずこの作品全体にかんして少し述べておかねばならない。

㈣とり扱おうと企てたテーマ、すなわちいかにして、いつ、そしてなぜ世界の知られているすべての部分がローマ人の支配下に入ったか、㈤このことが一般的に知られているはじまり、特定の継続および疑う余地のない確実な終結を持っているので、初めと終わりの間にある限りの、この全体の最も重要な部分を概観して述べ、あらかじめ説明しておくことは有用だ、と考えたのである。㈥このような方法によって全体の構想についてのじゅうぶんな概念を学問を愛好する人に対して準備できる、と考えるのである。㈦精神は全体から個々の出来事の認識を、逆に個々の認識から全体への認識をあらかじめ受け取るので、この両方の取り扱い方および観察の仕方の統合を最良だと考え、この原理に則ってこの作品についてのさしあたりの概観を与えておこう。㈧全体としてのテーマの提示と輪郭はすでに明らかにしている。[2]㈨この時代の個々の出来事のはじまりはこれまで記述してきた戦争であり、マケドニアー王国の解体が大団円であり終局である。㈩初めと終わりの間の期間は五十三年間であり、その間に、それ以前の時代のどれもが等しい期間で包含したことがなかったほどの出来事が含まれている。⑾これらの出来事を第一四〇オリュンピアー期[3]からはじめて、それらの説明においてはつぎのような方法を採用してみよう。

1　第一巻三・一―六を参照。

2　第一巻一・五―六脚注を参照。

3　第一四〇オリュンピアー期（前二二〇―二一六年）については第一巻三・一を参照。

二　ハンニバル戦争として知られているカルターゴー人とローマ人の間の上述の戦争の原因をまず簡単に述べ、㈡それからいかにしてカルターゴー人がイタリアに侵入し、ローマ人の支配を粉砕し、かれらを自分たちおよび祖国の土台について大きな恐怖へ陥れ、一方カルターゴー人自身はローマそれ自体を攻撃して手に入れようという思いもよらない大きな希望をもつようになったかを述べよう。㈢これにつづけて、同じ頃マケドニアーがアイトーリアー人との戦争を終え、[1]またギリシアとの関係を片づけたフィリッポスがいかにしてカルータゴー人との同盟の計画を思いついたか、㈣さらにいかにしてアンティオコスとプトレマイオス・フィロパトルが互いに争い、[2]最後にコイレー・シュリアーをめぐる戦争に陥ったか。㈤またいかにしてロドス人とプルシアス人がビザンティオンに対して戦争を起こし、[3]黒海へ航行する船から取っていた税を止めさせたかが明らかになるよう試みてみよう。

1　同盟戦争に関しては第二巻七一・七―一〇脚注。前二一七年のナウパクトスの和平は第五巻一〇三―五。ハンニバルとのフィリッポスの攻守同盟締結（前二一六年）は第五巻七―一〇二を参照。
2　第四次シュリアー戦争（前二二一―二一九／七年）に関しては第二巻七一・七―一〇脚注を参照。
3　（前二二〇年）第四巻三八―五二を参照。

㈥ここで叙述を中断し、ローマ人の政体について述べ、[4]それにつづけて、次のことを明示しておこう。すなわち、かれらの政体の特異さが［危うく奪われかけていた］イタリアおよびシケリアーの覇権を取り戻し、[5]イベーリアー人とガッリア人の支配をさらに加えて獲得しただけでなく、最後にはカルターゴー人に対する戦争を勝利でもって終わらせた後、世界支配という構想をいだくのに大いに貢献したのである。[6]㈦これと平行してシュラクーサイのヒエローンの支配の没落を明らかにしておこう。[7]㈧これにアイギュプトスの混

4　第一巻一・五、六四・二、一一八・一一―一二、第六巻二・三、第一〇巻一六・七、第二一巻一三・一一、第三九巻八・七。
5　第七巻―第一四巻。
6　イベーリアーの獲得は部分的にはハンニバル戦争の間に遂げられ（第八巻三八、第九巻一一、第一〇巻二―二〇、三四―四〇、第一一巻二〇―三三）、前二世紀に完成された。ガッリア戦争の後（第二巻一八―三五）にはじまり、ハンニバルの敗北の後、新たにはじまったガッリア人の征服は完成しなかった。ハンニバルの敗北によってローマ人に与えられた世界制覇へと前進する勢いについては第一巻三・六、第三巻三二・七脚注、第五巻一〇四・三、第一五巻九・二、一〇・二を参照。
7　ヒエローンの支配の没落とシュラクーサイの占拠については第七巻二―第八巻三―七・三七を参照

乱を連ね、[8]プトレマイオス王が亡くなった後、どんな方法でアンティオコスとフィリッポスが残された子供の支配権の分割[9]へと同じ考えをいだいて悪事を行いはじめ、フィリッポスはエーゲ海の島々、カリア、サモス島に手をつけ、一方アンティオコスはいかにしてコイレー・シュリアーとフォイニケーを奪ったかを明らかにしよう。

三　その後、イベーリアー、リビュエー、シケリアーにおけるローマ人とカルターゴー人の戦いについて簡単に概観した後、出来事の重点の移動とともに説明を完全にギリシアに向けるつもりである。㈡フィリッポスに対するアッタロスとロドス人の海戦を、さらにはローマ人とフィリッポス間の戦争[10]についてその経過、その原因、その結末を説明した後、㈢それに直接つづけて、アイトーリアー人の憤怒について語ろう。[11]それがかれらにアンティオコスをアシアーから、呼び寄せ、アカイアー人とローマ人の間の戦争を燃え上がらせるきっかけとなったのである。㈣この戦争の原因とアンティオコスのエウローペーへの渡航を叙述した後、まず、どんな方法でかれはギリシアから逃げたのか、つぎに、戦いに敗れたかれがいかにしてタウロスのこちらのすべての土地から退去しなければならなかったか、㈤第三番目にどんな方法でローマ人はガッリア人の乱暴狼藉を止めさせ、[12]タウロス山脈のこちら側に住む住民を異民族の恐怖とガッリア人の暴力行為から解放して、アシアーの支配を自分たちにとって確実なものにしたのかを明らかにしよう。

㈥その後、読者にアイトーリアー人とケファレニア人の災厄をはっきり示した後[13]エウメネースのプルシア人とガッリア人に対する戦争、[14]同様にファルナケースに対するアリアラテースとの戦争に向かおう。[15]㈦つぎにペロポンネーソ

8　上部エジプトにおけるプトレマイオス四世の市民戦争については第一四巻一二・四、その詳細な説明は失われている。

9　プトレマイオス五世の支配を分割する陰謀は第一五巻二〇・一以下で論じられている。

10　第二次マケドニアー戦争については、「宣言」第一六巻、「行為」第一八巻一―一二、一六―二七、三三―三九、「結末」四二―四八を参照。

11　シュリアー戦争（前一九二―一八七年）の原因については七・一―三を参照。その原因はアイトーリアー人の憤怒だった。第一八巻四五・一以下、四八・七を参照。

12　執政官マンリウス・ウルソの遠征（前一八九年）については第二一巻三三―三九を参照。地中海沿岸の人々によって感じられていたガリア人にたいする恐怖については第二一巻三五・九脚注を参照。

13　アイトーリアー戦争の終結（前一八九年）とケファレニアの攻囲（前一八九―八年）につては第二一巻二五―三二bを参照。

ス人の間で作り出された同意と秩序、[1]さらにはロドス人の国家の発展[2]に言及した後、㈧最後にエピファネースと呼ばれたアンティオコスのアイギュプトスに対する遠征、[3]ローマとペルセウスとの戦争、マケドニアーの王国の没落[4]を説明しつつ、われわれの説明の全体とその中で叙述された出来事を回顧して要約することにしよう。㈨それによってローマ人が個々の場合を処理しながら、どのようにして全世界を服従させたかがはっきりわかるだろう。

四　もし、成功あるいは失敗それ自身から非難されるべき、あるいは称賛されるべき人あるいは国家について判断することが可能だとしたら、われわれはここで止めねばならないし、また同時に詳説およびこの歴史書を最初からの計画に従って[5]叙述する最後の出来事に目を向けなければならない。㈡すなわち、五十三年間がそれとともに経過しており、そしてその間にローマ人の支配の成長と発展が完成していたのである。㈢これに加えて、今後は誰もがローマ人の言うことを聞き、かれらの命令に従わねばならないことは自明のことであるように思われる。㈣単に戦いそれ自体に基づいての判断は勝者にかんしても敗者にかんしても決定的ではないのである。㈤すなわち、多くの人にとって最大の成功だと思われるものは、それが正しく使われない場合には、最大の不幸をもたらす。一方、少なからぬ人びとには恐ろしい事態の急変は、それに雄々しく耐えようとするときには、しばしば一部の有利さに変わる。㈥したがって、言及した出来事に勝者の政策を付け加えねばならない。その後その政策はどんなものであったか、そしてど

14　ペルガモンのエウメネース二世に対するビトゥニアのプルシアス人の戦争にいての失われた記述は第二三巻においてで明らかである。第二三巻一・四、三・一—三を参照。ついての失われた記述は第二二巻において明らかである。第二三巻一・四、三・二）—㈢を参照。

15　カッパドキアのアリアラテース、エウメネース同盟に対するファルナケースの攻撃とそれにつづく戦争（前一八三年—一八〇／七九年）については第二三巻九・一—三、第二四巻一・一—三、五・一、一四—一五、第二五巻二を参照。

1　ペロポンネーソス同盟のアカイアー同盟への合併は前一八三年（第二八巻一七—一八を参照）。

2　第二一巻二四・七、四六・八を参照。

3　アンティオコス四世エピファネースのエジプトへの遠征（前一六八年）については第二七巻一九、第二八巻一八—二三、第二九巻二・二三以下、二七を参照。

4　第三次マケドニアー戦争（前一七一年—一六八年）については第二七巻一—一〇、一四—一六、第二八巻三—一三、第二九巻三—九、一四—二一を参照。

5　五三年間の結論である前一六八／七年で止めようとするポリュビオスの意図については第一巻一・五—六を参照。

のように世界を支配したか、支配者についての他人の受け入れ方、判断の仕方はどれほどであり、どのようであったか。これらに加えて、意志および努力の方向も叙述されねばならない。個人の生活および公共の政治にかんして何が支配し、制御したかを。(七)すなわち、今生活している人びとにとって、ローマ人の支配は避けるべきものなのかそれとも受け入れるべきものなのか。さらに後世の人びとにとって、かれらの帝国は称賛すべき、また模倣すべき価値があるものなのかあるいは非難すべきものなのか。こうしたことを明らかにしなければならないからである。(八)われわれの歴史が現在に対しても、将来に対しても、もたらす利益はこの点にあるだろう。(九)勝った、すべてを服従させたということが政治においても支配者においてもまたそのことを伝える報道者にとっても最終目標であってはならないからである。(十)理性を持つ人は敵対者を倒すことそれ自体のために隣人と戦争はしないし、渡るためにのみ海を航行しないし、知識それ自体のために経験をつむのでもないし、技術を身につけるのでもないからである。(十一)行為から生ずる心地よさ、美しさ、利益のために誰もがすべてのことを行うのである。

(十二)それゆえ、つぎのことがこの歴史書の最終目標になるだろう。すなわち、すべての者が敗れ、ローマ人の権力の下に入った後、その後ふたたび混乱と騒乱が生ずるまで、それぞれの国家はどんな状況であったか、それを認識することである。

(十三)この混乱と騒乱について、この時代に行われた行為の大きさと出来事の異常さゆえに、さらに大きな理由は、わたしは大部分の出来事の目撃者[6]だっただけでなく、ある時には行為に参加し、ある時には指導さえしたので、ある新鮮な作品に着手するかのように書く気にさせられたのである。

五　事態が新たに動きはじめたこの時期はローマ人がケルティベリ族とウァッカエイ族に対して起こした戦争[7]およびカルタゴー人がリビュエーの王マシニッサに対して起こした戦争[8]を含んでいる。(二)アシアーではアッタロスとプ

6　ポリュビオスが歴史家として目撃者だったということへ力点をおくことについては第一二巻二五h・四、第二二巻一一・八を参照。重要な出来事におけるポリュビオスの役割は終わりの数巻すなわち第三五巻以降に明瞭に表されている。とくに第三次ポエニ戦争でスキピオの同伴者であったことはメガロポリスでのポリュビオスを称える柱に刻まれた「ローマ人の同盟者」という言い回しを想起させる（パウサニアース第八巻三〇・八―九）。

7　第二次ケルティベリ戦争（前一五三―一五一年）についての断片は第三五巻一―五に保存されている

8　前一五一／〇年の冬。

ルシアスが互いに戦争し、[1]カッパドキアの王アリアラテスはデーメートゥリオスの助けを借りたオロフェルネースによって支配権を奪われた後、ふたたびアッタロスによって祖国の支配権を取り戻した。[2]㈢セレウコスの子デーメートゥリオスは十二年間シュリアーの王位に就いていたが、ほかの王たちがかれに対して共謀したので生命と支配権を奪われた。[3]㈣ローマ人はペルセウスとの戦争の結果告発されていたギリシア人を、かれらに帰せられていた中傷を解いて故郷へ戻した。[4]㈤ローマ人はまもなくカルターゴー人に手を出した。[5]最初は移住させるためだったが、しかしその後ふたたび、関連の箇所で述べるであろう理由で、かれらを完全に抹殺することを決意したのだった。㈥これと同時にマケドニアー人はローマ人との友好関係から離れ、[6]ラケダイモーン人はアカイア同盟から離れ、[7]このことによってギリシアの全体的な不幸がはじまりその完成を見た。㈦これがわたしの計画の全体像である。しかしすべてはそれを追求するにじゅうぶんな人生を運命がわたしに与えてくれることにかかっている。㈧もし何かわたしにかんして人間的なことが起こったとしても、その主題がほって置かれることはないだろうし、多くの人がそれを［史書の完成という］美しい目標へ導き、努力するために、有能な人を欠くこともないだろうと確信している。㈨さて、これで個々の部分だけでなく、叙述しようと思う出来事の全体についての主要な項目を読者に示すために、最も重要な事柄につ

1　アッタロス二世とプルシアス二世の間の戦争は一五六年に開始され、一五四年にプルシアスの敗北で終わった。第三二巻一五—一六、第三三巻一・一—二・一二—一三を参照。

2　アリアラテース五世はシュリアーのデーメトゥリオス一世（セレウコス四世の子）に援助された異母兄弟のオロフェルネースによって前一五八年カッパドキアから追放され、アッタロス二世は前一五六年にその復位を援助した。第三二巻一〇、第三三巻六を参照。

3　デーメトゥリオス一世は前一六二年から一五〇年まで統治したが、アッタロス二世とエジプトのプトレマイオス六世にそのかされて王位をねらったアレクサンドロス・バラスに対する戦いで倒れた。第三一巻二・一一—一五、第三三巻五—一八以下を参照。

4　ピュドナの戦い（前一六八年）（第三〇巻一三・六以下、第三一巻二三・五）後審理せずにイタリアに留められていた千人のアカイア人の生き残っていた者が前一五〇年に帰郷を許された（第三五巻六）。

5　第三次ポエニ戦争（前一四九年—一四六年）については第三六巻一—九、一六、第三八巻七—八、一九—二二を参照。

6　アンドリコスの下でのマケドニアー人の革命は一四九／八年、第三六巻九—一〇、一七を参照。

7　ラケダイモーン人とアカイアー人の間の紛争は前一五〇年に起こり、一四九／八年にローマの元老院はラケダイモーン人の独立を正当と認めた。

いて概観し終わったのであるから、あの目標を思い出し、いよいよそのテーマの最初へ戻る時である。

ハンニバル戦争の原因

六　ハンニバルとその時代を扱ったいく人かは、ローマ人とカルタゴー人の間の戦争がはじまった原因を示そうとして、第一に、カルタゴー人によるザカンタの攻囲を、㈡第二に、土地の人の間でイベールと呼ばれている川を条約[8]を破って渡ったことを強く主張している。㈢わたしは戦争のはじまりだったとは言うだろうが、原因である、ということには断じて賛成しない。㈣アレクサンドロスがアシアーへ渡ったこと[9]をペルシア人に対する戦争の原因であり、アンティオコスがデーメートゥリアースに上陸したこと[10]をローマ人に対する戦争の原因である、と言うのでなければ。どちらも適切ではないし、真理でもない。㈤誰がそんなことを原因だと考えるだろうか。すでに以前から、アレクサンドロスだけでなく、生存中からフィリッポスもペルシアに対する少なからぬ戦争の準備を達成していたし、同様にアイトーリアー人もアンティオコスの到着する前にローマ人に対して戦備を整えていたからである。㈥これは、初めと原因あるいは動機の間にある大きな、そして本質的な違いがわからない人の意見である。すなわち、後者はすべての事柄の最初であり、初めはそれの最後のものなのである。㈦わたしは、すでに決意した事柄の最初の計画と行動がすべての初めであり、原因は決心および決定に先行するものだと主張する。わたしが言っているのは、意図、心の状態、それらについて結論を出すことであり、それによってひとつの決心および決定に到達する。

㈧このことは次に述べることから明らかになるだろう。㈨何が真の原因であり、ペルシア人に対する戦争は何から起こったのかは誰にでも容易に把握できる。㈩最初の原因はクセノフォーンに率いられたギリシア人が上部太守諸領から帰還したことであった。そのさいにかれらは敵の地で

8　前二二六年のイベール条約（第二巻一三・七脚注を参照）。
9　アレクサンドロスがダーレイオスのペルシア帝国にたいして前三三四年にセストスからアビュドスへとヘレスポントスを渡ったこと。
10　アンティオコス三世が前一九二年秋にアシアーからテッサリアのプテレオンへ渡ったこと。

ある全アシアーを通過し、異民族の誰一人として戦いであえて面と向かって来る者はいなかった。[1] (二)二番目はラケダイモーン人の王アゲーシラーオスがアシアーに渡ったことである。[2] そのさい、かれは自分たちの計画にとって注目すべきこと、抵抗するものは何も見出さなかったが、その間、ギリシアにかんする混乱のために何もせずに帰還せざるをえなかった。(三)このことからフィリッポスはペルシア人の臆病と無気力に気づきかつ推論し、また戦争に際してのマケドニアー人の強さと戦争からの報酬の多さと素晴らしさを目の前に思い浮かべた。(三)そしてギリシア人から同意された好意を手に入れると同時に、ペルシア人のギリシア人に対する不法行為を罰することを急いでいるのだということを口実として用い、戦争する決意を固め、それに対するすべての準備をしていた。(四)それゆえに最初に述べられたことをペルシア戦争の原因と、二番目を口実と、アレクサンドロスがアシアーに渡ったことを始まりとみなさねばならない。

七　同様にアンティオコスとローマ人の間の戦争の原因はアイトーリアー人の憤怒と考えねばならないことは明らかである。(二)すなわち上述したように、かれらはフィリッポスとの戦争の終結にさいしてローマ人によって多くの点で軽視されたと思い、アンティオコスを呼び寄せただけでなく、あの時に由来する憤怒のために考えられるものはすべて行い、甘受することを引き受けたのである。(三)ギリシア人の自由は口実とみなさねばならない。かれらはそれをアンティオコスと共に都市から都市へと歩いて、空虚で、嘘の言葉で約束したのである。アンティオコスのデーメートゥリアスへの入港は戦争のはじまりだと考えねばならない。

(四)わたしがこれらのことについて回りくどい説明に深入りしてしまったのは歴史家への批判が目的ではなく、知識

1　前四〇一年キュロスとクレアルコスの指揮の下でアルタクセルクセスに反抗した一万人のギリシア人傭兵隊がバビュロン近郊のキュナクサでのキュロスの敗北と死、そしてクレアルコスが裏切りによって殺害された後、クセノフォーンの指揮の下で行程を北にとり、アルメニアを通り、トラベゾスの黒海海岸に達し、そこからカルケドンに進み、かれらの半数が前四〇〇年についにそこへと到達した。

2　前三九六年にスパルタ王アゲーシラーオスは八千人のスパルテーと同盟軍の兵をひきいてアジアへ渡り、前三九六年と三九五年に太守ティッサフェルネス、ファルナバゾス、ティトゥラウステスに対して、軍事的行動をとった。しかし強力な騎兵隊と攻囲訓練の不足のためにギリシア人の都市を守るための一連の略奪行動する以上のことはできなかった。プルータルコス『アゲーシラーオス』二五、ディオドロス第一五巻一九・四を参照。

欲の旺盛な読者に教えるためである。㈤医者が身体にかんする状態について無知だったら、病んでいる人にとって何の役に立つだろうか[3]。政治家はそれぞれの個々の出来事がいかにして、なぜ、どこにその出発点を持っているのか判断できなければ、何の役にたつだろうか。㈥すなわち、前者は正しい方法で身体の治療に取りかかれないのは当然であるし、政治家はこのような洞察なしでは、それぞれの状況において任務を果たすことができないであろう。㈦それゆえに何事もそれぞれの出来事の原因であるかのように注意したり、探求すべきではない。しばしば取るに足らないことから最大の結果が形成され、計画と意図は実行の前に行動を封じることが最も容易である。

戦争の原因についてのファビウスの見解に対する批判

八　ローマ人の歴史家ファビウスはザカンタに対しての不正行為と並んでハスドゥルーバルの権勢欲と支配欲がハンニバル戦争の原因だと主張する。㈡すなわち、イベーリアーで大きな権力の座を獲得した後、その後リビュエーに行き、法律を解体して、カルターゴー人の政体を独裁制に変えようとかれは企てた、と主張する。㈢国家の指導者たちはかれの計画に気づき、かれに抵抗するために連携した。㈣それに対して疑いをいだいたハスドゥルーバルはリビュエーを去り、それからは本国におけるカルターゴー人の会議に注意を向けることはせず、イベーリアーを自分の思い通りに処理した。㈤若い頃からかれの企ての協力者であり信奉者であり、今やイベーリアーでのかれの後継者となったハンニバルはかれの政策を継続した[4]。㈥それゆえ、今もカルターゴー人の意志に反してローマ人に対する戦争を自分自身の決断ではじめたのである。㈦カルターゴーの名声ある人びとの誰もハンニバルのザカンタに対する処置に賛

3　ポリュビオスは医者との比較を好む。第一一巻二五・二以下は暴動と取り組むスキピオと腫瘍を治療する医者との比較。第一二巻二七・八は政治家、医者、舵手を比較したテオポンポスの是認。第三三巻一七・一―二は医者から予言者の助けへと転じた病人のようなロドス人等。第一二巻二五ｄでは医学が歴史書と比較されている。この比較はソクラテス派とストア派の両者に共通している。

4　前二二一年、第二巻三六・一脚注を参照。

成はしていなかった。㈧このように述べた後で、ファビウスはつぎのように言う。前記の都市の占領後に、ローマ人の使節が到来して、カルターゴー人にハンニバルを引き渡せ、さもなければ戦争を引き受けよ、と要求した、と。㈨もし誰かがこの歴史家にこう質問したとする。カルターゴー人にとってこれより適切などんな機会があったのかあるいはこれより正しく、有利などんな処置があったのか、と。すなわちかれが主張するように、ハンニバルが行ったことには最初から不満だった。㈩だからローマ人によって要請されたことに従い、もっともな口実で不正の張本人を都市の共通の敵として引き渡し、国には安全を確保し、差し迫った戦争を回避し、規律で復讐できたその機会とその処置よりも、とこう質問したらこれに対してどう答えることができるだろうか。答えられないのは明らかである。㈡かれらは十七年間[1]ハンニバルの政策に従って戦争をつづけ、すべての望みを試し、祖国のそして自分自身の身体の危険が終局に達するのを見るに至るほどに、そうした考え方からは遠く離れていたのである。

九　何のためにファビウスとかれが書いたものにわたしは言及したのか。㈡誰かに彼の主張が信じられるのではないか、と心配したからではない。かれの非常識さはわたしが指摘しなくても、読者には自ずとわかるからである。㈢そうではなく、かれの書を取り上げる人に、著者の名前の権威ではなく、事実を見るようにと注意を喚起したいからである。㈣若干の人は述べられたことではなく述べた人に注意をはらい、この人は同時代の人であり、ローマの元老員の議員だったのだからと思い、かれによって述べらたことはすべて真実だと受け取ってしまうのである。㈤わたしは、著者の権威を絶対的なものと見なさず、むしろ事実それ自体から判断しなさい、と主張する。

㈥しかし、ローマ人とカルターゴー人の間の戦争に戻ると、すなわち、われわれの脱線はここから始まったのであるが、最初の原因はハンニバルの実の父であり、バルカス[2]という異名のハミルカルの怒りであったとみなさざるをえない。㈦かれはシケリアーをめぐる戦争にかんしては精神において打ち負かされていなかった。というのも、エリュ

1　すなわち、前二一八年―二〇二年。

2　バルカス（おそらく、セム語Barag照明）、艦隊を率いてブルッティウムの海岸を荒し（前二四七年）、シケリアに上陸してイルクラを占領、伏兵による絶えざる襲撃で、ローマ軍を釘づけにし、さらにイタリア海岸をクマエまで侵略した。二四四年にはエリュクスまで進攻したが、ドゥレパナの攻囲を解くことはできなかった。アエガステでカルターゴー海軍が敗れると講和した。

クスでかれによって指揮されていた軍隊を終わりまで戦闘力があり、決然としたままで維持していたと感じていたし、海戦でカルターゴーが敗戦したために、状況に屈して講和に同意したのだと考えていたからである。それゆえにローマと対決する決意を維持しつづけ、つねに攻撃の機会をうかがっていたのである。㈧もしカルターゴーで傭兵戦争が起きていなかったならば、[3]すぐに別のきっかけを作り、戦争の準備に取りかかっていただろう。㈨しかし国内のこの騒乱によって妨げられ、このことによってかれのすべての時間が費やさされ、注意が奪われたのである。

一〇　カルターゴー人がこの騒乱を制圧した後、ローマ人がかれらに戦争を通告した時、[4]最初は自分たちが正義において勝つだろうと考えて、交渉しようとした。㈡このことについては前の巻で明らかにしておいた、そしてその知識がなかったならば今述べていることにも、これから述べようとしていることにも適切についていくことは不可能である。

㈢しかし、ローマ人は交渉することを拒否したので、カルターゴー人は状況に屈服せねばならなかった。憤ってはいたが、それに対して何もできず、サルディニアを譲り渡し、この時点で戦争を受け入れることを強いられないために、千二百タレントを支払う用意があると宣言した。㈣それゆえに、このことを後に勃発した戦争の二番目のそして最大の原因と見なさねばならない。㈤ハミルカルは自分の怒りに市民のこのことに対する憤りをさらに加え、傭兵の反逆者たちを戦争で制圧し、祖国に安全を確立するとすぐに、ローマ人に対する戦争のための物資を用いながら、イベーリアーの征服に全力を投入した。㈥このことを三番目の原因とみなさねばならない。イベーリアーにかんしてはカルターゴー人にとって事が順調に運んだことを言っているのである。すなわちかれらはそこで獲得した力を信頼して戦争に突入したのである。[5]

㈦ハミルカルは二番目の戦争が起こる十年前に亡くなっていたとはいえ、[6]その勃発に最も大きく貢献したことについては、多くの証明を見出すことができるが、その証明のためには以下の記述でじゅうぶんだろう。

一一　ハンニバルがローマ人に戦いで敗れ、ついに祖国

3　第一巻六六―八八を参照。
4　第一巻八八・八を参照。
5　イベーリアーの人力の重要性については第二巻一三㈣脚注を参照。
6　前二二九年、第二巻一・七脚注を参照。

を離れてアンティオコスのもとで過ごしていたとき、[1]ローマ人はすでにアイトーリアー人の計画を看破し、王の目的を明瞭に承知しておくために、アンティオコスに使節を送った。[2]㈡使節たちはアンティオコスがアイトーリアー人に耳を貸し、ローマ人と戦争する気になっているのを見て、アンティオコスにかれについての疑いを起こさせることを望んで、ハンニバルに大いに接触した。事実かれらはそのことに成功した。㈢時が経過して、ハンニバルに対する王の不信感が高まり、かれらの間でひそかに育まれていた疑惑をついに口に出す機会が訪れた。㈣ハンニバルは散々弁明に努めたが、ついに言葉に詰まり、つぎのことに訴えた。㈤すなわち、こう述べたのである。

「自分の父が軍隊をひきいてイベーリアーへの遠征に出発しようとして、ゼウス[3]に犠牲を捧げている間、九歳だった自分は祭壇の傍らに立っていた。[4]㈥犠牲が首尾よく終って灌奠を神々に注ぎ、ほかの儀式に移った時、祭壇の周りのほかの人たちには少し下がるように命じ、自分を呼んで、遠征に同伴したいかどうか尋ねた。㈦自分が喜んで肯き、まだ子供だったので、そのことをしつこくねだると、父は自分の右手をつかみ、祭壇に連れて行き、犠牲の上に手を置いて、ローマ人には決して好意をいだかないと誓うように命じた」。

㈧このように自分の気持ちを明確に知らせた上でアンティオコスに対し、あなたの意図がローマ人に対して敵対的であるかぎり、私の中に最も誠実な支持者を持っていると考え、安心して信用するようにと求めた。㈨そしてもしあなたがかれらと和解し、友好関係を結んだら、その時は中傷を待つ必要はなく、私を信用せず、警戒されよ。自分はローマ人に敵対できることは何でもするから、と言った。

一二　アンティオコスはこれを聞くと、真の感情から、ありのままに話していると確信し、これまでの猜疑心を捨てた。㈡われわれはこれをハミルカルの敵意および全目標の議論の余地のない証拠とすべきであり、このことは事実それ自体からも証明されたのである。㈢すなわちかれは、ローマ人に対するこれ以上烈しいものは何もないほどの敵意を娘の夫ハスドゥルーバルと実の子ハンニバルに植え付けたのである。㈣ハスドゥルーバルは自分の意図を誰にも明白に示すことができるには死ぬのが早すぎた。しかしハ

1　前一九五年、リーウィウス第三三巻四七・七を参照。
2　前一九三年、使節はP・スルピキウス、P・ウィリウス、P・アエリウスだった（リーウィウス第三四巻五九・四―八を参照）。
3　おそらくカルターゴー人の最高位の神性バルサメンあるいはベエルサメンに。
4　前二三七年、第二巻一・七を参照。

ンニバルには実にさまざまの状況が父から受け継いだローマ人に対する憎しみを示すことを許したのである。㈤それゆえに政治家は次のことに慎重に気を付けねばならない。友好関係を結ぼうとしている、あるいはこれまでの敵と和解しようとしている人びとの政策について誤った判断を下さないことである。すなわち、かれらが状況によってやむを得ずそうしようとしているのか、それとも誠実な心でそうしようとしているのか、と。㈥それは、好機を窺っている人に用心し、ほかの人は忠実な家臣としてあるいは友人として信用し、かれらを必要とする場合にはかれらの尽力を無条件にえるためである。㈦ハンニバル戦争の原因は以上述べたことと考えねばならない。はじまりはこれから述べようとすることである。

一三　カルターゴー人はシケリアーをめぐる戦争での敗北を重く感じており、すでに述べたごとく[5]、サルディニアを奪われたことと最後に課された貢税の重さがかれらの怒りをさらに強めていた。[6]㈡それゆえ、イベーリアーの大部分を服従させるころには、すでにローマ人に対してほのめかされるいかなる報復に対しても準備を整え機会をうかがっていたのだった。㈢亡くなったハミルカルの後イベーリアーの統治を委ねられていたハスドゥルーバルの死が知らされると、カルターゴー人はまず軍隊の意見を待ち受けていた。㈣兵士たちは満場一致でハンニバルを司令官に選んだという報せが軍隊から到着すると、かれらはただちに民衆の一般集会を召集し、満場一致で兵士たちの選択を批准した。㈤ハンニバルは指揮権を受け取ると、オルカデス[7]という民族を制圧するためにただちに出発した。かれらの最も重要な都市アルタイアに到着すると、陣を張った。㈥そして精力的かつ驚愕的な攻撃を用いてただちにその都市を占領した。このことが起こると、ほかの都市は驚愕して降伏した。㈦彼は諸都市から税をきびしく取り立て、相当額の金を所有して、カルターゴー・ノウァの冬営地に赴いた。㈧指揮下にある部隊にたいしては寛大に対処し、共に戦う者たちに潤沢な給料を支払い、またそれ以上のことを約束してかれらのなかに自分に対する非常に大きな好意と未来への大きな希望を吹き込んだ。

一四　夏が到来すると[8]、ウァッカエイ族に対して新たな

5　一〇・三、四を参照。
6　ローマ人のカルターゴー人攻撃のテーゼを支持するための誇張。ディオドーロス二五・一二に同様の説明がある。
7　オルカデスはほかでは三三・九に言及されている。かれらは多分アナス川の上流に住んでいた。

遠征を行い、最初の攻撃でヘルマンティケ[1]を占領した。がアルブカレ[2]は都市の大きさと人口の多さのため、さらには住民の勇敢さのために、多くの骨の折れる攻囲でもって、奪取した。㈡その後、退却中に思いがけず非常な危険に陥った。その地方で最強の民族であるカルペタニ人[3]がかれに対して結集し、㈢同様にオルカデスからの逃亡者が駆り立てた境界を接する隣人がそれに流れ込み、ヘルマンティケから助かった人びとによって戦争へとあおりたてられた。㈣この敵に対してもし正々堂々の戦いで戦うことを強いられていたら、確実に敗れていただろう。

タゴス川での戦い

㈤ハンニバルは賢明にかつ巧みに退却し、タゴスと呼ばれる川を前線にし、その川の渡しで先端を開き、この障害および約四十頭持っていた象の戦闘力が非常に役立って兵士たちの予想を上回る勝利を得た。㈥すなわち、異民族は大部分の場所でその川を強行して渡ろうと企て、大半が殺された。象隊が先回りして岸辺を登ってくる者に沿って行ったり来たりしたからである。㈦また多くの兵士が川の中で騎兵によって殺された。馬はその流れをものともせず、騎兵が歩兵に向かって上から戦いを行ったからである。㈧最後は、逆にハンニバル軍の兵士たちが向こうへわたり、十万人以上の異民族を敗走させた。㈨かれらが敗れると、イベール川のこちら側の誰一人として、ザカンタ人以外はかれらに面と向かって戦いを挑むことは敢えてしなかった。㈩この都市は父ハミルカルの示唆と助言に従って、イベリアーのすべてを手中に収めるまではローマ人に戦争を起こす明白な口実をできるかぎり与えないために手を付けないでおこうとした。

8　前二二〇年。

1　プルータルコス『倫理集』二四八Ｅｆではサルマンティケと呼ばれており、現在のサラマンカ。

2　これはサラマンカ近くのアルボコラ人の鉱山都市。リウィウス第二一巻五。六を参照。

3　この人びとはタゴス、現在のシエラ・ディ・グアダンラマの北の山岳地帯と川の上流に居住していた（ストラボーン第三巻一三九、一四一―二、一五二）。リーウィウス（第三九巻三〇・二）はトレトゥム（トレド）をかれらの都市のひとつとして挙げている。

一五　ザカンタ人[4]は自分たちの将来を予見して不安になり、また同時にローマ人がカルターゴー人にとってイベーリアーでの事柄が順調に進んでいることを忘れないようにと絶えず使者をローマに送っていた。㈡かれらの言うことを何度も聞き流していたローマ人はその時になってやっと知らされたことについて調査するための使節を送り出した[5]。㈢ハンニバルはその頃、自分が計画したことをし終え、冬営するために[6]、カルターゴー・ノウァへ帰っていた。この都市はさながらイベーリアーの地でのカルターゴー人の飾り[7]、王冠のようであった。㈣かれはそこでローマの使節と出会い、会見を許して未解決の問題に対するローマ人の見解を聞いた。㈤ローマ人は、ザカンタには近づかないように、すなわち、かれらは自分たちの保護の下にあるのだからとし、また、ハスドゥルーバルとの合意にもとづいてイベール川を渡らないように[8]、と要請した。㈥ハンニバルはまだ若く、戦争への衝動に溢れ[9]、また諸々の計画で成功していた。またずっと以前からローマ人に対する敵意へ駆り立てられていた。㈦そこでかれらに対して、自分はザカンタ人のことは気遣っているとして、つぎのように抗弁した。すなわち、少し前ザカンタ人が内紛を起こしたとき[10]、ローマ人は解決のための調停を委託され、指導者のある者を不正に死刑にした。しかし自分たちカルターゴー人は条約を破った者を見逃すつもりはない。すなわち、不正を行った者は誰一人として見逃さないのがカルターゴー人にとって父祖伝来の慣習である。㈧ザカンタ人がローマ人との同盟を頼って、カルータゴーに従属している人びとに不正を働いているので、自分は何をしなければならないかを問い合わせるために、かれはカルターゴーに使者を送った、と。㈨かれは無分別と激しい怒りに満ちていた。それゆえ、本当の理由に拠るのではなく、根拠の無い口実に避難しよ

4　ザカンタはイベーリアーの東海岸カルターゴー・ノウァとイベール川の間にあるイベーリアーの都市。

5　明らかに前二二〇年の秋であり、ハンニバルがその年に戦役で成功した後である。

6　前二二〇／一九年冬。

7　ヘーロドトス第五巻二八に「ミレトスはイオニアの飾り」という表現がある。

8　ザカンタはイベール川の南百マイルにあり、なぜイベール条約に言及がなされたのかについては諸説がある。たとえばポリュビオスはイベール川の北にあると考えていたのではないか等。

9　ハンニバルが前二三七年にイベリアに行ったときは九歳で、二〇二年（第一五巻一九・三）には四五歳を超えていた。それゆえその年には二七歳だった。

10　すなわち、親ローマ人派と親カルターゴー人派間の党派争い。

うとしたのである。このことは、あらかじめ植え付けられた衝動によって適切なことを軽視する人びとが行うのが常である。㈩かれにとってローマ人からサルディニアの返還および同時にカルターゴー人の不幸を利用して不当に課した貢税の返還を要求し、もし躊躇するならば、戦争をするぞと主張する方がどれほど良かっただろうか。㈡さて、ザカンタにかんして真の理由は黙っていて、存在しない理由をでっち上げたかれは根拠なくというだけでなく、不正に戦争をはじめたように思われる。㈢ローマの使節たちは戦争は避けられないことをはっきりと悟り、政府に同じ抗議を伝えるためにカルターゴーへと出航した。㈢しかしイタリアではなくイベーリアーで戦争が行われるだろうと予期していた。そしてザカンタを基地として利用するだろうと考えていた。

第二次イッリュリアー戦争の原因

一六　この前提から出発して、元老院は、戦争は長期にわたり、故郷から遠く離れた所で行われるだろうと予測して、まずイッリュリアーの事態を安全にすることを決定した。㈡この頃[1]、ファロスのデーメートゥリオス[2]は以前ローマ人によってかれに与えられた好意を忘れ、以前はガッリア人からの、その時はカルターゴー人から迫って来る恐れのためにローマ人を軽視してもよいと考えた。㈢そしてかれはアンティゴノスの同盟者であり[3]、クレオメネースに対する戦争の協力者であったので、すべての望みをマケドニアーの王室に託して、イッリュリアー人のうちでローマ人に従属している都市を荒し、制圧し、条約を破って五十隻のボートでリッソスの外に航行し、キュクラデスの島々を荒していた[4]。㈣それを見たローマ人は、またマケドニアー

1　前二二〇年秋。
2　第一次イッリュリアー戦争後のかれの力の増大にかんしては二巻一〇・八、一一・一七を参照。前二二〇年にはテウタの縮小された王国の全支配権を得た。
3　デーメトゥリオスのアンティゴノスとの連結はガッリア戦争の時期の前二二五年に遡る。
4　この遠征にかんしては第四巻一六・六―九、一九・七―九を参照。

人の王室が盛りなのを見て[5]イッリュリアー人の過ちを糾し、デーメートゥリオスの忘恩と無思慮を非難し、罰するのに間に合うと信じて、イタリアの東方までを安全にすることを急いだ。㈤しかしかれらは計算を間違った。すなわち、ハンニバルが先んじてザカンタ人の都市を奪ったのである。㈥これによって、戦争はイベリアではなく、ローマのすぐ近くで、全イタリアで行われることになった[6]。㈦しかし、ローマ人はこの計算を用いてよい季節の初めにルキウス・アエミリウス[7]を軍隊と共にイッリュリアーへ送りだした。第一四〇オリュンピアー期の一年目[8]のことである。

ザカンタの陥落[9]

一七　ハンニバルはカルタゴ・ノウァを出発し、ザカンタに向かって進軍して行った[10]。㈡この都市はイベーリアーとケルティベリア[11]の境界を形成する山脈の海まで達する支脈にあり、海からは七スタディオン（一・二六キロ）離れている。㈢ザカンタの領域はあらゆる作物を産出し、イベーリアー全体で最も肥沃である。㈣ハンニバルはこの都市の前に陣を張り、力でそれを奪った場合にそれがもたらす大きな利点を予見して、精力的に攻囲を行った[12]。㈤第一に、戦争をイベーリアーで開始するという希望をローマ人から取り上げることができると考えた。第二に、驚愕させることによって、すでに服従している者をさらに秩序ある

5　ここでの一般的考察はアンティゴノスの南ギリシアにおけるマケドニアの再興およびかれ自身の同盟での指導者としての成功に言及している。
6　一五・一三との対比。
7　前二一九年の執政官はアエミリウス・パウルスとリーウィウス・サリナトルだった。
8　第一四〇オリュンピアー期の一年目は前二二〇／一九年である。
9　確かさという点では劣るが、さらに詳細はリーウィウス第二一巻七・四—九・二、一一・三—一五・二、ディオドーロス第二五巻一五。
10　攻囲は前二一九年春にはじまり、八ケ月つづいた。
11　ポリュビオスではケルティベリアは北東スペインを意味し、イベリアはジブラルタル海峡までの海岸地方に限定されている。
12　リーウィウス（第二一巻八・四）は攻囲にあたり十五万の大軍を投じた、と記述している。しかしこの都市はアテーナイのアクロポリスの二倍の規模の要塞に過ぎない。

者にし、いまだ独立している者はより慎重な行動をとるようになると確信していた。㈥しかし最も重要なことは、敵を後に残さずに安全に前方へ進軍できることだった。㈦これは別として、かれの今後の計画の遂行のための潤沢な資金が獲得でき、都市を征服するさいに約束されている分け前が豊かに与えられることによって軍隊の戦争意欲を高め、そして最後に、送られるだろう戦利品によって、故郷のカルターゴー人の好意がえられるだろうとかれは考えた。㈧かれはこうした計算をしながら、精力的に攻囲に専念していた。ある時は、兵士たちに自分を手本として示し、ある時は、攻囲の仕事の苦労に個人的に加わり、ある時はかれらを戦いへと駆り立て、またある時は自ら向こう見ずに突進しながら。㈨さまざまな苦労と困難を重ねた後、八ケ月目に強襲してこの都市を奪った。

㈩金と捕虜と財産の膨大な量の戦利品が手に入り、金は最初からの計画通りに自分の攻撃のために残しておき、捕虜は現金にかえて、功績に応じてかれの兵士たちの間に分配し、その他の戦利品はただちにカルターゴーに送り出した。⑪こうしたことを実行したかれは計算に誤りなく、また最初からの計画の的を外すことなく兵士たちをますます戦争する気にさせ、カルターゴー人をかれの要求に傾かせ、かれ自身は財産を貯えておくことによって、その後、多くの必要なものを手に入れた。

一八　同じ頃デーメートゥリオス[1]はローマ人の計画を知るとすぐ、強力な守備隊をそれにふさわしい戦争必需品と共にディマレー[2]へ送った。ほかの都市からは政敵を滅ぼし、権力を友人の手に渡し、㈡自分自身は配下の兵士から最も勇敢な者を六千人選び、ファロスに宿営させた。㈢ローマ人の執政官は軍隊と共にイッリュリアーに到着し、敵がディマレーの要塞堅固なこと、装備さらにはそれが難攻不落と思われていることを当てにしているのを見ると、敵を驚愕させるために、かれらへの攻撃を決心した。㈣指揮官を励ました後、都市に対して幾つかの個所で攻囲の道具を組み立て、攻囲しはじめた。㈤七日目にそれを占拠し、一撃で敵の精神を粉砕した。㈥そこでかれらはすぐにすべての都市から無条件でローマ人に降伏するために群れをなしてやってきた。㈦適切な条件でそれぞれを受け入れた後、デーメートゥリオス[3]自身を攻撃するために、ファロスへ航行した。㈧都市が堅固であり、多数の様々な人びとがそこ

1　ファロスのデーメトゥリオスは前二二九年から二一四年までのイッリュリアーの君主。

2　第七巻九・一三を参照。ディマレーはデュラキウム（エピダムノス）の後ろに位置していた。リーウィウス第二九巻一二・三、一二・一三のディマルムである。

に集められていて、さらに糧食もそのほかの戦争必需品もよく用意されていると聞いていたので、攻囲は困難であり長引くかも知れないと恐れた。㈨これらすべてのことを予知していたので次のような戦術を用いた。㈩すなわち、夜の間に全艦隊でその島に接岸し、軍隊の大部分は森に覆われた窪地に上陸させ、(一一)夜が明けると、二十隻の船でその都市に最も近い港へとわざと敵に見えるように航行して行った。(一二)デーメートゥリオスはその船を見るとその数をあなどり、敵の上陸を阻止しようと港へ殺到した。

一九　戦いは非常に烈しいものだった。都市からますます多くの部隊が援助に繰り出して来た。最後には全住民がその戦いになだれ込んだ。㈡ローマ人のうち夜の間に上陸していた者たちが、場所を利用しながらその瞬間に介入し、㈢都市と港の間にある丘を要塞として押さえ、都市から救援に駆けつける者を遮断した。㈣デーメートゥリオスは起こったことに気づき、上陸する者を妨害することを諦め、丘を占拠している者たちに対して戦列を敷いて戦い抜こうと決意し、相互に励まし合いながら前進した。㈤ローマ人は敵が元気溢れる、組織だった攻撃をはじめたのを見ると、歩兵中隊でもって勇敢に反撃した。㈥同時に、船から上陸した兵士たちが、起こった出来事を見て背後から押し迫り、四方から攻撃してイッリュリアー人の間に少なからぬ騒ぎと混乱を引き起こした。㈦正面からも背後からも圧迫されて、ついにデーメートゥリオス軍は敗走した。ある者たちは都市へ逃げたが、大部分は道とはいえない道を通って島に向って四散した。㈧デーメートゥリオスは事に備えて人目に付かない場所に繋留していた数隻の快速艇に乗り込み、夜になると出航し、思いもよらずフィリッポス王のもとに渡り、そこで残りの人生を過ごした。㈨[4]彼は向こう見ずさと大胆さは持っていたが、無思慮で全く判断力に欠けた人物だった。㈩それゆえに、彼の全人生の信条に非常に近い終わりが彼に生ずることになったのである。(一一)すなわち、

3　現スタリグラド（チヴィタヴェチア）の遺跡上にあるファロスの都市はその島の北西の長い湾の先端の肥沃な平地にある。

4　㈨―(一一)はデーメトゥリオスの性格と死についての説明。ペロポネソスをフィリッポスが支配するように説得しようとするデーメトゥリオスの試みとは繋がらない。逆の説明にかんしては、第五巻一二・五以下、第七巻一四、第九巻二三・九を参照。デーメトゥリオスのメッセーニアーへの攻撃にかんしてのパウサニアースの混乱した翻案（第四巻二九・一―五、三二・二）、これはデーメトゥリオスをその名をもつフィリッポスの息子と同一視しているが、デーメトゥリオスをアルゴリドに上陸させている。その日付は多分フィリッポスの第二次メッセーニアー攻撃の前の二一四年の秋だった。

フィリッポスの意見に同調してメッセーニアー人の都市を行き当たりばったりに、無計画に奪おうと計画し、その作戦を実行している間に命を落としたのである。その詳細については、そのことがテーマとなる箇所で明らかにすることにしよう。

㈢ローマの執政官アエミリウスはファロスをただちに攻撃で占領し掃滅した。ほかのイッリュリアーの領域を手中に収め、すべてを自分の判断で秩序づけた。そして夏が終わる頃、ローマへ戻り、凱旋行進をしてまたあらゆる名誉を授かりながら市内に入った。[1]㈢かれはことを巧みに処理しただけでなく、勇気も合わせ持っていたと思われる。

第二次ポエニ戦争

二〇　ザカンタの陥落の報せが耳に入った時、ローマ人は戦争すべきか否かの問題にかんして決して議論はしなかった。ある歴史家たち[2]はこれが行なわれたと主張し、さらに双方から述べられたという演説を付け加えさえしているが、あらゆることのうちで最もばかげたことである。㈡一年前にザカンタの領土にもし足を踏み入れたら戦争だ、と通告したローマ人が、[3]その都市自体が攻撃されて奪われた今、どうして戦争すべきか否かを協議するために集まったのか。㈢かれらは一方で元老院の驚くべき陰鬱さを描写し、他方議論に加わる父親が十二歳以上の息子を連れて来たと述べながら、なぜ、またいかなる方法でそこで議論された秘密のひとつすら身内の誰一人にも漏らさないのか。㈣そのどれひとつとしてありそうもないことであり、断じて真実ではない。ゼウスに誓って、もし運命がほかのものに加えてこのことを、すなわち、誕生の時からすでに思慮する能力をローマ人に[4]授けているのであれば別だが。㈤カイレアスやソシュロスが著したような駄作に対してそれ以

1　第四巻六六・八を参照。時は二一九年の晩夏。

2　五を考慮すると、カエレアスとソシュロスであることは明らかであるように思われる。

3　二二〇／一九年にザカンタからカルタゴへ行った使節については一五・一二を参照。

4　Jacoby,FGH、一七六（ソシュロス）、一七七（カイレアス）。

上個人攻撃することは余分である。すなわちこれは歴史ではなく、床屋や路地のくだらぬおしゃべりと評価されるべきものである。

㈥ローマ人はザカンタを見舞った報せが耳に入った時、ただちに使節を選んで[5]すぐカルターゴーへ送りだし、二つのうちのどちらかの選択を迫った。㈦そのうちのひとつはもしカルターゴー人が選べば、彼らが名誉と利益を同時に損なうように思われ、もうひとつは大きな紛糾と戦争の始まりを意味していた。㈧すなわち、司令官ハンニバルとかれの幕僚のメンバー[6]をローマ人にひき渡すことが命じられ、さもなければ戦争が通告された。㈨さて、ローマ人が到着し、カルターゴー人の議会にあらわれ、その要請を公示すると、カルターゴー人はその提示の選択を不快な気持で聞いていた。㈩しかし、かれらの中から最も適切な人を選んで、自分たちについて弁明しはじめた。

二一　かれらはハスドゥルーバルとの協定[7]は、締結されていないし、もし締結されていたとしても自分たちの意見を問うことなく行われたのだから自分たちにとっては関係ない、としてあっさり無視した。㈡この点にかんしてかれらはローマ人自身の先例を引き合いに出した[8]。すなわち、シケリアーをめぐる戦争でルタティウスのもとで締結された平和条約は、すでにルタティウスによって合意されていたがローマの民衆は自分の意見が入れられていなかったために無効にした、とかれらは主張した。㈢かれらはすべての弁明をシケリアー戦争で締結された最後の条約に押し付け、それに頼った。㈣その中ではイベーリアーについて書いたものは何もない、しかし双方の同盟国にとっての双方からの安全については、はっきりした言葉で書かれている、と主張した。㈤ザカンタは当時ローマ人の同盟者ではなかったことを明らかにし、この目的のために条約を何度も朗読した。

㈥しかし、ローマ人はもはや法律問題の説明には加わろうとはせず、ザカンタ人の都市がまだ無疵のままだったら、ことは法律上の争いを許し、論争点の討議も可能だろう、と主張した。㈦この都市の占拠によって条約が破られた今はカルターゴー人は犯罪者を引渡さねばならない、そのことがかれらが犯罪に関与しておらず、それが自分たちの承

5　かれらの名前はM・ファビウス、M・リウィウス、L・アエミリウス、C・リキニウス、Q・バエビウスでそのうちM・リウィウスとL・アエミリウスが二一九年の執政官だった。

6　多分カルターゴー政府の代理人。

7　第二巻一三・七を参照。

8　第一巻二〇・一五を参照。

認なしに犯されたことを明らかにするだろう。㈧あるいはもしそうすることを拒否し、かれらとの共犯を認めるならば戦争をひき受けねばならない。

㈨この論争の間、ローマ人とカルターゴー人の間の条約の問題は多かれ少なかれ一般的な言い方で扱われていた。この点をさらに詳細に検討することが必要であるように私には思われる。すなわち、こうした問題において、いかなる重大な論争においても過ちを避けるために正確な情報をもつことが義務であり、また関心がある実践的な政治家にとっても、[1]㈩また歴史を研究する人にとっても歴史家の無知と偏見によって邪道に導かれることを防ぐために、最初からわれわれの時代までの[2]ローマ人とカルターゴー人の間で締結された条約[3]について、正確だと一般的に認識されている概観があることが役にたつだろう。

ローマ人とカルターゴー人の間の最初の条約

二二　ローマ人とカルタゴ人の間の最初の条約は王の追放後、最初に任命された執政官ルキウス・ユニウス・ブルトゥスおよびミヌキウス・ホラティウスの下で締結された。かれらによってカピトルのジュピター神殿が奉献された。

㈡これはクセルクセスがギリシアに渡った時よりも、二十八年前である。[4]㈢これをできる限り正確に翻訳して下に書き留めておく。しかしラテン語の場合、今の言語と古代言語との相違は非常に大きいので、最も精通している人でも深く研究したにもかかわらず、いくつかはほとんど理解できないほどである。㈣条約は次の通りである。

次の条件でローマ人とローマ人の同盟者そしてカルタゴ人とカルターゴー人の同盟者との間に友好関係が成立する

1　おそらく第三次ポエニ戦争の突発の前の重大な年の元老院議員のことをポリュビオスは念頭においている。

2　事実上は前二一八年まで。ザマの戦いの後の条約は作品の当該箇所の中で扱われている。

3　この条約について日本人で学問的に最初に論及したのは長谷川博隆であるように思われる。（『カルタゴ人の世界』講談社学術文庫六五頁以下）。

4　クセルクセスは前四八〇年の春にヘッレースポントスを渡った。従って共和国の最初の年は五〇八／七年である。

ものとする。

㈤ローマ人とローマ人の同盟者は美しい岬[5]の向こう側を航行してはならない、㈥もし嵐あるいは敵によって強いられるのでなければ。㈥心ならずも運ばれて来た人には、船の修理あるいは供儀のために要求される以外のものを買ったり、持ち去ったりすることは許されない。㈦（その人は五日以内に立ち去ること）。

㈧商売のために来た人は、伝令あるいは役場の書記がいる場合を除き、法律上有効な取り引きをしてはならない。㈨かれらの立ち会いの下で売られた物の代価は、もしその商売がリビュエーあるいはサルディニアでおこなわれたならば、売り手にとって国家によって保証される[6]。

㈩ローマ人がシケリアーにおけるカルターゴー人の領土に来たならば、ローマ人は他の民族と同等の権利を享受する。㈡カルターゴー人はアルデアイ、アンティウム、ラウレンティウム、キルケイイ、タラキナの人びとあるいはローマ人に従属しているラティウムの都市の人びとに対して危害を加えてはならない。

㈢従属していないラティウムの人びとに接した場合には、かれらの都市から離れていなければならない。もし奪った場合にはローマ人に無傷で返さねばならない。㈢ラティウムに要塞を建ててはならない。もし武器を携えてその領域に入ったならば、その領域で夜を過ごしてはならない。

5　問題になる三つのアフリカの岬は白岬（ラス・アビアド）、ローマ人にとってはカンデウテウム岬として知られている（プリニウス第五巻二三）。ファリナ岬（ラス・シディ・アリ・エル・メッキ）、ラテン語のプルクリ岬（リウィウス第二九巻二七・八以下）。ボン岬（ラス・アデル）、ラテン語のメルクリ岬（リウィウス、同箇所）、ポリュビオスはそれをヘルマイア岬と呼んでいる（第一巻二九・二一、三六・一一）。

6　これは国家が債務を引き受ガリアいうことではなく、支払い不履行者がいたら支払うように強いることを意味するにすぎない。

最初の条約への注釈

二三　美しい岬とはカルターゴーのすぐ前の北に向かって横たわっているものである。㈡カルターゴー人はローマ人がこの南を軍艦で航行することを禁じた。その理由はかれらがビュサティス[1]周辺の地方およびシュルティス・ミノルの地域を知ることを望まなかったからだ、と思う。その地方は土地の肥沃さゆえにエムポリア（商売）と呼ばれているからである。㈡誰かが嵐によってそこへ運ばれあるいは敵によって追いたてられて来て、供儀のためまた船の修理のために何かを必要とする場合には、これは得られるが、これ以外は何も得てはならない、とかれらは考える。また停泊した者たちは五日以内に立ち去らねばならない。[2]・ローマ人は商売の目的でカルターゴーそれ自体、美しい岬のこちら側のすべてのリビュエー、サルディニア、シケリアーにおけるカルターゴー人の領土へ、航行することが許されている。カルターゴー人の国家はかれらの正当な債務の支払いを保障することを引き受ける。

㈤この条約の文言はカルターゴー人がサルディニアおよびリビュエーを自国領と考えていることを示している。シケリアーについてはかれらの関心を定義するために別の言葉を用いている。そして条約のなかで自分たちの支配下にある部分についてのみ言及している。同様にローマ人はラティウムにかんしてのみ条項を作っているが、イタリアの残りについては言及していない。それがかれらの支配下にないためである。

1　ビュサティス、ラテン語名ビュザキウムにかんしては第一二巻一・一を参照。ハマメット湾からガベス湾にかけてのその後背地を含んだ領域（プリーニウス第五巻二四。リーウィウス第三三巻四八を参照）。

2　二二一・七を参照。

第二の条約

二四　その後かれらは別の条約を作った[3]。その中でカルターゴー人はテュロス人とウティカ人を包含し、㈡美しい岬のほかにマスティアとタルセイオンに言及し、その地点を越えてローマ人は侵略の遠征をあるいは商売を行ってはならないし、都市を建設してもいけないとした。

㈢その条約は以下の通りである。

以下の条件でローマ人とローマ人の同盟者およびカルターゴー人とテュロス人、ウティカ人、その同盟者との間に友好関係があるものとする。㈣ローマ人は美しい岬、マスティアとタルセイオン[4]の向こう側で侵略も商売も行ってはいけない、また都市を建設してもいけない[5]。

㈤カルターゴー人がラティウムで、ローマ人に従属していない都市を占領した場合には、全財産および人は所有することを許すが、都市はローマ人に返却すべし[6]。・カルターゴー人が、文書の条約の定めるところによりローマ人と友好関係はあるが服従していない人びとのある者を捕虜にした場合には、ローマ人の港に入港させてはならない。もし彼がそこへ連れてこられて、ローマ人が所有権を主張する場合には[7]、その人は自由人とすべし。㈦同様にローマ人も同じようなことをしてはならない。

3　もしポリュビオスの第一条約が前五〇九年とすると、この条約はおそらくリーウィウスとディオドーロスの第一条約と同一視され、年は前三四八年である（リーウィウス第七巻二七・二、ディオドーロス第一六巻六九・一）。長谷川博隆『カルターゴー人の世界』八〇頁以下を参照。

4　これはタルソスのマスティア人、マスティアのタルセイオン人とさまざまに訳される。マスティアは普通マスティアノス人と関連づけて考えられている（三三・九を参照）。そしてそれは後のカルタゴ・ノウァの領域を支配していた。

5　この条項の効力はローマ人およびその同盟者を西地中海におけるいかなる海運活動から排除することであった。

6　この言及は戦争ではなくて、海賊行為に関するものであり、とくにアンティウムに適用される。それに対してローマ人は三八六年と三七七年に戦争し（リーウィウス第六巻六—八、三二）、三四六年の勝利（リーウィウス第七巻二七）が歴史に記録されている。そしてこれがこの条約の三四八年を保証する。長谷川八〇頁以下を参照。

7　すなわち自分の奴隷だとして権利を主張すること。

(八)カルターゴー人が支配している領域からローマ人が水あるいは糧食を得る場合には、この供給された物でカルターゴー人と平和と友好関係にある国民のメンバーに不正を行ってはならない。(九)同様にカルターゴー人もそれを行ってはならない。(一〇)もしある一行がそうした場合には、傷つけられた人は個人的に復讐すべきではない。誰かがそんなことをしたら、かれの悪事は国家に対する犯罪とみなすべきである。

(二)サルディニアとリビュエーではローマ人は商売を行ってはならないし、都市を建設してもいけない。食料を準備し、船を修理するのに必要である以上に長くサルディニアあるいはリビュエーの港に留まってはいけない。もし嵐によって押し流された場合には五日以内に出航すべし。

(三)シケリアーのカルターゴー人領土あるいはカルターゴーで商売を行ってよいし、市民に許されている物は売ってもよい。(三)同様にカルターゴー人もローマでそうしてもよい。

第二条約についての注釈

(四)この条約で、ふたたび、そしてさらに強調してカルターゴー人はリビュエーとサルディニアにかんして所有権を要求し、ローマ人に対しすべての渡し場から上陸することを禁止している。(五)シケリアーについては逆にカルターゴー人の主権が及ぶ限り、と明記している。(六)ラティウムの領域についてはローマ人の方も同様で[1]、カルターゴー人に対しアルデア人、アンティウム人、キルケイイ人、タラキナ人に対して不正を行ってはいけない、と要求している。これらはラティウム地方の海岸を縁取っている都市である。これら同盟都市ためにこの条項を付記したのである。

1　二三・六を参照。

第三の条約[2]

二五　最後の条約はピュッロスのイタリア侵入の時に[3]、カルターゴー人がシケリアー戦争[4]をはじめる前に締結された[5]。㈡この条約は以前の合意項目はすべて維持し、以下のことを追加している。

㈢[6]ローマ人とカルターゴー人がピュッロスに対して文書による同盟をなす場合には、戦争が行われている国で互いに援助することが可能であるように、双方が締結すべきである。

㈣どちらかに援助の必要がある場合には、カルタゴ人は輸送にも、攻撃にも船を用立てるべし。給料はそれぞれが自分の兵士のために支払うべきである。

㈤カルターゴー人は必要がある場合は海でローマ人を援助するように。誰も乗組員を意志に反して上陸することを強いてはならない。

2　明らかにディオドーロス（二二巻七・五）の同盟と二七九／八年に年代付けをしているリーウィウスの条約更新である。
3　前二八〇年五月。
4　すなわち第一次ポエニ戦争。
5　第三の条約は前二七九／八年に締結されたのであり、ピュッロスは前二八〇年五月にイタリアへ渡ったのであるからこの表現は不正確である。
6　㈢—㈤の条項の読み方、構成、目的については多くの論争がある。長谷川博隆八八頁以下を参照。

条約を結ぶさいの誓いの形式[1]

㈥誓いは次のような形式で行わねばならなかった。最初の条約ではカルタゴ人は父祖伝来の神々において、ローマ人は昔の習慣に則り、ジュピター・ラピス（石）において、後の条約ではマールスとキリヌス[2]において誓った。㈦ジュピター・ラピスでの誓いは次のように行われる。条約の誓いを行う人は石を手にとり、国の名前で誓った後、次のように言う㈧「誓いを守ったわたしに良いことがあるように。もしわたしが別様に考え、行動したならば、ほかのすべての者が自分の祖国において、自分の法において、自分の生活、神殿、墓において無事である時に、わたしだけがこの石のように投げ出されるように」㈨こう言って石を手から投げる。

1　六―九は誓い。ポリュビオスがこれらを別々に与えていることは上述の完全なテキストを翻刻したことではないことの証拠である。カルタゴ人の祖国の神々については第七巻九・二―三を参照。

2　プルータルコス「ロムルス」二九・一では「ロムルスの別名キリヌスはマールスの異名同義」と記述されている。

二六　さてこのような条約が存在しており、そして条約文はジュピター・カピトリウムの神殿のそばの造営官の国庫の中に青銅板で保管されているので、㈡このことについて歴史家フィリノスによって書かれていることをわれわれはただ驚きをもって読むだけである。かれがそのことを知らなかったことを驚くのではない。すなわち、このことは驚くべきことではないのである。われわれの時代にあってもローマ人およびカルターゴー人の最長老の人たちも国事について一生懸命になったと思われる人びともこの記録を知らなかったからである。㈢しかし、どこから、どのような典拠に基づいて逆のことを言う勇気を得たのか。―　すなわち、ローマ人とカルターゴー人の間には条約があり、それに基づいてローマ人は全シケリアーから、カルターゴー人は全イタリアから離れていなければならなかったのである。㈣そしてローマ人は最初にシケリアーに渡った時、条約と誓いを破ろうとしたのだ、と言う。そのような合意は行われなかったし、文書として存在もしていない。㈤かれは二巻で明白にそう言うのである。われわれはこの史書の序でそのことについて述べておいたが、個々の説明はこの時点まで延ばしておいた。すなわち、フィリノスの文書を信用した多くの人がこの点で真理から遠ざけられ間違った概念を抱かされているからである。㈥もし誰かが、ローマ人がシケリアーに渡ったことに関して、かれらがそもそもマメルティニ人を友好関係に受け入れ、メッセーネーの都市に対してだけでなく、レーギオンの都市にも恥ずべき裏切りを行ったかれらを要請に応じて援助したときに[3]過失を見出したのであれば、その非難にはじゅうぶん根拠がある。㈦しかし、渡ったことで誓いと条約を破ったと考えるのであれば、明らかな無知に基づいている。

二七　ところで、シケリアー戦争が終わったとき、別の条約が作られた。その主要な規定は以下の通りである。㈡[4]カルターゴー人は全シケリアーおよびイタリアとシケリアーの間にあるすべての島[5]から撤退すること。㈢双方の同盟者は双方による攻撃から安全であること。

3　メッセーネーとレーギオンの占拠は第一巻七・一以下で詳説されている。
4　㈡―㈥は前二四一年の条約。最初の草案と後の修正については第一巻六二・八―九、六三・一―三を参照。ディオドーロス第二四巻一三を参照。
5　リパラとアエガテス諸島。

㈣双方のどちらも相手の領土で賦役を課したり、公的な建物を建築したり、兵士を徴募したり、相手の同盟者と同盟を結ばないこと。㈤カルターゴー人は十年の期限内に二千二百タレントを、ただし、追加として千タレント即座に支払うべきこと。㈥カルターゴー人はすべての戦争捕虜を釈放金なしでローマ人に引渡すべきこと。

㈦[6]その後ふたたび、リビュエー戦争が終わったとき、そしてローマ人がカルターゴー人にたいして宣戦布告をしようとするまでに至ったとき、㈧これはすでに言及したことであるが、カルターゴー人はサルディニアを撤退すること、新たに千二百タレントを支払うこと、という条項が条約に付加された[7]。㈨これらに加えて最後にカルターゴー人はイベール川を渡らないこと、というイベーリアーでのハスドゥルーバルとの申し合せがくる。[8]㈩ハンニバルの時代までのローマ人とカルターゴー人間の外交史的関係はこのよ

6　㈦―㈧は前二三八／七年の付加条項。第一巻八八・一二、第三巻一〇・三を参照。
7　前二三八／七年の付加条項。第一巻八八・一二、第三巻一〇・三を参照。
8　イベール条約のさまざまな問題については第二巻一三・七脚注を参照。

うなものだった。

二八　ローマ人がシケリアーへ渡ったことは条約に違反していなかったことをわれわれは見てきたのであるが、サルディニアにかんする条約の締結を招いた第二の戦争、これはローマ人によってただ布告されただけのものであるが、これについては同様の筋の通った口実、原因は見つけることは不可能である。㈡この場合、カルターゴー人は状況のまったくの必要に迫られて、またあらゆる正当性に反してサルディニアを撤退し、上記の賠償金を支払うことを強いられたのだということが認識されるに違いない。㈢このことについてローマ人によってなされた抗議、すなわち、カルターゴー人はリビュエー戦争でアフリカへ行ったローマ人の商人に暴行したという抗議は、ローマ人がカルターゴーの港へ連行された全員を取り戻し、そのお礼に釈放金なしで、贈物として、かれらのもとにいた捕虜を返還した時に、根拠のないものとなっていた。㈣それについては前の巻で部分的に明らかにしておいた。[1]

㈤こうした事実を確証した後で、つぎにハンニバル戦争にかんしてどちらに原因を帰すべきか、吟味し考察する問題が残っている。

ローマ人のカルターゴー人に対する言い分

二九　カルターゴー人の主張はすでに明らかにしたので、ローマ人の返答を述べることにしよう。かれらがザカンタの事件のために惹き起された全体的な憤りのためにこの論拠を用いなかったのは事実である、しかしそれはそれにつづく多くの機会に多くの人々によってローマで言われたことである。㈡まず、ハスドゥルーバルとの協定は、カルターゴー人が執拗に弁明するように[2]無視されるべきではないことをかれらは強く主張する。㈢すなわち、それは、「この条約はローマ人の民衆が承認したら効力を持つこととする」というルタティウスによって作成された条約の場合のように付帯条項を含んでいない。これに反して、ハスドゥルーバルは絶対的な権限をもって協定を結び、その中では、

1　実際は第一巻八三・七。

2　二一・一脚注を参照。

「カルタゴ人は武装してイベール川を渡らない」と規定されていた。[3] ㈣次にシケリアーについての条約では、カルタ一ゴー人も認めるように、「双方の同盟者は相手による攻撃からは安全である」という条項を含んでいた。しかも、カルタ一ゴー人がそれを解釈したように、当時同盟者だった人びとにのみ適用されるのではない。㈤さもなければ、これまでの同盟者以外ほかの同盟者は認められない、という付帯条項かあるいは、後から受け入れられた者はこの条約には含まれない、という付帯条項が作られていただろう。㈥しかしながらこのどちらの条項も付加されていないので、相手のすべての同盟者、すなわちすでに存在していた者も、後から加えられた者も攻撃からは免れているべきことを双方が保証したことは明らかである。㈦これは完全に筋が通っているように思われる。すなわち、状況によってその友好関係が自分たちにとって有利であると思われる人びとを同盟に認める自由が奪われる条約を双方は絶対に結ばなかったであろうし、㈧さらにかれらがこのような人びとを自分たちの保護のもとに入れたならば、その人びとが他の国民によって危害を加えられるのを傍観してはいなかったであろう。㈨むしろ、双方がこの条約を作ったときの主要な意図は、双方は相手のすでに存在している同盟者の攻撃を控えるべきである、そしてどんなことがあっても、相手の同盟者を自分自身の同盟体系の中へ迎えいれるべきでない、ということであった。㈩この条項がとくに適用される後からの同盟者にかんしては、各々の支配領域あるいは同盟者の領域では兵士を徴募したり賦役を課さないことをかれらは保証していた。

三〇　事の次第はこのようであった。ザカンタ人がハンニバルの時代よりずっと前から、すでにローマ人の保護の下に入っていたことは明らかだった。[4] ㈡この最大の証拠、かつカルタ一ゴー人自身にも同意されている証拠は、カルタゴ人がかれらの近くにいて、イベーリアー人の事柄にすでに積極的に関与していたにもかかわらず、ザカンタで政治的な争いが起こったときに、かれらに調停を依頼しなかったことである。㈢従って、もしザカンタの破壊をハンニバル戦争の原因だとみなすならばカルタ一ゴー人は争いをはじめたことにおいてふたつの見地から不正であったと判断されざるをえない。ひとつは、両勢力の同盟者は相手による攻撃から安全であることを規定したルタティウスの条約の見地からであり、もうひとつは、カルタ一ゴー人は

3　ザカンタはイベール川の西岸。

4　この同盟の日付については第二巻一三・七脚注を参照。

武装してイベール川を渡らないことを保証したハスドゥルーバルとの合意の見地からである。㈣他方、戦争の原因をローマ人によるサルディニアの併合およびかれらがカルタゴー人から強請した増額された賠償金と同一視したならば、後者は戦争に着手する充分な理由をもっていたことに同意せざるをえない。かれらは以前に状況に屈したように、自分たちに不正を働いた人びとに仕返しするために今や状況の有利さを利用したのである。

歴史における因果関係の研究[1]

三一　さて、ある無批判な読者は、この種の考察をこのように些細な詳細にわたってわたしが議論することは必要でないと思うかもしれない。㈡わたしの返答は、いかなる偶発性にも対処できるほどに自分は自足している、と信じている人がいるとすれば、過去の知識はかれにとって利益だが是非必要なものではないことをわたしは受け入れるべきだということである。㈢しかしながら、もしも私的な生活、公的な活動を処するにあたってこのような全知を要求できる人は誰一人として見出されないとすれば、—物の分かった人なら誰でも、たとえすべてが自分にとって順調であったとしても、確信をもって未来をあてにしないだろうから[2]—㈣わたしが記述したような過去の出来事の知識は単に遺産だけでなく絶対的に必須であることを強調しておこう。

㈤もしある人自身が不正をされ、また祖国に不正が行われたとき、どのようにして援助者を、また同盟者を見つけるだろうか。あるいは何かを獲得しよう、事業を先にはじめようと熱心になっている人は自分の計画に励みをつけるためにどのようにして協力者をみつけるだろうか。㈥最後に、もし誰かが現況に満足しているとすれば、自分自身の

1　ポリュビオスは七・四—七と二一・九—一〇で因果関係を強調する。「普遍」史の長所への言及については第一巻四・二、第三巻一・四、第四巻二・一以下、第七巻七・六、第八巻二・一—一一、第九巻四四、第二九巻一二を参照。

2　繁栄がつづくかどうか誰も知らないという教説にかんしては、第一巻三五・二、第八巻二一・一一とくに第二三巻一二・四を参照。これはキュロスとクロイソスの物語（ヘーロドトス第一巻八六・六）以来ギリシア人の思考を通じて共通である。

信念を確立し、事をあるがままに維持するためにどのようにして他人を正しく同調させることができるだろうか、もしも影響を及ぼそうとしている人びとの過去の歴史について何も知らなければ。㈦誰もが現況に順応し、どんな性格もその瞬間の必要によって要求されるという態度をとりがちであり、その結果各々の実際の主義を見極めることは困難であり、多くの場合に真理はまったく曇らされている。㈧それに対して人の過去の行為はかれらの政策と意図の真の性質をあばくように現実のテストに従属させられていて、そのとき、われわれは誰に感謝、善行、援助を当てにしたら良いのか、誰から逆のことを予期せねばならないのかを発見する。㈨このことから、しばしば、また多くの状況で、誰がわれわれの困難に同情してくれるのか、誰がわれわれの怒りを共有し、われわれの敵に復讐するのに加わってくれるのかを見つけることができるのはこの手段によるのである。(一〇)これは私的な場でも公的な場でも人間の生活にとって最大の助けとなるものなのである。(一一)それゆえ歴史家も歴史書の読者も何が先行し、何が随伴し、何が後から起こるかという出来事の実際の物語にそれほど多くの注意を払うべきではないのである。(一二)もし歴史からなぜ、どのようにして、何のためにそれぞれのことがなされたか、そして結果はわれわれが合理的に予期していたものであったかどうかを取り去ったならば、残されたものは手際のよいエッセーになるかもしれないが、知識を富ますものにはならない。[3](一三)つかの間の楽しみは与えてくれるが、将来に対してはいかなる利益ももたらさない。

三二　それゆえ、われわれの著作が巻の多さと長さのために入手し難く、読み難いと考える人は間違っていると見なされるべきである。㈡すなわち、さながら一本の糸で織り込まれたような四〇巻の本を入手し、イタリア、シケリアー、リビュエーにおけるピュッロスの時代からカルター[4]ゴーの征服に至るまでの出来事㈢そしてほかのすべての世界ではスパルテー人クレオメネースの逃亡[5]から引き続きイストモスを巡るアカイアー人とローマ人の戦い[6]までの出来事の後を辿って読むことは、部分的に記述している人の論文を買って読むよりどれほど易しいことであろうか。㈣これらはわれわれの著作の何倍もの量があることは別にして、読者はそれらから何か信頼できるものすら知ることができないのである。第一に、大部分が同じ出来事について同じことを報告していないからである。㈤第二に、並置対照し、

3　トゥーキューディデース『歴史』第一巻二二・四を参照。
4　第一巻五・一一を参照。
5　すなわち前二二二年から（第二巻六六・一一を参照）。
6　前一四六年（第三八巻一四・三を参照）。

ともに考慮しなければならない同時期の出来事を無視しているからである。こうすることによって別々の観察より、個々の出来事についてはるかに適切な判断を与えることができるのである。最後に、かれらは最も重要なことに触れることとすらしていないからである。㈥すなわち、われわれは出来事の直接のそしてそれから先の連続を、特にその原因を歴史の最も必要な部分だと主張する。㈦われわれはアンティオコス戦争はフィリッポス戦争に出発点を持ち、フィリッポス戦争はハンニバル戦争に、ハンニバル戦争はシケリアー戦争にその出発点を持つと観察する。一方、その間にあるものは多様で様々な姿を見せるが、すべては同じ目標に向かい、その中で一体になる。㈧これらすべてのことは一般的に著述した人を通して認識できるが、ペルシア戦争、フィリッポス戦争といった戦争それ自体を記述した人を通しては不可能なのである。㈨それではかれらが記述する戦列を敷いての会戦を読んで戦争全体の計画と構成が分かったと思うだけに過ぎない。㈩そんなことではお話にならない。学ぶことと単に聞くだけのこととの間にある違いほどわれわれの歴史は論文の部分の上で記述されているものとは違っている。

カルターゴーでの宣戦布告[1]

三三　ローマ人の使節たちは、すなわち、われわれはここで脱線したのであるが、この事件についてのカルターゴー人の陳述を聞いた後、ほかのことは何も言わなかった。㈡使節の最長老が自分のトーガの懐をカルターゴーの元老院の議員たちに指し示して、この中には戦争と平和を持ってきたので諸君の命ずる方を置いて行こう、と言った。㈢カルタゴの王[2]は、かれらが思う方を置いて行くように命じた。㈣ローマ人が戦争を置いて行こう、と言うと、元老院の多くの者も、受け入れよう、と大声で叫んだ。使節も元老院もこれで別れた。

1　リーウィウス第二一巻一八・一三―一四を参照。

2　スーフェスsufesはフェニキア語で裁判官、判定者（ショフティム）を意味する。ギリシア人は王（バシレウス）を当てた。リーウィウス第二八巻三七・二を参照。

ハンニバルのイタリアへの進軍

㈤カルターゴー・ノウァで冬営していた[3]ハンニバルはまずイベーリアー人を、将来に対して準備し、やる気にさせるために、解散して、自分たちの都市へ帰らせた。[4]㈥つぎに、兄弟のハスドゥルーバル[5]にイベーリアー人の統治と支配を行い、そしてもし自分が離れることがあればローマ人に対する準備をするように、との指示を与えた。㈦これ以外にかれはリビュエーの安全のための準備をした。㈧、ここでかれは実効的で先見の明ある手段を採用し、兵士をリビュエーからイベーリアーへ、イベーリアーからリビュエーへ置き換えた。これはふたつの国を忠誠で互いに固く結びつけるためであった。㈨リビュエーへ渡った部族はテルシタイ人、マスティアニス人、それに加えてオレタニ人、オルカデス人である。㈩これらの部族からなる軍隊の総計は騎兵千二百人、歩兵一万三千八百五十人、(一一)それに加えて八百七十人のバレアレス人がいた。この名前は本来は投石革紐で投げる人を意味していた。それがこの戦い方から民族へそして島へと転用されたのである。(一二)前述の部族のうち大部分はリビュエーのメタゴニオン[6]に置いたが、ある部隊はカルターゴー本国へ送った。

(一三)いわゆるメタゴニア人の都市から四千人の歩兵をカルターゴーへ送った。都市の防御の増援としてそして人質として役立てるためだった。(一四)イベーリアーでは兄弟のハスドゥルーバルに五十隻の五段櫂船、二隻の四段櫂船、五隻の三段櫂船を残した。そのうちの三十二隻の五段櫂船、五隻の三段櫂船に乗組員を乗り込ませた。(一五)騎兵としてリビュエー・フォイニケー人[7]とリビュエー人四百五十人、三

3　前二一九／八年の冬。

4　これはリーウィウス第二一巻二一・一―八においてハンニバルの演説とともに一章全体に拡大されており、その演説は以下の三四・七―八に述べらているものから校合してひとつにまとめたものである。

5　ハスドゥルーバルはハンニバルの弟のうち最年長者である（第九巻二二・二）。

6　スペインのモロッコの東の境界にあるモロカト川近くのメタゴニオン岬、ストラボーン第一七巻八二七を参照。

百人のイレルゲテス人、海岸地帯に住んでいるマシュリ人、マサエシリ人、マッコエイ人、マウルシから連れてきた千八百人のノマディア人[1]、㈥歩兵として千八百五十人のリビュエー人、三百人のリグリア人、五百人のバレアレス人、並びに二十一頭の象を与えた。㈦われわれがイベーリアーでのハンニバルの配置を、自らがその仕事の指導を手にしていなければほとんどできないほど、詳細に亙って報告する場合、この記録の精確さに驚いてはいけないし、われわれが信頼を呼び起こす方法で嘘を言う歴史家のように思われる場合に、早まってわれわれを非難してはいけない。㈧われわれはラキニウム岬[2]で、ハンニバルがイタリアに滞在中に、かれによって作成されたこの表が青銅板の上に彫りつけられてあるのを発見し、この記録は絶対に信用できると思い、この表に従うことを決心したのである。

三四　ハンニバルはリビュエーとイベーリアーの安全のためのすべての必要手段を講じた後、ガッリア人からかれのもとへ送られてくる使者をいらいらしながら待っていた。㈡かれはアルプスの麓、パドス川流域の土地の肥沃さ[3]、住民の多さ、並びに戦争における大胆さ[4]㈢そしてこれが肝心な点なのだが、先の戦争の結果のローマ人に対する憎しみについて仔細に調べていた。それについては、前の巻で、読者にこれからの説明の理解を容易にするために述べておいた。㈣これを当てにして、アルプスのこちら側、アルプスの中のガッリア人の族長たちに、かれが飽きもせずに送りつづけた使者を通してあらゆる可能なかぎりの約束をしていた。㈤すなわち、かれの進軍の行程にある地理的障害を克服した後、上述の地域に到達し、計画した企てにガッリア人を協力者、同盟者として用いることができればイタリアでローマ人に対して戦争を行うことができる、と信じていたからである。㈥使者が到着し、ガッリア人の意志と

7　ジュルトと大西洋海岸に住むフォイニケー人でカルタゴ人との婚姻の権利をもっていた。

1　これらの部族のうちマシュリ人はトレトゥム岬とアフリカの後のローマの属州の間に居住し、後のかれらの王が有名なマッシニッサであった（第一一巻二一・一を参照）。

2　ラキニウム岬はイタリアの南海岸のクロトンから約六マイルのところにある。ヘラ・ラキニアの神殿の遺跡からでたもので、そこでハンニバルは前二〇五年の夏にカルターゴー語とギリシア語で青銅の柱にこの説明を彫りこんだ。リーウィウス第二八巻四六・八を参照。

3　パドス川渓谷の肥沃さについては第二巻一五、第三巻四四・八、四八・一一を参照。

4　ローマ人にたいする戦いは前二二五年のガッリア人の暴動とその余波。

期待を伝え、アルプスの山越えは骨の折れる仕事だが不可能ではないと報告したので春の季節になると、冬営地から軍隊を集結させていった。㈦カルターゴーからの報せが届く[5]と、かれは怒りで駆り立てられ、そして市民の好意を信じて、軍隊をすでに公然とローマ人に対する戦争へと励まし、㈧どんな方法でローマ人は自分をまたこの軍隊のすべての指導者を要求しようとしたかを明らかにし、また到着しようとしている地方の肥沃さおよびガッリア人の好意と同盟関係を教え示した。㈨兵士たちがかれ自身とおなじように出発することに燃え立ったのを見ると、褒め称え、出撃すると定めた日を伝え、その時は集会を解散した。

三五　上記の措置を冬の間に終え、リビュエーとイベーリアーにおけるじゅうぶんな安全に配慮した後、歩兵九万人、騎兵約一万二千人をひきいて前進して行った。㈡イベール川を渡り、イレルゲテス族、バルグシ族、さらにアイレノス族、ピュレーナイアと呼ばれる所までのアンドシン族を征服した。㈢またたくまに、かつ予想に反して、多くの味方の犠牲を伴った数多くの大掛かりな戦いですべてを支配下におさめ、ある都市は力で奪った。㈣川の北の地方の総督としてハンノーンを残した[6]。かれには、ローマ人に対しての好意[7]ゆえに最も不信感をいだいていたバルグシ族に対し、容赦ない制裁を加えうる権力を与え、㈤ひきいていた軍勢のうちから、歩兵一万人、騎兵一万人を割り当て、自分といっしょに遠征に出かける兵士たちの荷物を保管させた。㈥さらに、今挙げたのと同じ数だけの兵士を故郷に去らせた。かれらに好意を懐かせて残し、同時に帰還への希望を眼前に置き、しかもかれと共に出征する兵士たちにだけでなく、それに劣らず、故郷にいるイベーリアー人に対して配慮するためでもあった。すなわち、補給、強化が必要な場合に出征する用意をしておくようにとの配慮からだった。㈦こうしてハンニバルは歩兵五万人、騎兵九千人の荷物の軽くなった軍勢をひきいて、ピュレーナイアと呼ばれる山脈を越え、ロダヌス（ローヌ）と呼ばれる川の渡し場まで軍隊を移動させた。㈧その軍隊の軍勢の数はそれほどではなかったが、戦いに有能で、イベーリアーでの長い間つづいた戦争で優秀な訓練を受けていた。

三六　しかし、地理的関係がわからないために、われわれの説明が理解されないことがないように、ハンニバルが

5　二一九／八年の晩秋か初冬。

6　リーウィウス第二一巻二三・二―三を参照。かれが捕虜になったことは七六㈥に記録されているが、それ以上は知られていない。

7　バルグシ族のローマ人にたいする好意への言及はリウィウス第二一巻一九・七のローマ人との接触によって確証される。

どこから出発し、どの国、どれほどの国を通過し、イタリアのどの部分に到達したかを述べておかねばならない。㈡しかもいく人かの歴史家が記述しているように[1]、たんに国、川、都市の名を挙げるだけで満足してはいけない。すなわち、かれらはどこにおいても、理解と明瞭さのためにはそれでじゅうぶんだと考えているのである。㈢もちろん、周知の地域の場合には名を挙げることは記憶を呼び起こすのにわずかではなくおおいに貢献する、それに反し、知らない地域の場合には、理解できない、発音の不明瞭な音[2]と同じほどのわずかな価値しかない、とわたしは思う。㈣すなわち、思考力は何物にも頼れず、言われたことを知っていることに適合させることができないので、その説明は混乱し、不明瞭なままである。㈤それゆえに、知られていない事について話さねばならない場合には、聞き手をある程度まで正しい、そして親しみのもてる表象へ導く道が示されねばならない。㈥最初のそして最も重要な、さらにはすべての人間に共通の知識はわれわれを取り巻いている天の区分と秩序である。それに従ってわれわれは皆、少しの教養しかない人も、東、西、南、北を区別する。㈦二番目は地上の場所を上記の異なる方角に従属させ、方角によって関係付けられた、未知の、見たことのない場所を考えるさいに、そのつど挙げられるものを周知のなじみのある表象へと連れ戻す方法である。見たことのない場所を考えるさいに、そのつど挙げられるものを周知の、なじみのある表象へ連れ戻す方法である。

三七　このことが地上全体について当てはまるとしたら、われわれが住んでいる世界について対応する区分によって聞き手を知識へと導くことが適切であろう。㈡これは三つの部分と三つの名前に分けられる。ひとつはアシアー、もうひとつはリビュエー、三つめはエウローペーと呼ばれる。㈢この異なる部分を境界付けるのはタナイス川、ネイロス川およびヘーラクレスの柱の海峡（ジブラルタル）である。㈣アシアーはネイロス川とタナイス川の間に横たわっていて、北東と南の間の天の部分に入る。㈤リビュエーはネイロス川とヘーラクレスの柱の間に横たわっていて、南から南西および昼夜平分時の日没の点である限りの西まで伸びている天の部分に入り、その最後の部分がヘーラクレスの柱である。㈥地上のこの二つの部分は、より一般的見地から見た場合、東から西に達する、地中海の南に位置する部分を占めている。㈦エウローペーはこの二つに対して北の

1　おそらくソシュロスとシレヌス（二一〇・五脚注、第一巻三・二を参照）。
2　「発音の不明瞭な音」は楽器の記号で、ここでは音楽的な音である語を意味する。

方角で向かいあっていて、東から西まで連続的に伸びている。㈧その主要部分および最も深い部分はタナイス川とナルボーン川の間の真北にあり、ナルボ川はマッシュリアの北およびロダヌス川がサルディニア海に注ぎ出る河口からそれほど離れていないところにある。㈨ガッリア人はナルボーン川からそしてその流域にピュレーナイアと呼ばれる山脈に至るまで住んでいる。[3]その山脈は地中海側から外の海に至るまで連続して延びている。㈩ピュレーナイア山脈から西にそしてヘーラクレスの柱に繋がっているエウローペーの残りの部分は地中海と外の海によって取り巻かれている。地中海に沿ってヘーラクレスの柱まで延びている部分がイベーリアーと呼ばれている。[4]㈠これは外の大きな海に通じている。この海は最近発見されたために共通した名を持っていない。そこには異民族がまた多様な人間が住んでいる。それについては後に詳細に報告するつもりである。[5]

三八　互いにアイトピアー周辺でぶつかり合っているアシアーとリビュエーのように、誰も今日まで、南に横たわっているのは大陸なのかそれとも海に囲まれているのか、確実に言うことはできなかった。㈡同様にタナイス川とナルボーン川の間で北へ向かって延びている地方も今日までわれわれに知られていない、われわれが将来の研究によって確かめてみるのであれば別だが。㈢そのことについて違った風に言ったり、書いたりする人は無知であるか寓話を語っているのだと見なすべきである。㈣以上の事を述べたのは、場所を知らない人にとって説明がまったく把握できないことがないようにするためでなく、まったく相違していることにかんして精神を集中して考え、方角から定位しながら言われたことを考えに結び付けるためである。㈤すなわち、視覚の場合に指摘された対象につねに顔を向けることに慣れているように、精神でも言葉によって指し示された場所へ一緒にうなづき、いっしょに心を向けねばならないのである。

3　ルシヨン平原、その川、有名な地下の魚の記述については第三四巻一〇㈠を参照。
4　ストラボーン（第三巻一六六）によるとイベーリアーはロダヌス川以西のすべての地方を意味していた。
5　第三四巻八以下を参照。

ハンニバルの行軍に関する統計

三九　だがこのテーマは止めにして、問題になっている説明の続きに向かおう。㈡カルターゴー人はこの頃リビュエーの地中海に向いているすべての地域を支配していた。[1]すなわち、大シュルティスにあるフィライノスの祭壇[2]からヘーラクレスの柱までである。㈢沿岸の長さは一六、〇〇〇スータディオン（二、八八〇キロ）を超えている。㈣かれらはヘラクレスの柱の海峡を渡り、同様にあの岩場の多い海岸[3]までの全イベーリアーを征服してしまっていた。その海岸が地中海側のピュレーナイア山脈の端であり、その山脈がイベーリアー人とガッリア人を分けている。㈤この場所はヘーラクレスの柱の海峡から八、〇〇〇スタディオン（一、四四〇キロ）離れている。㈥柱から新都市までは三、〇〇〇スタディオン（五四〇キロ）である。そこからハンニバルはイタリアへ出発していった。（新都市をある人たちはカルターゴー・ノウァと呼んでいる）。そこからイベール川までは二、六〇〇スタディオン（四六〇キロ）あり、㈦そこからさらにエンポリオンまでは一、六〇〇スタディオン（二八八キロ）ある。㈧エンポリオンの都市からナルボーンへは約六〇〇スタディオン（一〇八キロ）、ここからロダヌス川の渡し場までは約一、六〇〇スタディオン（二八八キロ）である。これは今は、ローマ人によって歩幅によって入念に測量され八スタディオン（一・四四キロ）ごとに道標でしるしが付けられている。㈨ロダヌス川の渡し場から流れに沿って源泉の方向へ歩くと、イタリアに向かうアルプスの登り口までは一、四〇〇スタディオン（二五二キロ）である。㈩残りのアルプスの登り道は約一、二〇〇スタディオン（二一六キロ）である。ハンニバルはそれを越えてイタリアのパドス川流域の平原へ行こう

1　アフリカにおけるカルタゴ帝国の同じ定義については第一〇巻四〇㈦を参照。
2　フィライノスの祭壇はシュルトのラス・エル・アアリの岬から内陸部へ六キロにあった。
3　ポリュビオスの資料がナルボニアとイベーリアーの国境にあったピュレナイのアフロディテの有名な神殿に則していることは明らかである（ストラボーン第四巻一七八、一八一、プリーニウス第三巻二二を参照）。

としていた。㈡その結果新都市からの全行程は九、〇〇〇スタディオン（一、六二〇キロ）であり、それをかれは踏破しなければならなかったのである。㈢距離という点ではすでに半分を進んでいたが、困難さという点では、行軍の最も大きな部分が迫っていた。

ハンニバル、イタリアへ進軍を開始する

四〇　ハンニバルはピュレーナイア山脈を越えることにとりかかっていたが、彼らがここかしこに占めているその要衝の堅固さのためにガッリア人を非常に恐れていた。㈡ローマ人はその頃カルターゴーへ送った使節から交渉と決定を聞いたのだが、予想していたよりも早く、ハンニバルが軍隊をひきいてイベール川を渡ったという報せが耳に入ったとき、プブリウス・コルネリウス・スキピオをイベリアに、ティベリウス・センプロニウス・ロングスをリビュエー[4]に送ることを決定した。㈢さらにかれらが軍団の徴募とほかの準備に取り掛かっている間に、以前から置こうと決定していたこちら側のガッリアの中での植民地の建設を終わらせようと急いでいた。㈣都市を要塞堅固にしようと積極的な処置を講じ、植民者に三十日以内に入植しているように命じた。六千人が各々の都市に割当てられた。㈤そのうちのパドス川の南側に建設された都市はプラケンティアと名づけられ、川の北側に建設された都市はクレモナと名づけられた。[5] ㈥この都市に入植が行われるや否や、ボイイと名づけられたガッリア人がローマ人から離反した。すなわち、かれらはすでに早くからローマ人に対する友好関係を破ろうと窺っていたのだが、㈦これまで機会がなく、

4　二人は前二一八年の執政官。ローマ人は八千人のローマ軍団、六百人のローマ市民の騎兵と同盟軍の一万四千人の歩兵と六千人の騎兵を率いたスキピオをマッシュリアへ送ってそこからイベーリアーに侵入し（リーウィウス第二一巻一七㈧、同規模の市民兵の部隊と同盟軍の一万六千人の歩兵と千八百人の騎兵を率いたセンプロニウスをシケリアーに送って（同、五）リビュエーへの来るべき侵入のためにそこに基地を建設する計画をたてた。

5　このふたつの殖民都市を建設する決定は前二一九年になされ、それは前二三〇—二二五年の動きで先導したボイイ族とインスブレス族（第二巻二二・一）を監視する目的だった。

送られてきたカルターゴー人の使者によって高揚させられ、その到来を信じて、この前の戦争を終えるさいに差し出した人質は見殺しにしたのである。その戦争については前の巻で報告した。[1] (八)彼らはインスブレス人に呼びかけ、以前からいだいていた怒りで心をひとつにして、ローマ人によって与えられていた地域を荒し、逃げる者をローマ人の植民都市ムティナ[2]へ追い、攻囲をはじめた。

(九)その中に土地の分配のために派遣されていた高官の三人の男が共に閉じ込められた。そのうちの一人は執政官のガイウス・ルタティウス[3]で二人は法務官であった。(一〇)三人はこのことでボイイ族との交渉を要求すると、かれらは同意した。しかしかれらが出て来ると条約を侵してかれらを捕らえた。自分たちの人質がとり戻せると考えたのである。(一一)法務官のルキウス・マンリウスは部隊をひきいて隣接した地域を守っていたのだが、その出来事を聞くと急いで援助に駆けつけて来た。(一二)ボイイ族はかれの到来に気づくと、茂みで待ち伏せをし、かれらが森に覆われた場所にさしかかると、四方から襲いかかり、ローマ人の多くを殺した。(一三)残った者は最初は逃亡したが、樹木のない場所に到達すると、ある程度集まり、かろうじて整った退却へ移ることができた。ボイイ族は追跡し、タンネトスという村にかれらを閉じ込めた。(一四)第四軍団がボイイ族によって包囲されたという報せがローマに届くと、彼らはプブリウスにあらかじめ選び割り当てられていた軍団を、法務官の指揮のもとに救援のために急いで送り出した。プブリウスにはほかの軍団を同盟軍から集め、徴募するように命じた。

四一　ガッリア人にかんする事柄は最初からハンニバルの到着までこのような状況であり、前の巻およびこの巻で詳細に述べたような展開をしていた。

(二)ローマの執政官たちは自分たちの計画のための準備をし、戦闘に適した季節に出帆した。[4] プブリウス・コルネリウス・スキピオは六十隻の艦隊でイベーリアーへ、ティベリウス・センプロニウスは百六十隻の五段櫂船でリビュエーへと向かった。(三)ティベリウスは圧倒的な規模の艦隊を準備し、敵に脅威を与えようと考えていたのだった。(四)そしてあらゆる方面からリリュバイオンに兵力を結集し、すぐにでもカルターゴーへ向けて出航し、それを攻囲しよう

1　第二巻二二―三五。

2　ムティナはエトルリア人の都市でおそらくすでにローマ人と同盟を結んでいた（リーウィウス第二一巻二五を参照）、しかし前一八三年まではローマ人の殖民都市としては確立していなかった（リーウィウス第三九巻五五・七―八を参照）。

3　二人はリーウィウスによると（第二一巻二五・三以下）ガイウス・セルウィリウスとティトゥス・アンニウスだった。

としているかのような印象を与えるほどだった。[5] ㈣一方プブリウス・スキピオはリグリアの海岸に沿って航行し、ピサエ[6]から五日目にマッシュリアの近辺へと渡り、㈤ロダヌス川のマッサリオティクム河口[7]と呼ばれている、ロダヌス川の最初の河口に錨を降ろし、兵士を上陸させた。㈥すなわちハンニバルがピュレーナイア山脈を越えつつある、と聞いてはいたが、その地形の困難さとその間にいるたくさんのガリア部族のためにかれはまだ遠くにいると思っていたからである。

㈦しかし、ハンニバルは、ガッリア人のある者は金で説

4　両執政官の出発は八月だった。ハンニバルはパドゥス川渓谷に九月の終わり頃到達した（三四・六脚注、五四・一）。四九・五と五〇・一からそれより一ケ月前すなわち八月の終わりにロダヌス川を渡ったと推測される。スキピオはそこで三日送れたため、彼に遭遇し損なっている（四九・一）。かれは明らかにピサエを一〇前に、すなわち八月一五―二〇に後にしている。したがってそれより少し前にローマを出発したことになる。

5　ティベリウスのシケリアー到着についての詳細な記述についてはリーウィウス第二一巻四九―五〇を参照。

6　北西の作戦のための基地としてのピサエの利用については第二巻一六・二、二七・一を参照。

7　第三四巻一〇・五を参照（＝ストラボーン第四巻一八三）。

得し、ある者は力で制圧して、軍をひきいて、サルディニア海を右にしながら行軍をつづけ、誰もが予想するよりずっと早く、突然ロダヌス川の渡し場に現れた。㈧かれの到着がスキピオに報告されたとき、敵があまりにも速く行軍できたことをほとんど信用することができなかったが精確な事実を知ろうと望んだ。そして兵士たちには航海の疲れから回復させるため休養させ、自身は軍団司令官とどの辺りで敵とぶつかるべきか、協議をしに行った。㈨同時に最も勇敢な騎兵百人を派遣し、かれらと共にマッサリア人[8]を道案内者、その部隊を援助する兵士として送った。

四二　ハンニバルはその川の流域に近づくとただちに[9]川が分かれていない所で渡ることに着手した。そこは海からほとんど四日の行軍距離だった。㈡あらゆる方法でその川の流域に住む人たちと友好関係を作り、かれらからすべての丸木舟と渡し舟を買い上げた。量はじゅうぶんにあった、というのもロダヌス川流域の住民の多くが海からの商売に利用していたからである。㈢さらに丸木船の建造に適した

8　リーウィウスはかれらをマッサリア人としている（第二一巻二六・五）。

9　四一・七は三九・八と比較したとき、ここがボケールBeaucaireのロダヌス川の通常の渡し場だったことを示唆している。

材木を手に入れた。その材木を用いて二日以内に無数の渡し舟をこしらえた。各人が他人を当てにせず、渡るチャンスをものにしようと自分の努力に頼ったからである。㈣その間にたくさんの現地人がカルターゴー人が渡るのを阻止しようと対岸に集まった。[1]㈤ハンニバルはこの状況を見て、これほどの敵が立ちはだかったのだから、力で渡ることはできないし、四方から敵を迎えることになるのだから留まることもできないと判断した。㈥したがって、三日目の夜が訪れると、土地の者を案内人とし、王とボミルカルの息子ハンノーンを指揮官として軍隊の一部[2]を送りだした。

㈦かれらは川の土手に沿い、上流へと二〇〇スタディオン（三六キロ）行軍し、島を形成している川の分岐点に到着し、そこに留まった。㈧目のまえにある森から切り出した材木を組み合わせ、縛って短時間で当面の必要にじゅうぶんなだけのたくさんの筏を作り、それに乗って誰にも妨害されずに無事に渡り終えた。㈨安全な場所を押さえ、その日は前日の苦労から休息しながら留まり、同時に受け取った司令に従って、迫っている戦いに備えて準備をした。

1　かれらは両岸の住民ウォルカエ人で、ハンニバルを阻止するために左岸に集まっていたのである。リーウィウス第二一巻二六・六、二七・一を参照。
2　リーウィウス第二一巻二七・五に従うと、騎兵隊を含んでいた。

㈩一方ハンニバルも残された軍について同様のことをしていた。⑾かれにとって最も困難な問題は象を渡すことだった。その数は三七頭だった。

四三　しかし、四日目の夜が訪れると、[3]先に渡った者たちは払暁その川に沿って対岸の異民族に向かって前進して行った。㈡ハンニバルは兵士たちに用意させ、渡る時がくるまで待っていた。渡し舟は盾を持った騎兵で、丸木船は最も軽装の歩兵で一杯にした。㈢大きい渡し舟は流れの上方の位置に配置され、軽い渡し舟はその下手に配置された、渡し舟が流れの主力を受け止め、丸木船が渡るさいに危険にさらされないためである。㈣馬は渡し舟の船尾を泳ぎながらついていくように配慮された。その場合一人の男が手綱で三頭あるいは四頭を同時に操る手筈が整っていた。その結果、最初に渡った時には、じゅうぶんな数の馬が向こうに渡っていた。㈤異民族たちは敵の計画を見ると、カルタ一ゴー人の上陸を容易に阻止できると信じ込んで、陣地から無秩序に流れ出て来た。㈥ハンニバルは向こう岸で自分の所からの兵士が接近しているのを見ると、すなわち、かれらは到着したことを狼煙で取り決め通りに合図して知らせてきていたので、ただちに割り当てていた全員に軽船

3　軍隊がロダヌス川に到着した後五日目。

に乗船して、流れに抵抗して舟を操るように命じた。(七)すぐこれは実行され、舟に乗り込んだ者たちは大きな叫び声を上げて互いに競い合い、川の流れと戦った。(八)両軍は岸のこちら側とあちら側に立ち、カルターゴー軍は戦友を気遣い、叫び声を上げて動きを追い、異民族はパイアン（勝利の歌）を歌い、戦いを挑んで来ると、それは非常に印象的なまたぞっとする光景となった。(九)その瞬間、向こう岸のカルターゴー人が突然、かつ思いもかけずに異民族が後にした陣営に襲い掛かり、ある者は野営地に火を付け、大部分は渡し場を守っている者に向かって突進した。(一〇)異民族は、敵が現れたことにすっかり慌て、ある者は陣営へ救援しようと急ぎ、ある者は襲ってくる者を防戦し、戦っていた。(一一)ハンニバルは、ことが計画通りに進んだので、最初に岸に上がった者たちを整列させ、激励し、異民族と斬り結ばせた。(一二)ガッリア人は戦列を乱して戦っていたためと、起こったことが予想外だったのですぐに敗走し、逃亡へと転じた。

四四　カルターゴー人の司令官は渡ると同時に敵を征服し、向こう岸に残っている者をこちらに渡すことに取り掛かり、(二)短時間で全軍を渡すと、その夜は川岸で陣を張った。(三)翌日、ローマ人の艦隊が河口で錨を降ろしている、と聞くと、ノマディアの騎兵五百人を選び、敵はどこで、どれほどいるか、何をしているかを偵察するために送り出した。(四)同時に象を渡すために手練者を選んだ。(五)自分は軍を集め、パドス川周辺の平原から来たマギロスとほかの族長を連れて来て通訳を通してかれらの間で決められたことを明らかにした。[4](六)この場合、多くの者に勇気を注ぎ込むのに最も多く寄与したのは、第一にかれらを招き寄せ、ローマ人に対する戦争を一緒にしようと約束した者が居合わせていることだった。(七)第二にかれらの約束が信じうることだった。すなわち、彼らは必要な物は何ひとつ不足することなく、かつ最短距離でしかも安全にイタリアへの行軍が行える場所を通って案内しよう。(八)これらに加えて、かれらが到着するであろう地方は肥沃であり、さらに、ローマ人の軍隊に対して戦う意欲を自分たちは持っている、と述べたのである。(九)ガッリア人はこうしたことを言うと退いた。

(一〇)[5]かれらの後で、ハンニバル自身が進み出て、まず、以前の戦いを思い出させ、自分の判断、忠告に従い、思いもよらない仕事、危険に着手し、何ひとつ失敗しなかったこ

4　リーウィウス第二一巻二九・六を参照。
5　(一〇)—(一三)ハンニバルの演説。リーウィウス第二一巻三〇・二—一一を参照。

とを述べた。㈡このことに続けて、渡河を達成し、同盟者の好意と意欲の目撃者となったのだから、ことの最大の事柄は達成されているのだと承知し、大胆であるように、㈢そして、個々のことについては、かれにとっての関心事なのだからと、気楽に考え、命令に服従して勇者に、そしてこれまでの働きにふさわしい人になるべきだ、と述べた。㈢兵士たちは拍手喝采し、大いなる意気込みと熱意を示すと、かれらを賞賛し、そしてすべてのことのために神々に祈った後、明日出発するのだから元気を回復し、すべての準備を整えておくように、と命じて解散した。

四五　集会を解散したとき、先に偵察に出しておいたノマディア人が帰って来たのだが、大半は殺され、残りはまっしぐらに逃げてきたのだった。㈡すなわち、自分たちの宿営地からそれほど離れていない所でプブリウスによって同じ目的で派遣された騎兵隊に出会い、両者とも功名心をかけて激しい戦いを行い、その結果ローマ人とガッリア人の騎兵合わせて百四十人、ノマディア人二百人以上が戦死したのだった。㈢ローマ人はこの後追跡を続け、カルターゴー人の陣営に接近し、偵察すると、執政官に敵の到来を明確に伝えよう、とふたたび急いで引き返して行き、陣営に到着すると、報告した。㈣プブリウスは荷物を船に積み込むと、全軍を挙げて出発し、敵と出会うことを急ぎながら、河に沿って上流へと前進して行った。

㈤ハンニバルは集会の翌日、夜明けとともに、全騎兵隊を軍隊をカバーするように配置して行動するように海の方角へと前進させ、歩兵を陣営から動かし、行軍へと送り出した。㈥かれ自身は象および象と共に残っている者たちを引き受けた。象の渡河はつぎのようにして行われた。[1]

四六　互いにぴったり合うたくさんの筏を作り、これらの二隻づつを太い綱で縛り、幅が合わせて五〇フィートあるそれを川の船着き場[2]に固定した。㈡これらの外側にもうひとつの筏が縛りつけられ、その結果いわば橋を架ける建築が川の中へ延長されていった。㈢流れに対する側面は全建築物がひとつにまとまり、流れに押し流されないように、岸に立っている木々に巻き付けられた綱によって安全にされた。㈣橋全体の長さを二〇〇フィートにした後、最後の筏に最大の、そして互いにしっかりと縛りつけられた筏を結びつけた。そしてその筏はほかの筏とは結び目が容易に解けるようにしてあった。㈤それらにたくさんの引き綱を結びつけ、それを船が、川に対して押し流されるのを許さ

1　リーウィウス第二一巻二八・五—一二を参照。
2　筏が川に入る地点。すなわち最初の二つの筏は完全に陸地に設置され、五〇フィート幅で数隻の筏の長さの乗降台が岸と直角に川に突き出していた。その上部（北の）側は岸の木で固定されていた。

ず、流れに耐え、その上に動物を乗せて運搬し、渡らせようとした。㈥その後、大量の土を筏に運び、陸地から渡し場へ通じる道と等しく、平らで、同じ色になるまで盛り上げた。㈦さてこの動物は水の所まではインド人[3]に従うことに慣れていたが、水の中へ入ることは絶対にあえてしようとはしなかったので、この盛り土の上を先に雌象を歩かせた。雌象はやや従順だったからである。㈧最後の筏の上に来ると、ほかの筏と固定されていた綱を断ち切ると、すぐに舟がその綱を引っ張り、その動物とその下にある筏を盛り土から引き離した。㈨そうなるとその動物は最初は不安に陥り、あちらこちらと向きを変え、四方に逃げ道を探した、しかし、いたるところが流れに取り巻かれているのを見て、恐れ、じっとしていることを強いられた。㈩このような方法でつねに二つの筏をしっかりと結び付けることにより、大部分の動物がこちら側へ渡された。㈡若干が渡る最中に恐れのために川の中へ飛び込んだ。それを操っていたすべてのインド人は死に、象は助けられた。㈢すなわち、象の鼻の力と大きさのため、それを水の上に差し出し、呼吸をし、同時に飲み込んだすべての水を吹き出して持ちこたえた。大部分の距離を立って歩かねばならなかったが。

四七　その動物が川を渡ると、ハンニバルは象およびかれとともに後衛を形成した騎兵隊をひきいて海から上流へ、東の方向に、エウローペーの内陸へ行軍を続けた。㈡ロダヌス川は西に向けられた水源をアドリア海の入り江の上のアルプスの北斜面に持ち、南西に流れ、サルディニア海に注ぐ。㈢広範囲に亙って峡谷の間を流れ、その北側にガリア人のアルドゥア人が住んでいる。その南側全体はアルプスの北斜面によって境界づけられている。㈣すでに詳細に述べたパドス川周辺の平原をロダヌスの谷からこの山の尾根が切り離している。それはマッシュリアからはじまり全アドリア海の最奥部まで延びている。㈤ハンニバルは当時この山を越えてロダヌスの谷からイタリアへ侵入したのである。

3　本当のインド人でも非インド人でも「象使い」はすべてインドス（複数インドイ）と呼ばれた。

ハンニバルのアルプス越えについてのポリュビオス以前の説明[1]

㈥この山越えについて記述しているいく人かはこの場所についての不思議な話で知らない人を驚かそうとして、真の歴史には相容れられない二つの欠陥をそれとは気づかずに犯している。すなわち、嘘を言い、それ自体矛盾したことを書くのを強いられているのである。㈦すなわち、一方でハンニバルを大胆さと先見の明がある点で比類のない司令官だと叙述し、㈧同時に明らかに最も思慮のない人だと示し、結論を得ることができないのと同時に嘘からの出口も見出せないので、神々や神々の子供をまじめな歴史へ持ち込むのである。㈨すなわち、アルプスの険しさ、道のない様子を、馬や軍隊それに加えて象どころか軽装の歩兵でも通り抜けれないほどだと叙述し、同時にその地域に人がいないことを、もし神や英雄[2]が助けるために介入し、かれに道を教えなかったら、もはや出口が見付からず、軍もろとも破滅したであろうほどだと描いて、明らかにあの二つの欠陥に陥っているのである。

四八　第一に、もしハンニバルが㈡これほどの軍隊を指揮して、成功する最大の希望をこれら全体に託して、かれらが主張するように、道も場所も、何処を進めばよいかまったく知らず、誰に向かって行けばよいかも知らず、㈢かれの計画が実行できるかどうかも知らないとしたら、かれより軽率で無能な司令官を想像できるだろうか。㈣全体において躓き、あらゆる方法で途方にくれた将軍が、軍をひきいて先見の明のない場所に耐え切れずに入り込んでしまう、そういう状況をこの歴史家たちは自分の計画についての最大の望みをいささかも損なわずに持っているハンニバルに与えているのである。㈤同様に荒涼とした所、さらに要塞堅固なこと、足場の悪い土地についての記述もかれらの嘘を明らかにする。㈥すなわち、この前にわれわれが明らかにしたように[3]、ロダヌス川沿いに住むガッリア人がハ

1　ハンニバル史のどれをかれが攻撃しているかは不明だが、かれがヒュラルコスで非難した（第二巻一六・一四、五六・一〇―一三）センセーショナルな書き方の著者たちであったことは明らかである。

2　英雄は前節の神々の子供に対応する。

3　第二巻二一・六、二二・一。

ンニバルの到来以前に一回や二回だけでなく、つい最近も多くの軍勢でアルプスを越え、ローマ人に対して布陣したことをかれらは調べていないのである。㈦これに加えて人間のたくさんの部族がアルプスには住んでいることを知らずに、ある半神が現れてかれらに道を教えたと主張するのである。㈧このことから当然のごとく、悲劇作者と似たような状況に陥っている。すなわち、かれらは最初から真理と理性に反することで寓話を構成するので、劇の終わりは、神と突然の思いがけない解決が必要なのである。㈨あの歴史家たちも同じ目に遭っている、すなわち、信ずるに足りない、真理でない事柄ではじめた場合、かれらも半神や神を登場させざるをえないのである。どうして矛盾した始まりに筋の通った結末を付けることができようか。㈩ハンニバルはいずれにせよ、その計画においては、かれらが言うのとはまさに違っていて非常に思慮深くことに取りかかったのである。⑾すなわち、訪れようとしている国の肥沃さ、大衆のローマ人に対する敵意を仔細に、かつ正確に調べ、その間の足場の悪い土地の案内者としてはその土地の案内人で、同じ希望を共有する者を用いようとしていた。⑿われわれはあの時代を体験した人びとの間で情報を得たので、この報告に対してじゅうぶん保証することができる。⒀さらにその土地についてはわれわれ自身が実地に知り、見解を得るためにアルプスを越える旅行をしたので、[4]目撃者として報告する。

四九　ローマの執政官プブリウスはその間にカルターゴー人の出発後、三日経って河の渡し場の地点に到達し、敵がすでに先に進んだことを確認し、非常に驚いた。[5]㈡というのも、軍勢の多さとこの土地に住む原住民への不信感のためにまさかかれらがこの道をとってイタリアへ進むとは思ってもみなかったからである。㈢かれらがあえてそうしたのを見ると、急いで船に引き返し、到着すると将兵を乗船させた。㈣イベーリアーのことを取り仕切るために兄[6]弟を送りだし、かれ自身はエトルリアを通って敵より先にアルプスの峠に到達するために、海路できる限り早くイタリアへ戻ろうとした。

4　かれは前一五一年にスキピオとのスペイン旅行と関連してアルプスを旅行している。
5　プブリウス・スキピオのイタリアへの帰還についてはリウィウス第二一巻三二・一―五を参照。
6　コルネリウス・スキピオ・カルウス。

ハンニバルのアルプス越え[1]

㈤ハンニバルは引き続き、渡河地点から四日目に島と呼ばれる[2]、人口が多く、豊穣な国に到達した。この国が島と呼ばれるのはその地理的特性に基づくものである。㈥すなわち、ロダヌス川とイサラ川がその両側を流れ、一点で出会うからである。㈦この島は大きさと形がアイギュプトスのデルタと呼ばれるものに似ている。ただデルタでは海がネイロスの二つの支流を結ぶ基底を形成するのに対し、ここでは到達し難い、侵入し難い、言わば頂上まで登れない山脈がそれを形成している。㈧そこに到着し、そこでは二人の兄弟[3]が王位をめぐって争い、軍隊をひきいてたがいに相対峙しているのを知り、㈨年上の方が協力して支配権を獲得する手助けをしてくれるように、誘い呼びかけると、今の状況においてそのことからもたらされる利点は明らかだったので、かれは聞き入れた。㈩それゆえに、協同して攻撃を加え、相手を追い出し、勝った方から多様な支援を得た。㈡すなわち、軍隊に食料やそのほかの生活必需品をたっぷりと供給しただけでなく、すべての古くて傷んだ武器を交換し、最も望ましい方法で全装備を新しくし、㈢その上、大部分の兵士に服と靴を与え、それでもって山脈を越えるのに価値ある援助をしてくれたからである。㈢中でも最も重要なことは、アッロブロゲス族と呼ばれるガッリア人の地方を通っての行軍に慎重だったかれらのために自分の軍をひきいて後衛を形成し、アルプスの山越えの道に近づくまで通過を安全にしてくれたことだった。

五〇　ハンニバルは十日間、川に沿って八〇〇スタディオン（一四四キロ）行進した後、アルプスへ登りはじめた。㈡すなわち、平地にいる間は、個々のアッロブロゲス族の族長はあえて近づいては来なかった、ひとつには騎兵を恐れて、ひとつには護

1　このテーマに関しての文献はCambridge Anchient Historie viii, 725さらにはウォルバンクI.110以下を参照。

2　リーウィウス第二一巻三一・四「かれらは島の四番目の砦に到達した」と述べられている。おそらくガッリア名がその意味であろう。

3　リーウィウス（第二一巻三一・五―六）のアロブロゲス、兄はブラネウスである。

衛している原住民を恐れて。㈢しかし、かれらが故郷へ立ち去り、ハンニバル軍が足場の悪い土地へ前進しはじめた時、アッロブロゲス族の族長がじゅうぶんな兵力を結集し、ハンニバル軍がそこを絶対に通って登って行かねばならない好都合の場所を先取した。㈣もしかれらがその意図を隠していたら、ハンニバル軍は完全に滅ぼされていただろう。しかし、かれらは公然と現れハンニバル軍に大きな打撃を与えたが、自らも少なからぬ損失を招いた。㈤すなわち、ハンニバルは原住民が好都合の場所を先取していることを知り、自分自身は山道で野営して待ち、㈥敵の意図と全計画を偵察するために自分たちを案内しているガッリア人[4]のいく人かを送り出した。㈦かれらは命じられたことを行い、敵は昼間は入念にきちんと自分の義務を遂行するが、夜は近隣の部落[5]立ち去ることをハンニバルは知り、この前提条件に合わせて計画を組み立て次のように行動した。㈧軍をひきいて公然と前進し、足場の悪い場所に近づき、敵から遠くない所で野営した。㈨夜が訪れると、火を燃やすことを命じ、軍隊の大部分はそこに残し、最も適した者を軽装にして、夜の間にその狭い場所を通過し、原住民が習慣に従って部落へ立ち去っていたので、敵によって先取されていた場所を押さえた。

五一　夜が明け、原住民は起こったことに気づくと、最初は計画を断念した。㈡その後、多くの駄獣と騎兵が難儀して一列になって進み、足場の悪い場所が長く続いているのを見て、その状況によって敵の行軍を追尾する気にさせられた。㈢このことが実行され、原住民が多くの個所で襲い掛かり、カルタゴー人の大きな損失が人によってではなく、場所のために生じた。とくに馬と駄獣の損失が最も大きかった。㈣すなわち、道は狭く、険阻なだけでなく、断崖に沿って続いていたので、あらゆる動き、あらゆる混乱で多くの駄獣が荷物共々絶壁から下へ落ちていった。㈤とくにこの混乱を引き起こしたのは傷ついた馬だった。すなわち打撃で狼狽させられると、ある馬は後ろ向きになって駄獣とぶつかり、ある馬は前に突進して狭い道の上にあったものをすべて押し出し、大きな混乱を引き起こしたのである。㈥それを見たハンニバルは、この危険から逃れても、運ぶ物が全滅したら救いはないと考えて、夜の間に高所を占めた兵士をひきいて行進している縦隊の先頭に手を貸そうと急いだ。㈦これが実行されると、ハンニバルが高い所から攻撃したので、敵の多くが命を失ったが自軍も少なからず失った。㈧すなわち、行軍縦隊の混乱が今や叫

4　マギルスにひきいられたボイイ族。
5　リーウィウスでは「砦」第二一巻三三・一一。

び声と取っ組み合いの両面から増大したからである。㈨アッロブロゲス族の多くを殺し、残りを敗走させ、故郷へ帰ることを強いらせたとき、その時やっと残った駄獣と馬が苦労してまた非常な骨折りの下でその隘路を克服することができた。㈩かれ自身は戦いの後、できる限り多くの兵士を集め、敵が出て来た部落に攻撃を企てた。(一一)ほとんど人がいないことがわかった。すなわち、住民は皆、略奪へ駆り出されていたからだった。そこを占拠し、これはかれにとって現在および未来にわたって大いに役立った。(一二)すなわち、多数の馬と駄獣と、そしてそれらと共に人びとを捕らえ、未来に備えて、二日か三日分はじゅうぶんなだけの穀類と家畜の蓄えを分捕った。しかし、最も大きかったことは、登りの道沿いに住む者の誰かがかれにあえて手出しをしないという恐れを次に続く部族に植え付けたことだった。

五二　その時はそこに陣を張り、軍隊に一日の休息を与えた。それからまた出発し、㈡翌日は、かなりの距離まで安全に軍を導いた。すでに四日目[1]だった。ふたたび大きな危険に陥った。㈢すなわち、途中の住民たちがかれを騙すことに協力し、かれを若枝[2]と花輪でもって出迎えた。これはちょうどギリシア人にとって伝令使の持つ枝がそうであるように、すべての異民族にとって友好のしきたりであった。㈣同盟のこうした申し出に用心深かったハンニバルはかれらの意図と計画を慎重に調べた。㈤かれらは「部落は占領され、あなたに害を加えようとした者たちは破滅するだろうということはよく知っているので、煩わしいことをするつもりもないし、蒙りたくもない」と述べ、人質も差し出そうと約束すると、㈥ハンニバルは長いこと用心し、その言葉を信じなかったが、提案された事柄を受け入れるならば、やって来た者たちをよりしっかりと捉え、よりおとなしくさせることができるが、もし受け入れないと公然たる敵にすると考えて、[3]言われたことに同意し、かれらと友好関係を結ぶふりをした。㈦異民族たちは人質を差し出し、家畜を気前よく与え、自分自身を無条件にカルタゴ人の手に委ねたので、かれもそれだけ信用するようになり、次の難所の案内人として用いよう、と決心した。㈧二日間

1　都市を去って四日目。

2　これはローマ人の伝令僧によって生まれた習慣（リーウィウス第一巻二四・六）および一般的な嘆願の方法（キケロー『ウェレスにおける行動』第二巻四・一一〇）と平行している。ギリシア人の休戦の若枝についてはヘーロドトス第九巻一〇〇・一、トゥーキューディデース第一巻五三・一を参照。

3　リーウィウス第二一巻三四・四を参照。

の行軍後、ある困難で切立った山あいにさしかかった時、この異民族は集まり、カルターゴー軍の後にせまって来て、攻撃をはじめた。

五三　もし幾分でも危惧の念をいだき、先を予見し、輜重隊と騎兵を前衛部隊にし重装歩兵を後衛にしていなかったならば、その時にハンニバル軍は壊滅していたであろう、㈡後者が行軍縦隊を守ることによってさらに大きな災いが防げたのである。すなわち、それらの用心が異民族の急襲を防いだのである。㈢しかし、こうした幸運な状況があったにもかかわらず、多くの人、駄獣、馬が滅ぼされた。㈣異民族は高みに位置し、山の斜面を横からついて行きある者には石を転がし、ある者は接近戦で石で撃ち、まったくの混乱と危険へと追いやり、㈤ハンニバルは軍隊の半分と共に、岩のむきでた安全な場所で、馬や駄獣を連れずに、夜を徹して難儀しながらかれらを一列にして、次々にその狭い峡谷から脱出させ、守りながら夜を過ごすことを強いられた。㈥翌日は敵は立ち去ったので、騎兵と駄獣の後を急いで追い、アルプスの最も高い山道へ進んだ。攻撃してくる異民族の完全な組織には遭うことはなかったが、あちこちでの小さな襲撃には悩まされた。㈦つごうの良い機会を見つけると、ある時は後衛から、ある時は前衛から荷役動物の若干を奪い去った。㈧かれに最も役にたったのは象だった。行軍縦隊の中でこれがいる所には、この動物の見慣れない姿を恐れて、あえて近づかなかったからである。㈨九日目に頂上に到達し、ここで陣を張り、危険を切り抜けた兵士たちを休ませ、遅れた兵士たちを待つために二日間留まった。㈩事実、この間に驚いて逃げ出していたたくさんの馬と、荷物を放り棄てていた荷役動物が思いがけずまた現れ、跡をたどって陣地に到達した。

五四　山頂付近にはもう雪が積もっていた、スバル星の沈む[4]頃に近づいていたからである。多数の者がこれまでの辛苦とこれからの予期される辛苦のために意気消沈しているのを見て、㈡かれらを集めて激励しようとした、それへのひとつの手段として目の前に広がるイタリア[5]を指し示すことが頭に浮かんだ。すなわち、その国はこの山のすぐ下

4　リーウィウス第二一巻三五・六ではスバル星の沈む頃は十一月七日か九日と計算されている。しかしヘーシオドス（『労働と日』三八三以下）以来それは冬の接近の徴候だった。プリーニウス第二巻一二五を参照。そして雪がちょうど降ったところであるという事実はハンニバルが九月の三週目には頂上にいたことを示唆している。

5　リーウィウス第二一巻三五・八。ここではハンニバルがある突出部へと歩を進める。この個所はハンニバルの道程のさまざまな特定化を確認、あるいは疑問視するのに用いられるが、修飾的飾りであろう。平原への見晴らしは実際はケニス山とコル・ド・クラビエから得られる。

にあり、全イタリアに対してアルプスは都市に対するアクロポリスの関係で聳えていた。㈢そこで彼はパドス川周辺の平原を指差し、そこに住んでいるガッリア人の好意を思い出させ、同時にローマそれ自体の場所を教えてそれだけいっそう人びとを勇気づけさせた。㈣翌日出発して、下りはじめた。そのさい、二、三の狡猾な襲撃を別にすると、もはや敵とは衝突しなかったが、地形の困難さと雪によって登りの時と劣らない人数を失った。㈤すなわち、下り道は狭く、急傾斜で、雪が足を置かねばならない大地を隠し、道を踏みあやまって滑った者は皆、断崖から転落した。㈥かれらはすでにこのような禍には慣れていたので、この苦労には耐えた。㈦しかし象も駄獣も道の狭さのために通過できず[1]、前方はほぼ一・五スタディオン(二七〇メートル)にわたって絶壁が続き、さらには最近山崩れが起きたばかりだった場所に到達すると同時に、また意気阻喪し、勇気をなくしはじめた。㈧最初はハンニバルは難所を迂回しようとしたが新たな雪がその行軍を不可能にしたのでその計画は断念した。

五五　荒天の状況は特別で異常だった。すなわち、以前から積もっていて、前の冬から続いている雪の上に今年新たに降ったので、後者の雪は最近のもので柔らかく、かつ深さもないので足で容易に突き破ることができた。㈡それを踏み抜け、下の凍っているものに足を踏み入れると、決して割ることはできず、両足で滑って走って行く、ちょうど地上で、ぬかるみの上を進むのと同じ状態だった。㈢これに続いて起こったことはさらに厄介だった。㈣雪の下の層を突き抜けることのできない人は、倒れて起き上がるために、膝あるいは手で支えようとした。するとと斜面が非常に急勾配なので雪の上をさらに勢いよく滑っていった。㈤象は倒れると、起き上がろうと努力して雪の下の層を突き破り、その重さと古い雪の凍った状態のために凍ったようにに荷物とともにそこに留まった。㈥そこでハンニバルはこの計画は断念し、そこにある雪を掃きのけて山の背で野営した。その後、絶壁に沿って道を作るために兵士を働かせた[2]。それは非常に骨の折れる仕事だった。㈦しかし、一日で駄獣と馬にとってじゅうぶんな広さの道を作り上げた。そこでこれらをすぐに越えさせ、雪のない場所に陣を張り、

1　以下の出来事に関してはリーウィウス第二一巻三六・一—三七・六を参照。この地点は多くの試みがなされたにもかかわらず、最早特定できない。

2　リーウィウスによればハンニバルは岩を火で熱し、それに酢を注いで粉砕した。唐の高仙之《こうせんし》も同じ行為に出ている。

牧草地へ送りだした。㈧道路の建設のためにノマディア人を交代で働かせ、酷い目にあいながら三日かかってやっと象を向こうへ渡した。しかし象は餓えのために悲惨な状態にあった。というのもアルプスの山頂と山越えの道の辺りは冬も夏もそこにつねに積もっている雪のためにまったく木が生えてなく、剥き出しだったからである。しかし両側の途中の斜面には草が生え、樹木で覆われ、概して人が住めるのである。

五六　ハンニバルは全軍を集めると、山を下って行き、今記述した絶壁から三日目に平地に到達した。㈡全行軍中に敵と川のために多くの兵士を失い、またアルプスの絶壁と隘路のために兵士だけでなく、多くの馬と駄獣を失った。㈢カルターゴー・ノウァからの全行軍を五ケ月かかって行い、アルプス越えには十五日かかって、[3]パドス川周辺の平地とインスブレス族の領域に大胆に降りて来たとき、㈣かれの生き残った軍勢は一万二千人のリビュエー人の歩兵、八千人のイベーリアー人の歩兵、そして騎兵は全体で六千人より多くはなかった。それはラキニウムの円柱の碑文で軍勢にかんしてかれ自身が述べている通りである。[4]㈤同じ頃、上述したように、プブリウスは軍隊を兄弟のグナエウスに残し、イベーリアーにおける作戦を指揮し、ハスドゥルーバルと決然と戦うように命じて少数の者とピサエに入港し。[5]㈥エトルリアを通って行軍し、軍司令官[6]から辺境に配置されていて、ボイイ族と交戦していた軍団を受け取り、パドス川の平原に到着し、そこに陣を張って、戦おうとはやりながら敵を待っていた。

五七　さて、われわれは説明と二人の司令官および戦争をイタリアまで追った後、戦いの描写をはじめる前に、この作品での方法論にとって何が適切であると考えているかを簡単に述べておきたい。㈡おそらくある人たちは尋ねるだろう、われわれはリビュエーとイベーリアーの地理的関係については詳しく述べているのに、ヘーラクレスの柱の地中海の入口について、あるいは外海とその特性について、

3　ポリュビオスが十五日をどのようにして計算したかは完全には明らかでない。リーウィウス（第二一巻三二・九―三七・六）の計算は十八日となっているが、この日数にきわめて近くなることをウォルバンクは詳述している。I,110以下を参照。

4　ハンニバルの軍勢については三五・一を参照。ラキニウムの碑文については三三・一八を参照。

5　リーウィウス第二一巻三九・三を参照。マッシュリアからピサエまでは航路三百マイル、そしてスキピオはハンニバルがロダヌス川を渡って七日後にマッシュリアを発ち、ピストリア、ボノニア、プラケンティアを経由したと思われる。

6　L・マンリウスとC・アティリウス。

㈢あるいはイギリスの島と錫を得る方法について、イベーリアーにおける金鉱山と、銀鉱山について、すべてこれらの事柄については歴史家たちが長々と論争しているのに、われわれがなぜ一言も触れないのかと。[1]㈣われわれがこれを省略するのは、それがわれわれの歴史にとって異質のものと考えているからなのではなく、まず物語をそのつど中断して、興味をもっている読者をわれわれの歴史の本来の対象からそらしたくないからであり、㈤第二に、それを断片的に、ついでに言及するのではなく、この問題をそれにふさわしい場所と時点にあてがい、できるかぎり、それについての真実を報告することを正しいことだと考えるからである。[2]㈥それゆえ以下において、このような箇所に来たとき、上述の理由でそれを無視した場合にそれを訝しく思うべきではない。㈦しかし誰かがそのことについてそのつど当該の箇所で部分的にどうしても聞きたいと要求するならば、その人は宴会での美食家[3]と同じことをしているのだということがはっきり分かっていないのだ。㈧すなわちかれらはテーブルに置かれるあらゆる料理を味わいながら、瞬間的にその料理を真に享受してもいないし、将来の有益な栄養をそれから引き出すのにじゅうぶんなほど消化もしていないのである。すべて逆なのである。㈨同様に読者においても同じように行動する人はその瞬間本当の楽しみを見出さないし、それにふさわしい利益も獲得しないのである。

1　この歴史家はおそらくディカイアルコス、エラストテネス、ピュテアスである。イベリアの鉱山についての説明はディオドーロス第五巻三五以下、ストラボーン第三巻一四七を参照。
2　三七・一一、さらに先では第三四巻。
3　プラトーン『国家』第二巻三五四bを参照。

五八　歴史のどの部分もこれ以上の慎重さも真の光による訂正も要求しないことは多くの考察からそして特につぎのことから明らかである。㈡ほとんどすべての、もしそうでなければ大部分の歴史家は人の住む、最果ての地の特異性と状態を説明しようと試みて、多くの者が多くの点において間違いをおかしている。㈢その際にはこれを決して見過ごしてはならず、かれらを論破しなければならない。それもなおざりであったり、少しづつではなく、詳細に、そして入念に行うことだ。㈣またかれらを非難し、叱るためではなく、むしろかれらを評価し、無知を正すために説破しなければならない。もし、かれらがわれわれの時代に生きていれば、陳述の多くを訂正し、変更させねば置かぬ、という信念を堅持せよ。㈤すなわち、以前の時代には世界の最果てを探求しようと企てたギリシア人は、そのような企てが不可能であるがゆえにほんのわずかしかいなかった。㈥当時は、海上での危険は多く、数え切れないほどであったが、さらに地上でのそれはその数倍も多かったからである。㈦しかし、もし誰かが止むを得ず、あるいは自分の意志で世界の果てまで行ったとしても、それは目的を達成できたことを意味しなかった。㈧すなわち、あるものの目撃者になることは非常に困難だったからである。なぜならある所は完全に野蛮人のものであり、ある所はまったく人が住んでいなく、さらに困難なのは音声がまったく異質であるために言葉によって認識し、学ぶことができないことである。㈨しかし誰かがこのような知識を得ていたとしても、目撃者にとって、適当な節度を守り、不思議なことの報告と嘘を恥じ、自分自身のために真理に栄誉を与え、それと矛盾することを何も報告しないことはさらに困難である。

五九　かつては、言及した国々についての真実通りの報告は難しくかつ不可能だったので、歴史家が何かを抜かしていたり、間違っている場合に、かれらを非難することは正しくなく、㈡かれらの時代のこの領域での知識の認識と要請を評価し、賞賛すべきなのである。㈢われわれの時代になると、アシアーの国々はアレクサンドロスによって、世界のその他の地方はローマの力によって近づくことが可能となり[4]、㈣さらに公的な活動を行う人びとが戦争と国家の任務によって要求されるだけでなく、そのことにより科学的な研究活動のために時間と機会をじゅうぶんに得たので、㈤昔は未知であった国々についてより良い、またより真実の知識をわれわれが得ることがおそらく要求されるだろう。㈥この著作の中でそのための適切な箇所を見つけた場合に、まさにこのことをわれわれ自身が試み、関心のある人びとをその対象についてのじゅうぶんな知識へと導くつもりである。㈦というのも主としてこの意図でわれわれは危険を引き受けたのである、リビュエー、イベーリアーさらにはガッリアそして外からこの国々へ行く途中での海での危険を。㈧さらにこれらについての昔の人びとの無知を正し、ギリシア人に地上のこの部分についても知らせるためにである。㈨しかし今からわれわれが物語の糸を断ち切った時点に戻り、イタリアでのローマ人とカルターゴー人の間で行われた戦いを記述してみよう。

4　第四巻四〇・二一を参照。

パドス川峡谷におけるハンニバル、トゥレビア川での戦い

六〇　ハンニバルがイタリアに侵入したときの兵力はすでに述べた。[1] ㈡侵入後アルプスの麓[2]に直接陣を張り、まず兵士を休息させた。㈢すなわち、かれの軍隊全体が山登りと山下りによって、ならびに山越え道の険しさによって、おそろしく苦しめられていただけでなく、必需品の不足ならびに身体を治療していないために悲惨な状態にあったからである。[3] ㈣多くの者が欠乏と苦労の連続によってあらゆる道徳的な支えを失っていた。数万人というこれほどの人数のために、このような場所を通って糧食をたっぷりと運ぶことは不可能だったし、さらに携えていった糧食も駄獣を失ったときに大部分一緒になくしたからである。㈤それゆえにロダヌス川の渡し場から出発した三万八千人の歩兵と八千人以上の騎兵からなる軍隊のうちほぼ半分以上が上述したように失われたのである。[4] ㈥助かった者たちは辛苦の連続のせいでその外観においてもその他の心身の状態においても野獣のようになっていた。㈦それゆえにハンニバルはかれらにあらゆる配慮を与えて、身体と精神において元気を回復させようとした。同様に馬にたいしても配慮した。㈧その後、軍隊がふたたび元気を回復したときに、山の麓に住んでいて、インスブレス族[5]と争い、カルターゴー人を信頼していないタウリニ族[6]に、㈨まず友好と同盟を提案した。そしてかれらがそれに同意しようとしなかったとき、かれらの最も重要な部落[7]を包囲し、三日で降伏させた。㈩かれに抵抗する者たちを激しく攻め、皆われがちにやって来て、かれに服従するほどの恐れを近隣の原住民たちに

1　五六・四を参照。
2　ドラ・リパリア渓谷（もし彼の行程がケニス山だったら）。
3　軍隊の疲労困憊についてはリーウィウス第二一巻三九・一―二を参照。
4　ハンニバル軍の損失については第二巻二四・一七、三巻三五・一脚注を参照。
5　この時期のインスブレス族の勢力の拡大については第二巻一七・四脚注を参照。
6　第二巻一五・八脚注を参照。
7　リーウィウス第二一巻三九・四を参照。

吹き込んだ。㈡平原に住むガッリア人の他の多数は最初の計画通りカルターゴー人に与することを望んでいた。㈢しかしローマ軍がかれらの大部分を越えて前進し、切断していたので、静かにしており、ある者たちはローマ人に服従するよう強要されていた。㈢ハンニバルはこれを見て、躊躇せずに前進し、かれの企てに加わることを望んでいる人びとを勇気づけようと決心した。

六一　かれはこのようなことを決心していた。そしてプブリウスが軍隊とともにすでにロダヌス川を渡り、近くにいると聞いたとき、最初はこの報せを信じようとしなかった。㈡なぜならほんの数日前にロダヌス川の渡し場でかれのもとから離れたばかりであり、マッサリアからエトルリアへの海岸沿いの航行は長く、困難であり、㈢その上かれの偵察によると、テュレニア海からイタリアを通ってアルプスまでの道は非常に遠くて軍隊の行軍にとっては適していなかったからである。㈣しかしさらに多くのまたさらに明白な情報を手に入れたとき、この将軍の全体的な計画とかれの行動力に驚き、強い印象を受けた。㈤プブリウスもまさに同じ気持ちだった。最初かれはハンニバルが異民族の軍隊とともにアルプスを越えることを試みるだろうとは予測していなかった。もし彼があえてそれをおこなえば破滅がかれを待ち受けているだろうと考えた。㈥かれはこのように予測していたので、ハンニバルが無事であり、すでにイタリアの都市を包囲していると聞くと、この男の大胆さと向こう見ずに驚嘆した。㈦ローマでもこの情報はおなじ印象を与えた。㈧ザカンタが占拠されたという報せによって惹き起された騒ぎが静まり、カルタゴ自体を包囲する予定で一人の執政官をリビュエーに送り、もう一人の執政官を、そこにいると考えたハンニバルと戦うためにイベリアに派遣することによってこの状況に対処する手段がとられたばかりだった。そして今、ハンニバルが軍隊とともにイタリアにいて、すでにある都市を包囲しているという報せが届いたのである。㈨起こったことは予想外のことに思われたので、慌ててただちにリリュバイオンにいるティベリウスの許へ、敵の到来を明らかにし、かれの計画は放棄して急いで故国へ戻るように、と要請する使者を送った。㈩ティベリウスはすぐに艦隊の乗組員を集め、故国へ航行するように命じて送り出した。陸軍は全員決められた日にアリミヌムの陣営地で就寝していなければならない、と護民官を通して誓いで強要した。㈡これはアドリア海に面したパドゥス平原の南端にある都市である。㈢あらゆる方面で動きが同時にはじまり、出来事の成り行きは思いがけないものだったので、双方において未来についての注目は取るに足らないものではなかった。

ハンニバルとプブリウスの軍隊への呼びかけ[1]

六二　ハンニバルとプブリウスは同じ時に互いに接近し、両者共に現況に適したことを述べて自軍を激励しようとした。㈡ハンニバルはつぎのような方法で激励しようと企てた。㈢すなわち、アルプスの難所で行軍を妨害した戦いで捕らえた若い捕虜をたくさん引き出した[2]。㈣かれらは未来のある目的に備えて、ひどい状態にされていた。すなわち重い鎖に繋がれ、飢えで衰弱させられ、身体は殴られてめちゃくちゃにされていた。㈤かれらを真ん中に引き出し、ガッリア人たちが一騎打ちをするときに装うのを常とする完全装備をかれらの前に置き、それに加えて馬を連れてこさせ、高価なマントを持ってこさせた。㈥それから尋ねた、お前たちのうち誰がこの戦い、すなわち、勝てば目の前の賞品が貰え、敗れれば今の禍から解放される戦いを行いたいか、と。㈦全員が同時に声を上げ、一騎打ちを望んでいることを明らかにしたので、籤を引き、籤に当たった者が二人づつ武装して戦うように命じた。㈧若者たちはそれを聞くとすぐに手を上げ、自分こそ籤に当たりたいと熱望して神々に祈った。㈨籤で当たった者が明らかにされると、当たった者は大喜びをし、当たらなかった者は逆であった。㈩戦いが終わると、ほかの捕虜たちは、死者を、かれは多くの辛い禍から自由になったが、自分たちはまだとり残されているとして勝者よりも祝福した。(一一)カルターゴー人の大部分の気持ちも同じだった。籤にはずれて生き残った捕虜たちの悲惨さを見て、その比較からかれらに同情し、死者を全員が祝福した。

六三　ハンニバルは兵士たちの精神に意図していた気持を起こさせた後、㈡前に進み出て、自分が捕虜を連れ出したのは、他人の運命で、自分たちを待ち受けているものをはっきり見てとり、自分自身の状況を正しく判断するためだ、と言った[3]。㈢すなわち、運命が似たような決戦の必然性にかれらを置き換えたのであり、似たような勝者への賞

1　リーウィウス第二一巻四〇—四四を参照。
2　捕虜の決闘についてはリーウィウス第二一巻四〇—四四を参照。
3　リーウィウス第二一巻四三・五を参照。

品も約束しているのだ。勝つか、死ぬか、あるいは生きて敵の手に落ちるしかないのだ。㈣勝てば、賞品として待ち受けているのは馬やマントではなくて、ローマ人の宝を獲得することによって、地上で最も豊かで最も幸福な人間となることだ。㈤しかし戦闘で、しかも最も美しい希望をめざしての最後の一息までの戦いで不運にも討たれたとしても、名誉の戦死があらゆる禍から解放してくれる。㈥それに反して負けて、命が惜しくなって逃亡したり、あるいは命を助かろうとじたばたしたなら、苦難と苦しみがその分け前だ。㈦すなわち、故郷から後にしてきた道のりの長さを思い出せば、後にしてきた敵の多さを思い出せば、最後に渡った川の大きさを思い出せば、逃げて故郷に到達しようという希望をいだくほど、愚かで、理性のない者はいないであろう。㈧それゆえ、この種の希望はこれを限りにきっぱりと断ち切られているのだから、自分自身の状況はあのガッリア人の運命とまさに同じだと見なさねばならない。㈨すなわち、かれらの場合、皆が勝利者および決闘で倒れたものを幸福だと称賛し、籤にはずれて生き残った者に同情したように、自分自身にかんしてもそう考え、最良の場合は勝つために、それが不可能なら、死ぬために、諸君の全員が戦争に行かねばならない。(一〇)負けても生きることに留まろうという考えは念頭から消さねばならない。(一一)もし、この理由と目標を持つならば、勝つことと救われることが同時についてくることは明らかだ。自由意志であるいは強いられて、(一二)そのように決意する人は皆、敵に対して勝利を獲得するという期待で裏切られるということは決してない。(一三)さて、敵にとって、今のローマ人の場合がそうであるように、逆の見込みがある場合、すなわち、かれらが逃げる場合にはすぐ近くに故郷があるので、確実な救いが手招きしている。そのような場合に、生きることと関係を断っている人びとの勇敢さは抵抗できないものであるに違いない。(一四)多数の者が目の前で行われた例ならびに司令官の演説を拍手で受け入れ、演説によって呼び起こした戦闘意欲と決意で満たされたので、かれらを褒め、翌日の夜明けの出発を命じて解散した。

六四　プブリウスは同じ日にすでにパドス川を渡り終え、さらにティキヌス[4]へと前進することを決意し、工兵に橋を架けることを命じ、演説を行うために残りの軍隊を集めた。㈡演説の大部分は祖国の名声と祖先の行為についてだった。さらに、現在の状況について次のようなことを言った。㈢たとえ今の敵についてのいかなる経験も持っていなくても、

4　ティキヌス（現在のティキノ川）はパドス川の最大の支流で、ラゴ・マジョレからパヴィアの合流点へ流れている。

自分たちがカルターゴー人と戦おうとしていることを知ることは、勝利の揺ぎ無き希望を与えるはずである。(四)しばしば自分たちによって打ち負かされ、ただ、奴隷でないだけで、すでにかくも長い年月貢賦を払ってきたカルターゴー人がローマ人にあえて立ち向かってきたとしたら、それはまったく驚くべきことで、思いもよらないことだ、と考えざるをえない、とかれは言った。(五)その点は別にして、今、現実にいる者たちを前にして、かれらが面と向かってわれわれを見ることだけをあえてしているのではないことを多少の経験に基づいて未来について正しく推論した場合、どんな判断を持たねばならないだろうか。(六)かれらの騎兵はロダヌス川でわれわれの騎兵と衝突したさいに、非常な損害を受けた後、卑怯にも自分の陣営地まで逃げ帰っただけでなく、(七)われわれの兵士が現れると、将軍も全軍も逃亡にも似た退却をし、まったく不本意にも全くの恐れから、アルプス越えの行軍に踏み出したのだ。(八)今、ハンニバルは軍隊の大部分を失い、残ったものはあの不幸のために無力で、役に立たず、同様に騎兵も大部分失い、残ったものは道程の長さと困難のために使えない状態である、とかれは述べた。(九)プブリウスは敵に対してただ姿を現すだけでよいことをこのことによって示そうとしたのである。(一〇)とくに、自分の到着を見て勇気をだすことを要求した。すなわち、もし指令の変更が状況から判断して、祖国にとって必要であり、その中に明らかに勝利が見えていなかったら、自分が派遣された艦隊からも、イベーリアーの遠征からも離れなかったであろう、と述べた。(一一)全員が演説者の個人的権威とかれの言葉の真理のために戦闘意欲を示したとき、かれらの意気込みを称賛し、命令に対して用意しているように要請して、解散した。

ティキヌス川での戦い[1]

六五　翌日、双方共にアルプスに最も近いパドス川に沿ってその川岸の上を前進した、ローマ軍は流を左に、カルターゴー軍は右にして。(二)二日目に斥候によって、互いに近くにいることを知った時、双方共に陣を張って留まった。(三)翌日両軍は騎兵隊をひきいて、プブリウスは歩兵の投げ槍兵もひきいて、互いの戦力を偵察するために、平原を通って進んだ。㈣互いに近づき、砂塵が上がるのが見えたのと同時に、会戦のための布陣をした。㈤プブリウスは投げ槍兵およびかれらと一緒に作戦行動するガッリア人の騎兵隊を前線に置き、他をその後ろに配置し[2]、徐々に前進して行った。㈥ハンニバルは馬勒を付けた騎兵隊およびその主部隊すべてを敵に対して配置し、ノマディアの騎兵を包囲のために両翼に用意しておいた。㈦双方の指揮官と騎兵隊は競い合い、その衝突は非常に激しいものとなり、槍兵は最初の投擲を行う間もなく突進してくる騎兵隊に蹂躙されるのでは、と恐れてただちに中隊の後ろに引き下がるほどだった。㈧前線と前線がぶつかりあい、長い間戦いの秤は均衡を保ったままだった。㈨すなわち、騎兵の戦いも歩兵の戦いも馬を下りた兵士たちによって同時に行われたからである。㈩しかし、ノマディア兵が包囲し、背後から攻撃をすると、最初は騎兵の攻撃を逃げていた槍兵はノマディア騎兵の多数の攻撃によって踏み躙られた。⑾最初から前線でカルターゴー軍と戦っていた兵士たちは、味方の多くを失ったが、それ以上に多くのカルターゴー人を倒していた。しかし、ノマディア人が後衛から攻撃に加わると、敗走させられ、多くはばらばらに逃走し、少数だけが指揮官のもとに群がった。

トゥレビア川での戦いへと通ずる出来事

六六　プブリウスは陣を撤収し、平原を通ってパドス川の橋へ進み、軍隊を迅速に向こうへ渡すことを急いだ。㈡すなわち、場所が平地であり、敵は騎兵力において勝っており、自分も傷を負ったことを考えて[3]、軍隊を安全な場所に戻そうと判断したからである。㈢ハンニバルはある所まで歩兵部隊であらゆる危険をおかそうと判断し、敵が陣を

1　リーウィウス第二一巻四六・三―七、九―一〇を参照。小競り合いはティチノ川とセシア川の間のポー川の北部、現在のロメッロの近くで起こった。

2　リーウィウス第二一巻四六・五を参照。

3　スキピオの傷についての物語、後のスキピオ・アフリカヌスが自分の父をいかにして救ったかについては第一〇巻三・四の脚注を参照（リーウィウス第二一巻四六・一〇）。

撤収したのを知ると、最初の川[1]とそこにかかっている橋まで追跡して行った。㈣しかし橋桁の大部分が剥ぎ取られているのを知り、まだ川の周辺に残ってその橋を守っていた者を捕虜にした。その数はおよそ六百人であった。㈤他の部隊はすでに相当に先に行ったと聞き、ふたたび逆に向きを変え、川に沿って進軍を行い、パドス川の容易に橋を架けれる場所へ急いだ。㈥二日目に止まり、川舟で浮き橋を作り、ハスドゥルーバル[2]に軍を川越えすることを命じ、自分はただちに渡って、近隣からかれの所に到着した使節と交渉した。[3]㈦すなわち、勝利を獲得するとすぐに、周囲に住むすべてのガリア人が最初からの意図に忠実にカルタゴ人と友好関係を結び、糧食を提供し、一緒に出陣することを急いだからである。㈧ハンニバルは現れた者を友好的に受け入れ、軍を向こう岸から渡すと、川に沿って前と逆の方向に前進した。すなわち、敵とできるだけ早く敵と戦うために下流へと道を取ったからである。㈨プブリウスはその間にパドス川を渡り、植民都市であるプラケンティアに陣を張り、[4]自分やほかの傷ついた者を治療させ、同時に軍隊を安全な場所に置いたと考えて動かなかった。㈩しかし、ハンニバルは渡河から二日目に敵の近くに到着し、三日目に敵の目の前で会戦へと軍を配置した。㈡しかし、誰もかれに向かって出て来なかったので、ローマ人から五〇スタディオン（九キロ）離れた所で陣を張った。[5]

六七　ローマ人と一緒に出陣していたガッリア人はカルタゴー人側の将来がいっそう光り輝いているのを見て、互いに約束し、攻撃の機会を窺い、各人、自分のテントに留まっていた。㈡柵の中にいる全員が夕食を取り、床につ

1　ティチノ川であってリーウィウス（第二一巻四七・二―三）が述べているパドス川ではない。パドス川の橋は船橋だった。
2　九三・四を参照。奉仕部隊の司令権を与えられている将校。ほかに一〇二・。六、一一四・七、一一六・六、リウィウス第二二巻四六・七で言及されている。
3　リーウィウス第二一巻四七・七を参照。
4　リーウィウス第二一巻四七・三を参照。騎兵隊の小競り合い後のスキピオの最初の野営地の址はそれに続く合戦についての議論で決定的な地点である。
5　リーウィウス第二一巻四七・八を参照。ポリュビオスはハンニバルが野営するのをスキピオがかれの挑戦を拒否した後としているが、リーウィウスはそれ以前としている。これはローマ人の毎夜砦を設営した上で野営する習慣をハンニバルに帰していることによる。ポリュビオスは野営地をローマから五〇スタディオンとしているが、リウィウスはプランケティアから六ミリア（八・八七キロ）としている。その相違はリーウィウスがスキピオの野営地を市のすぐ近くと仮定していることによる。実際はそこから西にいくらかの距離があったのであるが。

いた時、ガッリア人は夜の大部分を経過させ、早朝の見張りの頃、武装してローマ人に襲いかかった。㈢かれらの多くを殺し、少なくない者を傷つけ、最後には、死んだ者の頭を切り落として、カルターゴー人の方へ立ち去った、歩兵二千人、騎兵二百人をそれほど下回らない数だった。[6] ㈣ハンニバルはかれらの到来を喜んで受け入れ、励ましの言葉を与え、一人一人に適切な贈物を約束し、同胞に起こった出来事を伝え、自分との同盟を呼びかけさせるために、かれらの部落へ去らせた。㈤すなわち、ローマ人に対するこの裏切り行為を知って、皆が自分たち自身の同郷の人に味方するだろうと確信していたからである。㈥かれらと同時にボイイ族が現れ、土地の分配のためにローマ人によって派遣され、上述のように、戦争の初めに、裏切りによって手中にした三人の男[7]を手渡すと、㈦ハンニバルはかれらの好意的な接近を歓迎し、使節を通してかれらと正式な同盟を結んだ。しかし、男たちは、最初からの意図に従って、かれら自身の人質をその男たちと交換して取り戻すために、監視するようにと指示して返した。

㈧プブリウスはこの裏切り行為を非常に気にかけ、すでにいつもローマ人に憎しみをいだいていたガリア人が、こうした付加的刺激が加われば周りのすべてのガリア人がカルタゴ人へと投ずることを斟酌して、予防措置を講ずることを決定した。㈨それゆえに夜になると、[8] 陣を撤収してトゥレビア川とそれに隣接している丘へ道を取った。[9] その場所の堅固さとその近くに住む同盟者を信頼していたからである。

六八　ハンニバルはかれらが陣を撤収したことを知ると、ただちにノマディアの騎兵を送り出し、ほどなくしてほかの騎兵も送り出し、かれ自身は軍をひきいてその後を徒歩でついて行った。㈡ノマディア人は無人の陣地に押し入り、それに火をつけた。㈢これはローマ人には非常に役に立った。もしかれらがすぐに後を追い、輜重隊に追いついていたら、かれらの多くは騎兵隊によって平原で殺されるということになっていただろう。㈣さて大部分の者は先にトゥレビア川を渡っていた。後衛で取り残されていたある者はカルターゴー人によって殺され、ある者は生きて捕まった。㈤プブリウスは上述の川を渡り、最初の丘に陣を張った。[10]

6　ガッリア人の離脱、リーウィウス第二一巻四八・一―二を参照。
7　四〇・七、九、一〇を参照。

8　明らかに次の夜。リーウィウス第二一巻四八・四を参照。
9　リーウィウス第二一巻四八・四を参照。
10　一―五はハンニバルの追跡、リーウィウス第二一巻四八・五―六を参照。

㈥陣営を塹壕と柵で囲み、ティベリウスとかれの軍隊を待ち、できれば差し迫った戦いに参加しようと、自分の治療を注意深く行った。㈦ハンニバルは敵から約四〇スタディオン（七・二キロ）離れた所で陣を張った。[1] ㈧平原に住み、カルターゴー人に味方したガッリア人の軍隊にはたっぷりと生活必需品が与えられ、すべての企て、すべての危険でハンニバルと共にする用意があった。

㈨ローマにいる人びとは騎兵戦のことが伝えられると、起こったことが予想に反することであったために驚いたが、起こったことは敗北ではないと信ずるための口実にこと欠かなかった。㈩ある者は指揮官の無思慮に咎を帰し、ある者は最後の離反から推論して、ガッリア人が故意に自分たちを見殺しにしたことに帰した。(一一)そもそも歩兵軍は無傷なのだから、全体についての希望も無傷だとかれらは考えた。(一二)だからティベリウスとかれの軍隊が到着し、ローマ市内を行進すると、かれらが姿を現わしさえすれば戦いはそれだけで決定されると思われた。(一三)兵士たちが誓いに忠実にアリミヌムに集まると、執政官ティベリウスはプブリウス軍と合流するために、出発した。(一四)合流し、これまでのローマ軍の陣地の傍に自分の陣を張ると、リリュバイオンからアリミヌムまで四十日[2]の不断の歩兵行軍を行った兵士たちに必要な休息を与え、その間に会戦のための一切の準備を行った。(一五)さらにこれまで起こったことについての情報を得、次の措置について決心するためにプブリウスと入念な議論を行った。

六九　同じ頃ハンニバルはブルンディシウム人の裏切り行為によって、クラスティディウムの都市を獲得した。[3] ローマ人によって託されていたその都市をブルンディシウム出身の男がかれに引き渡したのだった。㈡守備隊と穀物の蓄えを手に入れ、これを当面の必要のために用い、捕えられた兵士たちには危害を加えず、自分とともに連れて行った。㈢かれのやり方の例を提示して、[4]不運に見舞われた人びとが恐れをいだいて、自分の安全について絶望しないようにするためだった。㈣裏切りものには、都市の指導者たちをカルターゴー人側につくよう誘うために、豪奢な報酬を与えた。[5] ㈤その後、パドス川とトゥレビア川に住ん

1　カンプレモルド・ディ・ソプラのやや南のトゥレビア川の西岸。

2　四十日はおそらくアリミヌムから一、一〇〇キロ以上あるレギオンから計算されたものである。リリュバイオンからメッサナへはさらに四〇〇キロある。

3　リーウィウス第二一巻四八・九―一〇を参照。

4　第四巻二四・九、第三九巻五・一を参照。

5　第四巻二四・九、第三九巻五・一を参照。

でいるあるガッリア人が自分と同盟を結んだのだが、他方でローマ人に使節を送り、そのような方法で両方に対して安全があるように講じているのを見て、㈥かれらの土地を荒すように命じて、歩兵を二千人、ガッリア人とノマディア人の騎兵千人を送った。㈦かれらは命じられた事を行い、多くの戦利品を手に入れると、直ぐにガッリア人は援助を請おうとして、ローマ人の柵にやって来た。㈧すでに前から、行為に出るきっかけを探していたティベリウスはその時口実を得て、騎兵の大部分と歩兵の槍兵千人を送り出した。㈨かれらはトゥレビア川の向こうで接触し、戦利品をめぐって争うと、ガッリア人はノマディア人と共に敗走させられ、自分たちの柵まで退却した。㈩カルターゴー人の陣営の前方にあって見張りをしていた者がすぐ気づき、待ち伏せして、圧迫されている者たちを援助しようとした。このことが起こると、ローマ人はふたたび敗走させられ、自分たちの陣地に戻った。㈡ティベリウスはこれを見ると、すべての騎兵と槍兵を送り出した。すると、ふたたびガッリア人は自分たちの安全な方へ退却した。㈢全体を決する準備ができていず、また目標無しで、すなわち原則を持たずに大規模な会戦に巻き込まれてはならないと考えていたカルターゴー人の将軍ハンニバルは、そしてこれが有能な指揮官の証拠と言わねばならないのだが、㈢柵に近づいて来た自軍を止め、引き返すことを強制し、伝令兵とラッパ手を通して呼び戻しながら、敵を追うことと、戦いに巻き込まれることを禁じた。㈣ローマ人は短時間、攻撃し、味方の少数を失っただけで、カルターゴー人の多くを殺して戻って行った。

ティベリウス・センプロニウス・ロングス、プブリウス・コルネリウス・スキピオ、ハンニバルの動機と目標[6]

七〇　ティベリウスは獲得した勝利で喜びと誇りで溢れ、できる限り早く決定的な会戦を開こう、と燃え立った。㈡プブリウスが傷病であるため、自分の判断で行動すること

6　ティベリウス、プブリウス・スキピオ、ハンニバルの動機と目標リーウィウス第二一巻五三を参照、そこでは同じ考慮が著者によって展開されている。

がもちろんかれに許されていた。しかし、共同支配者の意見もつかんでおこうと思い、このことについてかれと論じ合った。㈢プブリウスは現況について、逆の判断をしていた。㈣すなわち、軍隊を冬の間に訓練しておき、自軍をもっと精鋭化しておき、一方、もしカルターゴー人が何も達成できず、静かにしていることを強いられれば、ガッリア人はあの当てにならない性格ゆえに[1]、誠実を守らず、かれらに対してふたたび立ち向かうだろう、とかれは考えていた。㈤このことに加えて、傷から癒えて新しい戦いで真の務めを果たすことを望んでいた。㈥このように考えて、ティベリウスに、防禦に留まるように要請した。㈦かれはこれらのひとつひとつが正しく、あるべきように言われていると知ってはいたが、功名心に駆られ、思いもよらず自分の幸運を確信し、プブリウスが戦いに参加できる前に、選任された執政官[2]たちが指揮権を執る前に自分で全体に決着をつけよう、と急いだ。すなわち、その時期に近づいていたからである。㈧つまり、客観的な理由からではなく、自分の個人的な理由で時点を選んだので、正しい時点を選び損なわざるをえなかったのである。㈨ハンニバルは現況についてはプブリウスと似たような考えを持っていたが、逆に敵とぶつかることを急いでいた。第一にガッリア人の衝動を無傷なままじゅうぶんに利用し尽くすこと、㈩第二に新しく招集されたばかりで、訓練されていないローマ軍とぶつかること、第三にプブリウスが戦いに参加できないときに、会戦の時点を選びたかったからである。しかし最大の理由は、何かをして、時を利用しないまま経過させたくなかったからである。(一一)すなわち、軍隊をひきいて異国に思い切って入り込み、大胆な企てに手をだした人にとって、つねに同盟者の希望を活気付けておくことが、救いの唯一の道だったからである。(一二)ハンニバルはティベリウスの戦意がどのようになるか知っていて、それに備えていた。

1　ガッリア人の性格の当てにならないことについては第二巻三二・八脚注を参照。

2　彼らがすでに選挙されたか否かについてはいかなる示唆もない。実際はティベリウスは戦いの後に選挙を行うためにローマに戻ったのであろう（戦いは一二月下旬に行われた、七二・三）。

トゥレビア川での会戦[3]

七一　両陣地の間の空間は平らで、木が生えていないが、その川には土手があり、その上には深くて連続している茨の茂みがあるために待ち伏せに適している、とずっと以前から気づいていたので、戦略として用いることを決めた。㈡かれらの用心を容易にかわす可能性があった。すなわち、ローマ人は木の生い茂った場所に対してはガッリア人が待ち伏せをしているのではないか、と警戒していたが、平らな所、木のない所に対しては完全に安心しきっていた。㈢すなわち、そこは待ち伏せしている者たちが遠くからすべてを見渡すことができ、また大部分の場所にじゅうぶんに覆うものがあるために、待ち伏せしている者が気づかれないし、何かひどい目に遭うことはないと言うことにかんして木の生い茂っている場所よりずっと適していることをかれらは知らなかったからである。㈣適当な高さのある土手が縁にある小川、ヨシの茂み、羊歯、あるいは茨の潅木が歩兵だけでなく、もし、光る武器[4]を裏返しにして地上に置くとか、兜を下に差し込むといったちょっとした配慮をしておけば、騎兵さえも隠すことができたのである。㈤さて、カルターゴー人の将軍ハンニバルは兄弟のマゴおよび同席している者たちとさし迫った戦いについて相談し、皆が賛成したので、㈥[5]軍隊が夕食をとると同時に、兄弟のマゴを呼んだ。かれは年は若かったが、戦う意欲に満ち溢れ、子供の時から戦争のことには慣れていたのだが、そのかれに騎兵百人、そしてそれと同数の歩兵を渡した。㈦まだ日がある間に軍隊から最強の兵士を選び出し、夕食を済ませたら、自分のテントに来るように命じておいたのである。㈧注意を与え、任務が要求する勇気を吹き込んだ後、それぞれ自分の部隊からなお十人の最も勇敢な者を選び、直ちに陣地の決めた場所にいるように、と命じた。㈨この命令が

3　リーウィウス第二一巻五四—五八・八を参照。ポリュビオスは主として親カルターゴー人資料（おそらくはシレヌス）に依拠している。リーウィウスも同様である。

4　青銅の盾。

5　二〇・八脚注参照。

遂行されると、今度は千人の騎兵、それと同数の歩兵を夜、かれらに指揮官を与え、兄弟に攻撃の時のための命令を与えて、待伏せへと送り出した。㈩自分自身は夜が曙光が射しはじめると同時に、艱苦にとくに慣れているノマディア人の騎兵を集め、訓戒を与え、戦いで際立った働きをした者に褒美を約束し、できる限り早く川を渡り、敵の陣地に近づき、小競り合いをしつつ敵をおびき出すように命じた。すなわち、敵が空腹なままで、差し迫った戦いへの備えができてないままで戦いへ強いることを望んだのである。⑪続いてほかの指揮官たちを呼び集め、同じ方法で戦いのために励まし、朝食を摂り、武器を用意し、馬の世話をしておくように命じた。

七二　ティベリウスはノマディア騎兵が接近してくるのに気づくやいなや、敵を押さえて取っ組み合うように命じてすぐ騎兵隊を送り出した。㈡続けて歩兵の槍兵を六千人送りだした。残りの軍隊も陣地から動かした[1]。姿を現しただけで全体の決着が付けられるだろうと考えて。兵士の数と前日の騎兵戦の成功がかれに確信を持たせたのである。㈢時は冬至の日で、雪が降り、特に寒い日だった。人も馬もいわばほとんどすべてのものが朝食をとらずに出動していたが、最初は全員が勇気と戦闘意欲という点で何ひとつ不足しているところはなかった。㈣さて、トゥレビア川を渡る段になると、陣営の上の山に夜の間に降った雨のために水嵩が増していたために、歩兵は胸まで浸かりながら、渡って行った。㈤このことから時間が経過するに連れて軍隊は寒さと空腹のために苦しみはじめた。㈥カルターゴー人はテントで食事を取り、ワインも飲んでいた。そして馬の手入れをし、火の周りで肌に油を塗り、武具を身につけていた。㈦適切な時点を待っていたハンニバルは、ローマ人が川を渡るのを見るや否や、槍兵と投石器兵を約八千人前進させ、かれ自身は残りの軍隊をひきいて続いた。㈧陣地から約八スタディオン（一・四四キロ）前進した所で、イベーリアー人、ガッリア人、リビュエー人の歩兵約二万人を一線に配置し、㈨騎兵はガッリア人の同盟者からのを合わせて一万人以上だったのだが、それを両翼に配置し、象は分けて両翼の前に押し出した。㈩同じ頃、ティベリウスは騎兵が敵に対してどうしてよいかわからないのを見て、それを呼び戻した、すなわち、ノマディアの騎兵は、これがかれらに固有の戦い方なのであるが、かれらが動くと配列を乱して後退し、次にただちに引き返してきて、大胆に、向こう見ずに攻撃してきたからである。⑪ティベリウスは

1　両陣営の動員数についてはクロマイアー第三巻一・九四—九八、ウォルバンク一・四〇四以下を参照。

歩兵を通常のローマ軍の戦闘隊形[2]で配置した。ローマ人一万六千人、同盟軍二万人であった。㈢すなわち、これが、状況が二人の執政官の軍隊の合併を要求する場合の大きな会戦のための総供給の兵力だった。次に四千人の騎兵を両翼に配置した後、堂々と、ゆっくりとした足取りで敵に向かって前進して行った。

七三　すでに互いに近づいた時[3]、両軍の前衛部隊として配置されていた軽装歩兵が戦いを開始した。㈡その場合ローマ人は多くの点で不利であった。一方カルターゴー人は戦いでは有利であることが明らかになった。㈢すなわち、ローマ人の槍兵は夜明けからひどい目にあい、ノマディア人との小競り合いで大部分の投槍を投擲し尽くしており、残ったものも、打続く湿気のために使えなくなっていたからである。㈣騎兵隊とローマ軍全体も似たような状況にあった。㈤カルターゴー人にとってはその反対であった。元気溌剌と最良の状態で戦列についていたので要求されればいつでも支援を送る用意があった。㈥それゆえに、前線で戦っていた軽装歩兵が隙間をぬって退き重装歩兵が互いにぶつかると、ただちにカルターゴー人の騎兵が両翼から相手を圧迫した。すなわち、数において勝り、人も馬も溌剌とした力を保っていたからである。㈦さて、ローマ軍側では騎兵が退却し、それによって戦列の両翼が露出されたので、カルターゴー人の槍兵とノマディア人の多数が自軍の前線を超えて[4]ローマ人の翼に突進し、かれらに大きな損害をあたえ、かれらが前線で敵を処理するのを妨害した。㈧全隊形の前進した中心を占めていた双方の重装歩兵はどちらかが優勢になるということはなく、長い間接近戦をつづけていた。

七四　この瞬間ノマディア人が待伏せ場所から立ち上がり[5]、ローマ軍の戦線の真ん中で戦っていた兵士たちに突然背後から襲いかかった。これはローマ軍に大きな混乱とパ

2　すなわち前衛から後衛まで歩兵中隊の三戦列ハスタティ、プリンケプス、トゥリアリで組織される。

3　クロマイアー（第三巻一・六九）はローマ軍は（現在の）モリナッツォの少し北でトゥレビア川を渡ったとし、戦場をカサリジオとツナ村のすぐ西、四キロにわたる地域に置いている。

4　ここでもポリュビオスとリーウィウスの間に記述の相違が見出される。カルターゴー人の騎兵がローマ人の騎兵を敗走させた瞬間を軽装歩兵がとらえて、ローマ人の軽装歩兵を攻撃するのに対して、リーウィウスはこの軽装歩兵に最初にローマ人の騎兵を攻撃させている。これはハンディキャップを増大させることによって、不名誉を少なくさせようと意図したものである（クロマイアー第三巻一・七二脚注を参照）。

5　リーウィウス第二一巻五五・九を参照。

ニックを引き起こした。㈡ついにティベリウス軍の両翼は前方は象隊によって、周りと側面は軽装歩兵によって圧迫され、敗走させられ、追跡する敵によって背後にある川[1]へ押された。㈢これにつづいてローマ軍の中央部の後衛部隊は待ち伏せて攻撃してきた兵士によってひどい打撃を与えられ、切り倒された、㈣それに対して前衛部隊[2]は、前進することを強行し、ガッリア人とリビュエー人の一部を破り、かれらの多くを殺して、カルターゴー軍の戦線を突破した。㈤しかし、自分たちの両翼が圧迫されているのを見たが、かれらを助にいくことあるいは自分の陣営に戻ることは諦めた。多数の騎兵を恐れ、川のように降り注ぐ雨の激しさに妨害されたからである。㈥密集して戦列を保ちながら妨害を切り抜けてプラケンティアへと撤退した、その数は一万人より少なくなかった。㈦残りの大部分はトゥレビア川で象隊と騎兵によって殺された。㈧逃れた歩兵と騎兵の大部分は上述の部隊との連絡を探し、見つけて共にプラケンティアに到達した。㈨カルータゴー軍は敵を川まで追跡したが、嵐のためにそれ以上先へ進めず、ふたたび陣地に戻った。㈩かれらはみんな獲得した勝利を非常に喜んだ。

1　トゥレビア川。
2　ハスタティとプリンケプス。

戦死したイベーリアー人とカルターゴー人は少数で、戦死した多くはガッリア人だったからである。[3]㈡降雨とそれにつづく雪によってかれらもひどく衰弱し、その結果象は一頭を除いて倒れ、多くの兵士も馬も寒さのために亡くなった。

七五　ティベリウスは損害のひどさをいやというほど思い、ローマにいる人びとには出来事をできるだけ隠したいと思い、戦いが起こったこと、しかし、かれらの勝利を嵐が奪った、と知らせる使者を送った。㈡ローマ人は最初はその報せを信じていた。しかし間もなくカルターゴー人がローマ軍の陣地を占領し、ガッリア人がすべてかれらの側についたこと、㈢さらにローマ軍の兵士は陣地を捨て、戦いから退却し、全員近くの都市[4]に集結し、必需品を海からパドス川経由で運搬して調達している、と聞き、その戦争について起こった真相を明瞭に知った。㈣事態は予想外の

3　ローマ軍が粉砕された中央にハンニバルが彼らを配置したからである（七二・八、七四・四）。リーウィウスに従うと、ほとんどすべての象がトゥレビア川で倒れ（第二一巻五六・六）、残った一頭に乗ってハンニバルはアルノの沼地を渡った（第二二巻二・一〇）。
4　リーウィウス（第二一巻五六・九）が明快に述べているようにプラケンティアとクレモナ。

ことに思われたので、これから先の装備、また問題となっている場所の守備には特別な注意を払い、サルディニアとシケリアーに軍団を増強し、[5]タレントゥムおよびほかの戦術上重要な地点には守備隊を送った。さらに六十隻の五段櫂船を艤装した。㈤その時、執政官に任命されたグナエウス・セルウィリウスとガイウス・フラミニウス[6]は同盟軍を集め、自分の軍団のために徴募し、㈥またアリミヌムとエトルリアに同時に生活必需品を送った。この二個所を兵站の基地と考えたからである。㈦最後にシュラクーサイのヒエローンに使者を送り、支持を要請した。かれはそれに対して五百人のクレーテー人と千人の盾兵を送って来た。かれらはあらゆる面にわたって精力的に準備した。すなわち真の恐怖に直面したとき、ローマ人は公的にも私的にも恐るべきものとなるからである。

イベーリアーにおけるグナエウス・コルネリウス・スキピオ（前二一八年）

七六　同じ頃、すでに述べたように兄弟のプブリウスによって海軍提督に前以て任命されていたグナエウス・コルネリウス[7]はロダヌス河口から全艦隊をひきいて出航し、イベーリアーのエンポリオンと呼ばれる場所に入港した。㈡この地点から上陸をはじめ、海岸に住み、従わない者たちを攻囲し、かれらの安全のために考えうる限りの配慮をしながら、受け入れた者たちを友好的に扱った。㈢かれの側に立った海岸の住民を安全にした後で、全軍をひきいて内陸へと前進した。㈣いまやかれはイベーリアー人のかなりの同盟軍を結集していたからである。前進しながら都市のあるものは味方につけ、あるものは力で征服した。㈤キッサ[8]と呼ばれる都市で、指揮官としてハンノーンが残されて

5　前二一六年にはシケリアーに二軍団があり（リーウィウス二三巻二五―一〇）、サルディニアには一軍団があった（リーウィウス二三巻三四・一二）。これらは明らかに前二一八／七年に送られたものである。

6　前二一七年の執政官。

7　四九・四を参照。しかしそこでは艦隊については言及されていない。エンポリオンについては三九・七を参照。

8　タッラコーンの近く。これはケッセタニア地区の主要な町だったことを示唆する（プリーニウス第三巻二一）。

いたカルターゴー人が立ちはだかったとき、グナエウスは会戦し、勝利し、イタリアへ進軍したカルターゴー側の兵士たちのすべての荷物がこの地に残されていたので、[1]多くの戦利品を手に入れただけでなく、㈥イベール川のこちら側[2]のすべての部族の同盟連合と友好関係を獲得し、カルータゴー人の司令官ハンノーンならびにイベーリアー人の司令官アンドバレース[3]を捕虜にした。㈦かれは内陸の支配者で、カルータゴー人にとくに忠実な友だった。㈧ハスドゥルーバルは起こったことを知ると、助けようとイベール川を越えてやってきた。㈨彼はローマ人の艦隊の後に残された乗組員が歩兵部隊の勝利のために軽率にかつ自信に満ちて行動しているのを知ると、㈩自分の軍隊から歩兵八千人、騎兵約一千人をひきいて、船から陸に散らばっている乗組員を制圧し、かれらの多くを殺し、残りのものを船に逃げ帰ることを余儀なくさせた。㈪その後、ハスドゥルーバルはまた引き返してイベール川を再び渡り、カルターゴー・ノウァで冬営しながら、装備の充実とその地方の安全化の仕事に取り掛かっていた。㈫グナエウスは艦隊に戻ると出来事の責任者をかれらの習慣に従って処罰し、[4]次に陸軍と艦隊を一地点に集めてタッラコーンで冬営に入った。戦利品は兵士たちに平等に分配し、それによって大きな共感を獲得し、将来に向かって戦闘意欲を掻き立てた。

トゥラシュメネ湖畔での会戦（前二一七年）

七七　イベーリアーの事態はこのような状況だった。春の季節が始まると、ガイウス・フラミニウスは軍をひきいて出発し、エトルリアを通り、アッレティノー人の都市の前で陣を張り、㈡一方グナエウス・セルウィリウスは逆に、敵を待つために、アドリア海岸のアリミヌムの方へ行った。㈢ガッリア人の土地で冬をすごしていたハンニバルは戦い

1　三五・五を参照。
2　すなわちイベール川の北。
3　かれはイレルゲテス族の王だった（第一〇巻一八・七）、リウィウス第二二巻二一・二、第二九巻一・一九を参照）。
4　おそらくfustuarium「棍棒によって殴り殺すこと」による処刑。しかしこのケースは第六巻三七―三八で述べられている場合とは正確には一致しない。

で捕らえた捕虜のうちローマ人は最小限の糧食をあてがい、鎖をかけて監禁し、㈣それに対して同盟者は最初からあらゆる親切さで扱い、その後呼び集めて激励して言った。自分はかれらと戦争するために来たのではなく、かれらのためにローマ人と戦うために来たのである。㈤だから、賢明さを持ち合わせているならば、自分に対して好意を差し出さねばならないのだ。㈥というのも、第一にイタリアの人たちに自由を取り戻すために自分は来ているのだし、同様にローマ人のためにそれぞれが失うことになった都市および地方を取り戻すためなのである。㈦こう言うと全員身の代金を取らずに故郷へ返した。こういう方法でイタリアに住む人びとを自分になびかせ、同時にローマ人に対する好意から離れさせ、ローマ人の支配のために都市あるいは港が壊されたと考える人たちを刺激しようとしたのである。

七八　かれはこの冬営中に次のようなフォイニケー人的な策略[5]を用いた。㈡すなわち、ガッリア人の当てにならないこと[6]、かれらとの関係がまだ新しいために、自分の命を狙っての攻撃を恐れ、そのためにかれは、まったく違う年齢の外観を与えるかつらを作らせ、㈢それを絶えず付け替え、同様に服装もかつらに合うように着替えた。㈣そのことにより、かれをちらっと見た人だけでなく、かれとつねに一緒にいる人にも見分けが付かなかった。㈤ガッリア人が戦争が自分たちの国で長期化しているのを立腹し、ローマ人に対する憎しみを口実として、実際は戦利品を目指して、敵国に襲い掛かろうと緊張し、いらいらしているのを見て、できるだけ早く出発し、かれの軍隊の要求を満たす決心をした。㈥それゆえに、季節が変わりはじめると同時[7]に、その地方の事情に最も詳しいと思われている人びとに問いただし、ほかの侵入路をとると敵国への距離は長く、敵にとって勝手がよく[8]わかった道である、一方沼地を通ってエトルリアへ通ずる道は困難ではあるが、短く、フラミ

5　格言的な「フェニキア人的策略」にかんしてはサルスティウス『ユグルタ』一〇八・三、リーウィウス第二一巻四・九、第二二巻六・一二、第四二巻四七・七、キケロー『職務について』一・三八、ホラティウス『カルミナ』第四巻四・四九、ウェルギウス『アエネイアス』一・六六一、オデュッセイア・第一四巻二八八を参照。

6　第二巻三二・八を参照。ハンニバルの変装についてはリーウィウス第二二巻一・二―四節参照。

7　この言い回しは四月初旬を暗示する。そしてウォルバンクは様々な学説を検討して戦いは六月二一に起こっただろうと推測する。

8　クロマイアー（第三巻一・一〇四―四七）は最も可能性のある道はボロニャーポッレターピストイア経由（コッリナの道三、〇四〇フィート）であると論じている。ハンニバルが通った沼地はピストイアとフィエソレの間のアルノ川中流域。

ニウスにとって予期しないものに思われることがわかった。㈦かれの性格上、つねにこの手の企てに心が傾いていたので、この道をとることを決心した。㈧軍隊の中に、司令官は自分たちをある沼地を通って進軍させようとしている、という噂が広まると、かれらは皆底のない深みや泥沼を恐れて、その進軍に対して慎重になっていた。

七九　ハンニバルはその道が浅瀬ではあるが、下は固い土台であることを慎重にかつ入念に調べた上で出発した。前衛にはリビュエー人、イベーリアー人および自分たちの軍隊の最も役に立つ部隊を配置し、当座の間の必需品が手に入るように、かれらの間に荷物を混ぜ合わせた。㈡将来に備えての荷物運び全体についての組織はまったく意に介していなかった。敵と接触して、負ければ必需品はそれ以上要らないし、勝てば兵糧には困らない、と判断したからである。㈢上述の部隊の後にガッリア人を、その後に騎兵を続けさせた。㈣後衛の監督者として兄弟のマゴを残した。これはほかのことも配慮してだが、主としてガッリア人の堪え性のなさと辛労嫌いのためだった。すなわち、かれらが疲労困憊し、後へ向きを変えようとした時、騎兵隊で攻撃して阻止するためだった。㈤イベーリアー人とリビュエー人はまだ荒されていない沼地を通って、ほどほどに苦労して進軍を終えた。かれらは皆苦労することには鍛えられていて、このような辛苦には慣れていたからである。㈥それに対してガッリア人は本当に苦労して前進した。というのも、沼地はすでに掘り返され、そこを通っている道は徹底的に踏みつけられていたからである。かれらは自分たちに不慣れな辛苦にやっとのことで耐えたのである。㈦元の方向に向きを変えることは、かれらのすぐ後をついてきている騎兵隊によって阻止された。㈧かれらは皆ひどい目に遭わなければならなかった、とくに不眠のために。続く四日三晩不断[1]に水の中を通って行進しなければならなかったからである。とくにガッリア人は苦労し、ほかの部隊以上に人をなくした。㈨駄獣の大部分は泥のために倒れるとすぐその場で死んだ。その動物は倒れることで人間にひとつのサービスを提供した。㈩すなわち、その上に座り、荷物を積み上げて水の上に出て、このような方法で夜のわずかな部分を眠ったからである。⑾泥の中での連続した行軍のためにひづめを失った馬も少なくなかった。[2]⑿ハンニバルは非常に苦労した後、やっとのことでただ一頭残っていた象に乗り、かれを襲った重い眼病のために、痛みに苦し

1　ピストイアからフロレンスまではわずかに三五キロ、そこでここには誇張か誤解がある。
2　当時は蹄鉄が無かったから。

みながら向こうへたどりついた。この眼病によって、状況が立ち止まることとも医療的手当ても許さなかったために、結局眼球をひとつ失うことになったのである。

八〇　人の思いも寄らぬやり方で沼地を横断し、[3]フラミニウスがアッレティノーの前に陣を張っているのを知ると、㈡軍隊を休息させ、敵の陣地と地理的関係について情報を収集するために、まずただちに沼地の近くに陣を張った。㈢目の前にある地域が多くの略奪可能な富に満ち充ちていて、またフラミニウスが完全な扇動政治家で、民衆におもねる術を知っているが、[4]重大な戦争の実践の指導には適していないことを知ると、㈣かれ自身がフラミニウスの陣地のすぐ側を通り過ぎ、かれの目の前の領域に進軍して入ったならば、大衆の嘲笑に対する不安からその地域が荒されるのを黙って静観していることはできないだろう。他方ハンニバルに対する怒りから、自分の力で勝利を獲得したいために、同僚の到着を待つ必要など認めず、自発的にどこへでもハンニバルについて来て、かれに立ち向かうだろう、と考えた。㈤このことから、フラミニウスが自分（ハンニバル）にとって攻撃への多くの機会を提供するだろうと結論づけた。すべて非常に賢く、分別のある熟慮である。

八一　まさにこうとしか言えないのである。すなわち、敵の指揮官の意図、気質を認識することより重要な使命が司令官にある、と思う人は無知なのであり、目が眩んでいるのである。㈡人と人で、隊列と隊列で戦う場合に、[5]勝利しようと思う人は、どうしたら目標を達成することができるか、どこに相手の裸の部分、おおわれていない個所が現れているかを考えなければならないように、㈢全体の先頭に立つ人はどこに身体の裸の部分が現れているかではなくて、敵の指揮官の精神のどこに容易に攻撃する隙のある弱点がのぞいて見えるかに気を付けなければならないのである。㈣多くの人は軽率さ、およびまったくの怠惰のために国家の利益だけでなく、個人の生活をも徹底的に放棄し、㈤多くの人は深い飲酒に耽り、無意味に酔っ払わずには眠り込むことすらできないほどである。㈥ある人は官能的衝動からあるいは性的放縦さから国家およびその幸福を滅ぼしたただけでなく、自分自身の生活も辱められて失っている。

3　これは沼地がアレティウムに近接していたことを意味していない。というのもハンニバルはフラミニウスがどの辺りにいるかを間接的に知ったからである。事実八二・一でハンニバルが野営したのはファエスラエ近くであったことが明らかになる。

4　ポリュビオスと彼の資料のフラミニウスに向けられた敵意については第二巻二一・八脚注を参照。

5　第一巻四五・九脚注を参照。

㈦さらに臆病および無気力は個々には不名誉をもたらすが、最高の指揮官の場合には重大な公的危険性のある禍となる。㈧つまりそれは従わされた人びとだけでなく、かれに頼っている人びとにも最大の危険を招来さすからである。㈨無思慮、向こう見ずなこと、盲目的情熱、虚栄心の強い名誉欲、高慢は敵に利用され易く、味方を危険にさらす。すなわち、こういう人はあらゆる陰謀、待伏せ、欺瞞にさらされているのである。㈩それゆえ、相手の欠点、すなわち、どこで、どんな手段で敵の指揮官を最も容易に攻撃できるかを認識し、敵に対処できる人はすぐに完全な勝利を獲得することができる。(一一)舵手を奪い去られた船が乗組員もろ共、敵の手に落ちるように[1]、敵の司令官の計画および計算を妨害する術を知っている人は敵の軍隊全体を支配下に収めることができる。(一二)ハンニバルはその時、敵の指揮官についてこのようなことを予見し、かつ計算して目標を達成するに抜け目がなかった。

八二　かれがファエスラエの辺りから陣の撤収を行い、ローマ人の野営地の少し上を越えてかれの目の前に横たわっている地方に侵入するやいなや、㈡フラミニウスは自分が敵によってこんなにも軽視されているのかとわれを忘れ、激怒した。㈢その後、その地方が荒され、至る所に上がった煙がその荒廃を知らせると、このことは腹立たしく、耐え難いことのように思われた。㈣それゆえ、いく人かの人が、性急に追跡すべきではなく、むしろ、数の上で優勢な騎兵隊に注意し、なによりも、もう一人の執政官が来るのを待ち、すべての軍団が統一された後で戦いに打ってでるべきだ、と主張したとき、㈤そうした考えに耳を傾けることはなく、そういう意見を述べた人をそっけなく立ち去らせ、㈥国がローマの城壁まで荒されている時に、自分たちがエトルリアの陣地に引きこもっていたら、世間で何と言われるか考えねばならない、と言った。㈦そしてこう言うと、時も場所も考えることなく、陣を取り払い、軍をひきいて出発した。まるで勝利は確実であるかのごとくに、ただ敵と出会うことだけを急いで。㈧つまりかれは大多数の者に、敵の武器を担う者の数は、ただ略奪品のためにだけ同行し、鎖と足枷やそうした類の物だけで武装した観戦者のそれよりも少なくて良いのだという勝利の確実さを吹き込んでおいたのだった。㈨ハンニバルはその間にエトルリアを通ってローマを目指し、キュルトーニオン[2]という名の都市およびその山を左手にし、トゥラシュメネと呼ばれる湖[3]を右手にしながら進軍していた。㈩敵を刺激する目的

1　この隠喩については第六巻四四・三、第一〇巻三三・五を参照。

で、その地方に火をつけ、荒廃させた。㈢フラミニウスがすでにかれに接近したのを見て、また自分の目的のための好都合な地形を見つけたときに、会戦のための準備に取りかかった。

八三　道は平らな縦長の谷[4]へと通じていてその両側は高い山が連なっていた。[5]その向かい側は登るのが困難な険しい丘陵によって閉じられ、その後ろは湖によって閉じられ、その湖は山の麓に谷へと通じる非常に狭い道を残していた。㈡この谷を通って湖に沿って移動し、進軍方向の向かい側の丘陵を占拠し、そこにイベーリアー人とリビュエー人で陣を張った。㈢前衛のバレアレス人と投げ槍兵[6]は長く延びた線で配置して、谷の右側の丘陵の背後に隠した。㈣同様に騎兵[7]とガッリア人は左側の丘陵の周りに移動させ、長い、中断のない線で配置し、その最後の部隊が湖と山の麓に沿って谷へと通ずる道の入口[8]に直接立つようにした。㈤ハンニバルは夜の間にこうした準備を整え、谷を待伏せ部隊で取り囲み、静かにしていた。㈥フラミニウスはできる限り敵に早く追いつこうと後を追ってきた。㈦そしてその夜、非常に遅い時刻に湖のすぐ近く[9]で陣を張り、翌日夜明けと共にすぐに湖に沿って、敵に追いつこうと思って、かれの目の前に横たわっている谷の中へ[10]と前衛をひきいて進んで行った。

八四　その日はとくに霧が深かった。ハンニバルはローマの行軍縦隊の大部分を谷の中へ迎え入れ、敵の前衛がかれに近づくと同時に合図を出した。するとその合図は待伏せしている兵士に次々に伝えられ、四方八方から同時にローマ軍を攻撃した。㈡敵がまったく突然現れ、それに加えて大気の状態があらゆる視界を遮り、また敵は多くの個

2　キュルトーニオンはアレティウム（現在のアレッツオ）の南二八キロにあった。
3　ファエスラエからヒアナの谷とトゥラシュメネ湖へのハンニバルの経路は記録されていない。クロマイアー第三巻一・一五〇―九三を参照。
4　谷はトリチェラから南東にマジノの方向に走っている。クロマイアー第三巻一・一五二―三。
5　谷の南のモンテコロオグノラを含む。
6　リーウィウス第二二巻四・三を参照。
7　（モンティジェトとパッシニャノの間の）騎兵の位置についてはリーウィウス第二二巻四・三、クロマイアー第三巻一・一五九脚注1を参照。
8　一節の非常に狭い道。
9　おそらくグアランドロ山の東で、その斜面とサングィネト川の間。
10　モンティジェトとパッシニャノを過ぎてトリチェラへ。後衛はおそらくその後ろであろう。

所で上から襲い掛ってきたので、百人隊長も軍団司令官も必要がある所に援助に行けなかっただけでなく、何が起こったのか認識することすらできなかった。㈢というのも、ハンニバル軍の前衛部隊も、後衛部隊も、側面部隊も同時にかれらに襲い掛かったからである。㈣縦隊で進軍していた兵士たちはいわば、指揮官の無思慮[1]によって裏切られて、戦う用意もできないままに、防ぐこともできずに打ち倒された。㈤すなわち、何をしなければならないかまだ考えている間に突然命を失ったのである。㈥この状況の中で悲嘆と絶望の局に陥っているフラミニウスをガッリア人の一隊が襲い掛かって討ち取った。㈦ローマ人の一万五千人[2]が不運から逃れることができず、ローマ人の習慣に従って犯しがたい義務とされている敵前逃亡や隊列離脱の禁令など何一つ遂行することができず、この谷で命を落とした。㈧行進中、湖と山の麓の間の隘路に閉じ込められた兵士たち[3]は

1　かれの好きな言い回し、第五巻一〇六・八、第七巻五・三を参照。
2　この狭い場所で戦死した者とポリュビオスが個々の数を挙げていない戦死者の総数であろう。リーウィウス第二二巻七・二）。ポリュビオス（八五・一）はさらに一万五千人の捕虜を挙げている（プルータルコス「ファビウス伝」三も同様）。（クロマイアー第三巻一・二一三を参照）。
3　かれらはまだパッシニャノとトリチェラの間にいた。

屈辱的に、否、むしろはるかに惨めに命を落して行った。㈨湖に押し落とされた者たちのうちのある者は思考を失って、武具を身につけたまま泳ごうとして溺れ、さらに多くの者はできるところまで遠くに進み、湖水の中に止まり、頭を水の上に突き出していた。㈩そこへ敵の騎兵が彼らを追って湖面に乗り入れ、破滅が明らかになると、手を差し上げ、捕虜にされることを乞い願って、声を振り絞って叫んだが、最後には、ある者は敵によって、ある者は戦友に頼んで命を落とした。(一一)谷間にいたうちの約六千人が自分たちに向かってきた眼前の敵に打ち勝ったが[4]、起こったことを見渡せなかったために味方を援け、敵の背後を衝くことはできなかった。もしそうしていれば、かれらの介入は戦いの結末にとって大きな意味をもっていたであろうが。(一二)かれらは何かの敵と衝突するに違いないと確信して、つねに前方へと熱望して、進み、気づかれずに丘陵へと逃れていた。(一三)頂[5]上に立ったとき、はじめて不幸を見た。霧はその間に晴れていた。敵はすでに完全な勝利を獲得し、あらゆる重要な地点は手中にしていたので、もはや何もでき

4　クロマイアー（第三巻一・一六四）はこの突破はハンニバルの左翼の軽装歩兵に対して行われたと想定している。
5　おそらくモンテコロニョラの後ろの丘。

ず、烏合の衆が集まってエトルリアの村へ退却した。㈣戦いの後、ハンニバルによってマハルバル[6]がイベーリアー人および投げ槍兵と共に派遣され、その村の周りに陣を張ると、かれらはさまざまな危険にすっかり取り囲まれているのを知り、いのちを助けてもらうことを条件に武器を捨て、休戦協定を結んで降伏した。㈤これがエトルリアでローマ人とカルターゴー人の間で展開された大会戦の結末だった。

八五　ハンニバルは休戦協定の下での捕虜とそのほかの捕虜がかれの所に連れて来られたとき、全員を集めた。その数は一万五千人以上だった[7]。㈡まず、マハルバルはハンニバルの判断がなければ、休戦協定の下での捕虜に安全を与える権限を持っていないことを明確に伝え、その後で、ローマ人に対する非難攻撃を行った。㈢これを終えると、捕虜のうちローマ人は監視するために各部隊に分け与え、㈣自分は、イタリア人とではなく、イタリア人の自由のためにローマ人と戦おうとして来たのだ、と最初と同じ言葉を引用して[8]、同盟者はすべて身の代金なしで故郷へ帰ることを許した。㈤自分の軍隊には休息を取らせ、自軍からの死者のうち最も身分の高い者を埋葬した。その数は三十人だった。全部で千五百人が戦死し、その大半がガッリア人だった。㈥こうした後で、すでに全体の勝利を確信して、兄弟や友人とこれから先の攻撃をどこで、どのように行わねばならないかを熟慮した。

トウラシュメネ湖畔での敗北の報せ

㈦敗北の報せがローマに届いた時[9]、国家の指導者たちは不幸が大きかったので、隠しておいたり、矮小化することはできず、民衆を広場に集めて、敗北を伝えざるをえなかった。㈧それゆえに副執政官が演壇から民衆に「われわ

6　リーウィウスによってしばしば言及されている（第二一巻一二・一、四五・二など）。
7　八四・七脚注を参照。
8　七七・三―七を参照。
9　リーウィウス第二二巻七・六―一四を参照。この場で、敗北を宣言する執政官はポンポニウス・マトである。

れは大きな戦いで敗れた」と言うと同時に、その結果は、両方を、すなわち戦いも民会も体験した者には、不幸は戦いそれ自体の瞬間より今の方がずっと大きいと思われるほどその驚きは大きかった。㈨それは不思議なことではなかった。すなわち、長い間、公然たる敗北という言葉も事実も知らなかったので、破局に直面して取り乱したのである。㈩元老院だけは必要な思慮を保持し、将来どのように行動すべきか、個々において何をしなければならないかを熟考していた。

ガイウス・ケンテニウスの敗北の報せ

八六　この戦いのときに、執政官、グナエウス・セルウィリウスはアリミヌムの領域の安定をはかっていた。㈡この都市はアドリア海側にあって、そこでガッリア平原がイタリアの他の部分と衝突し、パドス川の海への河口から遠くない所に位置している。㈢かれはその会戦の時、ハンニバルがエトルリアに侵入し、フラミニウスが対抗している、という報せを受け取っていた。それゆえ、自分の全部隊でかれとぶつかることを決意した。しかし、かれの軍隊の動きは遅く、アペンニヌス山脈を越える行軍ではあまりにも多くの時間がかかるので、ガイウス・ケンテニウスを[1]四千人の騎兵と共に大急ぎで先に派遣した。もし機会が必要とするならば、自分が到着する前にかれらが先んずることを望んでのことである。㈣ハンニバルは戦いの後、敵の援軍のことが報告されると、投げ槍兵と騎兵隊の一部を率いさせて、マハルバルを送りだした。㈤かれらはガイウスの部隊と出会うと、最初の衝突でかれらのほとんど半分を滅ぼした。残りはある丘へ追跡し、翌日、全員を捕虜にした。

㈥ローマでは、その戦いにかんする報せが三日目に届き、この大惨事がさらに付け加わり、民衆だけでなく、元老院も途方に暮れることになったとき、悲しみがこの都市にいわば燃え上がったのである。[2]㈦それゆえに、行事のその年の遂行および官職の選挙は取り止め、現況について協議す

1　リーウィウス（第二二巻八・一はかれをpropraetore「地方長官」と呼んでいる。

ることに専念し、差し迫った危険に対処するには絶対的な権力をもつ独裁者[3]が必要だと考えた。

ハンニバルのアドリア海への前進

㈧今後の勝利をすでに確信したハンニバルは現況においてローマに接近する考えは退けたが、その地方を妨害されることなく前進し、各地を荒して行った。進軍の方向はアドリア海を目指した。㈨ウンブリアおよびピケヌムを経て、十日目[4]にアドリア海の海岸にやってきた。㈩そこへ向かう途中では、軍隊が自ら運びきれないほどの戦利品を奪い、多くの人を殺した。(一一)すなわち、都市の占拠の場合と同じように、その時も、壮年期にある者で降伏した者はすべて殺すようにとの命令が与えられていたからである。こういうことをしたのは、かれの中にローマ人に対する憎しみが深く根ざしていたからである。

2　この比喩についてはたとえばプラトーン『国家』ii三七二Eを参照。

3　リーウィウス第二二巻九・一一―九を参照。

4　おそらくトゥラシュメネ湖畔での会戦の四日目あるいは五日目から計算してである。そしてこの戦いは六月二一日頃であるから、海岸には七月五日頃に到達していたであろう。

八七　この頃、かれはアドリア海の近くのあらゆる産物が豊富な地方に陣を張り、兵士たちの、それに劣らず馬の回復と世話にも非常な努力を払った。㈡すなわち、ガッリアの地で野外で冬を越したので、寒さと油を塗っていないことのために、さらにはその後の湿地帯を通っての行軍そして難苦行のために、ほとんどすべての馬および兵士たちにいわゆる壊血病およびそれと関係する病状が襲っていたからである。㈢それゆえに、豊かな土地を手中に収めると、馬の体を鍛え、兵士たちの身体と精神の力を取り戻させたのである。さらにリビュエー人をローマ人風に選りすぐった武器で武装し直させた。それほど多くの戦利品を入手したのである。㈣この頃、海路カルターゴーへ、出来事について説明する使者を送り出した。その時に初めてイタリアへの入港を可能にする海へ到達したからである。㈤カルターゴー人はそれを聞いて非常に喜び、イタリアとイベーリアーにおける戦争行為を支援すべくあらゆる熱意と配慮を投入した。㈥ローマ人はしかし独裁官として洞察力に優れ、生まれも名門のコイントゥス・ファビウスを任命した。われわれの時代でもまだこの家系の人たちはマクシムス「最大の」という家名で呼ばれている。[1] これはこの男の成功と行為が最大であったことを示している。(七)独裁官は執政官とは次の点で異なっている。すなわち、それぞれの執政官には十二人のリクトルが付き従うが、独裁官には二十四人のリクトルが付き従う。[2] (八)執政官は計画を遂行するために多くの点で元老院の協力を必要とするが、独裁官は専制的な絶対権をもった司令官であり、それが任命されると、ただちに政府のほかの権力は護民官を例外として休止するということになる。(九)しかしこのことについては別の個所でより精確により詳細にとり扱うことにしよう。[3] 独裁官と同時に騎兵隊の指揮官としてマルクス・ミヌキウスを任命した。かれは独裁官の管轄下に置かれるが、独裁官が他で必要とされる場合にはその代理を行う。

八八　ハンニバルは短い間隔で野営地を変えながらアドリア海に面した地方で時を過ごし、古いぶどう酒が多量にあったので、馬をそれで洗わせ、病気の状態と介癬を完全に治療させた。(二)同様に兵士たちの傷を完全に治療させ、そのほかの者たちも身体を丈夫にし、要求される務めが喜んで果たせるように準備させた。(三)プラエトゥッティイ人およびハドリア人の地方並びにマルキナ人さらにフレンタニ人の地方を通過して荒した後、イアピュギア人への道を取った。(四)この国は異なる名前の三つの部分に分けられ、最初はダウニイ人、第二はペウケティイ人、第三はメッサピイイ人の土地と呼ばれる。この第一の部分、すなわち、ダウニアに侵入して荒し、(五)ローマ人の植民都市であるルケリア[4]からはじめて、その地方を荒して行った。(六)その後オイボニウムの周辺に陣を張り、アルギュリッパの地方[5]を蹂躙し、ダウニアを妨害されることなく、完全に荒した。

1　かれは前二三三年と二二八年に執政官、二三〇年には監察官を務め、二二一年と二一九の間にすでに独裁官だった（多分二二一年も）。「最大の」という家名は三二二年の執政官ファビウス・マクシムス・ルリアヌスに遡り、ポリュビオスの説明は間違っている（プルータルコス、『ファビウス』一、一、リウィウス第九巻四六・一五および第三〇巻二六・八を参照）。

2　プルータルコス「ファビウス」四を参照。これはキケロ（「法律について」三・九）によれば二人の執政官を合わせた力に等しいことを意味した。

3　前二二一年の執政官。後にカンナエで戦死。

4　ルケリア（現在のルケラ）は三一四年（リーウィウス第九巻二六章五節）あるいは三一五年（ディオドーロス第一九巻七二章八—九節）にローマの殖民都市。

5　他ではアルピ。

ファビウスとハンニバル間の決戦[6]

㈦その頃、ファビウスは任命後、神々に犠牲を捧げ、官職上の同僚（騎兵指揮官ミヌキウス）および緊急に徴募された四軍団をひきいて戦場に向かった。㈧ナルニア[7]の辺りでアリミヌムからの部隊と合流し、これまでの司令官グナエウスを陸上での軍務から解き、護衛を付けてローマに送り、カルターゴー人が海で何かを企て時には、つねに必要な場所で介入するように命じた。㈨かれ自身は同僚ミヌキウスと共に指揮権を引き受け、アエカエ[8]という名前の場所でカルターゴー人に対して陣を張った。敵からはおよそ五〇スタディオン（九キロ）離れていた。

八九　ハンニバルがファビウスの到着を知った時、攻撃で敵を恐れさせるために、軍隊を出動させ、ローマ軍の陣営に接近し、布陣した。しばらく待ち、誰もかれに向かって戦いに出て来ないのでふたたび陣地に戻った。㈡すなわち、ファビウスは張り合うこともあらゆる危険をおかすこともせず、まず、自分に配属されている兵士たちの安全を配慮することを決心し、この決意を断固として変えなかった。㈢はじめは、軽蔑され、怖じ気づいていて、危険を恐れている、という陰口にさらされていたが、時の経つうちに、当時の状況をかれ以上に分別をもって、かつ思慮深く行動することはできなかった、ということに皆が同意し、容認せざるをえないようになった。㈣すぐに事実が、かれの考えが正しかったことを証明した。㈤すなわち、敵の軍

6　リーウィウス第二二巻九・七―一八・四を参照。

7　伝統的に採用されている写本（たとえば、Schweighaeuser, Lexicon Polyianum, Leipzig 1795）に基づくとダウニアである。これはSeeckによってナルニアと訂正された（Hermes, 1877, 509–10、リウィウス第二二巻二・三を参照）。そして軍隊の集合場所をティブルとし、セルウィリウス軍との合流地点をオクリクルムとしている。オクリクルムとナルニアはフラミニア街道上八マイル離れた地点、ローマから約四〇―五〇マイルの所にある。それゆえにSeeckの訂正は妥当性があるように思われる。Bvettner Wobust, Patonは写本Narnianを採っている。

8　リーウィウス第二二巻一二・三を参照。アエカエ（現トロヤ）はアルピからアクィロ川の上流約三二キロの所に位置している。

隊は若い頃から絶えず実戦で鍛えられ、自分たちと一緒に成長し、小さい時から野外の仕事について学んだ指導者をもち、㈥イベーリアーでの多くの戦いに勝ち、二度[1]ローマ人とその同盟者に勝っていたし、最も大きなことは、勝利すること以外救いへのすべての希望が残っていないことを自覚していることだった。㈦ローマ軍にあっては事情はまさに逆であった。㈧それゆえにファビウスは敗北が確実である決戦に手を出すつもりはなかったのである。そこでかれの計画では自分の意のままになる優位にすがりつき、自分の決意に固執し、この方法で戦争を遂行したのである。㈨ローマ人の優位とは無尽蔵の補給物資であり使用できる兵力の多さであった。

九〇　それゆえにそれ以降はつねに敵と平行して動き[2]、経験に基づいて有利な地点を先取していた。㈡無尽蔵の備蓄に守られて兵士を決して糧秣徴発に行かせず、そもそも陣地から離れさせせずにまとめておき、待ち伏せするかのように好都合の場所と好機を窺っていた。㈢そしてこのような方法でローマ人を侮って、糧秣掠奪のために陣地から離れた多くの敵の兵士を捕獲して、殺した。㈣このようなことをしたのは、特定の数に限定されている敵の戦闘力を次第に弱め、同時に先の敗北によって完全に挫かれている自軍の勇気をひとつひとつの勝利でふたたび取り戻し、新たに活気付けるためだった。㈤それに反し、どんなことがあっても決戦を引き受ける気はなかった。㈥同僚のミヌキウスにはこのことは気に入らなかった。大衆の側に立って、聞こえよがしに、あいつはだらりと戦争を続けている、とことあるごとにファビウスを誹謗し、敵が勝つか味方が勝つか、天下分け目の一戦に賭けてみようと、われとわが身を燃え立たせていた。㈦カルターゴー人はこれらの地方を荒した後、アペンニヌス山脈を越え、サムニウムへ降りて行った。そこは豊かな土地で長い間戦争から免れていて、自分たちがいくら消費しても、いくらむだ使いしても略奪が終らないほど生活必需品が満ち溢れていた。㈧ローマ人の植民地であるベネウェントゥム族[3]の領域も蹂躪し、城壁がなく、あらゆる貯蔵品で満ちているウェヌシアの都市を奪った。㈨ローマ軍は一日か二日の行軍の距離をおいて、

1　トゥレビア河畔とトゥラシュメネ湖畔で。
2　同じ戦略は傭兵戦争でアウタリトゥスとスペンディウスによって用いられている（第一巻七七・二）。
3　ベネウェントゥムは起源はヒルピニ族の都市で（プリーニウス第三巻一〇五）、南サムニウムのアペンニヌス山脈とタブルヌス山の間の盆地にあった。

つねに背後について行った。しかしそれ以上は近づかず、敵と交戦することは避けていた。㈠ハンニバルはファビウスが明らかに会戦は避け、しかし広々とした平野は譲らないのを見て、㈡ローマ人を戦いへと強いるか、自分が完全な優位をもち、ローマ人が自分に平原を譲っていることが皆に明らかになるか、ふたつにひとつは達成できると確信して、大胆にカプア平原のファレルヌスへと進出した。㈢このことが起こると諸都市は驚いて、ローマから離反することを決心する、と期待したのである。㈢すなわち、すでに二度の戦いで敗北を喫し、二、三の諸都市はひどい損害を受けているにもかかわらず、イタリアのどの都市もカルターゴーへと離反しておらず、ローマ人に忠誠を守っていたからである。㈣このことから同盟国がローマの国家に対してどれほどの畏敬の念を懐いていたかが判明する。

九一　しかもハンニバルがこうした決定を下したのにはさらに十分な理由があった。㈡すなわち、カプア周辺の平原は肥沃さと美しさ[4]および海に直接面していて、ほとんど全世界からイタリアへ航行する船が入港する港をもっているためにイタリアで最も有名である。㈢それはイタリアで最も有名で美しい諸都市を取り囲んでいる。㈣沿岸にシヌエッサ人[5]、クマエ人、ディカイアルキア人が住んでいて、これらに次いでネアポリス人（ナポリ）、最後にヌケリア人が住んでいる。㈤国の内陸部[6]には北にカレス人とテアヌム人、東と南に向かってダウディウム人とノラ人、㈥平原の中央部にはかってすべてのうちで最も祝福されたカプア人が住んでいる。㈦この平原についての非常に適切な話が伝説を書く人の間で語られている。ほかの有名な平原と同様にこれはフレグラエ[7]と呼ばれる。その美しさと肥沃のた

4　その肥沃さについては第二巻一七・一、第七巻一・一、第三四巻一一・一一―七を参照。

5　海岸沿いの都市。シヌエッサ（現在のモンドラゴネ）はマシクス山と平原の北端の間の通路に接している。前二九六年に建設。クマエはこの頃はオスカン族に所属し、前三三八年に建設（リウィウス第八巻一四・一一）。ディカイアルキアはクマエと同様に元はギリシア人の殖民都市だったが、当時はオスカン族に帰属し、プテオリ（プッツオリ）として知られ、カンパニアで最も重要な港町だった。ネアポリス（ナポリ）は前五世紀にクマエ族によって建設。ヌケリアは海岸ではなく、ポピリア街道のポンペイから一二マイルの所にある。

6　内陸部の都市。カレス（カルウィ）はアウルンキ族の都市で前三三四年に建設。ノラは当時はオスカン族の都市で、南カンパニアの主要都市のひとつでウェスウィウス山の東のポピリア街道にあり、前三一三年にローマ同盟に加わった（リーウィウス第九巻二八・五）。テアヌム（テアノ）は北へ五マイル、オスカン・シディキニ族に帰属。

めに神々が争ったのは当然である。㈧以上述べたことに加えてこの平原は要塞堅固で侵入し難いように思われる。一方は海でほかの大部分はすべて連続して高い山で取り囲まれているからである。その山へ内陸から三つの細い、通り難い道が通じている。㈨そのひとつはサムニウムから、（二つ目はラティウムから）、残りはヒルピナーの地方からである。㈩それゆえに、カルターゴー人が劇場に入るようにこの平原に降りて行きそこで陣を張ったならば、思いがけなく現れることによって皆を驚かせ、敵の会戦に対する臆病さを見世物にし、疑いもなく平原の支配者として自分を表すに違いなかった。

　九二　ハンニバルはこのような計算をしてサムニウムからエリビアヌスと呼ばれる山の隘路を通り、この平原をほぼ真ん中で切断しているウルトゥルヌス川[1]のそばで陣を張った。㈡しかも陣をローマに向かった側に張り、飼料徴発隊で蹂躙し、平原を恐れずに荒した。㈢ファビウスは敵の計画と大胆さに驚いたが、それだけむしろ自分の決意に固執した。㈣かれの同僚のミヌキウスと軍隊のすべての千人隊長、部隊長は敵を都合のよい場所に閉じ込めたとみなし、急いで平原に達して、最も有名な地方が荒されるのを傍観していてはいけないと考えた。㈤ファビウスはその場所に近づくまでは急ぎ、意気込みと闘争心はほかの人と共有しているというふりをしていた。[2]㈥ファレルヌスに近づくと、自分の同盟軍に平原を譲歩したと思われないように、山腹を敵に沿って移動した。しかし平原へ軍隊を降ろそうとはしなかった。㈦以前に述べた理由と敵の騎兵が明らかにはるかに優勢なので決戦を避けることを望んだからである。㈧ハンニバルは敵を試し、平原全体を荒し、膨大な量の戦利品を集めると、出発の準備をした。㈨軍隊がその瞬間だけ楽しむのではなく、絶えず多量の生活必需品がもてるように、戦利品を台無しにせず、冬営ができる場所へ向かおうと思ったからである。㈩ファビウスはかれが侵入した同じ道を通って帰還する準備をしようというかれの計画に気づき、また道が攻撃のために最も好都合の条件を提供することを見て、地形の有利が素晴らしい機会を提供している今こそ勇気を示すように、と訓示して、㈡その山道に約四千人を配置し、自身は軍隊の大部分をひきいて隘路を制圧する丘に陣取った。[3]

7　フレグラエは神と巨人族が争った平原（アリストファネース『鳥』八二四）。

1　これは明らかにカンパニア平原をふたつに切っているウルトゥルヌス川であるに違いない（リーウィウス第二二巻一四・一）。

2　リーウィウス二二巻一四・一を参照。

牡牛を用いての策略[4]

九三　カルターゴー人が近づき、山の麓の平地で陣を張ると[5]、ファビウスはかれらの戦利品を労せずして奪い取り、この有利な地形で多分戦争全体に決着をつけることができる、と期待した。㈡どこで、どのようにこの場所を利用し、誰が、どこから敵を襲うかを思案しながら、こうしたことについての熟考に没頭していた。㈢ハンニバルは、敵が翌日に備えて戦いの準備をしていた間に、まさにこの意図を計算に入れ、その遂行のための時間と暇を与えず、㈣工作隊の指揮官ハスドゥルーバルを呼び寄せ、あらゆる種類の乾いた木で作った松明を大急ぎでできるだけ多く束ね、全戦利品の中から最も強い鋤引き牛を約二千頭選び陣地の前に集めることを命じた。㈤この後、工兵を集め、自分の陣地とこれから行軍を行おうとしている隘路の間に横たわっている山道を指し示して、合図が与えられた時に、それに向かって牛を頂上に達するまで、猛烈な勢いで追い立てるように命じた。㈥その後、皆に夕食を取らせ、適宜、休息をとるよう命じた。㈦夜の四分の三が過ぎるやいなや[6]、工作隊を引き出し、雄牛の角に松明を結び付けることを命じた。㈧多数の者がこの仕事に取り掛かったので、これはすぐに済み、すべてに火を付け、牛を山の背に追い立てることを命じた。㈨これらの後ろに槍兵を配置し、ある道程まで追い立てる者たちを守り、ひとたび動物が突進しはじめたら、その両側に沿って走って、ひとつにまとめ、敵が近づいて来た場合には介入して合戦を開始するために、高所にしがみつき、頂上を占拠することを命じた。㈩その間にハンニバルも出発した。先頭に重装歩兵を、その後ろに騎兵を、次に略奪品を、最後にイベーリアー人とガッリア人

3　ファビウスの位置はクロマイアー第三巻一・二二五以下によるとウァリアノの丘の南西、ラティナ街道を含む二・三キロの距離をおいてロッカ・モンフィナの斜面に面した場所にあった。
4　リーウィウス第二二巻一六―一八、プルータルコス「ファビウス」六―七を参照。
5　ハンニバルの位置はクロマイアーによるとボルゴ・アントニオとピエトラウァリアノの真向かいのフェリスの丘の下にあった。
6　午前3時頃。

を配して隘路と山道に到達した。

九四　隘路で見張っていたローマ軍が光が丘に向かって動くのを見たとき、ハンニバルはそこを突破しようとしているのだ、と思い、その隘路を離れ、援助するために、その丘へ進んだ。㈡牛に近づいた時、その光が何を意味するかがわからず、現実よりも、もっと恐ろしい何かと遭遇するのだと考えた。㈢槍兵と衝突すると、短い小競り合いが行われた。しかし、牛が突進してきたので両者は分かれ、起ったことを判別することができないために夜明けを待ちながら、頂上に留まっていた。㈣ファビウスは一つには起ったことの判断に迷い、ホメーロスが言うように[1]罠であるとみなし、一つには危険は冒さず、決選に賭けないという最初の決意に固執したので、陣地で静かにしていて夜明けを待っていた。㈤この間に、ハンニバルは事が計画通りに進み、守備隊が部署を離れていたので、軍隊と戦利品を安全に隘路を通過させた。㈥夜明けと同時に、頂上にいる敵が槍兵と相対峙しているのを見ると、イベーリアー人の一部をさらに追加して送り、ローマ人を約千人殺し、自軍の軽装歩兵を易々と救援し、山頂から降ろした。

㈦ハンニバルはこのような方法でファレルヌスからの退却を実現させた後、今や安全に野営地に留まり、冬営地について、どこで、どのようにして行うべきかを考察し始めた。そして非常な恐れと難局をイタリアのすべての都市と人びとの上に広げた。㈧ファビウスは勇気がないために敵をこんな場所から逃れさせたとして、多くの人びとの間で評判が悪かったが、自分の政策を断念しなかった。㈨そして数日後、ある犠牲式を行うために、ローマへ立ち戻ることを強いられたとき、同僚のミヌキウスに軍隊は渡したが、自分にとっての災難を避けるほどに敵に損害を与えることを重要視しないようにと念には念を入れて厳命して出発した。㈩ミヌキウスはそのことを少しも心に留めることなく、かれがそのことをまだ言っている間にも、大会戦の危険を冒す計画に夢中になっていた。

1　『オデュッセイアー』第一〇巻二三二「エウリュロコスは罠であると思って、踏みとどまった」、二五八「しかしわたしは罠であると思って、踏みとどまった」。

前二一七年のイベーリアーと海における出来事、イベール川での海戦[2]

九五　イタリアにおける事態はこのような状況だった。㈡同じ頃イベーリアーに配置された司令官ハスドゥルーバルは冬営中に兄弟によって残された三十隻の船を修理し、さらに別の十隻に乗組員を乗船させ、夏が始まると、四十隻の艦隊でカルタゴ・ノウァから出航した。艦隊司令官にはハミルカルを任命した。㈢同時に冬営中に集めておいた陸軍をひきいて出発した。船は陸に沿って航行し、陸軍は海岸に沿って行軍した。両方の軍で同時にイベール川で陣を張ることを急いだからである。㈣カルターゴー人のこの計画を計算に入れていたグナエウスは冬営地から陸と海でかれに向かって進む計画をした。㈤軍隊の数と装備の規模を聞くと、陸で衝突する考えは捨て、三十五隻の船に乗組員を乗船させ、歩兵軍から海兵隊員として最も適している者を乗船させて出航し、二日目にタラコからイベール川周辺の地方へ入港した。㈥敵から約八〇スタディオン（一四・四キロ）離れた場所で錨を下ろし、船足の速いマッサリオタイ人の船を二隻先に派遣した。すなわちマッサリオタイ人は先に立って案内し、先に立って戦い、あらゆる務めを決然と果たしてくれたからである。㈦たとえほかの同盟者がいるにしても、ローマ人と立派に事を共有したのはマッサリオタイ人であった、この後もしばしば協力し、そしてとくにハンニバル戦争の時にも同様だった。㈧偵察のために送られていた者たちが河口で敵の艦隊が錨を下ろしていることを報告すると、敵に不意に襲い掛かるために急いで出航した。

九六　偵察者が敵の艦隊が接近してくるのを遠くから気づき、それをハスドゥルーバルに知らせると、歩兵隊を海岸に配置し、乗組員に船に乗り込むよう命じた。㈡ローマ人がすでに近づいた時、会戦を行う決心をして戦いの合図を出して出航した。カルターゴー軍は敵とぶつかると、ほんの短時間だけ勝利を得ようと争ったが、つぎには退きはじめた。㈢というのも、海岸の歩兵隊の背面援護はそれをあてにすることによってかれらのためになったのではなく、容易で安全な退却を保証することによってかえって依頼心

2　リーウィウス第二二巻一九―二〇・二を参照

を起こさせ、かれらに損害をあたえたからである。

㈣二隻の船は乗組員もろとも失い、四隻は櫂と漕ぎ手とを失った後、陸へと方向を転じて逃げて行った。㈤戦闘員を失った後、陸へと方向を転じて逃げて行った。㈤ローマ人が意気軒昂とかれらに追いすがると、かれらは船を海岸に投げ出し、自らは船から飛び降り、配列している歩兵部隊へと避難した。㈥ローマ人は大胆に陸に近づき、船のうち動かせるものはロープで縛り溢れるばかりの喜びとともに曳航して行った。攻撃で敵に勝利し、海を制し、敵の二十五隻をぶん取ったからである。

㈦この勝利のためにイベーリアーでのローマ人にとっての見込みはその時以来より明るく見え始めた。㈧カルターゴー人はこの敗北の報せが入ると、ただちに七十隻の船に乗組員を乗り込ませて送り出した。海に固執することがすべての計画にとって避けられないと判断したのである。㈨この艦隊は最初サルディニアに向かいそこからイタリアのピサの地方へ向かった。そこでハンニバル軍と出会えると確信して航行していた。㈩ローマ人はただちに百二十隻の五段櫂船でローマからかれらに向かって出航した。その出航を知るとかれらはふたたびサルディニアへ帰航し、その後カルターゴーへ帰航した。㈠グナエウス・セルウィリウスはその艦隊をひきいて、ある所までは、追いつかれると確信してカルターゴーの船の後を追ったが非常に遅れていたので断念した。㈡最初は、シケリアーのリリュバイオンに寄港した。その後ケルキナ人の島[1]に入港し、その地方を荒さない代わりにかれらから金を取り、立ち去った。㈢帰航の途中コッシュラ人の島[2]を占領し、守備隊をその小さな町に置き、ふたたびリリュバイオンに入港した。㈣それから自分の艦隊を一緒に停泊させ、ほどなくして自分は陸軍へと戻った。
九七　元老員からグナエウスによる海戦についての勝利を聞いた人びとは、イベーリアーのことは放置せず、カルタゴ人に対して立ちはだかり、戦争を拡大することが有用であり、むしろそうしなければならないと考えた。[3]㈡そして二十隻の船を用意し、最初からの計画に従って司令官にプブリウス・スキピオを任命し、イベーリアーのことを共に遂行するために急いで兄弟のグナエウスの許へ送り出した。㈢すなわち、カルターゴー人がその地方を征圧し、お

1　ケルキナはシュルティス・ミノル（ガベス湾）のスファクスから約四〇キロにある。
2　コッシュラは第一次ポエニ戦争中、短期間ローマ人の配下にあった。後にはシケリアーの地方に包含された。
3　四〇・二を参照。リーウィウス二二巻二二・一によるとスキピオは三十隻と八千人の兵士を率いたと記述されている。これは相当な規模の輸送艦隊を意味する。

びただしい資材と人手を手に入れ、海を完全に制圧し、ハンニバル軍に軍隊と金を送ってイタリアに共同で攻撃を加えるのではないかと非常に心配したからである。㈣それゆえに、この戦争を非常に重視し、船とプブリウスを送り出した。かれはイベーリアーに到着し、兄弟と合流すると、国家に対して大きな功績を果たした。㈤すなわち、それまではイベール川を渡ることはあえてせず、こちら側の部族との友好関係と同盟関係で満足していたのだが、その時は川を渡り、はじめて向こう岸の関係に干渉する挙に出たのである。このさい、偶然がかれらに大いに力を貸した。㈥イベール川の渡し場周辺の住民を威圧しながらザカンタへやって来ると、四〇スタディオン（七・二キロ）離れてアフロディテ神殿[4]周辺で、㈦敵の攻撃から安全で海からの必要な物資の搬入に適している場所を選んで陣を張った。㈧艦隊もかれらと平行して沿岸航海を行っていたからである。ここであの幸運が起ったのである。

アビリュクス

九八　ハンニバルがイタリアへの遠征の途についたとき、イベーリアで信用を置いていなかった都市から最も名望のある家の息子たちを人質に取り、都市の堅固さと、その都市を委ねた人びとの信頼性ゆえにかれらを皆ザカンタへ預けておいたのである。㈡あるイベーリアー人がいた、名はアビリュクスといい、名声と裕福さの点でイベーリアー人のうち誰にもひけをとらなかった。さらに、カルターゴー人に対する誠実さと信頼性という点でも皆をはるかに凌いでいるように思われていた。㈢かれは状況を観察し、ローマ人の見通しが有利であると確信したので、人質をローマ人に裏切って渡そうという、イベーリアー人にまた異民族にふさわしい計画を立てた。㈣かれらにタイミングよく服従を申し出、重要な務めを果たせば、かれらの間で大きな名声が得られる、と期待してカルターゴー人に対する裏切りとローマ人に人質を手渡すことを準備したのである。㈤ローマ人が川を渡るのを阻止するためにハスドゥルーバル

4　この神殿のわずかな遺跡、高さ一五メートル、幅一二メートルの建物は元の海岸線の岬にあり、今は海から二キロ、ザカンタから九キロの地点にある。

によって派遣されていたカルターゴー人の司令官ボスタルがそうする勇気がなくて、退却してしまい、ザカンタの海に面した側で陣を張り、またこの男に悪意がなく性質が穏やかであり個人的に自分を信用しているのを見て、次のように言った。㈥人質についてボストルと会話を交わして、もしローマ人が川を渡ってしまったら、イベーリアー人を引きつけて最後まで行動を共にするようしむけることはできない、この状況の中で臣下たちの共感を得るよう努めねばならない。㈦ローマ人が近づき、ザカンタの前に陣取り、この都市を脅している今、人質を解放し、両親と諸都市に返してやれば、ローマ人の野望を挫くことになろう。ローマ人も人質を手中にしたら、かれらも同じ事をしようと急ぐだろう。㈧将来を予見して人質の安全を配慮するならば、すべてのイベーリアー人の間でカルターゴー人に対する好意を呼び起こすことになろう。自分自身が事の執行者となれば感謝の気持を何倍にも増大させるだろう、と言った。㈨子供たちを諸都市に返すことによって、同盟者に対するカルターゴー人の高潔な志操を行為によって目の前に提示することによって両親からの好意だけでなく多くの人からの好意を手に入れるだろうと述べ、㈩子供を取り戻した人びとからのたくさんの贈物を期待するよう励ました。さらに、思いがけず最愛の者を取り戻したら、その贈物をしてくれた大恩人に対して皆好意で競い合うだろうから、と言った。このようなまた似たような言葉で自分の提案に同意するようボストルを説得した。

九九　彼は子供を連れ戻すのに適した人びとと来る日を取り決めてその時は帰って行った。㈡夜になるとローマ人の陣営に行き、軍務についている二、三名のイベーリアー人に近づき、かれらを通して指令官に会う許可をえた。㈢イベーリアー人が人質を取り戻した場合に生ずるであろうイベーリアー人のローマ人にたいする熱意と変化を長々と詳述し、子供をかれらに手渡そうと申し出た。㈣プブリウスとその兄弟は大喜びでその申し出を受け入れ、大きな贈物を約束し、その時は、受け取る者が待たねばならない日と時間と場所を取り決めて戻って来た。㈤その後、かれは最も親密な友人を連れてボスタルのもとにやって来た。かれに子供が手渡されると、気づかれないために、として夜ザカンタを去り、敵の陣営を通り過ぎ、決められた時刻に決められた場所にやって来て人質をすべてローマ人の指導者に手渡した。㈥プブリウスとかれの兄弟はアビリュクスに特に目をかけただけでなく、人質を故郷に連れ戻すためにかれを用い、適切な者を共に派遣した。㈦かれは諸都市にやって来て、子供を返すことによってローマ人の親切と雅量をカルターゴー人の疑い深いことと厳しさと対比的にはっきりと見せつけ、例としてかれ自身の転向を持ち出し、多くのイベーリアー人にローマ人と友好関係を結ぶようけしかけた。㈧ボスタルは人質を敵にこのようにして手渡したことによって、かれの年齢よりも子供っぽく行動したと判断され、かれの生命を危険の淵に陥れた。㈨その時は季節が急き立てていたので、両軍共に軍隊を冬営地へと行かせた。子供たちをめぐるこの件で押し迫る計画のために運命からのじゅうぶんな協力者がローマ人のために現れていた。[1]

アプリアにおける出来事、ミヌキウスとファビウス

一〇〇　イベーリアーの事態はこのような状況であった。将軍ハンニバルは―ここからわれわれは中断したのだが―偵察隊からルケリアとゲロニウム[2]周辺がとくに穀物が豊かであり、ゲロニウムは倉庫を設置するのに適していると聞き知り、㈡そこに冬営地を設けようと思い、リブルヌス山[3]の側を通ってその地へ移動した。㈢ルケリアから二〇〇スタディオン（三六キロ）離れているゲロニウムに到着すると、最初は住民を口説いて友好関係を得ようとし、約束の保証を与えようとしたが誰も耳を貸そうとしなかったので、攻囲しようと決心した。㈣そしてすぐにその都市を支配下に収めると、住民は皆殺しにしたが、冬営のための倉庫に利用するために大部分の家と城壁は無傷なまま残した。㈤軍隊は都市の前に陣を張らせ濠と防柵で野営地の防備を固めた。㈥これが完成すると、軍隊の三分の二の部隊を食料調達のために送り出した。そのさい、毎日それぞれの部隊が定められた量を自分の部隊の倉庫管理者に渡すように命じた。㈦三番目の部隊で陣地を守り、あちこちで徴発隊員を援護した。㈧その地方は近づきやすく、平坦であり、徴

1　人質の物語はリーウィウス第二二巻二二章六―二二節にもある。
2　ルケリアに関しては八八・五脚注を参照。ゲルニウムはドラゴナラとカサルヌオヴォ・モンテロタロの間にあった（クロマイアー第三巻一、地図6）。
3　リブルヌス山は知られていない、おそらく間違いである。シュヴァイクホイザはサムニウムのカウディウムの近くのタブルヌス山を思いついた。ニッセン（It. Land. Ii. 786 n. 2）は現在のティフェルヌス山（現在のマテセ）と理解し、ティブルノンと読んでいる。

発隊員はいわば無数におり、季節が収穫の真っ盛りの時期だったので、毎日、膨大な量の穀物が集められるということになった。

一〇一　ミヌキウスは軍隊をファビウスから引き継ぐと山越えの道でカルターゴー人ときっと衝突するものと確信して、最初は尾根伝いに敵に向かって兵を進めていた。㈡しかし、ハンニバル軍がすでにゲロニウムを占拠し、その地方で穀物を集め、都市の前で守りを固めた陣を張っていると聞くと、方向を変えて平原に延びている山の背へ降りて行った。㈢ラリヌム地方にあるカレナ[1]という山に到着すると、どんなことがあっても敵と会戦しようと意気込んで、そこに陣を張った。㈣ハンニバルは敵が近づいて来るのを見ると軍隊の三分の一の部隊には穀物を収穫するままにしておき、残りの三分の二の部隊をひきいて都市から出て敵に対して一六スタディオン（二・八八キロ）離れたある山[2]に陣を張った。一方では敵を威圧し、他方では糧食を収穫している者の安全を計ろうとしたためである。㈤さて両陣営の間にある丘があった。そこは敵の陣営に近く、見下ろす位置にあった。そこへ夜の間に二千人の軽装歩兵を送り出して占拠した。㈥朝になってミヌキウスはかれらを見ると、軽装歩兵を出動させその丘を攻撃した。㈦激しい戦闘となり、結局はローマ軍が優位にたち、その後全陣営をこの場所に移動させた。㈧ハンニバルは敵に直面してしばらくの間は自軍の大部分を陣営内に留めておいた。㈨しかし日が一日、一日と経過するうちに兵のある者を家畜の放牧のために、ある者を穀物の徴発のために分けざるをえなくなった。分捕った家畜を失わず、そしてこれがかれの意図だったのだが、できるだけ多くの穀物を集めることを望んだのである。すなわち冬営中、兵士たちに、それに劣らず駄獣と馬にそれらをたっぷり与えようとしたのである。というのも、自軍の騎兵隊に最大の希望を託していたからである。

一〇二　この頃ミヌキウスは敵の大部分があの任務のために地方へ分散しているのを見て、正午を選んで軍隊を出動させた。㈡そしてカルターゴー人の陣営に近づき、重装兵を戦闘に配置し、一方騎兵と軽装歩兵は小さな部隊に分け、誰一人として生かして帰すなと命じて、糧秣徴発隊に

1　クロマイアー（第三巻一・二六一）はフォルトア川の左岸にあるカルヴォ山を考えているが、これは不確かである。ラリノ近くのカスカレンダとの初期の時代に行われた同一化は疑いもなく拒絶されるべきである。
2　クロマイアー（第三巻一・地図7）はハンニバルのこの第二キャンプをカサ・プルガロトリオの近くのカサルヌオヴォの丘としているが確実性をもって特定化はできない。

対して送り出した。㈢これによってハンニバルは大きな苦境にたたされた。すなわち、戦列に配置されている敵に対して軍を出動させるのにじゅうぶんなほど残っている自軍は強くなかったし、地方に分散している者の援助に行くこともできなかったからである。㈣ローマ軍のうち飼料の徴発を行っている者をしらみ潰しに退治するために送り出された者は散らばっている者の多くを殺した。戦列に配置されているものたちは、敵を侮って防柵を粉々に破壊しはじめ、カルターゴー人の陣営に突進しそうになっていた。㈤ハンニバルは苦しい状況に置かれていたが、㈥ハスドゥルーバルが逃避のためにゲロニウムの陣地へ逃げ込んでいたおよそ四、千人をひきいて救援にやって来るまで、接近して来る者を防禦しながら、陣地をやっとのことで守り、苦しみながら持ちこたえていた。㈦かれらが到着すると、少し勇気を取り戻して出撃し、陣地のすぐ前で布陣し、やっとの思いで迫っていた危険を防いだ。㈧ミヌキウスは陣地の周辺での敵との白兵戦で多くの者を殺し、それより多くを平原で滅ぼし、将来について大きな希望をいだいてその時は引き揚げた。㈨翌日、カルターゴー人がその陣営を捨てたので、そこに踏み込みかれらの陣営を手に入れた。㈩ハンニバルはローマ人が夜の間に守備隊の置いてないゲロニウムの陣地を占有し、荷物や備蓄品をわがものにするのではないか、と恐れて自分自身が退却し、ふたたびそこに野営地を作ることを決意した。㈡この時からカルターゴー人はもっと用心して、さらに警戒して糧秣の徴発を行った。逆にローマ人はさらに勇気づき、大胆になった。

一〇三　このなりゆきについて、真実よりも誇張された報せがローマに届いたとき、人びとは有頂天になった。第一に全体についてのこれまでの絶望から良い方向へのある変化が現れたように思われたからであり、㈡第二にこれまでの軍隊の不活動と気落ちは部隊の臆病さにではなく指揮官の因循姑息にその原因があったように思われたからである。㈢それゆえに、好機を利用する勇気を持っていないとして、誰もがファビウスを責め、貶した。ミヌキウスの名声はこの出来事のためにいっそう高まり、その結果、これまでにないことが起った。㈣すなわち、かれならすぐ今回の軍事行動に決着をつけてくれる、と信じてかれを独裁官に任命したのである。[3] そこで同じ一つの戦争に対して今や二人の独裁官がいることになった。㈤世論の高まりと民衆投票によってその官職がかれに与えられた[4]ことがミヌキウ

3　リーウィウス第二二巻二五—六、プルータルコス「ファビウス」八を参照。

4　リーウィウス第二二巻二五・一七によるとミヌキウスの新しい権限は民衆投票によって与えられた。

スに明確に伝えられると、危険に自らをさらし、敵に対して大胆に振る舞おうという衝動がさらに倍化された。㈥ファビウスも、起ったことによって何ら動ずることなく、最初からの政策になお一層固執して軍隊に戻ってきた。㈦ミヌキウスが燃え上がり、何かにつけて嫉妬心で張り合い、あらゆる危険をおかそうという気にすっかりなりきっているのを見ると、自分と交替で指揮をとるかそれとも軍隊を分けて、それぞれが自分の政策で自分の軍団を用いるかという選択を提案した。㈧ミヌキウスが大喜びで分割することに同意したので、軍隊を半分に分けて、およそ一二スタディオン（二・一六キロ）離れて別々に陣を張った。[1]

一〇四　ハンニバルは引っ立てられてくる捕虜たちからそのことを聞き出し、また実践で見て、指揮官同志の競争心とミヌキウスの闘争意欲と功名心を知った。㈡敵の現在の状況は自分にとって不利ではなく、有利であると考え、ミヌキウスに狙いをつけ、かれの大胆さの気勢をそぎ、かれの冒険心の機先を制しようと思った。㈢かれの陣営とミヌキウスの陣営の間に小高い所があり、双方を見渡すことができたので、そこを占拠しようと企てた。先刻のミヌキウスの勝利からかれがこの計画に対してすぐ立ち向かって来るだろうことをよく知っていたので、次のような策略を案出した。㈣この丘の周辺は樹木が生えていなかったが、沢山のあらゆる種類の切り込みと窪地があったので、[2]夜の間に待伏せに最も適した場所に二百人あるいは三百人単位の部隊を送り込んだが、みんなで五百人の騎兵と軽装歩兵と歩兵を合わせて五千人に達した。㈤糧秣徴発のために出動して来た敵によって先に見つからないように、夜が明けると同時に軽装歩兵でその丘を占拠しようとするふりをした。㈥ミヌキウスはその出来事を見ると、思いがけない好運と考えて、その場所の周辺を戦場として戦うことを命じて、ただちに軽装歩兵を送り出し、その後で騎兵を送り出し、㈦その後から自分自身も続き重装兵をひきいて、あらゆる点で前回と同様に行動した。

一〇五　ちょうど、朝日が射しはじめ、皆の思いと視線が丘で戦っている者たちに向けられている間、待ち伏せしている味方の隠れ場所は気づかれないままだった。㈡ハン

1　ミヌキウスはおそらくハンニバルから奪った陣地（百二・九）を、ファビウスはハンニバルの槍兵から奪った（百一・七）陣地を占めたのであろう。クロマイアー第三巻一・二六三および地図7を参照。

2　この地域の地勢の一般的特徴はクロマイアー（二六四頁）の写真から察知されうる。

ニバルは絶えず丘の兵士に救援隊を後から送り、かれ自身は騎兵および主力部隊と共に後を追い、騎兵隊はすぐに互いにぶつかり合うという状態になった。㈢このことが起こると、ローマ軍の軽装歩兵は優勢な騎兵によって急迫され、一方でかれらは重装兵部隊へと逃げ込んで混乱を生じさせ、られると、かれらは四方八方から現れて襲い掛かってきたのでローマ軍の軽装歩兵だけでなく軍全体が大きな危険に陥った。㈤その瞬間ファビウスは起ったことを見て、そして完全な敗北を恐れて、軍を出動させ、自ら大急ぎで圧迫されている者たちの救援に駆けつけた。㈥かれが近づいてくるとローマ人は全体の戦列は崩していたとはいえ、ふたたび勇気を取り戻し、軍旗の周りに集まって退却し、かれらの安全な場所へ逃げて行った。この戦いで軽装歩兵の多くを、中隊からのさらに多くを、しかも最もすぐれた戦士を失った。㈦ハンニバル軍は救援にやって来た軍隊の完全さと秩序に驚き、追跡と戦いをやめた。㈧その戦いに参加した者には、ミヌキウスの暴挙によって万事が失われようとし、ファビウスの慎重さによって以前もそして今度も救われたことは明白だった。㈨ローマにいる人びとには、指揮の配慮と思慮が確立していてかつ分別があるということが、軍事上の無思慮と虚栄とどれほど違っているかを明らかにした。㈩しかしローマ軍は経験によって教えられまた一方の陣営を失って、ふたたび全軍が同じ個所で陣営を張った。そしてそれからは心をファビウスとかれによって命ぜられることに向けた。⑪カルタゴー軍は山と自分たちの陣営の間を濠で要害堅固にし、占拠した丘の周辺に防柵をめぐらし、守備隊を配置して、それからは妨げられることなく冬営の準備をした。

（上記中「㈣他方カルターゴー方は待ち伏せしている兵に合図が与え」は「混乱を生じさせ、」の直後に続く。）

カンナエの会戦

一〇六　執政官選挙の時期が近づいて来たので、ローマ人はルキウス・アエミリウスとガイウス・テレンティウスを執政官に選んだ。[3] かれらが任命されたので、独裁官たち

3　ルキウス・アエミリウスとガイウス・テレンティウスは前二一六年の執政官だった。

は官職を去り、㈡前年の執政官グナエウス・セルウィリウスとフラミニウスの死後任命されていたマルクス・レグルスはその時アエミリウスとテレンティウスによって前執政官に任命され、戦場での指揮権を引き受け、軍の作戦を自分の判断で遂行した。㈢アエミリウスとかれの同僚テレンティウスは元老院と相談した後、全作戦のために兵士のなお不足数をすぐ徴募し、送り出した。㈣そしてグナエウスとかれの同僚レグルスには、全面的な会戦はどんなことがあっても仕掛けないようにと命じ、それに対して若い兵士を訓練し、決戦のための勇気と自信で満たすために、小さな戦いは絶えず力を入れて行うようにと明確に伝えた。㈤これまでの敗戦は徴募されたばかりでまったく訓練されていない軍隊を用いたことにその原因を少なからず帰せるように思われたからである。㈥かれら自身はハンニバルと共に従軍しているガッリア人をほかの方面で牽制するために、執政官のルキウス・ポストミウス[1]に軍隊を与えてガッリアに送り出した。㈦さらに、リリュバイオンで冬営している艦隊[2]を本国へ帰還させる配慮をし、イベーリアーの指揮官たちには戦争のために必要なものをすべて送った。㈧かれらはこうしたことおよびそのほかの準備を熱心に行っていた。㈨グナエウスとかれの同僚は執政官からの命令を受け取ると、あらゆる細部に至るまでかれらの意見に従って行動した。㈩それゆえに、それについて詳細に報告することは止めることにしよう。あの命令とその時期の状況ゆえに全体的なこと、言及に値することは何も行われず、㈡ただ無数の小競り合いと小規模の戦闘だけが行われ、その中でローマ人の指揮官たちは際立っていた。すべてにおいて勇気と慎重さをもって行動したように思われるからである。

一〇七　冬と春の季節の間は互いに向き合って陣地に留まっていた。しかし季節が新しい年の収穫物からの糧秣支給を許す頃[3]になった時、ハンニバルはゲロニウムの陣営から軍隊を出発させた。㈡どんなことがあっても敵を会戦へと強いる事が自分にとって有利であると判断して、カンナエ[4]と呼ばれる都市の城砦を占拠した。㈢そこにはローマ人

1　ルキウス・ポストミウス・アルビヌスは前二二九年の執政官だった（第二巻一一・一脚注を参照）。

2　九六・一三―一四を参照。セルウィリウスはアプリアのファビウスを救援するためにすでに出航していた（一一・二）、しかしかれの船は冬までリリュバイオンから戻らず、プラエトルのオタキリウスの指揮下でそこに留まっていた。

3　六月初旬。

4　現在のモンテ・ディ・カンナエ。アプリアのオファント（アウフィドゥス）川の右岸、その河口から約八キロ、カヌシウムの重要な町の北東約九・六キロ。

のための穀類やそのほかの必需品がカヌシウム周辺の地域から集められ、そこからつねに必要に応じて軍隊へ運ばれていたからである。㈣その都市自体はすでに以前に破壊されていたのだが、敵が今や備蓄品もろとも城砦をわがものにすると、大きな混乱がローマ軍に生じた。㈤つまり、その場所が占拠されたために糧食のためにのみ困難に陥ったのではなく、周辺の地域に対する好都合な位置を敵に占められたのも痛かった。㈥その地方が荒され、すべての同盟軍の気分が不安定なので、もし敵に接近すれば、戦いを避けることはできない、としてローマに絶えず使者を送って、何をしなければならないかを問い合わせていた。㈦元老院は会戦をし、敵とぶつかることを協議した。グナエウスとその同僚にはまだ待つように指令し、執政官を派遣した。㈧皆の視線はアエミリウスに向けられ、かれに第一に最大の希望が託されていた。かれのこれまでの人生で証明された有能さと、とくに数年前のイッリュリアー人に対する戦争[5]での勇敢な行為と成功した指揮のためであった。㈨この度は八軍団で戦うことを決議した[6]、このことはローマでは以前には一度もなかったことである。各軍団は同盟軍を除いて、五千人の兵力を擁していた。⑽つまり、以前に述べたようにローマ人はつねに四軍団を用意し、各軍団は四千人の歩兵と二百人の騎兵を擁していた。⑾決定的な戦いが差し迫った場合には各軍団の兵力を歩兵は五千人に騎兵は三百人に増強する。⑿同盟軍の歩兵の数はローマ軍とほぼ等しくし、騎兵の数は全体として三倍にする。⒀この同盟軍の半分と二軍団を執政官のそれぞれに与えて戦場に送り出す。⒁大多数の戦いを一人の執政官と二軍団および同盟軍の先に挙げた数で戦い抜き、一時期に、ひとつの戦争に対してすべてを用いることは滅多にない。⒂その時は、四軍団だけではなく、同時に八軍団で戦おうと決心したほど警戒し不測の事態を恐れたのである。

一〇八　それゆえに、元老院はアエミリウスとその同僚を励まし、戦いから生ずる結果の大きさをはっきり見せ、その瞬間が来たら雄々しく祖国にふさわしく戦い抜くように命じて送り出した。㈡かれらは軍隊に到着すると[7]、部隊

5　一九・三を参照。
6　ディオドーロス第一四巻一一三・八、リーウィウス第二二巻八・六を参照。
7　リーウィウス（第二二巻四〇・五以下）によるとゲルニウム。しかしアウフィドゥスからは三日の行軍以上離れている。そしてここでとられた戦いに先立つ戦略の観点から見ると、アウフィドゥスから北三五マイル、ゲルニウムから二五マイルのアルピの近くであったと推測される。クロマイアー第三巻一、地図8（b）を参照。

を集め、元老院の決定を多くの者に伝達し、その状況にふさわしい励ましの言葉を与えた。そのさいルキウス・アエミリウス・パウルスは自分の経験から語った。[1] ㈢かれの言葉は大部分、最近こうむった敗北にかかわるものだった。つまり、これが気後れの原因であり、多くの者がこの点で励ましの言葉を必要としていた。㈣それゆえに、あの戦いがあのような結末を迎えた原因はひとつ、ふたつではなくもっと多く見つけだすことができる、㈤今の時点では、もし勇敢であれば、敵に勝利しない理由はないことを明らかにしようとした。㈥「つまり、当時二人の執政官は一緒になって自分の軍隊で戦ったのではないし、また訓練された部隊ではなく、まだ危険を直視していない、新たに徴募された兵士の部隊だったのだ。㈦主要な点は、敵対者をほとんど見ずに配列し全体を決する戦いへ入ったほどに、前回は敵のことについて無知であったということだ。㈧つまりトゥレビア川で敗れた者たちは前日シケリアーから到着し、翌日、夜明けと同時に戦いに入らねばならなかったのだ。㈨エトルリアで戦った者たちは以前にも戦いの中においてすら、不運な霧のために敵を目にしていない。㈩今はこれらのすべての点で逆である」とかれは言った。

一〇九　「つまり第一にわれわれ二人が居合わせている。諸君、危険を共有するためだけでなく、われわれは前年の執政官も残して、同じ戦いに加わるために用意しておいたのだ。[2] ㈡諸君は敵の武装、戦闘隊形、戦力を知っているだけでなく、すでに二年間毎日戦い続けているのだ。㈢以前の戦いと比較すると、ひとつひとつの条件がすべて逆になっているので、これからの戦いの結末も逆になるのは当然なのだ。㈣われわれが同じ兵力で敵とぶつかった場合に、小さな戦いでは大抵勝利していて、全員を同時に配列して敵よりも二倍以上であるときに敗れるなんていうことはばかげているし、むしろ言わば不可能なのだ。㈤だから、諸君、勝利するための条件はすべて満たされているのだ。ただひとつ欠けているもの、それは諸君の意志と熱意だ、それについてこれ以上励ますことは諸君にふさわしくないと

1　アエミリウスの演説およびハンニバルのそれ（一一一・二—一一）は決り文句で満ちている。正真正銘の記録に依拠しているようには思えない。

2　一一四・六、一一六・一一を参照。リーウィウス（第二二巻四〇・六）によるとウァッローはアティリウスをローマに送り返し、セルウィリウスを軍隊とともに留めたとある。しかしマルクス・ミニキウスは軍隊にいてセルウィリウスとともに亡くなったとある（リーウィウス第二二巻四九・一六）。ポリュビオスの資料はアティリウスとミヌキウスを混同しているように思われる。

考える。㈥ある所で給料のために従軍する者、同盟の義務で隣人のために戦う者、このような者には戦いの瞬間にのみ最大の危険が迫るが、その結果はかれらにとって、いくぶん異なっている、このような者には励ましの形式が必要である。㈦しかし、今の諸君のように、戦いが他人のためでなく、諸君自身のため、祖国のため、妻たちと子供たちのために行われ、その結果が戦いそれ自体より数倍も重要である場合には、注意を喚起するだけで、励ましは必要としない。㈧戦いにおいて誰が勝利することを、もしこれができなければ、生きてかれが愛するものが凌辱され、破滅するのを見るよりも自ら死ぬことを望まないだろうか。㈨それゆえに、諸君、わたしによって言われる言葉がなくとも、敗れることと、勝つことからの相違とその結果を眼前に思い描き、祖国のためにこの軍団だけでなくすべてが危険にさらされているのだ、と意識して戦いに行け。㈩つまり、もし目前の事態が異なって決定されたら敵を凌駕するために目前のものに付け加えるものは何もないからである。(一一)すなわち、祖国のすべての熱意と力を諸君に預け、救いのすべての希望を諸君の中に持っているのだ。(一二)諸君は祖国を欺いてはならない、祖国に感謝の意を表しなさい、すべての人びとに、以前の敗北はローマ人がカルターゴー人よりも勇敢でなかったことにその原因があったのではなく、当時戦った兵士たちの無経験と不利な状況にあったのだということを認識させなさい」(一三)このようなまた似たような励ましの言葉を与えた後ルキウスはかれらを解散した。

一一〇　翌日出発して敵が野営していると聞いている所へ軍をひきいて行った。二日間の行軍の後、敵から約五〇スタディオン（九キロ）離れて陣を張った。[3] ㈡アエミリウスは周辺が平地で樹木が生えていないのを見た時、敵は騎兵が優勢なのでぶつかるべきではなく、さらに先へと進軍し、戦いが主として歩兵軍によって行われる場所へ進むべきだと主張した。㈢テレンティウスが無経験のために逆の意見を支持した時、指揮官の間での争いと、指揮の不安定さ、すなわち起きるとしたら、最も破滅的なことが生じた。㈣翌日はテレンティウスが指揮権をとった。すなわち、ローマ人の習慣で二人の執政官は一日毎に指揮権を交替したからである。そしてルキウス・アエミリウスが激しく抗議し、阻止しようと努めたのだが、陣営を撤収し、敵に接近する目的で前進して行った。㈤ハンニバルは軽装歩兵と騎兵をひきいて立ち向かい、まだ行進中のところを不意に

3　ローマ軍がアルピから東あるいは南東に進んだとすると、ハンニバルから約六マイル離れたこの位置はオファントの下流の海岸の平地のトゥリタポリかサラピア近くである。クロマイアー地図8(b)を参照。平坦な木のない平地はサラピアとその河口にある。

襲いかかって、白兵戦となり、かれらの間に大混乱を引き起こした。㈥ローマ軍は重装兵のいくらかを先に行軍させることによって最初の攻撃を受け止めた。その後槍兵と騎兵を投入して全体としての白兵戦では優位にたった。なぜならカルターゴー人には言うに足るほどの背面援護がなく、ローマ人にはいくらかの歩兵中隊が軽装歩兵に混じりあって同じところで戦ったからである。

㈦その時、夜がおとずれ互いに退却したが、カルターゴー人にとってはその攻撃は希望通りにはいかなかった。㈧翌日アエミリウスは戦わないことを決めていたのだが、安全に兵を引き揚げることができず[1]、軍隊の三分の二でアウフィドゥスと呼ばれる川辺に陣を張った。この川だけがアペンニヌス山脈を突き抜けている。㈨これは連続した山で、イタリアのすべての川の分水嶺を形成し、一方はテュレニア海に他方はアドリア海に流れる。アウフィドゥス川はこの山脈を通って流れ[2]、その水源はイタリアのテュレニア海に向いた傾斜地にあるが、アドリア海に注いでいる。㈩三分の一の軍勢で向こう側、浅瀬の東で陣を張った[3]。そこは敵の陣営からいくぶん遠い所に位置していた自分の主要陣営から約一〇スタディオン（一・八キロ）離れていて、㈪川を渡って出かけて行く主要陣営からの飼料徴発部隊を援護し、敵の陣営を威嚇することを意図したのである。

一一　ハンニバルはその頃状況が戦うこと、敵とぶつかることを促していることを見てとり、しかし先の敗戦で多くの者が臆しているのを配慮し、励ますことが必要だと判断し兵士を招集した。㈡かれらが集まると、全員に周りの国を見渡すように命じ、この状況の中でもし力が与えられたとしたら、この場所で騎兵隊ではるかに優勢となり、全体について雌雄を決することより大きな何を神々に祈ることができるかと尋ねた。㈢全員がこの言葉に賛成であることを明瞭に見て取ると、「まず神々に感謝しなさい。つまり神々がわれわれに勝利を得させようと力を貸して敵をこの場所に導いてきているのだから。㈣次にわれわれに感謝しなさい、なぜならわれわれが敵が戦うように強いたのだ

1　アウフィドゥスからサラピアへ退却するかあるいは丘に到達しようとするいかなる試みもアエミリウスにとってはハンニバルの騎兵の側面攻撃にさらすことであったに違いない。クロマイアー三〇三脚注2を参照。かれの野営地はおそらくアウフィデナの近くだった。

2　アウフィドゥス川はサムニウムとルカニア間の山中に発し、サレルノの海岸からほんの一五マイルである。

3　すなわち、右岸に。この小さな陣地は明らかにカンナエの北東の台地の端で、河口に向いた所にあった。二つの陣地は一マイルを少し超えた距離にあり、右岸の陣地は同じ岸でおそらくカンナエの北西にあったハンニバルの陣地からはもう少し離れていた。

から。つまりかれらはもはやこれを避けることはできないのだ。しかも明らかにわれわれに有利な地点で戦うことを。㈤諸君を戦いに対して勇敢であれ、一生懸命がんばれ、と励ますことは決してふさわしいようには思えない。㈥つまり諸君が無経験である時には、そうしなければならないし、諸君にたいして手本を示しつつ長々と言を弄したであろう。㈦連続して三度[4]諸君が明らかにローマ人に対して勝利している時に、どんな言葉が事実より大きな勇気を諸君に注ぎ込むだろうか。㈧これまでの戦いで諸君は土地とそこから提供されるすべての良き物をわれわれの約束通りに手に入れた。われわれは諸君に対して言った言葉において嘘をついていない。今の戦いは諸都市とそこに収蔵されている富を巡ってのものだ。㈨それを手に入れたならば、ただちに諸君は全イタリアの主人になるだろう。今の苦労から解放され、ローマ人のすべての幸福を所有することになり、この戦いによって万人の支配者となり主人となるだろう。㈩それゆえに、必要なのは言葉ではなく、行為だ。つまり、神々が望んでいるのだから、諸君に対して今にも約束を実現するだろう、と確信している」(一一)このようなことをそしてそれに似たことを述べ、軍勢が熱狂して拍手喝采すると、

4　ハンニバルはティキヌスを含めている。

かれらの戦闘意欲を称賛し、受け入れて立ち去らせた。それからただちに陣を張った、しかも敵の主要な陣がある同じ側で[5]。

一一二　つぎの日[6]、全員に準備をし、身体の手入れに留意するようにと命じた。翌日、川に沿って軍隊の戦列を整えた。できる限り早く敵と戦おうとしていることは明らかだった。㈡しかし、アエミリウスはその地形が気に入らずまたカルターゴー人が兵糧を手に入れるためにすぐに陣を移動させざるを得ないのを知って、両陣営の見張りを強化することによって安全にしながら、動かなかった。㈢ハンニバルはじゅうぶんな時間待っていたが誰も出撃してこなかったので、ほかの軍勢は陣地に戻し、ノマディア人をローマ軍の小さい方の陣営からの水汲み人にたいして送り出した。㈣ノマディア人は防柵にまでやって来て、水汲みを妨害すると、このことはテレンティウスを戦いへと刺激した。同様に将兵も戦闘意欲で燃え上がり、ぐずぐずして

5　ハンニバルは左の川岸へ渡り、ローマ軍の大きい方の陣営地と同じ側で陣を張る。これは前日の後退の後の意気消沈を逆襲することを助け、ローマ軍を悩ますことを促進する攻撃的な動きである。リウィウスは第二二巻四四・四で川を渡ったことに言及することを忘れている。

6　野営地を離れて五日目。

いることに対する不満で一杯になった。㈤すべての人間にとって待つという時間を耐えることは最も難しいのである。一度決定が下された時には、悲惨のどん底とみなされる事柄を辛抱強く何とか耐えねばならないのである。㈥互いに対峙して陣を張り、毎日前哨の小競り合いが行われているという報せがローマに届くと、興奮と不安が町を支配した。㈦すでに度々先に負かされていたので、多くの人びとが将来を恐れ、もし完全に敗北したばあいの出来事をさまざまの想像によってかき立てて予見し、予想した。㈧かれらに下されたすべての神託が今や人びとのうわさの種になった。すべての神殿、すべての家が前兆と徴しで一杯になり、それゆえに誓願、供儀、祈り、嘆願が町全体を満たした。㈨つまり、危急の時にはローマ人は神々と人間を鎮めるのに非常に熱心になり、このような状況の時にはどのような種類の儀式においても、ふさわしくない、品位をおとすものだとかれらがみなすようなものはないのである。

一一三　テレンティウスが次の日[1]総指揮権を引き受けると、日の出と同時にそれぞれの陣営から軍隊をただちに出動させ、㈡大きい陣営からの部隊を渡河させ、すぐに戦闘に配置した。それからこれに続けてもうひとつの陣営からの部隊を同じ線上で配置し、前線を南に取っていた。㈢これに続けてローマ人の騎兵を川の右岸に近接して配置した。これに続けて歩兵をただひとつの真っ直ぐな線で並べた。そのさい歩兵中隊を以前よりも密集させ、前線の歩兵中隊では深さを数倍にした。㈣同盟軍の騎兵は左翼に配置し、軽装歩兵を全軍の前に距離を置いて配置した。㈤同盟軍と合わせると歩兵は約八万人、騎兵は六千人より少し多かった。㈥同じ時にハンニバルはバリア人と槍兵を渡河させ、かれらを軍隊の前に配置した。残りを陣地から出動させ、二ケ所で川を渡らせ敵に対して配置した。㈦川辺の左翼には、ローマ人の騎兵に対してイベーリアー人とガッリア人の騎兵を配置し、これに重装兵のリビュエー人の半分が連なりこれにさらにイベーリアー人とガッリア人が連なった。これにリビュエー人の残りの半分が続いた。それから右翼にノマディア騎兵を配した。㈧これらすべてを真っ直ぐな前線で一列に並べた後、イベーリアー人とガッリア人の真ん中の部隊を先に進ませ、残りの部隊はこれと繋がっているが徐々に離れさせその結果三日月形の形態が形成され、側面部隊の線は長く延ばされるままに薄くなった。㈨その意図はリビュエー人を予備軍として用い、イベーリーア人とガッリア人で行動を開始することにあった。

一一四　リビュエー人の武装はローマ式だった、ハンニ

1　七日目。

バルはかれらを全員、先の戦いからの戦利品で選びだして装備したのだった。[2]㈡イベーリアー人とガッリア人の大形の盾は同じ形であり、剣は反対の性質を持っていた。[3]㈢つまりイベーリアー人の剣の場合は傷つけるのに刺すことも打撃も効果的だったがガッリア人の剣は振り下ろすことからの用途のみを持っていた。それも真っ向から振りかぶって叩きつけるのであった。㈣かれらが交互に配列されると、ガッリア人は裸で、[4]イベーリアー人は先祖からの風習に従って亜麻の赤紫で縁取りした衣服で着飾っていたので奇異で、目立つ光景を呈した。㈤カルータゴー人の騎兵の数は全部合わせると一万人であり、歩兵の数はガッリア人を入れて四万人弱だった。㈥ローマ軍の右翼はアエミリウスが、左翼はテレンティウスが、中央は前年の執政官であるマルクス・アティリウスとグナエウス・セルウィリウスが受け持った。㈦カルターゴー軍の左翼はハスドゥルーバルが右翼はハンノーンが受け持った。中央には兄弟のマゴと共にハンニバル自身がいた。㈧ローマ軍の配置はすでに述べたように前線を南にし、カルターゴー軍は北にしていたので、太陽が昇ってくることは両軍にとって不利ではなかった。

一一五　戦いが前衛に配置された者によって開始された時、これら軽装歩兵の戦いは最初は均衡を保っていた。㈡しかしイベーリアー人とガッリア人の騎兵がローマ人に近づくや否やかれらは真剣な、野蛮人的な戦いを繰り広げた。㈢つまり戦いは規則通りに退却と転換で行われたのではなく、一度ぶつかり合うと、馬から降りて人対人という接近戦で戦ったからである。㈣そのさいカルータゴー人は優位にたち、白兵戦で敵の多くを殺した。すべてのローマの前衛は死に物狂いで勇敢に戦い抜いたが、カルターゴー人は残りの者たちを情け容赦なく殺害し、虐殺しながら川に沿って追い立てていった。その時、軽装歩兵の後を引き継いだローマの歩兵部隊が前線に躍り出てきた。㈤しかしイベーリアー人とガッリア人の戦列は短時間だけ、もちこたえてローマ人に対して勇敢に戦った。その後多数に圧迫され、傾き、後ろへ退却した、その結果三日月形の反りが消滅した。㈥かれらを激しく追ったローマ人の歩兵中隊は敵の戦列を簡単に突破した。ガッリア人は薄い戦列を敷いていたからである。かれら自身は両翼から中央部へ、戦いの場へと群がった。㈦というのも両翼と中央部が同時にぶつ

2　八七・三を参照。
3　イベーリアー人とガッリア人の剣については第二巻三〇・八、第六巻二三・七を参照。
4　アルプスの向こうのガッリア人が裸で戦う習慣については、第二巻二八・八を参照。

かったのではなく、まず中央部がぶつかったのである。なぜなら三日月形に配置されていたガッリア人は翼よりはるか先に進み、三日月の反り面は敵に向けられていたからである。㈧ローマ人はガッリア人を追い、敵が退却した中央部へ走り集まり、そしてはるか前方へ入り込み、その結果重装歩兵のリビュエー人が側面の両側でかれらに対して立つということになった。㈨そのうちの右翼に立っていたものは盾の側（左）に方向転換し、槍の側（右）から攻撃しながら側面の敵に向かって進んで行った。㈩左翼に立っていたものは槍の側に方向転換し盾の側から戦列へ進んでいった。この場合状況が何をしなければを自ずと教えたのである。⑾このことから、ローマ人はハンニバルが意図したように、ガッリア人に対して前へ押し進んでいったためにリビュエー人によって真ん中で取り囲まれるということになった。⑿かれらは今や戦闘隊形を敷いてではなく、人対人、歩兵中隊対歩兵中隊で側面から押し寄せてくる敵に向かいながら戦ったのである。

一一六　アエミリウスは最初から右翼に立ってしばらく騎兵戦に加わっていて、今まで無傷なままだった。㈡今や自分の励ましの言葉に忠実に仕事それ自体の場に居合わせることを望み、またその日の決着は主として歩兵部隊にかかっていることを見たので、㈢全戦闘隊形の中央へ馬を駆って行き同時に自らを白兵戦に投じて、戦いへと駆り立てた。㈣同じ事を同時に兵士たちを励まし、接近戦で戦った。同時に兵士たちを励まし、戦いへと駆り立てた。

駆って行き同時に自らを白兵戦に投じて、接近戦で戦った。同時に兵士たちを励まし、戦いへと駆り立てた。㈣同じ事をハンニバルも行っていた。つまり、かれは最初から軍隊のこの部分にいたからである。㈤右翼から左翼に配列されていたローマ人の騎兵に襲い掛かったノマディア人は戦いの特異性のために何か重要なことを達成することはなかったのだが自身損失することもなかった。しかし敵をよそへ向けさせまた四方八方から攻撃することによって、敵の働きを封じた。㈥しかしハスドゥルーバルとかれの騎兵隊はローマ人の騎兵隊を川辺でまったく少数を例外として殺した後、左翼からノマディア人の騎兵の援助に駆けつけると、ローマ人の同盟軍の騎兵隊はかれらが大勢で押し寄せてくるのを見て、退却していった。㈦この瞬間ハスドゥルーバルは実際的なかつ分別のある仕事をしたように思われる。つまりノマディア人が一度退却したものに対しては最も効果的でありまたかれらにとっては最も恐ろしいのを見て、逃げて行くものはかれらに任せ、リビュエー人を援護するために歩兵の戦いが行われている所へと騎兵を率いた。[1]㈧ローマ人の軍団に背後から襲い掛かり、同時に多くの個所

1　騎兵隊の優位の非常な利点はつぎの箇所で繰り返し述べられている、第三巻一一〇・二、一一一・二、一一七・四—五。

で次々に突進を行い、リビュエー人の自信を強め、ローマ人を精神的に打ちのめし、驚愕させた。(九)この時、ルキウス・アエミリウスは白兵戦で重傷を負った後、命を失った。ほかのそうした人がいるにしても、かれのほかの人生においてもそうであったように最後の時においても祖国に対して忠実に義務を果たした人だった。(一〇)ローマ人は取り囲んでいる者に向かって前線を形成して戦っているときまで持ちこたえた。(一一)周りから前列に立つ者が次々に倒れて行きついに狭い空間に押し込まれたとき、全員立っていた場所で倒れた。その中にはミヌキウスとグナエウス[2]もいた。かれらは前年の執政官であり、立派な人たちで、戦いにおいてローマにふさわしい者となった。(一二)かれらの取っ組み合いと殺戮の間に、ノマディア人は逃げる騎兵を追跡しかれらの大部分を殺し、ある者は馬から投げ落とした。(一三)少数の者がウェヌシア[3]へ逃げた。その中にガイウス・テレンティウスがいた。ローマ人の執政官であり、職を国家の破滅のために行い、今、恥ずべきにも逃げたのである。

一一七　これがローマ人とカルタゴー人の間のカンナエでの会戦の結末だった。勝者も敗者も勇敢な男としてその真価を発揮した会戦であった。(二)事実それ自体がそのことを証明した。六千人の騎兵のうち七十人がガイウスとウェヌシアへ逃亡した。同盟軍の騎兵のうち約三百人がばらばらになってほかの都市に逃れた。(三)歩兵のうち一万人は戦ってはいたが、実際の戦闘には加わっていなくて捕虜にされた。一方戦いそれ自体からは約三千人だけが周辺の都市に逃れた。(四)残りのすべては勇敢な戦いのあと戦死した、その数は約七万人だった。カルターゴー人の勝利に最も貢献したのは以前と同様騎兵の多さであった。(五)そのことによって、完全に同じ兵力をもって敵に相対するよりも歩兵隊は半分でも騎兵が完全に優位である方が戦争での決着には優れているという証拠が後世の人に示された。(六)ハンニバル側では約四千人のガッリア人と約千五百人のイベーリアー人とリビュエー人が、それに約二百人の騎兵が倒れた。

(七)捕虜にされたローマ人は会戦に加わっていなかった。しかもつぎのような理由からであった。(八)ルキウスは自分の陣地に一万人の歩兵を残した。もしハンニバルが自分の陣地のことは構わずに全軍を戦場で用いたならば、戦いの間にそこへ入り込み、敵の荷物を分捕ることができる、(一〇)他方ハンニバルがこの危険を察知して強い守備隊を残して

2　一〇九・一を参照。実際のM・アティリウスは前二一六年の三頭執政官の時の人（リーウィウス第二三巻二一・六）で、前二一四年には監察官だった（リーウィウス第二四巻一一・六）。

3　戦場から南西四八キロに位置していた。

いればローマ人に対する戦力は数で減ずるだろう、と考えたためである。㈡かれらは次のようにして捕らえられた。ハンニバルはじゅうぶんな数の守備隊を陣地に残しておいたので、戦いが始まるやいなやローマ人は命令通りにカルタゴー人の陣地に残っている者に向かって突進した。最初はかれらは持ちこたえていた。かれらが苦境に陥っていた時に、ハンニバルがすべての地点で決着を付けた後、味方を援にやって来て、ローマ人を撃退し、狭い陣地に閉じ込め、かれらのうち二千人を殺し、残りのすべてを捕虜にして手中に収めた。㈢同様に周辺の城砦に逃げ込んだ者をノマディア人が降伏させて連れて来たのである。逃亡へと向かっていた約二千人の騎兵であった。

一一八　会戦のこの結末は両方の側で予期していたように、広範囲に及ぶ結果をもたらした。㈡カルターゴー人はその勝利によってただちに残りの海岸地域をほとんどすべて制圧した。㈢タレンティン人はすぐにかれらに降伏し、アルギュリパン人（アルピの住民）とある数のカプア人がハンニバルを呼び寄せ、残りのすべての者が視線をカルターゴー人に向けた。㈣かれらは最初の攻撃でローマそれ自体を奪うという大きな望みを懐いた。㈤それに対してローマ人は敗北の結果ただちにイタリア人に対する支配を失い、自分自身および都市の存続を巡る大きな不安と危険の中で漂った。ハンニバルが都市を徹底的に破壊するためにいつ来るかもしれないと思ったからである。㈥というのも、運が敵と同盟し不幸の度を完全にしようとしているかのように、それから数日後、最初の驚きが都市をしっかり捉えている間に、ガッリアへ派遣された執政官[1]が思いもよらず待伏せに遭い、軍隊もろともガッリア人によって完全に滅ぼされたという報せが入ったからである。㈦しかし元老院は可能であるかぎりのものは何ひとつ見捨てなかった。国民を励まし、都市の安全のための必要な処置を講じ、男らしい決意で現況について協議した。㈧ローマ人は当時、明白な敗北を喫し、武器における栄誉からは身を引いたにもかかわらず、㈨政体の独自性と用意周到な対抗措置で、次にカルタゴ人に勝利することによって、イタリアについての支配権を取り戻しただけでなく、短期間で人の住む全世界の支配者となったのである。㈩それゆえに第一四〇オリュンピアー期がイベーリアーとイタリアにおける出来事にかんして包含していることを報告した後でこの巻を終えることにしよう。㈡同じオリュンピアー期の間に起ったギリシアでの出来事を語り、同じ時点まで下りてきた時に、

1　ポストゥミウス・アルビヌス。一〇六・六を参照。リーウィウス第二三巻二四・六以下を参照。

ローマ人の政体それ自身についての特別な叙述を先行させよう。㊂その叙述がこの時代についての歴史書の課題であるからだけでなく、それが判断を形成しょうとする人びとに、とくに国に政体を与えようとしているかあるいは既存の政体を変えようとしている政治家におおいに役立つとわたしは考えるからである。

第四巻

序論——第一四〇オリュンピアー期からこの「歴史」をはじめる理由

一　この前の巻ではローマ人とカルターゴー人の間に生じた戦争の原因を明らかにし、ハンニバルのイタリアへの侵入を詳述し、㈡これに加えてアウフィドゥス川およびカンナエ周辺での会戦を説明した。㈢これからは第一四〇オリュンピアー期から上述の時点までのおなじ時期にギリシアで行われた事件を詳細に語ろう。[1]㈣まず、第二巻においてギリシア人にかかわっていた諸関係を読者に思いだしてもらうために簡単にそれをまとめておこう。とくにアカイアー同盟について。つまりこの国家の政体がわれわれの時代以前に、またわれわれの時代までに予想外の進展を見せるからである。㈤オレステースの一人息子ティッサメノスからはじめてオーギュゴスまでこの王家の下でどのような支配が行われたか、その後すぐれた信条に基づく民主的国家体制を経験し、それがどのようにして、まずマケドニアー人の諸王によって都市と地方において引き裂かれたかを述べ、㈥これにつづいて、かれらがいかにして、またいつふたたびひとつになり、また誰が最初にかれらの仲間になったかを説明した。㈦それにつづけて、どんな方法で、またどんな政治的原理でペロポンネーソスのすべての都市を味方に引き入れ、おなじ名前、おなじ政体へ導こうとしたかを明らかにした。㈧この企てについて包括的に説明した後で、個々の事件について年代順にふれ、ラケダイモーン人の王クレオメネースの追放まで到達した。㈨前の巻からのアンティゴノス、セレウコス、プトレマイオスの死までの出来事を総括した。[2]かれらは皆、おなじ頃亡くなったからである。その箇所でそれにつづく出来事から本書の固有の叙述をはじめると予告しておいた。

二　つまりこれが最も良い出発点と考えたのである。第

1　アカイアー人の出来事。ティサメノスとオギュゴスは第二巻四一・四。民主的国家体制は第二巻三八・六、四一・五。マケドニアー王による消滅は第二巻四一・九。改革された同盟は第二巻四一・一一―一二。ペロポンネーソス統合の原理と図式は第二巻四二・三―七。概観は第二巻四三―四四。クレオメネース戦争は第二巻四五―七〇。

2　第三巻三・一脚注を参照。

一にアラートスの回想録はこの時代まで及んでいるので、それに連結させてギリシア史のわれわれの物語をはじめることを選んだのである。[1] (二)第二に、われわれの歴史の対象を形成するこの時代はわれわれの世代、われわれの父親の世代と一致するところへ達しているからである。このことからわれわれ自身が事柄に居合わせていたか、実際に見た人から聞くということになる。(三)伝聞から伝聞を書き下ろさざるをえないような、はるかに遠い過去にかかわり合うことは、確かな判断と信頼するにたりる陳述に達しようと思うならば、得策ではないように思われる。(四)とくにこの理由で、このことからこの『世界史』をはじめたのである。なぜなら「運命」[2]もその時点で全世界において、いわば新しい時代をはじめさせたからである。(五)つまり、デーメートゥリオスの実の息子フィリッポスはまだ子供だったが、少し前にマケドニアーの王位を継承していた。[3] (六)タウロスの北の国を支配したアカイオス[4]は王の地位に就いただけでなく、力も持っていた。(七)大とも呼ばれるアンティオコス[5]は兄弟の死後、少し前に同様に若かったが、その後継者として王位に就いていた。(八)かれらと同時にアリアラテスがカッパドキアーの支配権を握った。[6] おなじ時にプトレマイオス・フィロパトルがアイギュプトスの支配者となった。(九)スパルテーではリュクールゴスが王に任命された。前巻で語った戦争のためにカルターゴー人がハンニバルを司令官に選んだばかりだった。(一〇)つまりこれは必然であり、いつもそうなるのが必至なのであるが、その時もその事が起こった。(一一)すなわちローマ人とカルターゴー人が前述の戦争をはじめ、アンティオコスとプトレマイオスがコイレー・シュリアーをめぐる戦争を、アカイアー人とフィリッポスがアイトーリアー人とスパルテーに対する戦争をはじめた。この原因は次に述べることであった。

1　アラートスの継承者としてのポリュビオスについては第一巻三・二を参照。

2　革新を助長する力としての「運命」については第一巻四・五、八六・七、第二巻三七・六、第二九巻二一・五を参照。

3　二五・六を参照。第二巻七〇・八を見よ。実の子にかんしては第一巻六六を参照。

4　アンドロマコスの息子、アカイオスとセレウコス三世ソスタとアンティオコス三世の関係については四八・五脚注、王位継承弐かんしては四八・三—（一三）、五巻四〇・四を参照。

5　大アンティオコスにかんしては第二巻七一・四を参照。

6　前二二〇年、ディオドーロス第三一巻一九・六を参照。

同盟戦争の発端——前二一九年までのその推移

三　アイトーリアー人はすでに以前から平和と自己資本からの出費にうんざりしていた。つまりかれらは隣人からの物資で生活するのに慣れていたのである。生得の空威張りのためにかれらの欲求は高く、それに支配されて野獣のように強欲に、また盗賊のように生活していた。㈡しかしその当時、アンティゴノス生存中はマケドニアー人を恐れて静かにしていた。㈢かれが亡くなり、子供のフィリッポスが残されると、ペロポンネーソスに干渉する機会と口実を探し、古い習慣[7]からこのような略奪行為へと誘惑され、アカイアー人に対しての戦争では自分たちだけでも遜色がないと考えた。㈣かれらがこのような意図をいだいていたとき、偶然も少し助けとなり、それを企てるようにとつぎのような機会が差し出された。㈤トッリコーニオン出身のドーリマコスはボイオーティアー人の同盟集会で休戦協定を破ったニコストラスの息子であった。まだ若く、真にアイトーリアー人的な冒険欲と略奪欲に充ちていたが、国からフィガレイア[8]に派遣された。㈥これはペロポネソスにあって、メッセーニアー人との境界にあり、当時アイトーリアー人と同盟関係にあった。㈦名目は国を守るために、実際はペロポンネーソスにかんする偵察の任務をもっていた。㈧略奪者たちが、フィガレイアのかれの下に集まり、法に適った方法では略奪物を調達できなかったので、つまり当時はアンティゴノスによって作りだされたギリシアにおける一般的な平和が存続していたからである。㈨ついに、ほかの方法は知らなかったので、メッセーニアー人はかれらの同盟者であり友であったにもかかわらず[9]、かれらにメッセーニアー人の家畜を盗むことを許した。㈩最初は境界周辺の羊の群れで満足していたが、その後だんだんあつかましくなり、夜間、不意の攻撃で平地の家々に押し入る

7　海賊行為の昔の流行にかんしてはトゥーキューディデース第一巻五を参照。

8　フィガレイアはペロポンネーソスの西、メッセーニアーの北に位置していた。

9　六・一一、一五・一〇を参照。

こともあえてした。㈡メッセーニアー人は怒って、ドーリマコスに使者を送ると、最初は聞き流していた。一方でかれによって命じられた者が利益を得、他方で自分自身も奪った物の分け前に預かり、利益を得ようと望んだからである。㈢連続する不正のために使者の到来が増大すると、訴えた者に対してメッセーニアー人に弁明するために、メッセーニアーに自分が行こうと言った。㈢かれが到着し、不正を受けた者がやって来ると、ある者たちは侮辱して軽蔑し、ある者が反抗して立ち上がると、ののしって追い払った。

四　かれがまだメッセーニアーに滞在していたときに、海賊が夜間、都市に近づき、梯子を掛けてキュロンと呼ばれる農家の屋敷に押し入り、防ごうとする者たちを殺し、家人の残りの者を縛って、家畜とともに連れ去った。㈡メッセーニアの監督官たちは以前からドーリマコスの行為と滞在に苦痛を感じていたのだが、さらに侮辱的にとり扱われたと思い、かれを同僚の前へ呼び出した。㈢その当時メッセーニアの監督官であったスキュロスは、ほかの生活の面でも市民の間で評判が良かったのだが、ドーリマコスがすべての損害をメッセーニアー人に返済し、殺人の罪のある者を処罰するために差し出さなければ都市から去らせないように、と助言した。㈣スキュロスは正しいことを言ったと皆が賛成すると、ドーリマコスは激しく怒り、君たちはドーリマコスだけを侮辱していると考えているなら、君たちはばかだと言った。君たちの処置は腹立たしいものであり、同盟は報復処置を取るだろうし、それは当然のことなのだと言った。㈤当時メッセーニアに、ある悪人がいて、あらゆる点で男だと主張する権利を失っているような人の一人で、名をバビュルタスと言った。かれにドーリマコスのフェルト製の帽子をかぶらせ、短い上着を着せると判別できず、㈥それほど両者は声と体つきが似ており、かれ自身もそれを知っていた。㈦かれが脅すようにかつ非常に傲慢に話したので、スキュロスは怒って「お前や、お前の脅しがわれわれに影響を与えると思うか、バビュルタス」と言った。㈧かれがこう言うと、ドーリマコスはその時は状況に屈し、不正を受けた者の賠償を支払うことに同意した。㈨アイトーリアに戻ると、あの言葉はひじょうに辛辣に、深く心を傷つけたので、まさにこのことを口実としてメッセーニアー人に対する戦争への思いを燃え上がらせた。

五　アイトーリア人の将軍はアリストン[1]であった。かれはある肉体的欠陥のために軍務には不適格だった。かれは

1　アリストンは前二二一／〇年の将軍。

ドーリマコスおよびスコパスと親戚関係にあったので、後者にある程度全体の指揮権を譲っていた。㈡ドーリマコスはアイトーリア人をメッセーニアー人に対する戦争への同盟者として呼びかけることはあえてしなかった。言うに足る口実をもちだすことはできず、かれの戦争への熱意の原因は明らかに自分自身の不法行為とスキュロスの嘲笑にあったからである。㈢それゆえこの考えは捨て、スコパスをメッセーニアー人に対する企てに加わるよう個人的に説得しようとした。支配者が若いためにマケドニアー人からは安全であることを指摘し――フィリッポスは当時十七才以上ではなかった――㈣ラケダイモーン人のメッセーニアー人に対するよそよそしさを説明し、エーリス人の共感とアイトーリアー人との同盟を思い出させ、このことからメッセーニアーへの侵入は安全であると説明した。㈤さらに――これがアイトーリアー人にとっての決定的な動機であるに違いなかったのだが――メッセーニアーの領土から期待できる利益を目の前に提示した。そこはいかなる攻撃も加えられておらず、クレオメネース戦争中ペロポンネーソスで唯一無傷でありつづけたからである。㈥これらすべてに、結果として生じるであろうアイトーリアー人の大衆からの好意を付け加えて、㈦「アカイアー人が通過を妨害する場合、かれらはアイトーリアー人の防衛について苦情は言わないだろう。かれらが静かにしている場合は自分たちの企てに何の妨げにもならない。㈧メッセーニアー人に対する口実にこと欠くことは無いだろう。つまりかれらは昔からアカイアー人およびマケドニアー人との同盟に同意しているから不正をおかしているのである」と言った。㈨こうしたこと、またこれに類したことを言いながら、スコパスおよびかれの友人たちにその計画への意欲を起こさせ、その結果アイトーリアー人の同盟会議を待つこともなく、評議会の委員に伝えることも無く、ほかの当然すべき処置は何ひとつ講ずることなく、㈩自分の衝動と判断のおもむくままに行動して、メッセーニア人、エーペイロス人、アカイアー人、アカルナーニアー人、マケドニアー人に対して理由のない戦争をはじめた。

六　かれはただちに海へ略奪者を送り出した。キュテラ島でマケドニアからの王家の船に出会い、これを乗組員もろともアイトーリアーに連れてゆき、船主、乗組員とともに船を売り払った。㈡エーペイロスの沿岸地方を荒らし、その悪行のためにケファレニア人の船を借り、アカルナニア人のチュリオン[2]の占拠を企てた。㈢これと同時にひそか

2　チュリオンはアンブラキア湾から約三マイルの所に位置していた。

に分遣隊をペロポンネーソスへ送り出し、メガロポリスの領土の真中のクラリオンと呼ばれる要塞を占拠した。そこを戦利品を売るために利用し、さらに略奪を行うためにそこで時を過ごしていた。㈣しかしアカイアー人の将軍ティモクセノス[1]はペロポンネーソスにおける王権にかんしてアンティゴノスによって残されていたタウリオーンを味方にしてこれを攻囲し、数日のうちに完全にとり戻した。㈤つまり王アンティゴノスはクレオメネース戦争の時にアカイアー人が譲歩したためにコリントスを所有し、次にオルコメノスを力で奪い、それをアカイアー人に返さず、横領して所有していたのである[2]。㈥その理由はペロポンネーソスへの侵入路を支配するだけでなく、オルコメノスの守備隊と装備によって護衛しようと望んだように思われる。㈦そしてティドーリマコスとスコパスは機会を窺っていた。そしてティモクセノスがかれの在職期間の終わる直前にあり、アラートスがアカイアー人によって次の年の将軍に選ばれていた[3]が、まだその職に就いていないとき、㈧この瞬間にかれらはアイトーリアー人の全軍をリオンに集め、渡し船とケファレニア人の船を準備し、兵士をペロポンネーソスへ渡し、メッセーニアーに向って前進して行った。㈨パトライ、ファライ、トゥリタイア[4]を通って行軍を行い、アカイアー人に対しては決して不正行為はおかさないことを決めていた。㈩しかし多数の者は戦利品への飽くなき欲望のために、その領土に手を触れずにおくことができず、フィガレイアに着くまでに途中でその地方に多大な損害を与えた。㈡そこから不意にかつ大胆に攻撃をしかけ、メッセーニアー人の国に突入した。昔からメッセーニアー人にたいしては友好関係も同盟関係もなく、また全世界で通用する国際法も考慮することなく、㈢またメッセーニアー人がかれらにたいしてまったく抵抗しなかったので、物欲にまかせて無思慮に、罰せられることもなく、その国を荒して行った。

1　ティモクセノスは二二一／二〇年の将軍。
2　プルータルコス「クレオメネース」二三・一、「アラートス」四五・一。
3　前二二〇／一九年。
4　これらの都市の遺跡については第二巻四一・七―八脚注を参照。

七　アカイアー人は法律に基づく同盟会議がちょうどこの時期に当たっていたので[5]、アイギオンに集った。㈡会議場に集まり、パトライ、ファライの代表者がアイトーリアー人がかれらの国を通過したときに行なった不法行為を数えあげ、メッセーニアーから来た使節は暴力行為と条約違反にたいする援助を求めた。㈢かれらは述べられたことを聞き、パトライ人、ファライ人と一緒になって腹を立て、メッセーニアー人の不幸に同情し、㈣誰もアイトーリアー人に通行を許しておらず、またかれらはそのための許可も求めずに、条約に違反して軍を率いてアカイアー人の土地を踏むことをあえてしたのならば、恐ろしいことだとかれらは考えた。㈤これらすべてのことに憤慨して、メッセーニアー人を援助し、将軍がアカイアー人を動員することを投票で決定した。さらに協議するために集った人が決めたこの決議が有効である事も投票で決定した。㈥当時まだ将軍だったティモクセノスは任期が終る直前だったのだが、アカイアー軍に信用を置いていなかった。なぜならかれらが最近、軍事訓練を非常に怠り、遠征および動員そのものの実施から逃れようとしたからである。㈦スパルテーの王クレオメネースの追放後、先の戦争で非常に苦しみ、今の支配的な平和の状態を完全に安全だと思ったすべてのペロポンネーソス人は戦争に対する備えをまったくなおざりにしていた。㈧しかしアラートスはアイトーリアー人の無謀を非常に嘆き、かつ立腹して、非常な情熱を傾けてことにとりかかった。とくに以前からかれらに対して恨みをいだいていたからである。㈨それゆえにアカイアー人を武器の下に召集することを急ぎ、アイトーリアー人とぶつかることを決意した。(一〇)つまり、かれが職に就く期日の五日前にティモクセノスから国璽を受け取り、諸都市に通達を出し、兵役の適齢期にある者を武器を持たせてメガロポリスに召集した。㈡かれについてはその気質の特異性ゆえに、あらかじめ所見を述べておくことが適切であるように思われる。

八　アラートスの性格は政治家としてはどの点でも完璧

5　第二巻三七・一〇―一一脚注を参照。同盟会議はアラトスが職を引継いだ時期と一致しているので、前二二〇年五月中旬。

だった。㈡演説が巧みで、計画を立案し、下された決定を秘密にすることができ、政治的論争をおだやかに耐え、友人を惹きつけ、同盟者を獲得することができ、その点では誰にもひけをとらなかった。㈢また敵に対する奇襲、策略、計略を考案するのにすばらしい天分を持っていた。㈣このことの明瞭な証拠はたくさんあるが、歴史を知っている者にとって最も輝かしいものはシキュオーンとマンティネイアの占拠とアイトーリアー人のペッレーネーからの追放であり、最も重要な事件はアクロコリントスへの奇襲である。㈤しかしかれ自身が、会戦で敵と対抗しようと思うときには、計画において気力がなく、鈍重で、実行において臆病で、危険に直面するともちこたえることができなかった。㈥それゆえに、かれはペロポンネーソスをかれに不利な証言をする戦勝碑で満たし、敵にとってはつねにくみし易かったのである。㈦このように人間の本性は肉体的な面で多様性を持つだけでなく、むしろ精神的な面でそうなのである。その結果、おなじ人間がさまざまな活動において、あることには才能があるが、ほかのことにかんしてはそうでない。それだけでなく、おなじような事柄にかんしておなじ人がしばしば最も賢いがまた最も鈍重であり、同様に最も大胆であるが、最も臆病であるということになる。㈧これは思いもよらぬことではなく、注意を向けようと思う人には馴染みのことであり、よく知られていることである。㈨ある人は狩猟で野獣に対しては恐れずに立ち向かうが、おなじ人が武器を持って敵に対するときは臆病であり、戦いで一騎打ちなら機敏で有能だが、敵との整然とした会戦では期待通りの働きをしない人がいる。㈩テッサリアの騎兵は騎兵中隊の閉じられた線の中で攻撃する場合は、無敵である。しかし隊形の外で個人と個人で直面するときは必要な動きと機敏さに欠ける。アイトーリアー人はちょうどその逆である。㈩一クレーテー人は陸上でも海上でもゲリラ戦、海賊行為、盗賊のような待伏せからの攻撃、夜襲、策略と抜け目のなさが要求される企てにおいては無敵である。

1　シキュオーンの占拠（前二五一年）については第二巻四三・三を参照。
2　マンティネイアの占拠（前二二七年）については第二巻五七・二を参照。
3　アイトーリアー人のペッレーネーからの追放（前二四一年）についてはプルータルコス「アラートス」三一・三を参照。
4　アクロコリントス（前二四三年）については第二巻四三・四を参照。
5　大胆な狩猟家であったポリュビオス（第三一巻二九・八）は自分自身の経験に頼って述べている。

それにたいして正々堂々の戦い、方陣の正面からの攻撃にたいしては勇気と毅然とした態度がかれらには欠けている。アカイアー人とマケドニアー人はその逆である。㈢このようなことを述べたのは、われわれがおなじ人について行為の見かけ上、似たような状況の中で正反対の判断を下す場合に、読者がわたしの判断に信用をおくことを拒まないためにである。

九　アカイアー人の決定にしたがって、兵役適齢期の者がメガロポリスに集められたとき―ここからわれわれは脱線したのだが―㈡メッセーニアー人がもう一度現れ、自分たちが公然と条約違反で侵されているのを傍観しないように懇請し、自分たちを一般同盟に加入させ、同盟の記録書に自分たちの名前を付け加えることを望んだ。㈢同盟加入については、アカイアー人の指導者は、フィリッポスとほかの同盟国の同意なしでは誰も受け入れることはできない、と主張して拒否した。㈣クレオメネース戦争の時代にアンティゴノスによってアカイアー人、エーペイロス人、ポカイ人、マケドニアー人、ボイオーティアー人、アカルナニアー人、テッサリアー人の間で締結された同盟の誓いが皆を拘束していたからである。㈤しかし、アカイアー人の意志なしでアイトーリアー人と和解しないために、居合わせている者たちが自分たちの息子を人質としてラケダイモーン人の都市に預けるならば、出撃してかれらを援助しよう、と言った。㈥ラケダイモーン人も同盟条約に基づいて出撃し、メガロポリスの境界に陣を張った。同盟国の特定の持ち場において、というよりむしろ待機しつつ、ことの成り行きを見守りながら。㈦アラートスはこうした方法でメッセーニア人との交渉を達成すると、アイトーリアー人に使者を送り、決議を明らかにして、メッセーニアー人の領土から撤退し、アカイアー人の土地には触れないように命じ、もし、そうしなければ、攻撃してきた敵とみなすと言った。㈧スコパスとドーリマコスは言われたことを聞き、またアカイアー人が集っているのを知り、命じられたことに従う方が有利だと考えた。㈨ただちに伝令をキュレーネーとアイトーリアー人の将軍アリストンに送り、急いで輸送船をエーリスのフェイアス島へ送るよう要請し、㈩二日後、戦利品を積んで出航し、エーリスへと進んだ。アイトーリアー人はつねにエーリス人との友好関係を育んでいた。それはかれらを通して略奪と海賊行為のためのペロポンネーソスとのつながりを確保するためだった。

一〇　アラートスは二日間待ち、かれらが指示したように帰還するだろうと愚かにも信じて、残りのアカイアー人

6　すなわち、アカーイアー人との同盟条約。

とラケダイモーン人すべてを故郷へと解散した。㈡そして三千人の歩兵と三百人の騎兵だけを手許に残しておき、アイトーリアー人に向って行くことを意図してパトライへ進んで行った。㈢ドーリマコスとスコパスはアラートスがこのようにしてかれらに随伴し、また軍隊を完全には解散していないのに気付くと、一方で、船の乗船のさいに、そちらに気をとられているときに、攻撃してくるのではないかと心配し、他方で戦いをはじめることを熱望した。㈣そして戦利品を船に運ばせ、輸送のためのじゅうぶんな数の、また適切な部隊を編成し、それを送って行く者たちに、そこで乗船するつもりだから、リオン岬[1]へ出迎えに来るように、と命じた。㈤かれ自身は最初は注意深く戦利品の輸送の安全を計り、その後、逆の方向であるオリュンピアへと道をとった。㈥かれはタウリオーンが前述の数の軍隊を率いてクレイトル周辺にいると聞き、もしそうだとすると、リオン岬で安全にまた交戦せずには乗船させることはできないと考えた。㈦またその軍隊がまだ弱く、かれの意図に疑いをいだいていないアラートスとすぐにぶつかる方が自分たちの仕事に有利であると判断した。㈧もしかれを破ることができれば、まずその地方を荒し、それからリオンで安全に乗船させることができる。その間アラートスはアカイアー人をふたたび召集する仕事に忙殺されているだろう、と考えた。㈨そしてアラートスが驚いて戦いを避け、ぶつかろうとしなかったら、自分が適当と考えるときにいつでも安全に引き揚げることができると判断した。㈩かれはこのような計算をして前進し、メガロポリス人の領域のメテュドゥリオン[2]で陣を張った。

一一　アカイアー人の指揮官たちはアイトーリアー人が現れたのを知ると、その愚かさの度合いはほかに類をみないほど、ことを拙く扱った。㈡かれらはクレイトルから引き返してきて、カヒュアイ[3]周辺に陣を張った。㈢そしてアイトーリアー人がメテュドゥリオンからオルコメノスのそばを通る道をとると、アラートスはアカイアー人を出動させ、カフィアイの平原に、その平原を通って流れている川の後ろにそれを守りとして陣を張った。㈣アイトーリアー人は両軍の間の地形の足場の悪さのために、というのも川の前にはなお渡り難い堀があったからである。またアカイアー人が戦うための準備ができているのを示したので、か

1　リオン岬はパトライの北東八キロの低地アカイアの岬。

2　メテュドゥリオンはその名の川沿いの現在のヴュティナの南四・八キロにあった。

3　カフィアイはオルコメノスの北の平原の北方の端にあった。

れらが意図していたように敵を攻撃することを恐れた。㈤そして厳しく規律を守りながら、オルギュルトスに通じる道を行軍していった。もし敵が自分たちに立ち向かい、戦いをすることを強いなければよいのだがと思いながら。㈥アイトーリアー人の前衛がすでに峠を登りはじめ、騎兵の後衛が平地を通って、山腹のプロプス「前足」と呼ばれる地点に近づいたときに、アラートスはアカルナニアー人のエピストラトスを指揮官として、騎兵と歩兵を送り出し、後衛に追いつき戦いを試みるように命じた。㈦だが、どうしても戦うつもりなら、敵が広々とした地形を越えた後で後衛を攻撃するのではなく、平地へ入った直後の先頭を攻撃しなければならなかったのである。㈧その場合には、戦い全体が平地で行われることになり、そこではアイトーリアー人はかれらの武装と作戦上の配列のために劣勢だったのであり、逆にアカイアー人はまったく別の武器の長所と戦術を知り尽くし、戦力をじゅうぶんに発揮できたのである。㈨そうする代わりにかれらは機会を逸し、戦闘方法に適した地形の長所を断念し、敵にあらゆるチャンスを差し出す条件での戦いに手をだしたのである。戦いの結末がアカイアー人の指揮官による戦術の構成に対応していたことは何の不思議もない。

一二　アイトーリアー人の騎兵は軽装兵が自分たちと接触するのを見張っていて、自分たちの歩兵と合流するために山の麓に引き返した。㈡しかしアラートスは何が起ったかを正しく認識せずに、次に起るに違いないことをしかるべく熟慮することをせず、騎兵が戻っていくのを見たときに、逃げたと考えた。㈢そしてかれの軍の両翼から鎧で武装した歩兵に軽装兵を強化し、かれらの戦列に入るよう指示を与えて送り出した。かれ自身は軍を縦隊列に形成し、駆け足で大急ぎで率いて行った。㈣アイトーリアー人の騎兵は平地を渡りきり、歩兵に追いつくと、前山の下に隠れて留まり、㈤歩兵を側面に集めて励ました。かれらは叫び声に合わせて駆け戻り、つぎつぎに前線に並んだ。㈥数の上でじゅうぶんだと感じたときに、密集してアカイアー人の騎兵と歩兵の先頭に向って突進した。数で勝り、高みから戦ったので、長い戦いの後、ついに立ち向かって来た者を逃走させた。㈦かれらが退きはじめ、逃亡へ転じたときに、救援のために送られた鎧をつけた歩兵がバラバラにやって来た。かれらは起ったことを知らず、逃亡して来た歩兵と出会うと、おなじことをして引き返さざるをえなかった。㈧このことからアイトーリアー人とぶつかったとき、敗れた者は五百人よりも多くなかったが、逃亡した者は二千人以上ということになった。㈨この瞬間の状況はアイトーリアー人に何をしなければならないかを明瞭にした。

すなわち、逃げて行くものに向って後ろから押し寄せ、すさまじい鬨の声をあげつづけた。㈩アカイアー人は重装兵の方へ撤退しようとした。かれらが最初からの配置で安全な場所にいると考えたからである。それゆえ逃亡しつつも戦列を崩さず、言うに値するほどの損失も蒙らなかった。㈡だが、重装兵が固定した位置を離れ、長く延びた、取り乱した行軍隊形であるのを見ると、かれらのある者はすぐに散り散りに逃げ、付近の都市に逃亡し、㈢向ってくる方陣とぶつかった者にはパニックを引き起こすために敵は要らなかった。自らたがいにそれを引き起こし、まっしぐらに逃げて行かざるをえなかったのである。㈢以前に述べたように、かれらの目的地は諸都市であった。事実付近にあったオルコメノスとカヒュアイのおかげで多くの者が助かった。もしそれらがなかったら、指揮官の愚かさによって引き起こされたこの敗北によっておそらく全員死んだであろう。㈣カヒュアイ付近で行われた戦いはこのような結末に終った。

一三　メガロポリス人はアイトーリアー人がメテュドゥリオンで陣を張っているのを知ると、ラッパで召集し、戦いの翌日、全動員で出撃して戦場に現れた。㈡生き残った者たちとともに敵と戦うことを望んだが、敵によって殺された者を埋葬することを強いられた。㈢カヒュアイの平地に塹壕を掘り、死体を集め、あらゆる敬意を払って不幸な人たちを埋葬した。㈣アイトーリアー人は思いがけず騎兵と軽装兵によって勝利すると、それからは戦うことなく、全ペロポンネーソスを通って荒しながら進んで行った。㈤そのさい、ペッレーネに奇襲を試み、シキュオーンの領土を荒し、最後にイストモスへ引き揚げた。㈥これがいわゆる同盟戦争[1]のきっかけであり、原因であった。しかしそのはじまりはその後で行われた全同盟国の決議だった。㈦かれらはコリントス人の都市に集まり、フィリッポス王の議長の下でその決議を批准した。

一四　しかし、数日後開かれたアカイアー人の定例の会議[2]では、アラートスがこの敗北の責任者だとして、一般的にまた個人的にかれに対して厳しい雰囲気だった。㈡それゆえにかれの政敵がかれを告発し、かれの責任の明白な証拠を提出すると、多数の者が立腹し、怒りをあらわにした。㈢つまり、第一に職務の開始時期がきていないのに、他人

1　いわゆる同盟戦争、アイトーリアー人に対するドソンの同盟のメンバーの戦争。このメンバーからはボイオーティアー人とフォキス人は除外されねばならない。
2　前二二〇年八月あるいは七月下旬。

の職務期日を先取りし、自分がしばしば失敗していることをよく知っているこのような企てを引き受けたことは明らかな罪であるように思われたからである。㈣第二に、これよりもっと重い罪はアイトーリアー人がまだペロポンネーソスの真ん中にいるのにアカイアー人を解散したことである。とくにスコパスとドーリマコスが現状をかき乱し、戦争を引き起こすことを狙っていたことをアラートスはあらかじめ確信していたからこそなおさらである。㈤第三に、いかなるせきたてる必然性がなかったのに、このように小人数で敵とぶつかったことである。付近の都市に安全に退却し、アカイアー人を集め、まったく有利であると考えたなら、そのとき敵とぶつかることができたのである。㈥最後にそして最大の罪は、戦おうと決心したとき、ことを非常に不用意にまた無思慮に扱い、その結果平地を利用し、重装兵を有効に使うことを無視し、軽装兵だけでアイトーリアー人と山で戦うことを選んだことである。それはかれらにとってこれ以上歓迎すべき、また手慣れたところはない場所である。㈦しかし、アラートスが現れ、以前の業績と功績を思い起こさせ、「起ったことの責任は自分にはない、もしあの戦いで何かやり損なったとしたら、許してもらいたい。そもそもことは悪意をもってではなく、人間的に判断すべきである」と告発されたことについて弁明を行うと、㈧集った人々はすぐにかつ寛大に意見を変え、その結果かれの政敵に協力した人々には不満であったが、これからの処置についてはすべてアラートスの提案に従うことになった。

㈨このことは前のオリュンピアー期に起ったことであり、次のことは第一四〇期に属することである。

一五　アカイアー人の決議は次のようであった。エーペイロス人、ボイオーティアー人、フォキス人、アカルナニアー人[3]はフィリッポスに使節を送り、㈡アイトーリアー人がどんな方法で条約違反をおかして、二度までも武力でもってアカイアーに侵入したかを明確に伝えること。同意に基づいて救援するようにかれらに要請すること。メッセーニアー人を同盟に受け入れること。㈢もしアイトーリアー人がかれらの地に侵入したならば、将軍はアカイアー人の歩兵五千人、騎兵五百人を選んでメッセーニアー人を救援すること。㈣共同の戦争のために、両方にとってどれだけの騎兵と歩兵がいなければならないかについてラケダイモーン人およびメッセーニアー人と取り決めをすること。㈤この決議が可決されると、起ったことに勇敢に耐えたアカイアー人はメッセーニアー人もまた自分たちの目標も見

3　これらが同盟国のメンバーであった。

捨てることはしなかった。同盟者に送られた使節は自分の任務を全うし、㈥将軍は決議に従って、アカイアー人から兵役適齢期の者を徴募し、それぞれ二千五百人の歩兵と二百五十人の騎兵を立てることに、ラケダイモーン人およびメッセーニアー人と同意した。㈦その結果来るべき戦争のために使える総戦力は歩兵一万人、騎兵千人となった。

㈧アイトーリアー人はしかし、次の定例の同盟会議ではラケダイモーン人、メッセーニアー人、およびほかの同盟者と和平を結ぶことを計画した。悪しき意図を持ち、アカイアー人の同盟を傷つけ、破滅させようとしたのである。㈨アカイアー人にたいしては、もしかれらがメッセーニアー人との同盟から離れれば、平和を選び、もしそうでなければ、戦争をすることを決めていた。内的矛盾に満ちた決議である。㈩つまり、かれら自身はアカイアー人とメッセーニアー人との同盟者でありながら、もしかれらが友好関係を保ち、同盟を結べば、アカイアー人に対して戦争を布告し、もしアカイアー人がメッセーニアー人を敵とするなら、アカイアー人とだけ単独に和平を結快速艇したのである。かれらのやり方はかくも不合理なものであり、かれらが計画した不正行為はあらゆる内的首尾一貫性を欠いたものだった。

一六　エーペイロス人とフィリッポス王は使節から聞くとメッセーニアー人を同盟に受け入れ、㈡アイトーリアー人によって行われたことに対しては一瞬怒ったが、驚きはしなかった。アイトーリアー人はべつに特別なことをしたのではなく、かれらにとって普通のことをしただけだったからである。㈢ゆえに、かれらはそれ以上は怒らず、かれらと友好関係を結ぶことを決定した。このようにして絶えざる不正は稀な、かつ思いがけない悪事より容易に黙認してもらえるのである。㈣アイトーリアー人はとにかくこのような方法を使って、絶えずギリシア人に対して盗賊行為を行い、多くの国に対して通告なしでの戦争を行い、告発を弁明の価値あるものとみなさず、もし誰かが起ったことについて、あるいはこれからしようとしていることについて司法権にゆだねるように勧めると、それを嘲笑したのである。㈤しかし、つい最近アンティゴノスとアカイアー人の勇気ある行動によって自由になったばかりで[1]、マケドニアー人とアカイア人に対立しない義務のあるラケダイモーン人はひそかにアイトーリアー人に使節を送り、秘密裏の友好関係と同盟関係を結んだ。㈥すでにアカイアー人の若者[2]が徴募され、ラケダイモーン人とメッセーニアー人が分

1　第二巻七〇・一、第四巻二二・四、第五巻九・九を参照。
2　兵役義務適齢期の人びと、第一巻三六・一六を参照。

遺隊を送ることを引き受けたとき、スケルディライダースとファロスのデーメートゥリオス[3]が同時にイッリュリアーからローマ人との条約に違反してリッソスを越えて九隻の快速艇でやって来た。㈦かれらは最初ピュロスに上陸して攻撃を行い失敗した。㈧その後、デーメートゥリオスは五隻の快速艇を率いて島へ向かい、キュクラデス群島のある島を周航して金を徴収し、ある島を荒らした。㈨スケルディライダースは帰航の途中四十隻の快速艇でナウパクトスに上陸し、かれと親戚関係にあったアタマーネスの王アミュナースに説得され、㈩アゲラオス[4]を仲介としてアイトーリアー人と戦利品の分割について協定を結び、アイトーリアー人と同時にアカイアーへ侵入することを約束した。(一一)アゲラオス、ドーリマコスおよびスコパスがスケルディライダースと都市キュナイタ[5]の自分たちへの裏切りのための取り決めをした後、国をあげてアイトーリアー人を集めイッリュリアー人とともにアカイアーへ侵入した。

一七　アイトーリアー人の将軍アリストンは何も知らないふりをして、アカイアー人と戦争をするのではなく、平和を守るのだと称して家で静かにしていた。愚かで、子供っぽい振る舞いであった。㈡明らかな事実を言葉で隠すことができると考える人は単純で愚かな人とみなさねばならないことは明らかである。㈢ドーリマコスはアカイアー人の領土を通って行軍した後、突然キュナイタへやって来た。㈣このアルカディアーの都市の住民は長い間、止むことの無い党派間の争いで悩まされていた。たがいに殺戮と追放を繰り返し、これに略奪が横行し、土地の再分配が行われた。㈤しかし最後は、アカイアー派が優位にたち、都市を占拠し、城壁の守りのための守備隊と司令官をアカイアー人から得た。㈥アイトーリアー人が現れる少し前、かれらはこのような状況だったが、追放者は都市にいる人に使者を送り、自分たちと和解し、自分たちを家に帰すように懇請した。㈦都市の支配者はこの懇請を聞き入れ、アカイアー人の政府に使者を送った。すなわちかれらの了解をえて和解しようと思ったからである。㈧アカイアー人は躊躇なく同意した。と言うのもこれからは双方の友好を当てにできると考えたからである。なぜなら目下、都市で支配している一派はその後ろ盾をアカイアー人に頼っているし、

3　スケルディライダースとデーメトゥリオスとの関係にかんしては第二巻五・六脚注、一〇・八脚注を参照。
4　ナウパクトスのアゲラオスは前二一七年に行った演説で有名。第五巻三・一、一〇三・九―一〇五・一を参照。
5　キュナイタは現在のカラヴュルタの遺跡にあるアルカディアの都市。

帰還する追放者はその安全をアカイアー人の同意に負っているからである。㈨かくしてキュナイタ人は都市から守備隊と司令官を去らせて、人の間で最も拘束力があるとみなされる誓約を得た後、ほぼ三百人いた追放者と和解して連れ戻した。㈩しかし、帰還者たちは、新しい争いのはじまりがそれで説明できるような原因あるいは口実がなかったにもかかわらず、帰還後ただちに、祖国と救ってくれた者たちに攻撃を準備した。⑪犠牲獣の上で誓いを立てた、まさにその時に神および信用した者たちに不敬をもくろんでいたように思われる。⑫すなわち、市民権を回復するとただちにアイトーリア人を引き寄せ、救ってくれた人と祖国を徹底的に破滅させるために、都市を裏切ってかれらに渡そうと申し出たのである。

一八　かれらはつぎのような無謀さと方法でことを仕組んだ。㈡帰還者のある者は守衛になっていた。この職の任務は門を閉め、夜の間、鍵を保管し、昼間は門番小屋で生活することであった。㈢アイトーリア人は準備を整え、梯子を用意して機を窺っていた。㈣追放者の守衛は同僚を門の所で殺し、門を開けた。㈤このことが起こると、アイトーリア人のある者はそこから中に飛び込み、ある者は梯子をかけ、それによって力で圧して城壁を占拠した。㈥都市の住民は皆、起ったことに驚き、この困難な状況にあってどうしたらよいかわからなかった。つまり門を通って飛び込んで来た者に対しては、城壁へ攻撃をしかけてきた者のために、気がそちらの方にとられて、救援に行くことができず、門が奪取されたために城壁を防ぐことができなかったからである。㈦アイトーリア人はこのような原因ですぐに都市を征圧し、あらゆる不正行為のうちただひとつ正しいことを行なった。[1]すなわちかれらを導き入れ、都市を裏切り行為で手渡した者たちを真っ先に殺し、かれらの所有物を奪ったからである。㈧ほかの者も皆同様に処置した。最後に家々に宿泊し、財産を奪い、金あるいはほかの価値あるものを隠していると嫌疑をかけたキュナイタ人の多くを拷問にかけた。㈨このような方法でキュナイタを荒し回り、城壁の守備隊を残してそこを引き払い、ルシ[2]に向って進んで行った。㈩クレイトルとキュナイタの間にあり、ギリシア人の間では避難所とみなされているアルテミス神殿[3]に到着し、神の家畜や神殿の周りのほかのものを奪

1　一九・一三、第一五巻二六・a一を参照。これはこの言い回しが格言的だったことを示唆する。
2　ルシはキュナイタとクレイトルの間のステナの谷間にあった。
3　アルテミス神殿（前二四〇年のティマイオスによる略奪にかんしては第九巻三四・九を参照）はその町の東徒歩一時間の地区にあった。

うぞと脅しをかけた。㈡ルシの人々は賢明にも神の宝物を差し出し、アイトーリアー人の冒涜行為と無法行為を蒙ることから防いだ。㈢かれらはこれで折り合って、ただちにその場所を去り、クレイトルの前で陣を張った。

一九　おなじ頃アカイア人の将軍アラートスはフィリッポスのもとへ使者を送り、救援を要請し、徴募した者を集め、ラケダイモーン人とメッセーニアー人から合意に基づく出兵分担数を呼び寄せた。㈡アイトーリアー人は最初はクレイトルの住民にアカイアー人から離反して自分たちとの同盟を選ぶように呼びかけた。㈢クレイトル人が言葉をまったく受け入れなかったので、攻撃をしかけ、城壁に梯子をかけ、都市を攻略しようと試みた。㈣中の住民が勇敢に大胆に防戦したので、かれらは事に屈し、陣地を引き払い、キュナイタを目指して前進した。しかし神の家畜をすっかり奪って連れ去った。㈤最初はエーリス人にキュナイタの提供を申し出た。しかしエーリス人が受け取ることを望まなかったので、自分たちが都市を占拠することを企て、エウリピダース[4]を将軍に任命した。㈥その後、マケドニアーからの救援の報告を受けて、それを恐れ、都市を炎上させて立ち去った。そしてリオンへ前進し、そこから渡ることを決意した。㈦タウリオーンはアイトーリアー人の侵入とキュナイタにおける出来事を知り、ファロスのデーメートゥリオスがキュクラデス群島からケンクレアイに帰航したのを見てかれにアカイアー人を救援し快速艇をイストモスを越えて輸送し、渡航中のアイトーリアー人を攻撃するよう要請した。㈧戦利品は持ち帰ったが、かれに向かって攻撃してきたロドス人の艦隊を前にして不面目な帰還をしていたデーメートゥリオスはタウリオーンが快速艇を越えさす費用を引き受けてくれたので、喜んでその要請に同意した。㈨しかしイストモスを越え、アイトーリアー人の渡海に二日遅れ、アイトーリアー人の海岸のいくつかの場所を荒して再びコリントスに戻った。㈩ラケダイモーン人は指図に従って救援を送るという義務を怠り、ただそのように見えるということだけを狙って、まったくわずかの騎兵と歩兵しか送らなかった。

㈡アカイアー軍を率いたアラートスはこの状況において将軍としての能力より政治的手腕においてすぐれていることを示した。㈢すなわち、先の敗北を覚えていて、スコパスとドーリマコスが意図していたようにすべての計画をやり終え故郷へ帰還するまで待って静かにしていたのである。帰還するにはイストモスを通らねばならず、そこは攻め易

4　エウリピダースはアイトーリアー人の指導者としてしばしば登場する。五九、六〇を参照。

く、ラッパの合図がありさえすればよかったのである。㈢かくも恐ろしい大惨事が降りかかったキュナイタ人は広い世界の誰よりも大きな不幸を蒙ったように思われる。

アルカディアー人と音楽

二〇　アルカディアーの全部族はその際立った特性のために、すなわち、習慣と生活の中で客を厚遇することと人間愛のためだけでなく、とくに神への敬虔さゆえにギリシア人の間で高い評価を受けている。㈡そこで明らかにそのようなアルカディアーの一部族であるキュナイタ人がどうしてあの時、残酷さと不法性という点で、ほかのギリシア人を陵駕したのか、その残酷さについてすべての非難すべき点を検討する価値がある。㈢その原因は祖先によってアルカディアーのすべての住民のために立派に考案され、自然に整えられた制度のすべてをアルカディアー人の中で真っ先にかつただ一人放棄したことにあるようにわたしには思われる。㈣音楽を修練すること、わたしは真の音楽のことを言っているのだが、これはすべての人にとって有用だが、アルカディアー人にとっては義務的なものとなっている。㈤音楽は、エフォロス[1]が作品全体の序で述べているように、またかれにはまったくふさわしくない言葉を投げつけているのだが、欺瞞やまやかしのために人間に導入されたと考えるべきではない。㈥古代のクレーテー人やラケダイモーン人がラッパの代わりに笛やリズムを意味もなく戦争へ持ち込んだと考えるべきでもない。㈦また初期のアルカディアー人がそのすべての公的生活に音楽を組み入れるに当たり、子供だけでなく三十歳になるまでの青年につねにそれを修練することを義務づけ、そのほかの点ではそ

1　アイオリスのキュメーのエフォロスは前四世紀の第一級の歴史家で、かれの三〇巻に及ぶ『歴史』は前三五六／五年に達する。ポリュビオスは世界史を最初に試みた人としてかれに特別な顧慮を払い（第五巻三三・二）、かれを引用する（第九巻一・四、第一二巻二七・七）。かれの地理にかんする巻（第三四巻）はエフォロスからのコピーであるように思われる（第三四巻一・一―二）。またエフォロスは音楽を「悲劇」のようにスリルを目指したもの、「歴史」を道徳、教育を目指したものとして対比している（第一二巻五六・一一を参照）。

の生活は非常にきびしいものであったのも理由なくしてそうしたのではない。㈧つまり、ほとんどアルカディアー人の場合だけ、子供たちは若い頃からまず法令によってその土地の英雄や神を賛美する讃歌や祝勝歌を歌うことを習慣づけられていたことはすべての人に知られていることである。㈨その後、フィロクセノス[2]とティモテオス[3]の旋律を学び、毎年劇場で、ディオニュッソスの笛吹きのその旋律による演奏で大いに競って輪舞を踊る、子供は子供の競技を、青年は青年のそれを。（一〇）同様に全生涯を通じて宴会で雇った歌手の歌を聞きながらというよりむしろたがいに順番に歌うことを要求しながら、自分の努力で楽しむのである。（一一）ほかの学問の何かを知らないと否認することは恥じとは考えない、が歌は誰もがどうしても学ばなければならないので、否認することはできないし、かれらの間では恥じだとみなされているので、歌うようにという要請を退けてもいけないのである。（一二）また若者たちは笛の演奏とともに行

2　キュテラのフィロクセノスはディテュランボスの詩人（前四三五—三八〇年）でシュラクーサイのディオニュソスの時代に活躍した（ディオドーロス第一四巻四六・六を参照）。

3　ティモテオスは同時代（前四五〇—三六〇年）の詩人で、七本弦のリラに新しい一本の弦を加えたことで有名。

進曲を整列して練習する。さらには踊りを鍛えて国の配慮と費用で毎年劇場で自分たちの市民たちに演じて見せるのである。

二一　古代の人たちはこうしたことを贅沢とか楽しみのために導入したのではなく、自分たちの手でパンを稼がねばならないの[4]を見て、一言で言うと、生活の苦労と厳しさを見て、またこの土地の大部分に当てはまる寒さと、住民の性格を形成する風土の不利の結果として、本来自分たちの存在がいかに厳しいものであるかを見て導入したようにわたしには思われる。㈡まさにこの理由によってわれわれは空間的に大きく隔たっているだけでなく、民族間のそれぞれの関係において姿、膚の色、本性が非常に異なっているし、生活習慣および考え方も相違しているのである。㈢アルカディアー人の厳しい、無愛想な本性を和らげ、ほどよくするために、前述のことがらすべてを導入し、これらに加えて共同の集会および供儀を男たちにも女たちにも同様に習慣化し、さらに乙女および子供の輪舞へ集うようにさせたのである。㈣つまりまとめて言うと古人はかれらの本性の野蛮さを教養によって和らげるためにできることは

4　「ペロポンネーソス人は自分の手で稼ぐ」トゥーキューディデース『歴史』第一巻一四一・三を参照。

すべてしたのである。㈤キュナイタ人の地方はアルカディアで最も厳しい気候なので、ほかよりもこうした手段を最も必要としていたにもかかわらず、かれらはこれを完全に軽視し、たがいの議論と野心へといきりたち、㈥その結果そのほかのギリシアのポリスにはこんな一連の不法行為は見られないほどに粗暴になったのである。㈦この点にかんしてのキュナイタ人の嘆かわしい状態およびこのような事柄に対するほかのアルカディアー人の嫌悪のしるしとして次のことが挙げられる。㈧キュナイタ人が大殺戮を行った後、使節をラケダイモーン人に送ったとき、途中でかれらが通過したアルカディアーのほかのすべての都市はかれらをただちに追放し、㈨マンティネイアー人はかれらの追放後、清めの儀式を行い、犠牲獣をかれらの都市と全領土の周りに引き回した。

㈩こうしたことを述べたのは、一つの都市のためにアルカディアー人が全体として不評を買わないためであり、同時にアルカディアーに住むいく人かが贅沢のために音楽に関することを訓練するのだと考えて、自分たちの所でそうしたことに従事することを軽視しないためであり、最後にキュナイタ人のためである。㈡すなわち神がいつかかれらに好意を示したとき、かれらが教化教育へと、とくに音楽へと向かうためである。その時このようにしてのみかれらの周りで生じた野蛮さを止めるだろう。㈢われわれはキュナイタ人を襲ったことを明らかにしたので、脇道へとそれた点にふたたび戻ろう。

二二　アイトーリアー人はペロポンネーソスでこのようなことを達成した後、戦わずして故郷へ戻った。㈡フィリッポスはアカイアー人を援助するために軍を率いてコリントスへ現れた。しかし時すでに遅かったので、手紙をすべての同盟軍に送り、共通の利益について協議する者を急いでコリントスへ送るように要請した。㈢自らは陣を撤収してテゲアーへ前進し、ラケダイモーン人がたがいに殺戮と混乱に陥っているのを知った。㈣というのもラケダイモーン人は王に支配され、指導者に完全に服従することに慣れていたのであるが、その時はアンティゴノスによって自由にされたばかりであり、かれらの間に王はいず、たがいに党派争いをし、すべての者が等しく政治に参加できると考えたからである。㈤最初、二人の監督官は意見を押さえていたが、三人はフィリッポスが若いためにペロポンネーソスの事態を救援することは決してできないと信じてアイトーリアー人に与しようとしていた。㈥しかしアイトーリアー人がかれらの予想に反してペロポンネーソスからすぐに帰還し、フィリッポスがまさに迅速にマケドニアーから到着したので、㈦三人は自分たちの計画を知っているアデイマントスに対して信用を置かず、かれがこの経過を非常に喜び、王が近づいたとき、フィリッポスにたいして自分たちがなしたことをすべて詳述するのではないかと恐れていた。(八)そのためにある若者と協議して、伝令を通して、マケドニアー人が町に向かって接近しつつあるので、兵役適齢期の者は武器を持ってカルキオイコスの神域[1]に集まるように布告させた。(九)かれらが思いもよらなかったこの布告によって集められると、このことに不満なアデイマントスは前に進みでて勧告し、つぎのことを教えようとした。(一〇)「あの時ならこの布告が必要であったであろうし、武器を持って集まった人々に命じなければならなかったであろう、すなわち、敵であるアイトーリアー人がわれわれの領土の国境に近づいた時である。しかし恩恵者であり救済者であるマケドニアー人が王とともに近づいているとわれわれが知った今はそうではない」

(一一)まだかれがこの演説をはじめようとしたばかりのときに、若者のけしかけられた者たちが襲いかかり、かれおよびかれとともにステネラオス、アルカメネース、トゥエステース、ビオニダース、および多くの者たちを一緒に突き刺した。(一二)ポリュポントスおよびかれに与する者たちは賢明にも将来を予見してフィリッポスのもとへ立ち去った。

二三　指導的監督官たちはこうしたことをした後ですぐにフィリッポスへ殺された者たちを訴え、都市の状況が生じた動きから回復するまで到着を控えることを要請し、またマケドニアとの条約と友好を固く守ることを保証する使者を送った。(二)かれらはすでにパルテニオン山[2]に来ている王と出会い、命令に従って説明した。(三)かれは聞き終わると、急いで戻り、そして監督官たちに、自分がさらに進軍し、テゲアに野営地を設けること、またかれらは懸案について交渉するための全権使節を派遣するよう告げるように命じた。(四)王と出会った者たちは命じられたことを行った。ラケダイモーン人の指導者たちは王からのメッセージを聞き、十人の男をフィリッポスのもとへ派遣した。(五)かれらはオーミオスを使節団長としてテゲアーへ赴き、王の幕僚会[3]へ入り、アデイマントス一派をかれらがこの動乱の原因となったのだ、と告発した。(六)そして同盟にかかわること

1　これは都市守護神、青銅の家に座すアテナの神殿でギティアダスによって建てられ（パウサニアース第三巻一七・二、六世紀の半ばのものである。その遺跡は一九〇七年に発掘され、アクロポリスの北、劇場の真上にある。パウサニアースの餓死（トゥーキューディデース第一巻一三四以下、アーギスの避難所、裏切り（プルータルコス「アーギス」一六以下）で有名。

2　パルテニオン山はテゲアとアルゴスの間にある。

はすべて行う、とフィリッポスに約束し、かれにたいする忠誠という点ではかれに真の友と思われている人々の誰にもどの点でも劣ることはない、と述べた。(七)ラケダイモーン人がこうしたことをまたこれに似たことを述べて出て行くと、協議に加わっている者たちはたがいに意見を異にした。(八)ある者たちはスパルテーの人たちの悪意を知り、またアデイマントス派の者たちは自分たちにたいする好意ゆえに殺されたと確信した。またラケダイモーン人はアイトーリアー人とともに行動することに心を向けていると見抜き、フィリッポスにラケダイモーン人を見せしめとし、アレクサンドロスが王位についた直後テーバイ人にたいして用いたおなじ方法でかれらを扱うようにと助言した。[1] (九)ほかの者たちは、しかも長老のいく人かはこのような裁きは起ったことにたいしては厳しすぎるとし、罪がある者だけを罰し、かれらを追放し、政策および支配権を彼自身の

3　王の幕僚会は幕友で構成されていた（第五巻二・一脚注）。幕僚会の開催にかんしては第五巻四一・六以下を参照。それは助言する以外の力しかもっていなかった。高官の裏切り行為の場合は法廷としての機能をはたした（第五巻一六・五—八、アッリアーノス第一巻二五・五、ディオドーロス第一九巻四六・四）。この場合アカイアー人のアラートスが議事に参加したことは注目に値する（二四・三）。

友人の手に置かねばならないと主張した。

二四　最後に王が述べた、もしそのときの決定が王自身のものと言わねばならないとしたら。というのも十七歳の少年がこのような重要な事柄に決定を下せるということはほとんどありえないからである。(二)われわれ歴史家にとっては協議を決定する意見は全体の指導者に帰させざるをえない。しかし読者自身はこのように正しい洞察と事態に即した助言は居合わせた者とくに信頼ある者から出たものと推測してよいだろう。(三)その中でもアラートスを、そのとき王によって述べられた意見と結びつけるのが最も適切だろう。(四)つまりフィリッポスはつぎのように述べたのである。「同盟した個々の都市における市民にたいする市民の犯罪はかれらの内部の問題であり、自分としては口頭であるいは親書で自分の不賛成を表明することがふさわしい。(五)ただ同盟条約にたいする違反への非難はすべての同盟者の共通の管轄下に入る。(六)ラケダイモーン人は共通の同盟

1　第五巻一〇・六、第九巻二八・八を参照。アレクサンドロスの死という噂で、テーバイ人はカドモス派を攻撃し、ギリシア全体にわたる革命を惹き起したように思われる。ペリオンから一四日でイリュリアの前線に進軍し、テーバイ人を敗北させ、市を占拠した。コリントス同盟の名目上の決定で市はピンダロスの家を除き根こそぎに破壊され、市民の多くは奴隷にされた。

国にたいして公然とは過ちをおかしていず、われわれにたいしてすべての正義をすると約束しているので、かれらについて何か仮借ないことを協議することはできない。㈦すなわち、父が敵であるかれらに勝利して何もひどいことをせず、わたしが非常に些細な理由で致命的なことを協議したとしたら不自然である」と。㈧起ったことは見逃さねばならないという意見が通ったとき、すぐに王は、自分およびマケドニアーとの忠誠を守り、同盟の誓いを新たにするよう国民に警告するために自分の友人の一人であるペトライオス[2]とオミアス一行を送りだした。㈨ラケダイモーン人にたいする判断で同盟国たちにたいして美しい見本を示して、そしてかれ自身は軍とともにコリントスへ戻った。

二五　かれは同盟国からの者たちがコリントスへ到着しているのを見て、何をしなければならないか、アイトーリアー人をどのように扱わねばならないかをかれらと協議し、決定しようとした。㈡それぞれが自分たちの訴えを申し立てた。ボイオーティアー人はアイトーリアー人は平和時にイトニアのアテネー神殿を略奪したと、フォキス人は、かれらはアンブリュソスとダウリオン[3]にたいして遠征を企て、これらの都市を征服しようとした、と言った。

エーペイロス人、アカルナニアー人およびアカイアー人の訴え[4]

㈢エーペイロス人たちは、かれらは自分たちの領土を荒したと、アカルナニアー人たちはかれらがどのような方法でテュリオンにたいして事を企て、まだ夜のうちに町を襲撃するという暴挙にでたかを述べた。㈣最後にアカイアー人はメガロポリスの領域でクラリオンを占拠し、通過中にパトライとファライの周辺を荒し、キュナイタを略奪し、

2　第五巻一七・六を参照。

3　ダウリオンはより一般的にはダウリスと呼ばれている（リヴィウス第三二巻一八（六）―（八）を参照）。アンブリュソスとダウリオンの攻撃は前二二八と二二四年の間に行われた。この期間中アイトーリア人はドリュマエ、ティトロニウム、ティトレア、リラエアを含む西フォキスを保持しつづけた。

4　前の二つに関しては六・三、パトライとファライは六・九、キュナイタは一八・七―八、ルシは一八・一〇―一一、一九・四、クレイトールは一九・一―三、ピュロスは一六・七を参照。

ルシのアルテミス神殿を略奪し、クレイトルを包囲し、海からピュロスを急襲し、陸では再建中であったメガロポリスをイッリュリアー人の支援のもとに破壊しようとした、と説明した。㈤これを聞いた同盟国の代表たちは一致してアイトーリアー人にたいして戦争をはじめることを決議した。㈥決議の序文で上述の告発を数え上げ、補足としてフィリッポスの実の父デーメートゥリオスが死んで以来アイトーリアー人が所有していた領土および都市を返却することを宣言した。㈦同様に、状況に強いられて自分たちの意志に反してアイトーリアー同盟のメンバーすべての国に先祖伝来の政体を取り戻し、その結果、かれらは守備隊を置かずに貢税の義務もなく自分たちの領土と都市を保有し、国家としての秩序の中で先祖の法律に従って生活できるようになる、と宣言した。㈧アンフィクチュオン人には自分自身が神殿に関することを支配するために、アイトーリアー人がかれらから奪った法律と神殿に関する権利を回復するのを手伝うと書いておいた。

二六　第一四〇オリュンピアー期の最初の年のこの決議の採択によってアイトーリアー人が平和を乱し、不当な干渉によって引き起こした、いわゆる同盟戦争がはじまった。㈡派遣代表たちはただちに使節を同盟国に送って、それぞれの都市においてこの決議を国民会議によって批准すること、次にアイトーリアー人に対して自分の領土から戦争を遂行するよう要請した。㈢フィリッポスはアイトーリアー人に手紙を送って、もし告発された事柄について何か言うべき正義を持っているならば、やってきて話し合いによって決着をつけることが今でもできる。㈣しかしながら自分たちは宣戦布告することなしにすべてを略奪し、荒したのだから、害を受けた者たちは報復することはできない、もし報復したらかれらが戦争をはじめたと見なされるだろうと想定したとしたら、世界で最も愚かな者である、と伝えた。㈤この手紙を受け取ったアイトーリアー人の支配者たちは最初はフィリッポスは来ないだろうと思い、かれらがリオンで出会う日を提案した。㈥しかしかれが到着したと知って、伝令を送ってアイトーリアー同盟の会議の前には全体について何も自分たちによって処理することはできないことを明らかにした。㈦アカイアー人は通常の会議に集まり、満場一致で戦争の決議を批准し、アイトーリア人の地での報復的略奪を布告した。㈧王もアイギオンの会議[1]に現れ、長い演説を行った。かれの述べたことは好意を持って受け入れられ、かれの先祖にたいして抱いた好意をフィリッポス自身に対して新たにした。

1　第二巻四六・六を参照。ここでの会議は同盟会議。

二七　おなじ頃アイトーリアー人は例年の選挙が近づい[2]たので、自分たちの将軍としてスコパスを選んだ。かれは前述のすべての不法行為の張本人だった。㈡そのことについて何をどのように言わねばならないか、わたしにはわからない。というのも宣戦布告もせずに戦争を行い、隣人を略奪するために総動員体制で出征し、責任者の誰一人罰せず、このような行為の指導者を敬うことはあらゆる卑劣極まることで満ちているようにわたしには思われる。㈢ほかにどのようなこんな悪意を挙げることができるだろうか。このことはつぎのことから明らかになるだろう。

スパルテー史からの事件とアイトーリアー人の行動の比較

㈣フォイビダースが条約を破ってカドメイアーを占拠したとき、[3]ラケダイモーン人は責任者は罰したが、不正は責任者に課された罰によって除去されたかのごとくに守備隊は引き揚げなかった。かれらは逆のことをしなければならなかったのだ。というのもテーバイ人にとってはこのことが問題だったからである。㈤つぎにアンタルキダース和平[4]の規定に応じて諸都市に平和と独立を与えると宣言しながら監督官を都市から引き揚げなかった。㈥友であり同盟国であったマンティネアー人を追放しまた一つの都市から多くの都市に移住しておいて不正を行っていないと主張した。㈦かれらは自分では目をつぶり隣人をみていないと思われるため、明らかに悪意とともに愚行をこととしているのである。㈧しかしこの政治的道徳は両者に、すなわちアイトーリアー人とラケダイモーン人に最大の不幸をもたらした。正しく協議する人はどのような状況にあっても決して

2　第二巻二・八脚注を参照。ストラボーン第一〇巻四六三を参照。

3　前三八二年のカドメイアの占領については、クセノフォーン『ギリシア史』第五巻二・二五以下、ディオドーロス第一巻二〇・一以下、プルータルコス「ペロピダース」五を参照。カルキスの守備隊長フォイビダスはテバイの高官レオンティダスによって説得され、かれの援助によって祭の間に城砦を占拠した。その後レオンティダスはスパルタに行き、フォイビダスの行為を是認するように政府要人を説得したが、フォイビダスは罰金を課された。しかしスパルタは守備隊を置きつづけた。

4　アンタルキダースの和平（前三八七／六年）：第一巻六・二脚注、第六巻四九・五を参照。

かれらの例に従うべきではない。㈨フィリッポスはアカイアー人との交渉の後、戦争への準備を急ぐために軍を率いてマケドニアーに戻った。あの決議によって同盟国だけでなくすべてのギリシア人に温和で寛大な王であるという美しい希望を示しつつ。

二八　この出来事はハンニバルがイベール川までのすべての部族を降伏させた後、ザカンタへの攻撃をしかけたときに起った。㈡もしハンニバルの計画が最初からギリシアにおける経過と絡み合うということになっていたら、われわれは前の巻で年代順にイベーリアーにおける出来事とともにこれについて交互に説明しなければならなかったことは明らかである。㈢しかしイタリア、ギリシア、アシアーにおける戦争は最初はたがいに独立しており、最後がひとつへと統合されたので、それらについての説明を前述の出来事がたがいに絡み合い、一つの目標へと関係づけを持ちはじめるまで、独自におこなおうとわれわれは判断したのである。㈣このような方法でそれぞれの初めについての説明も明らかになるだろうし、そしていつ、どのようにして、どんな原因でそれが生じたかを描きつつわれわれが導入部で示した絡み合いも明瞭になるだろう。つまりこの時点からすべてがひとつの叙述となりはじめるのである。㈤出来事のあの絡み合い[1]は第一四〇オリュンピアー期の三年目に起った。それゆえにそれから後のことも共通して年代順に説明していこう、㈥すでに述べたようにそれ以前のことを独自に説明したのは、前の巻で明らかにされたことを思い出し、読者が容易について行けるだけでなく、説明が印象的になるようにするためである。

二九　フィリッポスはマケドニアーで冬営している間に差し迫った遠征に備えて熱心に徴募を行った。こうしたことと同時にマケドニアーの上部に住んでいる異語族に対して安全を計ろうとしていた。㈡その後スケルディライダースの所へ行き、大胆に自分をその手に委ねて友好と同盟について交渉し、㈢一方でイッリュリアーにおける援助を約束し、他方で、非難し易いアイトーリアー人にたいする告発に関して、かれの提案に同意するよう容易に説得できた。㈣というのも個人的生活における不正も政治におけるそれも、起ったことの多さと大きさの違いはあるが、決して異なってはいないからである。すなわち、ならず者や泥棒は相互に対する義務を守らない、簡単に言えば相互に不忠実という点でつまづく。㈤そのことがその時アイトーリアー

1　第五巻一〇五・四以下で説明される。前二一七年の決定的な出来事はトゥラシュメネ、ラフィアー、ナウパクトスの会議であり、これ以降、すべての目はローマに注がれる。

人について起ることになったのである。かれらはスケルディライダースがかれらと一緒にアカイアーへ侵入すれば戦利品の一部を与えるという協定をかれと結び、この約束によってかれを獲得した。㈥しかし人間と家畜を多量に調達したキュナイタの略奪後、かれに略奪物の分け前に与らせなかった。㈦このことからかれには怒りがこびりついていたので、フィリッポスがちょっと思い出させると、すぐに聞き入れ、三十隻の快速艇でアイトーリア人にたいして海戦を行う代わりに年に二十タレントを貰うという条件で共通の同盟に加わることに同意した。

三〇　フィリッポスがこのような仕事に専念していた間に、派遣された使節たちは最初にアカルナーニアーに到着し、かれらと話し合った。㈡アカルナーニアー人たちはこの決議を合法的に批准し、その領土からの戦争を開始した。かれらは躊躇し、延期を試み、そもそも隣人との戦争を恐れ、またほかの部族にもあてはまるにしても当然かれらは同情を受ける立場にあったのではあるが。㈢なぜならかれらの領土はアイトーリアー人と直接接しており、それ以上に大きな理由は、孤立した場合の軍事的弱さであり、最大の理由は少し前にアイトーリアー人にたいする敵意ゆえに非常に恐ろしいことが生じていたからである。[2] ㈣しかし正直な人たちは政治的なことがらにおいても私的生活においても当然すべきことよりほかの何かを重視することはないようにわたしには思われる。そのことをアカルナーニアー人はギリシア人のどの部族にも劣らず守ったことがわかる。たとえその力は取るに足らないものであったにしても。㈤それゆえ緊急の時にはためらうことなくかれらとことをともにすることができる、むしろ急ぐべきである。すなわち、かれらは個人としても部族としても絶対に信用でき、また自由を愛する心を持っているからである。㈥かれらとは反対にエーペイロス人は使節を受け入れ、おなじ方法で決議を批准し、王フィリッポスが戦争をはじめたら、アイトーリアー人と戦争をはじめることを投票で決定したのではあるが、㈦一方アイトーリアー人の使節には、エーペイロス人はかれらとの平和を守ることを決議したと、知らせさえした。かれらは政治的態度においてそのように不誠実で狡猾であった。㈧別の使節はプトレマイオス王のもとに赴き、アイトーリアー人には金を送らないこと、さらにはフィリッポスおよび同盟国に敵対して使用するいかなるものも提供しないことを要請した。

2　エーペイロス人とアイトーリアー人の間でのアカルナーニアーの分割（第二巻四五・一脚注）およびメディオーンでのアイトーリアー人の攻撃（第二巻二・五脚注）。

三一　戦争がそもそもかれらのために始まったメッセーニアー人は使節に対して、フィガレイアーはかれらの国境にあり、アイトーリアー人に従属しているこの都市[1]がアイトーリアー人から切り離されるまでは戦争の危険を引き受けない、と答えた。㈡この決定は決して一般的に是認されたものではなく、わたしの意見では非常に思い違いをした、正しいこととは遠く離れた道を取った監督官のオエニスとニキプスおよび寡頭政治派のほかのメンバーによって強いられたものであった。㈢戦争が何か恐ろしいものであることはわかっている、しかしそれを避けるためにすべてを我慢するほど、恐ろしいものではない。㈣もし平和より重要なものは何もないとしたら、われわれは皆なぜ法律上の平等、言論の自由、平和という名前を鼓舞するのか。㈤テーバイ人がペルシア戦争において、ギリシアのことから離れて恐れから敵に与したことでわれわれは決してかれらを称賛しない。次の詩でペルシャ人との平和を勧めたピンダロスも

㈥　どの市民も平穏の中に共通の幸福を置き、
　男の心を高邁にする、明るく輝く光を探せ[2]

㈦と主張し、これは説得力あるように思われたがその後まもなくかれは危険で、あまり名誉のない助言を与えたことが判明した。㈧というのも正義と名誉をもつ平和は最も美しく最も適切な財であるが、悪意、恥ずべき卑劣さと結びついたときにはすべてのうちで最も恥ずべきものであり、最も危険なものである。

三二　当時メッセーニアーで権力をもっていた寡頭政治家たちはかれら自身の直接的な利益だけを目指し、つねに平和にたいして必要以上に執心していた。㈡そのためかれらはしばしば危機的状況に陥り、ときには容易ならぬ危険にさらされたが、つねに軋轢を起こさずにそれらを滑り抜けるように処理した。このような対処法によって禍が次第に集積し、国が恐ろしい破局に見舞われることへと進んで行った。㈢わたしの考えではその理由はかれらがペロポンネーソスの、むしろ全ギリシアの最大の二つの国の隣人として—わたしはアルカディアー人の国とラコニケー人の国のことを言っているのだが—㈣そのうちの後者は建国以来

1　三・五脚注を参照。

2　ここではピンダロスはポリュビオスによって不当に非難されている。この断片（Bergk, 109=Boeckh, 228）は「心から恨みをいだいた内乱を、貧困の贈り主を、子供を育てる敵意を取り去り」とつづき、国家内の一致と平和に言及したものであり、ペルシャ戦役でのテーバイ人の中立に言及したものではない。

つねに和解できない敵であり、一方前者はかれらの友人であり保護者だったのだがラケダイモーン人との敵意を勇気をもって引き受けず、アルカディアー人との友好を誠実に育成しなかったことにあると思われる。㈤その結果両国民の注意が彼ら自身のあるいは他の国にたいする戦争によってそらされている間はメッセーニアー人には都合がよく、平穏と平和を享受していた。なぜなら道から離れていたためである。㈥しかしラケダイモーン人が手が自由となり、何によっても気を逸らされず、かれらに損害を与えるためにかれらに向かって来ると、㈦強大なラケダイモーン人にたいして自分の力で抵抗することはできず、またすべてを自分たちとともに忠実に耐えてくれる友を獲得することもできず、隷属という軛の下に強いられるか、それから逃れるために妻子とともに故郷を捨て、異国へ行かざるを得なかった。㈧そしてこの「運命」はそれほど長くない年月の間に何度もかれらを見舞っていた。[3]㈨わたしがこれから述べようとする忠告が必要とされないように、ペロポンネーソスの現在の平穏[4]さがしっかりと確立されることを神に願う。㈩いつか重要な動揺、変革が生じた場合、そしてメッセーニアー人およびメガロポリス人にとっては、それが今エパミノーンダースの政治的意図[5]であるように、連合しすべての危険、あらゆる「運命」を誠実に、忠実にたがいに分かちあうこと以外に、自分たちの国を引きつづき主張できる可能性はないとわたしは考える。

三三　このわたしの見解はおそらく昔の出来事によって真であると証明される。㈡すなわち、とくにメッセーニアー人はアリストメネースの時代にリュカイオスのゼウス

3　すなわちメッセーニアー戦争において（ポリュビオスは三三でふたたびそれに言及する）、とくに第二次メッセーニアー戦争。これはポリュビオスが親しんでいる伝承によると、七世紀後半のシケリアーへの部分的移民、遺物の奴隷化で終わった（パウサニアース第一五巻一五―二三、プラトーン『法律』六九二d、六九八d、eを参照）。ある伝承によると（パウサニアース第四巻二三・六、アルキダミダースは八世紀末の第一次の戦争でレーギオンに移住したとされている。前四六四年に起こった第三次戦争でのスパルテー人によるイストモスの陥落の後、メッセーニアー人はナウパクトスへ移され、さらにアエゴスタミでのアテナイの崩壊の後追放され、シケリアー、レーギオン、エウフェスペリダイへ逃避した（パウサニアース第四巻二五・一、二六・二。ディオドーロス第一四巻三四・二―三、七八・五―六を参照）。

4　前一四九年以前に明らかに存在していた。三一・三―三三・一二脚注を参照。

5　他には記録はない。しかしエパミノーンダースは前三六九年のメッセーニアーの再建（パウサニアース第九巻一四・五以下、第四巻二六・三以下）に責任をもっていた。（パウサニアース第八巻二七・一以下、第九巻一四・四を参照。

神殿[1]にカリステネース[2]が述べているように次のような碑文[3]が書かれた柱を奉納した。

㈢　確かに時間は不正な王に対して正義を見つけた
　メッセーニアー人はゼウスとともに裏切り者を
やすやすと見つけた
　さらば、支配者ゼウスよ、アルカディアーを救え

㈣すなわち、かれらが故郷を失った時、それがかれらにとって第二の故郷であるかのようにアルカディアーを救うように神々に祈ってこの碑文を奉納したように思われる。㈤この点でかれらはまったく正しかったのだ。というのもアルカディアー人はアリストメネース戦争の終わりに国から追放された後かれらを家と竈に迎え入れ、市民権を与えただけでなく、娘をメッセーニアーの青年に与えることも議決したからである。㈥これに加えて濠の周辺の戦い[4]でのアリストクラテス王の裏切りを調べてかれを殺し、そしてかれの全種族を抹殺したのである。㈦しかし古い時代は別にして、メガロポリスとメッセーニアーの建設後の最後の出来事はこのことをじゅうぶんに証明してくれる。㈧[5]すなわち、マンティネイアでの戦いの後、そしてその戦いでの勝利がエパミノーンダースの死のためであるかどうかは異論の余地があるのだが、ラケダイモーン人がメッセーニアーを取り戻す希望をあいかわらずいだいて、かれらを条約に参加させることを拒否したとき、㈨メガロポリス人およびほかのすべての同盟者たちは熱狂的に働きかけた。その結果メッセーニアー人は同盟軍に受け入れられ、誓いと和解に加わり、ギリシア人のうちでラケダイモーン

1　アルカディアーのリュカイオン山。ゼウス神殿の神域（パウサニアース第八巻三八（六））はその山の南斜面の六〇メートル幅の高台にあった。そこには現在聖エリアス礼拝堂が立っている。神殿はその神域の上の幅二〇メートルの頂上を含んでいた。パウサニアースはそれを土墳と記述している（第八巻三八・七）。

2　オリュントスのカリステネース（前三七〇―三二七年）はアリストテレスの甥だった。かれの最も重要な作品は『ヘレニカ』と『アレクサンドロスの業績』であり、その中でかれは汎ギリシア的見解を採用している。一〇巻から成る前者は王の平和（前三八七／六年）から前三五七／六年のフィロメロスによるデルフィの占領（ディオドーロス第一四巻一一七・七）、第一六巻一四・四）までを扱っている。

3　パウサニアース第四巻二二・七を参照。

4　濠の周辺の戦い（パウサニアース第四巻六・二）は伝承によるとアリストメネース戦争最後の戦いだった。

5　三六二／一年の平和の和解。第一五巻八九・一―二、プルータルコス「アゲシラーオス」三五・三―四を参照。これはマンティネイアの戦い（前三六二年）に続くものだった。

人だけが協定に加わらないことになったのである。(一〇)このことを後世の誰かが思い出すとき、つい先ほどわれわれによって明らかにされたことは立派に言われていると考えないだろうか。(一一)このことを述べたのはアルカディアー人とメッセーニアー人のためである。ラケダイモーン人がかれらの祖国の上にもたらした不幸を思い出し、忠実な友情を固く守り、危険に直面しても平和への要求からもかれらの存在が賭けられている状況の中でそれをたがいに放棄しないためである。

三四　ラケダイモーン人はかれらの習慣に忠実であり、――そしてこれが先に述べた事柄のつづきであるのだが――結局同盟国からの使節を何の返答も与えずに送り返した。自分の無理解と悪意のためにかれらは進退極まったのである。㈡過信はしばしば無意味なことと無に終るという格言は真理であるように思われる。㈢しかしその後新しい監督官が任命されると[6]、最初からことを動かしていた者たち、前述の殺害の罪[7]のある者たちは交渉するものを手に入れるために使者をアイトーリアーに送った。㈣かれらは非常に喜んで聞き入れ、まもなくマカタースが使節としてラケダイモーンに来た。㈤すぐにかれは監督官の前に姿を現わした（かれにはかれを招待した党のメンバーが同伴していた）。かれらは全体会議へ接近することをマカタースに認めることおよび古い政体に従って王を復帰させることを要求した。ヘーラクレースの王家がこれ以上長く廃止されているのを傍観できないとして。㈥監督官たちはこれらすべてのことに不満だったのだが、その情熱的な要求に対しては無力で、さらには若者たちが徒党を組むのではないかと恐れて、王の問題については後に協議すると述べ、マカタースが全体会議で述べることを譲歩した。㈦人々が集まると、マカタースは進み出て、長い演説でアイトーリアー人との同盟を決定するよう要請し、マケドニアーをでたらめに、大胆に告発し、アイトーリアー人を根拠なく、真実に反して称賛した。㈧かれが退場すると、事は多くの論争を引き起こした。ある者たちはアイトーリアー人を支持し、かれらと同盟を結ぶことを要求し、ある者たちは反論した。㈨しかし老人のある者たちは大衆にアンティゴノスとマケドニアー人によって贈られた恩恵とカリクセノスとティマイオスの手で受けた危害を[8]思い起こさせた。すなわちアイトー

6　前二二〇年秋。
7　二一・一一の大虐殺。

8　カリクセノスとティマイオスによる危害については第九巻三四・九、プルータルコス「クレオメネース」一八・三を参照。

リアー人が全軍を率いて出征し、かれらの土地をあらし、隣人を奴隷にし、スパルテー自身にたいしても追放者を策略と力ずくで連れ戻すことによって陰謀を企んだ当時のことを。するとかれらは意見を変え、(一〇)ついにフィリッポスとマケドニアーとの同盟を守ることに同意した。(一一)ここにおいてマカタースは目的を達成することなく、帰国した。

三五　暴動の張本人たちは現況に屈することができず、ふたたびあらゆることのうちで最も不敬なことを行うことを企て、そのためにある若者たちを誘惑した。(二)すなわち、父祖伝来の供儀で兵役の年齢に達した者が武器を持って行列を作り、カルキオイコスのアテネ神殿[1]へ行進しなければならなかった。一方監督官たちは供儀を執り行うためにその神域に残っていた。(三)その行列に参加していた、いく人かの若者が監督官が供儀を行っている瞬間を選んで突然かれらに襲いかかって、殺害したのである。神域は、ある人が死刑の判決を受けていてもその人に安全を保障する場であったことを思い出さねばならない。(四)その時、その神聖は暴挙を行った者たちの残虐さによって、すべての監督官が全員祭壇と女神のテーブルの周りで虐殺されるほどまでに軽視されたのであった。(五)かれらは目標を追求しつづけ、つぎに長老の一人、ギュリダースを殺し、アイトーリアー人に反対する発言をした人々を追放し、自分たちの中から監督官を選び、アイトーリアー人と同盟を結んだ。(六)これらすべての行動およびアカイアー人に対しての敵意、マケドニアー人に対しての忘恩を示し、またすべてにたいするかれらの行状における熟慮の一般的な欠如の最大の動機はクレオメネースの無事の帰還をいつも確信をもって期待して待っていたかれに対するかれらの愛着だった。(七)このように人々の中で交際する人と巧みに付き合うことができる人は、その場にいるだけでなく、遠く離れていても自分にたいする好意の強い火花を後に残すのである。(八)この人たちはほかの事は無視するとして、クレオメネースの追放以来古い政体の下ですでに三年経過しているのにスパルテーの新しい王を任命することを考えなかった。(九)クレオメネースの死[2]についての噂が耳にはいると同時に民衆も監督官もすぐに王の選挙へと動きだした。(一〇)監督官たちは上述の不穏の党派に属しており、アイトーリアー人との同盟を成立させた人たちだったが、合法的にかつ適切に一人を、すなわちアゲシポリスを選んだ。かれはまだ子供だったが、アゲシポリスの息子でクレオンブロトス[3]の孫だった。

1　二二・八脚注を参照。

2　第五巻三五—三九を参照。

㈡後者はレオーニダースの解任後王となっていた、というのもこの家の最も近い親戚だったからである。㈢またその子の後見人としてクレオメネースを選んだ、かれはクレオンブロトスの息子でアゲシポリスの兄弟だった。㈢ほかの家にかんしてはエウダミダースの息子、アルキダモス[4]がヒッポメドーンの娘によって二人の息子を残していた。またアゲシラーオス[5]の息子でエウダミダースの孫であるヒッポメドーンがまだ生存中であった。またかれらよりは遠縁ではあるが王家の血筋を引いたこの家系のもっと多くの者がいた。そうした人がいたにもかかわらず、㈣かれらをすべて無視し、リュクールゴスを王として任命した。かれの先祖の誰一人としてこの称号を得てはいなかったのであるが、かれは監督官のそれぞれに一タレントを与えてヘーラクレスの後裔、スパルテーの王となったのである。㈤このように栄誉はどこでもこのように廉価なのである。その代わりに子の子だけでなく王を任命した者もその愚かさの代償を受け取ったのである[6]。

三六　マカタースはラケダイモーン人の出来事を知るとふたたびスパルテーに戻ってきて、王と監督官にアカイアー人にたいして戦争をはじめるよう促した。㈡すなわち、このようにしてのみ、あらゆる方法でアイトーリアー人との同盟を断ち切ろうとするラケダイモーン人の党派的政策をまたアイトーリアーにおいてもおなじ目的で働いている人びとのそれを鎮めることができると主張した。㈢マカタースは監督官と王の同意を得て、かれを支持した人びとの無知ゆえに目標を達成して戻って行った。㈣リュクールゴスは傭兵軍と市民兵の一部を率いてアルゴスの領域に侵入した。そこはこれまで支配的であった平和な状況のためにまったく無防備であった。㈤そして急襲によってポリクナ、プラシアイ、レウカイ、キュファンタを奪った、しかしグリュンペイス、ザラクスでは撃退された[7]。㈥王がこのことを達成すると、ラケダイモーン人はアカイアー人にたいし

3　クレオンブロトスはアギスの傍系の家系の出で、クレオメネースの妹キロニスと結婚し、前二四二／一年のレオニダースの追放の間王位についていた、プルータルコス「アギス」一一・一七、パウサニアース第三巻六・七を参照。

4　アルキダモスはアーギスの弟（かれの死は伝えられるところによるとクレオメネースの手によるとされている、第五巻三七・一以下、第八巻三五・五を参照。

5　ヒッポメドンの息子、アゲシラーオスはエウリュポンティスの傍系の家系の出で、かれの妹アゲシストラターはアーギス王の母だった（プルータルコス「アーギス」六・三以下を参照）。

6　前二一九／八年冬のケイロンの手によるかれの虐殺（八―五）。

て報復的強奪の権利を宣言した。マカタスはエーリス人もラケダイモーン人にたいするのと似たようなことを言ってアカイアー人と戦争をはじめるよう説得した。㈦このようにして事はアイトーリアー人にとって期待以上にすべてが望み通りに進行していった。かれらは確信をもって戦争に突入していったがアカイアー人はその反対であった。㈧というのもかれらが望みを託していたフィリッポスはまだ準備を完成しておらず、エーペイロス人は戦争をすることをためらっており、メッセーニアー人は静かにしていたからである。㈨アイトーリアー人はエーリス人とラケダイモーン人をかれらの愚かさを利用して同盟者に獲得し、四方八方から戦争でアカイアー人を包囲した。

前二一九年春…アカイアー、アイトーリアー、カルターゴー（イベーリアーにおける）、ローマ、シュリアー、アイギュプトス、ラケダイモーン、マケドニアーにおける事件の同時性について

三七　この頃アラートスの任期が終わり、かれの息子のアラートスがアカイアー人によって任命され将軍職を引き受けることになった。㈡アイトーリアー人の将軍はスコパスであった。その任期はそのときほぼ半分を経過していた。アイトーリアー人はその選挙を秋分の日の直後に、アカイアー人はプレイアス星団の昇るころに予定していた。㈧すでに夏がはじまり、若いアラートスが将軍職に就いたとき、出来事が同時に戦争場面で動きはじめた。㈣ハンニバルはこのころザカンタを包囲することに着手した。ローマ人はルキウス・アエミリウスを軍隊とともにイッリュリアーへファロスのデーメートゥリオスにたいして派遣した。このことについては前の巻で明らかにした。㈤アンティオコスはテオドトスがかれにプトレマイオスとテュロスを引き渡したとき、コイレー・シュリアーの攻撃に着手した。プトレマイオスはアンティオコスにたいする戦争の準備にとり

7　これらの地域はつねにスパルテーとアルゴス間で争われていた。アルゴスはおそらく前三三八年にはチュレアティスの北の地方だけを得ていた。ザクラスへの南海岸地域をいつ征服したかは不確かである。

かかっていた。㈥クレオメネースとおなじ所から戦役をはじめたいと望んだリュクールゴスはメガロポリスの領域のアテナイオンへと軍隊を進め、それを包囲していた。アカイアー人は騎兵と歩兵の傭兵を差し迫った戦争のために集めていた。㈦フィリッポスは一万人の重装歩兵、五千人の盾兵、八百人の騎兵から成るマケドニアー軍を率いてマケ

1　(1)アカイアー…前二一七年におけるように（第五巻三〇・七）、二一九・八年の若いアラトスの将軍としての選出と五月二二日頃の職への就任の間には認めうるほどの間隙はない。若いアラトスについては第二巻五一・五を参照。(2)アイトーリア…スコパスの選出は前二二〇年秋、二七・一を参照。(3)ハンニバルとザカンターこの年代順配列については第三巻一七脚注を参照。(4)イッリュリア戦争…デーメトゥリオスにたいしてアエミリウス・パウルスを派遣することにかんしては第三巻一六・七脚注を参照。(5)コイレー・シュリアー…におけるプトレマイオス朝の司令官、テオドトスによるテュロスとプトレマイオスのアンティオコスへの引渡しについては第五巻四〇・一以下、六一・三以下を参照。(6)ラケダイモーン人とアカイアー人…前二二八年のクレオメネースのアテナイオンの占領については第二巻四六・五を参照。リュクールゴスの動きの意味については五九—六〇脚注を参照。(7)マケドニアー人…フィリッポスの動きは五七以下に記述。かれの大軍隊は召集（二九・一）の結果である。

ドニアーを出発した。㈧つまりこれらすべてがこのような作戦展開、準備の中にあったのである。この頃ロドス人が[2]ビュザンティオン人にたいする戦争を次のような理由で開始した。

2　ゆるい同時性。ロドス人とビュザンティオン人の間の戦争は少なくとも前二二〇／一九年内に起こっていた。

ビュザンティオン人とビテュニア人の間の戦争

三八　ビュザンティオンは海にかんしてはわれわれに知られている世界のどの都市よりも安全さと繁栄という点で最も好都合な所に位置している[1]、しかし陸の側では両面で不利である。㈡海の側では黒海の入口で支配的な位置にあるので、かれらのもと可無しでは中へ航行することも、外へ航行することもできない。㈢黒海はほかの人間にとって多くの生活に有用な、なくてはならない財を提供するので、ビュザンティオン人はこれらすべてを好きなように用いることができる。㈣すなわち、生活必需物資にかんしては黒海周辺の国々は一般に認められているように家畜および奴隷を最も豊富にかつ最も有用なそれをわれわれに提供するからである。高級な要求を満足させるためには蜂蜜、蜜蝋、塩漬け魚をわれわれに供給する。㈤その代わりにかれらはわれわれの地で有り余っているオリーブとあらゆる種類のぶどう酒を受け取る。穀物取引では収穫の出来に応じてあるときは輸出し、あるときは輸入する。㈥ビュザンティオン人が故意に交通を妨害したり、あるいはガッリア人あるいはトゥラケー人と利益をともにしたり[2]、あるいはまったくその場所に居住していないときには、ギリシア人はこうしたものから完全に遮断されるか、そもそもそうした売買は成立しない。㈦つまり、海峡の狭さと両岸に住む多くの異語族のために黒海へ入ることはわれわれの船にとって不可能であることは明らかだからである。㈧その場所の特異さゆえにかれら自身におそらく生活にとっての最大の有利さが生じたのである。㈨かれらは有利な条件で、また一切の危険や困難さを伴うことなく、あらゆる過剰なものを輸出し、不足しているものを輸入できるからである。㈩すで

1　ゴールデン・ホルン、ボスフォロス、マルマラ海の間の岬上のビュザンティオンのすぐれた地形はカルケド人の「盲目の人の都市」としての有名な特性記述に認められる。ヘーロドトス第四巻一四四、ストラボーン第七巻三二〇、タキトゥス『年代記』第一二巻六三を参照。

2　ガッリア人およびトゥラケー人との衝突にかんしては四五・一〇以下を参照。後者はポリュビオスがここで記述している時期の後になるまでは危険とはならなかった。四六・四を参照。

に述べたようにほかの人たちも多くの利益をかれらに負っている。だからすべてのことの共通の恩人として感謝だけでなく、異民族に取り囲まれたとき、ギリシア人の共同の援助が与えられたのも当然である。㈡そこが世界のなかで人が普通よく訪れる場所のいくぶん外に位置しているために、たいていの人びとにはその場所の特異性と有利な点は知られていないので、㈢われわれは誰もにそうしたことを知ってもらいたいと思う。もしできるならば、このように特異で興味深い場所を個人的に訪れて、もしできないならば、真実に近い概念と概要を自分のなかに持ってもらいたい。㈠二そのためには、この都市のこのようなまたこれほどまでの繁栄をもたらしたのは何であるのか、また何が起ったのかを述べておかねばならない。

黒海の周囲

三九　いわゆる黒海は周囲およそ二二、〇〇〇スタディオン（三、九六〇キロ）[3]あり、ふたつのたがいに正反対に対置している入口がある。ひとつはプロポンティス海（マルマラ海）からであり、ひとつはマイオーティス海（アゾフ海）からのものである。この海自身は周囲八、〇〇〇スタディオン（一、四四〇キロ）[4]である。㈡この二つの水盤へは多くの、大きな川がアシアーから、さらに多くの、大きな川がエウローペーから流れ込んでいるので、[5]マイオーティス海はそれらによって満たされて黒海へ、黒海はプロポンティス海へと流れるということになる。㈢マイオーティス海の入口はキンメリア・ボスポロスと呼ばれ、幅約

3　これはかなり良い推測である。ストラボーン（第二巻一二五）は二五、〇〇〇スタディオンと記述している。現代の計測は東から西（ブルガッツから聖ニコライ）までを一〇〇八キロ、北から南（オデッサからメレン・ス）までを五二八キロとしている。

4　ポリュビオスはその規模を過大視している。ヘーロドトス第四巻八六）は黒海とほぼ同じと記述している。ストラボーン第二巻一二五、第七巻三一〇を参照。

5　これは不正確な表現である。ドン川がアゾフ海へ注ぐ何らかの規模のある唯一の川である。スキュティアの川についてはヘーロドトス第四巻四七以下を参照。

三〇スタディオン（五・四キロ）、長さ六〇スタディオン（一〇・八キロ）あり、すべてそれほど深くない。㈣黒海の出口は同様にトゥラケー・ボスポロスと呼ばれる。長さは一二〇スタディオン（二一・六キロ）[1]幅はすべてがおなじではない。㈤プロポンティス海側からのはじまりはカルケードーンとビュザンティオンの間の航路であり、一四スタディオン（二・五二キロ）ある。㈥黒海の側ではそのはじまりはいわゆるヒエロン（神聖な場所）[2]にある。その場所でイアソーンがコルキスから帰還のさいに十二の神々にはじめて犠牲を捧げたと言われている。それはアシアーにあって、エウローペーからその向かい側にあるトゥラケーのサラピエイオンへは一二スタディオン（二・一六キロ）ある。㈦マイオーティス海と黒海から水が絶えず流れ出ることには二つの原因がある。そのうちの一つは誰にとってもただちに明白である。ぐるりと取り囲まれた水盤の中へたくさんの流れが注ぎ込むので、水嵩はだんだんと増えていく。㈧その結果流出がなければ、水嵩は増し、その水盤のますます大きな空間を占めるようになり、流出を必要とするようになる。さて流出口があるので、流れ出て、付け加わり、過剰となったものは流出し、存在している出口を通って流れていくことは必然である。㈨第二の理由は、雨が激しく降りつづくときには川は前述の水盤へさまざまな種類のたくさんの泥を運び込み、水はこの盛り土によって押され、だんだんと上昇し、おなじ方法で存在している出口を通って流れていく。㈩川からの流入と泥の積み上げが絶え間なく、永続的となると、出口を通っての流出も絶え間なく、永続的となることは必然である。(一一)黒海が外へ流れ出ることとの真の原因は以上のことである。それは貿易商人の報告にではなく、自然の観察に依存しているのであり、それ以上正確かな方法を見つけることは容易ではない。

四〇　さてわれわれはこの問題に突き当たったのであるから、何も答えを出さないうちにそれから離れてもいけないし、たいていの歴史家がそうするように、主張それ自身に留まったままであってもいけない。むしろ読者の心のなかに疑問が残らないように証明によって支持される記述をしておかねばならない。(一二)というのも、世界のあらゆる個所が陸路でもあるいは海路でも近づくことができ、(一三)ヘーラクレイトスが言うように「論争の余地のある事柄に信ず

1　これはヘーロドトス（第四巻八五）によって与えられている数字である。
2　これは伝承によると、フリックスによって造られ、黒海の入口から約七—八キロのアナドリュ・カワギュ近くのアジアの海岸に立っていた。

るに足らない証拠をさし出して」、未知の事柄にかんして詩人や神話作家の証明を引用することは適切でないことが現代の特色なのであり、直接の探索と調査に基づいて読者に実際に信頼してもらえる報告を提供するよう努力しなければならないからである。㈣黒海は昔も今も堆積が行われ、もし自然の条件がおなじままで、沖積堆積物の原因が作用しつづけたならばこの海もマイオーティス海も時の経過するうちにすっかり堆積土でおおわれてしまうだろう、とわれわれは主張する。㈤時は無限であり、この水盤の領域は確実に限定されているのだから、その増大がまったく取るに足らないものだったにしても、海は時の経過するうちに一杯にされることは明らかである。㈥すなわち、自然法則によって、もしある限定された量が無限の時のなかで絶えず成長あるいは衰退していると、その成長あるいは衰退がたとえ微少であっても、このことをわれわれは今仮定しているのだが、その過程が最後には達成されることは理屈に合っているからである。㈦しかしこの場合、増大は小さいものではなく、大量の土壌が堆積されるとき、われわれが述べていることがある遠い日付ではなく、非常に短期間のうちに起きることは理屈に合っている。㈧このことが起っているようにおもわれる。すなわち、マイオーティス海はすでに泥でふさがっている。その大部分の個所で、その深さは七あるいは五オルギュイア[3]に達する。そのために水先案内人なしではもはや大きな船でそれを航行することはできない。㈨マイオーティス海はすべての古代の典拠が同意しているように、黒海とつづいた海だったのだが、海水が堆積によって押し出され、川からの流入が優位にたっているために今は淡水湖である。㈩黒海もいつかそうなるだろう。事実そのことは実際に起きている。水盤の大きな規模のために一般的には気づかれていないが、そのことに少し注意を払えば誰にでも明らかである。

四一　エウローペーから流れてきて、いくつかの河口[4]で黒海に流れ込むイストゥロス川は陸地から一日行程離れた所に河口から流れ込んだ泥からつくられた一、〇〇〇スタディオン（一八〇キロ）の堆を形成している。㈡黒海を航行する船乗りたちはまだ公海上を走っていると思っていると、この帯に突き当たり、夜間にこの浅瀬で座礁する。船乗りたちの間でそれは「胸[5]」と呼ばれている。㈢堆積物が陸に直接堆積するのではなく遠く外へ押し出される原因は

3　一オルギュイアは約一・八メートル。
4　ドナウ川の河口はヘーロドトスの時代から五つ（第四巻四七）、アウグスティヌスの時代からは七つと計算されている。
5　ストラボーン第一巻五〇、五二を参照。

次のように考えられる。㈣川の流れがその力のために優勢であり、海へと押し進むかぎり、流れによって運ばれた土およびそのほかすべてのものは前方へ押し出されつづけざるをえず、止まったり、沈殿することはまったく容赦されない。㈤しかし海の増大する深さと量のためにその力を失ったとき、土がそのとき、その自然の重さによって沈み沈殿するのは当然である。㈥これがなぜ大きな、流れの速い川の堆積地はやや離れて形成され、海岸に近い海は深いが、小さくて流れの緩い川のそれは河口のすぐ近くにあるかの理由である。㈦このことは激しい豪雨のさいに最も明瞭に示される。すなわちその時には、非常に小さな流れでも河口で海の大波に打ち勝ち、その流れの力に正確に対応する距離だけ泥を前方へ押し出すのである。㈧前述の堆土の広がりおよび一般に川によって運び込まれる石、材木、土の量を決して疑ってはいけない、というのもそれは愚かなことであろうから。㈨われわれは自分の目で奔流が瞬く間に切り立った場所を穿ち、切り裂き、あらゆる種類の木や土や石を運び去り、おなじ場所とわからないほどに変えてしまうほどの泥土の山を築き上げるのをしばしば観察する。

四二　それゆえに、このように大きな川がたえず海に流れ込み、われわれが述べたような作用を引き起こし、ついには黒海を満したとしても驚くべきではない。㈡もしわれわれの推論が正しければこのことをありそうなこととしてではなく、必然として予期せねばならない。㈢つぎのことは予期されることとの兆候である。マイオーティス海は黒海よりも塩分が少ない。それに応じて黒海は地中海よりも決定的に塩分が少ない。[1]㈣このことから明らかなことは、一方でマイオーティス海が一杯にされ、他方で黒海が今のマイオーティス海のように浅い淡水になるための時間は二つの水盤の大きさと関係しているということである。㈤黒海へ注ぎ込む流れがさらに大きく、多いだけにこの経過はさらに早まると考えざるをえない。㈥われわれが述べたことは、黒海がいまや泥土でふさがれつつあり、いつか完全に泥土でおおわれ、この大きな海は浅い湖に変へられることを信じようとしない人びとの疑問を晴らすのにじゅうぶんだろう。㈦さらに商人たちの虚言と奇妙なことを言うことにたいして、わたしはとくにこのことを言っておく。無知のためにわれわれに語られることに子供のように口をポカンと開けて聞き入るのではなく、われわれの心のなかに真理のこん跡をもち、あれやこれやの人によってなされる報告が真理であるか嘘であるか独自の判断を多かれ少なかれ

1　ストラボーン第一巻五〇を参照。

形成できるためである。㈧ビュザンティオンの恵まれた位置のテーマに戻ることにしよう。

四三　黒海とプロポンティス海を結ぶ水路は、先ほど述べたように一二〇スタディオン（二二・六キロ）あるのだが、それは黒海の側ではヒエロンによって、ほかの側ではビュザンティオンでの湾曲によって境界づけられている。㈡エウローペー側のこれらの間の中間にヘルマイオン[2]が海峡へ突き出ている岬に位置していて、アシアーの海岸から約五スタディオン（〇・九キロ）離れている。ダレイオス[3]がスキュタイ人を攻撃するために海峡を渡ったときに、橋をかけたのはここだそうである。㈢黒海からの流れの動きはほかの個所では両側の海岸が平行して走っているのでほぼおなじである。㈣しかし黒海からのこの流れが狭められ、それゆえにかなりの力で最も狭い個所であるエウローペー側のヘルマイオンに達すると、打撃を受けたかのように跳ね返り、アシアーの対岸の場所に突進する。㈤そこからふたたび回れ右をするかのようにエウローペー側のヘスティアイ[4]という名の岬に跳ね返る。㈥そこからふたたびアシアーへ向かいブース[5]という名の場所に行き当たる、そこは伝説によればイオが渡ったさいにはじめてアシアーの地に足を踏み入れた場所だそうである。㈦ここで流れは最後に向きを変えビュザンティオンに方向をとる。この都市の周辺で分岐し、小さい方はコルン（角）と呼ばれる湾へ流れ込み、大きい方はふたたび側へ転ずる。㈧しかしそれにはカルケードーンが位置している地方へ達する力はもはやない。㈨すなわち、何度も岸から岸へ突き戻され、広くなった水路で力を失い、短い、鋭角ではなく、鈍角でほかの側へ逸らされるのである。㈩それゆえその流れはカルケードーンを逸れ、海峡を通って真っ直ぐな道をとることになる。

四四　これが、外見的には両都市の間にいかなる差異がないにもかかわらず、ビュザンティオンが最も好都合な位置にあり、カルケードーンがそうでないことの理由である。㈡カルケードーンに航行しょうとする人にとって、それは簡単ではないのだが、ビュザンティオンへは、われわれが今説明したように望まなくても流れが必然的に運んでくれる。

2　サモス人のマンドロクレスがダレイオスのために橋をかけたことにかんしてはヘーロドトス第四巻八五—八八を参照。
3　ダーレイオスの渡航については第一巻二・二脚注を参照。
4　この名前はプリーニウスの第五巻一五〇によって立証されている。
5　ブースはストラボーン（第七巻三二〇）の白い岩塊と同一視される。

る。㈢このことはつぎのことから明らかである。カルケードーンからビュザンティオンへ渡ろうとするばあい、間にある流れのために一直線に向こう側へ渡ることはできず、ブースとクリュソポリス[1]と呼ばれる所へ舵をとらなければならない。㈣そこはアテーナイ人がアルキビアデースの助言で黒海へ航行してくるものにたいして税を要求するために、占拠したところである。[2]そこから先は流れに任せる、すると流れが船を否応無しにビュザンティオンに運んでいく。㈤ビュザンティオンから他の側への航行でも事は似たようなものである。㈥すなわち、船がヘッレースポントスから南風を受けて走るか、あるいは黒海からヘッレースポントスへ季節風を受けて走る場合、エウローペーの海岸に沿っての航行は滑らかであり、直線的である。ビュザンティオンから黒海およびアビュドスおよびセストス[3]の海峡への航行、および逆にそこからビュザンティオンへのそれも同様である。㈦カルケードーンからアシアーの海岸に沿っての航行はまったく異なる。その場合はふたつの湾に沿って、そして遠くに突き出た半島を回って航行しなければならない。[4]㈧すなわち、ヘッレースポントスからカルケードーンへエウローペーの海岸に沿って道をとり、つぎにビュザンティオンの前で曲がり、カルケードーンへ真っ直ぐに走ることはその流れと上述の理由のためにほとんど不可能である。㈨同様に逆の方向での航行で直接トゥラケーの海岸に向けて舵をとることは、流れのためにそしてそれぞれの風が両方の計画にたいして逆に吹くために不可能である。㈩南風は黒海の中へ導き、北風は外へ導き、両方の方向への航行でこれらの風を利用しなければならないからである。(一一)これが海のそばでビュザンティオンの有利な位置を形成するものである。それにたいして陸の側での位置がどの程度不利であるかをつぎに説明することにしよう。

1　クセノフォーン『アナバシス』第六巻六・三八、ストラボーン第一二巻五六三を参照。この村はビュザンティオンの真向かいの岬にあり、現在のスクタリである。

2　アルキビアデースはキュジコスでのスパルタ人の海軍の敗北の後四一〇年にそれを占拠し、要塞化した。商船にたいして一〇パーセントの関税を課すことはテラメネスとオイマコスの指揮下の三〇隻の艦隊によって強いられたものであり、ペロポンネーソス戦争の費用への実質的貢献をした。クセノフォーン『ギリシア史』第一巻一・一九—二二、ディオドーロス第一三巻六四・二を参照。

3　ヘッレースポントスでのそれらの位置については第一六巻二九・三以下を参照。

4　すなわち、ニコメディア湾とキオス湾およびキュジコス岬を回っての周航。後者についてはストラボーン第一二巻五七五を参照。

ビュザンティオンの陸側での不利な点・ガッリア人へのデーン税の支払いについて

四五　すなわち、トゥラケーはひとつの海からもうひとつの海に達するほど効果的にビュザンティオンザ人の領域をとり囲んでいるので、かれらはその住民と絶えずまた最も困難な戦争を行なっている。㈡すべてにわたって入念に準備した攻撃によって結果として勝利しても、トゥラケー人の民衆と権力者の数の多さのために戦争から解放されない。㈢一人に勝利してもかれの代わりにより危険なほかの権力者がかれらの国に攻め寄せて来る。㈣圧力に屈して賠償と条約にしぶしぶ同意しても、それでもって何も達成しなかった。一人に譲歩するとそれでもって別の五人の欲望を目覚めさせ、そのことで新たな敵を得る。㈤それゆえにかれらはたえず厄介な戦争に巻き込まれている。すなわち敵意のある異語族を隣人にもつことほど危険で恐ろしいものがほかにあるだろうか。㈥しかし、すでにかれらは陸でこのような困難さと戦わねばならなかったのだが、戦争に伴うほかの禍以外にかれらはまだ、詩人の言葉を借りればタンタロスの復讐に耐えている。[5] ㈦最も肥沃な土地の所有者であるかれらが、耕作地を熱心にたがやし、非常に美しい収穫物が豊富に成長すると、異語族が現れ、畑を荒すか、それをすっかり刈り取り、その略奪物をもって立ち去る。㈧努力と費用が空しく費やされたこと以外に荒された物を凝視しなければならない、畑が美しければ美しいだけいっそう大きな憤激と無力な怒りをもって。㈨かれらはいまや習慣となったトゥラケー人との戦争に耐えねばならなかったにもかかわらずギリシア人にたいする最初からの義務に忠実でありつづけた。㈩しかしガッリア人がコモントリオスの指揮の下でかれらに襲いかかったとき、[6] 非常な苦境に

5　「また、耐え難い責苦を受けつつ、水中に佇むタンタロスの姿も見た」『オデュッセイア』第一一巻五八二以下（松平千秋訳）。

6　前二七九年のガッリア人の侵入の一般的な概略については第一巻六・五以下を参照。ケレトリオス指揮下の第三分遺隊はトラキアへ侵入し（パウサニアース第一〇巻一九・七）、ゲタ人およびトリバリ人と戦った。ブレンノス軍の生き残りによって強化されたこの分遣隊は前二七七年にリュシマケイアでアンティゴノス・ゴナタスによって敗れた。コモントリオスによって指揮されたその生き残りはテュリスで王国を形成するために内陸部へ向かった

追い込まれた。

四六　このガッリア人たちはブレンノスの一隊とともに故郷を後にし、デルフォイでの大敗[1]を逃れ、ヘレースポントスに到達していた。しかしアシアーへは渡らず、ビュザンティオンの近くの国が気に入ったのでその地点に留まっていた。㈡かれらはトゥラケ人に勝利し、テュリス[2]に王の所在地を建設した後、ビュザンティオン人を非常な危険に陥れた。㈢最初、初代の王コモントリオスの下でのガッリア人の来襲のさいにはビュザンティオン人はそのつど贈物として三千あるいは五千ときには一万の金[3]を与え、それでもってかれらの土地を荒さないようにと要請した。㈣最後には年八十タレント[4]を貢税として支払うことをよぎなくされた。カウァロス[5]――かれの治世のときに王制が廃止されることになったのだが――とその部族がトゥラケー人によって逆に制圧され、すべて滅びるまで。㈤貢税によって苦しめられていた頃、かれらの危急を救い、金銭上の援助を要請するために最初はギリシア人に使節を送った。㈥しかし大部分の都市がその要請に注意を払わなかったとき、状況に迫られて黒海へ航行してくる者から税を徴収しはじめた。

四七　黒海から出るさいにビュザンティオン人によって課される税金から生じる不利益と損失は皆にとって大きいものとなったので、それを耐え難く思い、海を航行する者たちは、当時第一の海軍国とみなされていたロドス人に苦情を訴えた。㈡このことからこれから述べようとする戦争がはじまった。㈢つまりロドス人は自分が蒙った損失および隣国の損害によって行為へと立ち上がり、まず同盟国とともにビュザンティオンへ使節を送り、義務の廃止を要請した。㈣しかしビュザンティオン人はそれに応じず、かれらの当時の指導的高官へカトドロスとオリュンピオロスおよびロドス人の使節との論争を基に自分たちは正しいと確信したので、㈤ロドス人は目的を達成せずに立ち去った。㈥かれらが戻ってくると、ビュザンティオン人にたいして上述の理由で戦争を投票で議決した。㈦ただちにプルーシアース[6]に使節を送り、戦争へと呼びかけた。というのもかれとビュザンティオン人の間にはある理由で緊張が生じて

1　前二七九年秋のデルフィでのギリシア人にたいする遠征。
2　テュリスはハエムス山の近くという説と上部トンゾス・トゥンジャのトゥロウスコ・ポレのトゥロオと同一視する説がある。
3　金は金スタテルで、一スタテルは八・一～八・六グラムの間で変動があった。
4　銀タレント。一タレント＝六千ドラクマ、そして二〇アッティカ・銀ドラクマは一金スタテルと等価であり、したがって賠償金は年二万四千金スタテルに達していた。
5　カウァロスはビュザンティオン対ロドス戦争の時代の人、五二・一を参照。かれの敗北については第八巻二二を参照。

いることを知っていたからである。
　四八　おなじことをビュザンティオン人もしようとした。かれらはアッタロス[7]とアカイオスに使節を送り、自分たちを援助するように要請した。㈡アッタロスはその気になったが、アカイオスによって自分の祖先の領地に押し戻されていたので、この時期のかれの支持はわずかの重みしかなかった。㈢アカイオスはタウロスの北の土地を支配し、最近王位に就いたばかりであったが、援助を約束した。㈣そしてこの決断によってビュザンティオン人の間に大きな希望が、ロドス人とプルーシアースには恐れが呼び起こされた。㈤アカイオスは最近シュリアーの王位に就いたアンティオコスの親戚であったが、次のような方法で上述の支配権を所有するに至っていた。㈥前述のアンティオコスの父であるセレウコスが亡くなり、息子たちのうちの最年長者であるセレウコスが後継者になったとき、アカイオスは親戚としてその王に随伴してその遠征でタウロスを通過した、われわれが今述べている時のおよそ二年前のことである。㈦すなわち、若きセレウコスは王位につくやいなや、アッタロスが小アシアー全体をタウロスまで含めて支配下に置いている、との報告を受けてその地方の権力を回復させようと決心した。㈧大軍を率いてタウロスを越えたが、ガッリア人のアパトウーリオスとニカノールの手によって暗殺され、命を失った。㈨アカイオスは最も近い縁者としてただちにその殺害の復讐をし、ニカノールとアパトウーリオスを殺し、軍隊の指揮とすべての統治を引き受け、この地位にあって最初は私欲がなく、賢明であることが証明された。㈩すなわち、王冠を戴く機会がかれに差し出され、民衆の要望も一致していたにもかかわらず、かれはそうすることを選ばず、セレウコスの弟アンティオコスのために王位への権利を守っていた。そしてアッタロスにたいする遠征を精力的に行い、タウロスの北のすべての地方を獲得した。㈡しかし事が予想以上にうまく運び、アッタロスの領土さへもペルガモンに組み入れ、残りのすべてを手中におさめると、思いがけない好運に酔い挫折した。㈢王冠を戴き、自らを王と名乗りタウロスの北の地方の王、支配者のうちで最も力があり最も畏れられていた。㈢それゆえ、

6　プルーシアースは前二二九年頃、ビテュニアで父ツィアエラスを引き継いだ。ビュザンティオンにたいするかれの不平は四九に概説されている。
7　アッタロス一世はペルガモン王朝の創始者、フィレアタイロスの甥の息子だった。かれは前二四一年に父の跡を引継ぎ、ガラテア人にたいする決定的な勝利を確保し、王の称号を得た。アカイオスによってやりこめられたかれの継承については第五巻七七・二―五脚注を参照。

ビュザンティオン人はロドス人とプルーシアースにたいする戦争を引き受けたとき、希望をかれに託したのだった。

四九 プルーシアースが以前からビュザンティオン人にたいして持っていた怨恨は次のことにその原因を持っていた。すなわちかれに栄誉を与えるために決議した像を立てさせず、ことを遅延させ忘れさせたことである。㈡さらにかれらがアカイオスとアッタロス間の敵対関係と戦争を調停することに非常な努力をしたことを悪く受け取っていた。かれらの友好関係はいろいろな点でかれの利益にとって不利であるとかれは考えていたからである。㈢ビュザンティオン人はアテーナーの競技のためにそれに参加する者をアッタロスへ送ったが[1]、自分がソーテーリアを祝ったときには、自分の所に誰も送っていないように思われたことが[2]かれを怒らせた。㈣これらすべての理由からひそかな怨恨がかれの心をえぐっていたので、喜んでロドス人の差し出したきっかけをつかみ、使節と条約を結んだ。かれらは海で戦争を行うように、自分は陸上で敵にたいして少なくない損害を与えることができると主張した。㈤このようにしてまた上述の理由からロドス人のビュザンティオン人にたいする戦争がはじまったのである。

五〇 ビュザンティオン人は最初は威勢よく戦っていた。自分はアカイオスによって支持され、あちらではマケドニアーから呼び寄せたティボイテースによってプルーシアースが苦境と恐怖に陥ると確信して[3]。㈡プルーシアースは戦闘意欲に燃えるままに黒海の入口のヒエロンをただちにもぎ取った。㈢そこはビュザンティオン人が数年前その場所の好都合な位置のために巨額の金で購入して占有していた所だった。ポントスへ航行する商人にとっても、奴隷商人にとっても、漁師にとっても決して拠点として使われることがないようにと。㈣かれはさらにアシアーのビュザンティオン人の側の領域を奪い取った、そこはミュシアーのビュザンティオン人がすでに昔から所有していたところだった。㈤ロドス人たちは

1 アテーナーはペルガモンの守り神であり、アッタロス一世はそれをガラテア人への勝利（前二二六―二二三年）と連携させた（Orientis graeci inscriptions selectae, Leipzig 1903–5, pp. 273–95）。この一節はその祭へ使節を送るようにというペルガモンの招待をビュザンティオン人が受けたことを示唆している。

2 前二二九／八年のプルーシアースの即位以来制定されたこの祭のことについては何も知られていない。

3 ティボイテースはニコメーデース一世の息子であり、プルーシアースの父ジアエラースの異母兄弟として、プルーシアースの叔父だった。ニコメーデースの死でジアエラースが王位を奪ったとき、ティボイテースは国を逃亡することを余儀なくされた。

六隻の船に乗員を乗り込ませ、これに加えて同盟国から四隻を加え、艦隊司令官としてクセノファントスを選び、十隻の船でヘッレースポントスを目指して航行した。㈥ほかの船はセストス沖で黒海へ航行する船を妨害するために錨を下ろさせ、艦隊司令官自身はさらに先に進み、ビュザンティオン人が戦争に驚いて後悔しているかどうか試そうとした。㈦しかしかれらはかれの事を気にかけなかったので残りの船を率いてロドス島へ立ち去った。㈧ビュザンティオン人はアカイオスに使者をおくり、援助を要請し、さらにティボイテースにかれをマケドニアーから呼び寄せるために使者を送った。㈨すなわちかれはプルーシアースの父方の兄弟としてビスニアの支配にたいする請求権プルシアスに劣らず持っているように思われたからである。[4] ㈩ビュザンティオン人の抵抗意志を確認したロドス人は目標を達成するために賢いことを思いついた。

五一　ビュザンティオン人が戦争に決然として耐えている原因はとくにかれらがアカイオスに託した希望に基づいていることを見て取り、またアカイオスの父がアレクサンドレイアに拘留されていて、アカイオスにとってすべては父を釈放してもらうことにかかっていることを知ったので、アンドロマコスの放免を頼むためにプトレマイオスに使節を送った。㈡以前はこのことをことのついでに行ったのであるが、アカイオスにこの功績によって義務を負わせ、かれら自身の望みに沿わさせるために、真剣に力を注いだ。㈢使節が到着すると、プトレマイオスはアンドロマコスを手もとに引き止めることについて思案した、すなわちアンティオコスにたいする事柄に決着がついていないので適切な折りにかれを用いることを望んでいたからである。しかし最近王位についたアカイオスはある重要なことがらにおいて決定的な影響力を行使することができた。㈣つまりアンドロマコスはアカイオスの父であり、セレウコスの妻ラオディケーの兄弟だったからである。㈤しかしプトレマイオスは一般的にロドス人に共感をいだき、かれらにはよろこんでどんな好意でも示そうとしたので、かれらの願いを聞き入れ、かれを息子の所に連れていくために、アンドロマコスをかれらに渡した。㈥かれらはこのことを実現し、

4　この請求権はニコメーデース一世がかれの最初の妻による息子、ディティゼレよりむしろヘプタゼタによる子供たち（ティボイテースを含む）が継承することを意図していたという事実に基づいていた。そしてビュザンティオンの人びとをプトレマイオス二世、アンティゴノス・ゴナタス、ヘラクレイアとキオスの人々と共に共同の保護者にしていた。しかしジアエラースが軍事力により自己を確立しそしてティボエテスの支持者がかれもかれの息子プルーシアースも王位への適切な称号を持っていないと主張したのであろう。

アカイオスとかれの友人のためにある名誉をさらに与えてビュザンティオン人の最も完全な希望を奪い去ったのだった。㈦さらにほかの不運がビュザンティオン人に降りかかった。すなわち、ティボイテースがマケドニアーから帰る途中で亡くなり、かれらの計画は挫折した。㈧このことが起ると、ビュザンティオン人は意気消沈し、プルーシアースは戦争への見込みで勇気づけられ、自身アシアーの側で全力を挙げて戦争を遂行し、同時にトゥラケー人を傭兵に雇った。㈨ビュザンティオン人は自分たちの希望が裏切られ、四方八方から戦争で苦しめられ、体裁のよい出口を探し回った。

五二　それゆえ、ガラタイ人の王カウァロスがビュザンティオンに到着し、戦争を終らせようと努力し、戦っている者たちを引離そうと熱心に仲裁すると、プルーシアースもビュザンティオン人もその勧告へと譲歩した。㈡ロドス人がカウァロスの努力とプルーシアースの譲歩を知ると、自分たちの戦争目標を達成することを目指して、アリディケース[1]を使節としてビュザンティオンに送り、同時に三段櫂船でポレモクレスを送った、㈢いわゆる槍と伝令の枝[2]を同時に送るために。㈣かれらが現れると、カリゲイトンの息子、神事官コートーンの年に、ビュザンティオンで和解が成立した[3]。㈤ロドス人とは簡単な条約が結ばれた。すなわち、ビュザンティオン人は黒海へ航行する船から税金を徴収しないこと。ロドス人とその同盟国はこのことが行われる場合にはビュザンティオン人と平和を保つこと。㈥プルーシアースとの平和の条件は次のことであった。プルーシアースとビュザンティオン人の間には永遠に平和と友好関係があること。ビュザンティオン人はプルーシアースにたいして、また後者は前者にたいしていかなる方法でも戦争を遂行しないこと。㈦プルーシアースはビュザンティオン人にその土地、要塞、捕虜を贖い金なしで、これらに加えて戦争のはじめに拿捕した船、ヒエロンからの材木、石、陶土製品を返却すること。―㈧すなわち、プルーシアースはティボイテースの帰還を懸念して要塞に適していると思われるものをすべて片づけたのであった―㈨プルーシアースはビテュニア人がミュシアーで所有しているビュザン

1　おそらく、碑銘が残っているプラトーン学派のエウモレアースの息子アリデイケース。

2　この同じ格言的表現は二四巻一二・一にあり、ヴィラモヴ（Hermes, 1886, 106）は「タナグラの神はヘルメスであり、ケーリュケイオン山と先頭に立って戦うとしてヘルメスが敬われている。すなわちこの格言はタナグラの古い宗教的儀式が根底にある」と説明する。

3　おそらく前二二〇年秋。

ティオン人の配下にある地方を農夫に返すようかれらに強制すること。㈠〇ビュザンティオン人にたいしてロドス人とプルーシアースが起こした戦争のはじまりと結末はこのようなものであった。

クレーテーの出来事、クノッソス人の覇権とリュットス人の破滅

五三　この頃クノッソス人[4]はロドス人に使節を送ってポレモクレス[5]の配下にある小艦隊と進水したばかりの甲板のない三隻の船を送り返すように説得した。㈡このことが行われ、船がクレテーに着くと、エレウテルナ[6]の住民はポレモクレースがクノッソス人の歓心を買うために自分たちの市民であるティマルコスを殺したのではないかとの疑いをもち、最初は報復手段でロドス人を脅し、つぎに戦争をはじめた。㈢この少し前にリュットスの人びとに破滅的な不幸が襲いかかっていた[7]。クレーテーの一般的な状況は次のようであった。㈣クノッソス人はゴルテュン人[8]と結託してリュットス人を例外としてクレーテー全体を支配していた。かれらだけが従わなかったので、戦争を計画した。これを徹底的に破壊し、全クレーテー人に見せしめにするために。㈤最初はすべてのクレーテー人がリュットス人にたいして戦争を行っていた。偶然のきっかけから、クレーテー人の間で普通そうであるように[9]、かれらの間で争いが起り、分裂が生じた。㈥ポリュレニア人、ケレアイ人、ラッパ人、それに加えてホリア人がアルカディア人とともに一致してクノッソス人との友好関係から離れ、リュットス人との友

4　クノッソスは現カンディアの南八キロ、マクリュティコスの小村落の遺跡の周辺にあった第一〇巻四七六を参照。
5　五二・二を参照。
6　エレウテルナはイダ山の山脈の北西の尾根、クノッソスのいくぶん南に位置している。
7　リュットスの戦争（五三―五四）はおそらく前二二一／〇年、その都市の破壊は前二二〇年の春か最も早い場合で前二二一年の終わり。
8　クレーテー島中央部の北のクノッソスと南のゴルテュンはこの島で最も重要な二つの都市で、ゴルテュンはラタエウスの谷間、海から九〇スタディオン（一六・二キロ）にあった。

好関係を宣言した。㈦ゴルテュン人の間でも二つの派が形成され、長老たちはクノッソス人との関係を選び、若い者たちはリュットス人との関係を選び、たがいに対立していた。㈧クノッソス人は同盟国の動きが予想外になったので、同盟に基づいてアイトーリアから千人を呼び寄せた。[1] ㈨このことが起こると、長老たちは直ちに城砦を占拠し、クノッソス人を引き入れ、若者のある者は追放し、ある者は殺害した。

五四　おなじ頃リュットス人は全軍を挙げて出征していたのだが、クノッソス人はこれに気づくと、援助者がいなくなったリュットスを占拠した。㈡そして子供と女をクノッソスへ送り出し、都市を焼き払い、破壊し、あらゆる種類の狼藉を働いて戻って行った。㈢リュットス人は遠征から戻って来て、起ったことを目の前にして誰も祖国へあえて入ろうとしないほど深く心を痛めた。㈣誰もがその周りをぐるぐると歩き回り、しばしば大声で嘆き、祖国の、そして自分たちの「運命」を悲しんでいたが、ふたたび向きを変えラッパへ引き返して行った。㈤ラッパ人たちは好意的に、非常な熱意を示してかれらを迎え入れた。ある日市民から故郷のない者、よそ者となったかれらは同盟者とともにクノッソス人にたいして戦争を起こそうとした。㈥しかし、ラケダイモーン人の同族でクレーテーの都市の中で最も古く、[2] 衆知のごとくクレーテー人の間で最もすぐれた男を養ってきたリュットス人は考えられない悲運によって殲滅させられてしまった。

五五　ポリュレニア人、ラッパ人、そしてその同盟者たちは、クノッソス人がフィリッポス王とアカイアー人と敵対関係にあるアイトーリアー人との同盟関係にしがみついたのを知ると、援助と同盟関係を求めるために使節を王とアカイアー人に送った。[3] ㈡アカイアー人とフィリッポスは

9　ポリュビオスのクレーテー人にたいする敵意については第六巻四六・三、四七・五、第七巻一一・九、第八巻一六・四―七、一九五、第二四巻三、第二八巻一四一―二を参照。ポリュビオスはクレーテー人がアカイアー人の政策に反対する行動をとったときにかれらを非難することへと傾く。しかしかれの論拠ははアラートスがクレーテー人の行為に積極的な役割を演じたというあり得ない考え方によって弱められる。

1　アイトーリアー人とのクノッソス人のこの同盟の日付は知られていない、しかしこれは三世紀のクノッソス人の一般的な反マケドニア人政策に一致し、これは三〇五年にデーメートゥリオス・ポリオルケテスにたいしてロドス人に与えられた援助（ディオドーロス第二〇巻八八・九）に遡る。

2　アリストテレース『政治』第二巻一〇・一二七b二四以下、ストラボン第一〇巻四八一、パウサニアース第四巻一九・四を参照。

かれらを共同の同盟者に迎え入れ、援軍として、プラトル率いるイッリュリアー人四百人、アカイアー人二百人、フォキス人百人を派遣した。㈢かれらは到着すると、ポリュレニア人とその同盟者にたいして最大の貢献をした。㈣すなわち、瞬く間にエレウテルナ人、キュドニア人さらにはアプテラ人を制圧し、クノッソス人との同盟から離反させ、自分たちの希望をともにすることを強いたからである。㈤このことに成功すると、ポリュレニア人とその同盟者たちはフィリッポスとアカイア人に五百人のクレーテー人を送ったがクノッソス人はそれより少し前に千人をアイトーリアーに送り出していた。[4] かれらは同盟戦争で両方の側に立って、ともに戦った。㈥ゴルテュンからの追放者たちはファイストス[5]の港を奪った。かれらはゴルテュンの港[6]さえ手中におさめ、そこから都市の住民にたいして大胆に戦いを挑んだ。

ポントスのミトゥリダテースのシノーペー人への攻撃・ロドス人への援助（前二二〇年頃）

五六　これがこの頃のクレーテーの状況だった。ミトゥリダテースもシノーペー人にたいして戦争をはじめた。そしてこれがシノーペー人を決定的におそった不幸の始まりときっかけだった。㈡かれらがこの戦争のためにロドス人に使節を送り、援助を要請すると、ロドス人は三人の委員を使命し、シノーペー人のために必要な調達品の費用に充てる十四万ドラクマをかれらに手渡す法令を通過させた。㈢かれらは任命されると、一万個の甕《かめ》のぶどう酒、三百タレントの加工した髪、百タレントの加工した腱[7]、千組の武

3　おそらくこの要求は前二二〇年夏にコリントスで開かれた会議で受け入れられた。
4　おそらく前二二〇年の終わりに。かれらは前二一八年のアイトーリア軍に現れる（第五巻三・一、一四・一―四）。
5　ファイストスはメッサラの平原とディバキの海岸沿いの平原の間の尾根にあるゴルテュンの南西にあった。
6　ゴルテュンの港、レベナは市から一三〇スタディオン（二三・四キロ）離れた真南にあった（ストラボーン第一〇巻四七八）。
7　人の毛髪と動物の腱（豚以外の）は石弓のねじれのための最良の素材だった。毛髪は普通貧困な階級の婦人によって売られた。

具一式、三千枚の貨幣に鋳造された金、それに四つの投石機とそれを操作する人を用意した。㈣シノーペーの使節たちはそれを受け取ると、戻って行った。すなわち、シノーペー人はミトゥリダテースが海と陸から包囲しようとするのではないかと恐れ、それにたいするすべての備えをしようとしたのである。㈤この都市[1]はパーシス川に入ると、黒海の右側の、海に突出した半島にあり、その首の部分の幅は二スタディオンより広くないのであるが、アシアー大陸と結びついていて、その上に位置している都市によって完全に遮断されている。㈥半島の残りの部分は海に突き出していて、平らで、その都市への接近を全く容易にしている。しかし海の側は険しく切り立っていて、錨を下ろすことは難しく、わずかの接近点があるだけである。㈦それゆえに、シーノーペー人はミトゥリダテースがアシアー側に包囲装置を設置し、同時に反対側に上陸を行い、都市を見下ろす平地を占拠して包囲を行うのではないかと心配した。㈧それゆえに、かれらは半島の周囲を堅固にし、海からの接近を矢来と土塁で防ぎ、兵士と武装部隊を最も危険な箇所に配置することにとりかかった。㈨半島全体はそれほど大きくなかったので、容易に防ぎ得た。

同盟戦争、前二一九年とそれにつづく冬の出来事

五七　シノーペーをめぐる状況は以上のようであった。王フィリッポスは軍を率いてマケドニアーから出発し、—この時点でわれわれは同盟戦争から離れたのであるが[2]—アイトーリアーへ侵入することを意図してテッサリアーとエーペイロスへと進んでいった。㈡アレクサンドロスとドーリマコス[3]はおなじ頃アイゲイラを襲う計画をいだき、千二百人のアイトーリアー人を、アイゲイラのちょうど向かい側に位置しているオイアンテイア[4]に集め、輸送船を準

1　シノペの遺跡（現在のシヌブ）。その立派な港湾施設についてはストラボーン第一二巻五四六を参照。それはボスフォロスとバトゥムの間で最も安全な停泊所を形成している

2　三七・七―八を参照。アイゲイラへの攻撃は前二一九年の春である。

3　このアレクサンドロスは不詳である。ドーリマコスについては三・五を参照。

備し、計画遂行のための順風を待っていた。㈢すなわち、アイトーリアからのある脱走兵が、かなり長い間アエゲイラに滞在し、そこでアイギオンに通ずる門の守備が酩酊者に委ねられ、歩哨勤務が怠慢に行われているのを見て、㈣何度も危険をおかしてドーリマコスのところへ渡って、このようなことに慣れているかれに急襲するよう挑発していたからであった。㈤アイゲイラはペロポンネーソスのコリントス湾に面し、アイギオンとシキュオーンの間に建設されていて、険しくて、近づき難い丘の上にあり、パルナッソスと対岸の周辺地域に向かい合っていて、海から約七スタディオン（一・二六キロ）離れている。㈥順風が吹くやいなや、ドーリマコスは出航し夜のうちにその都市のそばを流れる川に停泊した。㈦アレクサンドロス、ドーリマコスそしてかれらとともにパンタレオンの息子アルキダモスはアイトーリア人の主力部隊とともにアイギオンから通じている道へ入りその都市に向かって進んで行った。㈧脱走兵は精選した二十人を連れてその土地に通じているために、ほかの者たちより早く、道なき道をとり、急斜面を登り切り、水路の穴を通って町へ忍び込み、まだ眠っている門番にぱったり出会った。㈨まだベッドの中にいるかれらを殺し、閂《かんぬき》を斧で叩き割り、人に町への通路を開けた。㈩しかし侵入者たちはまったく軽率に、愚かに行動し、このことがアイゲイラの住民に救いを、侵入者に破滅をもたらした。(一一)つまりかれらはよその町で城壁の中に入れば、そのことで町を完全に手中に収めたと考えたのである。

五八　それゆえまったくわずかの間だけ、広場周辺に集まり、それから略奪への思いがかれらを四散させ、家々に押し入り、もはや明るくなっているのに略奪しはじめた。㈡アイゲイラ人は完全に不意打ちされた。突然敵が家の中に立っているのを見た人びとは、すでに征服されたと思った町からパニック状態で逃げ出した。㈢敵がまだその家にやって来ていないほかの者たちはその騒音で武器を手にして、全員城砦へ急いだ。㈣その人数はだんだんと増えてきた。それに応じて勇気もわいてきた。逆にアイトーリアー人の集められた部隊は上記の理由でだんだんと数が少なくなり、混乱に陥った。㈤ドーリマコスは危険の大きさを認識したとき、部下を統合し、勇気と大胆さで防禦のために集まっている者たちを驚かし、敗走させることができると思って、一団となって城砦に向かって突進した。㈥しかしアイゲイラ人はたがいに励まし、防禦し、人との戦いを勇

4　現ガラクシジオン、ロクリス人の海岸、クリサエアン湾の南端に向かっている

5　このアルキダモスは他では知られていない。

敵に受け止めた。㈦城砦には城壁がなく戦いは人と人との白兵戦で行われたので、最初は予期されたように進行した。一方は祖国のため、子供のために戦い、他方は自分の命のために戦ったので。結局、侵入した者たちが敗走させられた。㈧アイゲイラ人はより高い位置の利点を利用して、力強く、手強く押し迫った。このためかれらは逃亡しつつ、門の所で狼狽して味方同志が踏みつけ合うことになった。㈨アレクサンドロスはまだ白兵戦の間に、アルキダモスは門の所で、ぶつかり合いの中で倒れた。㈩残った軍勢のある者は踏みつけられ、ある者は絶壁へ逃げて行き、道なき所で真っ逆さまに墜落した。㈡助かった者は不名誉にも武器を捨てて船に逃げ、希望と期待に反して帰航した。㈢自分たちの不注意によって町を失ったかに思われたアイゲイラ人は結局勇気と果敢さによってそれをとり戻した。

五九　おなじ頃、将軍としてエーリスに派遣されていたエウリピダースはデュメー、ファライ、トゥリタイアの領域を蹂躙し、おびただしい戦利品を集め、エーリスへ退却しつつあった。㈡その頃アカイアー人の副将軍[1]であったデュメーのミッコスはデュメー人、ファライ人、トゥリタイア人の全動員でもって出撃し、逃げていく敵に押し迫った。㈢しかしあまりに激しく押し迫ったので、待ち伏せに遭い、兵士の多くを失った。四十人が戦死し、約二百人が捕虜となった。㈣この成功によって勇気づけられたエウリピダースは数日後ふたたび出撃し、アラクソスにあるテイコスという名の好位置にあるデュメーの要塞[2]を奪った。㈤それは昔ヘーラクレースがエーリス人と戦ったとき、建設したと言われている。

六〇　デュメー、ファライ、トゥリタイアの人びとは先の遠征で敗北を喫し、要塞を占拠されたことで将来を恐れ、まず、使者をアカイアー人の将軍に送り、起ったことを明らかにし、援助を要請した。その後、おなじことを要請する使節を送った。㈡しかし、アカイアー人はクレオメネース戦争で志願兵たちに給料の一部が未払いのままだったので、アラートスはそもそも、その計画、戦争を行うすべてのやり方で勇気と実行力を欠いていた。㈢それゆえにリュクールゴスはメガロポリスの領域のアテーナー神殿を奪い、エウリピダスは上述の出来事につづいてテルフーサのゴルテュナ神殿[3]を奪ったのである。㈣デュメー、ファライ、

1　この官職の職権と義務は不明である。第五巻九四・一、第三八巻一八・二を参照。

2　この要塞はアラクソス岬の側にあった。

トゥリタイアの人々は将軍による援助への期待を放棄せざるをえなかったので、同盟への分担金は支払わず、㈤自分たちだけで歩兵三百人、騎兵五十人を傭兵として募り、かれらによって国を守ることに同意した。㈥このような行動をとることによってかれらは自分たちの事柄にかんしては適切な、同盟にとっては逆の道を選んだように思われた。すなわち、かれらは同盟を解消しようと望む人が利用できる悪い先例、口実の先導者、創始者となったからである。㈦その主な責任は公平を期して言えば、ことを流れるに任せ、躊躇から抜け出すことができず、援助を求める人を再三再四その「運命」に委ねた将軍に帰さねばならない。㈧つまり、危険に迫られている者は何とか友人および同盟者の支持を当てにすることができるかぎり、この希望にしがみつくものである。しかし苦境にあって見捨てられると、全力をあげて自分自身を援助せざるをえないのである。㈨それゆえ、トゥリタイア、ファライ、デュメーの人々が、アカイアー人の指導者がぐづぐづしているときに、自分で傭兵隊を組織したことも、同盟への分担金を拒否したことも非難されるべきことではない。㈩かれらが自分自身の利益を心配するのは当然である。しかし、かれらは経済的状況からはそうすることができたのであるから、同盟にたいする義務を果たさねばならなかったのである。とくに同盟の法律に基づいて支払いの要求は違反してはならなかったのである、わけてもかれら自身がアカイアー同盟に衝撃を与えたのであるから。

フィリッポスの西への遠征（前二一九年）

六一　ペロポンネーソスの状況は以上のようであった。フィリッポス王はテッサリアーを通過してエーペイロスに現れた。㈡エーペイロスの全徴兵軍、アカイアーからかれと合流した三百人の投石兵、ポリュレニアによって送られた五百人のクレーテー人によって軍を強化し、エーペイロスを通ってアンブラキアーの領域まで進軍した。㈢もしかれが休むことなく先へ前進をつづけ、アイトーリアーの内

3　これはゴルテュニオス川とアルペイオス川の合流点の北五キロにあった。パウサニアース第五巻七・一を参照。

陸部へ侵入していたら、圧倒的な力をもった突然の予期せぬ侵入によって戦争全体をも終らせることができたであろう。㈣しかしアンブラキアーを征服するようにとエーペイロス人によって説得され、それによってアイトーリアー人に驚きから立ち直り、事前の措置を講じ、さしせまった戦争の準備をする余裕を与えた。㈤すなわち、すべての同盟者の共通の利益よりも自分のそれを重視するエーペイロス人は、アンブラキアーを是非にも手中にしたいと望み、その場所を包囲し、それをまず占拠することをフィリッポスに頼んだからであった。㈥かれらはアンブラキアーをアイトーリアー人から取り戻すことを重要視し、この要塞を支配し、町を包囲した場合にのみこのことが可能だと考えたからであった。㈦アンブラキアーは外堡と城壁によって守られていて、沼地の真ん中にあり、地方からは一本の細い土を盛り上げた接近路があるだけで、アンブラキアー人の領域と都市にとって好都合な位置にある。[1]㈧さてフィリッポスはエーペイロス人の頼みでアンブラキアーの前で陣を張り、包囲のための準備にとりかかっていた。

六二　スコパスはこの間にアイトーリアー人の全軍を率いて、テッサリアーを通って進軍し、マケドニアーに侵入した。そして前進しながらピエーリスの畑を荒し、たくさんの戦利品を手に入れて、ディーオンへ戻った。[2]㈡住民がその場所を立ち去っていたので、中に入り、城壁、家々、体育館を根こそぎにし、聖域の周りの柱廊を焼き払い、[3]飾りのためあるいは祭りに集う異国の人のために用いられていたすべての奉納物を破壊し、最後にマケドニアー王のすべての立像を倒させた。㈢かれは戦争が始まるとすぐにそして最初の企てで、人間にたいしてだけでなく、神々にたいしても戦争をしかけて、[4]戻って行った。㈣かれがアイトーリアーに戻ると、不敬を働いた者としてでなく、国家にたいして立派な功績を果たした者として尊敬され、敬わ

1　この要塞の遺跡はロガル湿地のフィロカストロの島で発見されている

2　ピエーリスはオリュンポス山の北東と東、ペネイス川からハリアクモン川にかけてのマケドニアの地方。ディオンはオリュンポス山の麓、海岸から四キロの地点にあった。

3　ディーオンにはゼウス神殿があった。前三三五年にアレクサンドロスによって催された壮麗な祭典についてはディオドーロス一七巻一六・三―、アッリアーノス第一巻一一・一を参照。

4　ギリシアの世論は普通神殿の不可侵性を守った。ポリュビオスはその点で、ほかでも六七・三―四、第九巻三四・八ではアイトーリア人を、第五巻一一・一以下、第七巻一四三、第九巻七・二ではフィリッポスを非難している。また同じ罪で第九巻三三・四ではフォイニケー人を、第三二巻一五・七ではプルーシアスを非難して

れた。アイトーリアー人を空虚な希望と不可解な慢心で満たしたのではあったが。㈤というのも、誰もアイトーリアーに近づくことはあえてしないだろう、しかしかれらの方はいつもそうしていたように、ペロポンネーソスだけでなく、テッサリアーもマケドニアーも罰せられることなく、荒らせるだろうとかれらは思い込んでいたからである。

六三　フィリッポスはマケドニアーでの出来事について知らせを受けたとき、そしてそれはエーペイロス人の無知と利己心の報いとして自らに招いたのであったが、アンブラキアーを攻囲しはじめた。㈡土塁を築き上げ、ほかの攻囲装置を精力的に用いることによって、中にいる者たちをすぐに驚かせ、四十日でその町を制圧した。㈢五百人のアイトーリアー人からなる守備隊を残し、エーペイロス人の望みを満足させ、かれらにアンブラキアーを委ね、㈣自分は軍を率いて、最も狭いアンブラキアー湾を渡ることを急いだ。そしてアカルナニアー人のアクティオンと呼ばれる神社のそばを通ってカラドラへ進んだ。[5]㈤この湾はシケリア海とエーペイロスとアカルナニアーの間の五スタディオン（〇・九キロ）より短い幅のまったく狭い海峡によって結ばれている。㈥しかしそれは一〇〇スタディオン（一八キロ）の幅があり、海から測ると約三〇〇スタディオン（五四キロ）の長さで内陸部へ延びている。この湾がエーペイロスとアカルナニアーを分け、前者はその北側に、後者はその南側に位置している。㈦フィリッポスは軍隊をこの海峡で渡らせ、アカルナニアーを通って進軍し、アカルナニアーから二千人の歩兵と二百人の騎兵を率いてアイトーリアーの都市フォイティアイに到達した。[6]㈧この都市を包囲し、それを二日間全力を挙げて攻撃し、住民の自由な退去という条件の下でかれに屈するという成果をあげた。㈨この夜、その町がまだ占領されていないときにアイトーリアー人の五百人からなる援軍が来た。その到来を予め知った王は適切な場所に待伏せを置き、その大部分を殺し、残りはまったくの少数以外は手中におさめた。㈩その後、フォイティアイで取り押さえた穀物で三十日分の食料を分配させた。すなわち、フォイティアイでたくさんの量が貯えてあるのが見付かったからである。そしてさらにストラ[1]トスの領域へ進んで行った。㈠その都市から一〇スタディ

5　カラドラはアンブラキアー湾の北海岸にあった（第二一巻二六・七を参照）。アンブラキアー側の湾の入口はアポロン・アクティオンの神域とその競技で有名だった（ストラボーン第七巻三二五を参照）。

6　多分トゥーキューディデース『歴史』第二巻一〇二のピュティア。

オン（一・八キロ）離れている所で、アケローオス川沿いに陣を張り、敵の誰一人としてかれにあえて向かって来ようとしなかったので妨げられることなくそこから出撃してその地方を荒していった。

六四　アカイアー人はこの頃、戦争で苦しめられていたのだが、王が近くにいると知り、援助を要請するために使節を送った。㈡かれらはまだストラトスにいる王に出会い、命令によってほかのことも伝えたが、敵から得られる軍隊にとっての利益を示して、リオン[2]を渡ってエーリスに侵入するよう説得した。㈢王はそれを聞き、要請されたことを熟慮しようと答え、使節たちを手もとに引き止め、自らは陣を撤収して、メトロポリスとコーノーペー[3]の方向に道をとりながら前進していった。㈣アイトーリアー人はメトロポリスの城砦を占拠していて、町を空にしていた。フィリッポスはメトロポリスに火を付けさせ、引きつづきコーノペーへ前進して行った。㈤アイトーリアー人の騎兵が集まり、町から二〇スタディオン（三・六キロ）離れた川の渡し場[4]で、思い切って立ち向かおうとした。マケドニアー人の上陸を完全に阻止するか、あるいはそうとうな危害を加えることができると期待してのことであった。㈥この計画を挫折させるために、王は盾兵に最初に突撃し、上陸は集団で盾を接合した隊形で行うように命じた。㈦かれらはその命令を忠実に守り、最初の部隊が上陸しようとすると同時にアイトーリアー人の騎兵はわずかの間、攻撃を試みようとした。しかし盾と盾を接合させてその場にふみとどまり、第二、第三部隊が渡ってきて最初の部隊の壁に自分たちの盾でつながると、何も達成することができず、困難な状況に陥り、町へ引き返して行った。㈧それとともにアイトーリアー人の慢心は挫け、町へ入って静かにしていた。㈨フィリッポスは本隊とともに川を渡り、妨げられることなくこの地方を荒して行った。それからさらにイトリア[5]へ進んだ。ここは街道を支配する位置にあり、自然と人の手を加えた堅固さできわだっている場所である。㈩かれが近

1　ストラトスにかんしてはトゥーキューディデース第二巻一〇二を参照。これはアケローオス川の西の斜面にあった。

2　これはコリントス湾の入口の海峡に与えられた名前（トゥーキューディデース第二巻八六・三を参照）。

3　メトロポリスは明らかにアケローオス川の右岸にあったのだが、その遺跡については論争がある。コーノーペーは現アンゲロカストロの近くの川の東二〇スタディオン（三・六キロ）にあった。

4　アケルス川の浅瀬。この浅瀬については第五巻六・、ストラボーン第一〇巻四六〇を参照。

5　イトリアはアケローオス川の左岸のスタムナのエリアスの丘の遺跡と同一視されうる。

づくと、守備隊は驚きその場所を放棄してしまった。王はそこを押さえると、完全に破壊した。その地方のほかの要塞も同様に接収命令で破壊した。

六五　狭い場所を渡り切ると今やゆっくりと、落ち着いて行進をつづけ、軍隊にはその地方から戦利品を奪う余裕を与えた。㈡軍隊があらゆる必需品を満たしたとき、オイニアダイ[6]に来た。㈢パイアニオン[7]で陣を張り、まずこの場所を占拠することを決定した。家、城壁、塔という点ではどの都市にもひけをとらなかったが周囲七スタディオン（一・二六キロ）よりも小さいこの町を連続攻撃で奪った。㈣その都市の城壁を完全に破壊し、家を取り壊し、材木と煉瓦を筏に積み、たくさんの野望をいだいてその川を下ってオイニアダイに運ばせた。㈤アイトーリアー人は最初は城壁とそのほかの設備で安全を計りながら、オイニアダイの城砦を守ろうとした。しかしフィリッポスが近づいてくると、驚いてあきらめて立ち去った。㈥この都市を手に入れた後、さらに進軍し、カリュドン地方で、エラオスという名の城砦の前で陣を張り、城壁とそのほかの設備でとくに安全を計った。そのための費用はアイトーリアー人にたいしてアッタロスが引き受けた。㈦マケドニアー人はそれを瞬く間に占拠し、カリュドンの全領域を荒した後、オイニアダイに戻った。㈧フィリッポスはその場所がとくにペロポンネーソスに渡るのに好都合な位置にあるのを見て、そこを城壁で固めることを決心した。㈨すなわち、オイニアダイは海に面していて、アカルナニアーがアイトーリアーと接する最端にあり、コリントス湾の入口にあるからである。㈩その都市はペロポンネーソスのデュメーの海岸の真向かいに位置していて、そこからはアラクソス岬へ最も近く、ほとんど一〇〇スタディオン（一八キロ）も離れていない。㈠この点を考慮してその城砦を強固にし、港と造船所を城壁で取り囲み、それらを城と結びつけることを意図した。建築材はその工事のためにパイアニオンから運んできた物を使った。

六六　王がまだこの工事にとりかかっているときに、マケドニアーから使者が来て、ダルダニアン人が王のペロポンネーソスへの遠征を知って軍勢を集め、おおがかりな準備を行い、マケドニアーへ侵入することを決定したと知らせた。㈡王はこれを聞き、すぐにマケドニアーを援助しなければならないと考え、アカイアーからの使節に次のような返答を与えて送り返した。すなわち、報告された事態を

6　この大規模な遺跡は古代の港がその上に広がっているレズィナ沼の南端にあるトリカロドカストロという小さな丘にある。

7　パイアニオンはイトリアの左岸にあって、アケロイオス川とマストゥル村の中間の古代の遺跡をいだく丘。

解決した後で、アカイアー人を軍隊で援助することを最重要視するが、今はただちに陣を撤収して、㈢ここへきたのとおなじ道を通って帰還しなければならない、と。㈣かれがアカルナニアーからエーペイロスへとアンブラキアー湾を渡ろうとしたとき、一隻の快速艇でイッリュリアーからローマ人によって追放されたファロスのデーメートゥリオスがかれのもとへきた。そのことについてはこれらの事件の前で述べられている。[1] ㈤フィリッポスはかれを好意をもって受け入れ、コリントスへ行き、そこからテッサリアーを通ってマケドニアーへ行くように命じた。自分はエーペイロスへ渡り、引きつづき先へ進軍して行った。㈥マケドニアーのペッラ[2]に着くと、ダルダニアン人はトウラケーのある脱走兵たちからフィリッポスの到着を聞き、驚いて、マケドニアーの近くにきていたのだが、ただちに遠征軍を解散した。㈦フィリッポスはダルダニアン人が計画を放棄したことを知り、この季節の収穫のためにすべてのマケドニアー人を解散させ、自らはテッサリアーに行き、この夏の残りをラリセーで過ごした。㈧この頃アエミリウスはイッリュリアーからローマへ凱旋行進を行った。[3] ハンニバルはザカンタを力ずくで奪った後、軍隊を冬営地へ去らせた。㈨ローマはザカンタが奪われたとの知らせが入ると、カルターゴーからハンニバルの引き渡しを要求するための使節を送り、同時に戦争のための準備をしていた。執政官にはプブリウス・コルネリウスとティベリウス・センプロニウスを任命した。㈩このことの個々については前の巻で説明しておいた。作品の最初に予告しておいたように、出来事の同時性が読者の目の前に浮かぶようにそれを思い出しておこう。

㈡このオリュンピアー期の最初の年はこのようにして終った。

1　第三巻一九・八を参照。
2　マケドニアーの首都（第二九巻四・七）、第三四巻一二・七を参照）。フィリッポス二世とアレクサンドロスによって非常に強化された。
3　アエミリウス・パウルスの凱旋行進については第三巻一九・一二を参照。

ドードーネーへのアイトーリアー人の急襲（前二一九年秋）

六七　選挙が行われたアイトーリアーではドーリマコスが将軍に選ばれた。かれはその職に就くとすぐにアイトーリア人に武器をもたせて集め、上部エーペイロスに侵入し、執念深い気持で破壊の仕事に専念しながら、その土地を荒していった。㈡というのもかれはそのさい自分の略奪物よりもエーペイロス人に損害を与えることに意を用いていたからだった。㈢到着すると、ドードーネー[4]の聖域では柱廊に放火し、たくさんの奉納物を破壊し、聖所も根こそぎにした。㈣すなわち、アイトーリアー人には平和時でも戦時においてもいかなる拘束もなく、この両方の状況においてかれらは、そのほかではすべての人間の間で通用する道徳、規則を気にかけることなく自分たちの計画を実行したからである。

㈤王はこうしたことを整えた後、帰国した。㈥冬がまだ進行中のとき、時節柄誰もフィリッポスの行動を予期していなかったときに、青銅の盾兵三千人、盾兵二千人、クレーテー人三百人、これに加えて近衛兵四百人を率いて、ラリセーに進んで行った。[5]㈦テッサリアーからエウボイアへそこからキュノスへ運び渡し、ボイオーティアーとメガリスを通り、冬至の頃コリントスに着いた。ペロポンネーソス人の誰もその到来に気づかないほど迅速にひそかにことを運んだ。㈧コリントスの門を閉め、街道を守備隊で通行止めにし、次の日に年上のアラートスをシキュオーンから呼び寄せ、アカイアーの将軍たちと個々の都市に文書で知らせて、全員が武器を手にして現れるべき場所と時間を設定した。㈨このことを指令した後、さらに先へ進軍し、フィリウス人[6]の領域のディオスクリオンで陣を張った。

六八　おなじ頃、エウリピダースは略奪者、傭兵を含む

4　ドードーネーのゼウスの古代神託所についてはヘーロドトス第二巻五二を参照。

5　これはフィリッポスの約束（六六・二）を果たすためと、夏の間のアイトーリアー人、スパルテー人、エーリス人の攻撃を蒙ったアカイアー人を支えることを狙ったものだった。

6　フィリウスの遺跡はアソプス川の右岸にある。

エーリス人の二部隊、その数は全体で歩兵二千二百人と騎兵百人であったが、それを率いて、プソピスから出発し、シキュオーンの領域を襲撃する目的で、フェネオス、シュンファロスを通って進軍を行った。そのさいフィリッポスが到来していることは夢想だにしていなかった。㈡フィリッポスがディオスクリオンで陣を張ったおなじ夜、かれは早朝、王の陣営のそばを通りすぎ、シキュオーン人の領域へ侵入しようとしていた。㈢しかしフィリッポス軍のクレテー人のある者が部隊を離れて、糧食と飼料を探しながら辺りを徘徊していて、エウリピダースの部隊と出くわした。㈣かれらを尋問して、エウリピダースはマケドニアー人が近くにいることを知り、聞き知ったことを誰にも何も言わず、軍を率いて来たのとおなじ道をとってふたたび引き返して行った。㈤マケドニアー人に先んじてステュンファロスを通過して上方に位置している足場の悪い場所へ到達しようとしたのだった。㈥王は敵のことは何も知らず、おなじ目的で早朝陣営を撤収し、ステュンファロスを通過してカヒュアイの方向に進軍することを意図して進軍して行った。㈦すなわち、そこに武器をもって集まるようにとアカイアー人に書き送っておいたからである。

六九　マケドニアー人の前衛がステュンファロスからおよそ一〇スタディオン（一・八キロ）離れたアペラウロンと呼ばれる場所の近くの丘に到達したとき、エーリス人の前衛と出会った。㈡得ていた情報から事態をただちに悟ったエウリピダースは二、三人の騎兵とともに差し迫った危険を逃れ、道なき道をプソフィスへと逃げた。㈢指導者に見捨てられ、敵との突然の出会いでパニック状態に陥ったエーリス人の軍勢は何をすべきか、どちらへ向かうべきかわからずに途方にくれて立ち止まっていた。㈣最初、かれらの指導者たちはアカイアー人の一部が救援に出てきているのだと考えた。とくにかれらを思い違いさせたのは青銅の盾兵だった。㈤すなわち、かれらをメガロポリス人だと思ったのである。クレオメネースにたいするセッラシアーの戦いで王アンティゴノスによってかれらはそのような武装をさせられていたからである。㈥それゆえに、きちんとした秩序を保ち、助かることを諦めずに高台に引きこもっていた。しかし、マケドニアー軍が進軍し、実際は誰が自分たちに向かっているかを知ったとき、全員が武器を捨てて逃げ出した。㈦千二百人が捕虜にされ、ほかは命を失った、一部はマケドニアー人によって、一部は絶壁で。逃げ出せたのは百人にも満たなかった。㈧フィリッポスは剥ぎ取った武具と捕虜をコリントスへ送り、自身は予定通り進軍をつづけた。すべてのペロポンネーソス人にとってこの出来事は思いがけないことであった。というのも王の到来とかれの勝利を同時に聞いたからである。

七〇　アルカディアーを通って進軍をつづけ、激しい吹雪に遭遇し、オリュギュルトスの峠での苦労に耐えて三日目の夜、カヒュアイへ到達した。㈡軍隊をそこで二日間休ませ、年下のアラートスとかれのもとに集められていたアカイアー人と合流した。その結果、軍の全勢力は一万人となり、クレイトル人の領域を通過してプソフィス[1]へと前進し、通過する町から投げ道具と梯子を挑発していった。㈢プソフィスは周知のごとく、アルカディアー人がアザニス地方で建設した古い植民都市で、ペロポンネーソスの内部にあって、アルカディアー人の西端にあり、西へと最も遠く張り出しているアカイアー人の植民都市で、㈣当時それが国家として帰属していたエーリスを支配する位置にあった。㈤そこへフィリッポスはカヒュアイから三日かかって到達し、その都市の向かいにある山の周辺で[2]陣を張った。そこからは都市全体とその周辺を落ち着いて見渡すことができた。㈥プソフィスの堅固さを見てフィリッポスはどうしたらよいか、困惑した。㈦すなわち、西側は冬の大部分、渡ることのできない、ほとばしる急流が流れ下っており、山から流れ落ち、時の経過とともに次第に形成された峡谷の深さによって都市を守り、近づき難くしている。[3]㈧東側は大きな、激流のエリュマントス川が流れていて、それについては多くのことが多くの人によって書かれている。㈨さらにあの急流が町の南側でエリュマントス川と合流しているので、都市は三方を川によって取り巻かれ、それによって描写した方法で守られている。㈩最後に、北側には都市を支配するように険しい、城壁によって取り囲まれた丘が横たわっていて、それはその高い、けたはずれに堅牢な城壁は別として自然の、非常に頑丈な城砦を形成している。㈡その上、エーリス人は守備隊をここに残しており、また逃亡してここへ逃げ込んだエウリピダースもこの都市にいた。

七一　フィリッポスはこれらすべてを見渡して、計算し、一方では強行して、都市を包囲することを躊躇し、他方でこの場所の好都合さを見て是非にも、との思いに駆られた。㈡この都市がアカイアー人とアルカディアー人にとって脅威でありエーリス人にとって安全な作戦基地であるだけに、自分のそして同盟軍の手に入ればそれだけ一層、アルカディアー人にとっての要塞をまたエーリス人にたいする有

1　パウサニアース第八巻二四・一以下を参照。
2　おそらく、エリュマントス川の左岸のロペシの上の斜面。
3　パウサニアース第八巻二四・三を参照。

利な出発点を形成するにちがいなかった。㈢このことが決定打を与え、早朝とともに朝食を食べ、準備しているようにすべてのマケドニアー人に命令を与えた。㈣その後、エリュマントス川にかかっている橋を渡り、攻撃が不意であったので、誰の妨害も受けずに怒涛のように押し寄せ、相手を驚愕させつつその都市に到達した。㈤エウリピダースと都市の住民は何が起ったのかわからなかった。というのも難攻不落のように見える都市への奇襲と力による征服への試みをどんな敵もあえてすることはできないし、フィリッポスもこの季節に長期間にわたる攻囲に関わり合うことはしない、と固く信じていたからである。㈥そう考えて、フィリッポスがある住民を通して裏切りを企てたのではないかと、おたがいを不信の目で観察しはじめた。㈦不信な者は町の中には見付からなかったので、大部分の者は敵を防禦するために城壁に急ぎ、エーリスの傭兵は高みにある門から敵に向かって出撃した。㈧王は三個所からの攻撃を計画し、軍隊を三つに分け、それぞれ、梯子を城壁に掛ける部隊を先頭に、その後ろにそのほかのマケドニアー人を配置した。それからラッパによって合図を与え、いたる所で城壁への攻撃をはじめた。㈨最初は、都市を守っている兵士たちは勇敢に防戦し、梯子から多くの者を投げ落とした。㈩しかし、装備がその場しのぎのものであったために、飛び道具やそのほかの防備のために必要な物の蓄えが尽きたとき、マケドニアー人は何も恐れず、一つの梯子が落されると、ただちに背後の者がその部署についた。㈠ついに防禦者たちは向きを変え、城砦へと逃げて行った。王の軍隊のマケドニアー人が城壁を登ると、クレテー人は高所の門から出撃した傭兵を攻撃し、盾を捨てて無秩序に逃げていくことをよぎなくさせた。㈡かれらに襲いかかり、手をくだしながらかれらと一緒になって門を通って突入した。㈢このことから都市は四方から同時に占領されるということになった。㈢プソフィソス人は妻子とともに城砦へ退却した。かれらとともにエウリピダースの軍勢もそして助かったかぎりのそのほかの者も。

七二　マケドニアー軍は侵入するとただちにすべての家財道具を奪い、住居に陣を張り、都市を占拠した。㈡城砦へ逃げ込んだ者たちはあらゆる装備も「運命」の将来の見通しも奪われて降伏を決意した。㈢かれらは伝令を王のもとに送り、使節についての譲歩を得て、指導者とエウリピダースを送り出した。かれらは休戦を結び、逃げ込んでいた傭兵にとってのまた市民にとっての安全を得た。㈣かれらは出発した所へふたたび戻って来て、兵士たちの誰かが命令に反してかれらを略奪しないように、軍隊が陣を上げるまで、その場にいるようにとの命令を与えた。㈤王は雪が降ってきたので、数日間そこに滞在することをよぎなくされた。その間に居合わせたアカイアー人を呼び集め、まずこの都市の堅固さと、迫っている戦争にとって好都合の位置にあることを説明し、㈥またこの部族にたいしていだいている意図と好意を説明した後ですべてのアカイアー人にこの町を譲り、与える、というのも自分の目的はできるかぎりの恩恵を与え、いかなる好意も惜しまないことであると述べた。㈦アラートスが全アカイアー人の名においてかれに感謝を表明した後、フィリッポスは集会を解散し、軍を率いてラシオン[1]へと進軍して行った。㈧プソフィス人は城砦から降り、町をとり戻し、それぞれの個人も住居をとり戻した。一方エウリピダースは自分の部隊とともにコリントスを通ってアイトーリアーへ戻って行った。㈨アカイアー人の指導者たちはじゅうぶんな守備隊をつけて指揮者にシキュオーンのプロサロスを、都市全体の指導者にはペッレーネーのピュティアースを任命した。㈩プソフィスをめぐる事柄はこのようにして終った。

七三　ラシオーンを守っていたエーリス人の守備隊はマケドニアー人の到来を知り、またプソフィスをめぐっての出来事を知り、ただちに都市を去った。㈡王は到着するとすぐに攻撃でこの都市を奪い、アカイアー人にたいして友好的な気持ちをもっていることの証拠としてこのラシオーンもかれらに委ねた。同様にエーリス人が残していったストラトスもテルフーサ人に戻した。㈢この成功の後、五日目にオリュンピアに到達し、そこで神に供儀を捧げ、指導者を饗応し、全軍に三日間の休養を与えた。㈣それからエーリスへとさらに進み、飼料挑発隊をその地方に送り、自分はアルテミシオン[3]の周りに陣を張った。㈤そこで略奪品を集め、ふたたびディオスクリオン[4]に移った。その地方を荒している間に、捕虜の数は多数にのぼった。隣の村へ、安全な場所へ逃げた者の数はさらに多かった。

1　エーリスの東国境にあるラシオーンはラドン川の上流に位置していた。ラシオーンの遺跡はクティの名前でクマイの村の近くに存在している。

2　ストラトスはアルカディアのラドン峡谷にあったテルフーサの近く、プソフィスの南約一二マイルにあった。

3　エーリスへの海岸沿いの路上にあるレトリノイの近くのアルテミス・アルフェイアイの社、パウサニアース第六巻二二・八を参照。

4　おそらくディオスクリオンはアルテミシオンとエーリスの間にあった。

エーリスの富と中立についての余談

㈥つまりエーリス人のこの地方はとくに人が密集して住んでおり、ペロポンネーソスのほかの地方より奴隷とあらゆる種類の財で一杯だったからである。㈦そしてかれらの幾人かは田舎での生活をこよなく愛し、財産をじゅうぶんに持っているのに二、三世代にわたって法廷へは全く顔をあらわさなかったほどである。㈧このことはこの地方を治める人たちがかれらを公平に扱い、生活上の必要なものに何も欠けることがないように特別な配慮をしたことによって生じたのである。㈨はるか昔に考え出され、賢明な律法によって確立されたこの制度は第一にエーリス人が自由に使える土地が広く、とくにかれらが生活している宗教的保護に基づいているように思われる。㈩すなわち、オリユンピア聖儀のためにギリシア人はかれらにその土地の神聖さと不可侵性を認め、その結果戦争の苦しみと危険から解放されて生活できたからである。

七四　その後、アルカディアー人がラシオーンとピサの全領域の所有をめぐってかれらと争い、それによって国の防衛と生活習慣の変化をよぎなくされたとき、㈡かれらは古い、父祖伝来のギリシア人からの不可侵性を守るために、少しの努力をすることもなく、また結果に留意することなく、一度とりはじめた道に留まったようにわたしには思われる。㈢すなわち、われわれが皆得ることを神々に祈り、それに与ることを我慢して求めつづけるもの、人間の間で良いものと考えられるもののうちで最も議論の余地のないもの、わたしは平和のことを言っているのだが、それが正義とともに、また当然のこととしてギリシア人の間で永遠に得ることができるのに、それを無視しあるいはこれよりも何かもっと重要なことを行っていると考えているとしたら、万人が認めるごとく、どうしてかれらは間違いをおかしていると考えてはいけないだろうか。㈣確かにその通りである。しかし、戦争を行うこと、条約に違反することの方を優先させる人にたいして、おそらくかれらはこのような生活方法によってより危険にさらされることになろう。㈤しかし、これはめったにないことであり、一度そうなれば、ギリシア人による共同の援助を得ることができるのである。㈥常に平和に暮らしているかれらに、あるのが当然である生活上の裕福さにたいして、部分的に不正が加えられるときには、適切な場所で、適切な機会に他部族からのまた傭兵の援助にかれらがこと欠かないことは明らかである。㈦今かれらは、めったにないこと、思いもかけないことを恐れて、国と生活を戦争と混乱の状態に曝している。㈧このことを想起しておいたのは、不可侵性をギリシア人から容認されていることが今の時代ほど適切であることが以前にはなかったからである。しかし、上述したように、かれらの古い習慣の名残りが多少残っているので、エーリスは人口緻密な国である。

七五　それゆえに、フィリッポスがそこに現れたときも、捕虜の数は非常に多かったが、逃亡者はさらに多かった。㈡多量の財産と奴隷と家畜の莫大な群がタラマイ[1]と呼ばれる場所に集められていた。なぜならそれへの接近路は狭く、近づき難く、その場所自体が隔離されていて、容易には入れないと思われたからである。㈢王はこの場所に逃げ込んだ逃亡者の数を聞き、すべてを試みる決心をした。予め接近路を傭兵によって占拠させ、㈣自分は荷物と軍隊の大部分を陣営に残し、盾兵および軽装兵とともに隘路を通ってあの場所へと前進し、敵による妨害を受けることなくその場所に到達した。㈤一緒に逃げ込んでいた者たちは戦争には無経験でかつ一緒にいた傭兵の一隊は屑のような人間の集団だったので王の接近に驚き、すぐに降伏した。㈥その中には二百人の様々な国からの傭兵がおり、それを指揮していたのはエーリス人の将軍アンフィダモスだった。㈦フィリッポスは多量の動産と五千人以上を手中におさめ、これに加えて無数の家畜を駆り立てながら、陣営に戻った。㈧その後、軍隊はさまざまな戦利品で荷が重くなり、扱い難くなったので退却し、ふたたびオリュンピアで陣を張った。

七六　アンティゴノスによって残された若いフィリッポスの後見人の一人はアペッレースで、かれはこのとき王にたいして非常に大きな影響力をもっていた。そしてアカイアー人をテッサリアー人とおなじ状況に押し下げようという悪しき計画に着手した。㈡すなわち、テッサリアー人は法律に基づいて政治が行われ、マケドニアー人よりは自由に行動していると思われていた。しかし実際は全く相違はなく、マケドニアー人とおなじ状況にあり、王の役人が命じたことをすべて行わねばならなかった。㈢それゆえに、アペッレースはこの政策へと共に遠征に加わったアカイアー人の兵士を試してみようと企てた。㈣最初に、アカイアー

1　クセノフォーン『ギリシア史』第七巻四・六（エーリスとアルカディアーの戦争、前三一五年）を参照。

人をかれらによって占められていた宿舎から追い出し、かれらから戦利品を奪うことをマケドニアー人に許した。㈤それから非常に些細な理由で家来に手をかけさせ、不平を言う者、鞭打たれている者を助けようとする人を自ら居合わせて鎖に繋がせようとした。㈥このような方法でかれらを次第にそして気づかれることなく、王の名で課せられるすべてのことを、不平をいうことなく甘受することに慣れさせることができると確信していたのである。㈦そしてこのことを、アペッレースはそれほど以前のことではないクレオメネースにたいするアンティゴノスの遠征に参加したとき、アカイアー人がクレオメネースに屈しないために、あらゆる苦労と危険に耐えているのを自分の目で見ていたのである。㈧しかし、幾人かの若いアカイアー人が集まり、アラートスのもとへ行き、アペッレースの意図を明らかにした。アラートスは禍を初期の段階で阻止し、ぐずぐずしていないことが大切だと判断して二、三人の側近とともにフィリッポスのもとへ行った。㈨王はその苦情を心に留め、このようなことはもはや起きないから若者を安心させるようにアラートスに命じ、アペッレースには今後かれらの将軍に相談することなく何事もアカイアー人に命じないようにと伝えた。

フィリッポスの性格

七七　フィリッポスはこの遠征によって、それに加わったすべての人にたいするかれの態度から、またすべての計画における大胆さと実行力のために、ただ軍隊の中だけでなく、ほかのすべてのペロポンネーソス人の間で当然の名声を獲得した。㈡支配のための多くの自然の素質を備えた王を見出すことは容易ではないのである。㈢すなわち、かれには際立った俊敏さ、記憶力、優雅さが備わっていた。さらにそれらに加えて、王としての威厳、力がそして最大のものは戦争における実行力と大胆さが備わっていた。㈣しかし何によってこれらすべてが排除され、本当の意味での王が残忍な独裁者になったかを短い言葉で説明することは簡単ではない。それゆえ、この困難な問題を詳細にとり扱うことは、今よりも別の箇所[1]が適切だろう。

フィリッポスの遠征

㈤フィリッポスはオリュンピアからファライへ通ずる道をとりまずテルフーサに到着し、そこからへーライアへ進んだ。そこで戦利品を売却し、アルフェイオスにかかる橋を修復させた。この道を通ってトゥリヒュリアに侵入しようとしたのである。㈥おなじ頃アイトーリアー人の将軍ドーリマコスは、国が荒されるのに対して守ってほしいというエーリス人の要求に基づいて、フィッリダースを指揮者として六百人のアイトーリアー人を送った。㈦かれはエーリスに到着すると、エーリス人の傭兵五百人、市民兵千人、それにタレントゥム人[2]を加え、この軍を率いてマケドニアーの襲撃を防ぐためにトゥリヒュリアに進軍した。㈧この地方はその名をアルカスの息子の一人であるトゥリヒュリアから得ていて、エーリスとメッセーニアーの間のペロポンネーソスの海岸、リビュエー海の方向、アルカディアーの南西の端に位置していて、㈨次の都市がある。すなわちサミコン、レプレオン、ヒュパナ、テュパネアイ、ピュルゴス、アイピオン、ボクラス、ステュランギオン、フリクサである。(一〇)これらの都市は少し前まではエーリス人が支配していたものである。かれらはさらに元来はアルカディアー人の都市だったが、メガロポリスのリュディアデースが僭主の時代にある個人的な要求で交換としてエーリス人に与えていたアリフェイラも獲得した。

七八　フィリダースはエーリス人をレプレオンへ、傭兵をアリフェイラに送り、テュパネアーでアイトーリアー人を率いて、これから起きようとすることを見守っていた。㈡王は荷物をへーライアに保管し、修復された橋を通ってこの都市のそばを流れているアルフェイオス川を渡り、アリフェイラに来た。この町は一〇スタディオン（一・八キロ）隔たった、周りが険しく切り立った丘の上にある。㈢丘全体の頂上に城砦があり、そこには特別に美しく、大きなアテーナー神の青銅の立像がある。[1]㈣この像の原因、ど

1　第七巻一一・一三以下を参照。
2　第一一巻一二・六、第一六巻一八・七、リーウィウス第三七巻四〇・一三を参照。この名前は戦い方、装備の仕方を示唆する。これがタレントゥムからきたものであるかどうかは不明である。

んな動機で誰の費用で造られたのかは住民自身の間で論争の対象になっている。どこから、そして誰によってそれが奉納されたかも明らかではない。(五)しかしヘカトドーロス[2]とソーストラトス[3]の手によって造られたこの作品は最も壮大で、芸術的に最も完成されたものであると皆が一致して認めるところである。(六)しかし、晴天の、輝く朝が訪れると、王は軍隊を攻撃のために何ケ所かに配置した、先頭には傭兵に守らせながら梯子を運ぶ者を、(七)さまざまな部隊のそれぞれの背後にはマケドニアー人の部隊を配置し、それから太陽が昇ると同時に丘へ登るように命じた。(八)マケドニアー人が命じられたことを敏活にかつ恐るべきやり方で実行するとアリフェイラ人はマケドニアー人が最も近づいて来るのを見た場所へと突進し、走って行った。(九)おなじ頃王は選りすぐった兵士の一団を率いて急斜面を登り、城砦の郊外に気づかれずに到達した。(一〇)そこから突撃への合図を出させると、皆同時に梯子を掛け、城壁をよじ登って行った。(一一)王はまず人のいない郊外を占拠した。これに火がつけられると、城壁を守っていた者たちは将来を予見して、城砦が先に占領され最後の望みが奪われるのではないかと非常に恐れ、城壁を放棄して城砦へ逃げようと殺到した。(一二)このことが起きるとマケドニアー人はすぐに城壁と町を占拠した。(一三)その後、城砦にいる者たちはフィリッポスに使者を送り、かれは命の安全を保障し、その約束の下で城砦を占拠した。

七九　フィリッポスのこの成功によってトゥリヒュリア全体に驚きが広がり、かれらは自分たちの救いと自分たちの都市についていたる所で協議した。(二)しかしフィリッポスはテュパネアイを去り、そこでいくつかの家を徹底的に略奪し、レプレオンに退却した。(三)これがアイトーリアー人の同盟国にとっての報いであった。すなわち、最も必要なときに見捨てられただけでなく、略奪され、裏切られ、同時に負けたものが敵から蒙らざるを得ない「運命」を同盟国の側から受け取ったのである。(四)テュパネアー人たちはフィリッポスに都市を引き渡した。ヒュパナの住民もかれらとほぼおなじ事をした。(五)これと同時にフィアレイア人はトゥリヒュリアからの知らせを聞き、アイトーリアー

1　パウサニアース第八巻二六・六はアリフェイラの人びとがほかの神々以上にこの神を崇拝していると述べている

2　この彫刻家の名前は知られていない。おそらくヒュパトドーロスに修正されるべきである（パウサニアース第八巻二六・七を参照）。プリーニウス第三四巻五〇によると、かれは第一〇二オリュンピア期（前三七二―三六九年）の人。

3　ソーストラトスはレギウムのピュタゴラスの弟子であり、またかれの甥であった（プリーニウス第三四巻六〇を参照）。

人との同盟に不満をいだき、武装して将軍の任地を占拠した。㈥アイトーリアーの略奪者たちは、メッセーニアーから略奪行為をするために、町に留まり、最初はフィアレイア人に敢然と立ち向かう気配をみせていたが、㈦市民が心を合わせてかれらと戦うために集まっているのを見て、その計画を断念し、講和を結び、持ち物をもって都市から出て行った。㈧フィアリア人はフィリッポスに使節を送り、自分たち自身および都市を手渡した。

八〇　このようなことがまだ行われている間に、レプレアタイ人は都市の一部を占拠して、エーリス人、アイトーリアー人、およびラケダイモーン人にも同様に都市から退却するようにと要求した。というのもかれらに援軍が来たからである。㈡最初フィリッポスは都市のかれらを威嚇できるだろうと考えてかかわり合おうとしなかった。㈢しかし、王がフィアレイアにタウリオーンを指揮者として軍隊を送り、自分もレプレオンに進み、すでに町のすぐ目前まで来ると、フィアレイア人はそれに気づき、勇気を失った。逆にレプレアタイ人は自分たちの行動に自信をもった。㈣実際、千人のエーリス人、千人のアイトーリアー人とアイトーリアーの略奪者たち、五百人の傭兵、五百人のラケダイモーン人にたいして、さらにこれらに加えて城砦がまだ占拠されているのに、自分たちの祖国を得ようと努め、希望を放棄しようとしない行動は驚嘆に価するものだった。㈤フィリダースはレプレアタイ人が勇敢に耐え、マケドニアー人が接近して来るのを見て、エーリス人、ラケダイモーン人ともども都市を退去した。㈥スパルテー人によって徴募されたクレーテー人はメッセーニアーを通って故郷へ戻り、フィリアダースはサミコンに撤退した。㈦祖国を掌握したレプレアタイ人は使節を送りそれをフィリッポスに委ねた。㈧王は出来事を聞くと残りの軍隊はレプレオンに送り、盾兵と軽装兵を率いて、フィリアダースの軍勢に接近しようと急いだ。㈨かれは追いつくとすべての装備を手中におさめ、フィリアダースの軍勢はサミコンにかろうじて身を投ずることができた。㈩その場所に陣を張り、レプレオンから残りの軍勢を呼び寄せ、中にいる者たちにそこを包囲しようとしていることをはっきりと悟らせた。⑪アイトーリアー人はエーリス人ともども自分の手以外は攻囲に備えて何の準備もしていなかったので、その情勢に驚き、身の安全についてフィリッポスと語り合おうとした。⑫武器をもっての退却という譲歩を得て、かれらはエーリスへ出発した。⑬王はただちにサミコンを手中におさめ、⑭その後ほかの都市からの嘆願の使節がかれのもとにやって来て、フリクサ、ステュランギオン、アイピオン、ボラクス、ピュルゴス、エピタリオンを手に入れた。⑮こうしたことを実行し、六日間で全トゥリヒュリアを配下におさめてふたたびレプレオンに戻った。㈤時宜に適した方法でレプレアタイ人を鼓舞し、守備隊を城砦に置き、トゥリヒュリアの総督としてアカルナニアー人のラディコスを残し、軍隊とともにヘーライアーへと陣をあげた。㈥その町に着くと、すべての戦利品を分配し、そこに預けてあった荷を受け取り、冬の半ばにメガロポリスに来た。

八一　フィリッポスがトゥリヒュリアのことを処理していたときとおなじ頃、ラケダイモーン人のケイローンは自分が王位の正当な相続人だと考えて、監督官たちが自分を黙殺し、リュクールゴスに決定したことにたいして腹をたて、革命を起こす決心をした。㈡かれはクレオメネースとおなじ道をとり、大衆に土地の分配と再分配への希望を示せば、大衆は自分の言いなりになるだろうと考えて、実行へとはやりたった。㈢このことについて友人たちと意志疎通を計り、かれの企てにたいして二百人の協力者をえると、計画を完遂することにとりかかった。㈣リュクールゴスとかれに王位を授けた監督官が最大の障害であるのを見てとると、かれらにまず向かった。㈤監督官たちが食事をしているところを襲い、その場で全員を切り倒した。かくして「運命」がかれらにふさわしい罰を与えたのである。すなわち、誰の手によって、誰のために殺されたのかを考えた場合、かれらは当然の罰を受けたのだということを認めざるをえない。㈥このことが遂行された後、ケイローンはリュクールゴスの家に行き、かれに会ったのだがかれを押さえることはできなかった。㈦というのも一緒に住んでいる隣人によって隠され気づかれずに逃げ出したからである。かれは道とはいえない道を通ってトゥリポリスのペッレーネー[1]に退いた。㈧最も重要な攻撃に失敗したケイローンは計画にたいして絶望的になったが、続行せざるをえなかった。㈨それゆえ、広場に押し進み、敵に切りかかり、親戚や友人に呼びかけ、ほかの人を今述べた希望によって得ようと努めた。㈩しかし誰もかれに心を向けず、逆に人々はかれに向かって集まってこようとしたので、起ろうとすることに気づき、密かに退き、その地方を通って逃亡者としてアカイアーへ来た。(一一)ラケダイモーン人はフィリッポスの到来を恐れ、財産を田舎から都市へ運び、メガロポリスの領域のアテーナー[2]神殿を根こそぎにして空にした。(一二)ラケダイモーン人はリュクールゴスの法制定以来レウクトラ

1　ペッレーネーはスパルテーの北西、エウロタス峡谷に位置し、そこでメガロポリスへの道が川とぶつかっている。第一六巻三七・五、ストラボーン三八六、パウサニアース第三巻二一・二を参照。

2　六〇・三、第二巻四六・六脚注を参照。

の戦いまで最良の政体を用い、最大の力をもっていた。しかし「運命」が逆転し、国家としての状態は悪い方へと展開していた。㈢党派争いによるはてしなくつづく苦しみに耐えねばならなかったし、地所の絶え間ない所有権の交代と故郷からの追放を甘受せざるをえなかった。またナビスの専制、圧制政治にいたるまでの隷従という苛酷な「運命」も味わねばならなかった。すなわち、かれらにとっては「独裁者」という言葉は聞くだけで嫌悪を起こさせるものであった。㈣古い時代、幸福なまた不幸な状況にあるラケダイモーン人の歴史の大部分は多くの人によって記述されている、しかし最も重要な出来事、すなわちクレオメネースによる古い政体の廃止以来の時代は以下われわれによってそのつど適切な箇所で述べられることになろう。

八二　フィリッポスはメガロポリスを発って、テゲアーを通りアルゴスへ行き、そこで残りの冬を過ごした。この遠征でかれは年齢を越えた行動の正しさと功績の輝きで万人の称賛を得た。㈡アペッレースはあいかわらず計画を捨ててはいず、アカイアー人を徐々に屈従させようと計画を練っていた。㈢かれはアラートスとその側近がかれの計画のじゃまになっているのを知り、またフィリッポスがかれらの言うことに耳を貸すことをとくに年上のアラートスについて知った。すなわち、アンティゴノスにたいするかれの友好的な関係およびアカイアー人の間での大きな影響力、とりわけかれの機敏さと賢さゆえに耳を貸すことを知ったので、とくにかれに狙いをつけて、つぎのような方法で術策によってかれを処理しようとした。㈣まず、それぞれの都市におけるアラートスのすべての政敵を調査して、かれらを呼び寄せそしてかれらと知り合いになったときに、かれらを丸め込み、かれらの友情を懇請しはじめた。㈤またかれは、アラートスの言うことに耳を貸したならばどうなるか、一つ一つ事例をあげて説明しながら、フィリッポスにたいして仕組もうとした。もしアラートスに頼るなら、アカイアー人との関係で文書による同盟の条約[3]に拘束されることになる、それに対して自分に従い、このような人々を友とするなら、すべてのペロポンネーソス人を自分の思い通りに対処できる、として。㈥まずかれは選挙に注意を払い、こうした人の誰かに将軍職を手に入れさせ、アラートスの側近をその地位から追い出すことを望んだ。㈦そのためにフィリッポスがアカイアー人の選挙のためにアイギオンに姿を見せるように説得した、そこがエーリスへの進

3　前二二四年に締結された同盟条約。これはアカイアー人とマケドニアー人の間の関係を整え、クレオメネース戦争（第二巻五一・五脚注参照）の間に入った協定に取って代わろうとするものだった。

軍の駐屯地であるということを口実として。㈧王が同意すると、かれ自身が選挙に現れ、ある者は脅しながら、ある者は励まし、ファライ出身のエペーラトスが将軍になり、アラートスの側近によって推挙されたティモクセノスが落選するということを、苦労しながらではあったが勝ち取った。

八三　その後王は遠征へと出発し、パトライとデュメーを通って進軍し、テイコス「城壁」と呼ばれ、デュメー人の領域を守る城砦へやって来た。そこは上述したように、すこし前にエウリビダースによって占拠されていた。㈡そこをデュメー人のために何としても取り戻すために、全軍を率いてその前に陣を張った。㈢そこを守備していたエーリス人は驚いてフィリッポスに要塞を手渡した。それは大きくはなかったが、きわめて堅固なものだった。㈣城壁の周囲は一スタディオン半（二七〇メートル）を超えていなかったが、高さはどこも三〇ペーキュス（一三・五メートル）よりも低くなかった。㈤これをデュメー人に渡して、エーリス人の領域を荒しながら進軍して行った。その地方を荒廃させ、多くの戦利品を手に入れてデュメーに戻った。

八四　アカイアー人の将軍をかれの手によって任命したことで計画のかなりの部分を手に入れたと思ったアペッレースはフィリッポスをアカイアー人にたいする好意から完全に引き離すためにアラートスにたいしてさらに策略を講じ、このような思惑のために中傷をでっちあげることを計画した。㈡エーリス人の将軍アンフィダモスは上述したように、一緒に逃亡した者とともにサラマイで捕虜になっていたのであるが、ほかの捕虜とともにオリュンピアに連行されて来ると、ある人を介して王に謁見しようと懸命になった。㈢それが許されると、自分はエーリス人を王との友好関係、同盟関係へとし向けることができると主張した。フィリッポスは説得されて身代金なしで、アンフィダモスを釈放し、㈣エーリス人に次のように伝えるように命じた。すなわち、もし自分との友好関係を選ぶならば、すべての捕虜を身代金なしで釈放し、さらにこの国に外からのあらゆる敵にたいする安全を自ら保証する。㈤これらに加えて、かれらを自由人として、また守備隊が置かれない国民として、貢税の義務のない者として、自らの政体を用いる者として支持するだろう、と。㈥その申し出は雅量の大きいものであり、誘惑的に思われたのではあるが、エーリス人はそれに同意しなかった。㈦アペッレースはこの状況において偽りの言いがかりを見出し、それをフィリッポスの前に持ち出して言った。アラートスの側近はマケドニアー人にたいして心からの友情を持っていないし、フィリッポスに誠実に心服していない、と。すなわちエーリス人のこのよそよそしさの原因はかれなのである。㈧つまりアンフィダモスをオリュンピアから送り出したとき、アラートスの側近たちはあの男を傍らに呼び、次のように言って、けしかけたのである。フィリッポスがエーリス人の主人になることはペロポンネーソス人の利益には決してならない、と。㈨そしてこのことがエーリス人がフィリッポスの申し出を無視し、アイトーリアー人との友好関係に固執し、マケドニアー人との戦争を引き受けようとしているかの原因である、と。

八五　最初フィリッポスはこの言葉を受け入れ、アラートスとその側近を呼び、かれらを前にしてそのことを言うようにアペッレースに命じた。㈡かれらが到着すると、アペッレースは大胆にかつ脅すようにそのことを述べ、王がまだ黙っている間にさらに付け加えた。㈢「アラートスよ、王はお前たちがかくも恩知らずで思慮分別がない者であることが分かったので、アカイアー人を集め、かれらにこの件を公表し、マケドニアーにふたたび戻る決心をした」と。㈣年長のアラートスはその返答において、根本的には今述べられたことはすべて盲目的にかつ吟味せずに信じてはならないと王に頼み込んだ。㈤しかしかれの友人そして同盟国の一人にたいして嫌疑が持ち出されたのであるならば、その嫌疑を受け入れる前に、厳密な調査を行うように要請した。すなわちこれが王にふさわしいことであり、万人にとっての利益であるからだと。㈥それゆえにかれは、アペッレースによって言われたことについて聞いている人を呼び、アペッレースにたいしてそう述べた人を真ん中に連れて来ることを、アカイアー人に対してこれらのことの何かを明らかにする前に、真理を知るためにできることは何一つ残しておかないことを要求した。

八六　王にはこの主張が気に入り、ことを引き受け、すべてをきわめて厳密に調査することを確約したので、そのときは解散した。㈡つぎの日、アペッレースは言ったことの証明となるものは何一つ持ち出さず、アラトスたちにはつぎのような出来事が起った。㈢エーリス人はフィリッポスがかれらの土地を荒していたとき、アンフィダモスに疑念をいだき、かれを監禁して、鎖につないでアイトーリアーに送ることを決定した。㈣かれはかれらの意図を予め察知し、最初はオリュンピアへ退却し、その後フィリッポスが戦利品の管理のためにデュメーに滞在していることを知ると、急いでそこへ逃げ込んだ。㈤アラートスはアンフィダモスがエーリスを逃げ出してそこへ来ていることを聞くと非常に喜んだ。というのもかれにはやましいことが何もなかったからである。かれは王のもとへ行き、アンフィダモスを呼ぶように頼み込んだ。㈥すなわち、かれが告発されたことについて自分が述べたということに関して最もよく知っており、真実を明らかにするだろう、というのもかれはフィリッポスのために故郷を追放されたのであり、現在の状況では王以外には救いの希望はないのであるから、と。㈦王は言われたことに納得し、アンフィダモスを呼び寄せ、中傷が嘘だと分かった。㈧それゆえこの日からアラートスをよりいっそう評価し、かつ重んじ、アペッレースをより不信な目で観察するようになった。しかしかれは一般的な人望があったので、かれによって起こされた多くのことを見逃さざるをえなかった。

八七　アペッレースはこの計画を決して放棄しようとはせず、同時にペロポンネーソスのことのために配置されていたタウリオーンを中傷していた。㈡だが今度はかれを悪くいうのではなく、逆に今度はかれを称賛し、軍事行動で王に同伴するのに最も適した人だと説明しながらであった。がこれは、ペロポンネーソスの事柄において、かれの推薦で別の人が任命されるようにとの意図からだった。㈢すなわちこれは、相手を非難によってではなく、称賛によって傷つけようという新たに発見された新しい策略の方法だった。㈣この狡猾な中傷の忌まわしい手段はまずとくに宮廷で、相互の嫉妬から、そこで支配的であった権力闘争から生まれたものだった。㈤同様にかれは護衛長のアレクサンドロスを折りにふれ中傷していた。王の身辺の護衛を自分の影響下におき、アンティゴノスによって残された命令を全く効力のないものにするためだった。㈥すなわち、アンティゴノスは生存中は立派な指導者であり、息子にたいするすぐれた保護者だっただけでなく、死後もあらゆる事柄について未来に備えて賢く配慮していたのだった。㈦すなわちかれは遺言を残して、マケドニアー人に支配者についての配慮をしていた。同様に未来についても、宮廷での相互の嫉妬と党派争いへのあらゆるきっかけを予め除去するために、いかにしてまた誰によって個々の役所が管理されるべきかを規定していた。㈧この遺言状の中でアペッレースは若い王の後見人の一人として、レオンティオスは盾兵の指揮官として、メガレアスは官房の長として、タウリオーンはペロポンネーソスの代官として、アレクサンドロスは御衛兵の指揮官として任命されていた。㈨レオンティオスとメガレアスは完全にアペッレースの影響下にあり、さらにアレクサンドロスとタウリオーンをこの役職から遠ざけ、これとそのほかのすべての役職をかれおよびかれの友人の手にいれることに懸命になっていた。㈩もしかれがアラートスを敵にせず、かれを対抗者としなかったら、このことは容易に達成できただろう。しかしかれはまもなく自分のとめどのない野心の報いを受けたのだった。⑪すなわち、かれが他人に加えようとしたことが自分の身に降りかかったのである、しかも短期間の間に。㈢このことがどのようにしてそしてどんな方法で起ったかは、ここではなくて、後の箇所で詳しく、あらゆる詳細において語ることにして、今はこの巻を終えることにする。㈢フィリッポスは上述のことを指図すると、アルゴスに戻り、そこで友人と冬営し、軍隊はマケドニアーへと解散した。

第五巻

同盟戦争・前二一八年の出来事

一　アカイアー人の将軍としての年下のアラートスの職務期間は終った。プレイアデース星団の昇る季節だった。[1] というのも当時アカイアー同盟は年をそのように計算していたからである。㈡それゆえ、かれは辞任し、エペーラトスが同盟の指導を引き受けた。アイトーリアー人の将軍はまだドーリマコスであった。㈢同じ頃、夏の初めにハンニバルはローマ人に対して戦争を公然とはじめており、カルターゴー・ノウァを発ち、イベー川を渡り、イタリアに侵入しようとしていた。[2] ㈣ローマ人はティベリウス・センプロニウスを軍隊と共にリビュエーへ、プブリウス・コルネリウスをイベーリアーへ送り出した。[3] ㈤アンティオコスとプトレマイオスは使節を送って、交渉でコイレー・シュリアーをめぐる争いに決着をつけることを断念し、戦争をはじめた。[4] ㈥フィリッポス王は軍隊のための食料と軍資金に不足して、行政長官をとおしてアカイアー人を会議に召集した。㈦かれらが法律に基づいてアイギオンに集まると、王はアラトスが前回の選挙でのかれに対するアペッレースの策略のために自分をあまり助ける気になっておらず、エペーラトスが本質的に行動の人ではなく、誰からも軽視されているのに気づいた。㈧またこれらの事実からアペッレースとレオンティオスがおかした間違いを確信して、ふたたびアラートスに味方することを決意した。㈨会議をシキュオーンに移すよう指導者たちを説得し、そこで年上と年下のアラートスに個人的に会い、起ったことのすべての責任をアペッレースに押し付け、かれらの最初の政策を捨てないようにと頼んだ。㈩かれらが快く承諾すると、会議へ臨み、前述の者たちの支持を得て、計画通りにすべてを手に入れた。㈠アカイアー人はかれに遠征の開始のために

1　この緯度ではこの星団は五月二二日に昇る。
2　第三巻三四・六脚注を参照。
3　執政官の派遣については第三巻四〇・二、四一・二脚注を参照。時期は八月だった。

4　六八・一を参照。

ただちに五十タレントを支払い、軍隊のために三ケ月の給料を引き受け、一万メディムナ[1]の穀物を提供することを議決した。㈠二さらに、かれがペロポンネーソスにいて、共に戦っている間はアカイアー人から月に十七タレントを受けとることが決められた。

二　このことが議決されると、アカイアー人たちはそれぞれの都市へと解散した。軍隊が冬営地からかれのもとへ集まってくると、幕友[2]たちの助言を受けて、海戦を行うことを決定した。㈡このようにしてのみ敵に対して迅速に、いたる所から姿を現わすことができ、㈢敵は地理的に切り離されているのでお互いに助け合うことができないし、敵が海路いつ現れるかもしれないという不確実さと迅速さに脅える、と確信していた。すなわち、かれの戦争はアイトーリアー人、ペロポンネソース人さらにはエーリス人に対してであったからである。㈣このことが決められると、

アカイアー人の船[3]と自分たちの船をレカイオンに集め、絶えざる練習を行って密集隊を鍛え、漕ぐことに慣れさせた。そのさい、マケドニアー人たちはかれの命令に熱心に服従した。㈤すなわち、かれらは陸上での整然とした戦いにおいてのみでなく、状況によって要求されると、即座に海戦への準備ができ、とくに陣営の柵を立てたり、塹壕を掘るなどの工兵の仕事やその他の防禦工事では極度に能力があり、辛抱強いのである。㈥ちょうどヘーシオドスがアイアコスの息子たちを描写している男たちである。[4]

　まるで宴のように戦争を喜ぶ

㈦王とマケドニアーの兵士たちはコリントスで過ごし、海戦のための準備と訓練に従事していた。㈧フィリッポスをわがものにできず、権力の低下を見過ごして耐えることのできないアペッレースはレオンティオスおよびメガレアースと共謀へと連帯する。二人は戦場に留まり、王の処置を妨害し、決定的瞬間に邪魔する手筈になっていた。かれ自身はカルキスへ引きこもり、フィリッポスの計画のための補給物資がかれに届かないように配慮した。㈨上述の

1　一メディムナは約五二リットル。

2　第二巻四・七、第四巻二三・五脚注参照。ほかのギリシアの君主国におけるように（セレウコス王朝には四階級がある）、アンティゴノスの階級制度では幕友は重要な地位をしめる。軍事的連合については五〇・九を参照。ここではかれらは王評議会議員として行動している。

3　おそらくパクソスの戦い（第二巻九・九、一〇・五）で助かった五つの甲板を備えた船。

4　Rzach断片七七。

者たちとこのようなことに同意し、よこしまな取り決めをして王に対して都合のよい口実を探しながらカルキス[5]へ出発した。㈩実際かれは誓いによって与えた約束を忠実に守り、誰もがかれの以前の宮廷での信用のためにかれに従順であった。その結果王は金に困って日々使用している銀の皿を担保とし、それで生計をたてることを余儀なくされた。㈡一漕ぐ訓練はすでにじゅうぶんに実施されていた。王は軍隊に食料を分配し、給料を支払うと出航した。そして二日目にマケドニアー人六千人、傭兵二百人の軍隊と共にパトライに入港した。

三　同じ頃アイトーリアー人の将軍ドーリマコスはアゲッラオスとスコパス[6]を五百人のネオクレーテー人[7]と共にエーリス人のもとに送った。エーリス人はフィリッポスがキュレネを包囲することを企てるのではないかと恐れて、傭兵を集め、市民兵を動員し、キューレーネーを入念に堅固にしていた。㈡それを見たフィリッポスはアカイアー人の傭兵、クレーテー人の一部[8]、ガッリア人の騎兵それにアカイアーで徴募した歩兵二千人を自分の軍団に編成し、デュメーに駐屯させた。それは予備軍としてまた同時にエーリスからの何らかの攻撃に対する備えとしてであった。㈢かれはまずメッセーニア人、エーペイロス人、アカルナニア人、スケルディライダース人に、船に乗船してケファレニアー島に到着するよう文書で要請し、次にかれ自身は取り決めた日にパトライから出航しケファレニアー島のプロンノイ[9]に上陸した。㈣この小都市は攻囲するのが難しく、空間が狭すぎると判断し、艦隊で沿岸を航行し、パルス[10]で錨を下ろした。㈤この地方は穀物で満ちており軍隊を養うことができると判断して、軍隊を上陸させ、その都市に対して陣を張り、船を一緒にして錨を下ろさせ、その周りに塹壕と柵をめぐらし、マケドニアー人を穀物の収集に行か

5　エウボイアのカルキスはギリシアにおいてマケドニアー人が主権を握っている国の中心だった。
6　アゲッラオスについては第四巻一六・一〇を、スコパスについては第四巻五・一および多数の箇所を参照。
7　ネオクレーテー人（六五・七、七九・一〇、リーウィウス第三七巻四〇・八、四〇・一三を参照）については多くの議論があるが、ガルドゥッチ（IC, iv. 21）はクレーテー人によって新たに市民権を与えられた傭兵だと論じている。
8　数は三百人、第四巻六七・六、第五巻七・一一を参照。
9　貨幣上ではプロニオイと記されている。ストラボーン（第一〇巻四五五）ではプロネソスと呼ばれている。これは島の南東の隅に向かって位置していた。
10　パルスは現リクスリの北一五キロ、リウァディ湾の西海岸にあり、それは南海岸からケファレーニア島への湾曲部を形成している。

せた。㈥自分はその都市の周りを歩いて、どのようにしたら攻囲の道具を城壁に適用できるかを調べた。というのもそこで同盟軍を待ち、同時にその都市を征服したいと望んだからである。㈦まず、アイトーリアー人からかれらにとってなくてはならない援助を奪うためである。というのもかれらはケファレーニアー島の船[1]をペロポンネーソス半島へ渡ることとエーペイロス人とアカルナニアーの海岸の略奪遠征に使用していたからである。㈧第二に同盟軍のために敵地に対する計画に適した作戦基地を手に入れたいと思ったからである。㈨つまり、ケファレーニアー島はコリントス湾の前（東）、シケリアー海の方向（西）にあって、ペロポンネーソス半島の北と西の海岸、特にエーリス人の海岸を支配し、さらにエーペイロス人、アイトーリアー人、アカルナニアー人の西と南海岸を支配しているからである。

四　それゆえに、この島は同盟軍の集合地として、敵に対する遠征の出発地点としてまた同盟軍の国を守る要塞として準備されたのである。㈡しかしこの都市は四方を一部は海によって、一部は切り立った岸壁によって守られていて、狭い一ケ所だけにザキュントスの方向に平坦な接近路があるだけであった。ここに攻囲の道具を運び、攻囲全体を組み立てることを決意した。㈢王はこうしたことにとりかかっていた。そのときにスケルディライダースから十五隻の快速艇が到着した。かれの艦隊の主要部を送ることはイッリュリアーにおける混乱とさまざまな都市における指導者間の争いによって阻まれていた。㈣エーペイロス人、アカルナニアー、メッセーニアーからも割り当てられた同盟軍が来た。㈤すなわち、メッセーニアー人はフィアレイアの征服の後は戦争のその後の経過の中で、ためらわずに自分たちの義務に応じたのである。㈥すべての準備が整ったとき、王は石弓機《バリスタ》と投石器《カタプルタ》を阻止するのに適した地点に配置し、マケドニアー人を励まし、機械を城壁に運ばせ、坑道を掘ることに着手した。㈦その仕事に対するマケドニアー人の熱意によって、城壁はたちまちのうちに二フィートにわたって下が掘られ、王は城壁に近づき、都市の住民に自分との和平を勧告した。㈧かれらが聞き流したので、支柱に火を付けさせると同時にそれによって支えられていた城壁を倒壊させた。㈨このことが起こると、まずレオンティオスによって指揮されている盾兵をさし向け、それを環状に配置し、崩壊した個所を通って強行するように命じた。㈩レオンティオスの部隊はアペッレースとの取り決めを守り、突破口を通り抜けている兵士の間に三度にわたって混乱を引き起こし、都市の征服を達成することを妨害し

1　第四巻六・二脚注を参照。

た。㈡小部隊の指揮官たちの最も傑出した者たちを予め買収し、それぞれの戦闘で故意に負け、臆病な振舞いをしたのである。㈢そしてついには、敵と決着をつけることは容易であったにもかかわらず、大損害を受けて都市から追い出されてしまった。㈢王は、指導者たちが怯《ひる》み、マケドニアー人の多くが傷ついたのを見て、包囲を断念し、幕友とこれから先のことを協議した。

五　おなじ頃、リュクールゴスはメッセーニアに出陣し、ドーリマコスはアイトーリアー軍の半分を率いてテッサリアに侵入し、両者共にフィリッポスをパライエイスの包囲から手を引かすことができると確信していた。㈡このことのためにアカルナニアーとメッセーニアーから使節がフィリッポスのもとへやって来た。アカルナニアーからの使節はアイトーリアー人の領域に侵入して、ドーリマコスをマケドニアーへの攻撃から引き離し、同時にアイトーリアー人を襲撃し、その全領域を妨害を受けないままに荒すことを要請した。㈢メッセーニアーからの使節は自分たちを援助することを要請し、目下のところ貿易風が支配的であるこの季節ではケファレーニアー島からメッセーニアーへ渡ることは一日で実行できることを教えた。㈣それゆえにリュクールゴスへの攻撃は効果的なものになるだろう、とメッセーニアー人のゴルゴス[2]は勧めた。㈤自分の計画をいぜんとして追及していたレオンティオスはゴルゴスを熱心に支持した。この夏はフィリッポスにとってまったく無為に終るだろうと見たからである。㈥つまり、メッセーニアーへ航行することは容易であるが、貿易風が吹いているときに、そこから帰航することは不可能だったからである。㈦このことから明らかだったことは、フィリッポスが軍隊と共にメッセーニアーに閉じ込められ、夏の残りを無為に過ごし、一方アイトーリアー人はテッサリアーとエーペイロスへと前進し、すべての領土を妨害を受けることなく、略奪し、荒すことができたであろうことである。㈧かれらはこのようにして計画をめちゃくちゃにしようとして、このようなことを助言したのである。同席したアラートスは反対意見を持ち出した。㈨すなわち、アイトーリアーに行き、そこに介入しなければならない、というのもドーリマコスにひきいられたアイトーリアー軍は目下外征しているのだから、アイトーリアーを襲撃し、荒すのに絶好の機会であるからと主張した。㈩王は、レオンティオスに対して、

2　第七巻一〇・二—五、パウサニアース第六巻一四・一一を参照。かれはメッセーニアーで親アカイアー派、反スパルテー派のこの時期において最も傑出した人物だった。そして中道派を形成していた（第四巻三二・一）寡頭派と比較すると穏健な民主主義者だった。

包囲のさい故意に負けたことから不信感をいだいており、航行についての助言から悪巧みを感じ取ったので、アラートスの意見に従うことを決意した。㈡それゆえに、アカイアー人の将軍エペーラトスにアカイアー軍を率いてメッセーニアー人を援助するように書き送り、自分はケファレーニアー島から出航して二日目の夜に艦隊と共にレウカスに到着した。㈢ディオリュクトスと呼ばれる海峡[1]をすぐに使えるようにした後、船をそこへ運び、アンブラキア湾へ入港した。㈢この湾は、上述したように[2]シケリアー海から深く内陸部へアイトーリアーまで延びている。㈣旅程を終え、夜明け少し前にリムナイアー[3]に停泊し、兵士たちに朝食を取らせ、重い荷物を船に残して、戦時行軍態勢で出発の準備をしておくように命じた。㈤かれ自身は道案内人を集め、その地方および近隣の諸都市について探索した。

六　このとき、将軍のアリストファントス[4]がアカルナニアーの全軍をひきいてやって来た。かれらは過去アイトーリアー人によってさんざん酷《ひど》い目《め》にあっていたので、かれらに復讐し、考えうるかぎりの損害を与えようと燃え立っていた。㈡それゆえにマケドニアーの援助の機会をよろこんでとらえ、兵役の義務ある者だけでなく、中年の者も武器を持って来たのである。㈢エーペイロス人も同じような理由でかれらに劣らない熱意をもっていた。国が大きかったこととフィリッポスの現れるのが突然であったために兵を動員するのには遅れた。㈣ドーリマコスはすでに述べたようにアイトーリアー人の半分をひきいて遠征を行い、半分を残しておいた。というのも不意の攻撃に対する地方と諸都市の防禦のためにはそれでじゅうぶんだと考えたからである。㈤王は輜重《しちょう》の防衛にはじゅうぶんな守備隊を残してリムナイアーを午後に出発し、六〇スタディオン（一〇・八キロ）進軍して陣を張った。㈥軍隊に夕食をとらせ、少し休ませた後で、ふたたび出発し、引き続き夜間の進軍を行いながら、ちょうど夜が明ける頃、コーノーペーとストラトス[5]の間のアケローオス川に来た。テルモス人の領域に突然の攻撃をしかけるためだった。

1　アカルナニアーとレウカスを結ぶ土地の岬を通っているこの海峡はレウカスの殖民後まもなくコリントス人によって掘られた。ストラボーン第一〇巻四五二に言及されている。

2　第四巻六三・四―五脚注を参照。

3　リムナイアはカルヴァッサラから南東に走っている沼地の峡谷で、アンブラキア湖を含んでいる。

4　他には知られていない。

5　第四巻六三・一〇脚注、六四・三脚注を参照。

七　レオンティオスは二重の理由からアイトーリアー人が事態に対処できず、フィリッポスが自分の目標を達成するだろうことを見てとった。第一にマケドニアー人の侵入がかくも迅速であり予期しなかったものであったからであり、㈡第二にアイトーリアー人は、その自然の非常な堅固さのために、フィリッポスはテルモスの周辺の領域にかくも迅速にあえて侵入はしないだろうと考えて、その防備は切りつめられ、このような出来事のためにまったく準備をしていなかったからである。㈢そのことを見てそして自分の計画を守って、レオンティオスは、アケローオス川に陣を張り、軍隊を夜間の進軍から休息させねばならないと忠告した。アイトーリアー人のために少なくとも対抗処置のための短い猶予期間を作りたいと思ったからである。㈣しかしアラートスは成功は行動の迅速さにかかっていて、まさにそれゆえにレオンティオスは王を引き止めようとしているのだと察知したので、躊躇《ちゅうちょ》しないように、そして一回かぎりの機会を逃さないようにと王に執拗《しつよう》に要求した。㈤王はすでにレオンティオスの行動を不快に思っていたので、この助言をとり上げ、進軍を続けた。㈥アケローオス川を渡り、テルモスへと進んだ。前進しながらその地方を略奪し、荒廃させていった。

テルモスへのフィリッポスの進軍

㈦左手にストラトス、アグリニオン、セスティエイス、右手にコーノーペー、リューシマケイアー、トゥリコニオン、ヒュタイオンを後にしながら。㈧そしてメタパと呼ばれている都市に到着した。そこはトゥリコーニス湖畔で、街道のすぐそば、テルモスからおよそ六〇スタディオン（一〇・八キロ）離れていた。かれはアイトーリアー人によって見捨てられたその都市を占拠し、㈨山道の西の入口を遮断し、自分の帰還路を開けておくために百人の守備隊を置いた。(一〇)この湖の岸全体を山が囲んでおり、道がなく、森によって狭められていて、その結果一本のまったく細いやっと歩けるほどの沿岸道路が残されているだけでだったからである。(一一)この後、全縦隊の先頭に傭兵を、その後にイッリュリアー人を最後に盾兵と重装兵を配置して、その道を通って進軍した。しんがりはクレテー人が守り、トゥラーケー人と軽装兵がかれの右側面を平行して進んで行った。㈢すなわち、左側面は約三〇スタディオン（五・四キロ）にわたって湖によって安全が確保されていたのである。

八　この道を通過し終え、パンフィアーと呼ばれる村に到着した。ここを同様に守備隊を置いて守り、それからさらにほぼ三〇スタディオンの距離のある道をテルモスへと進軍した。この道は非常に険しく、石だらけであるだけでなく、両側は断崖に沿って走っていた。㈡その結果通路は二、三ケ所で非常に細く危険であった。㈢マケドニアー人は精力的に進軍したので、短時間でこの道を通過し終え、その日遅くテルモスに到着した。㈣そこに陣を張り、周辺の村を略奪し、テルモスの平原を徘徊《はいかい》し、その家にあるものをすべて奪うために軍隊を送り出した。それらの家は穀物や他の蓄えで一杯であるだけでなく、アイトーリアーの他のどこよりも豊かな施設が用意されていた。㈤すなわち、アイトーリアー人はそこでつねに年の市を開き、主要な祭りを祝い、行政官の選挙をそこで行ったので、その都市での宿泊のために宿泊所の設備のために最も高価な財産を持ち込んでいたからである。㈥こうした実用的な目的以外にかれらはそこが最も安全にそうした物を隠しておける場所だと考えていたのである。というのも敵は一度もこの辺りにあえて侵入してきたことはなかったからであり、いわばそれはアイトーリアー全体の自然の要塞であった。㈦この地方は昔から平和であったので、神社の周りの家々もその辺り一帯があらゆる種類の価値ある物で満ちていた。㈧かれらはその夜、あらゆる種類の戦利品で一杯の現地の店に宿泊し、翌日最も高価で運びうる日常品の大部分を選び出し、残りはテントの前に積み上げて、焼き尽くしてしまった。㈨同様に、柱廊に掛けてあった武器のうち最も高価なものをとり降ろし、自分のものと交換し、持ち去った。一万五千個以上あった他の物は山積みして火を付けた。

九　ここまではすべてが戦争の法則通りに立派に、正しく行われた。しかし、その後のことはどのように言わねばならないか、わたしにはわからない。㈡すなわち、アイトーリアー人がディーオンでまたドードーネーで何を行ったか[1]をかれが思い出したとき、柱廊を燃やし、その他の奉納物[2]を破壊したのである。そのいくつかは価値の高いものであり、入念にかつ多額の費用をかけて造られたものだった。㈢また屋根を火で焼き払っただけでなく、建物それ自体も大地へ根こそぎ倒壊させたのである。さらに二千体よ

1　第四巻六二・二以下（ディーオンでの事）、六七・三（ドードーネーでの事）を参照。
2　武器（八・九）は本質的に破壊の正当の対象物とみなされた。

りも少なくない数の立像もひっくり返し、神々への奉納碑文が書かれていたり、その姿を表しているものでないかぎりの多くの像を破壊した。ただし、前者には手を触れなかった。㈣壁にはしばしば引用されるサモスの詩句[3]を書き付けた。かれはクリューソゴノスの息子で、王と一緒に育てられ、この時期にはすでに才能を現わしはじめていた。㈤その詩句はつぎのものである。

　神の矢がどこに飛んで行ったか君にはみえるか

　（矢が飛んで行ったディーオン市が君には見えるか）

㈥そのさい、王とその幕友たちは、ディーオンにおけるアイトーリアー人の神聖を汚す扱いに対する報復として自分たちは正しく適切に行動しているという信念をいだいていた。㈦私はまったく逆の意見である。そして正しいか否かの判断材料はどこかほかの箇所からではなく、この王家の以前の歴史から例を引くことができる。

㈧アンティゴノスは会戦でラケダイモーンのクレオメネースに勝利してスパルテーを手に入れたとき[4]、㈨その都市とその住民を思い通りに取り扱う力を得た。しかしかれは無条件に手渡された人々を酷い目にあわせようとは決して考えず、かれらに父祖伝来の政体と自由をとり戻してやり、全体としてのスパルテーおよび個々の市民に善行を施さないうちは、その都市を去らなかったのである。㈩それゆえに、そのときかれは恩人と宣言されただけでなく、死後も救済者《ソーテール》とみなされ、ただラケダイモーン人の間においてだけでなく、すべてのギリシア人の間で名声と栄誉を獲得したのである。

　一〇　自分たちの王国を大きな力をもつ地位へ高め、その家の名声を基礎付けたフィリッポス〔二世〕はカイローネイアーの戦いでアテーナイ人に勝利したとき、性格の温和さと人間性によるほどには多くのものを武器によっては手に入れていない[5]。㈡すなわち、かれは武器と戦いでかれらに勝ち、敵対する者の支配者となり、寛大さと穏やかさですべてのアテーナイ人とその都市を手に入れたのである。㈢かれは怒りにわれを忘れて厳しい処置をすることはせず、

3　ポリュビオスはこの詩行がエウリーピデース（「その矢が飛んでいった優雅な人が君には見えるか」Suppl. 860）の翻案であることに気づいていない。サモスはフィリッポスの幕友たちの一人である（一七・六、九七・三、第七巻一一・六、第九巻二三・九を参照）。

4　第二巻七〇・一、第九巻三六・三―五を参照。

5　カイローネイアーの戦い後、アテーナイ人は独立と外国の所有地を維持し、フィリッポスに渡したトゥラケーのケルソネソスの替りにオロポスを受け取った。

自らの温和さと志操高邁さを証明する機会を見つけるまで戦争を遂行したのである。㈣すなわち、捕虜を身代金なしで釈放し、戦死したアテーナイ人に最後の栄光を顕わし、かれらの骨をアテーナイに運ぶことをアンティパロスに委ね、帰郷した捕虜に衣服を与えることにより、自分の賢明さによって、最小の出費で最大の成果をかちえたのである。[1] ㈤かれの寛大さがアテーナイ人の誇り高い意識にうちかち、敵を自ら進んでことを行い、熱心な戦友にしたのである。[2] ㈥アレクサンドロス[3]はどうであったか。かれは住民を奴隷として売り、都市を完全に破壊したほどテーバイ人について怒ったのであるが、この都市を手に入れるために、神々に対する敬虔さを決して軽視せず、㈦神社およびその聖域について意志に反した過ちが決して起ることのないように最大の配慮をしたのである。㈧ギリシア人に対して犯したペルシア人の不敬に復讐するためにアシアーへ渡ったとき、人間に対してはその行為によって受けて当然である罰を実行しようとしたのだが、神々に奉納されたものには一切手をふれさせなかったのである。ペルシア人はこの点でギリシアにおいて最大の犯罪を犯したのではあるが。㈨そのとき、フィリッポスはこのことを常に念頭におき、支配権のというよりはむしろその信条と雅量の大きさの後継者としてまた前述の勇士たちの相続人として自分を提示しなければならなかったのである。㈩かれは一生の間アレクサンドロスとフィリッポスの血縁者と見られることには最大限の努力をしたが、かれらの熱心な模倣者として自分を示すことには少しの関心も示さなかった。㈠かれは行動においてかれらとは正反対の道を歩んだので、あらゆることにおいて正反対の評判が与えられ、しかも年をとるにつれてますますそれが増大していったのである。[4]

一一　そのひとつの例がそのときに行われた事柄だった。すなわち、かれは怒りから冒涜行為に関してアイトーリア

1　第二二巻一六・二、ディオドーロス第一六巻八七・三を参照。
2　アテーナイ人はアゴラにフィリッポスのために立像を立て（パウサニアース第一巻九・四）、かれを市民として認めた（プルータルコス「デーメトゥリオス」二二）。
3　アレクサンドロスとペルシア人の敗戦国の取り扱い方については第四巻二三・八脚注、第九巻二八・八を参照。アレクサンドロスはテバイの神社とピンダロスの家に危害を加えず、また神官と巫女、彼自身およびフィリッポスの幕友を奴隷化することから免除し、マケドニア人のプロクセノスとした（アッリアーノス第一巻九・九―一〇を参照）。

4　フィリッポスの性格の悪化については第七巻一一・一以下を参照。

人と同じことを行い、禍を禍によって癒そうとしながら不当なことは何もしていないと考えたのである。㈡しかしスコパスとドーリマコスに対してはおりにふれ、ドードーネーとディーオンで神聖さに対して加えられた不敬さをその傲慢さと不法という点で非難した。そして自分は同じことをしながら、それを聞いた人々の間でかれらと同じ評判を得るだろうとは考えなかった。㈢要塞、港、都市、人々、船、収穫物あるいはこれに類する物を敵から奪ったり、破壊すること、そしてこうしたことによって敵を弱くすること、自分たちの状況、攻撃をより強いものにすること、こうしたこをすることは戦争の習慣および戦時法[5]が強いるのである。㈣自分自身の利益を何らかの方法で助長すること、あるいは敵に損害を与えるという見通しも持たずに、神殿あるいはかれらの間にたてられている立像あるいはその他の芸術作品を意味もなく破壊すること、このことを狂人の行為と言い表していけないだろうか。㈤すなわち、立派な人は過ちを犯した人に対して破壊と抹殺を目指して戦ってはいけないのであり、かれらが悪行を止め、改善するために、何もしでかしてない者を犯罪者と一緒になって破壊する代わりに、罪があると思われるこのような者をいたわり、恩赦をかけるべきなのである。㈥意志に反した家臣に対して暴力行為で恐怖政治を行い、かれらに憎まれ、自分の方でも憎んだりするのは独裁者のすることである。しかし王はその人間としての善意と配慮のために愛されながら、善行を行いながら自由に従うものを統治し、導くのである。㈦もしフィリッポスが上述のことと反対のことをしたら、すなわち柱廊も立像も破壊せず、奉納物のどれひとつも傷つけなかったら、アイトーリア人がどんな判断をするのが当然であるかを想像したならば、かれの間違いがよくわかるであろう。㈧それが最善で最も人道的な処置だったと私は思う。というのも彼らはディーオンとドードーネーで犯した罪を意識していて、フィリッポスが今や自分が望むことを自由に行えることに気づき、かれらに対するいかなる取扱いでも正当なものと認識し、さらに人間的な善意と高邁な精神でかれらと同じように行動することを恥じたのだと思うだろう。

一二　このことから明らかなことは、かれらは当然のことながら自分自身を非難し、フィリッポスがこのように宗教を尊敬し、自分たちに対する怒りを押さえながら高貴にそして王としてふさわしく行動した、と是認し、称賛した

5　戦時法、リーウィウス第三一、巻三〇・二―三（ポリュビオスに基づいている）を参照。ポリュビオスはここではプラトーン（『国家』v. 470A. C）を反映している。

であろうことである。㈡寛容と正義によって敵に勝つことは、戦場での勝利よりはるかに大きな成果をもたらすことは明らかである。㈢敗れた者たちは前者には自由意志で屈するのであり、後者にはやむをえず屈するからである。後者は大きな損失を与えて間違った者を改善に向かわせることになるが、前者は損害を与えることなく正しい道に導く。㈣最大のことは、後者の場合には服従するものがたいていの勝利に貢献するが、後者では勝利は指導者の仕事であることである。

㈤おそらく人はあの事件の全責任をフィリッポスの若さを考慮して、かれに帰するのではなく、責任の大部分を、アラートスとファロスのデーメトゥリオスもその一員であった側近、幕友、助言者に帰するであろう。㈥この二人のうちどちらがこのような助言をしたかに答えることはたとえ同席していなくても困難ではないだろう。㈦すなわち、無分別であったり、自制心を失ったりしたことが一度もないアラートスの一生の間守られた態度、一方デーメトゥリオスには逆のことが当てはまるということは別として、似たような状況においてかれら二人[1]がフィリッポスに与えた助言における異なる原理の明白な例をわれわれはもっている。これについては適切な箇所で言及することにしよう。

一三　フィリッポスは持ち運びできるかぎりの物をもって、テルモスから出発した、ここからわれわれは横道にそれたのであるが、しかも来たのと同じ道を通り、戦利品と重装兵を先頭に、アカルナニアー人と傭兵を最後に配して、㈡山道をできるかぎり早く通り抜けようと努力した。アイトーリアー人が後衛の後を追い、地形の困難さを利用することを計算に入れたからである。㈢このことはすぐ起った。すなわち、アイトーリアー人は救援に来て、およそ三千人ほど集まっていたが、フィリッポスが高地に来るまでは近づかず、ある場所に姿を隠して待機していた。それを指揮していたのはトリコネオンのアレクサンドロスだった。後衛が動き出すと同時にテルモスに入って来て、後衛を攻撃した。㈣後衛が混乱に陥ると、地形に通じているアイトーリアー人はかれらに迫り、襲いかかってきた。㈤それを予見していたフィリッポスは高地を降りるさいに、イッリュリアー人と精鋭の盾兵を丘の後ろに隠しておいた。[2] ㈥追いすがり、ずっと先まで突進してきた敵の兵士に対してかれらが立ち上がると、アイトーリアー人のうち百三十人が戦

1　その例はメッセーニアーにおけるふたりのそれぞれの助言である（第七巻一一・一二、一三・二―一四を参照）。

2　セッラシアーの戦いにおける待伏せでのイリュリア人と盾兵の同様の用兵については第二巻六六・五脚注、・一〇脚注を参照。

死し、それより少なくない数の者が捕らえられ、残りは道なき道をまっしぐらに逃げるということになった。㈦状況がこのように優勢となると、後衛部隊はまずパンフィリオンに火を付け、そして安全に山道を通り抜け、マケドニアー軍と合流した。㈧フィリッポスはメタパで陣を張り、後衛部隊をそこで待っていたからである。次の日、メタパを根こそぎ破壊したあと、前進をつづけ、アクライという都市の近くで陣を張った。㈨次の日、前進しながらその地方を荒し、コーノーペーで陣を張り、次の日を待った。㈩次の日ふたたび陣を上げアケローオス川に沿ってストラトスまで進み、その川を渡り、軍隊を射程の外に置き、中にいる者に誘いをかけた。

一四　すなわち、アイトーリアー人の歩兵三千人、騎兵四百人、クレーテー人五百人がストラトスに馳せ参じているのに気づいたからである。㈡しかし、誰も立ち向かってこようとしなかったので、先陣をふたたび動かしはじめ、リムナイアーと船に向かって進んで行った。㈢しかし、後衛が都市を通り過ぎると同時に、アイトーリアー人の少数の騎兵が出撃してきて、最後部に攻撃をしかけた。㈣しかしクレーテー人の全軍とアイトーリアー人のいくつかの部隊が騎兵隊と合流すると、本格的な合戦がはじまり、後衛部隊は向きを変えて戦わざるをえなくなった。㈤最初は、両軍共に均衡を保っていた。しかしイッリュリアー軍がフィリッポスの歩兵部隊の援助に駆けつけてくると、アイトーリアーの騎兵隊と傭兵隊は統率を欠いた逃亡へと転じた。㈥王の部隊はかれらの大部分を門と城壁まで追跡し、百人ばかりを打ち倒した。㈦この合戦のあとは、アイトーリアー人は都市で静かにしていたので、後衛部隊はそれから先、悩まされることなく、軍隊と船に到達することができた。

㈧フィリッポスは陣を張らせ、早朝、遠征の幸先の良さを感謝する犠牲を神々に捧げ、将校たちを食事に招待するために呼んだ。㈨すなわち、このような危険な場所に、これまで誰一人として軍隊をひきいて、また合戦をしかけたことのない場所へ身を投じていたのだという思いを新たにしたからである。㈩軍隊をひきいて侵入しただけでなく、計画したことをすべてやり遂げ、無事に帰還し、それを非常に喜んで、将校たちをもてなそうとしたのである。㈡ただメガレアースとレオンティオスだけは王の成功を不愉快に思っていた。かれらは王のすべての計画を妨害する任務をアペッレースに対して負っていたのであるが、そうすることはできず、ことはかれらにとってまさに逆に経過したからである。かれらは明らかに失敗したのだ。しかし宴へは出かけていった。

一五　しかしかれらはすぐに王やその他の人たちの猜疑心を引き起こした。最近の出来事にその他の人たちと同じようには喜びを示していなかったからである。㈡宴が進み、大酒盛りへと展開していくと、かれらもそれに加わらざるをえなくなり、すぐに本心を暴露した。㈢すなわち、宴が解散されると、かれらは飲酒と激情に駆られてアラートスを探し回り、㈣自分の陣営に戻る途中のかれに出会うと、まずかれを罵り、次に石を投げつけはじめた。㈤両方の側の仲間が救援に駆けつけると、陣営内には大騒音と混乱が生じた。王は騒ぎを聞くと、騒ぎを鎮め、ことを調べるために人を送った。㈥かれらが来ると、アラートスは起ったことを報告し、居合わせた者を証人として差し出し、このような不正行為から逃れて自分の陣営へと立ち去った。㈦レオンティオスも何とかその騒ぎを逃れた。王は起ったことを知るとメガレアスとクリノーンを呼び寄せ、激しく非難した。㈧かれらは自分たちは我慢などはせず、さらにその度合いを強め、アラートスに報いを加えるまでは計画を止めないと主張した。㈨王はこの言葉に激しく立腹し、ただちに二十タレントを担保として押さえ、かれらを牢へ連行するように命じた。

一六　翌日アラートスを呼び、自分がことを引き受け、さらにそれを追求するという確約を与えた。㈡レオンティオスはメガレアスに起ったことを聞くと、二、三の盾兵に伴われて王のテントへ赴いた。若いかれを容易に押さえつけ、すぐに別の考えに持ち込むことができると確信していたのである。㈢王に会い、誰がメガレアスに手をだし、誰が牢へ連行することをあえてしたのかとたずねた。㈣王が、自分が命じたのだ、としっかりとした口調で述べると、レオンティオスは驚き、少し悲嘆し、立腹して立ち去った。㈤王は全艦隊で出航し湾を渡り、レウカスに停泊するとすぐに戦利品の分割を託された人たちに、仕事を遅れることなく果たすことを命じ、かれ自身は幕友を集めメガレアスとその一派に判決を下した。㈥アラートスはレオンティオスとその一派によってなされたことを最初から告訴し、アンティゴノスの出発後行われた殺戮、アペッレースとの取り決め、さらには、パライエイスにおける妨害を明らかにした。㈦そしてこれらすべてを証拠と証人を挙げて提示したので、メガレアスおよびその一派の者は反論できず、幕友によって一致して有罪の判決を下された。㈧クリノーンは牢に入れられたままであり、メガレアスはレオンティオスが身請けした。

㈨アペッレースとレオンティオスの事件は当初からの見込みと逆の展開をたどり、このような結末となった。㈩アラートスを驚かせ、フィリッポスを孤立させ、かれらにとって有利と思われることをさせようとかれらは考えていたのだが、その逆の結果となったのである。

一七　この頃、リュクールゴスは言うに価することは何もせずにメッセーニアーから戻ってきた。その後ふたたびラケダイモーンを発ってテゲアー人の都市を占拠した。㈡住民は城砦へ退いたので、それを包囲することを企てたが何も手にいれることができずふたたびスパルテーに戻った。㈢エーリス人はデュメーを蹂躙し、かれらに対して出動してきた騎兵隊を待ち伏せし、やすやすと敗走させた。㈣また少なからぬガッリア人を殺し、アイギオンのポリュメデスとデュメーのディオクレースを捕虜にした。㈤ドーリマコスはアイトーリアー人と最初の遠征を行い、上述したように[1]、自分は妨害されることなくテッサリアーを荒し、フィリッポスをパライエイスの包囲から立ち去らせることができると信じていた。㈥しかしテッサリアーでクリュソゴノスとペトライオスが徹底的に抗戦する構えをしているのを見て、平原へ降りて行く勇気をもたず、山麓で機会を窺いながら過ごしていた。㈦マケドニアー人のアイトーリアーへの侵入の報せが耳に入ると、テッサリアーのことは放棄して急いでかれらを援助しようとした。が遅すぎて、マケドニアー人がアイトーリアーから立ち去ったのを確認しただけだった。

㈧王はレウカスを出航し、通りすがりにオイアントイ人の領域を荒し[2]、艦隊と共にコリントスに入港した。㈨レカイオンで錨を降ろさせ、軍隊を上陸させ、決められた日の夕方までに全員武装してテゲアーに現れるようにとの指令を持たせた使者をすべての同盟国に送った。

一八　このようなことを達成した後、コリントスには留まらず、ただちに出発を命じて、アルゴスを経て二日目にテゲアーに到着し、㈡そこに集められていたアカイアー人と合流し、ラケダイモーン人に気付かれずにその地方へ侵入することを急いだ[3]。㈢人の住んでいない場所を通って迂回し、四日目にその都市の向かいにある丘に到達し、メネラオス神殿[4]を右にして真っ直ぐアミュクライへ進んだ。㈣ラケダイモーン人は都市から軍隊が通り過ぎて行くのを見ると、恐れと不安がかれらを捉え、起ったことに驚いてい

1　五・一を参照。
2　第四巻五七・二脚注を参照。
3　おそらくパルノン山脈の丘陵地帯を通っての進軍。
4　ヘレネーとメネラーオスの神殿はスパルテーの南、エウロータス川の左岸に立っていた（パウサニアース第三巻一九・九を参照）。

た。㈤かれらは、テルモスの破壊と、そもそもアイトーリアーにおけるフィリッポスの活動の報せにまさにまだ興奮していたのであり、リュクールゴスがアイトーリアーの援助のために送られたという噂が流れていたのである。㈥危険がかくも早く、このように遠方から自分自身を襲ってこようとは誰もまったく考えてもいなかった。王の年齢がまだ若かっただけにとくにそう思わせたのだった。それゆえ、王の出現がかれらにとって予想外だっただけに、それだけいっそう驚きも大きかった。㈦その若さにもかかわらず、計画においてかれが示した行動力と大胆さはすべての敵を少なからぬ当惑と苦境へ陥れた。㈧すなわち、前述したようにアイトーリケー人の真ん中から出航して、夜の間にアンブラキア湾を渡り、レウカスに入港したのである。㈨そこで二日間滞在し、三日目の早朝に出航し、次の日、アイトーリア人の海岸を荒してレカイオンに上陸した。(一〇)その後中断することなく遠征を続け、七日目には都市を見下ろすメネライオスの近くの丘に近づいた。多くの人は起ったことを見て自分の目が信じられないほどだった。

㈡ラケダイモーン人は思いがけなく起ったことを傍観しながら途方にくれ、どう対処したらよいのか分からない状況にあった。

フィリッポス、ラコーニケー地方を荒廃させる

一九　フィリッポスは最初の日アミュクライ[1]で陣を張った。㈡アミュクライはラコーニケーで最も豊かに樹が生い茂り、肥沃な地域で、ラケダイモーンから二〇スタディオン離れている。㈢そこにはアポッローンの聖域があり、すべてのラコニケーの神殿のうちおそらく最も有名なものである。それはその都市の海に面した部分にある。㈣翌日その地方を荒しながら、ピュロスの野営地と呼ばれる所に降

1　アミュクライは伝承によるとドーリア人によって奪われたアカイアー人の都市で、スパルテーの南約二・五マイルの所にあった。

2　カルニオンはラスの近くのクナカディィオン丘のアポロン・カルネイウスの神殿と多分同一視される（パウサニアース第三巻二四・八を参照）。

りた。次の二日間、周辺地域を荒して回り、カルニオンで[2]陣を張った。㈤そこを出発してアシネーに進み、そこを攻略しようとしたが成果はなかった。さらに進軍を続け、クレーテー海とタイナロン岬までのすべての地域を荒していった。㈥そこから引き返して、ふたたびラケダイモーン人の停泊地の側《そば》を通って進軍した。そこはギュティオンと呼ばれ、安全な港があり、都市から二三〇スタディオン（四三・二キロ）離れている。[3]㈦ここを後にして進路を右手にとり、ヘーレイアー地方で陣を張った。そこはほかとくらべた場合、ラコニケーで最も広く、美しい地方である。㈧そこから食料挑発隊を送り出し、その周辺全体を焼き払い、収穫物を台無しにし、さらにアクリアイ、レウカイ、ボイアイの地方まで荒していった。

二〇　フィリッポスから出兵の要請を受けていたメッセーニアー人は熱意で他の同盟国に遅れをとるまいと、急いで出撃を行い、最も力のある兵士、歩兵二千人、騎兵二百人を送り出した。㈡しかし道程の長さのために遅れて、テゲアーでフィリッポスに追いつけず、最初は何をなすべきか途方にくれていた。㈢が、自分たちをめぐる疑惑のために故意に遅れたと思われはしないかと心配して、フィリッポスに近づくためにアルゴス人の領域を通ってラコニケーへ進軍した。[4]㈣アルゴスとラコニケーの国境にあるグリュンペイスに到着すると、無経験なままにまた軽率にもそこに陣を張った。㈤すなわち、陣営に塹壕も柵もめぐらさず、また適切な場所を探し回ることもせず、住民の好意を信用して、何の悪意ももたずに城壁それ自体の前に陣を張ったのである。㈥リュクールゴスはメッセーニアー人の進軍についての情報を受け取ると、傭兵とラケダイモーン人のいくつかの部隊をひきいて出撃し、[5]その場所に到着すると、早朝、陣営を大胆に攻撃した。㈦メッセーニアー人はそうでなくても間違ったやり方をしていたのだが、とくにかれらがテゲアーから、かくも弱い戦力で、識者の助言を手に入れることもなく進軍へ足を踏み出したという点で。しかし危険の瞬間に、敵が攻撃してきたとき、自分たちの救いのためになしうる最善のことをした。㈧すなわち、敵

3　ストラボーン第八巻三六三はスパルテーからギュティオンまでの距離を二四〇スタディオンとしている。

4　かれはパルノン山脈の東を通過したのである。その地域にはグリュンペイスまでアルゴス人が居住していた（第四巻三六・五を参照）。

5　かれはおそらくプラタナキの峠（一七・八—二四・一二脚注）を通ってパルノン山脈を越えたのだろう。

が現れるのを見るや否や、すべてを投げ捨て、急いで田舎を目指して逃げていったのである。㈨それゆえ、リュクールゴスは非常に多くの馬と装備を手中におさめたが、生捕りにした捕虜は一人もいなく、騎士の八人を殺しただけだった。

㈩メッセーニアー人はこの敗北の後、アルゴスを通ってふたたび故郷に戻った。㈡リュクールゴスはこの出来事に気持ちが昂ぶり、ラケダイモーンに戻ると準備にとりかかり、フィリッポスが危険なしに、戦いもせずにこの地方から帰還することは許すまいとして、幕友と協議した。㈢王はヘーレイアーの領域を立ち去り、その地方を荒しながら四日目の正午頃全軍をひきいてアミュクライに到着した。

二一　リュクールゴスは迫っている対決のための必要な指示を将校と幕友に与え、自分は都市を出て、二千人より少なくない兵士でメネライオン周辺の場所を押さえた。㈡市内の人とはつぎのように取り決めておいた。すなわち、狼煙《のろし》があげられるのに注意していて、それを見たら、多くの個所から軍を出撃させ、都市の前でエウロータース川に向かって進み、その川から最も近い個所で戦列を整えるように、と。

㈢リュクールゴスとラケダイモーン人に関してはこのような状況にあった。㈣しかし読者がその場所を知らないためにこれから述べることが把握できなかったり、曖昧なものとならないように、その地形の特徴と配置を簡単に述べておこう。㈤このことは作品全体を通して行おうとしていることであるが、その場所を知らない人をかれら自身の実地見分によって、あるいは読書によって周知であるものに結び付けて親しみのもてるものにしたいのである。㈥すなわち、敗北の大部分の原因は海においても陸においても、そのさまざまな地理的位置にかかわっているのである。そしてわれわれは皆、出来事の何をではなくてどのようにしてかを知りたいのである。㈦したがって、どんな出来事においても、少なくとも戦争の出来事では地形の正確な記述を無視してはいけないし、また目印になる所として、港、海、島を利用することを怠ってはならないのである。あるいはまた、神殿、山、異名を持つ地方の記述がそれであり、㈧最後に、同じ方法ですべての人間に通用する方位もそうである。㈨前の巻で述べたように[1]、このような方法でのみ、読者に未知の地域についての臨場感を与えることが可能だからである。㈩戦争情況を記述するために必要な地形的前提は以下のことである。

二二　スパルテーは全体としての形は円形である。それは平地に位置しているが、その中には平らでない丘のような形の場所もある。㈡川が東側を流れており、エウロータースと呼ばれていて、その深さのためにたいていの時は渡れない。㈢メネライオンが立っている丘は川の向こう側にそびえていて、都市の南東にあり、岩だらけで、登り難く、きわだって高い。それは都市とその山のすぐ麓を流れている川のあいだの空間を支配的に見下ろす所に位置していて、㈣その間の距離は一スタディオン半をでない。㈤フィリッポスは都市とそこに戦闘隊形で配列されているラケダイモーン人を左手にし、川と丘の上にいるリュクールゴスの部隊を右手にしながら、帰路をこの空間の間に取らざるをえなかった。㈥これらに加えてラケダイモーン人は次のような工夫をしていた。すなわち、川を上流で堰《せ》き止《と》めて水をあの空間の地形に誘導したので、そこは道が非常に柔らかになり、その結果、馬はいうにおよばず、歩行者もぬかるみに足を取られざるをえなくなったのである。㈦それゆえ、軍隊を山の麓《ふもと》に沿って導いていくより方法は残されていなかった。つまり長く延びた細い縦隊で、敵の攻撃にさらされながら、相互の援助もおこなえない進軍だったのである。

1　第三巻三六・一、四を参照。
2　すなわち川の両側の平原。丘はメネライオス神殿が立っているそれである。

㈧それを見たフィリッポスは幕友と相談して、現況において最も必要なことはまずリュクールゴスの部隊をメネライオンの場所から敗走させることだと判断した。㈨そこで傭兵と盾兵それに加えてイッリュリアー人をひきいて川を渡り、丘まで前進した。㈩リュクールゴスはフィリッポスの考えを見て取り、自分と一緒にいる兵士に準備させ、戦いへと励まし、都市の中にいる人に合図を送った。(一一)このことが起こると、指揮を委託された者たちはただちに市民兵を指示通りに城壁の前に、騎兵を右翼に誘導した。

二三　フィリッポスはリュクールゴスの部隊に近づくと、まず傭兵隊を送った。このことから最初はラケダイモーン人の部隊の戦いぶりはよりいっそう輝かしいものになった、㈡完全武装であったことと地形の有利さが少なからずかれらに貢献したからである。㈢しかし、フィリッポスが盾兵を増強兵として戦線に送り出し、イッリュリアー人と共に敵を圧倒し、側面を攻撃すると、㈣フィリッポスの側からの傭兵隊はイッリュリアー人と盾兵の支援のおかげで士気を新たに鼓舞され、二倍の力で戦った。それに対してリュクールゴスの部隊は重装兵の接近によって恐れを駆り立てられ、かれらは逃走へと転じた。㈤かれらのうち約百人が殺され、それ以上の者が捕らえられ、残りは都市へ逃れた。一方リュクールゴス自身は少数の者に伴われて、困難な道を通って夜中にやっと都市に到達した。㈥フィリッポスは丘をイリュリア人に占拠させ、軽装兵と盾兵と共に本隊に戻った。㈦アラトスはその間にアミュクライの密集隊をひきいてすでに都市に接近していた。㈧フィリッポスはふたたび川を渡り、軽装兵、盾兵、および騎兵と共に、重装歩兵部隊が丘の麓を、足場の悪い場所を通過するまで待機していた。㈨ラケダイモーン人が援護を命じられている騎兵隊に都市から襲撃を試みると、合戦はより全体的なものとなり、盾兵は大胆に戦った。㈩フィリッポスはここでも明らかな優位を勝ち得て、ラケダイモーン人の騎兵を門まで追跡した後、エウロタース川を安全に渡り、自分の密集部隊の後衛を形成した。

　二四　その日の時刻が押し迫ってきたので、フィリッポスはその場に止まり、山道の出口で陣を張ることをよぎなくされた。㈡そして指揮官たちが陣を張った場所は、もしその都市を過ぎて、ラコーニケーへ襲撃を行おうと意図した場合、それ以上のものは見つけられないであろうほど好都合な所にあった。㈢それは、テゲアーからあるいは一般に内陸から来て、ラケダイモーンに近づこうとする場合、山道の入口にあり、都市からわずか二スタディオン離れているだけで、川に接していた。[1]㈣都市と川に面した側はその全延長線においても高い、まったく登ることのできない岸壁がとり囲んでいた。この絶壁の上は平坦な土でおおわれ、水路が走っており、同時に軍隊の入場と退出に好都合な場所であった。㈤その結果、そこに野営し、上方に位置する丘を押さえた者は、都市と近接しているために安全な場所に野営したと、さらには隘路の入口と通路を押さえたために最適の場所に野営したと思うだろう。㈥さて、フィリッポスはここで妨害を受けることなく野営すると、翌日荷物を先に送りだし、軍隊を平原に都市の人々にはっきりとみえるように戦列に配置した。㈦そしてしばらく立ち止まり、それから方向を変えテゲアーへ進軍を始め、㈧アンティオコスとクレオメネース間の合戦が行われた場所で陣を張った。[2]㈨次の日その場所を視察し、両方の丘で、すなわちひとつはオリュンポスと呼ばれ、もうひとつエウアスと呼ばれているのだが、そこで神々に犠牲を捧げ、後衛部隊を強化して前進した。㈩テゲアーに到着すると、すべての戦利品を売却し、その後アルゴスを経て進軍し、軍隊と共にコ

1　スパルテーから一・六キロの地区にあるこの遺跡はエウロータース川の左堤にあるツウニ・ピュルゴスとモルの東台地であるに違いない。
2　セッラシアーの戦いの遺跡については第二巻六五・七脚注を参照。

リントスへ来た。㈡そこには、戦争の解決を計るためにロドス島とキオス島から使節がきていた。かれらと交渉し、本当の目的は隠しながら、自分はとっくにアイトーリアー人と和解する用意ができている、と述べ、解決についてアイトーリアー人と話し合うように命じてかれらを送り出した。㈢自分はレカイオンに降りて、航海の準備にとりかかっていた。フォーキスで非常に重要な用件が待ち構えていたからである。

二五　この頃、レオンティオスとメガレアースとプトレマイオスはこのようにしてフィリッポスに圧力をかけ、先の過失を償えるだろうと確信して盾兵とマケドニア人の間でアゲーマ「部隊」[3]と呼ばれる者の間で次のような噂を広めていた。㈡すなわち、自分たちはすべてのために命をかける覚悟でいる。正当に扱われていないし、習慣から自分たちに与えられるであろう完全な利益を手に入れていないのであるから、と。㈢このような噂によって兵士たちに徒党を組ませ、最も身分の高い幕友の宿舎を掠奪し、戸を打ち破り、王の宿舎の屋根を壊すことに着手するようにしかけた。㈣これが実行され、都市全体が喧騒と混乱に陥ると、それを聞いたフィリッポスはレカイオンからコリントスへ急ぎ駆けつけ、㈤マケドニアー人を劇場に集め、一方で励まし、他方でこのようなことを起こした人々を非難した。㈥喧騒と混乱が続く中で、ある者は、犯人を連行し石で打ち殺さねばならないと主張し、ある者は和解し、誰も責めてはならないと主張した。㈦王はそのときは説得されたふりをして、全員に警告して戻って行った。その騒動の張本人は誰であるかをよく知っていたが、当座は何ひとつそぶりには見せなかった。

二六　この騒動の後、フォーキスにおける陰謀はある障害に出会った。㈡レオンティオスとその一派は、計画したことが何ひとつうまくいかなかったからといって、希望は放棄せず、アペッレースの力に頼り、何度も使者を送って、自分たちの困難な状況を説明して、かれをカルキスから呼び寄せようとした。[4]㈢アペッレースはカルキスでの滞在中、自分の権限以上に独断的に振る舞っていた。㈣すなわち、王はまだ若くて、たいていのことは自分に依存して、何事も自分では決められないのだと称して、関係業務の取扱い

3　アゲーマは盾兵の二千人からなる先鋭部隊でアレクサンドロス軍の鎧持ちのアゲーマに一致するもの。プトレマイオスのアゲマについては六五・二を参照。

4　二・八を参照。

とすべてに対する権限を自分のものにしていた。(五)それゆえに、マケドニアーとテッサリアーの行政官と役人はつねにかれに頼り、ギリシアの都市は議決、表彰、贈物にかんして、王のことにはわずかしか言及せず、アペッレースがすべてだった。(六)フィリッポスは前からそれに気づいていて、事を不快に感じ、不平を言っていた。今はアラートスが側近にいて政策を実際的に実行していた。しかし王は辛抱強く、皆にはかれが何を考えているのか、どんな意見なのか分からなかった。(七)自分の状況については何も知らないアペッレースは、自分がフィリッポスに会いさえすれば、すべて自分の意見通りに行えるだろうと信じ込んでいて、レオンティオスとその一派を支援しようとしてカルキスを出発した。(八)かれがコリントスに到着すると、盾兵と他の最も優秀な人々の組織の将校であるレオンティオスとプトレマイオスとメガラスは輝かしい出迎えのための配慮をし、かれを出迎え、随伴させようと兵士たちを送り出した。(九)かくしてかれの入来は出迎えた将校と兵士たちの多さによって壮大な劇のようになった。かれはすぐに旅から王の宿泊所へやって来た。(一〇)そしていつもの習慣通りに入ろうとすると、衛兵の一人が命令通りに、王は今暇がないと言って引き留めた。(一一)アペッレースは思いがけないことで驚き、長いこと途方にくれていたが混乱して立ち去った。他の者は皆あからさまにかれから離れて行き、その結果、結局自分の従者と共に一人で宿に入ることになった。(一二)すなわち、一般に人が高められるのはほんの瞬間だけで、ふたたび貶《おとし》められるのである。このことはとくに王権の近くにいる人々に当てはまる。(一三)これは計算板の勘定に本当に似ている。すなわち、計算者の意志に応じて今は青銅貨が価値をもち、またたちまちのうちに貨幣単位のタレントが価値をもつ。同様に宮廷人も王の合図で一度幸福の輝きの中にいるかとおもうと、その後一瞬のうちに深い悲惨さの中にいることになる。(一四)メガレアースはアペッレースから期待した援助が逆転されたのを見て、恐れに駆られて、逃亡にとりかかった。(一五)アペッレースは、宴会には招待され、他のこのような名誉はうけたが、協議には参加せず、王との交際は許されなかった。(一六)数日後王はフォーキスでの計画のためにレカイオンから出航したとき、アペッレースを同伴した。

二七　この計画は失敗したので、王はエラテイアからまた帰還した。このとき、メガレアースはアテーナイへ逃れ、レオンティオスを二十タレントの保証として残した。[1] (二)ア

1　一六・八を参照。
2　キッラはクリセアン湾の先の現マグラの近くにあった。

テーナイの将軍たちはかれを受け入れようとしなかったので、さらにテーバイへと旅立った。㈢王はキッラ[2]から出航して、盾持ち[3]と共にシキュオーンの港へ航行し、そこから都市へ上った。高官の招待は断り、アラートスの許に宿泊し、かれと絶えず交際していた。一方アペッレースはコリントスへ行くようにとの命令を受け取った。㈣フィリッポスがメガレアースの逃亡について報せを受けたとき、盾兵をトゥリフュリアへ送った。その本来の司令官はレオンティオスだったが、タウリオンに指揮をとらせた。その地で緊急の任務を遂行するため、と称して。かれらが出発すると、保証のためにレオンティオスを連行するように命じた。㈤レオンティオスによって知らされてその出来事を知った盾兵たちは使節を王に送り、もし他の理由でレオンティオスを連行したのであれば、自分たちがいない間に告発者の裁きをおこなわないように、と要請した。㈥もしそうでなければ、自分たちは皆はなはだしく無視され、嫌疑をかけられたとみなす、と。㈦すなわちラケダイモーン人は王に対してこのような法律上の平等を持っていたのである、もしメガレアースの保証に対してであれば自分たちが共同して金を調達して支払おうと。㈧盾兵たちの暖かい支持によって王は激昂し、予定より早くレオンティオスを殺してしまった。

二八　ロドス人とキオス人からの使節は三〇日間の休戦を結んでアイトーリアーから戻ってきた。そしてアイトーリアー人は和解への用意があると述べ、㈡フィリッポスがリオンで会う日取りも決めて来て、和平が実現するためにアイトーリアー人はすべてのことを行うだろうと確約した。㈢フィリッポスはその休戦を受け入れ、同盟国に手紙を送り、アイトーリアー人との和解を協議するための全権使節をパトライへ送るよう明確に伝え、自分はレカイオンから二日間の航行でパトライへ到着した。㈣このとき彼の許にフォーキスの地から手紙が届けられた。それはメガレアースからアイトーリアー人に送られたものであり、その中には、フィリッポスの状況は供給物資の不足のために最後の潮が引く段階にあるのだから、勇気をだしてその戦争をもちこたえるようにというアイトーリアー人への励ましの言葉があった。これらに加えて王への非難と挑戦的な誹謗の

3　フィリッポスの盾持ちはアレクサンドロスの「幕友たち」と似たような特別な仕事のために個人的に雇われた小さなグループだった。アレクサンドロスの軍隊で「幕友たち」は親衛隊とは異なっているがフィリッポス五世のもとでは「盾持ち」と親衛隊は同一、視されていたことは明らかである。キュノスケファレーでの戦いの後フィリッポスは国家関係文書を焼くために「盾持ち」を送った（第一八巻三三・一―七を参照）。

言葉があった。㈤これらの手紙を読み、アペッレースがすべての禍の起因であると考えて、ただちに逮捕して、コリントスへ送らせた。同時にかれの息子と愛童も。㈥さらにメガレアースを担保不履行のために裁判にかけるためにアレクサンドロスをテーバイへ送った。㈦アレクサンドロスが任務を果たすと、メガレアースは訴訟の実施を待たず、自殺した。㈧同じ日にアペッレースも息子も愛童も命を失った。㈨このようにしてかれらは相応の罰を受けて命を失ったのだった。とくにアラートスに対する陵辱の罰を受けて命を失ったのだった。

二九　アイトーリア人は一方で和平を締結することを急いでいた。戦争に苦しめられ、ことはかれらの予想に反して展開していたからである。㈡すなわち、年齢と無経験さゆえに愚かな子供のフィリッポスを相手にするのだと期待していたのだが、フィリッポスがその計画においても個々の実行においても成熟した男だとわかり、またかれら自身は個々の行動においても、全体としての作戦においても、幼稚っぽいことをさらけだした。㈢盾兵の暴動とアペッレースとレオンティオスの死の報せが届くと、宮廷に深刻なもめごとがあると密《ひそ》かに思い、リオンでの会議のために決められた日程を延期することを提案して引き延ばしはじめた。㈣フィリッポスは戦争を続行するために喜んでこの口実を掴み、また和解を拒絶することを予め決めていて、集まった同盟軍に対して、和解ではなく、戦争に同意するよう要請して、ふたたび出航してコリントスへ航行した。㈤すべてのマケドニア人を越冬させるために、テッサリアーを通って故郷へと解散させ、自分はケンクレアイを出航し、アッティカの沿岸に沿い、エウリポスを通ってデメトリアスへ航行した。㈥そこで、レオンティオス派のただ一人の生き残りであったプトレマイオスをマケドニアー人の裁判所に立たせて死刑にさせた。

㈦[1]この頃ハンニバルはイタリアへ侵入し、パドス川でローマ軍と対戦していた。㈧アンティオコスはコイレー・シュリアーの大部分を支配下におき、冬営地に移動していた。ラケダイモーン人のリュクールゴスは監督官を恐れてアイトーリアーへ逃亡していた。㈨すなわち、かれらはリュクールゴスが革命を計画しているという噂が耳に入ると、若者を集めて、夜かれの家の前にきたが、かれは家人と共に国を離れてしまっていた。

三〇　冬が始まると、王はマケドニアーを立った。アカイアー人の将軍エペーラトス[2]は市民兵の間で、また傭兵の

1　㈦—㈨は同時代の出来事で、前二一八年の秋であった。
2　エペーラトスは二一八／七年の将軍、一・二を参照。

間で権威をまったく失っていた。誰もかれの命令に従わず、国を守るための備えは何ひとつできていなかった。㈡アイトーリアー人によってエーリスに派遣されていた将軍ピュリアース[3]はそれを見て、アイトーリアー人千三百人、エーリスの傭兵、これに加えて千人の市民の歩兵、二百人の騎兵、全体としては三千人の兵を率いて、㈢デュメーとパライだけでなく、パライアの領域をもつづけて荒していった。㈣最後にはパライの上のパンアカイアと呼ばれる山の上に陣を張り、リオンとアイギオンにいたるまでの全領域を荒していった。㈤その結果、諸都市は痛めつけられ、救援は得られず、特別税を支払うには困難な状況にあり、給料の支払いが引き伸ばされたので、それに応じてあまり援助する気になっていなかった。㈥この悪循環から状況はますます絶望的となり、最後には傭兵軍は解散されてしまった。これらすべては指導者の無能力のために起ることになったのである。㈦アカイアーがこのような状況にあり、エペーラトスの任期が終わり、その職を去ったとき、アカイアー人は夏が始まる頃、将軍に年上のアラートスを任命した。㈧以上がエウローペーの状況であった。われわれは時間の区分という点でも、個々の事件の輪郭という点でも一致する所に到達したので、同じオリュンピアー期の間のアシアーの出来事に移り、その後で同盟戦争に戻ることにしよう。

アイギュプトスにおける反乱、アンティオコス三世に対するモローンの反乱（前二二二―二二〇年）

三一　まず、最初からの予定に従って、コイレー・シュリアをめぐって起ったアンティオコス三世とプトレマイオス四世フィロパトルの間の戦争[4]を明らかにしておこう。㈡われわれがギリシアの出来事を後にしようと思うまさにこの瞬間に、この戦争は決着がつけられ、終ろうとしていることをわれわれははっきりと知っている。それにもかかわらず、これについての報告はここで停止し、つぎの理由のために新しい章を開始する。㈢われわれは個々の出来事の

3　ピュリアスはほかでは知られていないが、アゲッラオスとスコパスを継承した将軍（三・一、を参照）。
4　第三巻二・四を参照。

初めと終わりにおいて、歴史に関心のある人への教示のために、それがオリュンピアー期のどの年に起ったのか、ギリシアのどの出来事と重なるのかをそのつど指摘することによって、読者が個々の出来事の正確な年代決定について疑いを残さないようにじゅうぶん配慮してきたと確信している。

㈣説明が分かりやすく一目瞭然であるためにはつぎのことがまず必要だと考える。すなわち、このオリュンピアー期の中で事柄をたがいに絡み合わせるのではなく、次のオリュンピアー期に到達するまで、それらをできるかぎり切り離し、区別しておくことである。㈤そしてそこまできたら各年の出来事を年代順にまとめておこう。㈥これやあれやではなくて、いわば起ったことをすべて記述しようと計画しようと思う。それと共にすでに以前にのべたように、われわれのすべての先駆者よりも大きな歴史学の課題を自分に課したのであるから、㈦この作品が全体におけると同様、個々の構築においても明瞭で分かり易いものになるために、資料の取扱いと配列にとくに細かく気を遣わねばならないのである。㈧そのために少し過去に溯り、これから述べようとすることのために、そしてこれが最も重要なことであるが、アンティオコスとプトレマイオスの王国についての最も確実で、一般に認められている出発点を把握するよう試みてみよう。

三二　初めは全体の半分だけをと古人は言っているが、[1] これはそれぞれの事柄において、うまく開始するようにとくに留意しなさい、と勧告しているのである。㈡誇張して

1　第六巻二a・八を参照。そこではヘシオドス『労働と日』四〇p38 οι νηπιοι, ουδε ισασιν οσω πλεον ημισυ παντος「愚かな人たち、かれらは半分が全体よりどれほど多いかをしらない。」当面の諺はむしろ違っている。Iamblichus（VP, 162）はそれをピュタゴラースの警句 αρχη δε τοι ημισυ παντος「初めはすべての半分」という形式でそれを記録している。またプラトーン『法律』第六巻七五三Eも参照。αρχη γαρ λεγεται μεν ημισυ παντος εν ταις παροιμιαις εργον, και το γε καλως αρξασθαι παντες εγκωμιαζομεν εκαστος, το δε εστιν τε, ως εμοι φαινεται, πλεον η το ημισυ, και ουδεις αυτο καλως γενομενον εγκεκωμιακεν ικανως「初めは全体の仕事の半分と言われている。われわれは皆立派にはじめることを称賛する。そして立派に始まった事柄を十分には称賛していない」。アリストテレース『ニコマコス倫理学』i. 7. 23. 1098 b7 δοκεῖ οὖν πλεῖον ἢ το ἥμισυ τοῦ παντος εἶναι ἡ ἀρχή「初めは全体の半分以上であるように思われる」。写本Urbinas(F)とVaticanus(A)は両方共これをヘーシオドスに帰している。しかしこの句は修辞学的に広く流布していたのである。C. Wunder, Polybios-Forschungen, ii: Citate und geflügelte Worte bei Polybios 1909 41–42はポリュビオスが格言集を利用していることを示唆している。

言っているように思われるが、わたくしにはそれはまだ真理に達していないように思われる。初めは全体の半分ではなく、終わりにまで関わっている、と大胆に言えるからである。㈢すなわち、計画の完成を先取りして、頭のなかで予め把握していなくて、またどこで、何に対して、何のためにこのことをしようと企てたのかを知っていなければどうしてことをうまく始めることができるだろうか。㈣さらにまた、どこから、どのようにして出発してこの結果に到達したのかその開始まで遡って話を始めなければ、どうして正しい方法で総括できるだろうか。㈤初めは途中までではなく、最後まで尾をひいているのだとみなして、記述する人も読者も全体を見わたしてそれに最重点をおかねばならないのである。この事を今からしようと試みてみよう。

三三　いく人かの他の歴史家も同じ主張をし、世界史を記述するのだ、またすべての先駆者よりも大きな課題に心をむけているのだと述べていることも、もちろんわたくしはよく知っている。㈡さて、実際に世界史を企てた最初で唯一の人であるエポロス[2]には敬意を払うとして、他の人の名を挙げてくどくどと批評したり、言及したりすることは避けるつもりである。㈢しかし、わたくしの歴史のいく人かの同時代の人はローマ人とカルタゴ人の間の戦争を三頁か四頁にわたって物語り、それで世界史を書いたと主張していることは銘記しておこう。㈣しかし当時イベーリアーで、リビュエーで、シケリアーで、そしてイタリアで長い一連の行為が遂行されたこと、ハンニバル戦争はシケリアーをめぐる最初のポエニ戦争は別として最も長くて重要だったこと、その始まりと結末を固唾を飲んで見守りながらわれわれはみな彼に視線を向けざるをえなかったこと、そのことを知らないほど、誰がそんなに無教養であろうか。㈤しかしかれらのいく人かはそれを扱い、家の壁に出来事を時々備忘録として書き留める尊敬すべき市民のそれより少ない素描を与えた後で、ギリシアと外国のすべての出来事を自分の作品の中に含んでいると主張する。㈥言葉で偉大な出来栄えを自分に要求することは非常にやさしいことである、しかし本当に偉大なものを実現さすことはそれほど簡単ではないのである。㈦前者はだれにでも自由に任されているし、あえてそれができる人にとってはいわば共通財産なのである。後者はひじょうに稀であり、人生でそういう人に出会うことはめったにない。㈧こういうことを言う気に私がさせられたのは自分と自分の仕事に関して思い上がり、自慢している人がいるためである。さて計画の最

2　ポリュビオスがハンニバル戦争の概要の書き手を攻撃するときは、エポロスは知っていないことを意味している。

初に戻ることにしよう。

三四　フィロパトルと呼ばれたプトレマイオス[1]は、父が亡くなり、兄弟のマガース[2]およびその一派を滅ぼしアイギュプトスの王位を継承した。㈡そしてすぐに、国内の危機からは自分および自分の行為によって解放され、また国外の危機からは、アンティゴノスとセレウコスが亡くなり[3]、政権を受け継いだアンティオコスとフィリッポスがまったく若くほんの子供にすぎないという好運によって解放されたと考えた。㈢こうしたことによってかれは現在の好機を確信し、政治に関わることを絶え間ない祭りの陶酔の中に

1　かれの継承は前二二一年二月五日と一六日の間に行われた（第二巻六五—六九脚注、七一・三—六、第四巻二・八を参照）。

2　マガスはプトレマイオス三世エウエルゲテスとキュレネのマガスの娘ベレニケの四人の息子の一人で、かれの殺害の正確な日付と状況は知られていない。しかしその扇動家はソシブスだった（三六・一、第一五巻二五・二、プルータルコス「クレオメネース」三三を参照）。

3　アンティゴノス三世ドソンは前二二一年七月頃（第二巻七〇・六脚注）、セレウコス三世は前二二三年晩夏（第二巻七一・三—六脚注）に亡くなった。フィリッポスは継承したときは一七歳だった（第四巻五・三）、アンティオコス三世は一九歳、前一九二年には五〇歳以上だった（第二〇巻八・一）。

あるかのように行い、㈣宮廷の人およびアイギュプトスを治める他の高官にとっては仕事には怠惰で近づき難い人に思われた。㈤しかし以前の王たちがアイギュプトス自体の支配よりも多くの関心を払っていた外事を託されていた人には無関心で怠惰な人と思われた。㈥すなわち以前の王たちはコイレー・シュリアー[4]とキュプロスの支配者として、つねにシュリアーの王たちを海と陸の両面から威嚇することができ、㈦同様に支配の領域は小アシアー[5]の小さな王国と島々にもおよんでいた。なぜならパンヒュリアからヘレースポントスおよびリューシマケイアーにいたるまでのすべての海岸にある最も重要な諸都市、要塞堅固な場所および港を支配していたからである。㈧一方、アイノス、マローネイアさらにはなお遠隔の地にある諸都市を支配する

4　コイレー・シュリアーによってギリシア語は元来はレバノンとアンティレバノンの間から南に走っている長い窪地を意味し、連続しているリタニの谷、ヨルダン峡谷、死海と「アカバ湾と紅海」への南への接続によって目印とされる。しかしこの述語は漠然とおおうように拡大され、そしてフォイニケーという名前との連結でアイギュプトスとキリキアの間の全領域が意味された。

5　プトレマイオスのここでの所有地はリュキアー、ガッリア、イオーニアーとミレトス、サモス、エフェソスだった。

6　トゥラケーとマケドニアーにかんしては第一八巻五一・五を参照。

ことによってトゥラケーとマケドニアー[6]の情勢も監視していた。㈨このような方法で手をかくも長く伸ばし、はるか遠くから隷属国家を自分たちの前に防禦として押し出しておくことによって、アイギュプトスの支配については何の心配もなかったのである。こうした理由でかれらは当然のこととして外国の情勢に重大な関心を払っていたのである。(一〇)新しい王は不名誉な愛の行為と非理性的な絶えざる飲酒によってこうした事柄をひとつひとつないがしろにし、当然のことながら、短期間のうちに命と政権に対して陰謀を企む多くの敵をもつことになったのである。(一一)その最初がスパルテーのクレオメネースであった。

クレオメネースの最期

三五　クレオメネースはプトレマイオス三世エウエルゲテスが生存中はかれと連携し、信頼関係を保ち、かれの父祖伝来の王位を回復するのにかれからじゅうぶんな援助[7]が得られるだろうとつねに信じて静にしていた。㈡しかし、かれが亡くなり、時が経過すると、ギリシアの情勢によってクレオメネースを呼び戻す声が大きくなったのである。すなわち、アンティゴノスが死に、アカイアー人が戦争に巻き込まれ、クレオメネースが最初から計画し、目指していたようにラケダイモーン人がアカイアー人とマケドニアー人に対する敵意のために結びついたとき、[8]㈢かれはアレクサンドレイアを去ることを急ぎ、努力せざるをえなくなった。㈣それゆえに、かれはまず王の許に相談に行き、軍隊と自分を送りだしてくれるように頼んだ。㈤その後、王が聞き流していると、故郷の状況は先祖代々の王座をとり戻すのに十分な見込みを差し出している、と言って自分だけを家付き召使と共に去らせるように、と熱心に頼みこんだ。㈥王は先に述べた理由でこうしたにことには何ひと

7　プトレマイオス・エウエルゲテスからクレオメネースへの軍事援助金とその取消しについては第二巻五一・二脚注、六三・一以下を参照。

8　第四巻一六・五脚注を参照。

つ関心を示さず、将来のことを考えて見ようともせず、愚かにも、また理解しがたいのだが、クレオメネースの言うことを聞き流していた。㈦当時実際の政務の指導者であったソーシビオスは[1]幕友と協議した後、かれについて次のような判断に到達した。㈧艦隊および必要な装備を与えてかれを送ることは得策ではないと判断した。なぜならアンティゴノスが死んだ後では外交政策の問題は重要ではないように思われたし、その計画のためにつぎ込まれる金は浪費であると考えたからである。㈨さらに、アンティゴノスの死後、自分に匹敵する者のいないクレオメネースはすぐにまた苦労せずに全ギリシアを手中におさめ、その後自分たちにとって重大なそして危険な敵になるのではないかと懸念したのである。[2]㈩事態がかれ自身の目で見られており、王を軽蔑しまた王国の多くの部分がゆるやかに結び付けられ、距離よって切り離されているのを見ているので、これが陰謀への多くのきっかけを与えるのではないかと心配したのである。(一一)すなわちサモス島[3]には多くの船があり、エフェソスには大きな守備隊が駐屯していたのである。(一二)必要な装備をつけてかれを送り出すという考えはこのような理由で拒否した。しかしこのような男を軽視して送り出し、明らかな敵とすることは自分たちにとって決して得策ではないと考えた。(一三)意志に反してかれをひき止めることしか策は残っていなかった。しかし皆ただちに理由なく拒否した。というのもライオンと羊を同じ小屋にいれるのは安全ではないと考えたからである。[4]とくにソーシビオスはこれを次の理由で疑惑の目で見ていた。

1　ソーシビオスはディオスクリデスの息子でフィロパトルの統治の最も重要な人物であるが、敵意ある注釈のために（第一五巻二五・一、三四・四などを参照）選びだされている。プルータルコスは「クレオメネース」三四・二でかれを全権を掌握し、意見を牛耳っている人としている。

2　プルータルコス「クレオメネース」三四・二は病める王国の観劇人と記述している。

3　サモス島は前二八〇年頃から三世紀の間ずっとプトレマイオスの支配下にあった。

4　同じ言い回しがプルータルコス「クレオメネース」六に見出される：「このライオンはこれらの羊の中で養われるのだ、と多くの人が言う声が聞こえた」。

5　三四・一脚注を参照。ベレニケーはマガースとフィロパトルの母であり、エウエルゲテースの妻だった。彼女はカリマコスの「ベレニケーの巻き毛」（Pfeiffer, i 320, certa uestigia Comae desunt「巻き毛の確かな痕跡はない」）で有名である。彼女は少女のときに、結婚を申し込まれたデーメトゥリオス美公を彼女の母アパマとの関係で殺害したことで名高い。

三六　かれらがマガースとベレニケーの殺害にとりかかっていて[5]、皆がとくにベレニケーの大胆さのためにその襲撃が失敗するのではないかと不安に思っていたとき、かれはすべての宮廷人に媚びへつらい、ことが計画通りにいった場合の希望を皆に約束せざるをえなかった。㈡その時、ソーシビオスはクレオメネースが王からの援助を必要としており、またかれがすべての問題において洞察力があり、確かな判断ができる人であることを知り、大きな約束をしてかれに計画を打ち明けた。㈢クレオメネースはかれが不安な状態にあり、とくに外人部隊[6]と傭兵を恐れているのを知って、勇気を出すようにと励まし、傭兵はかれを妨害せずに、支援することを約束した。㈣かれがその約束に驚くと、「ペロポンネーソス[7]からほぼ三千人、クレーテー島から千人の異国からの傭兵がいるのが見えないのか、かれらにわれわれが合図を送りさえすれば、どんな仕事でもする用意ができているのだ、㈤かれらが一度連携した場合、誰を恐れるのか、シュリアーとカリアーからの兵士を、か」と言った。㈥当時ソーシビオスはこの言葉を喜び、自信を倍にして襲撃に着手し実行したのだった。㈦その後、王のだらしなさを見て、この言葉が再三再四記憶によみがえり、クレオメネースの大胆さと異民族の傭兵のかれへの好意を眼前に浮かべていた。㈧それゆえにその時もとくに、危険を予め防ぎ、クレオメネースを拘置するよう、王と幕友に迫ったのである。㈨こうした意図をいだいているかれにつぎのような状況が助けになった。

三七　メッセーニアー人のニカゴラースという人がいた。かれは父の代からのラケダイモーン人の王アルキダーモスの客人だった。㈡以前はかれらの交際はほんの表面的なものにすぎなかったが、アルキダーモスがクレオメネースに対する恐れからスパルテーから逃げて、メッセーニアーに来たとき、ニカゴラースはかれを進んで自分の家に迎え入れてあらゆる必要なものを与えただけでなく、それからさらに交際を続けていくうちに、お互いに対して完全な好意と親密な関係が生じた。㈢それゆえに後にクレオメネースがアルキダモスに召還と和解を約束したとき、ニカゴラースが協定について交渉し、締結する役を引き受けたのだっ

6　「外人部隊」：五三・三を参照。ビケルマン（Selleucides, 69）は「外人部隊」を一シーズンだけ兵籍に入れられた兵士から成る部隊、「傭兵」を恒常的に兵籍に入れられた兵士から成る部隊と区別しているが、おそらくはひとつのものだった（第二巻六九・三脚注を参照）。

7　プールタルコス「クレオメネース」三三・四を参照。プルータルコスはクレーテー島からの千人を省略している。ディオドーロス第一九巻六〇・一を参照。

た。㈣これが批准されると、アルキダーモスはニカゴラースによってもたらされた同意の条項を当てにして、スパルテーへ帰る途中だった。㈤しかしクレオメネースはかれらに会いに来ると、アルキダーモスを殺し、ニカゴラースと他の随員の命は助けた。㈥ニカゴラースは表面的には命を助けてくれたことに対してクレオメネースに感謝しているふりをしていたが、心の中では起ったことに関して激しく憤っていた。というのも自分が王の死の原因であるかのように思われたからである。㈦このニカゴラースは少し前に、馬の荷とともにアレクサンドレイアに入港していた。㈧船から降りながらクレオメネース、パンテウス、ヒッピタース[1]が港の岸壁を散歩しているのに気づいた。㈨クレオメネースはかれを見ると、近づいてきてにこやかに挨拶し、何の仕事で来たのかと尋ねた。㈩馬の輸送だと答えると、[2]「馬の代わりに稚児とサンビュケを運んできたらよかったのに、それが今王が夢中になっているものだから」と言った。⑪ニカゴラースはそのときはもちろん笑ったが黙っていた。しかし馬の商売でソーシビオスと親しくなったとき、クレオメネースの最近の発言を漏らし。[3]㈢ソーシビオスが喜んで聞いているのを見て、自分の古いあの経験に基づくクレオメネースに対する憎しみを伝えた。

三八　ソーシビオスはかれがクレオメネースと緊張した関係にあるのに気づき、あるものはただちに与え、他は将来与えると約束して、クレオメネースに敵対する手紙を書き、封印をして残した。㈡数日後ニカゴラースが出航したとき、ニカゴラースによって送られたものだとしてその手紙を召使に持たせて自分のもとへ届けるようにと説得した。㈢ニカゴラースが協力し、手紙が出航後、召使によってソーシビオスのもとに届けられると、㈣ただちにこの召使を連れ、手紙を持って王の所へ行った。その召使は、ニカゴラースがその手紙を残し、それをソーシビオスに手渡すように命じた、と証言した。㈤その手紙が明らかにした内容は、クレオメネースは適切な装備を施した派遣軍を与えられない場合は[4]王に対して革命を意図している、というこ

1　プルータルコス「クレオメネース」は「パンテウスはクレオメネースの愛人だった」（三七・七）、「ヒッピタースはびっこだった」（三七・二）と言う。
2　四弦を持つ三角形の弦楽器。
3　プルータルコス「クレオメネース」三五・二を参照。
4　プルータルコス「クレオメネース」三五・三は反対のことを言っている、「もし自分が国王から三段櫂船と兵士たちを得たら、キュレネを占拠するぞ」。プルータルコスはまた召使によって演じられた役割も省略している。

とだった。㈥ソーシビオスは証拠物件を手に入れるとすぐに、クレオメネースに気を付け、ぐずぐずせずにかれを投獄するように王およびその側近の者たちを駆り立てた。㈦そのため、かれには大きな家があてがわれ、他の投獄された者とはかなり大きな牢獄で生活を送るという点で差を付けて、監視を受けながらそこで過ごしていた。㈧クレオメネースは自分の生活を見て、将来について悲惨な行く末を感じ、すべてのことを試みてみようと決心した。㈨わずかなことについても希望をいだいているかのごとくではなく、事実見込みは少なかった。むしろ、雄々しく死に、自分のこれまでの勇敢な行為にふさわしくないことは何も蒙らずにすむことを望んでいるかのごとくに。また高邁な人の場合にそうであるように、あの詩句[5]が心に浮かんでいたからであるようにわたくしには思われる。

　せめては為《な》すところなく果てる見苦しい死に様ではなく、
華々しく後の世の語り草ともなる働きをして死のうぞ。
（松平千秋訳）

　三九　かれは王のカノーボスへの遠征を待ちながら、見張っている者たちの間に、自分はまもなく王によって釈放されるだろうという噂を広めていた。[6]㈡これを理由に、自分の世話をしてくれる者たちをもてなし、見張っている者たちには肉や冠をそしてこれに加えて酒を贈った。かれらが何の疑いもいだかずにこれを飲み、酔っ払ってしまうと、真昼間、見張りに気づかれずに中にいた幕友や召使いたちと短剣で武装して脱出した。㈢かれらは進んでいき、都市の管理のために残されていたプトレマイオスに街路で出会い、お供の者をその豪胆さで恐怖させ、かれを四頭立ての馬車からひきずり降ろして監禁し、[7]民衆を自由へと呼びかけた。[8]㈣しかしその計画が突然であったために、誰もかれらに注意を払わず、その蜂起に加わろうとしなかったので、向きを変え、門を打ち破り、牢につながれている者を利用しようと城砦へ殺到した。㈤しかし、見張っていた者たちがかれらが来るのを見て、門を守ったのでその計画も失敗

5　『イーリアス』第二二巻三〇四―五。第三巻九四・四脚注を参照。

6　プルータルコス「クレオメネース」三七・一では「このことが申しあわれた頃、たまたま王がカノボンへ出撃することになった。そこでかれらは、（クレオメネース）が王によって監視を解かれるだろうという噂をまず広めた」と記述されている。

7　「監禁し」はプルータルコス「クレオメネース」三七・四では「殺した」と記述されている。ヤコビー（FGH, ii D, p. 592）はポリュビオスのテキストを間違いとみなしている。

8　プルータルコス「クレオメネース」三七・三にも同じ記述があるが、そこではプトレマイオスの殺害に先行している。

したとき、かれらは自分自身に手を掛けた、非常に雄々しくかつラコニア風に。[1]

㈥クレオメネースはこのようにして亡くなった。ふるまいと弁舌において才知のある人物で、行動の指揮には優れた能力をもち、一言で言えば生まれつき指揮官であり、王子であるように予定されていた人だった。

テオドトスの陰謀

四〇　その後間もなく、コイレー・シュリアーの総督でアイトーリアー生まれのテオドトスが[2]謀反を起こした。その理由のひとつは生活の放縦さとその全人格のために王を軽蔑していたからであり、㈡もうひとつの理由は、宮廷の人に対して信頼が持てなくなっていたからである。すなわち、少し前に王に対して立派な功績を果したにもかかわらず、とくにアンティオコスのコイレー・シュリアーに対する最初の攻撃のさいはそうだったのだが、それに対して何も感謝してもらえず、逆にアレクサンドレイアに召還され、すんでのところで死刑の判決を受けるところだった。㈢こうしたことが理由でアンティオコスと語り合い、かれにコイレー・シュリアーの諸都市を手渡そうと計画したのである。かれは喜んでその望みを受け入れたので、事はすぐにも達成されそうになった。

㈣しかしシュリアーの王室の場合もアイギュプトスの場合と同じようにあつかうために、アンティオコスの即位に話をもどし、そこから物語をおおざっぱに進めながら、次に述べようと思う戦争のはじまりまで時代を下ってくることにする。[3]

1　プルータルコスが「クレオメネース」（三八―三九の続きとともに）三七・五―七で語っているヒューラルコスからの詳細な記述をポリュビオスはこのように要約している。

2　第四巻三七・五を参照。かれの生涯はこの巻でくわしくとり扱われている。四六・三以下、六一・三以下さらに第一六巻二一・一八を参照。

3　前二二三―二二〇年。モローンとアカイオスの謀反を含み、これらの事件は第四次シュリアー戦争の先鞭をつけるものである。

モローンの謀反

㈤アンティオコスはカリニコスという異名をもつセレウコスの年下の息子であった。かれの死後、そして兄のセレウコスが王位に就いた後[4]、最初は奥地[5]に居住していた。㈥しかし、セレウコスが以前に述べたように軍隊[6]と共にタウロスを越え裏切りによって殺されたとき、その後継者となった。㈦タウロスのこちら側の地方の統治はアカイオスに任せ、王国の上部の地方はモローンとその兄弟のアレクサンドロスに委ねた。モローンはメーディアーの総督であり アレクサンドロスはペルシアの総督だった。

四一　この兄弟は王をその若さゆえに見下し[7]、そしてアカイオスがこの計画に加わるだろうと期待し、同時に、今

4　前二二五年。
5　東の州。
6　第四巻四八・六脚注。
7　前二四二年頃にアンティオコス三世は生まれたので、前二二二年には二〇歳くらいだった。（第二〇巻八・一、ディオドロス第二九巻二（前一九二年には五〇歳以上との記述）を参照。

政府の長であるヘルメイアースの残虐さと敵意を恐れて、離反し、上部総督領を王と仲たがいさせることに着手した。㈡ヘルメイアースはカリアーの出身で、アンティオコスの兄であるセレウコスがアッタロスに対する遠征[8]のために領地を離れるとき、統治をかれに任せたので、今まさに実権を握っていた。㈢この権威を手に入れると、宮廷で高い位に就いているすべての人に嫉妬心をいだき、本性的に残忍であったので、無知による過失をより悪い過失だとして、その人を罰した。また作り上げた、嘘の責任をもちだして仮借ない、そして厳格な裁判官としてふるまった。㈣とくに、セレウコスと共に出征した兵士を連れ戻したエピゲネースを滅ぼそうとして躍起となった。すなわち、かれは演説の才もあるし、実行力のある人とみなされ、大きな信頼を得ていたからである。㈤このことを意図してかれを攻撃する口実をつかもうとつねにその機会を窺っていた。㈥

8　四八・六脚注を参照。

モローンの謀反に対する会議が開かれ、王がこの離反に対してどう対処すべきか意見を求めると、エピゲネースは真っ先に発言した。㈦王は躊躇せず、ただちに事に対処すべきである。まずその領地に赴き、その場で必要な処置をとるべきである。㈧王がそこに現れ、じゅうぶんな軍隊をひきいて大衆に姿を現わせば、モローンは謀反を起こす計画をあえて実行しないだろうし、㈨あるいはかれが敢行し、計画に固執したならば、ただちに兵士たちに捕らえられ、王に引き渡されるだろう、と述べた。

四二　かれがまだこう述べているうちに、ヘルメイアースは怒りに駆られて発言し、「かれはもう久しく前から王に対して裏切りと陰謀を計画している。㈡しかし今この意見表明で隠していた自分の意図を暴露した。ほんの少数の者に伴われた王の身体を謀反者たちの手に渡るよう仕組もうとしているのだ」と述べた。㈢その時はくすぶっていた悪意の火花に火をつけただけで満足し、あの辛辣な攻撃は瞬間的な興奮から生じたものであり、決して実際の敵意からのものではないかのごとくふるまい、エピゲネースをそれ以上は悩ませなかった。㈣いずれにせよ、かれは自分の意見を押し通すことに成功したのである。すなわち、かれは戦争の経験がなかったので、その危険を恐れ、モローンに対する遠征から逃れようとしたのである。一方プトレマイオスに対して遠征することには熱心になっていた。この王の怠惰さを知っていたので、この戦争は安全であると信じていたからである。㈤その時、かれは会議に参加したすべての者を驚かせた後、クセノーンとヘーミオリオスという異名をもつテオドドスを将軍として送り出した。そしてコイレー・シュリアーの情勢に攻撃の手を加えねばならないと考えて、アンティオコスを絶えず駆り立てていた。㈥もしこのようにして戦争が四方八方から若い王子を取り囲めば、以前に犯した罪の罰を蒙ることもないし、つねに取り巻いている戦争と危険のために王にとりかれが必要とされるので、今の権威も阻止されることはないだろうと考えたからである。㈦それゆえ、最後に手紙をアカイオスから送られたものだと偽造して王に差し出した。その手紙は、プトレマイオスがことを自分たちのものにしようとアカイオスに呼びかけ、今は好運が差し出している王位を拒んでいるが、㈧もしかれが王冠を戴き、事実上今持っている支配権を公然と自分のものにするためならば、すべての計画のために船と金で支援しようと主張していることを明らかにしていた。㈨王はその手紙を本物と考え、コイレー・シュリアーへの遠征のために全力を傾けていた[1]。

四三　王は当時セレウケイアのゼウグマにいた。そのとき、提督のディオゲネースが黒海のカッパドキアの黒海沿岸地方からミトゥリダテースの娘ラオディケーを連れてやって来た。彼女は乙女で、王の許婚であった。㈡ミトゥリダテースはマゴス[2]を殺した七人の一人の子孫であることを誇り、そしてダレイオスによって最初からかれらに与えられていた、先祖からの黒海地方の権力を守っていた。㈢アンティオコスはその乙女に威厳のある出迎えを用意し、すぐに壮大で王にふさわしく、きらびやかに結婚式を祝った。㈣その後、アンティオケイア[3]に下り、ラオディケーを女王として公表し、それから戦争の準備にとりかかっていた。

㈤その頃モローンは、戦利品に対する期待と、王からの脅迫的な偽の手紙を持ち込んで将校たちに生じさせた恐怖を利用して、自分の総督領からの軍勢をすべてに対して備えさせていた。㈥また兄弟のアレクサンドロスを信頼できる協力者にし、隣接する総督領に関しては賄賂で統治者たちの好意を得ることによって安全にしていた。このようにしてかれは大軍をひきいて王の将軍たちに向かって出陣した。㈦クセノーンとテオドトスはその攻撃に驚き、都市へ退却した。㈧その結果モローンはアポッロニアーテース地方[4]を支配することになり、資金をじゅうぶんに手に入れることができるようになり、権力の大きさのために恐れられる支配者になっていた。

四四　すなわち、王室のすべての馬[5]の群れはペルシア人に任されていた。またかれらの間にはおびただしい量の穀物があり、家畜がいる。㈡その地方の堅固さと大きさについては誰もじゅうぶんに適切に述べることはできないだろう。㈢すなわち、メーディアイは中央アシアーに位置し、大きさの点でも、海抜の高さの点でもすべての地方を凌駕している。㈣その位置によってその地方は最も勇敢で最も大きな諸民族を制圧している。東側はペルシアとパルテュアイアーの間で砂漠が広がっている。㈤それはいわゆるカスピ海の門を見下ろし、制圧し、ヒュルカニアーの海から

1　セレウコス・ニカトルによって築かれたこの都市についてはプリニウス第五巻八六を参照。
2　前五二一年の、キュロスの息子であり、カンビュセスの弟であるスメルディスの名をかたってのマゴスの横領はダーレイオスのベヒスタ碑文とヘーロドトス第三巻六五以下で知られている。
3　オロンテス川沿いにあるシュリアーの首都。

4　以前のシタケネ地方、ストラボーン第一五巻七三二を参照。
5　第一〇巻二七（一）を参照。メーディアーの有名なニサイア馬は明らかに大きなパルティア馬（ストラボーン第一一巻五二五）の先祖だった。

それほど離れていなくて、タピュローン山に連なっている。㈥その南側の地帯はメソポタミアーとアポッロニアーティスに延び、ペルシアと境界を接している。㈦そしてこの方向は一〇〇スタディオンの上り道のあるザグロス山によって、またいくつかの個所では谷間によって分断されている。そこにはコッサイオイ人[1]、コルブレナイ人、カルキス人やその他の異民族が住んでおり、かれらは非常に好戦的な民族とみなされている。㈧西側の隣人はいわゆる総督領[2]に支配されている人々である。かれらの居住地は黒海沿岸に住んでいる民族の居住地域とそれほど離れていない。㈨北側はエリュマイオイ人、アニアラカイス人、カドゥシオイ人、マティアノイ人[3]によって取り巻かれ、㈩黒海のマイオーティスと境を接している部分の上方に位置している。㈡メーディアーそれ自体は多くの山で東から西まで分断されている。その間には都市や村が数多くある平原がよこたわっている。

四五　ひとつの王国に匹敵するこの地方を支配していたモローンは、すでに述べたように、その権力の大きさによって早くから恐ろしい存在であった。㈡今や明らかに王の軍隊の将軍は撤退せざるをえず、自軍は最初からの望みが計算通りに満たされたために、その成功によって鼓舞され、ついにかれはアシアーに住む民族にとって自分は恐ろしい存在であり、無敵であると思った。㈢そこでまずティグリス川を渡り、セレウケイアを包囲することを決心した。㈣しかし、川船を奪ったゼウクシスによって渡河を阻止されたので、クテーシフォーン[4]の陣地に戻り、軍隊に越冬の準備をさせた。

㈤王はモローンの攻撃と自分の将軍たちの退却を聞くと、プトレマイオスに対する出兵を断念し、モローンに対して遠征を行い、機会を逸しないことを決意した。㈥ヘルメイ

1　コッサイオイ人…ストラボーン（第一六巻七四四、第一一巻五二四）はコッサイオイ人をペルシス人、パライタケネ人、カスピアイ・ピュライ人と連携させているにもかかわらず、ディオドーロス（第一九巻一九・二）によると、かれらはメーディアーとスシアネーの山に住んでいたように思われる。かれらはペルシア軍に傭兵として働き、王から年貢を得ていたが、三二四／三年にアレクサンドロス大王によって征圧された。

2　ペルシアの地方総督

3　カドゥシオイ人とマティアニ人についてはプリニウス第六巻四八を参照。

4　クテーシフォーンはセレウケイアからティグリス川を渡った所にあり、この時代にはたんなる陣営地にすぎなかったが、のちにはパルチアの首都の敷地となった。

アースは最初からの計画に固執し、モローンに対してアカイアー人のクセノイタースを全権をもった将軍として軍隊と共に送った。そして反逆者に対して戦うことは将軍の仕事だが、王に対しては王自らが作戦を立て、決定的な戦いにおいて命令を下さねばならない、と述べた。㈦かれ自身は若い王を完全に支配下においていたので、仕事に着手し、アパメイア[5]に軍隊を集め、そこからラオディケイアへ進んだ。㈧そこから王は全軍をひきいて進軍し、砂漠を通過し、マルシュアースと呼ばれる谷に入った。㈨それはリバノンとアンティリバノン山脈の間にあり、その二つの間の狭い山道となっていた。㈩最も狭いその場所は浅瀬と沼で二つに分けられ、そこでは芳香を放つ葦《よし》[6]が刈り取られる。

四六　その山道には一方の側からはブロコイと呼ばれる地域が、もう一方の側からは狭い通路を残しているゲッラが迫っている。㈡アンティオコスはその谷を通って何日もかけて進軍し、途中の都市を征服してゲッラの前に現れた。㈢だがゲッラもブロコイもアイトーリアー人のテオドトスによって先取され、湖沿いの狭い場所も塹壕と柵ですっかり防備が固められ、要所には守備隊が配置されているのを見て、最初は強行しょうと企てた。㈣しかし場所の堅固さとテオドトスの守備が堅実で隙がなかったために、与えるよりも蒙った損害の方が大きく、計画を断念した。㈤この場所をめぐってかれ自身がこのような困難な状況にあったとき、クセノイタースが全面的敗北を喫し、モローンが上部の総督領をすべて押さえたという報せが入ったので、この遠征を断念し、自分自身の領地を救援するために帰還を急いだ。

㈥上述したように[7]全権を持って派遣された将軍クセノイタースは期待していたより大きな権威を手に入れ、自分の幕友に対してはこれまでより高慢にふるまい、敵の攻撃に対してはあまりにも向こう見ずに対処した。㈦かれはセレウケイアに到着すると、スーシアナーの司令官ディオゲネースと紅海沿岸地方の司令官ピューシアデースを召還し、軍隊を出撃させ、ティグリス川を前線にとって、敵に対して陣を張った。㈧モローンの陣営からかなりの数の者がかれの所へ泳いで渡ってきて、もしかれが川を渡れば、モローンのすべての軍はかれの方へ心を向けるだろうと請け合った。すなわち、モローンには嫉妬し、王に対してはと

5　アパメイアはオロンテス川沿い、セレウケイアの南にあった。

6　プリーニウス第一二巻一〇四以下を参照。

7　四五・六を参照。

くに心を向けているからと述べると、クセノイタースはこの言葉に高揚させられてティグリス川を渡る決心をした。㈨かれは、川が島を形成している個所に橋をかけるふりをしていたが、そのために必要な準備は何もしていなかったので、モローンはその見せかけの計画を侮っていた。㈩それに対してかれは船を集め、入念に修理し、㈡次に全軍から最も優秀な騎兵と歩兵を選び出し、陣営にはゼウクシスとピューシアデースを残し、夜モローンの陣営から八〇スタディオン（一四・四キロ）離れた下流に行き、㈢妨害を受けずに船で軍隊を渡し、好都合の場所を見つけてまだ夜のうちに陣を張った。そこは大部分は川で、その他は沼と泥土で守られていた。

四七　この報せを受けたモローンは、渡ろうとしている者を苦労せずに阻止し、すでに渡っている者を全滅させようと騎兵隊を送った。㈡しかしかれらはクセノイタス軍に近づくと、地形を知らなかったために、敵の襲撃を蒙る前に自分たちの体重で沈み出し、深く沈み込んで、皆動きがとれなくなり、多くが命を失った。㈢さて、クセノイタスは接近さえすれば、モローン軍は自分の方へ寝返ると確信していたので、川に沿って前進し、敵の陣地すぐ近くに自分の陣を張った。㈣この状況にあって、モローンはそれが戦略であったのかあるいは自軍への信頼を失ったためなのか、クセノイタスがまさに期待していたことが起った。すなわち、かれは夜の間に装備を陣地に残したまま出発し、いそいでメーディアーの方向へ進軍したのである。㈤クセノイタスはモローンが自分の攻撃を恐れ、自軍に対する信頼を失ったために逃亡したと考えて、まず敵の陣地に接近して、その所持品を奪い、そして自分の陣地へ騎兵隊とかれらの荷物を渡河させた。㈥その後、多くの者を集め、モローンは逃げてしまい、全体にとって大いなる見込みがあるのだから勇気を持つようにと励ました。㈦こう述べた後、明日早朝敵を追うことにするから、自分たちが必要としているものに留意し、精気を養っておくようにと命じた。

四八　多くの者は勝利を確信し、必需品を潤沢に手に入れたために快楽、飲酒、そしてこうした衝動につきものの安逸さに耽っていた。㈡一方モローンはじゅうぶんな距離をおくと夕食を取らせ、その後引き返して来て、敵が皆酔っ払って、横になっているのを見出すと、早朝陣営に攻撃をしかけた。㈢かれおよび将校たちは思いがけない出来事に驚き、酩酊しているために多くの者を起こすことができず、かれら自身は無鉄砲に敵に突進して身を滅ぼし、㈣寝ていた者の大多数はマットの中で切り倒され、残りの者は川の中に身を投じて対岸の陣地へ渡ろうとしたが大多数は命をなくした。㈤陣営は全くの混乱に陥り、皆驚き慌て、恐怖におののいていた。㈥対岸の味方の陣営は視野の中ではほんのわずかの距離しか離れていなかったので、死の恐怖の中で流れの力とその危険を忘れ、㈦救われたい一心で、興奮状態のまま、また救いへの衝動に駆られて川に身を投じた。また駄獣をも荷をつけたまま投げ込んだ、㈧まるで川が神意によって自分に味方してくれ、対岸のあの陣営に無事渡してくれるかのごとくに。㈨その結果川によって提示された光景は本当に悲劇的でぞっとするものだった。馬、駄獣、武器、流れが運んでいくあらゆる種類の荷物、その間を泳いでいく人間。㈩モローンはクセノイタースの陣地を敵による妨害を受けることもなく落ち着いて征服した後、川を渡り、ゼウクシスがかれの攻撃を待ち受けず、逃げてしまっていたのでその陣地も手に入れることができた。(一一)それからかれは軍をひきいてセレウケイアに現れ、(一二)ゼウキスとセレウケイアの司令官であるディオメドーンが逃げてしまっていたので、最初の攻撃でその都市を手に入れ、さらに前進して上部総督領を制圧した。(一三)バビュロンと紅海沿岸部地方の主人になると、スーサへやって来た。(一四)この都市を攻撃し、占領したが城砦への攻撃は、将軍のディオゲネースがそこに先に入り込んでいたために不首尾に終った。(一五)そのためこの攻撃は断念し、包囲する兵士を後に残してすぐに出発し、軍隊と共にティグリス川沿いのセレウケイアに急いで戻った。(一六)ここでかれは軍隊を入念に補給し、また励ましの言葉をかけて次の行動へと出発した。そしてエウロポスまでのパラポタミアとデュラまでのメソポタミアーを占拠した。(一七)アンティオコスは上述したよう[1]にこの報せが耳に入ると、この危険に立ち向かうために、コイレー・シュリアーへの希望を断念した。

四九　そのとき王はふたたび会議を招集し、モローンに対する備えはどのようにしなければならないかを述べるように命じた。ふたたびエピゲネースが最初に発言し、㈡「敵がこのような成功を獲得する前に躊躇していてはいけない、とわたくしは忠告した。事は早急にかつ決然と行わねばならないというのが今も自分の意見である」、とかれは述べた。㈢するとふたたびヘルメイアースがむちゃくちゃに、かつ無分別に激昂して発言者を罵り始めた。㈣同時に自分を低俗に称賛し、コイレー・シュリアーをめぐる希望を見逃すことなく、根拠もないのにそれを断念しないように、と王に懇請した。㈤しかし今度はかれは多くの人に不快感を与え、王をも苦しめた。王はやっとのことで論争を終らせ、二人を和解させるのに大いに骨をおった。㈥

1　四六・五を参照。

多数の者がエピゲネースの助言を唯一、可能なものであり、状況に即したものであると賛成したので、モローンに対して遠征し、それだけを唯一の関心事とする議決が採択された。㈦ヘルメイアースは突然同じ意見に到達したかのように装い、この決定に躊躇せず支持を与えるのが皆の義務であると述べ、遠征のための準備に非常な熱意と努力を示した。

五〇　軍隊がアパメイアーに集まり、給料の支払い遅滞のために兵士たちの間で暴動が生じたとき、㈡ヘルメイアースはこのような危機的な時期に起ったこのような動きに王が非常に神経質になり恐れているのを見て、エピゲネースがこの遠征に参加しないことに王が同意するなら、全額を支払うことを約束し、㈢二人の間の不和と敵意は作戦を摩擦を起こさずに実行することを不可能にするからである、とその理由を述べた。㈣王はそれを不快に思って聞いた。というのもエピゲネースの経験のためにかれが遠征に随伴することに最大の価値をおいていたからである。㈤しかしかれは財政と軍事防衛に取り巻かれ、ヘルメイアースの悪意を秘めた監督によってがんじがらめに束縛されていたので、自分自身の主人ではなかった。その結果かれは譲歩してその要求に同意した。㈥エピゲネースは命令に基づいて市民生活へ身を引いた。幕僚会議のメンバーの間ではこのことは少なからぬ驚きを惹き起したが、㈦軍隊は要求したものを手に入れて感情を急変させ、給料支払いの正常化を獲得してくれたこの男に対して好意的になった。しかしキュレースティケー[1]からの兵士は例外であった。㈧かれらはその数は六千人ほどであったが暴動を起こし、持ち場を放棄した。そしてかなりの期間由々しい揉め事を引き起こしていた。結局王のある将軍によって戦いで制圧され、大部分の者は殺され、残りは無条件で降伏した。㈨ヘルメイアースは王の幕友を恐れさすことによって、軍隊を給料問題の調整によって手に入れた後、王と出陣した。㈩エピゲネースに対しては、アパメイアーの城砦の司令官アレクシスを共犯者にして、次のような陰謀を企んだ。㈡モローンからエピゲネースに宛てられたものとして手紙を起草し、かれの奴隷の一人を大きな望みで誘惑してエピゲネースのもとへ運び込み、かれの手紙の中にその手紙を混ぜるように説得した。㈢このことが行われると、すぐにアレクシスがやって来て、モローンからの手紙を持っているのではないかとエピゲネースを尋問した。㈢かれが激しい言葉で否定すると、調べることを要求し、すぐに家に押し入り、そ

1　キュレスーティケーはアマヌス山とエウフラテス川の間の北シリアの山岳地域。ストラボーン第一六巻七五一を参照。

の手紙を見つけた。それを証拠としてただちにエピゲネースを殺した。㈣王はエピゲネースが殺されたのは当然であると説得された。しかし宮廷の人々は起ったことに疑惑を感じたが、恐ろしいので黙っていた。

五一　アンティオコスはエウフラテス川に到達し、軍隊に休養をとらせ、ふたたび出発して冬至の頃、ミュグドニアーのアンティオケイアー[2]に到達した。そして冬の最も厳しい時期が過ぎ去るまで待つことを望んでそこに留まった。㈡そこに四十日間留まってリッバに進んだ。㈢そこで会議が開かれ、どの道をとって、その頃バビュロンにいたモローンに向って進んでいくべきか、行軍の途中で軍隊の糧食の補給をどのようにして、どこから確保すべきかが討議された。㈣ヘルメイアースはティグリス川に沿って行軍することを助言した。それによって側面はこの川によって、次にはリュコス川そしてカルプス川[3]によって守られることになると主張した。㈤ゼウクシスはエピゲネースの最期を思い出して、最初は意見を公然と述べることをためらっていた。しかしヘルメイアースの計画の愚かさは明らかだったので、やっとのことで勇気を出して、ティグリス川を渡ることを助言した。㈥かれはティグリス川に沿って行軍する場合に出会う難点を詳しく説明した。相当な距離の国を通過した後、六日間荒野を横切って、いわゆる王の運河[4]に到着する。㈦これが敵によって先に占拠されると、それを越えていくことは不可能であるし、砂漠を通ってふたたび引き返すことは明らかに危険であり、とくに生活必需品の不足が生じるがためである。㈧ティグリス川を渡ったならば、アポッローニアーの住民は後悔し、王に靡《なび》くことは明らかである。以上のことを指摘した。その理由として、今かれらは自分の選択によってではなく、強制と恐れによってモローンに服従していることを挙げた。㈨さらに土地の肥沃さゆえに軍隊に生活必需品を潤沢に調達できることは明らかであること、㈩また最大の理由として、モローンが

2　ミュグドニアーのアンティケイキアーは以前のニシビスであり、セレウコス・ニカトルによってギリシア人の都市に変えられた。ストラボーン第一六巻七四七を参照。アパメイアーの真東、カボラス川とティグリス川の中間点にあった。

3　リュコス川とカルプス川はティグリス川の支流。そのそれぞれの左岸に大小のザブがあり、この名はクセノフォーンの時代にはまだ使われており（『アナバシス』第二巻五・一、第三巻三・六）、現在の名はアッシリア形に戻ったもの。

4　王の運河。プリーニウス第六巻一二〇はアッシリア（すなわちアラム語の）ナルマルカの翻訳として王の河と記述し、その場所をバビロニアの近くとしている

メーディアーへの帰還と調達を遮断されることを指摘した。㈠このことから、かれは決戦に臨むことをよぎなくされるであろうし、かれがもしそうすることを望まなければ、軍はただちに王の側に立つことは明らかであることを指摘した。

五二　ゼクシウスの意見が採択されると、ただちに軍隊を三つに分け、輜重隊《しちょうたい》と共に三ケ所から渡河させた。㈡その後、ドゥーラに向って進軍し、この都市を包囲から解放した。というのもこの都市はモローンの指揮官たちの一人によって包囲されていたからである。㈢そこから引き続き軍の撤収を行い、八日目にオレイコン[1]と呼ばれる山を越えてアポロニアに降りて来た。

㈣同じ頃モローンは王の到来を知り、スシアネとバビュロンの住民を全く信用せず、というのもかれらを最近しかも不意をついて制したばかりであったからであるが、メディアへの帰還を遮断されるのではないかと恐れて、ティグリス川に橋をかけ、軍隊を渡らせることを決定した。㈤そして、もしできるならばアポッローニアーの山岳地帯を

1　オレイコン山はティグリス川が小ザブとの合流点の少し南でこの山脈を貫いている。これはアラビア語のバーリンマーで、今日ではティグリの東のジェベル・ハムリーン、西のジェベル・マクルとして知られている。

先取したいと急いだ。というのもキュリティ人[2]の投石兵の数を頼みとしたいと思ったからである。㈥川を渡ると急いでそして休むことなく行進をつづけた。㈦同じ時に、モローンが上述の場所に近づき、王が全軍をひきいてアポッローニアーを出発したので、双方の先発隊である軽装兵がいくつかの山越えの道で衝突するということになった。㈧まず小競り合いを始め、互いに力を試していたが、主力軍が到着すると同時に離れた。その時は自分の陣地に戻り、たがいに四〇スタディオン離れて陣を張った。㈨夜になるとモローンは昼間の、顔と顔を突き合わせての戦いは諸王[3]に対する謀反を起こした者にとっては危険であり、扱い難くなると予測して、アンティオコスに対して夜の攻撃を決意した。㈩全軍から最も適任で最も屈強な兵士を選び、高い位置から攻撃するためにある場所へと迂回した。(一一)しかし行軍中十人の若い兵士が集団でアンティオコスのもとへ脱走しているのに気づいてその計画を断念し、すぐに退却

2　キュリティ人はメディアとペルシアの北の地方からの遊牧民で、前一八九年のアンティオコス戦争（リーウィウス第三七巻四〇・九）、第三次マケドニア戦争期間中のエウメネス戦争（リーウィウス第四二巻五八・一三）では投石器を供給する民族として記録されている。

3　複数形の諸王は謀反人たちの諸君主国への関係を一般的に考察していることを反映している。

を始めた。㈡夜明け近く自分の陣地に戻ると、軍全体が混乱とパニック状態に陥った。㈢陣地にいた兵士たちは近づいて来る部隊の接近に驚いて眠りから醒まされ、すんでのところで陣地を飛び出すところだった。㈣モローンはできるかぎりその混乱を鎮めようとした。

五三　王は決戦へと決意し、夜明けとともに全軍を陣地から動かした。㈡右翼にはまず槍をもった騎兵を配置し、指揮官には戦場で実績のあるアルデュス[4]を任命した。㈢かれらの次にクレーテー人の同盟軍をその次にガラティアー人のリーゴサゲス族を置いた。そのあとにギリシア人の傭兵をそしてそれに続けて密集部隊を配置した。㈣左翼はヘタイロイ[5]と呼ばれる騎兵隊にゆだねた。十頭ばかりの数の象は軍隊の前に距離を置いて配置した。㈤歩兵と騎兵の予備隊は両翼に分け、合戦が始まると、敵を取り巻くように命じた。㈥その後、前に歩み出て、状況にふさわしいように短く軍を激励した。左翼はヘルメイアースとゼウクシスにまかせて、自分は右翼を受け持った。㈦モローンは夜の間に起った、ばかげた混乱のために軍隊を陣地から引き出すのに苦労したが、かれらを配置するにはそれ以上の混乱があった。㈧それでも騎兵隊を敵の配置を考慮にいれて両翼に分け、大盾兵とガッリア人、さらに重装兵は全体として騎兵隊の間に配置した。㈨また、弓兵、投石兵など、要するにこうした種類の兵士は両翼の外に配置した。㈩鎌を装備した戦車[6]は距離をおいて軍の前に配置した。⑾左翼の指揮は兄弟のネオラオスに任せ、自分は右翼を引き受けた。

五四　その後、両軍は攻撃を開始し、モローンの右翼は忠実にとどまり、ゼウクシスの部隊に対して勇敢に戦った。それに対して左翼は王に気づくやいなや敵に寝返った。㈡そうなると、モローン軍の勇気は挫かれ、王の軍隊は二倍に勇気づけられるということになった。㈢モローンは起ったことに気づき、四方をすでに取り巻かれているのを見て、もし敵の手に落ちて生きて捕虜となったらどんな責め苦を覚悟しなければならないかを眼前に思い浮かべて自殺した。㈣同様に、反乱に加わった他の人たちもそれぞれ故郷に帰った後、自らの手で最後を遂げた。㈤ネオラオスは戦いを逃れて、ペルシスのモローンの兄弟アレクサンドロスのもとへやって来て、母とその子供を殺し、かれらの死後、

4　六〇・四―八を参照。
5　第一六巻一八・七、第三〇巻二五・七を参照。
6　鎌を装備した戦車はペルシア軍の武器だった（クセノフォーン『アナバシス』第一巻七・一二、八・一〇。ディオドーロス第一七巻五三・二、アッリアーノス第三巻八・六を参照）。

アレクサンドロスに同じことをするように説得して、自殺した。㈥王は敵の陣地を略奪し、モローンの死体をメーディアーで目立つ地点で磔《はりつけ》にするように命じ、㈦命じられた者たちはただちにそれを実行した。すなわち、カロニーティス[1]に運びザグルス山への登り道のふもとで磔にした。㈧その後長い演説でモローンの軍隊を叱責し、そして右手を差し出し、かれらをメーディアーへ連れて行き、その地の状況を元通りにする部隊を組織した。㈨かれ自身はセレウケイアに下って行き、そこから周辺の総督領に対する指令を発した。そのさい、かれは賢明にもすべての人を寛容に扱った。㈩ヘルメイアースは自分の主義を守り、セレウケイアの住民を告発し、その都市に千タレントの賠償金を課し、アデイガナイと呼ばれる人たちを追放し、手足を切断し、殺害し、拷問にかけてセレウケイアの多くの人々を滅ぼした。(一一)そのことにかんして王は、一方でヘルメイアースを説得し、他方で自分の判断で処理して、やっと和らげ、都市を元通りにした。そして無知による過失の罰金としてわずか百五十タレントだけを課した。(一二)これらのことを処置し、メーディアーの司令官としてディオゲネースを、スシアネーの司令官としてはアポッロドーロスを残した。また軍の主席書記官テュコーンをペルシア湾沿岸地方の司令官として派遣した。

(一三)上部総督領におけるモローンの蜂起と反乱の動きはこのようにして制圧され平穏にされた。

五五　勝ち取った勝利に有頂天になった王は自分の総督領の向こう側にあるいは境を接して住んでいる異民族の諸侯を威圧し、驚愕させることを意図して、すなわちかれらがその地で起った反乱者を援助したりあるいは共に戦うことをあえてしないようにするために、かれらに対して遠征することを決意した。㈡そしてまず、諸侯のうちで最も力があり、実行力があり、かついわゆる総督領とそれに隣接している民族を支配していると思われていたアルタバザネースに対して出征した。㈢ヘルメイアースはその頃、上部地域への遠征をその危険性ゆえに恐れ、プトレマイオスに対する遠征という最初からの計画に固執していた。㈣しかし、王に息子が生まれたという[2]報せが入り、アンティオコスが上部の地域で異民族によって何かを蒙るかもしれない、あるいは滅ぼす機会を自分に与えてくれるかもしれな

1　この地方はアポッローニアー（四三・八脚注）の東、ザグルス山の方向にあった。このカロニーティスという形式はストラボーン第一一巻五二九、第一六巻七三六、プリーニウ第六巻一二二、一三一にも見出される。ディオドーロスではケローネスという形式が使われている（第一七巻一一〇・四を参照）。

いと考えて、その遠征に賛成した、㈤もしアンティオコスを殺したら、息子の後見人として全権力を手中におさめることができると確信して。㈥これが決議されると、かれらはザグルスを越えてアルタバザネースの領域へ侵入した。㈦それはメーディアーに隣接し、その間にある山の多い地域がそれを分けている。その上部にファシス川へと下っている黒海の一部がある。それはカスピ海へと延びている。㈧そこには多くの好戦的な人々が住んでいて、大抵は騎兵である。その国にはその外、戦争に必要なものは不足していない。㈨この国はペルシア時代以来独立を保っていてアレクサンドロスも見過ごしていた。㈩アルタバザネースは王の攻撃に驚き、そして老人だったために、その年齢のせいで状況に屈して、アンティオコスとかれによって示された条件で和平を結んだ。

五六　これらのことが達成されると、王にとくに愛されていた侍医のアポッロファネース[3]はヘルメイアースがますます節度なく権力の座を利用し尽くすのを見て、主人について心配するだけでなく、それ以上に自分の安全について不安を感じていた。㈡それゆえ機会を捉えて、王に会談を申し出て、ヘルメイアースの不適な所業に対して軽率であったり、それを疑わないことがあってはならない、また兄弟と同じ悲運[4]に直面するまで待っていてはいけない、と勧告した。㈢自分もこの危険からそう遠く離れていないとかれは言った。そして自分と幕友に心を向け、急いで援助するように要求した。㈣アンティオコスはヘルメイアースを不快に思い、恐れていることを認め、このことについて気遣ってくれて自分に思い切って言ってくれたことに非常に感謝する、と述べた。㈤アポッロファネスは王の心と判断に関して誤った評価をしていなかったことを知って勇気づけられた。㈥一方アンティオコスはアポッロファネスが言葉だけだけでなく、自分と幕友たちの安全のために力を貸してくれるよう要求した。㈦アポッロファネースは何でもする用意があると述べ、その後かれらは計画に同意した。ある失神の発作が王を襲ったということを口実として持ち

2　ラオディケーとアンティオコスの結婚は前二二一年の春におこなわれた（四三・三）ので、この息子はおよそ前二二〇年頃生まれた。

3　アポッロファネースは有名な医術の教師だった。ケルスス、ガレン、トゥラレスのアレクサンドロスやほかの医学書もかれに言及している。プリーニウス第二二巻五九のアポッロファネースもおそらくこの人である。

4　第四巻四八・六―八を参照。

出し、治療および通常の業務を果たす義務を数日間解放し、㈧自分が望む幕友に対しては見舞いを口実として議論する権利を確保した。㈨ことに対して適している者たちを選び出し、ヘルメイアースに対しての憎しみゆえに皆が同意したとき、計画を実行することにとりかかった。㈩医者たちがアンティオコスは早朝寒さのために散歩しなければならない、と主張すると、ヘルメイアースは決められた時に来た。かれとともに幕友のうちの事の次第を知っている者たちも来た。㈡他の者たちは王の外出がいつもの時よりも大幅に変更されたために遅れてしまった。㈢かれを陣地から人のいない場所へと遠ざけ、王が用を足したいかのようにちょっと傍にそれると、かれらはヘルメイアースを突き刺した。㈢ヘルメイアースはかれが行ったことに見合うだけの罰を受けることもなく、このような方法で命を落した。㈣王は恐怖と多くの面倒さから解放されて帰還の途についた。地方の人々はかれの行為と計画を是認したが、ヘルメイアースを排除したことに対してはとくに賛意を表明した。㈤その頃アパメイアーでは女性たちがヘルメイアースの妻を石で打ち殺し、子供たちは息子たちに同じことをした。

五七　アンティオコスは故郷に到着し、軍隊を冬営地へ解散させた。[1]㈡アカイオスに抗議の使者を送り、王冠をかぶり、王と称することに対して、はじめて非難し、またそう明言した。次にかれがプトレマイオスと手を結び、また全体として権限以上のことに手をだしていることは周知のことである、とはじめて宣言した。㈢すなわち、アカイオスは、王がアルタバザネースに対して出征したとき、アンティオコスは何か不幸に遭うだろうと確信し、またそんな目に遭わない場合でも、距離が遠く離れているために、㈣先んじてシュリアーに侵入し、王からの離反者であるキュレスタイ人を協力者として利用して、王国を自分の物にすることができるだろうと期待して、全軍をひきいて出撃したのである。㈤フリュギアのラオディケイア[2]に到着すると王冠をかぶり、そのときはじめて王と称して、諸都市に手紙をおくることをあえてした。㈥かれが引き続き進軍を続け、リュカオニアーにいたとき、軍隊が反乱を起こした。この遠征は本来の王に敵対する行動になると思って、不満に思ったからである。㈦アカイオスはかれらの抵抗を見たとき、自分の計画を放棄した。そして自分は本来シュリアーに向かう意図は持っていなかったことを軍隊に納得さ

1　前二二〇／一九年。
2　リュコス河畔のラオディケア。アンティオコス二世の建設。プリーニウス第五巻一〇五はその以前の名前はロアス、その前はディオスポリスだったと記述している。

せるために、行軍の進路を変えて、ピシディケーを略奪し、(八)多くの利益を軍隊に手に入れてやり、それとともに軍隊の共感と信頼をえて故郷に戻った。

第四次シュリアー戦争（前二一九―二一七年）と小アシアーにおける同時代の出来事

五八　これらのひとつひとつを明確に知っていた王は、アカイオスを脅しつつ、上述したようにひっきりなしに使者を送った。しかしまずはプトレマイオスに対する戦争の準備に専心した。(二)そのために春[3]になると軍隊をアパメイアーに集め、コイレー・シュリアーへの攻撃はどのようにすべきか、幕友たちと会議を開いて協議した。(三)このことに関して、地形、装備、海軍の協力について多くの発言がなされた後で、アポッロファネース[4]、かれはセレウケイアの生まれで、かれについては以前に述べたことがあるが、かれはこれまでのすべての意見を遮って言った。(四)コイレー・シュリアーを征服しようと思い、これに遠征し、プトレマイオスによって制圧されているセレウケイア[5]を傍観していることは愚かである。これは帝国の発祥の地であり、いわば聖なる竈《かまど》なのである。(五)それがアイギュプトスの諸王によって監視されていることによってこの王国にもたらされる恥じは別として、作戦基地として軍事上大きな意味をもっているのである。(六)すなわち、それが敵によって支配されている場合には、すべての計画にとっての最大の障害なのである。(七)というのもどの方向へ進んで行こうと決定しても、敵に対する装備の準備よりも故郷はこの都市から迫ってくる危険のために少なからぬ用心と警戒を強いられるのである。(八)それを制圧した場合には、それは自国にとって安全な防禦となるだけでなく、その優れた位置のために、陸上と海上の他のすべての計画と目標に大きく寄与

3　前二一九年の春。五七・一を参照。
4　五六・一脚注を参照。
5　オロンテス川の河口の北にあるピエリアのセレウケイアはセレウコス一世の建設。第三次シュリア戦争（前二四六―二四一年）のときプトレマイオス三世によって奪われ、当時までエジプト人の支配下にあった。

できるのである、と述べた。㈨この論拠は皆の同意をえたので、まずこの都市を征服することが決定された。㈩すなわち、この都市にはプトレマイオス・エウエルゲテース以来アイギュプトス王の守備隊が置かれていた。㈠かれは妹のベレニケーの運命に激怒してシュリアーに対して復讐の遠征を行い、そのさいにこの都市を占領したのである。[1]

五九　このことが決定されると、アンティオコスは提督のディオグネートス[2]にセレウケイアに航行するように命じ、自分は軍隊とともにアパメイアーを発って、その都市から約五スタディオン離れた競馬場で陣を張った。㈡一方テオドトス・ヘミオリオス[3]を相応の軍隊をつけてコイレー・シュリアーへ送った。山道を占拠し、同時に自分の計画の背面援護をさせようとしたためである。㈢セレウケイアとその周辺の地形の関係は次のとおりである。㈣都市はキリキアとフォイニーケーの間の海沿いにあり、コリュパイオン[4]と呼ばれる非常に大きな山が迫っている。㈤その山の西側ではキュプロスとフォイニーケーの間の海の最後の波が打ち砕かれている。その山の東にはアンティオケイアー地方とセレウケイア地方の上に聳《そび》えている。㈥その南の斜面にセレウケイアがある。だがそれは深い、越えるのが困難な峡谷によって分けられていて、いくつかの段丘状になって海に延びている。そして大部分の側は断崖と切り立った岩で取り巻かれている。㈦平地の海に面した側には貿易市場と特に城壁でしっかりと囲まれた郊外がある。[5]㈧同様に市の内部も莫大な費用をかけた城壁で守られ、内部は神殿や他の美しい建物で飾られている。㈨そこには海側から階段状の人の手で造られたただ一本の接近路がついていて、

1　プトレマイオス二世フィラデルフスの娘ベレニーケは前二五二年にアンティオコス二世と結婚した。かれは前妻ラオディケをわきへおいた。前二四六年のアンティオコスとプトレマイオスの死でラオディケーとベレニーケーの間に市民戦争が起こった。セレウコスの守備隊はベレニケに賛意を表明し、エジプトの海軍がその都市を占拠するために到着した。それに続く戦争、ラオディケー戦争はエジプトの勝利に終わった。セレウコスはすぐにそれを逆転させた。しかし前二四一年の和議はセレルケイアの所属をプトレマイオスに継続させた。

2　四三・一を参照。

3　レバノンとアンティレバノンの間。四二・五脚注参照。

4　この山はアマヌス山の突出部で、八七〇メートルの高さで、今日のジェベル・ムーシーの一部。ここではゼウス・コリュパイオスが崇拝されていた。

5　都市の中心部の外側をとり囲み、また港および舗装された広場を含む城壁の跡が存在している。

幾重にも曲がりくねって上に延びている。(一〇)そこから遠くない所にオロンテース川[6]が注いでいる。この川はリバノンとアンティリバノンにその源を発し、アミューケー平原[7]を貫流し、そこからアンティオケイに達し、そこで市のすべての排水を受け取り、その豊かな流れで運び去り、最後にセレウケイアから遠くない所で海に注ぐ。

六〇　アンティオコスはまず都市の指導者に使節を送り、金を差し出し、セレウケイアが戦いをせずに引き渡された場合の多くの約束を申し出た。(二)しかし全体を指導している者たちを説得できなかったので、下の指導者の幾人かを買収し、かれらの援助を頼りとし、海の側は艦隊の乗組員で、陸の側は陸軍で攻撃することを意図して軍隊を用意した。(三)軍隊を三つの部分に分け、状況に適した励ましの言葉を与え、個々人の兵士にも、指揮官たちにも勇気に対して大きな褒賞と冠を約束した。(四)ゼウクシスにはアンティオケイに通ずる門の前の場所を任せ、アルデュスとディオグネートスには造船所と郊外への攻撃をゆだねた。(五)というのも、郊外が力で攻略された場合には、都市も王に譲り渡そうという取り決めが中にいる者となされていたからである。(六)合図がなされると、猛烈な、力強い攻撃が同時に四方八方からなされた。しかしアルデュスとディオグネートスに率いられた部隊が非常に大胆に突進して行った。(七)というのも、他の場所は絶壁を前にして四つん這いになってよじ登っていかなければ城攻梯子による攻撃はまったく問題にならなかったが、造船所と郊外は梯子を持ち込み、掛けたて、設置することをあっさり許したからである。(八)それゆえ、艦隊からの兵士が造船所に、アルデュスの部隊が郊外に梯子の助けを借りて決定的な攻撃を加えると、都市の守備隊はあらゆる側から押されていたので防禦の援助に来ることができず、郊外はたちまちのうちにアルデュスの部隊の手に落ちるということになった。(九)このことが起こるとすぐに買収されていた下級指揮官たちは全体を指揮していたレオンティオスのもとに走りより、都市が力で攻略される前にアンティオコスと交渉するために軍使を送らねばならないと主張した。(一〇)指揮官たちが買収されていることを知らなかったレオンティオスはかれらの動揺に驚き、市中のすべての者の安全を交渉するためにアンティオコスのもとに軍使を送り出した。

六一　王は会談を受け入れ、すべての自由人に安全を与えることに同意した。その数は六千人ばかりであった。(二)

6　ストラボーン（第一六巻七六一）によると、セレウケイアはオロンテース川の河口の北四〇スタディオン（七・二キロ）にあった。

7　この平原は現在のエル・アムクでアムヌスの東の平原である。

都市を手に入れると自由人を許しただけでなく、追放者も連れ戻し、市民権と所有物も返還してやった。そして港と城砦は守備隊で安全にした。

㈢[1]かれがこうした事に従事していたとき、テオドトスからの手紙が届いた。その手紙でかれはすでに手にいれたコイレー・シュリアーへすぐに来るように呼びかけていた。王は少なからず困惑し、この申し出に対して何をすべきかどう対処すべきか当惑した。㈣テオドトスは生まれはアイトーリアー人で、上述したように、プトレマイオス王に大きな貢献をしたが、それに対して何の感謝もしてもらえず、アンティオコスがモローンに対して遠征したときには、命の危険にさらされた。㈤その時、王に愛想を尽かし、宮廷人に対してあらゆる信頼をなくしたのであった。そこで自分でプトレマイス[2]を占拠し、パナイトーロス[3]によってテュロスを占拠させ、アンティオコスを急いで呼び寄せようとしたのであった。㈥王はアカイオスに対する遠征を延期し、他のすべての仕事を後回しにして、軍隊をひきいて出発し、前回と同じ進路をとりつつ進んで行った。㈦マルシュアスと呼ばれる谷を通過して、間にある湖の近くのゲッラの山道[4]に陣を張った。㈧プトレマイオスの将軍ニコラオスがプトレマイスの前でテオドトスを包囲しているのを知り、重装兵は後に残して指揮官たちに湖と山道を見下ろす位置にあるブロキを包囲するように命じ、自分は包囲を解くために軽装兵をひきいて前進して行った。㈨王の接近に先に気づいていたニコラーオスは、自分は退却し、ベーリュトス[5]の山道を先取するためにクレテー人のラゴラースとアイトーリアー人のドリュメネースを送りだした。㈩王はかれ

1　㈢—㈤はテオドトスの変節。四〇・一—三を参照。ピトム（八三—八六・六脚注を参照）からの三カ国で書かれた碑文はその後ラフィア・プトレマイオスは「将軍の裏切り」の後、二年二ケ月後にアンティオコスと合意したと述べている。この合意は前二一七年の十月であるので、この裏切りは前二一九年の八月頃だった。

2　プトレマイスはフェニキア語のアケ、現代のアクレ（アッカ）。これはおそらく前二六一年頃プトレマイオスの都市として再建されたものである。ストラボーン第一六巻七五八、ディオドーロス第一五巻四一を参照。アケはエジプトに対するペルシア人の主要な港だった。

3　明らかにアイトーリアー人の仲間、六二・二、第一〇巻四九・一一—一二を参照。

4　ゲッラの山道については四五・八脚注、四六・二脚注を参照。この山道はゲッラとブロキの間のビクァにあった。

5　ベーリュトスの山道はニーセ（B. Niese, Geschichte der griechischen und makedonischen Staaten seit der Schlacht bei Chaeronea. 3 vols. Gotha, 1893–1903. ii. 374n. 5）によってリュコス川沿いのナール・エル・ケルブと同一視された。

らを攻撃し、敗走させ、狭い場所に陣を張った。

六二　そこで残りの軍隊の到着を待ち、当面の攻撃にふさわしい事を訓戒し、その後今や成功を確信し、希望の実現を楽しみにしながら、全軍で前進して行った。㈡テオドトス、パナイトロスおよびかれらの幕友たちがかれと出会うと、かれらを丁重に迎え入れ、テュロスとプトレマイスをそこにある軍需品と共に受け取った。その中には四十隻の船があった。㈢そのうちの二十隻はとくに立派な装備が施され、そのうちのどれひとつとして四段橈船より小さくはなかった。残りは三段橈船、二段橈船、快速艇であった。これらは提督のディオグネートスに委ねた。㈣プトレマイオスがメンフィス[6]に向けて出発し、全軍をペルシオンに集め、運河を開き、新鮮な水を遮断したという報せが入ると、㈤ペールーシオンへの攻撃を断念し、各都市をひとつづつ訪れ、あるものは力によって、あるものは説得によって手に入れようとした。㈥それらの市のうち弱小のものはかれの接近に驚いて、かれの側についた。備えと場所の堅固さを頼みとする市はもちこたえた。王はそれらを包囲し、時間を浪費することをよぎなくされた。

6　アレクサンドリアから。メンフィスの訪問は宗教的および軍事的な両方の意味があったのだろう（六三・七を参照）。

㈦このように公然と条約を無視されたプトレマイオスは自分の領地を接近戦で援助するのが当然のことだったのだが、無力ゆえに、そうした計画をいだくことができなかった。㈧それほど戦争に対する備えは等閑に附されていたのである。

六三　当時王国の指導者だったアガトクレース[7]とソーシビオスは協議して、この状況において唯一、可能な道を決定した。㈡すなわち、かれらが到達した結論は、戦争の準備に着手し、その間に交渉によってアンティオコスの動きをゆるめ、かれがプトレマイオスについて常にいだいている判断を外見上裏付けようということだった。㈢その判断というのは、プトレマイオスは戦争をすることはあえてせず、議論によってまた幕友を介して教え、説得してコイレー・シュリアーから撤退するよう仕向けるだろうということだった。㈣このことが決定されると、アガトクレースとソーシビオスは使節にこのことを託してアンティオコスのもとへ送りだした。㈤同時にロドス人、ビュザンティン人、キュジコス人、アイトーリア人に使者を送り、かれら

7　アガトクレース、オイナンテー（第一四巻一一・一）の息子については第一五巻二五以下を参照。ソーシビオスについては三五・七脚注を参照。

を和解のための使節として呼び寄せた。㈥かれらは到着すると、両王間を行ったり来たりして交渉し、戦争の準備のための手がかりと時間を得るための大きなチャンスをかれらにあたえた。㈦かれらはメンフィスに腰を落ち着けてこの使節たちと絶えず交渉し、同様にアンティオコスからの使節も迎え入れ、友好的に答えを与えていた。㈧その間にかれらは外の都市[1]でかれらによって雇われていた傭兵をアレクサンドレイアに呼び戻し、集めた。㈨傭兵を募る者を送り出し、すでにいるそして新たに加わる傭兵のための糧食の準備をしていた。㈩同様に他の準備にもとりかかり、迫っている攻撃のための必需品で何か不足しているものはないかと、順番にそして絶えずアレクサンドレイアへ足繁く通っていた。⑾武器の装備および人を選択しそれを組織する仕事はテッサリアー人のエケクラテースとメリタイアー出身のフォクシダースに委ねた。⑿かれらと平行してマグネシア人のエウリュロコスとボイオーティアー人のソークラテースに委ねた。かれらと共にアッラリアー人のクノーピアースもいた。⒀これらの人を得ることができたのは大きな好運であった。かれらはデーメトゥリオスとアンティゴノスのもとで従軍しており戦争および従軍全般についての実際の何らかの知識を持っていたからである。⒁かれらは軍隊を手にすると軍事的に正しい方法で組織だてた。

六四　まず民族、年齢ごとに分け、それぞれにふさわしい武器と武具を供給し、かれらが以前に身につけていたものには考慮を払わなかった。㈡次に、古い連隊を解散し、俸給表を廃止し、現況に即してかれらを組織した。㈢これらのことに続けて、命令の言葉だけでなく、かれらの武器の正しい取り扱いかたに慣れるようにかれらを訓練した。㈣また頻繁に閲兵と部隊への呼びかけをおこなった。そのさいにとくによい働きをしたのはアスペンドスからのアンドロマコスとアルゴスからのポリュクラテース[2]であった。㈤かれらは最近ギリシアから到来し、ギリシア人一般の軍人気質ならびに各部族のそれをしっかりと身につけており、それに加えて家門および富裕という点で秀でていた。㈥ポリュクラテスはさらに家系の古さと父ムナシアデスの競技者としての名声によって有名だった。㈦かれらは個人的に

1　プトレマイオスの小アシアーとその他の地の所領地については三四・六―八を参照。

2　ポリュクラテスはこの時期からエピファネスの統治まで活躍した（第一五巻二九・一〇、第一八巻五五・六を参照。この間にキュプロスを前二〇二年から一九七年まで支配した。

また公的な場所で人々に呼びかけて来る戦いに対する熱狂と熱意を駆り立てた。

六五　上述した人々は自分たちの独自の経験にふさわしい指導を受けていた。㈡すなわちマグネーシアー人のエウリュロコスは王護衛隊と呼ばれたほぼ三千人の兵士を指揮し、ボイオーティア人のソークラテースは配下に二千人の盾兵を抱えていた。㈢アカイアー人のフォクシダースとトラセウスの子プトレマイオスおよびアスペンドスの子アンドロマコスは一緒になって密集部隊とギリシア人の傭兵部隊を訓練していた。㈣アンドロマコスとプトレマイオスが二万五千人の密集隊部隊を指揮し、フォクシダースは八千人の傭兵を指揮していた。㈤ポリュクラテスは七百人から成る護衛隊の騎兵および、リュビエー人と土着のアイギュプトス人の騎兵の訓練に励んでいた。合計三千人がかれの指揮下にあった。㈥テッサリア人のエケクラテースはギリシアからの騎兵とすべての傭兵の騎兵をみごとに訓練し、その数は二千人で、その戦いで最大の働きをしめした。㈦アッラリオーテースのクノーピアースは配下のすべてクレテー人から成る三千人の兵士を誰にもひけをとらずに訓練した。そのうちの千人は新クレテー人で、かれらをクノッソス人のフィローンの指揮下においた。㈧また三千人のリビュエー人をマケドニアー風に武装させてバルケのアンモニオスに指揮をとらせた。㈨アイギュペトス人の大部分は二万人の重装備兵で、ソーシビオスの指揮下にあった。㈩かれらはまたトゥラケー人とガッリア人の兵士も集めた。四千人はアイギュプトスの居住者およびその子孫たちで、二千人は新たに徴募された者で、指揮をとったのはトゥラケー人のディオニュソスだった。

㈡プトレマイオスが準備した軍隊の構成員の人数と民族はこのようなものだった。

六六　アンティオコスはドゥーラ[3]と呼ばれる都市の包囲をはじめていたが、場所の堅固さとニコラオスの援軍のために目標を達成できず、㈡冬が近づいていたので[4]、プトレマイオスからの使者と四ケ月の休戦をし、和平交渉で寛大な態度をとることに同意した。㈢しかしこれを誠実におこなうことは決して考えておらず、むしろ遠く離れた戦場にこれ以上長く引き留められることなく、セレウケイアで軍隊を越冬地に解放したい、と望んだからだった。というのもアカイオスは明らかにかれに対して何かを企み、プトレ

3　ドゥーラはカエサレアの北一三キロないし一四キロのカルメル山の下の海に突き出た半島にある町で、ペルシア占領のときにはシドンに属していた。その遺跡はタントゥラの遺跡上に現存している。

4　前二一九／二一八年の冬。

マイオスとあからさまに提携して行動していたからだった。[1] ㈣この同意がなされると、アンティオコスは使節を派遣し、できるかぎり早くセレウケイアでかれと会い、かれにプトレマイオスの決定を伝えるようにかれらに命じた。㈤その地方に充分な守備隊を残し、テオドロスに最高指揮権を託した後、セレウケイアに赴き、軍隊を越冬地へ解散した。㈥その後は、もはや交戦する必要はないと確信して、軍隊を訓練することを怠っていた。というのもかれは既にコイレー・シュリアーとフォイニケーの一部を支配し、㈦他は外交によりまた全面戦争という危険をあえて冒さないと約束したプトレマイオスとの同意で所有できることを期待したからだった。㈧これはメンフィスでの交渉でソーシビオスによってそのつど非常な好意的態度で扱われたかれの使節の判断でもあった。㈨一方後者の観点からアンティオコスへ送られた使節たちはアレクサンドリアでの準備についての目撃者になることを決して許されなかった。

コイレー・シュリアーの所有[2]

六七　しかし、最後の使節が到着して、ソーシビオスがすべてに対して準備ができていることが判明すると、㈡アンティオコスはアレクサンドリアから来た使節との会見で自分が軍事的力および正当さという両面で決定的に優位にあることを示すことに最大の価値をおいた。㈢その結果使節がセレウケイアに到着し、ソーシビオスによって命じられたとおりに、提案された協定の条項を細部にわたって議論することに同意すると、㈣アンティオコスはかれの明らかに不正なコイレー・シュリアーの占拠によってかれらが蒙った最近の損失をかれの論拠において重大なものと見なさず、㈤この行為を全体としては違反であったとみなさなかった。㈥かれの主張によると、片目のアンティゴノスによる最初の占領とセレウコスのその地方の支配は決定的な権原であり、それに従うと、コイレー・シュリアーはプトレマイオスにではなく、かれに属するものである。㈦すなわち、プトレマイオスはこの地方に対する自分の主権ではなくセレウコスの主権を確立するためにアンティゴノスに対して戦争を遂行したのである。㈧とくにかれは、アン

1　第四巻四八・一二脚注、第五巻五七・一―二を参照。

ティゴノスに対するかれらの勝利の後、カッサンドロス、リュシマコス、セレウコスの三人が協議し、シュリアー全体はセレウコスに属すべきだとして王たちによって結ばれた譲歩を促した。(九)プトレマイオスの使節はこれと反対の立場をとろうと試みた。すなわちかれらが蒙った不正を誇張し、その不平を最も深刻なものであると主張し、テオドトスの裏切りとアンティオコスの侵略を条約違反だとし、(一〇)ラゴスの息子、プトレマイオスによる占領を証拠として引き合いにだし、プトレマイオスはセレウコスに味方して全アシアの主権をかれに与え、自分はコイレー・シュリアーとフォイニケーを所有できたのだと主張した。(一一)こうした、また同様の議論が交渉と会見の間に再三繰り返された。しかし結論は絶対に達成されえなかった。両王国の共通の幕友によって弁明がなされ、不正を行いそうに思われる傾向を妨げ、抑制する力をもってかれらの間に介入する人がいなかったからである。(一二)双方にとっての困難さの主たるものはアカイオスにかんすることだった。すなわちプトレマイオスは条約にかれが入れられることを望んだが、(一三)アンティオコスはそれにそれに耳をかすことを断固として拒否した。プトレマイオスが謀反人たちを保護下におき、このような人々についてほのめかすことをあえてすることを言語同断なことと考えたからである。

六八　それゆえに双方ともに交渉に疲れてしまい、結論

2　(六)―(一〇)はコイレ・シュリアーの所有者の推移についての説明。(第二八巻二〇・六―七、ディオドーロス第三〇巻二を参照)。コイレ・シュリアーの意味については三四・六脚注を参照。それは前三一、九年にプトレマイオス一世によって占拠された(ディオドーロス第一、八巻四三)、シュリアーはアンティゴノス一世によって前三一五年に奪われ、前三一二年のプトレマイオスによる短期間の侵入以外は前三〇一年までかれの手中にあった。前三〇一年にカッサンドロス、リュシマコス、セレウコスが同盟してイプソスでかれを滅ぼした(プルータルコス「デーメトゥリオス」二八―二九、ディオドーロス第二二巻一を参照)。この戦いのすぐ直前にプトレマイオスはレバノンとダマスカスおよびパレスティナとエレウセレウスの南フェニキアを含んだ南シリアを奪った。(ディオドーロス第二二巻一三)。しかしここでの説明および第二八巻二〇・六―七からこの同盟はすべてのシュリアーをセレウコスに与えることに同意したように思われる。しかしながら、プトレマイオスが占領したものを保持したとき、セレウコスは自分の要求を強要しなかった(ディオドーロス第二二巻一・五)。この時の交渉(および第二八巻二〇・六―七)においてセレウコス側の論拠は(a)アンティゴノス一世による支配。これはシュリアーの王という称号がかれに与えられたとき承認された(第二八巻二〇・七)。(b)セレウコス一世のこの領域の支配。(c)イプソスの後、シュリアーをセレウコスに与えたカッサンドロス、リュシマコス、セレウコスの同意。アイギュプトス側の返答をセレウコスに譲渡することへとかれを結びつけた条件だったことを否定。(c)イプソス以降の盟約を権限を越えているとして無視。

がみいだされないままに春[1]が近づき、アンティオコスはコイレー・シュリアーおよびその地方のほかの地域へ水陸両面から侵略する目的で軍隊を集めていた。㈡軍隊の指揮権を完全にニコラオスにゆだね、かれのために豊富な供給品をガザ[2]の近くに送り、陸軍と海軍の兵士を送り出した。㈢こうした戦力が新たに加えられたので、ニコラオスは自信をもって戦争に突入した。そしてかれのすべての要求は提督のペリゲネースによって二つ返事で調達された。㈣プトレマイオスはかれに三十隻の軍艦と四十隻以上の輸送船で構成されていた艦隊を指揮させていたのである。ニコラオスは生まれはアイトーリア人で、㈤軍事的経験と勇敢さという点でプトレマイオス軍のなかでかれの右にでるものはいなかった。㈥かれは軍隊の一部でプラタノスの地峡[3]を占拠し、個人的に指揮していた残りの部隊でポリュフュリオンの都市の近くを占拠し、ここで王の攻撃を待ち構えていた。艦隊もかれを支援するために海岸に沿って錨をおろし

1　前二一八年の春。

2　パレスティナの南国境近くのフィリスティン人の都市。その住民とアレクサンドロスによる掠奪については第一六巻二二aを参照。アレクサンドロスはふたたびそこに人を住まわせた。アッリアノス第二巻二七・七を参照。イプソスの後ガザはこの時までプトレマイオス領であった。

た。㈦アンティオコスがマラトス[4]に到着すると、アラドス[5]の人々が同盟を求めてかれのもとにやって来た。かれはこの要求を受け入れただけでなく、かれらの間にあった紛争を止めさせ、アラドスの島の住民と本土の住民を和解させた。㈧神の顔[6]と呼ばれる所に侵入し、ベーリュトスに到着した。途中でボトリュスを占拠し、トゥリエーレーとカラモス[7]を焼き払った。㈨そこからリュコス川を先取する命令を与えてニカルコスとテオドトスを送り出した。自分は軍

3　プラタナス地峡はベリュトスとシドンの間の海岸、ポリュヒュレオンの北にあった。ポリュヒュレオンはシドンの北一二マイルにあった。これはエルマン道と同定されている。

4　この北フェニキア人の都市はアラドスに向かい合った本土にあり、アレクサンドロスの時代にはこのアラドスに属していた。二つの川ナル・エルークァブルとナル・アムリト周辺の広範囲の遺跡の概要がホニッヒマンによって記述されているRE.Marathos(2), cols. 243

5　アラドスはエレウロテス川（ナール・エルーケビル）の河口の北一〇キロの地点で、本土から約三キロの島（ルアド）にあった。

6　ラーシュ・シャクアの岬。

7　これらのフェニキアの都市のうち、ボトリュスはビュブロスの北一二マイル、海岸にあった。トリエレスはボトリュスの北一五キロ（ストラボーン第一六巻七五四）、カラモス（現代のカルムーン）はトリエレスの北の岬の周辺でトリポリスの南一〇キロにあった。プリニウス第五巻七八を参照。

隊をひきいて前進し、ダムーラース川[8]の近くに陣を張り、提督のディオグネートスはかれに沿って航行した。㈩そこからふたたびテオドトスとニカルコスがひきいていた軽装兵を受け取り、ニコラオスによって占拠されていた難所を偵察するために出発した。(一一)その地形の特徴をつかむと、その時は陣地に戻った。次の日、重装兵はニカルコスの指揮の下に残して、残りの軍隊とともにその山道を試すために前進した。

六九　海岸のこの個所ではリバノンの斜面が狭い地帯へと押し迫っている。これはさらに険しい、岩だらけの尾根によって寸断されていて、海に直接つながっている狭くて、通行が困難な通路が残されているだけである。㈡ニコラオスはその時ここに陣を張り、ある箇所は戦力の多さで占拠し、ある箇所は人工的な防御物で安全をはかり、アンティオコスの侵入を容易に阻止できると確信していた。㈢王は軍隊を三つに分け、ひとつはテオドトスにゆだねて攻撃を開始し、リバノンの麓に圧するように命じた。㈣もうひとつはメネデモス[9]にゆだね、細部にわたる指図をあたえて山の背自体を攻撃するように命じた。㈤三番目の部隊はパラポタミアの将軍ディオクレースにゆだねて海岸に沿っての攻撃を命じた。㈥かれ自身は護衛隊とともに中央に位置して全体を見渡して、危険に陥った箇所を援護しようとした。㈦同時にディオグネートスとペリゲネースに率いられた艦隊ができるかぎり海岸に接近し、陸と海での戦いがひとつの連続した戦線であることを示そうとして海戦への準備を整えた。㈧ひとつの合図、ひとつの命令で皆が一斉に攻撃を開始した。海での戦いは均衡をたもっていた。両艦隊は船数と装備でほぼ同じだったからである。㈨陸上ではニコラオス軍が地形の堅固さを利用して最初は優勢だったが、テオドトスがすぐに山麓の敵を押し戻し、高所から攻撃すると、ニコラオスとその全軍は向きを変えてまっしぐらに逃亡していった。㈩逃亡中にかれらの二千人が戦死し、それに劣らない数の兵士が生け捕りにされ、残りはシドーン[10]に退却した。(一一)海戦での勝利に大きな望みをたくしていた

8　ダムーラース川は現在のダームール川でベリュトスとシドンの中間にあった。ストラボーン第一六巻七五六を参照。

9　カリアのアラバンダ出身（七九・六、八二・一一、を参照）。

10　シドーンはペルシア人の支配下にあったフェニキア人の都市だったがイッソスの後はアレクサンドロスに属した（アッリアノス第二巻一五・六）。イプソスの後シドンはデメトリオスの手中に残ったが、後にプトレマイオス二世がそれをおそらく二七五年頃制服した。二六二・一年に死んだフィロクレスがシドンの最後の王だった。

ペリゲネースは、陸軍の敗戦をみると、自信をなくして同じ場所へ無事に退却した。

七〇　アンティオコスは軍隊をひきいてやって来て、シドーンの前で陣をしいた。㈡しかし都市を攻略することは断念した。そこにはたくさんの供給品が備蓄されておりまた住民と逃げ込んだ兵士がたくさんいたからである。㈢そこで軍隊とともに自分自身がフィロテリアーに行き、提督のディオグネートスに艦隊とともにテュロスに航行するように命じた。㈣フィロテリアー[1]はヨルダネース川が流れ込み、ふたたびスキュトーン人の都市周辺の平原に流れ出す湖の岸の沖にある。㈤約束通りに上述のふたつの都市を占拠すると、それから先の作戦の成功に自信を深めた。かれらの支配下にはいったこれらの地方は全軍のための糧食と遠征のために必要なあらゆる種類の備蓄品を豊富に供給できたからである。㈥このふたつの都市に守備隊をおいて安全を確保し、山岳地帯を越えてアタビュリオン[2]に到達した。

1　フィロテリアはガリラヤ湖の岸にあった。おそらく後のティベリアスである。
2　アタビュリオンは旧約聖書のタボル山で現代のジェベル・エト・トール。エスドゥラヘロン平原の隅にある。海抜五六二メートル。

これは円錐形の丘の上にあり、そこへの接近路は十五スタディオン（二・五キロ）の距離がある。㈦登る途中で待伏せと戦略を用いてかれはその都市を占拠した。㈧すなわち、守備隊を小競り合いへと都市から誘い出し、退却するかれの部隊をおって相当な距離まで丘を下ってきた敵に対して、逃亡している兵士を転じさせ、待伏せ部隊を立ち上がらせてかれらの多くを殺した。㈨最後は追跡し、驚愕させて攻撃によってその都市を奪った。㈩この時にプトレマイオスの将校の一人であるケライアースがかれへと離反した。そしてかれを高邁に扱って敵の指導者たちの多くの忠誠心をぐらつかせた。㈡テッサリアー人のヒッポロコス[3]はその後まもなくプトレマイオス軍に従軍していた四百人の騎兵とともにかれに寝返った。㈢アタビュリオンに守備隊をおいた後前進し、ペッラ[4]、カムース、ゲフルースを手に入れた。

七一　このように事が順調に運ぶと、近隣に住むアラビアー[5]の民族たちは一致してかれの側にたった。㈡かれらからの援助の期待と供給品を手に入れてかれは前進し、ガラティス[6]を占拠した。そしてアビラ[7]およびかれの親密な友で

3　七一・一一、七九・九を参照。傭兵の騎兵隊の指揮者である
4　ペッラは現代のファールで、ガリラヤ湖の下二〇マイルのヨルダン川の左岸にあった

あり親戚だったニキアース配下の救援軍の主人になった。㈢ガダラ[8]がまだ残っていた。その都市はその地方で最も要塞堅固と思われていた。かれはその前に陣を張り、すぐに攻撃をはじめ、驚愕させてその都市を奪った。㈣その後、敵の多くがアラビアーのラッバタマナ[9]に終結しているのを知り、ほかの計画は捨てて、かれの側にたっていたアラビアー人の地方を荒廃させ、略奪することに専念し、この都市がある丘の麓《ふもと》に陣をはった。㈤その丘を巡回して、二つの地点で接近が可能なことを観察し、そこに前進して、そこに破城槌を設置した。㈥それらの道具の監視をニカルコスとテオドトスにゆだね、それからは二人のそれぞれの活動を指図し、監視することに専念した。㈦テオドトスとニカルコスは非常な熱意を示した。自分の機械の前でドゥーラが先に城壁が崩れるかということにかんして絶えざる競争意識が生じた。その結果非常に短期間に予期していたよりずっと早く城壁は崩壊した。㈧この後はどんな機会も逸することなく、全力をつくして夜も昼も攻撃しつづけた。㈨都市を攻略しようと頻繁に試みたにもかかわらず、その都市に終結した兵力の大きさのために計画を達成できなかった。しかしある捕虜が、包囲されている兵士たちが水汲みに降りて行く地下道を教え、かれらはこれを材木や石やそのほかあらゆるこの種のもので遮断して打ち壊してしまった。(一〇)都市にいる者たちは水不足のために屈して、降参した。(一一)アンティオコスはこのようにしてラッバタマナを攻略するとじゅうぶんな守備隊とともにニカルコスをそこに残した。そして離反した指導者ヒッポロコスとケレアースを五千人の歩兵とともにサマレイア[10]地方に送り、征服した領域を守り、かれがそこに残したすべての部隊の安全をはかるように命じて、軍隊とともにプトレマイオスのもとに戻り、そこで冬を越すことを決定した。

5　ギリシア語のアラビアにはシリア砂漠とナイル川の東の北アフリカ砂漠が含まれる。
6　ガラティスは旧約のギレアドで、ヨルダン川の向こう側の地方。
7　アビラはガダラの東一九キロのデカポリスにあった。
8　ガダラはデカポリスの有名な都市で、ヒエラミュケスの少し南、スキュトー人の都市から二五キロ。プリーニウス第五巻七四を参照。
9　ラッバト・アンモンは現代のヨルダンの首都アンマーンである。
10　ヨルダンの西の地区でギレアドの向かい側。

前二一八年のアカイオスの活動

七二　同じ夏セルゲー[1]の住民によって包囲され、攻められたペドネイリッソスの住民はアカイオスに救援のための使節を送った。２かれが喜んで聞き入れたので、かれらは約束された救援を期待して勇敢に包囲に耐えていた。㈢アカイオスは歩兵六千人、騎兵５百人と共にガルシュエーリスを選んでペドネーリッソスの住民[2]を援助するために急いで派遣した。㈣セルゲー人は、救援の到来に気づくと、軍隊の大部分でクリマックス（梯子）の山道[3]を占拠し、サポルダ[5]への進入路を押さえ、すべての間道と接近路を破壊した。㈤ガルシュエーリスはミュリアス地方[4]へ入り、クレーテー人の都市と呼ばれる所で陣を張った。その場所が先に占拠され、それから先への進軍が不可能であることを確認したとき、次のような策を考え出した。㈥その場所が先に占拠されたために援軍を断念したかのように陣をあげ退却を始めた。㈦セルゲー人はまんまとだまされ、ガルシュエーリスは援軍をあきらめたものとして、一部は陣営へ、一部は穀物の取り入れが迫っていたので都市へ戻った。㈧ガルシュエーリスはまわれ右をして急行軍で山越えの道へ到達した。人が立ち去ったのを知ると、㈨ファウロを指揮者として守備隊で守り、自分は軍隊と共にペルゲーへ進軍した。そこからピシディケーの他の住民とパンフィリアーへ使節を送った。㈩そしてセルゲー人の重圧を指摘し、ア

1　現代のセリク、エウリュメドーンの西の岸で、小麦とオリーブを産出する（ストラボーン第一二巻五七〇）肥沃な平原にある。スパルテーとのつながり（七六・一一）は拒否されうる。というのも四世紀の貨幣でその名は土着民の言葉で書かれているから。セルゲーは自発的にアレクサンドロスに帰属した（アッリアーノス第一巻二八・一）。

2　ストラボーン第一二巻五七〇、第一四巻六六七。

3　この山道はアレクサンドロスが通過したことで有名な（アッリアーノス一巻二六・一—二、プルータルコス『アレクサンドロス』一七・八、ストラボーン一四巻六六六）リュキア海岸に沿ったそれではなく、内陸からパンフィリア海岸に通じるそれである。5　この遺跡は不確かである。

4　ストラボーン第一三巻六三一、プリーニウス第五巻一四七を参照。

カイオスとペドネーリッソス人との同盟を呼びかけた。

七三　セルゲー人はその頃、将軍を軍隊と共に派遣し、その場所に通じていることで驚愕させて要塞から追い出すことを期待した。㈡しかしその目標は達成せず、その攻撃で兵士の多くを失い、自分の意図を断念したが、包囲とそれに必要な道具の構築では以前よりももっと熱心に行った。㈢ガルシュエーリスにかれの要請に応じてシデーの上のピシディケーの山岳地帯のエテンネイス[5]の住民が八千人の重装兵を、アスペンドス[6]の住民はその半分を送ってきた。㈣シデー[7]の住民は一部はアンティオコスとの友好関係を望んで、それ以上にアスペンドスの住民に対する憎しみのためにその援軍には参加しなかった。㈤ガルシュエーリスは攻撃で包囲を解くことができると確信して、援軍と自分の軍隊をひきいてペドネーリッソスへ進んだ。しかしセルゲー人は驚かなかったので、都市から適当に離れた所で陣を張った。㈥ペドネーリッソス人は生活必需品の欠乏に苦しめられていたので、ガルシュエーリスはできることをしようと急ぎ、二千人の兵を用意しそれぞれに一メディムノスの小麦を与え、夜ペドネーリッソスへ送り込んだ。㈦しかしセルゲー人と援助軍は出来事に気づき侵入した兵士の大部分を切り倒し、すべての穀物をセルゲー人が手に入れるということになった。㈧この成功に意気が揚がり、都市だけでなく、ガルシュエーリスの陣地をも包囲することに着手した。というのもセルゲー人は昔から戦争においては大胆さと向こう見ずな行為を示すからである。㈨かれらは陣地に必要な守備隊だけを残し、残りの軍で敵の陣営を取り囲み、いくつかの個所で同時に敵の陣営を攻撃した。(一〇)いたる所で思いがけず危険が取り囲み、ある個所では柵が切り裂かれていた。ガルシュエーリスは起こったことを見てそして全体についての悲惨な見込みをもち、騎兵隊を無防備の個所へ送り出した。(一一)セルゲー人は驚愕させられ恐れおののいているかれらは退却するだろうと考えて、注意を

5　この民族は前三世紀以降の鋳造された銀貨および碑文で知られている。ストラボーン（第一二巻五七〇）のカテンネイス族と同一視されている。

6　パンフィリア海岸の最も古い内陸都市（ストラボーン第一四巻六六七、アッリアーノス第一巻二七・一）。アスペンドスはエウリュメドン川の西岸を見渡す高所を占めていた。その富は塩とオリーブからもたらされた（プリーニウス第三一、巻七三、ストラボーン第一一、二巻五七〇。

7　シデは現代のエスキ・アンタルヤあるいはセリミエはパンフィリア平原の東端に向かっている低い半島にあった。アイオリスのキュメの出であるという要求（ストラボン第一六巻六六七、アッリアーノス第一巻二六・四）は四世紀のギリシア語でない言語が使用されている貨幣によって改められている。

払わず完全に軽視した。㈢しかしこの騎兵隊は周囲を駆け回り、敵の背中に回って攻撃し、力強く切り込んだ。㈢そのことが起こると、ガルシュエーリスの歩兵部隊は敗走に向かっていたのだが、勇気を取り戻し、向きを変え、攻撃してくる者を防ごうとした。㈣そのことからセルゲー人は四方を取り囲まれ、ついに逃走へと転じた。㈤これと同時にペドネーリッソス人は陣地に取り残されていた者を攻撃し追い出した。㈥多くの個所で逃走が起こり、一万人より少なくない者が戦死した。残った者の内同盟者は故郷へ、セルゲー人は山岳地帯を通って自分たちの故郷へ逃げ込んだ。

七四　ガルシュエーリスは陣を撤収し、逃走する者たちを追跡して行き、逃走した者たちが集まり、現況について協議するまえに山道を通過し都市に接近することを急いだ。㈡かれは軍隊と共に都市に来た。㈢セルゲー人は全体的な敗北ゆえに同盟者への希望がなく、起こった不幸のために精神的に打ちのめされ、自分自身と祖国にとっての最悪のことを恐れていた。㈣そのためかれらは集会へ集まり、使節として市民の一人で、トゥラケーで死んだアンティオコス[1]と長い間親密な関係にあったログバシスを送ることを決議した。㈤かれは後にかれの妻となったラオディケー[2]が後見人として預けられると、娘として養育し、大きな愛で包んだ。㈥それゆえにセルゲー人は最も適切な使節と考え、かれを送り出した。㈦かれは自分の義務である祖国を助けようという意識はあまり持たず、ガルシュエーリスとの個人的な会見で、急いでアカイオスを呼び寄せるよう助言を与え、都市を手渡すことを申し出た。㈧ガルシュエーリスは決然としてその希望を受け入れ、アカイオスへは現況に

1　アンティオコス・ヒエラクスはセレウコス二世カッリニコスの次男で、ラオディケー戦争の時にかれによってタウロス山の北の小アシアーの独立した王にされた。そして戦争が終わったとき、その領土を回復することに失敗した。その後まもなくペルガモンのアッタロスに対するガッリア人の同盟者としてヒエラックスはピュルギア、リュディア、カリアの三度の戦いで敗れた。そして小アシアからアルメニア、カッパドキアへ逃亡して最後はプトレマイオスに投降し、投獄された。かれは逃げようとしたが、その後の運命は曖昧である。トログロス（二七）とプリーニウス（第八巻一五八）によればケンタレトスを首領とするガッリアの盗賊によって殺された。しかしプリーニウスのアンティオコスは明らかにヒエラックスではない。

2　ポントスのミトゥリダテースの娘、第八巻二〇・一一脚注を参照。なぜミトゥリダテースが娘を人質として手渡したかは明らかでない。しかしヒエラックスの冒険的で曖昧な生涯のある段階でかれの人質だった。かれは次には彼女をセルゲーのログバシスに預けた。アカイオスとの義理の養い親としての地位がガルシュエーリスへの使節として行動する資格をログバシスに与えたのであろう。

ついて納得させ、説明する使者を派遣し、㈨セルゲー人とは休戦を行い、個々の点で疑念と異議を持ち出して、条約の締結を引き伸ばしていた。なぜならかれはアカイオスを待ちもうけ、ログバシスに秘密の協議による裏切りを準備する時間をかせいでやろうとしたからである。

七五　この間に、両者は頻繁に会議で顔を合わせ、陣営の者にとって食料購入のために、都市へ入ることはある種の慣れとなった。㈡このことは多くの場合にしばしば破滅の原因の端緒になっている。すべての動物のうち最も狡猾であると考えられている人間は最もだまされやすいように思われる。㈢すなわち、どれほど多くの陣営や要塞が、どれほど多くの大きな都市がこのような方法で裏切りの犠牲になったことか。㈣そして多くの人が再三再四そういうめにあいながら、その危険は誰にも分かっているにもかかわらず、われわれは理解できない単純さでこのような欺瞞にひっかかるのである。㈤このことの原因はそれぞれにおいて先に倒れた人の敗北を記憶してすぐ使えるようにしておらず、多量の穀物と金を、城壁の施設と武器の装備を非常に苦労してまた多額の出費をかけて予期せぬ出来事に備えて用意し、㈥すべてのうちで最も容易で危急の折には最大の働きをするもの、これをわれわれはみな軽視するのである。このことに関しては優雅な休息および気晴らしとともに歴史および徹底的かつ正確な研究からこのような経験を手に入れることができるのであるが。

㈦アカイオスは期待されていたときに到着した。セルゲー人はかれと会談したあと、自分たちは非常に友好的に扱われるだろうという希望をいだいた。㈧陣営から都市へやって来た兵士たちをじょじょに自分の家へ集めていたログバシスは、好機を見逃さず、㈨アカイオスによってかれらに示された好意を利用し、民会の決議によって和平条約を批准するようにとの忠告を市民に与えた。㈩すぐに民会が召集され、それにには守備隊からのすべての兵士も呼ばれ協議した。

七六　ログバシスは時が来たという合図を敵に与え、家に集めていた者を準備させ、自分も傭兵と共に戦いへと武装した。㈡アカイオスは自軍の半分をひきいて、都市へと進んで行った。ガルシュエーリスは残りの半分をひきいてケスベディオンへと進んだ。これはゼウス神殿で都市を見下ろす位置にある。㈢ある山羊飼いが偶然この出来事を見て、集会へ伝えると、かれらはただちに一部はケスベディオンへ、他は歩哨へと急いだが、大部分はログバシスの家へと怒りに燃えて急いだ。㈣ことの次第が明らかとなったので、ある者は屋根に登り、ある者は中庭に押し入り、ログバシスと息子たちおよびかれの家人すべてを殺した。㈤

その後、奴隷たちに自由を宣言し、手分けしてそれぞれ手近な個所を防禦しようと急いだ。㈥ガルシュエーリスはケスベディオンが占拠されているのを見ると、計画を断念した。㈦アカイオスは門を強行突破しようとしたがセルゲー人は出撃し、ミューソイ人の六百人を打ち倒し、突撃を跳ね返した。㈧アカイオスとガルシュエーリスは自分たちの陣地に引き返さざるをえなかった。㈨セルゲー人は自分たち内部の反目と敵の封鎖を恐れて、嘆願者として長老を送り、次のような条件で休戦を行い戦争を終わらせた。㈩すなわち、ただちに四〇〇タレントを支払い、しばらく後に三〇〇タレントを支払うという条件でペドゥネーリッソス人の捕虜を釈放した。

㈡セルゲー人はログバシスの冒涜行為によって祖国を失う危険に陥ったが、勇敢さによって救い、自由とラケダイモーン人との同族関係を守った。

七七　ミルヤス地方とパンヒュリアーの大部分を支配下に納めたアカイオスはサルディスに戻り、アッタロスと絶え間なく戦争を行い、プルシアースを脅迫し、タウロスの北の全小アシアーに重くのしかかっていた。

前二一八年のアッタロスの遠征

㈡アカイオスがセルゲー人に対して遠征を行っていた頃、アッタロスはガッリアのアイゴサザイ部族[1]と共にアイオリスの諸都市と恐れのためにアカイオスの側についていたそれに隣接している地方を訪れた。㈢かれらの大部分は進んで、そして感謝の念とともにかれの側についた。少数だけが力の使用を必要とした。㈣最初にかれの側についたのはキュメース[2]、ミュルナ[3]、フォーカイア[4]であった。その後アイガイエイス人[5]とテームノス人[6]が攻撃を恐れて加わった。

1　全部族と共に旅をしていたアイゴサガイ部族（七八・一）はテュリスのカバァルスのトウラケー王国から来たものであろう（七八・五、第四巻四六・四を参照）。

2　キュメーは現代のネムルト・キョイはフォーカイアの半島の北の小さな湾に面していた（ヘーロドトス第一巻一四九、ストラボーン第一三巻五八二、六二一、以下）。

㈤そしてテオスとコロフォーニオ[7]から自分たちと都市を引き渡すために使節が来た。㈥かれは古い条約条件でかれらを受け入れ、人質を取り、自分に対する忠実さを守っていたのでスミュルナからの使節と好意的に交渉した。㈦アッタロスは絶えず前進を続け、リューコス川を渡り、ミューソイ人の植民地領域に到達した。そこからさらにカルセアーへとやって来た。㈧かれらを驚愕させ、同様にディデュマの城壁の守備隊も驚かせて、その地域を手に入れた。アカイオスによってこの地方の将軍として残されていたテミストクレースがそれを手渡したからである。㈨そこを発ってアピアーの平原を略奪しながら、ペレカース山岳地帯を越え、メギストス河畔で陣を張った。

七八　月食が起こったとき[8]、車に乗せた妻子と共に遠征を行い、行軍で難儀していたガッリア人は㈡それを前兆とみなして[9]、それから先への進軍を拒否した。㈢アッタロス王は重要な事柄においてかれらを役立てたことがなく、またかれらが行軍において離れており、自分たちで陣を張り、まったく信用がおけず、また思い上がっていると観察していたので、少しも当惑しなかった。㈣一方でかれらがアカイオスに心を向けてかれの行動に協力するのではないかと懸念し、他方で、自分の公約を当てにしてアシアーに渡ったと思われるすべての兵士を取り囲んで滅ぼした場合に自分が得るであろう評判を気遣った。㈤つまりかれはかれらの拒絶を穏便な方法でかれらをやっかい払いするのに利用

3　スミュルナをミュルナと読むウィルケンの提案（RE, Attalos (9), col. 2162）はキュメー、ミュリナ、ポーカイアの習慣上の一致によって支持されている。このミュルナ、現代のカラバッシはピュティコス山の近くのヒュドゥラ岬の北二キロの二つの小さな丘の上にあった（ストラボーン第一三巻六二二）。

4　ポフォーカイアーはスミュルナ湾への入口の東の半島の端にあり、すぐれた港を所有していた（ストラボーン第一四巻六四七、リーウィウス第三七巻三一・八以下）。

5　アイガイ（ネムルト・カレシ）はカイクス川とヘルモス川の山地にあった（ストラボーン第一三巻六二一）。

6　テムーノスはヘルモス川の少し北のドゥマンリ・ダグの南東斜面にあるギュレケの上のもうひとつのネムルト・カレシである。（ストラボーン第一三巻六二一、パウサニアース第五巻一三・七、プリーニウス第五巻一一九—一二一）。

7　テオスにかんしてはストラボーン第一四巻六四四、リーウィウス第三七巻二七・九をコロフォーンにかんしてはストラボーン第一四巻六四二、リーウィウス第三七巻二六・五を参照。

8　前二一八年九月一日。

9　この出来事を不吉な前兆とみなすことにかんしてはストラボーン第九巻四〇四を参照。

し、今はかれらを渡った場所へ連れ戻し、定住に適した土地として与え、後に正当で遂行可能な望みを実現するさいにかれらを支持することを約束した。㈥アッタロスはアイゴサガー族をヘッレースポントスに連れ戻し、ランプサケーノイ[1]、アレクサンドレイア・トロアス、イーリオンの諸都市と、かれらが忠誠を守っていたために友好的に交渉し、軍隊と共にペルガモンへ戻った。

前二一七年のアンティオコスの遠征

七九　アンティオコスとプトレマイオスは春の季節になると、装備を準備して決着をつける戦闘を行おうとしていた。㈡プトレマイオス軍は歩兵七万人、騎兵五千人、象七十三頭の兵力をひきいてアレクサンドレイアから出動した。㈢アンティオコスはかれらの攻撃を知って軍隊を集めていた。それはダアイ人[2]、カルマニアー人[3]、キリキアー人[4]の五千人の軽装兵で編成され、マケドニアー人のビュタコス[5]が指揮していた。㈣アンティオコス側へ移っていたテオドトスには王国全体から選ばれた者が指揮下におかれ、マケドニアー風に武装し、大部分は銀の盾を持ち、その数は一万人だった。㈤密集隊の兵力は約二万人でそれを指揮したのはニカルコスとテオドトス・ヘーミオリオスであった。㈥これらにアグリアネス人とペルシア人の弓兵と投石兵二千人が加わった。かれらとともに二千人のトラウケー人が加わり、それを指揮したのはアラバデウス出身のメネデーモスであった。㈦メーディアー人、キッシアー人、カドゥシ

1　ランプサコス（現代のラプサキ）はトロアスの北海岸、ヘレスポントスの北端にあり、良い港と交易で莫大な富を得ていた。そして三世紀の間独立を保っていた（ストラボン第一三巻五八九を参照）。すでにクセノフォンはアイオリス人の都市の中に入れている（『ギリシア史』第三巻一・一六）。

2　ダアイ人はイラン人で起源はジャハルト平原でヒュルカニアの北カスピ海の海岸に住んでいた

3　カルマニア人はペルシア湾の北海岸とインド洋から来た民族。

4　キリキア人はセレウコス朝とプトレマイオス朝に分断されていた。

5　他では知られていない。

アー人、カルマニアー人合わせて五千人がいた。かれらはメーディアー人のアスパシアノスの命令に従わねばならなかった。(八)アラビア人とかれらと隣接する者たちが一万人いた。かれらはザブディベロースに指揮されていた。(九)ギリシアからの傭兵を指揮したのはテッサリアー出身のヒッポロコスでその数は五千人ほどだった。(一〇)クレテー人はエウリュロコス指揮の下で千五百人、ネオクレテー人はゴリュテュン人のゼリュスの指揮の下に千人いた。(一一)かれらとともにリュードイ人の投げ槍兵五百人、ガッリア人のリューシマコス指揮の下でカルダケース人[6]千人がいた。(一二)騎兵のすべての数は六千人であった。そのうち四千人の指揮を王の甥のアンティパトロスがとった。(一三)アンティオコスの兵力は歩兵六万二千人、これに加えて騎兵六千人、象は百二頭だった。

八〇　プトレマイオスはペールーシオンまで行軍し、まずこの都市に駐屯し、(二)落伍者と糧食を分配する者を拾い上げて軍隊を動かして行った。荒れ地を通りカシオス山[7]とバラスラ[8]と呼ばれる沼地に沿って前進した。(三)五日目に目標とした地点に到達し、ラフィアーから五〇スタディオン離れた地点で陣を張った。ラフィアー[9]はアイギュプトスから来るとリンコルーラ[10]に次いでコイレー・シュリアーの最初の都市である。(四)同じ頃アンティオコスも軍隊をひきいて、ガザーへ到着し、そこで軍を休息させ、ゆっくりと前進を始めた。前記の都市を通り過ぎ、敵から一〇スタディオン離れた所で夜陣を張った。(五)最初はこの距離を隔てて互いに相対して陣を張っていた。(六)数日後アンティオコスはより都合のよい場所に移って、軍に勇気を生ぜしめようと望んで、プトレマイオスの陣地に五スタディオンまで接近して陣を張った。(七)今や、水汲みや糧食の徴発のさいに

6　カルダケース人はイッソスの戦いではダーレイオスのために戦った（アッリアーノス第二巻八・六）。

7　ペルシウムの近くの海岸の砂地の半島にあった（ヘーロドトス第二巻六・一、第三巻五・二―三、はエジプトとシリアの境にあったとしている）。

8　この海岸に沿って吹く海風によってもち上がる砂によって覆われているように見える沼地。ディオドーロス第一巻三〇・四、第一六巻四六・五以下を参照。

9　エジプトとシリアの国境にあるテル・リファフ。

10　リンコルーラはラフィアーの南一、日行程にありアラブとの交易で重要な中心地であった（ディオドーロス第一、巻六〇・五以下、ストラボーン第一、六巻七五九を参照）。それはヨセフスに数度現れ、イェルサレム王バルドウィンの死んだ場所として有名である。今はエル・アリーシュと呼ばれる。

小競り合いが頻繁に起こるようになった。同様に両陣営の間の空間であるときは騎兵によって、あるときは歩兵によって小戦闘が生じた。

八一　この頃テオドトスはアイトーリアー人的[1]ではあるが男らしくない向こう見ずな行為を企てた。㈡すなわち、プトレマイオスとの以前の親交から王の習慣と生活様式を知っていたので、かれは二人の伴を連れて早朝敵の陣地に赴いた。㈢暗さゆえに、顔立ちからは識別はされず、外観、衣服からは人目につくことはなかった、というのもかれらの軍隊はさまざまな民族から成り立っていたからである。㈣前日、小競り合いがすぐ近くで行われ、王のテントがどこにあるか見当をつけておいたので、まっしぐらにそれに向かって突進し、すべての最初の護衛隊には気づかれずに通り過ぎ、㈤いつも王が謁見し、食事をしているテントへ押し入り、あらゆる所を探し回ったが王は見つからなかった。プトレマイオスは謁見する、堂々としたテントとは別の所で休息していたからである。㈥そこで寝ていた二人を傷つけ、王の医者アンドゥレアース[2]を殺し、敵の陣地を去るときにすこし妨害されただけで無事に自分の陣地に戻った。㈦向こう見ずという点では完全に成功した企てだが、洞察の欠如、プトレマイオスの夜の休息所の不十分な調査という点では失敗だった。

八二　王たちが五日間互いに向かい合って陣を張った後、両者は合戦によって決着をつけようと決意した。㈡プトレマイオスが軍隊を陣地から動かし始めると、アンティオコスもただちに同じ事をした。密集隊とマケドニアー風に武装した精鋭隊を互いに前線に配置し、㈢プトレマイオスは翼を次のように形成した。ポリュクラテースが配下の騎兵とともに左翼を受け持ち、㈣これと密集隊の間でクレテー人が騎兵隊のそばにいた、次に王の部隊が、それに続いてソークラテースの指揮の下で盾兵が、それに続いてマケドニアー風に武装したリビュエー人がいた。㈤右翼にはテッサリアー出身のエケクラテースが自分の騎兵隊と共にいた。かれの左側にガッリア人とトゥラケー人が、㈥それからギリシア人の傭兵を率いたフォーキダースが、これにアイギュプトス人の密集隊が続いた。㈦象のうち四十頭はプトレマイオス自身が戦おうとしていた左翼に配置され、三十

1　ポリュビオスはアイトーリアー人に対して否定的な注意をそのほか第二巻四三・九で記述している。

2　ヘロフィリア派の有名な医者。『オオウィキョウ』、『噛む動物について』は古人において広く引用されたが、エラトステネスとガレンによって非難された。

三頭は傭兵の騎兵隊の前の右翼に配置されていた。㈧アンティオコスは六十頭の象を右翼の前の乳兄弟のフィリポスの下に配置した。その右翼でかれ自身がプトレマイオスに対して戦おうとしていた。㈨その後ろにアンティパトロスの指揮下に二千人の騎兵を、そのそばに斜めの角度でさらに二千人を配した。㈩前線の騎兵の次にクレテー人を次にギリシア人の傭兵を配した。これらの次にマケドニアー人のビュタコスの指揮の下でマケドニア風の武装をしたマケドニアー人五千人を配置した。㈡左翼の最も外側にはテミソンの指揮の下で二千人の騎兵を配置し、カルダキア人、リュディア人の投げ槍兵、それに続けてメネデーモスの指揮の下でおよそ三千人の軽装兵を、㈢次にキッシオイ人、メーディアー人、カルマニオイ人を最後に密集隊に連結してアラビア人とその隣接の部族を配した。㈢残りの象は、以前王の小姓であったミュイスコス[3]に委ねて右翼の前に置いた。

3　その他では知られていない。

ラフィアーの戦い[1]

八三　軍隊がこのような方法で配置されると、両王は幕友と将校に伴われて、前線に進み出て部隊に対して励ましの言葉を与えた。㈡両者とも密集隊に最大の希望を託していたので、かれらが最も真剣な訴えを行ったのはこの部隊に対してだった。㈢プトレマイオスはアンドロマコス、ソーシビオス、かれの姉妹のアルシノエ[2]によって、アンティオコスは両翼の密集隊の指揮者テオドトスとニカルコスによって支えられていた。㈣演説の内容は両方ともほとんど同じだった。両王とも最近王位に就いたばかりだったので、自分の傑出した、一般に認められた行為を引き合いに出すことはできず、密集隊の兵士たちに勇気と確信を吹き込むために㈤祖先の名声と偉大な業績を思い起こさせ、㈥とくに自分たちからの将来への期待を指摘して、個人的には指揮者に、全体としては戦いへ向かおうとする者たちに対して毅然としてかつ勇敢にことに当たるように要求し、はげました。㈦こうしたことまたこれに類したことをある時は自分の言葉である時は通訳を通して述べながら、戦列に沿って馬で駆けて行った。

1　一九二四年にテル・エル・マシュクタフ（ピトン）で発見された三ケ国語で書かれた石碑はメンフィスに集まった司祭の議決を記録し、日付は二一七年一一月一五日である。フィロパトルを祝しているこの議決はラフィアー遠征についての貴重な付加的情報を含んでいる。フィロパトルは六月一三日にコイレー・シュリアーへと出発し、六月二二日にラフィアを勝ちとり、続いてコイレー・シュリアーの様々な神殿を訪ね、そして国境を越えてセレウコスの領土内の要塞化された場所を占拠した。ここからかれは敵の動きに引き出され、その敵をいくつかの都市を略奪した後二十日目に征圧した。最後に将軍の離反（六一・三、六二・二を参照）後二年二ケ月後に、アンティオコスと同意し、出発して四ケ月目の一〇月十二日にエジプトに戻った。ポリュビオスはこの出来事、すなわち、セレウコス王朝の領域内の要塞の占拠、敵の抑圧を完全に省略している。そしてこのことにかんして多くの興味深い議論を引き起こしている。それにかんしてはウォルバンクの注釈書を参照。

2　アンドロマコスとソーシビオスについては三五・七と六四・四を参照。アルシノエーはフィロパトロスの同じ両親をもつ姉妹でエウエルゲテースとベレニケー（三六・一、脚注）の娘。彼女はラフィアとピトン議決の間にフィロパトルと結婚し、ピトンの議決ではかれの妻とされている。彼女の殺害については（第一五巻二五・二）。

八四　戦列に沿って進み、プトレマイオスが姉妹と共に全戦列の左翼に、アンティオコスが王家の騎兵中隊とともに右翼へ到達したとき、戦いへの合図がなされ、最初は象でぶつかった。㈡プトレマイオスの少数の象だけが敵のそれとぶつかり合った。その背後で〔象の背上にのせた〕塔の守備隊が槍を構え、近くから突くのにそれを用いながら勇敢な戦いをくり広げた。額と額を突き合わせ、激しく戦った動物はさらに立派な戦いぶりを示した。㈢象の戦い方は次のようなものである。すなわち、牙を互いの中に絡めて押し込み力で押し、強い方が優位に立ち、相手の鼻を傾けるまでその場所から押し進もうとする。㈣一方が一度屈して脇腹を差し出すと、雄牛が角で相手を傷つけるように牙で相手を傷つける。㈤プトレマイオスのたいていの象[3]はリビュエーの象がそうであるように戦いを恐れた。㈥すなわち、かれらはインド象の体臭とラッパのような音に耐えることができず、おそらくその大きさと力を恐れて、すでに遠くから恐怖がかれらをとらえるのだと思う。この時もそのようになった。㈦動物が支離滅裂の逃亡で自分たちの戦列へ追い立てられたとき、プトレマイオスの護衛隊《アゲーマ》[4]後退した。㈧その間にアンティオコスは動物をやり過ごして右側の翼を越え、ポリュクラテスとその騎兵隊に襲いかかった。㈨同時に動物の左側から密集隊の側に配置されていたギリシア人の傭兵部隊長[5]、動物によって混乱に陥っていたプトレマイオスの盾兵に襲いかかり押し戻した。それとともにプトレマイオスの左翼全体がぐらついた。

八五　右翼をひきいていたエケクラテースは最初別の翼間の交戦の成り行きを見守っていたが、砂塵が自分の翼に向かって動いてくるのを見て、また自軍の動物が敵のそれにまったく向かって行こうとしないのを見て、㈡フォークシダース[6]にギリシア人の傭兵と共に、全面で布陣している敵に対してぶつかるように命じた。㈢そしてかれ自身は騎兵隊と動物の後ろにいた部隊を側面へ引き出し、象の攻撃を避けて、敵の騎兵隊へ、一部は側面から、一部は背後から襲いかかり、すぐに敗走させた。㈣フォークシダースと

3　プトレマイオスの象はエリトリア高原から獲たものだろう。これらは「森林」タイプで、雄の平均の高さは七フィート八・五インチであり、これはインド象よりいちじるしく小さい。

4　アゲーマについては六五・二、八二・四を参照。

5　五千人のギリシア人の傭兵（七九・九、八二・一〇）。五千人のギリシア人の傭兵（七九・九、八二・一〇）。

6　密集隊の右翼で八千人のギリシア人の傭兵をひきいていた（六五・四、八二・六）。

かれに配属されている部隊も同じ事に成功した。すなわち、アラビアー人とメーディアー人[1]に襲いかかり、まっしぐらに敗走することをよぎなくさせたのである。㈤このようにしてアンティオコスの右翼は勝利したが、左翼は前述の方法で敗れた。6密集隊は両翼とも裸にされたが無傷のままだった。将来への期待は優劣つけがたかった。㈦この時、アンティオコスは右翼での勝利をじゅうぶんに活用しようとしている間に、㈧プトレマイオスは密集隊の防御の下へ退き、突然戦列の前に現れ、敵を驚愕させ、自軍に勇気と戦闘意欲をかきたてた。㈨そこでアンドロマコスとソーシビオスの密集隊の兵士はただちに槍を構え、敵に向かって進んで行った。㈩シュリアーの精鋭部隊はしばらく持ちこたえたがニカルコスの部隊はすぐに退き、逃亡へと向かった。(一一)しかし、アンティオコスは若くて未経験だったので、自分の翼での経過と同じように、自軍全体が勝利を収めているに違いないと考えて、逃亡する者の後を追っていた。(一二)後になってやっと長老の一人が密集隊から自分の陣営へと動いている砂塵を指し示したので、起こっていることに気づき、親衛隊と共に戦列の場所へ駆け戻ろうとした。(一三)しかし自軍全体が逃亡しているのにきづいたのでラフィアーへ退却していった、自分の持ち場では勝利したと確信し、他の部隊の卑怯さと臆病さのために全体としては敗れたと考えながら。

八六　密集隊によって全体を制し、右翼からの騎兵と傭兵によって敵の追跡で多くを殺したプトレマイオスは夜を過ごすために古い陣地に戻った。㈡翌日戦死者を収容して埋葬させ、敵の武具を剥奪させ、陣をあげてラフィアーへ前進して行った。㈢アンティオコスは集団で退却した兵士たちを集めて外で陣を張ろうとしたが、大部分の者が都市へ退却していたので、かれ自身も中へ入らざるをえなかった。㈣早朝、自軍の無事だった部隊を都市から連れ出し、ガザへ急ぎ、そこで陣を張り、死体収容のための戦闘中止を伝令を通して要請し、戦死者を埋葬した。㈤戦死者はアンティオコス側で歩兵は一万人をそれほど下らない数であり、騎兵は三百人以上、四万一千人以上が捕虜となった。㈥象は三頭がただちに、二頭が傷が原因で死んだ。プトレマイオス側は千五百人の歩兵、六百人の騎兵が亡くなった。象の十六頭が殺され、大部分は奪われた。㈦これがコイレー・シュリアーを巡る両王間のラフィアーでの合戦の結果であった。㈧死者の埋葬の後、アンティオコスは軍隊と共に自分の王国へ帰還した。プトレマイオスはラフィアーと他の都市を攻撃することなく獲得した。すべての諸都市

1　八二・一二を参照。

がアイギュプトス支配へ変更し、それに変更することに関して隣接の諸都市に先んじようと競い合ったからである。㈨このような状況にあってはすべてが現況に順応しようとするのが常である。とくにこの地方の原住民は時の政局に左右される傾向をもっている。㈩しかし、そのときは、アレクサンドレイアからの王に対する好意が先行していたので、このことは当然のように起こったのである。すなわち、コイレー・シュリアーの人々は常にこの王家に愛着していたのである。㈡それゆえにかれらは追従を惜しみなくおこない、冠、犠牲の儀式、祭壇、およびこの種のあらゆるものでプトレマイオスを敬ったのである。

八七　アンティオコスは自分の名前をつけた都市〔アンティオケイア〕へ着くとすぐに甥のアンティパトロスとヘーミオリオス・テオドトスを和平と和解のための使節としてプトレマイオスに送った。攻撃を恐れたかれである。㈡すなわち、蒙った敗北のために自軍をもはや信用せず、さらにアカイオスがこの機会を利用するのではないかと、恐れたのである。㈢プトレマイオスはこうしたことはいささかも考慮に入れず、思いがけず獲得した勝利に満足し、一言で言えばコイレー・シュリアーを思いがけず奪還したことに満足し、和平が嫌でもなく、実際は性向はそれに傾いていたので、生活の怠惰で、堕落した習慣によってそれへと引っ張られていた。㈣それゆえ、アンティパトロス一行の使節がくると、少し脅し、アンティオコスの行動の仕方を非難した後、一年間の休戦に同意し、㈤条約の批准のためにソーシビオスを送った。㈥かれ自身はシュリアーとフォイニケーで三ケ月滞在し、諸都市に古い秩序をとり戻した。その後、アスペンドスのアンドロマコスを残し、この戦争の勝利者として姉妹や幕友と共にアレクサンドレイアへと出発した。㈦このことはかれのその他の生活態度を知っている臣民にとってはいかなる奇異の念もいだかせなかった。㈧アンティオコスはソーシビオスと平和条約を締結し、かれの本来の計画に従って、アカイオスに対する戦争の準備にとりかかった。㈨これがこのころのアシアーの状況だった。

ロドス島の地震、その都市への贈物

八八　ロドス島はこの時期のすぐ前に激しい地震に襲われ、巨像[1]が倒れ、城壁や造船所の大部分が倒壊したのであるが、この大災難に対して人々は賢明にかつ精力的に対処し、㈡それが不利な結果に終わるのではなく、多くのものをいっそう良く改善するきっかけとしたのである。㈢無分別と怠惰なままに事を成り行きに任せるかあるいは理性的で計画的な行動へと力を奮い起こして立ち上がるかによって運命は一方にはさらに不面目をもたらし、他方には大きな不幸が失われたものの代わりにさらにより良いものをもたらすきっかけとなるのである。㈣当時のロドス人がそうであった。かれらは災難の大きさとその恐ろしい特質を強調しながら公的な謁見および私的な交渉では非常な真剣さと威厳をもって振る舞うことにより、まったく物惜しみのない贈物を受け取っただけでなく、寄贈者自身が好意が自分に贈られていると感じる効果をあげたのである。㈤すなわち、ヒエローンとゲロン[2]は体育場でのオリーブ油のために七十五タレントの銀貨を一部は即座に、残りは少し後から贈った。さらに銀の鼎[3]とそれの敷き皿および水瓶を奉納し、㈥それらに加えて犠牲の儀式のために、十タレントをそして新たに市民権をえた者のために十タレントを贈物とした。その総計は百タレントの贈物となった。㈦さらにロドス人の商人には港での免税をゆるし、次に都市に三エレの長さの石弓[4]を五十台贈り、㈧最後に、まだお礼の仕方が足りないかのように、ロドスの人々がシュラクーサイの人々によって縁取られた立像をロドス人の市場に立てたの

1　ロドス島の有名な巨像は三十二メートルの高さがあり、太陽神を表したものでリンドスのカレスの作だった（プリーニウス第三四巻四一）。

2　ヒエローンについては第一、巻八・二―九、かれの息子ゲロンについては第一巻八・三脚注を参照。

3　ホメーロスの時代から鼎は一定の銀の価値をもった物とみなされた高価な贈物だった（たとえば、『イーリアス』第九巻一二二―三、二六四―五、第二三巻二五九、二六四、二六八、四八五、七〇二、八八五）。

4　三エレの長さの矢に火をつけるように造られた石弓。

である。

八九　プトレマイオス・エウエルゲテースはかれらに三百銀タレント、百万アルタバ[5]の穀物、十隻の五段櫂船と十隻の三段櫂船の造船のための材木、四万ペーキュス[6]のトウヒの四角材、㈡千タレントの貨幣に鋳造された青銅[7]、タレント、亜麻の帆布三千タレント、㈢巨像の再建のために三千タレント（の青銅）[8]、百人の建築家、三百五十人の煉瓦職人、かれらの支払いのために年十四タレント、㈣これらに加えて競技と犠牲の儀式のために一万二千アルタバの穀物、十隻の三段櫂船の乗組員を養うために二万アルタバを贈った。㈤これらの物の大部分と銀の三分の一はただちに送った。㈥アンティゴノス・ドソンも同様に八から十六ペーキュスの長さの垂木を一万本、七ペーキュスの長さの梁五千本、千タレントの銀、千タレントのピッチ、液状のピッチ千甕《かめ》、これらに加えて百タレントの銀を約束した。㈦妻のクリュセイス[9]は十万アルタバの穀物と三千タレントの鉛[10]を与えた。㈧アンティオコスの父セレウコス[11]は先ず、ロドス人の商人に帝国内の港での免税を許し、次に完全に装備した十隻の五段櫂船、二十万アルタバの穀物、㈨一万ペーキュスの材木と千タレントの髪毛[12]と樹脂を送った。

九〇　プルーシアース[13]とミトゥリダテース[14]およびアシアーの当時の王たちは同様の贈り物をした。リューサニアース、オリュンピコス、リムナイオス[15]のことを言っているのである。㈡かれらが力に応じて援助した都市を数え上げることは容易ではないであろう。㈢その結果、かれらの

5　古代ペルシアの穀量の単位で、一アルタバは約五〇リットル。
6　一ペーキュスは約四五センチ。
7　これは通常でない贈物だった。というのも銅の鋳造貨幣はプトレマイオス王朝のエジプトの貨幣体系にとって非常にじゅうようだったから（Rostovtzerff, SEHHW, i. 398–404）。プトレマイオスによるアカイオスへの同様の贈物にかんしては第二三巻九・三を参照
8　ストラボーンによると（第一、四巻六五二）ロドス人はある神託の拒否を強く主張して巨像の再建を試みなかった。
9　ピュティアとして知られている、ドソンの妻で、フィリッポス五世の母
10　鉛は普通は銀との結合で見出される。
11　前二二五年に亡くなったセレウコス二世カリニコス（第四巻四七・七脚注を参照）
12　第四巻五六・三に類似のものが挙げられている。
13　ビトゥニアのプルシアス（第四巻四七・七脚注を参照）。
14　ポントスのミトリダテス二世（第四巻五六・一、第五巻四三・一―二脚注を参照）。
15　オリュンピコスはカリアのアリンダの支配者で、さまざまな碑文からフィリッポス五世の監督者として知られている。リュサニオスとリムナイオスについては同定されていない。

都市がひとつに統合された時期およびその始まりを眺めた場合、私的生活および都市の公共物にかんしていかに短期間で大きく飛躍したかに驚くであろう。㈣しかし場所の好都合な位置とかれらを豊かにするためになされた外からの貢献を見ると、もはや驚かずむしろ、その豊かさは当然あるべきほど大きくはないと考えるだろう。㈤このことを述べたのはまず第一に、ロドス人が公共事業を行う威厳を例証するためである。それはまさに称賛と熱心さを見習うのに値する。第二に現在の諸王のけちな心構えと、民族および都市が受け取る贈り物の貧弱さを説明するためである。㈥諸王は四ないし五タレントを恩恵として与え、何か大きなことをしたと思いもしないし、以前の王たちが持っていたギリシア人からの好意と名誉が自分たちに与えられることを望みもしないし、㈦諸都市は以前の時代の贈物の大きさを忘れず、このような些細な贈物の贈与者に最大のそして最も美しい名誉を浪費しようと思いつきもしない。㈧そしてそれぞれにふさわしいもの、節度を保ったものを承認するのである。というのもこれが徳であり、この点ではギリシア人は他の人間よりも際だっているのである。

ギリシアにおける前二一七年の遠征、同盟戦争の終結

九一　夏が始まったとき[1]、アゲータースがアイトーリアー人の将軍職にあり、アラートスが同じ職をアカイアー人の間で引き受けた後そしてこの時点でわれわれは同盟戦争の報告を中断したのであるが、ラケダイモーン人のリュクールゴスがアイトーリアーから戻って来た[2]。㈡すなわち、監督官たちは、かれが逃亡する原因となった中傷が嘘であると分かり、リュクールゴスを再び呼び戻したのである。㈢かれは当時エーリスで将軍職にあったアイトーリアー人のピュリアースとメッセーニアーへの侵入について取り決めを行っていた[3]。㈣アラートスは、アカイアーの傭兵部隊

1　前二一七年春。アラートスの前二一七／一六年のアカイアー人の将軍としての選挙については三〇・七を参照。

2　かれの逃亡については二九・八を参照。

3　三〇・二を参照。

が完全に堕落した状態であり、諸都市がこのための特別税の支払いにまったく無関心であることを聞き知っていた。その理由はすでに述べたようにかれの前任者のエペーラトスが同盟の仕事を拙劣にまたなげやりに扱ったからであった。[4]㈤しかしかれはアカイアー人に呼びかけ、このことについての決定を手に入れ、戦争のための準備を精力的に行っていた。㈥アカイアー人の決定とは次のようであった。八千人の歩兵傭兵部隊、騎兵五百人、アカイアー人の精鋭部隊は、歩兵三千人、騎兵三百人を養成する事。㈦青銅の盾[5]兵として歩兵五百人、騎兵五十人、アルゴス人から成る同数の部隊。㈧かれらはまた三隻の船をアクテーとアルゴリス湾に、三隻をパトライとデュメーおよびその海域に巡航させることを決定していた。

九二　アラトスはこのことを行い、こうした軍備を整えていた。㈡リュクールゴスとピュリアースは同時に出動する日を、使者を通じて取り決め、メッセーニアーの襲撃へと動き出していた。㈢この計画を知ったアカイアーの将軍はメッセーニアー人を援助するために、傭兵部隊と精鋭隊の一部をひきいてメガロポリスにやってきた。㈣リュクールゴスは裏切り行為によってメッセーニアー人の砦カラマイ[6]を占拠し、アイトーリア人と合流するために先へ急いでいた。㈤ピュリアースはまったく弱い戦力でエーリスから出撃し、メッセーニアーの地に入ると同時にキュパリッサ人に阻止され、帰還した。㈥それゆえ、リュクールゴスもピュリアース軍と合流できず、自軍の戦力も不十分だったのでアンダニアーとの短い交戦の後、なすすべもなく、スパルテーへ逃げ戻った。㈦敵の企てが失敗した後、アラートスは騎兵五十人、歩兵五百人を準備することでタウリオンと意見が一致し、メッセーニア人とは同数の騎兵隊と歩兵部隊を派遣することで合意し、㈧この部隊でメッセーニアー人の国境およびメガロポリス、テゲアー、アルゴスの領域を守ろうとした。㈨すなわち、この地方はラコニケーと隣接し、ペロポンネーソス半島の地方のうちでラケダイモーン人からの脅威に最も曝されていたからである。かれ自身はアカイアーの精鋭部隊と傭兵隊をひきいてアカイアーのエーリスとアイトーリアーに向いている地方を守ろうとした。

4　エペーラトスの無能力については三〇・一―七を参照。
5　マケドニアー人の武具を装備したこの部隊については第二巻六五・三脚注、第四巻六九・四を参照。
6　パウサニアース第四巻三一・三の村そしておそらく現代のギアニツァと同一視される。

九三　つぎにアカイアー人の決議に従って、メガロポリス内部の和平を回復しようと努力した。㈡すなわちこの都市は最近クレオメネースによって破壊され、[1]いわば根こそぎ殲滅されていたからである。多くのものを必要とし、あらゆる物に不足していた。㈢かれらは気概は保持していたが、公的にも私的にも生活必需品の欠乏のためにあらゆることに対して無力だった。㈣それゆえすべてのことに関してお互いの間で論争、野心、怒りが満ちあふれていた。こうしたことはそれぞれの計画に関して必要な経費が不足しているときには公的にもまた私的生活においても起こりがちなのである。㈤最初の争いは城壁の再建をめぐってであった。一方は、外壁の規模を縮小し、外壁をめぐらす作業を実際に遂行でき、次に完成した城壁を攻撃に対して防御できる大きさにしなければならないという意見だった。すなわち今回敗れたのはその大きさと兵士の少ない動員数のためであるという主張だった。㈥これらに加えて、新たに付け加えた住民を満足させるために土地所有者は地所の三分の一を提供しなければならないと主張した。㈦他方は都市の縮小化に耐えようとせずまた地所の三分の一を進んで提供しようともしなかった。㈧とくにかれらは、逍遥学派の傑出した人々のうちの一人であり、[2]アンティゴノスが立法家として任命したプリュタニスの法律をめぐって互いに争った。㈨アラートスはこの争いを調停するためにあらゆる努力をつぎ込み、かれらの間に和平を取り戻すことに成功した。和平条約締結の条件はホマーリオン[3]の祭壇に建てた柱に書き付けられた。

九四　この調停の後、アカイアーの同盟会議におもむき、傭兵隊をファライのリュコスの配下に置いた。かれが当時祖国の地区の将軍補佐官だったからである。㈡ピュリアースに不満のエリイス人はふたたびエウリピダースを将軍としてアイトーリアー人から送らせた。㈢かれはアカイアー人の同盟会議を見守っていて、騎兵六十人、歩兵二千人をひきいて出撃し、ファライを通過してアイギオンまでの地方を蹂躙した。㈣そしてじゅうぶんな戦利品を集めた後、レオンティオスへ退却した。㈤この侵入の報せを受けたリューコスはただちに出発し、敵に追いつき、その場で攻

1　二二三年のクレオメネースの破壊については第二巻五五・二―七を参照。

2　逍遥派の哲学者でエウフォリオンの先生でシンポシオンの著者（プルータルコス、モラリアム612D）として有名。

3　アエギオンの近くの同盟のセンター（第二巻三九・六を参照）。同盟の象徴的な竈《かまど》としてヘースティアの祭壇はとくに適していた。

撃にかかり、約四百人を殺し、二百人を捕虜にした。㈥その中には若干数の著名な人がいた。ヒュシアース、アンタノール、クレアルコス、アンドゥロロコス、エウアノリダース、アリストゲイトーン、ニカシッポス、アスパシオスであり、武器とすべての装備を自分のものにした。㈦同じ時にアカイアー人の海軍提督はモリュクリアー[4]に出撃し、百人を下らない捕虜を連れて戻ってきた。㈧ふたたび身を転じてカルケイア[5]に向けて出航し、出撃してきた敵の軍艦二隻を乗組員もろとも奪った。アイトーリアーのリオー周辺で快速艇を同様に乗組員もろとも奪った。㈨陸と海から戦利品が同時に流入し、軍隊の給料と糧食のための相当額の利益をもたらしたので、兵士たちは自分たちの給料が規則的に支払われ、税金によってそれほどには苦しめられないだろうという確信をいだいた。

4　遺跡は知られていないがおそらくアイトーリアーのアンティリオン岬の少し北東のヴェルヴィナにあった。アイトーリアー人はペロポンネーソス戦争の間にはじめてそれを所有した（トゥーキューディデース第三巻一〇二・二）。

5　カルキスの添え名。アイトーリアー海岸近くのカルキス山の麓、エウネウス川（現代のフィダリス川）の河口から少し東寄りにある町。（トゥーキューディデース第一一、〇八・五、第二巻八三・三を参照）。

九五　同じ時にスケルディライダースはフィリッポスとの条約で約束された金の若干が未払いのために王によって不正に扱われたと感じたので、計略によって金を手にいれるために、十五隻の快速艇を送り出した。㈡かれらはレウカス島に入港し、戦争での以前の協力のために皆に友として迎えられた。㈢かれらがそこで真っ先に行い、またすることのできた悪事はタウリオーン人の船で入港したコリントス人のアガティノスとカッサンドロスがかれらを友とみなして四隻の船でかれらとともに錨を降ろしたとき、条約を犯してかれらを襲い、かれらを船もろとも捕らえてスケルディライダースのもとへ送り出したことである。㈣その後、レウカス島を出航し、マレアーへ航行し、商人を略奪し、捕らえはじめた。

㈤すでに初秋に近かった。アラートスはタウリオーン人によってなおざりにされた上述の諸都市の警護を引き受けざるをえなく、アルゴスの領域の穀物の収穫を市民兵で確保した。㈥エウリピダースはトゥリタイアーの国を荒らすためにアイトーリアー人とともに出動した。㈦リュークスともう一人の騎兵の指揮官デーモドコスはかれらの進軍のことを聞くと、デュメー、パトライ、ファライの住民を軍務に招集し、そしてかれらおよび傭兵軍とともにエーリスに侵入した。㈧ピュクシオンに着くと、軽装兵と騎兵を襲撃のために送り出し、重装兵を上述の場所に隠した。㈨エーリス人が全軍で蹂躪しようとする者に対して進軍し、退却しようとする者に押し迫ってくると、リューコスは立ち上がり、ずっと前方まで進んできた者を攻撃せんとした。㈩エーリス人はその攻撃に耐え切れず、敵が現れるや否や逃亡に向かった。そこでアカイアー人は約二百人を殺し、八十人を生け捕りにし、集めておいたすべての戦利品を無事に持ち帰った。㈡これと同時にアカイアー人の提督はカリュドーニアーとナウパクティアーの領域に上陸し、その地方を荒らし、それを防ぐために送られた軍隊を二度敗走させた。㈢かれはまたナウパクティアーのクレオニコスを捕らえたが、かれはアカイアー人の客人《プロクセノス》だったので、他の人のように即座に奴隷に売られず、しばらくして身代金なしで釈放された。

九六　同じ頃アイトーリアー人の将軍アゲータースはアイトーリアーのすべての市民兵を集めアカルナニアー人の地方を略奪し、エーペイロス全体を妨害を受けることなく荒しつつ前進した。㈡かれはこうしたことをしつつ帰国し、アイトーリアー人を諸都市へ解散した。㈢アカルナニアー人はストラトスへ逆襲し、不名誉にもパニックに襲われ、ストラトスの住民がかれらを追跡することを敢えてしなかったために無傷で戻った。アカルナニアー人が退却したために待ち伏せを考えたためである。㈣ファノテウスでは次のような方法で裏切りに対する裏切りが生じた。フォーキスにフィリッポスによって任命されていたアレクサンドロスがイアーソンとかいう人を通じてアイトーリアー人に対して裏をかく計画をたてた。このイアーソンはファノテウスの都市にかれによってたまたま任命されていた人である。㈤かれはアイトーリアー人の将軍アゲタースに使者を送りファノテウスの城砦をかれらに引き渡すと約束し、取り決めを行った。㈥取り決めた日が来るとアゲタースはアイトーリアー人と共に夜ファノテウスにやって来た。そして残りのアイトーリアー人を距離を置いて隠して待っていた。そして百人を選んで城砦へ送った。㈦イアーソンは都市に兵士と共にアレクサンドロスを用意し、青年たちを誓い通りに連れてかれらを皆城砦へ入れた。㈧アレクサンドロスたちはただちに襲撃し、アイトーリアー人の選ばれた者を捕らえた。アゲタースは次の日の朝、起ったことに気づき、軍隊を再び引き戻した。かれ自身によって行われた不適切ではない姦計に陥ったのである。

九七　同じ頃フィリッポスはパイオニアーの最大の都市でありダルダニオイからマケドニアーへの侵入に最適な位置にあるビュラゾーラ[1]を占拠した。㈡その結果この征服によってダルダニオイ人からの恐れから逃げ出せたのである。

かれらにとってマケドニアーに侵入することはもはや容易ではなくなった。いまやフィリッポスはこの都市を占拠することによって通路を支配したのである。㈢この都市を安全にすると、高地マケドニアー人[2]を集めるためにクリューソゴノス[3]を急いで送り出し、㈣かれ自身はボッティアーとアンファクシテス[4]からの者をひきいてエデッサ[5]へやって来た。マケドニアー人を加えて、全軍と共に出発し、六日目にラリサに到着した。㈤引き続き夜の急行軍で早朝メリタイア[6]へ来た。そして城壁に梯子をかけ、その都市を手に入れようと試みた。㈥突然の思いがけない襲撃でその住民を驚かせ、その結果易々とその都市を押さえたであろう。しかし梯子は必要なだけの長さがなかったのでその企てに失敗した。

九八　この点では指導者はとくに非難されるであろう。

1　おそらく現代のケプリュリ（ヴェレス）の遺跡の近く。
2　ストラボーン第七巻三二六を参照。
3　九・四脚注を参照。
4　ボッティアはハリアクモンとアクシウスの間にあり、アンファクシテスはアクシウス川の左岸にあった
5　エデッサは以前はアエガエ、古いマケドニアの首都。
6　メリタイアはアカエア・フティオティスのオテュルス山の北斜面にあった。

㈡すなわちかれらはいかなる考慮も払わず、そこを通って侵入を企てる城壁、断崖、あるいは他のこうした障害物の測量を行わずに、都市を占領しようとしてただちに無思慮にやって来たとしたら誰がかれらを非難しないであろうか。㈢あるいはすでに高さは測量しており、次に少しの労苦を要求するがそれらの能力に全面的に依存する梯子やその種の機械の制作を手当たり次第に未熟な者に任せたとしたら同様にかれらも非難に値する。㈣このような企てでは何かを達成するとかあるいは無事に切り抜けるとかが問題なのではなく、失敗すれば多様な損失が結果として伴うのである。㈤攻撃の時にはすぐれた兵士を危険にさらすことによって、さらに退却のさいには、もし敵をあなどっているとすれば、危険はそれ以上となるのである。㈥このような例は沢山ある。このような企てで失敗した人の多くが破滅しているのが見られるし、損傷を受けずに逃れた人が極度の危険に陥っているのが見られる。㈦未来に対しては必然的に不信用と憎しみを自分たちの間で生じさせ、さらにすべての人に警戒を勧める。㈧攻撃された人にだけでなく、そのことを聞き知ったすべての人に用心しなさい、かれらに気を付けなさい、という警告を与える。㈨それゆえに軍の指導者たちはこのような企てを計画する場合、決して軽率に対処してはならないのである。㈩測量およびこのよう

な道具の準備の方法は方法論的に事に当たれば容易であり、失敗することはないのである。㈢さていまや物語の続きが取り上げられるべきである。この種のことがらについては適切な機会あるいは正しい場所が提示されたときに、このような企てにおいてはどのようにしたら最も失敗することが少ないかを示唆するようにしてみよう[1]。

　九九　この失敗の後フィリッポスはエニペウス川[2]に陣を張り、ラリセーおよび他の都市から冬の間に造らせておいた包囲の道具を取り寄せた。㈡すなわちかれの遠征の主目的はフティオーティス・テーバイ[3]の征服だったからである。㈢この都市は海から遠く離れていず、ラリセーからは約三〇〇スタディオン(五四キロ)離れていて、マグネーシアーとテッサリアに対して好位置にあり、とくにマグネーシアーのデメトリアー人の地方に対してとテッサリアーのファルサロスとフェライの地方に対してそうである。㈣アイトーリアー人はそれを占拠し、そこからまたそのとき絶えず侵入を行い、デメトリアス、ファルサロス、ラリセーに大きな損害を与えるということが起っていた。㈤すなわちアミュロス平原[4]までしばしば侵略を行っていたからである。㈥だからフィリッポスはそれに大きな価値をおき、それを力で奪うために非常に急いでいたのである。㈦投石器《カタペルテース》を百五十台、石投器《ペトロボロス》を二十五台集めると[5]、テーバイに近づき、軍隊を三部隊に分け、都市の周囲に分散して配置した。㈧ひとつの部隊はスコピオン周辺に布陣させ、別の部隊はいわゆるヘーリオトゥロピオン周辺に、第三部隊は都市の上に聳えている山の上に配置した。㈨それらの部隊の間は壕と二重の柵によって強化し、それらをさらに木の塔で安全にした。そして一プレトロン(三〇メートル)毎にじゅうぶんな守備隊を配置した。㈩これらの戦列を配置し終えた後、すべての装備を一ケ所に集めさせ、包囲の機械を砦へと運び始めた。

　一〇〇　最初の三日間はそれらの道具のどれひとつとして前進させることができなかった。住民が勇敢に、向こう

1　ポリュビオスは梯子の正しい高さを計算する方法を第九巻一九・五―九で記述する。
2　エニペウス川はオテュルスに発し、メリタイアの一〇スタディオン（一・七キロ）内を通過する。（ストラボン第九巻四三二）。
3　フティオティス・テバイはクロクリオン平原を見おろす丘の斜面にあった。
4　これはペラスギオティスにあり、ラリサの東、ボイベ湖の北にある。
5　カタペルテスは矢を発射する機械で、ローマ人のスコルプス、ペトロボロスは投石器。

見ずに防戦したからである。㈡小競り合いの連続と矢の多さによって都市の防禦者のある者は倒れ、ある者は傷つき、防禦が弱まったとき、マケドニアー人は坑道を掘り始めた。㈢その場所の困難さにもかかわらず、忍耐強さのおかげで九日目に城壁まで押し進んだ。㈣その後、夜も昼も休みなく交代で労働を行い、三日間で城壁の二プレトロン（約六〇メートル）を掘り、柱で支えた。㈤柱は重さに耐えることができず、屈したので、マケドニアー人が火を投げ込む前に城壁は倒れるということになった。㈥瓦礫を片づけることを熱心に行い、入ることへと準備をし、今にも強行しようとするとテーバイ人は驚いて都市を引き渡した。㈦フィリッポスはこの勝利によりマグネーシアーとテッサリアーを安全にすると、アイトーリアー人の大きな利点を奪い、自分の軍隊にレオンティオスを滅ぼしたことは正しかったことを示した。かれはパライエイスの包囲で故意に負けたからである。[6]㈧テーバイ人の主人となるとこれまでの住民を奴隷として売り、マケドニアー人を入植させ、その都市の名前をテーバイの代わりにフィリポリスと名づけた。[7]㈨ちょうどかれがテーバイの問題を片づけたときに、キオス、ロドス、ビュザンティオンさらにプトレマイオス王のもとから使節がふたたびやって来た。(一〇)かれらに最初の時と同じ答えを与えた。[8]そして和解する気がある、と主張してアイトーリアー人も試してみるよう命じて送り出した。(一一)かれ自身は和解を軽視し、自分の作戦が継続できることを望んでいた。

一〇一　それゆえスケルディライダースの快速艇がマレアー付近で海賊行為を行い、すべての商人を敵として扱っていて、レウカスでかれらと並んで錨を降ろしている自分の船さえ条約に反して襲ったと聞くと、㈡十二隻の軍艦、八隻の艤装の済んでいない軍艦、三十隻のヘーミオリオス[9]を整備して、イッリュリアー人をも捕らえるためにエウリュポスを通って航行し、ついでに言うと、かれはイタリアでの出来事について何も知らなかったのでアイトーリアー人との戦争の計画にすべての考えを向けていた。㈢フィリッポスがテーバイを包囲していたとき、ローマ人はテュレーニア〔エトルリア〕での戦いでハンニバルによって敗北させられていたのだが[1]、これについての報せはギリシアには届いていなかった。㈣フィリッポスは快速艇に追

6　三・五以下を参照。
7　ディオドーロス第二六巻九を参照。
8　二四・一一を参照。
9　一層半の漕ぎ手座のある船。

いつけず、ケンクレアイで碇泊し、マレアーを回ってアイギオンとパトライへ航行するよう命じて軍艦を送り出した。イストゥモスを越えさせレカイオンで錨を降ろすよう命じた。㈤かれ自身はネメアの祭典[2]を目指して二、三人の幕友と共に急いでアルゴスへ赴いた。㈥かれがちょうど体操競技を見物していたとき、マケドニアーから手紙を運ぶ者が到着し、ローマ人が大きな戦いで敗れ、ハンニバルが広々とした土地を支配していることを明らかにした。㈦すぐにファロスのデーメトゥリオスだけにその手紙を見せ、黙っているように命じた。㈧かれはその機会をとらえて、アイトーリアー人との戦争をできる限り早く中止し、その代わりにイッリュリアーに干渉しなければならないと主張し、イタリアへ渡ることを要求した。㈨すなわちギリシアに関してはすべて命じられたことをすでにかれに対して行い、今後もそうするであろう、アカイアー人は自ら進んで好意的であり、アイトーリアー人は今の戦争でかれらに起ったことで驚愕しているだろうと主張した。㈩イタリアに関してはそこへ渡ることがすべてについての計画の初めであり、それはかれ以外の誰にとっても相応しくなく、ローマ人が敗れた今がチャンスであると主張した。

一〇二　デーメトゥリオスはこうした論拠を用いながら、すぐにフィリッポスの野望を燃え上がらせた。かれは若い王であったし、計画においては成功しており、そもそも大胆であると思われていた。これらに加えて、常に全体を支配するという希望を目指すという家系に由来するものだと思う。㈡しかしフィリッポスはすでに述べたようにそのときはデーメトゥリオスに手紙によって知ったことを明かしたのだが、その後、幕友たちを集めアイトーリアー人との和解について相談せんとした。㈢アラートスも争いに決着をつけることに異論はなかった。とくに和平交渉では自分たちは優位な立場にあると考えたからである。㈣王は和解についての条件を共同して行う使節を待たず、ナウパクトス出身のクレオニコス[3]をすぐにアイトーリアーに送った。㈤すなわち捕虜としてのかれがアカイアー同盟会議[4]を待っているのを知っていたからである。かれ自身はコリントスから船を受け取り、陸軍をひきいてアイギオンへ来た。㈥

1　トゥラシメネーで、前二一七年六月。第三巻八一・九以下を参照。
2　前二一七年七月。ギリシア人とローマ人の出来事の同時性については第三巻七八・六脚注を参照
3　九五・一二、第九巻三七・四を参照。
4　前二一七年の秋。

ラシオーンまで進み、ペリピアの砦を奪取し、戦争の終結への用意があると思われないために、エーリスへ侵入しようとしているふりをした。㈦その後クレオニコスが二度、三度行ったり来たりし、アイトーリアー人が協議に入ることを要請するとそうすることに同意した。㈧そして戦争に関わること一切を中止し、同盟の諸都市に文書を配達する者を送り、会議に列席し和解についての協議に参加する者を送るよう命じた。㈨かれ自身は軍隊と共に渡り、ペロポンネーソスの港でナウパクトスに向かい合っているパノルモス[5]で陣をはり、同盟会議に列席する者たちを待っていた。㈩上述の者たちが集まらねばならない時にかれはザキュントスへ航行し、島の問題を個人的に片づけ、ふたたびパノルモスへ帰航した。

一〇三　すでに会議に列席する者たちが集まっていたので、アイトーリアー人のもとへアラトースとタウリオーンおよびかれらに同伴する者を送った。㈡かれらは一団となってナウパクトスに集まっているアイトーリアー人に会い、短い討論の後、和解へのかれらの熱望を見て、このことを知らせるために折り返しフィリッポスのもとへ航行した。㈢戦争を終らせることを熱望していたアイトーリアー人はかれらと共に使節をフィリッポスのもとへ派遣し、軍隊と共に自分たちの所へ来ることを要請した。個人的な交渉で事が満足のいく決着をみるようにと。㈣王はかれらの要求に従い、軍隊と共にナウパクトスの領域の「空洞《コイラ》」と呼ばれる所へ渡った。そこは都市から二〇スタディオン（三・六キロ）離れていた。㈤そこに野営し、船と陣営を木柵で囲い、会見の時を待ちながら留まっていた。㈥アイトーリアー人は武器を持たずに一団となってやって来た。そしてフィリッポスの陣営から二スタディオンの距離を置いて、使節を送り、現況について話し合おうとした。㈦最初、王は同盟国からのすべての代表者を送り、両者が今持っているものを持つという条件でアイトーリアーに和平を提案するようにと命じた。㈧アイトーリアー人がすすんで受け入れたので、個々の条件について互いに対するかなり長い交渉となった。その大部分は触れないでおく。というのも想起するに値するものがないからである。それに対して最初の会見で王および居合わせた同盟国に対して望んだナウパクトス人のアゲラオスの勧告は想起しておくことにしよう。

一〇四　その演説は次のようであった。

「ギリシア人は互いに決して戦争をしてはならない。も

5　リオン岬から東へ一五スタディオン（二・七キロ）にある入江、現代のテッケ。プリーニウス第四巻一三を参照。

し皆が同じ一つのことを言い、急流を渡るように手を組んで、異民族の攻撃を撥ね退け、自分自身と諸都市をともに救うことができたなら、神々に対して大きな感謝の念を持たねばならない。㈡しかし、もしこれが絶対にできないならば、西で行われている戦争の大きさと軍隊の重さを配慮して、現在は同じ考えに立ち、監視しなければならない。㈢もしカルタゴー人に戦争で勝てば、勝者はイタリアとシケリアーの主権に満足して留まるだろうことは全くあり得ないことは、今や国事について適度な関心を持つすべての人々にとって明白である。かれらは前進するだろう。そしてかれらの軍隊と構想をわれわれが望む以上に伸ばすだろう。㈣それ故に諸君が皆、危機存亡の時をとくにフィリッポスを見張っているように要求する。㈤ギリシア人を弱くし、侵略者たちにかれらを容易な餌食として渡す政策を止め、逆に諸君自身についてと同様にかれらのために助言し、諸君自身の領域の重要な部分と同様にギリシアのすべての部分に配慮するならば、諸君はこれを行うことになる。㈥もし諸君がこの精神で行動するならば、ギリシア人は諸君のすべての企てにおいて友であり、信頼できる助言者であるだろう。一方外から来た者たちはギリシア人の固い忠誠心を見てうろたえ、諸君に対して謀りごとをめぐらす手を緩めることになろう。㈦もし諸君が行動を望むならば、西に目を向け、イタリアで行われている戦争に注意しなければならない。思慮深く待機していて、全世界の支配のために打って出る機会を掴め。㈧今ある重大局面はこのような希望にとって都合の悪いものではない。㈨諸君のギリシア人との論争と戦争は静穏の時まで延期するよう懇願する。諸君自身の意思でギリシア人と和解する、あるいは戦争をする力を最重要な目的とするように。㈩西で立ち現れている雲がギリシア人の地に拡がるのを一度《ひとたび》許したならば、和解あるいは戦争を行う力、一言で言うと、お互いに対して今行っているゲームはわれわれの手から完全に叩き落とされるのではないかと、非常に恐れるのだ。そこでわれわれは互いに対して戦争をあるいは和解をわれわれ自身の意思で行う力を、一言で言えばわれわれの論争に決着をつける力をわれわれに授けるように神々に祈ろう」

一〇五　アゲッラオスがこのように述べると、すべての同盟国は和平へと駆り立てられた、とくにフィリッポスが。すでにデーメトゥリオスの勧告によって予め用意されていた自分の衝動に一致する論理をかれが用いたからである。㈡そして個々の点で互いに協定を結び、和解を決定して別れ、それぞれの国へ戦争の代わりに和平を持ち帰った。㈢これらすべてのことは第一四〇オリュンピアー期三年目に起った。わたくしが言っているのはローマ人のエトルリアでの戦い、アンティオコスのコイレー・シュリアーでの戦い、さらにアカイアー人およびフィリッポスのアイトーリアー人との和解である。[1]㈣この瞬間にギリシア、イタリアおよびリビュエーの出来事の密接な関連が始まった。㈤すなわちフィリッポスもギリシアの指導者たちも戦争、和平の決定に際して、もはやギリシアの問題への考慮からのみおこなうのではなく、すべての目はイタリアでの成り行きに向けられたからである。㈥すぐに、島々、アシアーでも同じ事が起った。㈦すなわちフィリッポスに不満をいだく者たち、アッタロスと衝突した者たちはもはやアンティオコスにもプトレマイオスにも南にも東にも向かず、この時から西に目を向けようとするようになった。ある者はカルターゴー人へある者はローマ人へ使節を送った。㈧同様にローマ人はギリシア人へ使節を送った。フィリッポスの豪胆さを恐れ、当時の困難な状況にあってのかれによる攻撃を警戒して。㈨われわれは最初からの約束通り、いつ、どのようにしてまたどんな原因でギリシアの事態がイタリアおよびリビュエーのそれと関連するようになったかを明瞭に示し、㈩つぎにギリシアの事態の説明をローマ人がカンナエの戦いで敗れるまで続けた。その時点でイタリアの出来事の叙述をわれわれは中断したのである。かくして上述の日付を超えることなくこの巻を閉じることにしよう。

一〇六　アカイアー人は戦争を終えるとすぐに将軍としてティモクセノスを選び、自分たちの慣習と生活習慣に戻った。㈡さらにはアカイア人と共にペロポンネーソス半島の他の諸都市も自分の生活を取り戻そうとして、田舎の土地を耕し、父祖伝来の供儀、祭典、そしてそれぞれの神々にかんしてはそれぞれの所での慣習を新たにしようとした。㈢すなわちこうしたことにかんしてはたいていの所で、先の不断の戦争のためにほとんど忘れられそうになっていたからである。㈣洗練された人間的な生活への素質を他の人間以上に持っていたペロポンネーソス人が上述の時代にはどうしてそうしたことを享受することが最も少なかったのか、むしろエウリーピデースの言葉を借りれば、[2]常に苦難にさらされた人であり、槍をもってじっとしていなかった人であったのかわたくしには分からない。㈤かれらがこのような目に会ったのは当然であるように思われる。

1　トゥラシメネとラフィアーにかんしては両者とも六月末にかけて、ナウパクトスの和平は多分八月。

2　この句は不詳であり、読みも不確か。

すなわち本質的には自由を愛する指導的地位にある人々が第一の地位を決して人に譲ろうとせず、たえずお互いに戦ったからである。㈥それに対してアテーナイ人はマケドニアー人による恐怖から解放され、自由をすでに確実に得たと思ったとき、㈦エウリュクレイデースとミキオーン[1]を指導者とし、他のギリシア人の問題にはいかなるものにも関与せず、すべての王とくにプトレマイオスの追従のために物惜しみしなかった、屈辱的であろうともさまざまな種類の命令と布告に同意して。㈧この点でかれらの指導者の判断力の欠如のためにかれらの対面をたもつことには留意しなかった。

一〇七　プトレマイオス・フィロパトルにとってはこのときからただちにアイギュプトス人に対する戦争が始まるということになった。㈡すなわちこの王はアンティオコス三世に対する戦争のためにアイギュプトス人を武装させ、当面は大いに役立ったが、未来にかんしては過ちだった処置をとった。㈢すなわちラフィアーでの勝利で思い上がった兵士たちは命じられたことに我慢することができず、自分たちを助けるのにじゅうぶんな指導者および顔を要求した。その後間もなくかれらはそのことをとうとう実現させた。

㈣アンティオコスは冬の間周到な準備を行い、その後夏が近づくとタウロス山を越え[2]、アッタロス王と協定し、アカイアー人に対する共同の遠征を整えた。

㈤アイトーリアー人はアカイアー人との和解を最初は喜んでいた。戦争がかれらの思い通りに進んでいなかったからである。それゆえに和解に最も貢献したと思われるナウパクトス出身のアゲラーオスを将軍に選んだのであった。㈥ほどなくしてかれらは不満となり、誰か特定の人とだけでなくすべてのギリシア人と和平を締結したために、外からの利益と未来への希望をすべて断ち切ったとしてアゲラーオスを非難した。㈦アゲラーオスはこれらの理由のない不平を我慢し、かれらをよく押さえていた。そこでかれらは自分たちの本性に反して自制することを余儀なくされていた。

一〇八　フィリッポス王は和平条約締結後、海路マケドニアに戻った。そこでかれは、スケルディライダースが未

1　ゲフィシア出身のこの二人の兄弟は前二四二年以降アテーナイで傑出していた。そしてアテーナイ人が前二三〇・二二九年に自由を復活させたのはかれらの影響の下であった。

2　前二一六年春。

払いの金を口実に、それに対してはかれはレウカスの船に対して協定違反を行ったのだが、その時はピサイオンと呼ばれるペラゴニアの都市を奪い、㈡ダサレーティスのいくつかの都市アンティパトレイア、クリュソンデュオーン、ゲルトゥースを脅しによってあるいは約束によって味方に引き入れているのを知った。またこれらと国境を接しているマケドニアーの多くの諸都市を蹂躙しているのを知り、㈢離反した諸都市をとり戻すことを急ぎ、軍隊をひきいて出発した。㈣イッリュリアー地方を整えることが他の計画のためにとくにイタリアへ渡るために最も必要なことだと考え、一口に言ってスケルディライダースと戦争をしようと決めていた。

㈤すなわちデーメトゥリオスが王に対してそのような希望へとまたそのような計画へと絶えず気持を掻き立てていたからであった。その結果フィリッポスは眠りの中でこのようなことに取り掛かっていることを夢見るほどであった。㈥デーメトゥリオスがこういうことをしようとしたのはフィリッポスのためではなかった。すなわちかれにとってこの考えは第三番目の位置を占めるに過ぎなかったからである。それはローマ人に対する憎しみから、大部分は自分のため、自分の希望からであった。㈦すなわちこのようにしてファロスの支配をふたたび獲得できると信じていたからである。㈧しかしフィリッポスは遠征して前述の諸都市を獲得しダサレーティスのクレオーニオンとゲルースを占拠し、エンケラネス、ケラクス、サティオン、リュクディシュ湖周辺のボエイさらにカロエキニ地方のバンティアさらにピサンティィナ地方のオルギュッソンを征服した。㈨これらのことを終えると軍隊をディーオン、ボイオイ、カロキナ地方のパンティ冬営地へ送った。冬であった。その時ハンニバルはイタリアの最も肥沃な地方を荒してダウニアのゲルニウムで冬営を行おうとしていた。㈩ローマ人はガイウス・テレンティウス・ウァロとルキウス・アエミリウスを執政官に選んだ。[3]

一〇九　冬の間、フィリッポスは自分の計画のために訓練した乗組員を乗せた艦隊が必要なことを熟慮していた。それは海戦することを目的としてのものではなかった。㈡かれはローマ人といつか海戦できる、と希望してはいなく、軍隊をすぐにある場所に投入し、敵を驚かすことができるための軍隊の輸送というつつましい目的だけのものだった。㈢この目的のためにはイッリュリアー人の船型が最適だと

3　ハンニバルの前二一七／一六年の冬営地については第三巻一〇〇・一以下を、二一六年の選挙にかんしては第三巻一〇六・一を参照。

考えたので、マケドニアー人の王の中ではほぼはじめてこの種の船を百隻建造させた。㈣この艦隊を装備すると、夏のはじめに軍隊を集め、マケドニアー人に漕ぐ訓練をさせて出航した。㈤同じ頃アンティオコスはタウロス山を越えた。フィリッポスはエウリポスを通り、マレー岬を回って航行した後、ケファレニアー島とレウカスの領域に到達し、ローマ艦隊の位置についての調査結果を待つためにそこで錨を降ろした。㈥かれらがリリュバイオンの周辺で停泊していると知ると、勇気を持って出航し、アポッローニアーの方向に航路をとりながら進んだ。

一一〇　かれがアポッローニアーの側を流れているアーオーオスの河口に近づいたとき、陸軍に起きるのに似たパニックが艦隊を襲った。㈡イオニオス航路の入口のサソー島[1]で錨を降ろしていた後衛のある船が夜のとばりのおりる時に、フィリッポスのもとに来て次のように報せた。㈢シケリアー航路を渡ってきたある船が同じ停泊地で錨を降ろして、自分たちはアポッローニアーへと航行しスケルディライダースのもとに向かうローマ人の五段櫂船をレーギオンで後にしてきたと自分たちに告げた、と。㈣フィリッポスはローマ人の艦隊がすぐにも自分のところに現れるだろうと考えて、恐れにとりつかれて、ただちに錨をあげて、元来た方へ航行するように命じた。㈤かれらは非常に無秩序に出航と帰航を行い、夜も昼も航行を続け、二日目にケファレーニアー島に入港した。㈥かれは少し勇気をとり戻し、ペロポッネーソスである作戦を行うために戻ったのだというふりをしながら、そこに留まった。㈦しかし、すべては誤報だということが判明した。㈧すなわちスケルディライダースは、フィリッポスが冬の間にたくさんの船を建造させたと聞くと、かれが海路現れるのを予期して、ローマ人に使者を送ってそれを報せ、援助を要請したのだった。㈨ローマ人はリリュバイオンに配置していた艦隊のうちから十隻を送り、まさにそれがレーギオンで見られた船だった。㈩フィリッポスが根拠もないのにあれほど取り乱してその船から逃げ出さなかったら、この好都合な瞬間にイッリュリアーでのかれの目的をきっと達成していただろう。というのもローマ人はハンニバルとカンナエでの戦いの準備のためにまったく忙殺されていたからである。さらにその船がかれの手に入ったことはもっとありそうなことだった。㈡今やかれはあの報せですっかり取り乱して、損傷こそ蒙らなかったが、面目をなくしてマケドニアに帰還した。

一一一　同じ時期にプルーシアースは記憶に価するある

1　ヴァロナ湾への入口にあるサソナ島。

ことを達成した。㈡すなわちアッタロス王がアカイオスに対する戦争のために、勇敢であるという名声のためにエウローペーから連れてきたガッリア人[2]が今述べた疑惑のためにこの王から遠ざけられ、ヘッレースポントスの諸都市を暴力的にかつ放縦に略奪し、最後はイリエイスさえ包囲しはじめたとき[3]、㈢トゥローアスのアレクサンドレイアの住民は少なからぬ剛勇を示した。㈣かれらは四千人の兵士とともにテミステスを派遣し、包囲されたイリエイスを解放しただけでなく、補給を断ち、かれらのすべての行動を挫折させることによって、トゥローアス全域からガッリア人を追い払ったのである。㈤ガリア人はアビュドス地方のアリスバー[4]を占拠して、そこからその地方に住む住民に対して陰謀を仕掛け、戦争を行っていた。㈥プルーシアスはかれらに対して軍隊をひきいて遠征し、戦列を敷いて戦い、白兵戦で男を斬り殺し、陣営の中でほとんどの女性と子供たちを虐殺し、戦った者たちにかれらの持ち物を略奪することを許した。㈦この勝利によってかれはヘッレースポントスの諸都市を大きな恐怖と危険から解放して、後世の人たちに、野蛮人たちがエウローペーから簡単にアシアーへ渡らないようにという良き手本を残した。

㈧以上がこの頃のギリシアとアシアーの情勢だった。イタリアでは、すでに述べたように、カンナエの戦いの後、大部分がカルターゴーへ離反した。㈨われわれは、第一四〇オリュンピアー期が包括するアシアーとギリシアの出来事を叙述した後この時点でそれにつづく物語を中断し、次の巻では導入的説明に簡単にふれた後で、約束にしたがってローマ人の政体の説明にとり組もうと思う。

2　七七・二を参照。

3　ストラボーン第一三巻五九三はイリオンはリューシマコス以来長さ四〇スタディオン（七・二キロ）の城壁をめぐらしていると記録している。

4　アリスバーはトロヤのセリス河畔にあった。ホメーロス『イーリアス』第二巻八三六、第六巻一三、第二一巻四三を参照。アレクサンドロスの軍隊はヘッレースポントスを渡った後ここに野営した（アッリアーノス第一巻一二・六）。

第六巻[1]

I　序論

二　物語の自然な流れが中断されることをよぎなくされるにしても、なぜこの記述が佳境に入ったこの時点でローマの政体についての説明に取りかかるのかと、いぶかる人たちもいることに、私が気づいていないわけではない。㈡しかし私はこの説明は全体の計画の本質的な使命のひとつだと最初から思っていたからである。㈢多くの箇所でそのことに言及していることは明らかであると思う、このことはとくにこの歴史の序論において明言しておいた。その中で、ほとんど全世界が五十三年も経たないうちに征服されてローマによる単一の支配下に落ちたこと、このことはいまだ起ったことがなかったことであるが、それがどのようにして、またどのような政体で成し遂げられたかを読者が実践において認識するようになることがわれわれの計画の中で最も重要なものであり、最も役に立つものであると主張した。㈣そしてここで政体について述べてみようとすることに注意を戻し、それをテストしてみるのに今より適切な機会はないと判断したのである。㈤すなわち、私的生活において、無能な人か、優れた人であるかを判断しようとしていて、真に吟味しようとしたとき、平穏無事な閑暇な時点ではなく、不幸な事態の急変時、あるいは成功の絶頂期におけるその人の行動で人は判断するであろう。㈥運命の完全な逆転を高邁に、勇敢に耐えることができることが完全な男の試金石と考えるからである。政体も同じ方法で吟味しなければならない。㈦それゆえに、ローマ人の運命の場合ほどわれわれの時代において大きくて激しい変化を見ることはできないと思われるので、これが機会だと考えて政体についての説明を保留しておいたのである。

㈧歴史を学ぶ人々を最も魅了し、最も教育上役に立つのは原因の明晰な探求とそれぞれの選択におけるよりすぐれたものの探求である。㈨あらゆる事柄における成功あるいは失敗の主たる原因は政体の形態である。㈩行動へのすべての意図と計画だけでなく、その完成もちょうど泉からのように、ここから湧き出す。[2]

1　この巻には多くの脱落や錯簡があり、訳文のテキストはロエブ版の構成に従っている。

II　政体のさまざまな形態について

三　ギリシア人の政体は何度も成長し、また何度もまったく逆のようなものへと転落したのだが[1]、その過去の説明と未来についての判断を記述することは容易である。㈡すなわち、周知の事実を伝達することは容易であり、すでに起ったことから推論を引き出すことは難しくないからである。㈢それにたいして、ローマ人の政体は現在の状態について説明することは、政体の複雑さゆえにまったく容易ではないし、また未来について予言することも、われわれはかれらの過去における公的および私的生活の特徴を知らないために容易ではない。㈣それゆえにかれらの政体の特質について明瞭な普遍的な理論を得るためには入念な注意と研究が要求される。

㈤このような事柄にかんして権威ある教えを与えるのだと主張する大部分の人たちは三種類の政体を区別する。それは世襲による王政、貴族政治、民主政治と呼ばれる。㈥しかしこの三つしか政体の種類はないのか、しかもそれらが最良のものであるのかと問い詰めても当然であるのだ。

2　㈧―㈩のテーマについてはトゥーキューディデース二・三六・四、ヘーロドトス三・八二・五を参照。

1　Μῶν οὖν οὐ μυρίαι μὲν ἐπὶ μυρίαις, ἡμῖν γεγόνασι πόλεις... κατὰ τὸν αὐτὸν δὲ τοῦ πλήθους, λόγον οὐκ ἐλάττους ἐφθαρμέναι; πεπολιτευμέναι δ᾽ αὖ πάσας, πολιτείας, πολλάκις, ἑκασταχοῦ; καὶ τοτὲ μὲν ἐξ ἐλαττόνων μείζους, τοτὲ δ᾽ ἐκ μειζόνων ἐλάττους, καὶ χείρους, ἐκ βελτιόνων γεγόνασι καὶ βελτίους ἐκ χειρόνων;「ところで無数のポリスが無数の我々の上に生じ、数の同じ比率で小さいポリスが滅びたのではなかったか。さらにそれらは至る所で、しばしば様々な政体を用いたのではなかったか。あるときは小さいものが大きくなり、あるときは大きいものが小さくなり、優れたものが劣ったものになり、劣ったものが優れたものにならなかっただろうか」プラトン『法律』第三巻六七六B―Cを参照。ポリュビオスは τῆς εἰς τἀναντία μεταβολῆς「逆への変容」表現を（九・一四、四四・二）国家の発展の頂点に続く変化を表すのに用いる。別の表現は ἡ ἐναντία μεταβολή「逆の変容」（四三・三）ἡ εἰς τοὔμπαλιν... μεταβολή「逆への変容」（九・一二、第七巻二・一）、ἡ ἐπὶ τὸ χεῖρον μεταβολή「劣ったものへの変容」（第一八巻三三・六）あるいは単に μεταβολή「変容」（第四巻一一、四三、第二巻五七・一）。

㈦両方の点でかれらの主張は間違っているように思われる。つまり上記のすべての特性をひとつにしたものが最良の政体であることは明らかだからである。[2]㈧このことの証拠を理論的にだけでなく、実際の経験によってわれわれは持っているからである。つまりリュクールゴスがこの原理に基づいて最初にラケダイモーン人の政体を作りあげている。㈨他方、この三つだけが政体の種類だということを認めることはできない。すなわち独裁政治、僭主政治もすでに体験しているからである。これは王政と類似点をもつがそれとははるかに相違している。㈩まさにこの点においてすべての君主が偽ってそう名乗り、可能な限り王という称号を使おうとするのである。[1]㈡また貴族的な政体との類似性を持ったいくつかの寡頭政体もある。しかしながらその相違は非常に大きい。㈢おなじことは民主政治にもあてはまる。

2　混合した政体の最初の理論的弁護はプラトーンのスパルテーについての説明の中に現われている。(『法律』第四巻七一二D―E、第三巻六九二A、六九三Dを参照)。そしてアリステレースはこれを思い起こしている(『政治学』第二巻六、一二六五b三三以下、第四巻九、一二九四a三〇)。彼自身の政治組織(第四巻八、一二九三b三三以下)は寡頭制と民主制の混合と記述されている。

1　ナビスである。彼はスパルテーと外国において王と認められていたが、ポリュビオスを含め多くの人に僭主と見なされている。

四　このことが正しいことはつぎの考察から明らかである。㈡すべての独裁制はただちに王政と呼ばれるべきではなく、臣民によって自発的に受け入れられるもの、そして恐怖と力によるよりは理性に訴えることによって統治される場合である。[3]㈢すべての寡頭政治を貴族政治とみなすべきではなく、最も正しく、最も思慮のある人々による選択によって判定されたものをそうみなすべきである。[4]㈣同様に、望んだこと、目的としたことをするのにすべての民衆が主人であるものが民主政治ではない。[5]㈤民主政治では神々を敬い、両親のことを配慮し、長老を敬い、法に従うことが父祖伝来のものであり、慣習である。さらにこのような組織において多数の者にとって正しいと思われるものが勝つとき、これを民主政治と呼ばねばならない。㈥したがって六種類の政体があると言わねばならない。三つは誰もがくり返し主張するものであり、今も真っ先にあげられ

3　伝統的な区分、クセノフォーン『ソクラテスの想い出』第四巻六・一二、プラトーン『政治家』二九一・E、アリストテレース『政治学』第三巻、第一四章1285 a 24 a 24–29。

4　ヘーロドトス第三巻八一・三、プラトーン『国家』第三巻四一四A、アリストテレース『政治学』第二巻第二章1273 a 21 ff

5　プラトーン『国家』第八巻五五七B、五六〇C、五六二Eを参照。

たものである。あとの三つはそれらと親戚関係のあるものであり、[1]専制、寡頭、暴徒支配と呼ばれる。(七)最初に生ずるのは独裁制である。その成長は自然でそして自力である。つぎに独裁制から派生して、技巧の助けをかり、矯正によって王政が起きる。(八)これが本来的にそれに備わっている悪へとすなわち僭主へと変容するとそれを転覆させることから貴族制が生じる。(九)これが自然に寡頭制へと退化し、指導者の不正に激昂した民衆が復讐すると民主制が生ずる。(一〇)この政体の放縦と無法が当然の順番であり、この連続を完成させるのに暴徒支配が生じる。(一一)こうしたことについて私が今述べたことが真理であることは、それぞれの自然な始まり、誕生、変容に注意をはらうならば、誰もが明瞭に知ることができるだろう。(一二)すなわち各々の形態が自然な形でどのようにして起こり、発展するかを知る人だけがそれぞれの成長、最盛期、変容、結末について、いつ、どのようにして、どこでそうなるかを洞察できるからである。(一三)とくにこの方法はローマ人の政体の説明に適していると考えられる。なぜならその発展と成長は最初から自然な流れに沿っているからである。

五　政体のたがいへの自然な変容についての理論はこれよりずっと正確にプラトーンやその他の哲学者によってじゅうぶんに明らかにされている。しかしそれは複雑であり、いろいろの議論が輻輳するために少数の人にしか近づきえない。(二)それゆえ実証的な歴史と一般的な知性にとって適切であると考えるかぎりにおいて、これを要約的に詳述してみようと思う。(三)一般的な提示のために何かが不足しているように思われる場合でも、つづけて述べられる事柄の個々の説明によって未解決なままに残されていた困難さのじゅうぶんな埋め合わせが与えられるだろう。

(四)初めとは何であるか。政体は先ずどこから生じたと主張したらいいであろうか。(五)洪水、疫病、作物の不毛あるいはこのような原因によって人類の滅亡が生じたとき、[2]そしてこのようなことがすでに起っていることをわれわれは知っているし、またふたたび、しばしば起きるだろうことは当然のことである。(六)そのときにはすべての生活習慣も技術も共に滅びてしまう。[3]つぎに時の経つうちに種子から

1　プラトーン『政治家』三〇二B以下、アリストテレース『政治学』第三巻、一二七九a二一以下、さらにヘーロドトス第三巻八二・一においても含意されているように思われる。

2　プラトーン『法律』第三巻六七七A、オウィディウス『変形転身物語』第一五巻二六二以下。

3　プラトーン『法律』第三巻六七七C

のように生き残ったものからふたたびある数の人間が成長したとき、㈦そのときおそらく、他の動物におけるように、この群がった人間においても、というのも本来的な弱さのために[4]仲間同士が群がるのが当然であるからなのだが、肉体的強さと精神的な大胆さで傑出した者が指導者となり、権力を持つことは自然のなりゆきである。[5]㈧このことはほかの非理性的な動物でも自然な現象として観察される。すなわち、それらの動物の場合でも、最も強いものが指導者であることが観察される。[6]たとえば、牡牛、猪、雄鶏およびこれらに類したものである。したがってこれを最も真理であると考えねばならない。㈨動物のように群れ、最も勇敢なもの、最も力のある者に従う人間の生活もはじめはこのようなものであったにちがいない。ここでは支配の基準は力であり、名は専制と言えるだろう。

㈩人間の間で家族のつながり、社会関係という理念が起こるとすぐに独裁という考えも生まれた。そのときに善、正義という概念およびその反対の概念が人間に生まれる。[7]

六　これらの概念の始まりと発生の方法は以下のように考えることができる。㈡性の交際は[8]人間の本能であり、その結果は子供の誕生である。育て上げた子供の一人が成年に達して、養ってくれた人たちに対して感謝を知らず、またその人たちを守ることも知らず、逆に言葉と行為で不正を行ったとする。㈢その場合、両親と親しくそして自分の子供に心を注ぎ、養うのに払った注意と苦労を目撃した人々を怒らせ、感情を害するだろうことは明らかである。㈣すなわち人間は唯一、理性と思慮をもっているという点でほかの動物と異なっているので、態度のこのような不一致がほかの動物の場合のようにかれらの観察を逃れられないことは明らかである。[9]㈤かれらはこのことに気付き、起ったことに腹を立て、そこから生ずる結果を見て、他人も同じ目にあうのではないかと考える。㈥さらにある人が他から協力と援助を得たが、助けてくれた人に感謝せず、その人に損害を与えようとした場合、それを知った人は誰

4　キケロー『国家について』第一巻三九、プラトーン『プロタゴラス』三二二A―Bを参照。
5　キケロー『国家について』第二巻四、リーウィウス第一巻四、九を参照。
6　動物との比較で強者の支配を正当化することは五世紀のソフィストに遡る、とくにトラシュマコス（プラトーン『ゴルギアス』四八三D）。後代のホッブス、ルソーらによる「社会契約説」。

7　キケロー『善と悪の究極について』第三巻二一を参照。
8　キケロー『国家について』第一巻三八を参照。
9　キケロー『義務について』第一巻一一―一二を参照。

もが当然不快を感じ、憤り、隣人と一緒になって腹を立て、自分が同じ目にあうことを恐れるに違いない。㈦そのことから各人に義務の概念およびその意味の表象が生じる。これが正義の初めと終りである。㈧同様に危険にあって誰かがほかの誰よりも先に防ぎ、最も強い動物の攻撃に耐えて留まるとき、[1]このような人が人々から好意的な評価また守り手としての称賛をえることは当然であり、かれと反対のことをする人は非難と嫌悪の的となることも当然である。㈨このようにして人々の間で善と悪および両者の中間の概念が生ずる。高貴な振舞いは、それが有利だから、称賛され摸倣される。劣悪は回避される。(一〇)さて指導者、すなわちつねに最大の力をもっている人がそのほかの全員の判断と一致してこうした事柄に尽力するとき、そしてかれが支配下にあるそれぞれの者にふさわしいものを配分しているとみなされるとき、(一一)支配されている人々はかれの力を恐れず、かれの決定に大部分満足してそれに従い、かれがまったく高齢であってもかれの支配を維持するのに協力する。心をひとつにしてかれを防禦し、かれの支配を覆そうと共謀する人々にたいして戦う。(一二)このようにして理性が勇気と力を支配権から追い払ったとき、かれは気づかれないうちに独裁者から王になっている。

七　このようにして人間の間で自然に善と正義の最初の概念およびそれと反対の概念が生じる。これが真の王の身分の初めと起源である。㈡人々は支配権をかれら自身にたいしてのみならず、このような人々から生まれ、育てられた人も同じ信念を持っていると確信して、かれらの子孫にもそれを委ねる。㈢しかし一度その子孫にたいして不満になると王と支配者をもはや肉体的な力と勇気に基づいて選ばず、洞察力と聡明さに基づいて選ぶ。それはこれらの特性が決定的に重要であることの実際的な経験からである。㈣昔は、一度選ばれ、絶対的権力を得た者は老齢になるまでそれを保持しつづけた。争っている場所の防備を固め、城壁を築き、[2]土地をさらに新たに獲得した。[3]前者は安全のためであり、後者は臣下たちに必用なだけをじゅうぶんに与えるためである。㈤こうした目的を追求している間は、中傷と妬みから免れていた。なぜなら衣服の点でも、食べ物、飲み物の点でも人々と相違せず、民衆から離れず、ほ

1　初期社会の特徴としての野獣に対する防禦というテーマはプラトーン『プロータゴラス』三二二B、『法律』第三巻六八一に現れている。

2　プラトーン『プロータゴラス』三二二B。

3　アリストテレース『政治学』第三巻一四、一二八五b7

かの人々と同じ生活をしていたからである。㈥しかしかれらが支配権を継承と家系によって受け取り、安全にかかわることはすでに準備されており、食物にかかわることはじゅうぶん以上に用意されているようになると、㈦過剰のために欲望に屈し、支配者は家来とは異なる、より上等の衣服を身につけねばならない、他人とは異なる厳選された、より洗練されて準備された食事を享楽のために取らねばならない、さらには快楽に耽るために禁止されていることも許されていると考えた。㈧これは妬みと憤激を呼び起こし、怒り、憎しみ、敵意を燃え立たせた。王政が専制政治になると、転覆の芽が生じ、支配者にたいする謀反が形成された。㈨これは、身分の低い人々によってではなく、最も高貴で、最も志操高邁、かつ最も勇敢な人々によって担われることになった。なぜならかれらが支配者の傲慢、不法行為に最も耐えられなかったからである。

八　人々は指導者を得るや否や、上述の理由で支配権力に対してかれらと結びついた。王政と独裁制は完全に廃止され、貴族政治がふたたび復活し、新たに出発しはじめた。㈡独裁者を転覆させた人々に感謝するために人々はかれらを指導者にして、自分たちの事をかれらの手にゆだねた。㈢かれらは最初は任された職務に満足し、共同体の幸福以外に関心をもたず、国民の私的、公的問題に細かな配慮をし、かつ良心的に導いた。㈣しかし子供たちが父からこの権力を受け継いだとき、かれらは不幸は経験しておらず、一口に言って市民の平等と言論の自由はまったく未経験であり、最初から父の権力の中で育てられた。㈤そこである者は不正な方法で私腹を肥やし、貪欲へと堕落し、またある者は飲酒と絶えない宴会に溺れ、またある者は婦人の強姦、子供の強奪へと走った。そしてこのようにして貴族制は寡頭制へと変容した。[4]㈥このことは人々の間で上述のことと似た感情を惹き起した。㈦その結果、最後は僭主制と同様に転覆させられた。

九[5]　すなわち市民の間に指導者にたいする妬みと憎しみがあるのを見たある人が言葉と行動でかれらに立ち向かおうという勇気を得た場合、かれは全民衆を自分の支援者として用意しているのである。㈡支配者を暗殺や追放によって追い払う。しかし王を国家の先頭に置くことはあえてしない。以前の不正を恐れるからである。また多数に共同体をゆだねる勇気もない、無知による過ちが眼前にあるから

4　プラトーン『国家』第八巻五五一A、アリストテレース『政治学』一三一六a40以下、一三一四b二三

5　㈠—㈨民主制の制定と腐敗について。プラトーン『国家』第八巻五六二A以下を参照。

である。㈢唯一の希望が無傷で残っている。かれらはそれに頼る。かれらは政体を寡頭制から民主制に変え、公的問題にたいする配慮と責任を自分がひき受けた。㈣寡頭政治支配の弊害を体験したいく人かが生き残っているかぎり、現在の政体に満足し、平等と言論の自由に最大の価値を置く。㈤しかし新しい世代が起こり、民主制が孫の手に渡ると、永い慣れが平等と自由に対する価値を弱め、ある者は普通の市民よりも力があることを目指しはじめる。とくにこの過ちに陥るのは裕福な人たちである。㈥かれらが権力を渇望しはじめ、自分自身によって、あるいは自分の資質でそれを達成できないとき、民衆を餌で誘い、あらゆる方法で腐敗させながら、財産を蕩尽する。㈦かれらが名声への愚かな渇望によって民衆の間に贈物への欲望とそれを受け取る習慣を作り上げたとき、民主制はすでに廃止され、力と暴力の支配へと変わっている。㈧すなわち、他人の費用で食事をし、生計を他人の財産に依存している人々は、傲慢で恥知らずの男そして、貧困ゆえに市民生活の中での名誉から除外されている人を指導者として見出せばよい[1]。その時には暴力の支配は完成されている。㈨かれらは徒党を組み、殺戮、追放、土地の再分配を行う[2]、野獣化された大衆が主人と独裁者をふたたび見いだすまでこれが果てしなく続く。

㈩これが政体の循環であり、それが交替し、消え失せ、出発点に戻ってくるのが自然によって定められたコースである㈡このことを明瞭に把握していれば政体についての未来を予測して、時はおそらく間違うだろうが、その判断が憤り、妬みによって曇らされていなければ、成長あるいは衰退のどの段階に達しているのか、そしてそれがちょうど到達しているどの形態にあるのか、その判断で間違うことはめったにないだろう。㈢まさにローマ人の国家の場合でもこの観察方法は発生、成長、発展の頂点を認識させるだろうし、同様に逆への変容も認識させるだろう。㈢というのもこの国家はすでに述べたように、ほかのどの国家よりも自然な形で形成され、成長しているので、㈣その逆へと自然な形で衰退し、変容するだろう。このことはこの後で述べることから考察することができる。

一〇　ここでリュクールゴスの立法について簡単に説明しておこう。それが現在のわれわれの目的からかけ離れたものではないからである。㈡リュクールゴスは上述の変化が必然的にそして自然に起ることをよく理解していた。そしてそれぞれの単純なひとつの原理に基づく政体の形態は

1　プラトーン『国家』第八巻五六五Cを参照。
2　プラトーン『国家』第八巻五六五Eを参照。

不安定となる。なぜならそれはすぐに類縁のそれに必然的につづく退化へと変容するからであると考えた。[3]㈢すなわち鉄にとって錆が、木にとって木食虫が自然の毀損であり、たとえ外からの破壊的影響を免れたとしても、それらによって内部で発生する悪疾の犠牲になるように、[4]㈣同様に政体のそれぞれに自然に、ある特定の退化が同時に生み出され、同伴し、その欠陥から逃れることはできないのである。㈤貴族制には寡頭制が、民主制には暴力の残忍な支配が。そしてこの各々は今述べた論理に基づいて、時の経つうちにこの堕落した形態へと変容しないことは不可能である。㈥リュクールゴスはこれを予見していたので、[5]単純な一種類の政体を組織するのではなく、政体の最も良いすべての独自の長所を統合したのである。㈦成長したもののどれもが過度に同類の退化へ転ずるのではなく、各々の力がたがいに反対方向へ引っ張られ、それらのどれかひとつが他よりも優るということはない。それらは天秤におけるように釣り合いを保ったままである。その結果衝突する力はたがいに相殺され、国家は長い間維持されることになる。[6]

3　キケロー『国家について』第一巻四四を参照。
4　プラトーン『国家』第一〇巻六〇八E以下を参照。
5　キケロー『国家について』第一巻四五を参照。

㈧王政は同様に国家の統治に関与するじゅうぶんな権利を譲り渡されている民衆を恐れて傲慢に振舞うことを阻止される。[7]㈨さらに民衆は長老を恐れて王を軽視する勇気をもたない。長老は最善の人として注意深く選び出され、つねに正義の側に立つという保証をあたえる。㈩その結果ある党派が道徳と正義に固執するために負けそうな危険に陥った場合に長老がその派の側に立ち、それが有利になるように全力を投入することによって、その派は優位を保ち、意見を貫徹することになる。㈡それゆえ、このようにして組織された政体によってわれわれが知っているうちで最も長期間にわたってラケダイモーン人のために自由が守られたのである。㈢つまりリュクールゴスはそれぞれがなぜ、そしていかにして起るのが自然であるかをある理論で予見していて、いかなる損傷も生じないように前記の政体を組織したのである。㈢ローマ人はその国家組織において同じ目標に到達していた。だがそれは理論的洞察によってではな

6　ポリュビオスはアリストテレースのように、混合と力の均衡の間に区別をしていない。後者はあきらかに混合政体を称賛している。『政治学』第六巻第一二章、一二九七a6、第七巻第七章一三〇七a5、第七巻三章一三〇二b33、第七巻第四章一三〇a38。
7　アリストテレース『政治学』第七巻第八章a25を参照。

く、多くの戦いと実践によってであった。かれらはそれぞれの失敗から教えをひき出し、より良いものを選び、そしてリュクールゴスと同じ目標に到達したのだった。そしてかれらは今日最良の政体を所有している。

V　初期のローマ人の政体について

一一　クセルクセスがギリシアに渡ってから[1]……この期の後三十年間、この時代から個々の段階を厳密に吟味してみるならば、ローマ人の政体はすでにハンニバル戦争の時には最良で完全な形態に到達していたのである。そして私はこの補説を入れるためにその叙述を中断しているのである。㈡それゆえその成立についての説明をした後で、ローマ人がカンナエでの敗北によって奈落の縁にあったとき、その政体はどうであったかを明らかにしてみよう。㈢われわれはいくつかの出来事は無視するので、ローマ共和国の中で生まれ育った人々にとってわれわれの説明が不完全なように見えることを私は知らないわけではない。㈣すなわちかれらはローマ人の習慣、慣習的制度に慣れ親しんでおり、自分の経験からすべてを知っているので、報告されたことには驚かず、触れずにおいた事柄を探し求めるであろう。㈤そして些細な、特殊な事柄を著者が意図的に触れずにいるとは思わず、無知であるためにその起源、主要な事柄のいくつかの点にかんして黙っているのだと考えるだろう。㈥かれらは述べられた事柄を些細なこと、付け足しにすぎないものとして驚嘆せず、省略された事柄を必須なものとして探しもとめ、自分たちの方が著者よりも多くのことを知っていると思われたいのである。㈦すぐれた批評家は省略されている事柄によって著者を評価すべきではなく、かれらが述べている事柄によって評価すべきである。㈧もしその中に嘘を見つけたら、それを無知ゆえに触れずにおいたと受け取ってよい。しかし述べられていることがすべて正しければ、あることが触れずにおかれているのは判断によるのであって、無知によるのでないことを承認すべきである。

㈨この意見は、正しさという観点よりも揚げ足をとろう

1　前四八〇年

という姿勢で著者を非難する人たちに向けられたものである。㈩すべての事柄は適切な機会に観察されたとき、肯定的判断も否定的判断も妥当である。しかしその機会を逃し、事柄が変化した状況の視点で判断されたならば、歴史家の最も適切でかつ真の意見はしばしば受け入れられないだけでなく、耐えられないように思われる。

㈡すでに述べたようにローマにおいては三つの政体が国の統治に参加している。すべては部分ごとに公平にかつ適切に組織され、管理されているので、自国の誰一人として全体としての政体が貴族制であるのか、民主制あるいは独裁制的であるのかを確信をもって言えないほどである。[2]㈢そうなるのが当然である。すなわち執政官たちの絶対的権力に視線を向ければ独裁制的でかつ王政のように見え、[3]元老院に視線を向ければ貴族制のように見えるからである。そして民衆の権限を見ると明らかに民主制のように思われる。㈢この三つの要素のそれぞれが決定する影響力をもつ領域は少数の例外を除いて以下の通りである。

一二　執政官たちは軍隊をひきいて遠征に出る前に、[4]ローマに滞在しているときは国家のすべての問題の決定を行う。[5]㈡護民官を例外としてほかのすべての行政長官はその下に置かれ、従順を義務づけられる。外国の使節を元老院へ導くのはかれらである。㈢これ以外にかれらは緊急の問題について元老院に助言を求め、法令の条項を細部にわたって実行する。㈣民衆によって処理されるすべての国家的事業にかんして、かれらはその責任を負い、民会を召集し、法案を提出し、民衆の決定の実行を統括する義務をもつ。㈤かれらは戦争のための準備、作戦の遂行全般にわたってはほとんど絶対的な権限をもっている。[6]㈥すなわち同盟国に決定したことを命ずること、軍団司令官を任命すること、兵士を兵役簿に登録すること、[7]仕事の最適任者を選ぶこと、[8]これがかれらの権限である。㈦さらに戦場で部

2　アリストテレース『政治学』第四巻第九章一二九四b13以下を参照。

3　キケロー『国家について』第二巻五六を参照。

4　これは軍隊を訓練することを意味し、執政官官職の年に入った後短期間軍務のためにローマを離れるのが習慣であった。

5　四四三年以降は法務官が行った裁判権および、四四三年以降は監察官が行った貢税の査定を含んだ財政以外は正しい。

6　各軍団には六人の軍団司令官がいて、四つのローマ軍団には二四人の軍団司令官がオリュンピアー期、同族議会tribuni militum Rufuliで選ばれた（リーウィウス二七巻三六、一四）。残りの軍団の司令官は執政官によって任命された（リーウィウス第七巻五、九）。

7　一九、㈤を参照。

8　その方法については二〇、㈠―㈦を参照。

下のうち自分が望む者を罰する権限が与えられている。[1] ㈧かれらは自分たちが申し出た総額を国庫から出費する権限をもつ。そして財務官が同行し、命じられたことをすべて躊躇せずに実行する。㈨その結果この部分をみるとき、政体は独裁制であり、かつ王政であると言うことができる。㈩これらの点であるいはこれから述べようとする点において現在あるいは未来において何か変化をこうむったとしてもわれわれによって述べられた主張にそれは何の影響もあたえない。

一三　元老院はまず財政権をもつ。[2] すなわちすべての歳入と歳出を意のままにする。㈡というのも財務官たちは個々のいかなる要求にたいしても元老院の決定がなければ執政官へのそれは別として、いかなる支出もできないからである。㈢監察官《ケンソル》が五年に一度行う公共建築物の修理と建設[3]のために必要とするはるかに多額で重要な支出の決定も元老院が行う。この目的のために元老院は監察官に認可をあたえる。㈣同様にイタリアで犯された犯罪で国家の調査を必要とするもの、たとえば裏切り、謀反、[4]毒殺、暗殺などは元老院の司法権の範囲の下にある。[5] ㈤これに加えてイ

1　執政官の権限は最初の里程標からローマの聖域pomeriumの間で市民の控訴権から免れていた。

2　国庫、なかんずく歳入と歳出の管理は元老院の権限の内にあった。前者は一六七年の廃止（キケロ『義務について』第二巻七六を参照）までの税の賦課、ならびに州からの収入、属領の税の批准においてそれぞれのケースで元老院が決定した基礎を含む。それに加えて国有地、その占有と譲渡、受理された、あるいは拒否された進物、国家への遺贈を管理した。キケロ『ヴァティニウム』三六を参照。

3　一七、㈡を参照。さらにリーウィウス第一四巻一五、九、キケロー『家族に宛てての手紙』第一三巻二、一、を参照

4　イタリア連合は名義上であって、実際は独立国家であった。そして元老院が介入する権限は外国の事変におけるその役割から起こった。ポリュビオスが述べている最初の二つの違反は裏切りと謀反である。ここで元老院の介入する要求は連合を安全にする義務から生じた。そして自分自身の司法権は持っておらず、ふつうは行政長官を指導することによって行われた。第二次ポエニ戦争の間に起こった多くのケースは都市の破壊、指導者の追放である。「裏切り」のケースはたとえばカンパニア、エトルリア、タレントゥム、ロクリス、ブルッティウムである。革命を起こす陰謀の嫌疑のある人々の逮捕と追放。その後での人質の強制取り立てのケースはタレントゥム、トゥリ、アッレンティウムである。不忠誠の疑いが単にあるだけの場合は、公使の召喚、公的な非難の表明といった穏やかな行政指導によって扱われたようである。ハンニバル戦争および後のさまざまな事件についてはリウィウス第二七巻三八、三―五、第二九巻一五、一―一五。第三六巻三、四―六を参照。

タリアの中で個人あるいは都市が和解、非難、援助あるいは保護を必要としたとき、元老院はこれらすべてに配慮をする。[6] ㈥イタリアの外の国家に使節を送らねばならないとき[7]、すなわち和平を交渉し、あるいは何かを要求したり、あるときは命令を課し、あるときは降伏を受け入れあるいは戦争を布告するとき[8]、その配慮をするのは元老院である。

5　一般に公的な安全は地方の責任だった。しかし犯罪が広範囲な反動を惹き起すように思われたとき、とくにローマの司法権の管区内で極度の測定がひつようだと判明したとき、ローマは連合に彼ら自身の行政長官を通して類似の行動をとるように要求した。ポリュビオスの述べる毒殺と暗殺はこの文脈の中にある。リウィウス第三九巻三八、三・四一、五。第四〇巻三七、四―七・四三、二・四四、六。四五巻一六、四。

6　ピサとルナの和解に関してはリウィウス第四五一三、一〇―一一。ゲヌアの城壁に関しては同書第三〇巻一、一〇。プランケティアとクレモナのそれに関しては同書第三四巻二二、三。アプリアにおけるいなごの天災において執政官シキニウスの派遣に関しては同書四二巻一〇、八。第二次ポエニ戦争期間中のノラ、ナポリ、プラケンティア、クレモナの要求に応じての守備隊の派遣に関しては同書第二三巻一四、一〇・一五、二。第二八巻一一、一〇―一一。一七一年のアクイレイアに関しては同書第四三巻一、五―六を参照。

7　第二次ポエニ戦争以降は使節を送ることは元老院決議で認可された。リーウィウス第二九巻二〇、四を参照。

㈦同様にローマに来た使節のそれぞれをどのように扱わねばならないか、どのように返答しなければならないかは元老院によって処理される。民衆はこれらのことにかんしてはいかなる発言権もない。㈧したがって執政官の不在中にある人がたまたまローマに滞在していたら政体はまったく貴族制のように見えるだろう。㈨ギリシア人たち、ヘレニズム諸国の王の多くはそう信じている。[9] なぜなら自分たちの案件のほとんどすべてを元老院が決定するからである。

一四　このことから当然政体においてどの部分が民衆に残されているだろうかと質問したくなるであろう。㈡というのも元老院は上述のすべての事柄において権限があり、

8　戦争布告以外の使節の任務はすべて二世紀の実践で説明できる。リーウィウス第三九巻二四、一三以下では一八五年の会議に触れ、三人のローマの使節がマケドニアのフィリッポス五世とテッサリアのある都市間の論争を解決する。ポリュビオス第二二巻一〇、二ではクィウティウス・カエキリウス・メテルスがスパルタ人に対する政策を正すようにアカイア同盟に勧める。第二九巻二七、一はペルシウムにおいてのアンティオコスに対するカイウス・ポピリウス・ラエナスの有名な最後通牒。一三三年にはアジアの遺贈された王国を接収するために五人の使節を送った（ストラボン『世界地誌』第一四巻六四六）。

9　すなわち、ローマとギリシアの諸都市およびギリシア人の王たちの間の関係がはじめて重要になった二世紀において。

中でも最大の権限は歳入と歳出を自由に処理できることである。[1]さらに執政官は戦争のための準備と戦争の遂行それ自体において無制限の絶対的権力をもつからである。[2]㈢しかしながら民衆にも割り当て分が残されている。しかもそれは非常に重要なことである。㈣すなわち名誉を授与し、刑罰を課す権利はただ民衆だけが持っているのである。[3]それは王国と国家、一言で言えば人間の社会一般が結びつけられる絆である。㈤すなわちこのふたつの間の差異が見落とされ、あるいは看取されても悪く適用されるところではどんな事柄も適切に処理されえないからである。善人も悪人も同じ評価がなされるとき、このことはどうして可能だろうか。㈥不正の刑罰が妥当か否かもめたとき、争いに決着をつけるのはしばしば民衆である。とくに最高位の官職に就いている者の場合にそうである。[4]民衆だけが死刑の宣告をする。㈦この点でかれらは称賛に値する注目すべき慣例をもっている。すなわち死刑の判決を下された人に、その評決を下す部族のうちのひとつが未だ投票せずに残っていたとしても、自由意志で自分に追放[5]を課すことによって公然と去ることがかれらの間の慣例によって許されているのである。㈧追放者にとっての安全はネアーポリス、プラエネステ、ティブルそのほかの同盟都市にある。[6]㈨受けるべき価値のある人々に官職を授けるのも民衆である。これは国家における徳の最も高貴な報酬である。㈩民衆はさらに法律の承認あるいは否決を決定する。そして最も重要なことは民衆が戦争と和平について審議することである。㈡さらに同盟条約、平和条約あるいはそのほかの盟約においてこれらすべてを批准しあるいは逆の決定をおこなうのは民衆である。[7]㈢その結果これらのことから民衆の役割は最大であり、政体は民主制であると当然言うことができる。

一五　政治的力が国家の異なる部分の間でどのような方

1　一三、㈠—㈡を参照。
2　一二、㈤を参照
3　この重要性についてはプラトーン『法律』第三巻六九七（A）—（B）を参照。
4　ポリュビオスはとくに護民官に触れていないが、行政長官排除の民衆の遂行者としての役割をそれに考えている。
5　キケロー『カエキナ弁護』一〇〇、リーウィウス第四二巻一六、一五、リーウィウス第二五巻四、九を参照。
6　リーウィウス第二巻一、一〇、第三巻二九、六・五八、一〇、第五巻四三、六、第四三巻二、一〇を参照。ヌケリアについてはキケロ『弁論について』第一巻一七七。
7　リーウィウス第三二巻二三、二、第三七巻一九、二、キケロ『バルボのための弁論』三五。

法で配分されているかを述べたので、三つの部分の各々がどのようにして、もし望むなら反対の行動をし、あるいは協力する権限を与えられているかを説明しておこう。㈡すなわち執政官は前述の権力を授けられて、[8]軍隊をひきいて出発するとき、かれは計画を遂行するために全権をもっているように思われる。㈢しかし実際は民衆と元老院の支持を要求し、かれらの支持なしでは作戦を結末に導くのにじゅうぶんではないのである。㈣軍隊につねに供給品を送り届けねばならないことは明らかである。そして元老院の決定無しでは糧食も衣服も給料も陣営に供給できない。㈤すなわち元老院がそれを挫折させよう、あるいは怠業で妨害しようとするとき、指導者たちの計画は実行できないことになる。[9]㈥司令官の計画と目標が達成されるか否かは元老院にかかっている。一年の任期が経過したとき、別の司令官を後継者として送るか、今の司令官をそのまま留めるかの決定権は元老院がもっている。[10]㈦司令官の成功を賛美し、祝うか、逆にそれを貶め、成功を曇らせるかの決定権は元老院がもっている。㈧すなわち凱旋行進―かれらの間でそう呼ばれている―によって司令官たちは自分たちの行為の誉れを市民たちの眼前に明瞭に提示するのだが、これはもし元老院が承諾しなければ、そしてそのための資金を承認しなければ威厳ある方法でおこなえないし、また時にはそもそも実行できないのである。[11]㈨また民衆の意を得ることもかれらにとっては非常に重要だったのである。たとえ故郷からまったく遠くに離れていたにしても。和平および条約を無効なもの、有効なものとするのはすでに述べたように民衆だったからである。㈩最も重要なことは執政官職を辞する者は民衆に対して行ったことの理由を説明しなければならないことである。[1]㈡その結果、どの点からみて

8　一二㈤以下を参照。

9　リーウィウス第四四巻一六㈠―㈣で執政官Q・マルキウスは兵士の衣服とヌミディアの馬を元老院に要求する。

10　記録されている最初の例は、ネアーポリスの攻撃における三二七年の執政官q・プブリウスの命令権の延長である。リーウィウス第八巻二三、一一―一二。リーウィウス第九巻四二、四ではその延長は元老院によって決議され、第一〇巻二二、九では元老院と民会によって決議されている。

11　凱旋行進を行う権利は元来は元老院ではなく、将軍自身の権限からのものであった。L・ポストゥミニウスは二九四年に元老院に逆らってカピトリウムで凱旋行進を行った。リーウィウス第一〇巻三七、一一―一二。二三一年後はアルバの丘で凱旋行進を元老院によって拒否された将軍の慣例となった。リーウィウス第三三巻二三、三、第四二巻二一、七を参照。

も執政官にとって元老院をも民衆をも軽視することは安全ではないのである。

一六　さらにこれほど大きな力をもっている元老院はまず公的な事柄では民衆の声に注意を払い、人々の望みを尊重することを義務づけられている。㈡国政にたいする最も由々しく、重大な攻撃への調査、これは死罪をも伴うのであるが、そしてかれらの矯正にかんしては元老院の決定は民衆によって批准されなければ実行することはできない。[2]㈢元老院へ直接影響を与える問題の場合も同様である。もし誰かがある法案を提出するとき、すなわち、元老院から習慣で認められていた権利を奪おうとする法案、たとえばかれらの前列の席やほかの特権を廃止したり、それどころかかれらの個人的財産をさえ奪おうとする法案を提出する場合、この提案を承認するか拒否するかの力をもっているのは民衆である。[3]㈣最も重要なことは、護民官の一人が拒否権を行使すると、[4]元老院はいかなることについても最終決定をすることができず、会議を開催したり、集ることすらできないのである。㈤護民官は民衆が望んでいることを行い、国民の望みを尊重するよう義務づけられている。それゆえにこれらすべての理由で元老院は民衆を恐れ、民衆に心を向けるのである。

一七　同様にふたたび民衆は元老院のお歴々に恩義で縛られている。そして公的、私的の両面でその議員を尊重しなければならない。㈡全イタリアを通じて公共建築物の建築と修理のために、数えあげることが容易でないほど膨大な量の契約が監察官によって与えられる。多くの河、港湾、庭園、鉱山、私有地、一言でいうとローマ人の支配の管轄

1　公金乱用に対するこのような追求の最初の例はM・アキリウス・グラブリオのそれである（一八九年）。リーウィウス第三七巻五七、一二を参照。

2　共和制中期においては国家への緊急の脅威を含む状況によって発展された手続きは元老院によって権威付けられ、執政官あるいは護民官を座長とする特別委員会を設置することによってとり扱われ、これは控訴を免れていた。リーウィウス第四二巻二一―二二（前一七二年）、キケロー『フィニブス　ボンケルムとマロルムについて』第二巻五四（前一四一年）を参照。

3　ハンニバル戦争の初期とティトゥス・グラックスの執政官官職の間においては元老院に対して向けられた民衆の法律制定の痕跡はない。第二巻二一㈦―㈧の見解では、ポリュビオスはガイウス・フラミニヌスのことを考えていることは明らかであり、彼のガリア人の田畑の分配に関する二三二年の法律は元老院の権威に挑戦するものだった。

4　このような異議の可能性は決議の際にしばしば観察された。キケロ『縁者・友人宛書簡集第八巻八・六を参照。

に入るかぎりのものに関してである。[5] ㈢これらすべてが民衆によってとり扱われることになるのであり、言わばすべての人が請負い契約に、これから生じる仕事にかかわりあうことになるのである。㈣すなわちある者は自らが監察官からの請負い契約の買い手であり、ある者はかれらとの協力者であり、またある者は購入した者の保証人となり、またある者は自分の財産から国庫への支払いをおこなう。㈤これらすべてについて決定するのは元老院である。すなわち元老院は支払い猶予を承認することができ、不幸があったときには軽減することができる。またまったく不可能だと判明した場合にはその事業から解放することができる。[6] ㈥このようにして元老院は公共財産をとり扱う人々に利益をあたえあるいは損害をあたえることができる多くの手段

5　ハンニバル戦争中は建設は最少に削減された、それに続く数十年間にさまざまな検閲官職において契約された仕事をリウィウスは記録している。第三二巻七・三、第三四巻四四・五、第三九巻四四・五―七、第四〇巻五一・二―七、第四一巻二七・五―一二、第四四巻一六・一〇。

6　リーウィウス第三九巻四四・八、プルータルコス『マルクス・カトー』一九、『ティトゥス・フラミニヌス』一九は契約を破棄するよう監察官に指示するよう元老院が誘導されるカトーの件（前一八四年）を記録している。

をもっている。すなわちこれらすべてについての決定権は元老院にあるからである。[7] ㈦最も重要なことは公的なことであれ、私的なことであれ、重大な事柄が問題となっているほとんどすべての訴訟では裁判官が元老院から選ばれることである。[8] ㈧その結果すべての市民はかれらの庇護を確保するために元老院に縛られ、訴訟結果の不確実を恐れて、元老院の意図に異論をとなえたり、反対することに用心する。㈨同様に市民は執政官の計画に反対することを好まない、なぜなら戦場では私的にも、公的にもかれの絶対権力の下に入るからである。[9]

一八　三つの部分のそれぞれは互いを傷つけまた協力するのにこのような力をもっているのだが、あらゆる危機的状況にあっては団結して働き、これ以上すぐれた政体の形態[10]を見いだすことは不可能なほどである。㈡すなわち、外からの共通の危機が心をひとつにしてたがいに協力するこ

7　リーウィウス第四三巻一六・六―七は議会が契約のことで介入した件を報告している。

8　リーウィウス第四三巻二・三は職務上の不当取得を調べるために元老院から五人の裁判官を選ばれた事件を報告している

9　一一・㈦を参照。

10　四三・五、四七・一、五一・五を参照。

とを強いるとき、この政体の力は非常に大きなものとなり、㈢必要なことは何ひとつなおざりにされることはない。すなわち不幸を防ぐ手段を案出することに皆が競い合うからである。さらにある決議の実行に遅れることもない。公的にも私的にも意図したことの完遂のためにそれぞれが協力するからである。㈣それゆえに、この国家はその政体の独自性のおかげで無敵であり、企てたことをすべて達成する。㈤しかも〔外敵による〕危機からふたたび解放され、勝利からもたらされる幸福と有り余るものの中で時を過ごしているとき、幸福を享受しつつ、過度に媚びへつらい、閑暇を楽しみながら、そうなりがちである放縦と傲慢へと転じがちなものだが、[1]㈥その時に、用意されていた〔三権分立の〕政体がそれに対する治療であることが特によく看取される。㈦すなわち、ある部分がほかとの釣り合いを失って大きくなり、主権を目指して優勢になりすぎる傾向になると、上述の理由で三つのうちのどれもが絶対的なものではなく、ひとつの政体の目的は他の政体によって対抗され、かつ邪魔されるので、それらのうちのどれも過度に他より大きくならないし、あるいは他を侮って扱うことはしないのである。㈧すなわち、すべては現状に留まるのである。あるものはその衝動を阻止され、あるものは最初から他からの注目を恐れて。㈨独裁官《ディクタートル》は執政官とは次の点で異なっている。すなわち、それぞれの執政官には十二人の戦斧がつき従うが、独裁官には二十四人の戦斧《リークトル》がつき従う。執政官は計画を遂行するために多くの点で元老院の協力を必要とするが、独裁官は専制的な絶対権をもった司令官であり、それが任命されると、ただちに政府のほかの権力は護民官を例外として休止するということになる。しかしこのことについては別の箇所でより精確により詳細にとり扱うことにしよう。[2]

1　ペルセウスに勝利した後の状況にかんしては第三一巻二五・三以下を参照。

2　第三巻八七㈦、㈧、㈨と同じ。

Ⅵ　ローマ人の軍隊について

一九　執政官が選ばれると、つぎに軍団司令官が任命される。[3]十四人は五年間戦場にいた者の中から、十人は十年間兵役に就いていた者の中から選ばれる。㈡その他の兵士にかんしては、騎兵は四十六歳になるまでに十年間[4]、歩兵は十六年間義務として軍務に就かねばならない。㈢所得が四百ドラクマ[5]以下の人は例外である。かれらは皆海軍の役務に回される。緊急の状況の場合には歩兵は二十年間兵役に就かねばならない。㈣十年の兵役を終えていなければ誰も官職に就くことはできない。㈤執政官が召集を行おうとするならば、民会でその日を公言し[6]、その日には兵役に耐えるすべてのローマ人は出頭しなければならない。㈥このことは毎年行われる。その日がきて、兵役適齢期の者たちがローマに到着し、㈦カピトリウムの丘に集ると、若い新参の軍団司令官たちは、民会あるいは執政官たちによって命じられた指令に従って、四つのグループに分かれる。軍隊を四つの軍団に分けることが主要なそして最初の分割だからである。㈧最初に任命された四人の軍団司令官は第一軍団に割り当てられる。つぎの三人は第二軍団に、つぎの四人は第三軍団に最後の三人は第四軍団に割り当てられる。㈨古参の軍団司令官のうち最初の二人は第一軍団に、つぎの三人は第二軍団に、つぎの二人は第三軍団に、最後の三人は第四軍団に割り当てられる。

二〇　軍団司令官の分割と割り当てが、すべての軍団が同じ数の指揮官を持つように行われた後、㈡かれらは軍団ごとに互いに離れて座り、部族を選ぶための籤を引き、籤が当たった部族をそのつど呼ぶ。㈢かれらは若者の中から年齢および体格の点でほぼ同じ者を四人なんとか選び出す。㈣かれらが連れてこられると、第一軍団の軍団司令官が選択を行い、つぎに第二軍団の、次に第三軍団の最後に第四

3　これらは四つの都市の二十四人の軍団司令官である。
4　この十年間は若い貴族が普通軍役に就く騎兵部隊の義務年限に一致する。
5　四百ドラクマ〔四千アース〕は第五階級に認められる最低の所得である。リーウィウス第一巻四三・七を参照。
6　執政官の召集についてはリーウィウス第二巻五五・一、第五巻一九・四、第七巻六・一二、第二六巻三五・二を参照。

軍団の軍団司令官が選択をおこなう。㈤ふたたび別の四人が連れてこられると、まず第二軍団の軍団司令官が選択を行う。そしてそのようにつづけてゆき、最後に第一軍団の軍団司令官が選択を行う。㈥その後ふたたび別の四人が連れてこられて、まず第三軍団の軍団司令官が選び、最後に第二軍団の軍団司令官が行う。㈦このようにして順番にそれぞれの軍団に最初の選択権を与えつづけることによって個々の軍団に割り当てられる兵士の質は、ほぼ同じとなる。㈧定められた人数が選び出されると、—これはある時はそれぞれの軍団ごとに歩兵四千二百人、ある時は、すなわち大きな戦争が迫っている時は五千人—[1]㈨次に騎兵が選ばれる。それは古い習慣では四千二百人の歩兵が選ばれた後に行われたが、今は先に行われ、財産の額に応じて監察官によってなされ、それぞれの軍団で三百人である。

二一　登録がこのような方法でとりおこなわれた後、その役目に定められた軍団司令官が軍団ごとに新兵を集める。㈡そして最適であると思われる一人を選び出して、上官に服従し、彼らによって命じられたことを力のおよぶかぎり実行することを誓わせる。㈢そして残りのすべての者たちも一人づつ前に出て、最初の人と同じようにすべてのことをおこなうと誓う。㈣同じ時に執政官たちはイタリアにおける自分たちが望む同盟都市の指揮官たちに出兵分担数および選ばれた者たちが出頭しなければならない時と場所を明らかにして同盟軍を組織するように命じる。㈤諸都市は前述したのとほぼ同じ方法で徴募と誓いを行い、指揮官と給料支払い者を任命して送ってくる。

㈥ローマの軍団司令官たちは宣誓させた後、それぞれの軍団に武器を持たずに出頭せねばならない日付と場所を伝えてその時は解散させる。㈦指定された日が来ると最も若くて最も貧しい人々を軽武装兵《ウェリテス》[2]を形成するために選び、それにつづく者を第一戦列《ハスタティ》の兵士に、壮年期の者を戦列《ペス》第二《プリンキ》の兵士に、皆のなかで最高齢者を第三戦列《トゥリアリ》の兵士に選ぶ。㈧これがそれぞれの軍団の四つのグループのローマ人の間での名称である。㈨かれらはこのような方法で分けられ、その結果第三戦列の兵士と呼ばれる古参兵の数は六百人、第二戦列の兵士は千二百人、第一戦列の兵士はこれと同じ人数で、最も若い人で構成される残りが軽武装兵となる。[3]㈩もし軍団が四千人以上で構成されるならば第三戦列の兵

1　第一巻一六㈡を参照。

2　ウェリテスが騎兵と共に戦闘を開始する。

士を除いて当然分割が行われる。その数はつねに同じである。

二二　最も若い兵士たちは剣《マカイラ》、槍《グロスフォス》、小円盾《パルマ》で武装するように命ぜられる。[4]㈡パルマは頑丈に作られており、敵の打撃に対して兵士を守るのにじゅうぶんな大きさである。それは円形で直径は三フィート（約九〇センチ）である。㈢かれらはまた前立てのない兜を被っている。ときおりそれを狼の毛皮あるいはそれに似た物で覆う。保護するためであると同時に自分たちの指揮官が自分たちを認識し、勇敢に戦っているか否かを判断する目印にしてもらうためである。㈣投げ槍の木の柄は大体二ペーキュス（約九〇センチ）であり、太さは指の幅である。穂先は指尺（約二九センチ）の長さがあり、非常に鋭く鍛造されている。そして

3　一軍団の兵数、四千二百人第二巻二四・㈢、第六巻三二・㈠、五千人と述べているのは第三巻一〇七・⑽、第六巻二〇・㈧、リーウィウス第二二巻三六・㈢、五千二百人としているのは第二巻二四・㈢、リーウィウス第四〇巻一・五、一八・五、三六・八、第四一巻九・二、第四二巻三一・二、第四三巻一二・一〇、第四四巻二一・一〇。第三次マケドニアー戦争の時代からは六千人（リーウィウス第四二巻三一・二、第四三巻一二・三、第四四巻二一・八）あるいは六千二百人（リーウィウス第二九巻二四・一四、第三五巻二・四）。

4　リーウィウス第三八巻二一・一三を参照。

先が尖っていて、最初の衝突で曲るようにこしらえてある。そこで敵はそれを投げ返すことができない。さもなければその槍は敵味方ともに投げ返して利用できることになっただろう。[5]

二三　第一戦列と呼ばれる年齢に基づく二番目の戦列には完全武装することが要求される。㈡ローマ人の完全武装はまず長盾《スクトゥム》である。その曲った表面の幅は二・五フィート、長さは四フィート、縁の厚さは掌の幅である。㈢それは雄牛の膠で貼り付けられた二枚の板でできており、まず上は亜麻布で、次に下は子牛の皮で覆われている。㈣その上と下の縁は鉄の縁枠によって強化されていて、それによって刀を振り下ろしたときの強打[6]と地面に置くときの摩耗から長盾が守られるのである。㈤前面には鉄の二枚貝状の突起がとり付けてあり、それによって石の激しいぶつかりや、長槍やそのほかの激しい矢玉の衝突が防がれるのである。㈥長盾以外にかれらは剣を帯び、それを右腿の周りにかけている。これをイベリア剣と呼んでいる。㈦刃先は突くのに適していて、さらに刀の両側は切るのに効果的である。というのも刃は非常に堅いからである。㈧これらに加えて

5　リーウィウス第三四巻五を参照。

6　第二巻三〇・八、第三巻一一四・三を参照。

二本の投げ槍を持ち、青銅の兜を被り、脛当てを付ける。(九)投げ槍のうち一本は太く、一本は細い。より頑丈な槍のうちあるものは丸く、直径は掌尺（約七・五センチ）であり、あるものは四角で掌尺の辺をもつ。細い槍は同じくらいの大きさの狩猟槍に似ていて、前述の太い槍とともに携える。(一〇)木の柄の長さはすべて約三腕尺（約一三五センチ）である。それぞれ釣り針の形に似た鉄の穂先がとり付けられており、柄の長さと同じである。(一一)これをつぎのようにとり付けて堅牢にしてある。すなわち柄の真ん中まで差し込み、たくさんの鋲で留め、使用したときに鉄の穂先が割れるまでは結び目が緩むことはない。穂先の厚さは、それが柄と取り付けてある個所では一・五指尺（二・七センチ）であるにもかかわらず、それをしっかり取り付けるのにこれほどの配慮をする。(一二)さらにかれらは深紅色あるいは黒の直立した一腕尺（約四五センチ）の長さの羽でできた円形の装飾品を頭に載せて身を飾る。(一三)それが兵士を二倍の背丈に見せ、ただ美しいだけでなく敵に恐ろしい印象を与える。(一四)普通の兵士は一スパン（約二九センチ）幅と長さの青銅の胸当てを身につける。それを胸の前につけ、心臓《ペクト》を守《ラレ》るものと呼ぶ。それでもって完全装備となる。(一五)一万ドラクマ以上の所得のある者[1]はその青銅の胸当ての代りに鎖状の鎧《ロリカ》を身につける。(一六)第二戦列の兵士と第三戦列の兵士の武装は第三戦列の兵士が投げ槍の代りに長槍を携帯することを除けば同じである。

二四　前述の年齢の階級のそれぞれから、最も若い階級を除き、功績に応じて十人の百人隊長《ケントゥリオ》を選び[2]、さらにつぎの十人を選ぶ。(二)かれらは皆百人隊長と呼ばれる。そのうちの筆頭に選ばれた者は作戦会議に加わる。かれらはさらに同数の副官《オプティオー》を選ぶ。(三)さらにこの年齢の階層は軽武装兵以外は百人隊長とともにそれぞれ十の中隊に分けられる。(四)軽武装兵は数の上で等しく各部隊に分けられる。(五)それぞれの部隊は、百人隊《オルド》、中隊《マニプルス》、分隊《シグヌム》と呼ばれる。(六)それぞれの中隊から最も勇敢な二人の兵士が軍旗手として選ばれる。(七)それぞれの中隊には二人の指揮官が置かれる[3]。それにはじゅうぶんな理由がある。すなわち指揮官が何をす

1　第一階級市民、リーウィウス第一巻四三・一の述べている一〇万アスに一致している。しかしプリーニウスの『博物誌』は一二万アスとしている。

2　普通、将校の任命は執政官の特権であった（リウィウス第四二巻三三・六、キケローPis. 88）にもかかわらず、ポリュビオスは百人隊長と曹長（二五・一）の任名を軍団司令官に副官の任命を百人隊長あるいは曹長に割り当てている。このことは執政官は法律上の力は持っていたが、実際は便宜上属官によって遂行されていたことを示唆する。

るか、あるいはかれに何が起るかわからないが、戦争では言い逃れや猶予は許されない。しかし中隊にはどんな場合でも指揮官が必要だからである。㈧二人の百人隊長が部署についているときには、一人が中隊の右翼を指揮し、もう一人が左翼の指揮をとる。二人がそろっていないときには、一人が全体を指揮する。㈨百人隊長に期待されるのは、普通の指揮官がそうであるように、大胆で向こう見ずであることではなく、しっかりしていて、沈着な精神の持ち主であることである。攻撃されていないのに襲いかかろうとしたり、戦いを先に開始する人ではなく、征圧され、圧迫されたときに持ちこたえ、持ち場で死ぬ覚悟ができている人であることがかれらに期待される。

二五　同様に騎兵も十の騎兵中隊に分けられ、それぞれから三人の曹長《デクリオ》が選ばれ、さらにかれら自身が三人の副官《オプティオー》を任命する。㈡最初に選ばれた曹長が騎兵中隊全体を指揮し、後の二人は曹長の階級をもち、三人全員がこの称号で呼ばれる。最初の曹長がいないときには二番目の曹長が指揮を執る。㈢騎兵の今の武装はギリシア人の騎兵とほぼ同じである。しかし昔は胴鎧[4]は着けずに、軽い下着を着て戦った。[5]㈣これは素早く、巧みに馬から降りたり、また飛び乗ったりすることを可能にしたが、身体が保護されていなかったので、戦いでは危険にさらされていた。㈤槍は［当初］ふたつの点で実用的でなかった。まず細く、折れやすく作られていたので、前に突き出して目標を定めることができず、槍の先が何かに向って激しく突き刺さる前に馬の動きそれ自身によって振動し、たいてい折れてしまったからである。㈥これに加えてそれは石突きを備えていず、それゆえ穂先で最初の一撃をおこない、これが折れてしまうと、それ以降はもう役に立たなかった。㈦長盾は牛皮でできていて、形は供儀のさいに祭壇の上に載せる臍《へそ》状の突起を付けた円形のケーキに似ている。㈧それはじゅうぶんには固くなかったので攻撃を防ぐための武器が実用に耐えぬことが証明されたので、すぐにギリシア式のそれに取り替えられた。㈨その場合、穂先での最初の突きは確実に遂行され、効果を発揮する。なぜなら槍は揺れず、安定していて、それを逆さにして下方の先がまず使用されるので、槍は危険な武器でありつづけるからである。㈩同じ

3　戦術上の最小単位は中隊だった。リーウィウス第二六巻五・一五、六・一、第四二巻三四を参照。

4　おそらく第一階級の市民（二三・一五）が着衣した鎖かたびらの胸当て

5　かれらは下帯だけを締めて危険を冒したのだった。

ことはギリシア人の盾にも当てはまる。それは頑丈で堅い構造なので防禦にも攻撃にも役に立つ。(一一)ローマ人はそれに気づくとすぐに摸倣した。ほかの民族についてもそうであるが、もしそれがすぐれているならば自分たちの習慣を変え、より良いものを得ようと熱望するところがローマ人の天晴れなところである。[1]

二六　軍団司令官たちは軍団をいったんこのように分割し、武器についての指示を与えると、その時は兵士たちを故郷へと解散させる。(二)執政官によって指示された場所に、皆たがいに集ると誓った日が来ると、(三)二人の執政官の各々は原則として自分の軍隊に別々に場所を指定する。すなわちそれぞれに同盟軍の半分とローマ人の軍団のふたつが与えられるからである。(四)新兵たちは皆間違いなくやって来る。誓いを立てた人には、不吉な鳥占いやまったく不可抗力な状況以外にはいかなる弁明も許されないからである。(五)同盟軍がローマ人と同じ場所に集るとかれらの組織と指令は執政官によって任命された士官がおこなう。かれは指揮官《プラフェクティ》と呼ばれ、人数は一二人である。[2](六)かれらはまず執政官のために集ったすべての同盟軍の中から実際の仕事に最も適した騎兵と歩兵を選び出す。かれらは精選部隊《エクストラオルディナリ》と呼ばれ、翻訳すると「選ばれた《エピレクトイ》」を意味する。(七)同盟軍の歩兵の数はローマ軍のそれとほぼ同じであり、騎兵の数は三倍である。(八)これらのうち騎兵の三分の一、歩兵の五分の一を精選部隊に割り当てる。[3](九)残りはふたつに分けられ、ひとつは右翼、もうひとつは左翼と呼ばれる。

(一〇)これらの準備が完了すると、軍団司令官はローマ軍と同盟軍を同時に受け取り、陣を張る。かれらには陣営についてのひとつの原則があり、それをいつでもどこにおいても用いる。(一一)それゆえにここで言葉での叙述が可能なかぎり、この軍隊の行軍中、陣を張っているとき、戦列についているときの配置の概念を読者に与えるよう試みることが適切であるように思われる。(一二)すなわちこのような事柄を理解するためにちょっとした骨折りをする気にならないほど誰がこんな高尚で素晴らしい作業をいやがるだろうか。というのも一度それを聞いておくと、実際に研究し、知る

1　ローマ人の他人の模倣については第一巻二〇・一五を参照。

2　praefecti socium同盟軍指揮官（三四・四、三七・八）で四軍団合わせて一二人、従って、各軍団に割当てられた同盟軍にとって三人。リーウィウス第三三巻三六・五を参照。

3　トゥレビア（第三巻七二・一一）での四軍団はローマ人の歩兵一万六千人、同盟軍の歩兵二万人で構成されていた。精選部隊は陣営（三一・二、四、六、八）と行軍（四〇・四、八）において自分自身の場所を持っていた。

価値のある事柄についての情報が与えられるからである。

二七　かれらはつぎのように陣営を設営する。陣営のための敷地が定められると、全体を見渡すのに最も適した場所が執政官のテント（本営《プラエトリウム》）のために選ばれる。㈡テントを張ろうとする場所に方形の軍旗[4]が立てられたあと、その周りに四角形の場所が測定される。その側面はすべて方形旗から一〇〇フィート（約三〇メートル）の間隔が置かれる[5]。その結果この場所の面積は四プレトロン（約三、四八〇平米）となる。㈢この四角の広場の一側面に沿って、水汲みと飼料徴発のために最も適した便宜をあたえるように思われる方向にローマの軍団は次のような方法で配置される。上述したように、㈣各々の軍団には六人の軍団司令官がいる。それぞれの執政官はふたつの軍団をもつので、それぞれの執政官の軍隊には十二人の軍団司令官がいることになる。㈤すべてのテントは一直線上に設置され、それは正方形の選ばれた側面に平行している。そこから五〇フィート（約一五メートル）離れたところに馬、ラバおよび軍団司令官の荷物のために使用される空間がある。㈥これらのテントは本営に背を向け、陣営の外側、すなわち今後それを前線と呼ぶつもりのある方向に向って張られる。㈦軍団司令官たちの間の互いの間隔は等しく、そしてテントの線がローマ軍団の陣営のすべての幅の上に延びるように測量される。

二八　さてこれらのテントの前面から一〇〇フィート（約三〇メートル）が測量され、この線を起点として軍団司令官のテントに平行した距離をおいて線が引かれ、つぎのようにことを処理しながら軍団の野営地を設営しはじめる。㈡この直線を二等分し、この二等分した点から開始してその線に垂直に両軍団のために、たがいに五〇フィート（約一五メートル）の間隔を保たせて場所を割り当てる。その結果垂直線が中間の空間を二等分することになる。㈢騎兵と歩兵のテントの設営はほぼ同じである。歩兵中隊と騎兵中隊によって占められる空間は正方形である。㈣これは通路に面していて、通路に対して一定の距離、すなわち一〇〇フィートが保たれている。原則として同盟軍の場合以外は等しくしようとする。㈤通常より大きな軍団を用いるときは、長さと深さは比例して大きくされる。

二九　騎兵の陣営は軍団司令官のテントの今述べた直線にたいしておよびそのテントの前の空間に対して斜めの路地のように設営される。㈡事実、陣営の中の通路は路地[1]を

4　本営の中心を示すもので白色であった（四一・七）。

5　この正方形の囲い地は都市の中心で開始された聖域を想起させる。

形成し、それに沿って両側に歩兵中隊あるいは騎兵中隊のテントが連なる。㈢そして騎兵のテントの後ろに第三戦列の兵士のテントが置かれる。それぞれの騎兵中隊のそばに歩兵中隊のそれが同じ形態で設置され、それらの形態はたがいに触れ合い、騎兵のテントとは逆の方向に向いている。㈣そしてそれの深さと長さは半分である。なぜなら第三戦列の歩兵中隊の戦力は原則としてほかの部隊の半分だからである。㈤そもそも兵員の数は等しくないことがしばしば起るが、深さ［奥行き］の違いでその問題は解消され、長さは常に等しいということになる。㈥つぎに五〇フィート（一五メートル）離れて第三戦列の兵士のテントにたいして第二戦列の兵士のテントがつづく。㈦これは前述の間隔へと向いているのでふたたび二本の路地が形成される。それらは同じ直線ではじまり、騎兵の所で終る。すなわち、軍団司令官のテントの前の一〇〇フィート（三〇メートル）の幅の空間ではじまり、この陣営のテントの列に向かい合っている側でおわる。それをわれわれは最初から全体の前線と呼ぶことを示唆しておいた。㈧第二戦列の兵士のテントの後にそしてかれらに対して背に背を向けて、間隔をあけずに第一戦列の兵士のテントがつづく。㈨年齢によって分けられたそれぞれの部隊は最初からの分割に従って、一〇の歩兵中隊で成り立っているので路地はすべて長さが等しく、またすべて直線上にある陣営の前線でおわり、この最後の歩兵中隊のテントもそれに向いている。

三〇　第一戦列の兵士のテントから五〇フィートの間隔をおいて、かれらに向かい合って同盟軍の騎兵に陣を設営させ、同じ直線からはじめて、同じ直線で終わるようにさせる。㈡同盟軍の兵力は以前に述べたように歩兵は精選部隊を除いてローマ軍団のそれとほぼ等しく、騎兵は精選部隊に入れられる三分の一を除いたあとでも二倍である。㈢それゆえに陣営の中でかれらに割り当てられる場所はローマ軍団のそれと等しくするためにそれに応じて［奥行きが］より深いものとなる。㈣全体として五本の通路を形成したあと、同盟軍の歩兵中隊をその兵力に応じて深さを増大させ、柵と陣営の両外側に顔を向かせ、騎兵のテントのそばに背中合わせに配置する。㈤それぞれの中隊において両方の側の最初のテントは中隊長が占める。このような方法で全体を配置するさいに、五番目と六番目の騎兵中隊の間に五〇フィート幅の空間を設ける。歩兵中隊の場合も同様にする。㈥その結果陣営の真ん中を通り、路地とは直角で軍団司令官のテントと平行して走るもうひとつの通路が生じ

1　旧約聖書『イザヤ書』一五・三を参照。

る。これは「五番目の《クウインタナ》」[2]と呼ばれる。それが五番目の騎兵中隊あるいは五番目の歩兵中隊のテントに沿って走っているからである。

三一　本営の右と左の軍団司令官のテントの後ろの空間は、ひとつは広場のために、もうひとつは財務官《クアエストル》［タミアース］の幕舎とかれが扱う供給品のために用いられる。㈡両側の軍団司令官の最後のテントの後ろに、それらとは大体直角に精選部隊から選ばれた騎兵と執政官に恩義を感じて志願して遠征に加わっている者の居所がある。かれらは皆、柵の両側に平行してテントを張り、あるものは財務官の貯蔵所に、あるものは広場に面している。㈢原則として後者は執政官の近くに野営するだけでなく、行軍中もまたそのほかでも執政官および財務官の周りにいて務めを果たす。㈣かれらと背中合わせで、柵に面して上記の騎兵と同じ務めを果たす歩兵が野営している。㈤これにつづいて一〇〇フィート幅の空間が残されている。これは軍団司令官のテントに平行して走り、広場、本営、財務官のテントの向こう側の柵の全面に沿って延びている。㈥この道路の上方には同盟軍の精選された騎兵が宿営し、広場、本営、財務官のテントに面している。㈦この騎兵の陣営の中央および本営のちょうど向かい側に五〇フィート幅の通路が残されていて、それは陣営の後ろ側に通じ、上述の通路と直角に交わる。㈧騎兵の陣営と背中合わせで、柵に面し、陣営全体の最後尾に精選された歩兵が宿営する。㈨最後に、陣営のそれぞれの側の柵につづく。右と左の残された空間は外人部隊あるいはたまたまやって来た同盟軍に割り当てられる。㈩このようにして野営地全体は正方形を形成する。そして道路が設計される方法とその一般的な配列は都市《ポリス》の外観を呈する。(一一)柵がすべての側面にテントから二〇〇フィート離れている空間は様々な観点で重要な役割を果たす。(一二)まず軍隊が摩擦なく入場、出発するのを可能にする。そしてすべての部隊は自分たちの通路からそのあいた空間へ入場できるので、そのことによりたがいに衝突したり、突き倒したり、踏みつけたりすることが避けられる。(一三)さらに、陣営に連れて来た家畜や敵から奪った戦利品もここへ集め、夜の間安全に保管する。(一四)しかし最も重要なことは距離[3]の長さとテントの周りの広い空間のおかげで、夜間に攻撃を受けても、火も矢も槍もほんのわずかなもの以外

2　リーウィウス第四一巻二・一一を参照。

3　二〇・八、二一・九―一〇脚注を参照。

はかれらの所には達せず、ほとんど損害を受けずにすむことである。

三二　それぞれの状況に応じての歩兵と騎兵の数が各軍団で四千人か五千人と定められているので、また同様に各部隊の深さ、長さ、人数および通路と空き地の規模さらには他の詳細も定められている。㈡したがって、その気になれば野営地全体の空間と規模の大きさを計算することができる。㈢同盟軍が最初から軍隊の一部を構成したり、あるいはとくべつな理由であとから加わるなどしてその数が過剰なときには、㈣規定の場所以外に本営の空間を利用させ、またさしせまった状況では広場と財務官の幕舎を制限する。㈤その数が著しく多いときには、最初から一緒に出発してきている兵士のためにローマ軍の野営地の斜めの両側面にふたつの通路をつけ加える。

㈥四つの軍団すべてをひきいた二人の執政官がひとつの[1]野営地に統合されているときには、それは上述した方法で組織された軍隊の野営地が精選部隊が場所を占める背面とともに接合されていることを意味するにほかならない。㈦それにより形態は長方形となり、面積はこれまでの二倍、周囲は一倍半となる。㈧両執政官が同じ場所に野営するときにはつねにこの配置が用いられる。しかしふたつの野営地が少し離れているときには広場、財務官の幕舎、本営はふたつの野営地の間に置かれる。

三三　野営地が設営されたあと、軍団司令官たちは集り、野営地のすべての居住者に自由人、奴隷を問わず一人一人に誓いを立てさせる。[2]

㈡その誓いは「野営地のいかなるものも盗まない、またいかなる取得物も軍団司令官に届ける」ということである。㈢これにつづいて両軍団の第二戦列の兵士と第一戦列の兵士の中隊の戦列を整え、そのふたつを軍団司令官のテントの前の場所の秩序を整えるために配置する。㈣すなわち、ローマ人の兵士の大部分は昼間は勤務のばあいも消閑のばあいもこの広場で時を過ごすからである。そこで入念に水を撒いたり、清掃したりしておくように注意を払うのである。㈤残りの十八のうち三部隊づつがそれぞれの軍団司令官に籤で割り当てられる。[3]すなわち、それぞれの軍団には今述べた分割に従って、それだけの数の第一戦列の兵士、

1　第三巻六八・一四（トゥレビア）、一〇五・一〇（ファビウスとミヌキウス）を参照。より以前の時代では共同軍事行動が普通であった（リーウィウス第三巻八・一二）、リーウィウスはハンニバル戦争およびそれ以後の多くの例を挙げている。第二七巻二二・二、第三二巻二八・九、第三三巻二五・一〇、三七・三、第三四巻四三・三、第三五巻二〇・二を参照。

2　第一〇巻一六・七を参照。

第二戦列の兵士の歩兵中隊があり、六人の軍団司令官がいるからである。㈥これらの中隊のそれぞれは交代で軍団司令官に仕える。かれらが行う仕事はつぎのようなことである。野営地を設営するさいに、かれのためにテントを張り、テントの周りの場所を水平にならす。荷物の安全のために柵をめぐらさねばならないときはかれらが配慮する。㈦ふたつの歩哨が設けられる。ひとつの歩哨は四人の兵士で構成される。そのうちのひとつはテントの前に、もうひとつは騎兵営地舎の後ろに置かれる。㈧それぞれの軍団司令官は歩兵部隊を三部隊自由に使用できる。各歩兵部隊は第三戦列の兵士と軽武装兵を除き、というのもかれらはこの種の勤務には就かないからであるが、百人以上の兵士で構成されている。㈨かれらの負担は軽いものとなる。各部隊は三日に一度勤務に就くだけだからである。軍団司令官に必要な世話がなされるときは、地位にふさわしい敬意がじゅうぶんに払われる。(一〇)軍団司令官の第三列の兵士の歩兵中隊は軍団司令官の世話からは解放されているが、すぐ隣の騎兵中隊のための勤務を毎日しなければならない。(一一)かれらは一般的な仕事の他にとくに馬に注意し、繋ぎ綱に絡んで傷ついたり、それが外れて他の馬に衝突し、陣地内に騒ぎと混乱を引き起こさないように気をつける。(一二)それぞれの歩兵中隊は毎日交代で順番に執政官のテントの歩哨に立つ。執政官を襲撃から守ると同時にその地位の権威に輝きを与えるためでもある。

三四　塹壕と柵を作る作業にかんしてはふたつの側は同盟軍に割り当てられ、かれらのそれぞれの翼が野営している側を受け持ち、ふたつはローマ側に課され、二軍団のおのおのがひとつの側を受け持つ。㈡各側面は歩兵中隊ごとに分けられ、作業中は中隊長が監督し、全体の検査は二人の軍団司令官がおこなう。㈢軍団に関係するその他の仕事の監督もかれらがおこなう。かれらは二人づつ組になって籤を引き、当たった一組が六ケ月のうち二ケ月間交互に職務に就き、野外でのすべての活動の監督をする。㈣同盟軍の指揮官《プラエフェクティ》[4]も同じ方法で職務を分割する。㈤毎日夜明けとともに騎兵と中隊長は皆軍団司令官のテントにやって来る。軍団司令官は執政官のテントにやって来る。㈥かれは緊急の事があればそれを軍団司令官に命じ、軍団司令官は騎兵と中隊長に、中隊長は命令が実行の時が来るとそれを兵士

3　二四・三を参照。

4　二六・五脚注参照。

たちに伝える。㈦夜の合言葉の伝達はつぎのようにしてその安全を計る。㈧それぞれの年齢種別の第十歩兵中隊と通路の端にテントを張っている第十騎兵中隊からそれぞれ一人の兵士が選ばれ、かれは歩哨勤務は免除される代わりに日没時に軍団司令官のテントに行かなければならない。そして小板に書かれている合言葉を受け取り、ふたたび戻って行く。㈨自分の部隊に戻り、小板および合言葉を立会人とともにつぎの部隊の指揮官に手渡す。同様にその人はつぎの部隊の指揮官に手渡す。㈩こうして最初のそして軍団司令官の近くで陣を張っている部隊に渡るまで次々に皆が同じ事を繰り返す。小板[1]は夜が明ける前までに軍団司令官に手渡しておかなければならないのである。(一一)与えたすべての小板が戻ってくると、軍団司令官は合言葉がすべての者に行き渡ったことを知る。(一二)もし何かが足りないと、ただちに調べて小板の上の印から、どの部隊から小板が戻っていないかを知る。それが止まったことに責任がある者は当然の罰を受ける。

三五　夜の歩哨はかれらの間ではつぎのように行われる。㈡執政官とそのテントの警備はそこに配置された歩兵中隊が行い、軍団司令官と騎兵中隊の警備は各歩兵中隊から上述の方法で[2]指令された者が行う。㈢同様にそれぞれの歩兵中隊は自分自身の歩哨を配置し、その他の警備は執政官が命令する。㈣原則として財務官には三人の歩哨がそれぞれの使節[3]と軍事会議の委員には二人の歩哨が立つ。㈤野営地の外側は軽武装兵によって警備され、かれらは柵全体に沿って歩哨として立つ。すなわちこれがかれらに課された職務である。それぞれの入口にはかれらの十人づつが歩哨に立つ。㈥歩哨の任務を命じられた者のうち、それぞれの部署で最初にその任務を行う者をそれぞれの歩兵中隊から一人の後衛指揮官が夕方軍団司令官のもとへ連れて行く。㈦軍団司令官はかれら全員に警備の印が突き書きされているまったく小さな小板を与える。かれらはそれを受け取ると指定された場所へと立ち去る。

㈧巡察する職務は騎兵隊にゆだねられる。すなわち各軍団の騎兵隊の第一指揮官は自分の後衛指揮官の一人に、早

1　第一〇巻四五・八を参照。

2　三三・六以下を参照

3　ポリュビオスは第三五巻四・五において、このような使節に言及している。フィリッポス戦争で、助言する権限を持って執政官に付随する元老院議員の使節の最初の例はリーウィウス第三二巻二八・一二、第三六巻一・八

朝自分の騎兵中隊からの四人の騎兵に朝食前に巡察に行くことをかれが明らかにするようにとの命令を与えねばならない。㈨その後、かれはつぎの騎兵中隊の指揮官に夕方、つぎの日の巡察のことにかんして配慮しておくように伝えねばならない。(一〇)かれはこれを聞くと、つぎの日に前述のことと同じ手順を踏まねばならない。そのことは同じようにつづけられていく。(一一)第一騎兵中隊の後衛指揮官によって選ばれた四人は、警備を籤《くじ》で決めた後、軍団司令官のもとに行き、どの部署でいつ巡察せねばならないかの文書による指示を受け取る。(一二)その後この四人は第三戦列の兵士の第一歩兵部隊のそばで見張りをする。すなわち中隊長がそれぞれの夜警の開始にさいしてラッパで合図を与えさせるからである。[4]

三六　定められた時が来ると籤《くじ》で最初の警備に当たった者がいく人かの同僚を証人として連れて、巡察を行う。㈡かれは命じられた部署を巡察する。ただ柵と入口だけでなく、歩兵中隊と騎兵中隊のテントの中も。[5]㈢最初の警備を行っている者を見つけると、かれらの小板を受け取り、眠っていたり、その場を離れているのを見つけると、近くにいる者を呼び念を押しただけで、小板を渡さずに立ち去る。㈣同じことがつぎの警備を巡察する者によって行われる。㈤歩哨と巡察の交代が同時に行われるようにラッパで合図を与える任務はすでに述べたように、毎日両軍団の第三戦列兵士の第一歩兵中隊長に課せられる。

㈥巡察した騎兵の各々が夜明けに合言葉を記した小板を軍団司令官の所へ持って行く。すべてが渡された場合には非難を受けずに立ち去る。㈦もし誰かが巡察した部署の数よりも少なく持ってきたならば、小板の刻印からどの部署が欠けているかが調べられる。㈧これが確認されると、歩兵中隊長が呼ばれる。かれは歩哨を命じた兵士を連れて行く。かれらは巡察官と対決させられる。㈨もし歩哨に非があれば巡察官は同行した者を証人として呼び、ただちにそれを明らかにする。それがかれの義務だからである。このことが行われていなかったら、非は巡察官に帰される。

三七　ただちに軍団司令官の軍法会議が開かれて裁判が行われ、有罪の判決が下されると、棍棒で殴り殺される。[6]㈡この罰は次のようにして行われる。軍団司令官は棍棒を取

4　リーウィウス第七巻三五・一、第二六巻一五・六、第二七巻四七・五。
5　三五・七
6　キケロー『ピリッピカ』Ⅲ・一四、リーウィウス第五巻六・一四を参照。

り、有罪の判決を受けた人に触れるだけで終わる。㈢これが済むと、陣営のすべての兵士が一斉に襲いかかって棍棒と石で滅多打ちにし、たいていは陣営の中で殺されてしまう。㈣逃れることができた人にも救いはない。なぜか。自分の祖国に戻ることは許されないし、親戚の誰一人としてこのような人を家にあえて受け入れないからである。それゆえ、一度このような不幸な目に遭った人は破滅するのである。㈤後衛の指揮官も騎兵中隊の指揮官も適切な時に命令を伝え、次の騎兵中隊の指揮官に伝えなければ同じ罰を受けねばならない。㈥この厳しくて仮借のない罰のためにかれらの間で夜警の違反はほとんど起こらない。㈦兵士は軍団司令官に、後者は執政官に心を向けていなければならない。㈧軍団司令官がそして同盟軍では監督官が刑罰を科し、抵当を要求し、鞭打ちの権利を持つ。㈨陣地から何かを盗んだ兵士も棍棒で打ち殺される。また虚偽の誓いをした兵士も同様である。花の盛りを濫用していて見つけられた若者も、同じ理由で三度罰せられた者も同様である。㈩次のようなことは兵士の義務、名誉を傷つけること、卑怯な行動とみなされる。褒賞を得るために軍団司令官に自分についての虚偽の勇敢さを報告した場合、㈡待伏せを命じられた者が恐れのために持ち場を離れた場合、そして戦っている間に恐怖のために武器を投げ捨てる場合も同様である。㈢それゆえに待伏せでは、ある者は敵が数倍であっても、自分の陣営で自分を待ち受けている恥辱を恐れて持ち場を捨てずに確実な死へと赴く。[1]㈢戦っている間に盾や剣あるいは何か他の武器を失ったいく人かは、失ったものを取り戻すために、あるいは死によって同僚からの公然の恥辱や嘲笑から逃れるために絶望的に敵へと身を投ずる。

三八　もし同じことが多数の者にかかわって生じ、ある歩兵中隊が完全に圧迫されてその場所を放棄するということになると、全員を棒で打ち殺したり、殺害することは断念し、有用ではあるが恐ろしいことの解決策をかれらは見つける。㈡軍団司令官は軍団を集め、逃亡兵たちを真ん中に進み出させ、厳しい言葉でかれらの過失を非難し、最後に五人あるいは八人ときには二十人を多数に代わる全体として、[2]過失を犯した者の十分の一になるようにして、これだけの人数をすべての卑怯な行動をした者から籤で選び出す。㈢籤に当たった者を上述の方法で仮借なく棒で殺し、残った者には小麦の代わりに大麦を与え、柵と安全な場所の外に陣を敷くように命じる。㈣一方で、籤にかかわる危険と恐怖はそれが誰に当たるかは不確かなので、それは皆

1　第一巻一七・一二。
2　リーウィウス第二巻五九・一一。

に覆い被さる。他方大麦を食物として受け取り、見せしめとして晒し者にされることは、皆に等しく降りかかって来るので、不幸を恐れ、それを矯正するために、このことが習慣から可能なこととして採用されている。

三九　かれらはまた若者を危険と直面するように巧みに鼓舞する。㈡すなわち、ある人が役に立ち、また男らしく振舞った場合に、執政官は軍団の集会を召集し、何か際立ったことを成し遂げたと思われる兵士たちを傍らに立たせ、その勇敢な行為について一人一人に称賛の言葉を述べ、またかれらの人生において、そのほか何か称賛に値するものがあればそれに触れる。㈢その後、敵を傷つけた者には投槍を授け、敵を殺し、武具を剥ぎ取った者には、歩兵ならば盾を、騎兵には元来は投槍だけだったのだが、それに加えて胸飾りを授ける。[3]㈣しかし誰かが戦列であるいは都市の攻略で敵を傷つけ武具を奪ったのだが、それが前哨戦であるいは別の機会に、すなわち個人的な危険にさらされる必然性がなく、兵士が自ら進んでまた自分の決断で戦いへ飛び込んだ場合にはこうした褒賞は貰えない。㈤都市を攻略するさいに最初に城壁を登った者には黄金の冠が授けられる。㈥同様に市民あるいは同僚の誰かを盾で守り、命を救った者は執政官が贈物で表彰し、軍団司令官は救われた人に、もし自発的にするならばそのまま、もし、そうしなければ裁きで、救った人を冠で飾るように強いる。[4]㈦救われた人は一生の間、かれを父として敬い、両親に対するようにすべてのことをかれに対してしなければならない。㈧このような励ましによって戦いにおける競争と張り合うことへと、聞いた人や居合わせた人だけでなく、故郷に留まっている人々をも駆り立てる。㈨すなわち、このような贈物を得た人は、軍団の中での栄誉と故郷でのすぐの名声以外にあらゆる祭りの行列において、勇敢さのために執政官によって表彰された者だけが身に付けてよい飾りによって際立たせられる。㈩自分の家では分捕った武具を最も多くの人の目にとまる場所に自分の行為の証拠および立会人として展示する。⑾軍隊の中での栄誉と処罰にこのような注意を向けるので、参加した戦争が幸福な、栄光に満ちた結果に終わることは決して不思議ではない。⑿日給として歩兵は二オボロスを、中隊長はその二倍、騎兵は一ドラクマを受け取る。⒀穀物支給は歩兵では月にアッティカメ

3　リーウィウス第三九巻三一・一七。

4　プリーニウスの博物誌第一六巻七以下を参照。

ディムナの三分の二の小麦を、騎兵は月に七メディムナ、小麦二メディムナを受け取る。㈣同盟軍の歩兵は同額、同量を、騎兵は一と三分の一メディムナの小麦と五メディムナの大麦である。㈤同盟軍にはこれは贈物として与えられる。ローマ人の場合は穀物、衣服また武器が追加的に要求される場合はそのすべての確定された値段を財務官が給料から差し引く。

四〇　陣営はつぎのようにして引き払う。㈡最初の合図で皆がテントを解体し、荷物をまとめる。軍団司令官と執政官のテントよりも先には誰もそれを解体したり、また立てたりすることは許されない。㈢第二の合図で荷物を駄獣に積む。第三の合図で最初の部隊が出発し、陣営全体が動き始めねばならない。㈣縦隊の先頭には普通は精選部隊を配置する。これに同盟軍の右翼がつづき、これにつづいてかれらの駄獣が従う。㈤つぎにローマ人の第一軍団がつづき、自分たちの荷物を後ろに持って進軍する。㈥その後に第二軍団が従う。それは後ろに自分自身の駄獣としんがりをつとめる同盟軍の荷物を従えている。すなわち、同盟軍の左翼が行軍における縦隊の後衛を形成するからである。㈦騎兵はそれぞれあるときは自分が属する部隊のしんがりを覆うが、またあるときは駄獣の側面にいて、これらをまとめそしてこれらの安全を準備する。㈧攻撃が後衛から予期されるときは、同じ秩序が維持されるが、同盟軍の精選部隊が縦隊の先頭からしんがりへと位置を移動する。㈨ふたつの軍団と翼の各々は一日ごとに先頭としんがりの位置を交代し、水汲みと穀物徴発の初手の有利さを皆が等しく共有する。㈩広々とした場所を行軍していて、危険が迫ったときは別の行軍組織を用いる。(一一)すなわち、このときは、第一戦列の兵士、第二戦列の兵士、第三戦列の兵士が三つの並行した縦隊を形成し、先頭に立つ歩兵中隊の駄獣を先頭に、その後ろに第二歩兵中隊の駄獣を、第二歩兵中隊の後ろに第三中隊のそれを等々、つねに駄獣と歩兵中隊を交互に配置する。(一二)このように行軍を組織しておいて、危険に遭遇したときには、あるときは左へ、あるときは右へと向きを変えながら駄獣の列を超えて歩兵中隊を敵が出現する所へと前進させる。(一三)そこで非常に迅速にそしてひとつの動きで重装歩兵部隊が戦いの配置につけられる（第一戦列の兵士が他へ旋回しなければならないときを除いて）。(一四)そして駄獣の群とそれに付き添っている者は部隊の戦列に覆われて、戦いにおいて適切な位置にいる。

四一　行軍中に野営地に近づいたとき、軍団司令官と㈡その任務に予め選ばれていた中隊長は先に進む。そして野営しなければならない場所全体を一緒に調査すると、まず今述べた観点から[1]、執政官のテントをどこに立てねばならないか、そしてこのテントの空間のどの面に軍団が野営しなければならないかを考慮して決定する。㈢これが決定されると、このテントの周りの空間が測定され、その後、軍団司令官のテントが立てられる直線が、つぎにそれとの平行線が測定され、軍団はそこから野営を開始する。㈣同様に、テントの別の側での直線の測定が行われる。その直線についての個々の詳細はすでに説明しておいた。㈤このことは非常に短時間で行われる。というのもすべての間隔は固定されていて、熟知されているので、測定はまったく簡単なことだからである。㈥その後、執政官のテントを張らねばならない場所に一本の旗が打ち込まれ、二番目の旗が本営の周りの空間の側面に、三番目が軍団司令官のテントが設置される直線の真ん中に、四番目が軍団の野営地に対する境界としてそれとの平行線上に打ち込まれる。㈦これらの旗は深紅色であり、執政官のそれは白である。本営の反対側にはあるときは槍が、あるときは別の色の旗が打ち込まれる。㈧この後引き続き道路の地取りをして、それぞれの道路に槍を打ち込む。㈨このことから軍団が行軍して来て、野営地のための用地を見晴らすと誰にもそのすべての細部が知られるところとなることは当然である。執政官旗から距離を算定しさえすればよいのである。㈩誰もがどの道路にそしてその道路のどの個所にテントを張れば良いかを知っているので、というのも皆が陣営の中では常に同じ場所を占めるからであるが、軍隊が自分の都市に入る場合と同じようになる。㈡各人は都市の門を離れるとすぐに自分の家に向かって進んで行き、間違いなく到着する。都市の何処に自分たちの滞在する所があるかを全体としてそして細部にわたって知っているからである。㈢ローマ軍の野営地においてもこれと似たことが起きる。

四二　こうした事柄でより容易な方法を追求したローマ人はこの点でギリシア人とまったく反対の道を進んだように思われる。㈡すなわち、ギリシア人は野営する場合、その場所それ自体の堅固さに従うことを最も重要なことだと考える。ひとつには塹壕を掘ることの辛苦を回避しようとするからであり、ひとつには人の手で作る強固さはその場所に自然に存在している堅固さとは同じではないと考えるからである。㈢それゆえに陣営全体の計画に関して、その土地の自然に合わせるためにあらゆる種類の形を採用し、あるときは軍隊の一部を他のそして不適当な場所に移動せざるを得なくなる。㈣このことから誰もが陣営内での自分の場所、自分の軍団の位置がどこであるかはまったく不確

1　二七・一を参照。

かであると言うことになる。㈤それに対してローマ人は塹壕を掘る苦しさおよびその他の防禦作業を甘受することを選ぶのであるが、それは決して変わらず、誰にも馴染みのある陣営をもつことの便利さのためである。[1]㈥このことがローマ軍についての、とくに野営地設営の理論についての最も重要な事実である。

Ⅷ　ローマ人の政体と他国の政体との比較

四三　ほとんどすべての歴史家が良い政体の模範としてスパルテー、クレテー、マンティネイアー、およびカルタゴーのそれを挙げている。[2]いくにんかはアテーナイとテーバイのそれに言及する。㈡この最後のふたつは無視することにする。すなわち、アテーナイとテーバイのそれはこれ以上の説明は必要でないからである。このふたつは当然の成長も、永続的な全盛期も徐々の変化も経験せず、㈢突然パット輝いた後、言わば運命のある突然の一撃によって、まだ幸福な状態にあり、永続への見込みをもちながら反対方向への転回を体験したのである。㈣テーバイ人は攻撃においてラケダイモーン人によって犯された失策と同盟国によるかれらに対する憎しみの感情を利用して、状況を明瞭に把握していた一人あるいはもう一人の男の[3]すぐれた気質のおかげでギリシア人の間で特別に有能であるという評判を得た。㈤しかし政体がテーバイ人にとって幸福の原動力ではなく、指導的男たちの能力であったことは運命がこのことをすぐ明らかにした。㈥すなわち、テーバイ人の力は明らかにエパミノーンダースとペロピダースの人生とともに成長し、最盛期を迎え、崩壊したからである。㈦そ

1　第四巻三九・一一を参照。
2　スパルテーについては三・八脚注を参照。クレテーについては四五・二。マンティネイアーはアリストテレースによると（『政治学』第四巻四、一三一八b二一以下）大衆は審議の権限はもつが、行政職長官は交替で選ばれる選挙人集団によって選ばれる。カルタゴーについてはアリストテレースも『政治学』第二巻一一、一二七二b二四以下で是認している。ストラボーン『世界地誌』第一巻六六。
3　エパミノーンダースとペロピダース。

れゆえにテーバイ人の短い輝きの原因はその政体ではなく、この二人の男であると考えるべきである。

四四　アテーナイ人の政体についても同様に判断すべきである。㈡アテーナイ人はおそらく何度か成功の時期を享受したのではあるが、テミストクレースのすぐれた政治と同時期である最も輝かしい成功の後、[4]自然の変わりやすさのせいで運命の完全な逆転を体験したのである。[5]㈢アテーナイ人の民衆は常に船長のいない船に[6]似ているということになる。㈣かれらの場合でも外海への恐れあるいは嵐の状況によって心をひとつにしよう、船長に注意を向けようという衝動が乗組員の心に浮かんだとき、かれらは義務を見事に実行する。㈤つぎに勇気をとり戻すと、指揮官を侮り、皆が決して同じ考えを持とうとしないためにお互いに内輪もめをしはじめる。㈥その時には、たとえばある者はさらに航海をつづけようと企て、ある者は錨を降ろすように船長に迫り、ある者はロープを揺さぶる。しかしある者が妨害し、帆を畳むように命じる。外から見ている人にとってはお互いの不和と党派争いのために醜い姿を呈するようになり、この航海に加わっている人にとってはこの状況は危険を意味する。㈦そのために大海を渡りきり、激しい嵐を逃れて港に入り、陸に着いてからしばしば難破するのである。㈧このことがアテーナイ人の政体にしばしば起っている。すなわち、民衆と指導者の有能さによって困難な局面を乗り切った後で、その政体は無防備な安逸の中で行き当たりばったりに、また理解し難く倒れている。㈨それゆえにアテーナイ人とテーバイ人の政体についてはそれ以上の言を必要としない。そこでは民衆がすべてを自分の意向に従って処理している。ある者は激しさと辛辣さで際立ち、ある者は子供の時から暴力と怒りに慣れて育っている。[7]

四五　クレテー人の政体に移る場合に、ふたつの点に注意しなければならない。第一に最も学識のある古代の著作家エフォロス、クセノフォーン、カッリステネースおよびプラトーンが、クレテー人の政体がラケダイモーン人のそ

4　テミストクレスの覇権の時期は四八九年のミルティアデスの死後始まり、四八〇年以降四七〇年の貝殻追放まで下り坂に向かった。

5　ポリュビオスのアテナイ人に対する敵意は第五巻一〇六・六―八、第一八巻一四・一〇、第三〇巻二〇・一―七に現れている。テバイ人とボイオティア人を好まないことは第四巻三一・五、第二〇巻五・一以下、第二二巻四。

6　船長のいない船の比喩は第三巻八一・一一、第一〇巻二二・五。

7　ポリュビオスはアテーナイ人の場合、明らかに五世紀末と四世紀の完全な民主制を考えている。彼の言は三世紀末と二世紀の政府をほとんど記述しえないからである。

れといかに同一であると主張しているかということである。[1]第二にいかにそれが称賛に値すると思っているかという点である。㈡そのどちらも私には正しいとは思われない。そこから考察することができる。㈢第一に両者が似ていないことについて詳細に語ろう。ラケダイモーン人の政体の特徴は土地所有の規定であるとかれらは言う。それによりすべての市民は他人より多くを持つことを許されず、公共の土地を等しく所有しなければならない。㈣第二に、金銭の所有はかれらの間ではまったく認められないので、多いか少ないかについての野心はかれらの国家体制からは排除されている。㈤第三にラケダイモーン人の間では王権は終身官であり、終身の長老と呼ばれる人たちによってすべての政治行政が行われる。

四六　クレテー人の間ではすべてがこれと反対である。土地は力に応じていわば無制限に取得することが許される。㈡金銭はかれらの間ではきわめて高く評価されるので、その所有は必要であるだけでなく、最も美しいものと思われている。㈢不当な利得と強欲にかかわることはその土地の習慣となっているので、全人類の中でクレテー人の間においてのみ利欲は恥ずべきものと見なされない。㈣支配者は一年ごとに交代し、民主的な性格をもっている。㈤そこであの著作家たちが反対の性格をもつこのふたつの政体をどうして互いに同族であり、同類であると宣言しているのか、しばしば途方にくれるのである。㈥かれらはこのような相違を見誤っている以外に、リュクールゴスは政体では何が

1　クレテー人の政体についてのプラトーンの議論は主として『法律』にある。そこでは少なくとも八箇所でスパルテーとクレテーが連合させられている。第一巻六二五a、六三四d、六三五b、六三六b—d、六四一e、第二巻六六〇、六六六d、六七三b、六七四a、第三巻六八〇c、六八三a、六九三e、第四巻七八〇b、第七巻七九六b、第八巻八三六b—c、八四二、第一〇巻八八六b。さらに『ミノス』三一八d。明らかにプラトーンはすでに存在しているふたつの政体の連合にたよっている。そしてクレテーについてのかれの陳述にたいして与えられる信用については意見の不一致がある。Kirsten（Die Insel Kreta im funften und vierten Jahrhundert, Diss. Leipzig 1936, 67）とOliier（Le mirage spartiate: etude sur l'idealisation de Sparte dans l'antiquite grecque. Paris, i. 237 n. 2）は、実際にスパルタに適合する情報にプラトーンはただクレテーも加えたに過ぎないのだと信じている。しかしvan Effenterre（La Crete et le monde grec de Platon a Polybe. Paris, 1948）はスパルテーの政体を論じる際にクレタについて記述した初期四世紀の著作家とは独立してプラトンはクレタについて特別な情報を持っていたと考えている。

エフォロスがクレテーについて述べていることはストラボーン第一〇巻四七六—四八二を経由してわれわれは知る。

クセノフォーンとカリステネースがクレテーとスパルテーの政体の比較を論じた箇所は知られていない。

重要であるかを認識した唯一の政治家であることについて過剰なほど言を費やしている。㈦国家の存続を保証するふたつのものがある。すなわち、敵に対する勇敢さと内部の団結である。かれは強欲を除去することによって同時にすべての内紛と党派を組むことを除去した、とかれらは主張する。㈧ラケダイモーン人はこのような悪の外にあるので、すべてのギリシア人のうちで最も美しい国家秩序と内的な団結の中で生活している。㈨かれらはこう主張し、これと比較するとクレテー人は住民の間で深く根ざしている強欲のために、私的生活でも公的生活においても内戦、殺害、同族間の戦争で満ちているのを観察しながら、そんなことは些細なことだと考え、勇敢にもふたつの政体は同じであると主張する。(一〇)エフォロスでは名称は別として、両政体の叙述は文言まで一致しているので、固有名詞に気をつけていなければ、どちらの国家について述べられているのかわからないほどである。(一一)以上がこのふたつの政体を区別しようと私が考える要点である。そして今は、クレテー人のそれを称賛にあるいは模倣するに値しない、と考える理由を述べておこう。

四七　それぞれの国家はふたつのことを基礎にしていると私は思う。そして国家の力と形態[2]はそれに依存している。㈡ふたつとは習慣と法である。そのうちの望ましいものが人間の個人の生活を敬虔で思慮深いものにし、都市の公的な性格を教化された、正義にかなったものにする。避けるべきものはそれを逆にする。㈢ある人々の間で習慣と法がすぐれているのを観察したとき、この地からの人々もそして政体もすぐれているだろうと安心して言明できる。㈣そのようにある人々の個人的な生活が強欲的であり、公的な行為が不正であるのを見るときには、法も個々の習慣もそして全体としての政体も質が悪いと言っても当然である。㈤そして個人の習慣においてクレテー人よりもずるい人をまったくの少数を例外とすれば見つけることはできないだろうし、[3]政治的行動においてもかれらよりも不正に満ちたものを見つけることはできないだろう。㈥それゆえにクレテー人の政体をラケダイモーン人のそれと同じであるとは考えないし、称賛と模倣に値するものとも考えない。そして前述の比較から不適当だとしてしりぞけることにする。㈦さらに、哲学者のある人たちが非常に称賛しているとは言え、プラトンの『国家』をこっそり持ち込むことは正当

2　一八・一脚注参照。
3　クレテー人の品行はおそらく悪であった、ホメーロス（『オデュッセイア』第一四巻一九九以下）の時代以降。キケロー『国家』第三巻一五。

ではない。㈧すなわち正式に登録されていない、あるいは鍛錬されていない俳優や競技者を実際の競技への参加を許さないように、プラトーンの『国家』をもし予め実践で実際の働きを示さなければ、順位と賞をめぐる競技へ持ち込んではいけない。㈨これまでのラケダイモーン人、ローマ人、カルターゴー人の政体と『国家』のそれを比較するのは、ひとつの立像を前に立て、これを生きている、息をしている人間と比較するのに似た議論になるだろう。㈩それは芸術作品という点では賞讃に値するにしても、生命の無いものと生きているものとの比較であり、観察者には欠陥のある、まったく不十分なものに見えるのは当然である。

四八　それゆえに『国家』との比較は止めにして、ラコニケーの政体に戻ることにしよう。㈡リュクールゴスは市民の心の一致を計り、ラコニケー地方を安全に守り、スパルテーに自由を保持するために、人間の考えというよりも神のもの[1]と見なさざるをえないほど立派に立法し、配慮しているように思われる。㈢すなわち、生活の簡素さと共有は市民の個人生活において克己を生み出し、全体としての国家を市民戦争から守るように計算されていた。他方、苦労と危険に耐える訓練は男たちを強壮で勇敢な者にするように配慮されていた。㈣このふたつの特性、すなわち勇敢と堅忍不抜がひとつの魂あるいは都市へ合流すると、このような人々の間で悪が生ずることは容易ではないし、隣国によって容易には征服されないのである。㈤それゆえにリュクールゴスはこのように政体を組織し、こうした要素でラコニア全領域の安全を守り、スパルテー人自身には自由を長期的な伝統として残した。㈥しかしながら隣国の征服、ギリシアにおける覇権、外への権力追求一般にかんしては個々においても、全体的にもまったく配慮していなかったように思われる。㈦個人の生活にかんしてはかれらが独立し、簡素になるように仕向けたように、外交政治においても満ち足りていて思慮があるように、なるべく市民に対して強制と目標を持ち込んでおかねばならなかったのである。㈧自分たちの生活と自分たちの都市の習慣にかんしては最も功名心がなく、最も利口なものにしておきながら、他のギリシア人に対しては最も功名心を好み、最も支配を好み、最も強欲なものにしたのである。

四九　すなわち、かれらがギリシア人の中ではじめて隣国に目を向け、強欲からメッセーニアー人を奴隷にするためにかれら[2]に対する戦争をはじめたことを誰が知らないだろうか。㈡メッセーニアーを力で奪うまでは包囲を解かな

1　第二九巻二一・九ではマケドニアー王国の滅亡についてのファレロンのデーメトゥリオスの予言。

いと自らを誓いで縛ったことを誰が聞いていないだろうか。㈢このことはすべての人が知っておくべきことである。かれらはギリシア人を支配するために、かれらが戦いで攻略したすべての人々の命令を実行することをよぎなくされたことを。㈣かれらはやって来たペルシャ人に対してギリシア人の自由のために戦い抜いて勝利した。㈤逃げて行き、戻って行くかれらにアンタルキダースの平和条約[3]に従ってギリシア人の諸都市を裏切って手渡したが、それはギリシア人を支配するために必要な資金を得るためだった。㈥このとき、かれらの立法の欠点が現れた。㈦すなわち、境を接している隣国の、さらにはペロポンネーソスの支配を目指している限りでは、ラコニケー地方自体からの援助と経費でじゅうぶんに賄え、必需品の供給は手許にあり、故郷への帰還と輸送はすぐにできたからである。㈧しかしかれらが海で艦隊を送り出し、歩兵の軍隊でペロポンネーソスの外への遠征を企てたとき、鉄の通貨も、毎年の収穫物による不足している必需品との交換はリュクールゴスの立法に従えば不十分とならざるをえないことは明らかだった。㈨どこででも通用する通貨と傭兵部隊が必要だったからである。㈩このためにかれらはペルシャの宮廷に頼り、島の住民に税金を課し、全ギリシアから貨幣を徴収することを余儀なくされ、リュクールゴスの法律に忠実であれば、ギリシアの覇権を主張することも、権力拡大政策を行えないことを認識せざるをえなかったのである。

五〇　何のためにこんなことへと脱線したのか。それは自分のことをしっかりと守り抜き、自由を守るためにはリュクールゴスの立法はじゅうぶんであることと、㈡このことを政体の目標と見なす人にとってはラコニケーの国家組織よりもすぐれたものはないし、またなかったことを事実それ自体を通して明らかにするためである。㈢しかしもしもっと大きなことを目指して、より多くを支配し、より多くを征圧し、すべての人が自分に注目し、自分に傾くことをよりすぐれた、より畏敬すべきことと見なすならば、㈣この点でラコニケーの政体は欠点があり、ローマ人の組織はよりすぐれていて、またより力があることを容認せざるを得ない。㈤このことは事実それ自体から明らかとなっている。ラケダイモーン人はギリシアの覇権を得ようとしたときに、すぐに自分自身の自由を失うという危険に陥った。㈥それに対してローマ人はイタリア人自身の支配へと手を伸ばしたのだが、短期間のうちに全世界をかれらの統

2　第一次メッセーニアー戦争。ラケダイモン人の誓いについてはパウサニアース第四巻五・八を参照。
3　第一巻六・二脚注、第四巻二七・五脚注を参照。

治下におさめてしまった。その成功に本質的に貢献したのはかれらが意のままに用いた豊富な資金だった。

五一　カルターゴーの政体はその最も顕著な点において[1]昔からよく工夫されていたように思われる。[2]㈡かれらの間には王がいて、元老院は貴族的な性格をもっており、民衆が自分たちにかかわることにかんしては主権を有していた。[3]国家の全体的な枠組みはローマ人およびラケダイモーン人のそれに似ていた。㈢ハンニバル戦争に入った頃はカルターゴーの政体は堕落し、[4]ローマ人のそれはよりすぐれていた。㈣すべてのもの、有機体、国家、行動には本来成長、最盛期、衰退がある。すべてのものはその最盛期において最も力があり、両国家はこの点でその当時互いに相違していたのである。㈤カルターゴーは先にその頂点に達していたので、当時すでにその頂点を越えており、一方ローマは国家組織という点でまさにこの頃その頂点に達していたのである。㈥それゆえにカルターゴーではすでに民衆が決定にさいして最大の力を持っていたが、ローマでは元老院であった。㈦このことからそこでは民衆が協議し、決定したが、こちらでは貴族がそうしたので、政治的、軍事的問題におけるローマ人の決定はカルターゴー人のそれよりもすぐれていた。㈧この点でローマ人はあの壊滅的な敗北[2]にもかかわらず、その適切な処置によってカルターゴー人に対する戦いで最後には勝利を収めたのである。

五二　個々の点に立ち入るとして、すぐに戦争に関わることからはじめるとすれば、カルターゴー人はもちろん海においてよく訓練され、装備もすぐれていた。かれらはこの分野で長い経験を持ち、他の誰よりも海の民だったからである。㈡陸上での兵役にかんしてはローマ人がカルターゴー人よりもすぐれていた。㈢というのもかれらはすべての点で陸軍に配慮したが、カルターゴー人はそれをまったく無視し、騎兵にわずかな注意を払っただけだからである。㈣そのことは、かれらは外国人をそして傭兵部隊を使用したが、ローマの陸軍は自国民そして市民で成り立っていたことに関わっている。㈤その限りではローマ人の国家体制はカルターゴー人のそれよりもより大きな称賛に値する。というのも、後者は自由の希望をつねに傭兵の勇気に依存

1　第三巻七八・二を参照。
2　アリストテレース『政治学』第二巻第十一章、一二七二bを参照。
3　アリストテレース『政治学』第七巻第十二章一三二六bでは「民主制がしかれている」と言われている。。しかし第二巻第十一章一二七三bでは「寡頭制的」、第六巻第七章一二九三bでは「貴族制的」と言われている。
4　第一巻一三・一二を参照。二六四年と二一八年の間にカルターゴーでは明らかにある悪化があった。

し、前者は自国民の勇敢さと同盟軍の支援に依存しているからである。(六)ローマ人は最初に一度敗北したが、全体でふたたび戦って前の埋め合わせをしたが、カルターゴー人はその逆であった。(七)かれらは祖国と子供たちのために戦い、決して怒りを鎮めることができず、敵に勝つまではと、息もたえだえになるまで戦いつづけるからである。(八)それゆえにローマ人は海軍で経験の豊富さという点ではるかに劣っていたのだが、乗組員の有能さで全体を支配するに至ったのである。(九)というのも、海戦における乗組員の訓練と技能という点では大差があっても、船上で戦う兵士の勇気が勝利への決定打を与えるからである。(一〇)すべてのイタリア人は肉体的な力と精神的な勇気という点で本性的にカルターゴー人やリビュエー人よりも優っているのだが、さらに様々な諸制度によって若者はこの方向へとさらに拍車がかけられる。(一一)そのひとつの例として祖国において勇敢な態度という名声を得るためにあらゆることに耐えるように若者を養成するための国家の努力を挙げればじゅうぶんだろう。

五三　ローマで著名なある人が亡くなり、葬儀が行われるときには、あらゆる種類の名誉とともにフォーラムのいわゆる船嘴《せんし》演壇へと、時々ははっきり見えるようにと直立した姿勢で、稀には横たえられて運ばれる。(二)すべての市民が周りに立ち、息子が成年に達していて、ローマ滞在中ならばかれが、もしいなければ、親族から誰かが演壇に上がり、個人の美徳と生存中に達成された業績について演説を行う。(三)その演説によって多くの人々がかれの行ったことを想起し、眼前にありありと思い浮かべ、ただかれと事を共にした人だけでなく、それ以外の人にもこの不幸が忌中の家族にとっての個人的な損失でなく、民衆共通の損失と思われるほどの共感が呼び起こされるのである。(四)つぎに埋葬し、通常の儀式を執り行った後、家の中で最も人目につく場所に故人の肖像を木製の祠に収めて置く。(五)この肖像の顔は故人に似ていることを目指して、造形と輪郭の点でとくに入念に仕上げられる。(六)これらの肖像は公共の供儀のときに、できるだけ美しく飾って展覧される。家族のある名高い人物が亡くなったときには、身長と姿勢において最も似ていると思われる格好にして葬儀へ運ぶ。(七)もしかれらが執政官あるいはプラエトルであったならば、紫緋で縁取りしたトーガを、監察官ならば紫の縁取りをしたトーガを身にまとわせる。凱旋行進をしたり、あるいはそれに匹敵するような業績を上げた人には金糸の縁取りをしたトーガを身にまとわせる。(八)かれら自身は馬車で進み、束桿や戦斧そのほかそれぞれが生存中に身につけていた尊厳と地位に応じて権標が先導する[1]。(九)演壇に到着すると一列になって象牙の座席に着席する。その美しさは名声を熱望し、偉大なことに熱狂する若者にとって見ることが容易でないほどの光景である。㈩卓越さのために名高い男たちの肖像が一ケ所に集められ、それらがまるで生きていて生気を吹き込まれたように見える光景によって誰が鼓舞されないだろうか。これ以上に美しいどんな光景があるだろうか。

五四　さらに、埋葬されようとしている人について演説をする人はその人についての演説を終えると、そこに集められている肖像の人物の功績と業績について最も古い時代の人からはじめて、一人づつとりあげて演説する。㈡このような方法で卓越した人々の功績の追憶がくり返し更新されるので、偉大なことを成し遂げた人々の名声は不滅であり、祖国の恩人の名誉ある記憶は民衆の中に目覚めていて、子供、孫へと引き継がれる。㈢しかし最も重要なことは若者が功績をあげた人についてくる名声を同様に得ようと国家的事業のためにすべてに耐えるようにと拍車をかけられることである。㈣このことはつぎのことによって証明される。ローマ人の多くの者は全体の決着をつけるために進ん

1　タキトゥス『年代記』第三巻七六・五。ディオドーロス第三三巻二五・二。

で一騎打ちをし、少なからぬ者が明らかな死を選ぶ。ある人は戦争で他人を救うために、ある人は平和時に国家の存在を確かなものにするためにそうするのである。㈤またいく人かは権力を握っているときでも、最も近くて、最もいとしい者にかんする自然による血縁の絆よりも国家の利益を重視して、自分の息子たちをあらゆる習慣、法律に反して死罪にした。[1]㈥その種の多くのことが多くのことについてローマでは語られている。しかし名前を挙げて報告されているひとつの話が目下のところ例としてまた証拠としてじゅうぶんだろう。

五五　ホラティウス・コクレス[2]という名の男が都市の前にあるティベリス川にかかっている橋の向こうの端で二人の敵と戦っていたとき、敵を救援する多くの者が迫って来るのを見ると、力で圧倒して都市へ突入するのではないかと恐れて、後ろに立っている者に振り返り、引き返して橋を壊すようにと叫んだと言われている。㈡かれらが命令に

1　例は初期のローマの言い伝えの中で起こっている。リーウィウス第二巻五（ユニウス・ブルッス）、第四巻二九（ポストゥミウス）、第八巻（マンリウス・トルクアトゥス）を参照。
2　ホラティウス・コクレスの物語。リウィウス第二巻一〇、一一、プルータルコス『プブリコラ』一六・七。

従い、橋を打ち壊すまで、かれはたくさんの傷を受けながら持ちこたえて敵の突入を防ぎ、かれの力よりもむしろかれの信念と勇敢さが敵に恐怖を感じさせた。㈢橋が打ち壊され、敵の突入が阻止されると、コレクスは武具をつけたまま川に飛び込み、信条に従って命を全うしたのである。今の命と残された人生よりも、祖国の安全とやがてもたらされるであろう名声の方を重要だと考えて。㈣偉大な行為を成し遂げようというこのような競争心がローマでは、広く行き渡っている習慣によって若者に呼び起こされるように思われる。

五六　金儲けにかんする習慣および慣習的制度もカルターゴー人よりもローマ人の方が優っている。[3]㈡すなわちカルターゴー人の間では利得にかんするものは何も恥ずべきものとは見なされないが、ローマ人の間では賄賂を受け取ること、不正な手段で富むこと以上に恥ずべきものと見なされるものは何もないからである。㈢正当な道での所得を非常に高く評価するだけに、逆に禁じられた手段による利得はそれだけいっそう非難の対象とされる。㈣このことの証明。カルターゴー人の間では贈物を公然と与えて官職を得るが、ローマ人の間ではこのための罰は死である。[4]㈤英雄的行為の報酬は両者では反対のものが置かれているので、それを得ようとする手段と方法も等しくないことは当然である。

㈥ローマ人の国家は神々についての見解においてよりよきことのために最大の卓越を持っているように思われる。㈦ほかの人間の間では非難の対象となるものがローマ人の事柄を統合しているように思われる。つまり神への畏怖である。㈧これは私的生活においても都市の公的な場においても、誇張は残されていないほどに悲劇のような言葉で飾り立ててこっそり導入されている。このことは多くの人々に驚くべきことと思われるだろう。㈨これは大衆のために行われたように思われる。[5]㈩賢者でのみ成り立っている国

3　金に対するカルターゴー人の態度については第九巻一一・二を参照。

4　不正手段による官職獲得に対する罰則はコルネリア・バエビア法によって導入された。これは一八一年の執政官コルネリウス・ケテグスとバエビウス・タンフィルスによって提案された。リウィウス第四〇巻一九・一一

5　ヌマは大衆の未経験と当時の低い教育状況を考えて効果的な手段として女神に対する恐れを餓え込まねばならないと考えて、女神エギラとの出会いを捏造する。リウィウス第一巻一九。

6　リーウィウス第二四巻一四、「学者たちが知っているというよりも夢見ている賢者の国家があるならば」

[6]家が形成できるならばこのような方法はおそらく必要でなかっただろう。㈡すべての大衆は軽薄であり、不法な欲望、非理性的な怒り、暴力的な激情で満ちているので、[1]見えない恐れとそのような悲劇で大衆を押さえる以外に方法は残されていない。㈢それゆえに古人は神々についての観念と冥府にいる者たちについての信条をでたらめに、偶然であるかのように大衆にこっそりと導入したのではないように思われる。むしろ今の人々の方がでたらめに、不合理にそれを排斥したように思われる。㈢それゆえに他のことは別にして、ギリシア人の間で公職に就いている人々が才能だけを当てにされているとしたら、十人の会計検査官、それだけの数の印璽そして二倍の立会人がいたとしてもかれらの信義を見張ることはできない。㈣一方、ローマ人の間では行政長官としてあるいは使節として多額の金を扱う人々は、誓いによって信義を守ることを誓ったという理由だけで正しい行動を維持する。㈤他所では国庫金に手をつけず、そのことについて汚れていない人を見つけることは稀である。ローマ人の間では誰かが横領で有罪を立証されることはめったに起こらない。

Ⅷ　ローマ共和国についての論文の結論

五七　存在しているものはすべて消滅と変容に従うことはほとんど言を必要としない。[2]すなわち、自然の推移はわれわれにこの確信を強いるのにじゅうぶんだからである。㈡すべての種類の政体が堕落しがちなふたつの方式がある。ひとつは外からのものであり、もうひとつは自分の中で生ずるものである。外からのものには確かな法則はないが、内部からのものはひとつの法則に従って経過する。[3]㈢どの種の政体が最初に生まれ、どれが二番目であり、どのよう

1　プラトーン『国家』第四巻四三一b—c。
2　決り文句。トゥーキューディデース『歴史』第二巻六四・三、プラトン『国家』第八巻五四六A。アリストテレース『政治学』第七巻第十二章七、一三三一六。
3　プラトーン『国家』第十巻六〇八E以下。アリストテレース『政治学』第七巻第十章一三二二b。

にしてたがいに移って行くかはすでに述べておいた。㈣そこでこの立てられた命題の最初を結論と結びつけることのできる人は自分で未来について予言できるだろう。このことは明らかであると私は思う。１㈤[4]ある政体が多くのそして大きな危険を退け、その後優位と打ち克ちがたい権力に到達したとき、繁栄が永い間確立し、生活はより贅沢になり、人々が必要以上に支配と他の企てについてさらに競い合うようになることは明らかである。㈥これがさらに進むと、権勢欲と知られないことの恥辱、これらに加えて、生活にかかわる自慢と贅沢が悪化への変容のはじまりとなるだろう。㈦不正は他人の貪欲のために起こったと考え、また官位を熱望する人によってお追従を言われて得意になったとしたら、この変容の責任は民衆にあると言えるだろう。㈧つぎに激怒し、激情ですべてを望む民衆は服従することを決して望まず、指導者と同等ではなく、すべてを自分が持つことを望むだろう。㈨このことが生ずると、政体は最も美しく響く名を持つだろう。自由と民主主義。実際は最

４　㈤—㈨は混合政体の腐敗の分析。プラトーン『国家』第四巻四二一d以下、第八巻、『法律』第五巻七二八E以下、七三六c以下。アリストテレース『政治学』第六巻第十一章四、一二九五b、第四巻第十五章三、一三三三a、第七巻第二章一三〇二a

悪の名称、暴徒支配である。㈩われわれはローマ人の政体の起源、成長さらには全盛期と現在の状況をとり扱い、さらには良い面あるいは悪い面での他者との相違を詳述してきたので、政体についてのテーマはここで終えることにする。

五八[5]　われわれが本論から逸れた時点に直接つづいている出来事のうち、ただひとつの事件を詳細に立ち入ることはせずに簡単に述べておこう。ただ言葉によるだけでなく事実によって、すぐれた芸術家の見本のようにひとつの業績を提示することによって、この国家の全盛期、力および特性があの時代にどのようであったかを明瞭に知ってもらうためである。㈡ハンニバルはカンナエの会戦で勝利し、陣営を守っていた八千人のローマ人をすべて捕虜にした後、[6]身代金と釈放のためにローマに使者を送ることをかれらに許した。㈢最も名望のある十人が選ばれ、かれのもとへふたたび戻って来ると誓わせて送り出した。㈣選ばれた者の一人が、陣営を出発した後で、何かを忘れて来たと言って引き返し、忘れていた物を取ると、ふたたび立ち去り、この引き返したことで、自分は信義を守り、誓いから解かれ

５　ここで述べられている物語はキケロー『義務について』第三巻一一三以下、リーウィウス第二二巻五八—六一・一〇に現われている。

たと考えた。㈤かれらはローマに到着すると元老院に懇願した。捕虜に救済を許すのを拒まないように、そしてそれぞれに三ムナを支払って身内のもとへ救済されることを許すようにと。これがハンニバルの提案であり、㈥自分たちは救済されるに値する、というのも戦いで怯むことはなかったし、ローマ人にふさわしくないこともしていない。自分たちは陣営を守るために残されたのであり、他のすべての者が戦死したとき、見込みのない状況にあって、敵に屈することを強いられたのだと主張した。㈦ローマ人は戦いで大敗北を喫し、いわばすべての同盟軍を失い、祖国をめぐる戦いがいつ襲ってくるかもしれないと覚悟せねばならない状況にあった。㈧しかし元老院はこの嘆願を聞いた後、不幸の圧力の下でも自分たちの尊厳を軽視せず、それぞれの適切な処置を講ずることを怠らなかった。㈨そしてハンニバルの意図がこのような行動によって、ひとつには金銭を手に入れること、ひとつには敗れた者に救済の希望が残されていることを示すことによって、敵対する者から戦いでの名誉を重んずることを奪おうとしていることにあることを見てとった。(一〇)それゆえにかれらは要求に応ずるどころか、家族への同情も、釈放したらかれらに与えられるであろう役割への配慮も許さず、(一一)ハンニバルの意図とそれと結びついている希望を無にし、身代金を払うことを拒否し、それとともに軍隊に対して、敗れたら救いへの希望はないので、勝利するかそれとも死ぬかのどちらかだという掟を打ち立てた。(一二)それゆえ、この結論に達すると、使者のうち誓いに基づいて自由意志で戻る九人を送り出し、策略によって誓いから自由になろうとした者を縛って敵に引渡した。その結果ハンニバルの戦いでの勝利の喜びはローマ人がその熟慮においていかに断固としていて気概があるかを驚嘆とともに知ったときの落胆ほど大きくはなかった。

6　第三巻一一七・㈧—(一一)。

Ⅸ　地理学の断片

五九　そしてある場所はこのようにしてポリュビオスが『世界史』第六巻の中で言うようにアイトーリアーのストラトン周辺のリュンコスと呼ばれている。

228 ローマ軍、イリュリア人の各都市を征圧		
	223 アンティゴノス3世がメガロポリスを占領	223 シュリアでセレウコス3世死去後、アンティオコス3世が王位継承
	222 セッラシアーの戦い。この戦いで敗戦したクレオメネースはアレクサンドレイアへ亡命	
221 ハスドゥルーバルが暗殺される	221 アンティゴノス死去。フィリッポス5世がマケドニア人の王位に就く	221 プトレマイオス3世エウエルゲテスが死去し、プトレマイオス4世フィロパトルが王位を継承
220 ハンニバル、イベリアでの指揮権を受け取る	220 アカイア同盟戦争の始まり(～217)	
	220 カヒュアイの戦い	
220「ザカンタ人の領土に足を踏み入れると戦争である」とローマ人がカルターゴー人に通告		
219 ハンニバルがザカンタを攻囲攻撃占領する	219 ローマ人はルキウス、アエミリウスを司令官とする軍隊をイッリュリアーへ派遣する 同年晩夏にはファロスを占領し、ローマで凱旋行進を行う	219 第4次シュリアー戦争の開始（～217）
218 ハンニバルがピュレナイアー山脈を越えてイタリアへ進軍を開始する。象を引き連れてローヌ川を渡河アルプスの山越えを行ってイタリアへ侵入するトゥレビア河畔での戦い		
217 タルシメネー河畔での会戦	217 ナウパクトスでの会議。同盟戦争の終結	217 第4次シュリアー戦争の終結
216 カンナエの会戦		

253/2 新たに造船編成されたローマ艦隊が嵐に遭遇し150隻以上の船を失う		
	251 シキュオーンのアラートスが祖国を僭主支配から解放し、同盟の一員にする	
249 ローマ艦隊、カマリナ沖で襲われた嵐によって完全に破壊される		
247 カルターゴー人はハンニバルの父であるハミルカル・バルカスを指令官に任命		
		246 プトレマイオス3世エウエルゲテース即位
		246 第3次シュリアー戦争（ラオディケーとベレニケーの間の市民戦争に端を発したもので、241年に和議が成立
	245/4 アラートスがシキュオーンの最初の将軍職に就く	
	243/2 アラートスがアンティゴノスが支配していたアクロコリントスを攻撃し、占拠。コリントス人を同盟に加入させる	
242 ローマ人、海軍政策を再び始めることを決定		
241 ガイウス・ルタティウスを総督とした艦隊がドゥレパナとリリュバイオンを占拠。アエガテス諸島での海戦でローマ艦隊がカルタゴ艦隊に勝利。両軍の間での和平交渉成立．講和条約締結		
241 カルターゴーで傭兵の反乱が始まる		
	240 アンティゴノス2世ゴナタスが死去	
	239 デーメートゥリオス2世がマケドニアー王に即位	
238 傭兵戦争の終結	238 エーペイロスを支援するマケドニア人に対してアイトーリアーとアカイアー同盟の同盟軍が戦争を起こす（デメトゥリオス戦争）	
	231 第1次イッリュリアー戦争始まる（～228）	
229 ハミルカル死去。彼の婿であり、提督であるハスドゥルーバルにイベーリアーの指揮権が渡される	229 イッリュリアー人の女王テウタは前年にローマ人の使節を侮辱して追い返し、以前にも増してギリシア各地への掠奪行為の度を強める。救援の要請を受けたローマは海軍と 陸軍を派遣(第1次イリュリア戦争)	
	229 デーメートゥリオス2世死去、アンティゴノス3世ドソンがマケドニア王国の王位を継承	
	229 メガロポリスの領土にアテネ神殿を建てたラケダイモン人の王クレオメネスに対してアラトスは議会で彼らに対して敵意を示すことを決議(クレオメネス戦争の始まり)	
228 ハスドゥルーバル、イベリアでカルタゴ・ノウァを建設	228 テウタ、ローマに使節を送り講和条約を結ぶ	

	323 アレクサンドロス死去	
328〜304 サムニウム戦争		
315 シュラクーサイの僭主アガトクレスがメッセーネーを占領（〜312)、カンパニア人の傭兵で構成されている守備隊をそこに駐屯させる		
298〜290 第三次サムニウム戦争。この戦争でローマ人は彼らを無力化する		
285 第２次ガリア戦争（〜270)		
		283 セレウコス殺害される
281 タレントゥム人がエーペイロスのピュッロスを招くレギオン人はピュッロスに対する恐れからローマに駐留軍を要請し、カンパニアー人から成る守備隊を置く	281 ガリア人の最初のマケドニアーへの侵入	
280 ピュッロスがイタリアへ渡る		
279/8 ローマ人とカルターゴー人の間で第三の条約が締結される		
278〜275 ピュッロス、シケリアーでカルターゴー人と戦う		
	277 アンティゴノス２世ゴナタスがマケドニアー人の王となる（〜240/39)	
275/4 ヒエローン、シュラクーサイの王となる		
275 ピュッロスがイタリアで戦死。ローマ人がカンパニアー人によって占領されていたレーギオンを攻囲、攻略しその都市をその土地の者に返還。ヒエローンが、メッセーネーを支配していたカンパニアー人に対して出兵し、ロンガノス川で対決し、彼らに決定的な敗北を与える		
	272 エーペイロスのアレクサンドロス２世が父ピュッロスの死去後王位を継承	
264 カルターゴー人によってメッセーネーが占拠、支配されることを恐れたローマはその都市にアッピウス・クラウディウスを司令官とした援軍を送り、メッセーネーを巡る合戦で勝利、すなわち第１次ポエニ戦争の開始（〜241)		
263/2 ローマ人はマニウス・オタキリスとマニウス・ヴァレリウスを司令官とした全軍団をシケリアに派遣		
262 カルターゴー人が基地として防備を固めたアグリゲントゥムをローマ軍が襲撃し、攻囲する		
261 ローマ軍、100隻の五段櫂船と20隻の三段櫂船を造船して艦隊を編成。ミュライ沖での海戦でローマ艦隊がカルタゴ艦隊に初勝利		
255/4 ローマ艦隊がカマリナ沖で嵐による惨事に襲われて壊滅		

年　表

（前216年のカンナエの会戦までの出来事）

年代 ローマ・カルターゴー・シケリアー	年代 マケドニアー・ギリシア	年代 アイギュプトス・小アシアー
前814頃 カルタゴの建国		
		555 キュロス（在位559—529）によるペルシア帝国
		550 キュロスがメーディアーを滅ぼす
		539 ペルシアがバビュローンを征服
		528 カンビュセス（在位528—522）
		524 カンビュセスがアイギュプトスを征服
		522 ダーレイオス1世（在位522—486）
508/7 ローマ人が王を追放し、共和制国家となるその最初の執政官ルキウス・ユニウス・ブルテュスおよびミヌキウス・ホラティウスとカルタゴ人の間で最初の条約が締結される		
	490 第1次ペルシア戦争 マラトーンの戦いでペルシアを破る	
	480 サラミスの海戦でペルシアに勝利	480 クセルクセス（在位486—455）
	479 プラタイアの戦いでペルシアに勝利	
	431 ペロポンネーソス戦争始まる（～404）	
		401 アルタクセルクセスに対して反乱を起こしたキュロスが敗北した後クセノフォーンが1万人のギリシア人の傭兵隊を率いてアルメニアを通って黒海に達する
396 シュラクーサイのディオニュシオスがカルターゴーを破る		396 ラケダイモーン人の王アゲシラオスは8,000人の兵を率いてアシアーへ渡るが、奪略行動以上の事はできなかった
	394 ラケダイモーン人がコノーン敗戦させられる	
387/6 ガッリア人、カピトルを除いたローマを占領	387/6 アンタルキダスの和平	
	371 レウクトラの戦い	
	350 ティマイオス（350—255）	
345 第1次ガッリア戦争（～295）		
343～341 ローマ人の第1次サムニウム戦争（真偽未詳）		
	338 カイローネイアの戦いでフィリッポス2世ギリシア軍を破る	
	336 アレクサンドロスの即位	
	334 アレクサンドロスの遠征	
	323 イッソスの戦い	

索　　　　引

1　ローマ数字は巻を表し、最初の算用数字は章を、それ以降の数字は節を表す。
2　ローマ、カルタゴ以外の固有名詞は原則としてギリシア表記に基づく。

ア

アカイアー同盟 τῶν Ἀχαίων ἔθνος ……………………………………
Ⅱ6,1；Ⅱ12,4；Ⅱ37,7；Ⅱ43,4,5；Ⅱ57,5；Ⅱ60,7；Ⅱ61,9；Ⅲ5,6；Ⅳ1,4；Ⅳ60,1；Ⅴ1,1；Ⅴ5,11；
アカイオス Ἀχαιός ……………………………………
Ⅳ2,6；Ⅳ4,48,2；Ⅳ50,1；Ⅳ51,1,3,4,6； Ⅴ40,7；Ⅴ41,1；Ⅴ42,7；Ⅴ57,2,3,7；Ⅴ58,1；Ⅴ61,6；Ⅴ67,13；Ⅴ72,1,10；Ⅴ74,7,8,9；Ⅴ75,7,9,；Ⅴ76,2,7,8；Ⅴ77,1,2,8；Ⅴ78,4；Ⅴ87,2,8；Ⅴ
アガティノス Ἀγάιινος ……………………………Ⅴ95,3；
アガトクレース Ἀγαθοκλῆς（リュシマコスの子）……………Ⅰ7,2；Ⅰ82,8；
アガトクレース Ἀγαθόκλης（プトレマイオス４世の宰相）………Ⅴ63,1；4；
アカルナーネス人 οἱ Ἀκαρνᾶνες ……………………………………
Ⅱ6,9；Ⅱ45,1；Ⅱ66,6；Ⅳ5,10；Ⅳ6,2；Ⅳ9,5；Ⅳ11,6；Ⅳ15,1；Ⅳ25,3；Ⅳ30,2,4；Ⅳ63,3；Ⅴ3,3,9；Ⅴ6,1；Ⅴ13,1；
アカルナニアー Ἀκαρνανία………Ⅳ63,5,7；Ⅳ65,9；Ⅴ3,7；Ⅴ4,4；Ⅴ5,2；
アクテー ἡ Ἀκτή ……………………………Ⅴ91,8；
アクティオン Ἄκτιον ……………………………Ⅳ63,4；
アクライ Ἄκραι ……………………………Ⅴ13,8；
アクリアイ Ἀκρίαι ……………………………Ⅴ19,8；
アグリアーネス人 Ἀγριᾶνες（トゥラケーの部族） ………Ⅱ65,2；, Ⅴ79,6；
アクラガース ἡ τῶν Ἀκραγαντίνων πόλις ……………………………………
Ⅰ17,5,6,8；Ⅰ31,20；Ⅰ23,4；Ⅰ27,5；Ⅰ43,2,8；
アグリニオン Ἀγρίνιον（アイトリア人の町） ……………………Ⅴ7,7
アクロコリントス ὁ Ἀκροκόρινθος ……………………………………
Ⅱ50,9；Ⅱ51,6；Ⅱ52,4,5；Ⅱ54,1；Ⅳ8,4；
アグーロン Ἄγρων（イリュリア人の王） ……………………Ⅱ2,4；Ⅱ4,6；
アゲーシポリス Ἀγησίπολις ……………………………Ⅳ35,10
アゲシラオス Ἀγησίλαος（ラケダイモン人の王） ……………Ⅲ6,11；Ⅳ35,13
アゲータス Ἀγήτας ……………………………Ⅴ91,1；Ⅴ96,4
アゲーマ［部隊］ ἄγημα ……………………………Ⅴ25,1；
アケッライ族 Ἀχέρραι ……………………………Ⅱ34,4,9；
アゲラーオス Ἀγέλαος（ナウパクトスの人、前217年の演説で有名） …………
Ⅳ16,10；Ⅴ3,1；Ⅴ103,9—105,1；Ⅴ107,5—7
アケローオス川 ὁ Ἀχελῷος ποταμός ……………………………………
Ⅳ63,7,11；Ⅳ64,2；Ⅴ6,6；v7,3,6；Ⅴ13,10
アゴーネス族 Ἄγωνες ……………………………Ⅱ15,8；
アザニス地方 ἡ Ἀζανίς ……………………………Ⅳ70,3
アシアー ἡ Ἀσία ……………………………………
Ⅰ2,5；Ⅰ3,3；Ⅰ6,5；Ⅰ37,6；Ⅲ3,6；Ⅲ5,2；Ⅲ6,10；Ⅲ37,2；Ⅲ38,1；

Ⅳ28,3；Ⅳ39,6；Ⅳ43,4；Ⅳ44,7；Ⅳ50,4；Ⅴ10,8；Ⅴ30,8；Ⅴ45,2；Ⅴ67,10；Ⅴ78,4；Ⅴ87,9；
アシネー　Ἀσίνη……Ⅴ19,5；
アスクレーピオス神殿　Ἀσκληπιός……Ⅰ18,2；
アスパシアノス　Ἀσπασιανός……Ⅴ79,7；
アスパシオス　Ἀσπάσιος……Ⅴ94,6；
アスピス　ἡ Ἀσπίς　アフリカの町……Ⅰ29,2；Ⅰ34,10；Ⅰ36,12；
アスペンディオイ　Ἀσπένδιοι……Ⅴ73,3,4
アタビュリオン　τὸ Ἀταβύριον（旧約聖書のタボル山）……Ⅴ70,6,12；
アタマーネス　Ἀθαμᾶνες……Ⅳ16,9；
アッタロス１世ソーテール　Ἄτταλος……
Ⅲ3,2；Ⅲ5,2；Ⅳ48,1,2；Ⅴ41,2；Ⅴ77,1,2,7；Ⅴ78,3,6；
アッティケー　ἡ Ἀττική……Ⅴ29,5；
アッティコス　Ἀττικός……Ⅱ62,7；
アデーイマントス　Ἀδείμμαντος……Ⅳ22,8；Ⅳ23,5
アティリウス、アウルス　Ἀτίλιος Αὖλος（前258/７年の執政官）……
Ⅰ24,9；Ⅰ38,6；
アティリウス、ガイウス　Ἀτίλιος, Γάιος（前250/49年の執政官）……
Ⅰ39,15；Ⅰ41,3—48,11
アティリウス、ガイウス　Ἀτίλιος, Γάιος（前257の執政官）……Ⅱ27,1—28,10
アティリウス、マルクス　Ἀτιλίος, Μάρκος（前256/５の執政官）……
Ⅰ26,11—Ⅰ28,14；Ⅰ29,1—30,10；Ⅰ31,1—8；Ⅰ32,1—34,12；Ⅰ35,1
アティリウス、マルクス　Ἀτίλιος, Μάρκος（前217年の執政官）……
Ⅲ106,2；Ⅲ116,11；Ⅲ114,6
アティンターネス人　οἱ Ἀτιντᾶνες,
アテーナイ人　οἱ Ἀθηναῖοι……Ⅰ63,8；Ⅱ12,8；Ⅱ62,6；Ⅳ44,4；Ⅳ49,3；
アテーナイオン　τὸ Ἀθήναιον……Ⅳ37,4；
アテネー神殿（カルキオイコスの）　τὸν τῆς Ἀθηνᾶστῆς Χαλκιοὐκουνεὼν……
Ⅳ35,2；,
アテネー神殿（イトニアの）　τὸ τῆς Ἀθηνᾶστῆς Ἰτωνίας ἱερόν……Ⅳ25,2
アデュス　Ἄδυς（アフリカの町）……Ⅰ30,4；
アドア川　ὁ Ἀδόας……Ⅱ32,2；
アデイガネス人　Ἀδειγάνες……Ⅴ54,10；
アドヘルバル　Ἀτάρβας（カルタゴ人の指導者）……
Ⅰ44,1；Ⅰ46,1；Ⅰ49,4；Ⅰ50,6；Ⅰ52,1；Ⅰ53,1；
アドリア海　ἡ Ἀδρίας……
Ⅰ2,4；Ⅱ12,4；Ⅱ16,12；Ⅱ26,1；Ⅲ47,4；Ⅲ61,11；Ⅲ87,1；Ⅲ88,1；Ⅲ110,9；

アドリア湾　ὁ τοῦ παντὸς Ἀδρίουμυχός ……………………………Ⅱ14,6；
アナレス族　οἱ Ἄναρες（アルプスのこちら側のガリア人の一部族）……………
　Ⅱ17,7；Ⅱ34,8；
アネーロエストス　Ἀνηρόεστος, Ἀνηροέστης（ガッリアのガエサタ族の王）…
　Ⅱ22,2；Ⅱ26,5；Ⅱ31,2；
アパメイア　ἡ Ἀπάμεια（シリアの町）………………………………………
　Ⅴ45,7；Ⅴ50,1,10；Ⅴ56,15；Ⅴ58,2；Ⅴ59,1；
アピア平原　τὸ Ἀπίας πεδίον ………………………………………Ⅴ77,9；
アビュドス　Ἄβυδος ヘレースポントス海峡にある町 …………………Ⅳ44,6；
アビラ　Ἄβιλα …………………………………………………………Ⅴ71,2；
アビリュクス　Ἀβίλυξ ………………………………………Ⅳ98,2；Ⅳ99,6
アプテラ人　οἱ Ἀπτεραῖοι（クレタの部族）……………………………Ⅳ55,4；
アフロディテー神殿（エリキュナの）　Ἀφροδίτη ………………Ⅰ55,6；Ⅱ7,9；
（エリュクス）のアフロディテの聖域 ……………………………………Ⅱ7,9；
アフロディテー神殿（サグントゥム）……………………………………Ⅲ97,6；
アペラウロン　τὸ Ἀπέλαρυρον（ステュンファロスの近くの山）………Ⅳ69,1；
アペッレース　Ἀπελλῆς ………………………………………………………
　Ⅳ76,1,3,7,9；Ⅳ82,2；Ⅳ84,1,7；Ⅳ85,2,6；Ⅳ86,1,8；Ⅳ87,1,8,9；Ⅴ1,9；Ⅴ2,8；Ⅴ4,10；Ⅴ16,6；Ⅴ26,2,3,5,7,11,14,15,16；Ⅴ27,3；Ⅴ28,5,8；Ⅴ29,3；
アペンニヌス山脈　ὁ Ἀπεννῖνος ………………………………………………
　Ⅱ14,8；Ⅱ16,1,4；Ⅱ24,7；Ⅲ86,3；Ⅲ90,7；Ⅲ110,8；
アポッローニアー１　Ἀπολλωνία, ἡ τῶν Ἀπολλωνιάτων πόλις（イリュリアの町）………………………………Ⅱ9,8；Ⅱ11,6；Ⅴ109,6；Ⅴ110,1,3；
アポッローニアー２　Ἀπολλωνία（アッシリアの町）　………………Ⅴ52,3,7
アポッローニア人　Ἀπολλωνιάται……………………………………Ⅱ9,8；
アポッローニアース地方　ἡ Ἀπολλωνιᾶτις …Ⅴ43,8；Ⅴ44,6；Ⅴ51,8；Ⅴ52,5
アポッローンの聖域　Ἀπόλλων …………………………………………Ⅴ19,3；
アポッロドーロス　Ἀπολλόδωρος（アンティオコス３世によって任命されたスシアナの司令官）………………………………………………………54,12；
アポッロファネース　Ἀπολλοφάνης（アンティオコス３世の侍医）　…………
　Ⅴ56,1,5,6,7,；
アミュクライ　αἱ Ἀμύκλαι………………Ⅴ18,3；Ⅴ19,1,2；Ⅴ20,12；Ⅴ23,7；
アミュケー平原　τὸ Ἀμύκης πεδίον ………………………………Ⅴ59,10；
アミュナース　Ἀμυνᾶς ……………………………………………………Ⅳ16,9；
アミュンタース　Ἀμύντας（フィリッポス２世の父）……………………Ⅱ48,2；
アラクソス　ὁ Ἄραξος（アカイアの岬）………………………　Ⅳ59,4；65,10
アラートス　Ἄρατος ………………………………………………………………

Ⅰ3,2；Ⅱ40,2,4；Ⅱ43,3,7；Ⅱ44,3；Ⅱ46,1,4,5；Ⅱ47,4；Ⅱ48,2,8；Ⅱ49,6,9,10；Ⅱ50,1,11；Ⅱ51,5；Ⅱ52,3,4,6；Ⅱ56,1,6；Ⅱ57,1,4,8；Ⅱ59,8；Ⅱ60,2；Ⅳ2,1；Ⅳ6,7；Ⅳ8,1；Ⅳ10,1,3,8,9；Ⅳ11,3,6；Ⅳ14,1,4,7,8；Ⅳ19,1,11；Ⅳ24,3；Ⅳ37,1；Ⅳ60,2；Ⅳ67,8；Ⅳ70,2；Ⅳ72,7；Ⅳ76,8,9；Ⅳ82,3,4,5.6.8；Ⅳ84,1,7,8；Ⅳ85,1,3,4；Ⅳ86,2,5,8；Ⅴ1,7,8,9；Ⅴ5,8,10；Ⅴ7,4；Ⅴ12,5,7；Ⅴ15,3,6,8；Ⅴ16,1,10；Ⅴ23,7；Ⅴ26,6；Ⅴ27,3；Ⅴ28,9；Ⅴ91,1,4；Ⅴ92,1,7；Ⅴ93,9；Ⅴ95,5；

アラドゥスの人々　Ἀράδιοι ……Ⅴ68,7

アラディオイ　Ἀράδιοι ……Ⅴ68,7；

アラビアー　ἡ Ἀραβία ……Ⅴ71,1,4；

アラビア人　οἱ Ἄραβες ……Ⅴ71,4；Ⅴ79,8；Ⅴ82,12；Ⅴ85,4

アリアラテス４世　Ἀριαράθης ……Ⅲ3,6；；Ⅲ5,2；Ⅳ2,8；

アリストクラテス王　Ἀριστοκράτης（アルカディアの王）……Ⅳ33,6；,

アリストゲイトーン　Ἀριστογείτων ……Ⅴ94,5；

アリストファントス　Ἀριστόφαντεςアカルナニアの執政官 ……Ⅴ6,1；

アリストマコス　Ἀριστόμαξος（アルゴスの僭主）……
Ⅱ44,6；Ⅱ59,1,4,5,7,9；Ⅱ60,1；

アリストメネス　Ἀριστομένης（メッセニアの王） ……Ⅳ33,2,

アリストメネス戦争　ὁ Ἀριστομένειος πόλεμος ……Ⅳ33,5

アリストン　Ἀρίστων（アイトリアの執政官）……Ⅳ5,2；Ⅳ9,9；Ⅳ17,1

アリディケース　Ἀριδίκης ……IV52,2

アルテミドーロス　Ἀρτεμίδωρος（シュラクサイの執政官） ……Ⅰ8,3

アリフェイラ　Ἀλίφειρα ……Ⅳ78,1

アリミノン　Ἀρίμινον ……
Ⅱ23,5；Ⅱ26,1；Ⅲ61,10；68,13,4,6；Ⅲ77,1；Ⅲ88,8

アルカース　Ἀρκάς ……Ⅳ77,8

アルカディアー　ἡ Ἀρκαδία……
Ⅱ54,2；Ⅱ56,6；Ⅱ62,11；Ⅳ17,3；Ⅳ20,2,3；Ⅳ21,5,8：Ⅳ70,1；

アルカディア人　Ἀρκάδες ……Ⅳ20,3,4,7；Ⅳ21,3,7；Ⅳ32,3,5；Ⅳ70,3；

アルカディア族……Ⅱ38,3；

アルカメネース ……Ⅳ22,11

アルギダモス　Ἀρχίδαμος（スパルタの王）……
Ⅳ35,13；Ⅳ57,7；Ⅳ58,9；Ⅴ37,2,3,4,5；

アルキビアデース　Ἀλκιβιάδης……Ⅳ44,4,

アルギュリッパ　Ἀργυριππανοὶ ……Ⅲ88,6；Ⅲ118,3

アルキメーデース　Ἀρχιμήδης ……Ⅴ１；Ⅵ７

アルゴス　Ἄργος……
Ⅱ52,2；Ⅱ53,2,6,；Ⅱ59,1；Ⅳ82,1；Ⅳ87,13；Ⅴ18,1；Ⅴ20,4,10；Ⅴ24,

アンタノール　Ἀντάνωρ……………………………………………Ⅴ94,5；
アンタルキダース和平　Ἀνταλκίδας ………………………Ⅰ6,2；Ⅳ27,5
アンティウム　Ἀντιάται（ラテンの民族）………………Ⅲ22,11；Ⅲ24,16
アンティオキア地方　Ἀντιόχεις ……………………………………Ⅴ59,5
アンティオケイア　Ἀντιόχεια（ミュグドニアの） ………………………
Ⅴ43,4；Ⅴ51,1；Ⅴ59,10；Ⅴ60,4；
アンティオコス　Ἀντίοχος
アンティオコス3世……………………………………………………………
Ⅰ3,1；Ⅲ2,3,8；Ⅲ3,3,4；Ⅲ6,4；Ⅲ7,1,2,3；Ⅲ1,2,8；Ⅳ37,5；Ⅳ48,5,6；Ⅳ51,3；Ⅴ24,8；Ⅴ29,8；Ⅴ31,1,8；Ⅴ34,2；Ⅴ40,5；Ⅴ41,2,6,7,8,9；Ⅴ42,5；43,3；Ⅴ46,2；Ⅴ48,17；Ⅴ51,1；Ⅴ55,3,4；Ⅴ56,4,6,10；Ⅴ57,1,3；Ⅴ59,1；Ⅴ9,10；Ⅴ61,4.5；Ⅴ62,2,4,7；Ⅴ67,2,4,9,13；Ⅴ69,2；Ⅴ71,11；Ⅴ73,4；Ⅴ79,1,3,4,13；Ⅴ80,4,6；Ⅴ82,2,8；Ⅴ83,3；Ⅴ84,1,8；Ⅴ85,5,7,11；Ⅴ86,3,5,8；Ⅴ87,1,4,8；
アンティオコス4世エピファネス………………………………………Ⅲ3,8,
アンティオコス・ヒエラックス……………………………………………Ⅴ74,4；
アンティゴネイア　ἡ Ἀντιγόνεια ……………………………Ⅱ5,6；Ⅱ6,6
92,93,
Ἀντίγονος
アンティゴノス1世（前381—301マケドニアの王位）……Ⅰ63,7；Ⅴ67,6,7,8；
アンティゴノス・ゴナタス ………………………Ⅱ41,10；Ⅱ43,9；Ⅱ45,1；
アンティゴノス3世ドソン……………………………………………………
Ⅱ45,1,3；Ⅱ47,5；Ⅱ48.,4.5：Ⅱ50,1,4,5,6；Ⅱ51,4；Ⅱ52,6；Ⅱ54,1,8；Ⅱ55,1,2；Ⅱ56,6；Ⅱ57,2；Ⅱ59,1；Ⅱ60,2；Ⅱ64,1,3,6；Ⅱ65,11,13Ⅱ68,1,3,9, Ⅱ70,1；Ⅲ16,3；Ⅳ1,9；Ⅳ3,2；Ⅳ9,4；Ⅳ16,5；Ⅳ22,4；Ⅳ69,5；Ⅳ76,1；Ⅳ82,3；Ⅳ87,5,6；；Ⅴ9,8；Ⅴ34.2：Ⅴ35,2；Ⅴ52,9,11；Ⅴ55,10；Ⅴ63,13；Ⅴ66,1,4,9；Ⅴ68,1,7；Ⅴ89,6；Ⅴ93,8
アンティパトロス　Ἀντιπάτρος（アンティオコス3世の甥） ………………
Ⅴ10,4；Ⅴ16,6；Ⅴ79,12；Ⅴ82,9；Ⅴ87,1；Ⅴ87,4；
アンドゥロマコス（アスペンドス出身） Ἀνδρόμαχος ……………………
Ⅳ51,2；Ⅴ64,4)；Ⅴ83,1；Ⅴ85,9；Ⅴ87,6；
アンドゥロロコス　Ἀνδρόλοχος …………………………………Ⅴ94,5；
アンフィクチュオネス　οἱ Ἀμφικτύονες ……………………………Ⅳ25,8
アンブラキア　ἡ Ἀμβρακία ………………………………………Ⅳ61,2,7
アンブラキア湾　ὁ Ἀμβρακικὸς κόλπος ………………Ⅴ5,12；Ⅴ18,8
アンティンタネス族 ……………………………………………………Ⅱ5,8
アンティリバノン　ὁ Ἀντιλίβανον ……………………Ⅴ45,9；Ⅴ59,10
アンドシノイ人　οἱ Ἀνδοσῖνοι ……………………………………Ⅲ35,3

アンドバレース　Ἀνδοβάλης ……………………………………………………Ⅲ76,6
アンドゥロマコス　Ἀνδρόμαχος（アスペンドス出身）……Ⅴ64,4；Ⅴ65,3,4；
アンフィダモス　Ἀμφίδαμος …………………Ⅳ75,6；Ⅳ84,2,3,8；Ⅳ86,3,5,7
アンブリュッソス　Ἄμβρυσος ……………………………………………………Ⅳ25,2
アンモーニオス（バルカイオスの）　Ἀμμώνιος ὁ Βαρκαῖος …………Ⅴ65,8；

イ

イアソーン　Ἰάσων ……………………………………………………………Ⅳ39,6
イアピュギア人 ……………………………………………………Ⅰ24,11；Ⅲ88,3
イオニア海　ὁ Ἰόνιος πόρος ……………………………………………………Ⅱ14,5
イサラス川　Ἰσάρας ……………………………………………………………Ⅲ49,6
イストゥモス　Ἰσθμός ……………………Ⅱ12,8；Ⅱ52,5；Ⅲ32,3；Ⅳ13,5；
イッサ　ἡ Ἴσσα ………………………………………………………Ⅱ8,5；Ⅱ11,15；
イッサ人　οἱ Ἰσσαῖοι …………………………………………………………Ⅱ11,12
イセアス　Ἰσέας ………………………………………………………………Ⅱ41,14
イストゥロス川　ὁ Ἴστρος ποταμός ……………………………………Ⅰ2,4；
イタリア　ἡ Ἰταλία………………………………………………………………
Ⅰ3,2；Ⅰ5,2；Ⅰ6,2,6；Ⅰ10,6,9；Ⅰ12,7；Ⅰ20,7；Ⅰ21,3,10,11；Ⅰ42,1,5；Ⅰ55,7；56,2,7,10；Ⅱ1,1；Ⅱ7,8；Ⅱ20,6；Ⅱ39,1；Ⅱ41,11；Ⅲ2,6；Ⅲ15,13；Ⅲ16,6；Ⅲ23,5；Ⅲ25,1；Ⅲ26,3；Ⅲ32,2；Ⅲ33,18；Ⅲ34,5；；Ⅲ36,1；Ⅲ39,10；Ⅲ44,7；Ⅲ47,5；Ⅲ49,4；Ⅲ54,2；Ⅲ57,1；Ⅲ59,9；Ⅲ76,5；Ⅲ77,6；Ⅲ86,2；Ⅲ87,5；Ⅲ95,1；Ⅲ96,1；Ⅲ1110,9；Ⅲ118,5,9；Ⅳ1,1；Ⅴ1,3；Ⅴ29,7；Ⅴ33,4；
イタリア人　οἱ Ἰταλιῶται ……………………………………Ⅲ85,3；Ⅲ118,4
イトーニアー　ἡ Ἰτωνία ………………………………………………………Ⅳ25,2
イトーリアー　Ἰθωρία（アイトリアの要塞、フィリッポス5世によって抹消される）………………………………………………………………………Ⅳ64,9
イベール川　ὁ Ἴβηρ ποταμός ………………………………………………………
Ⅱ13,7；Ⅲ6,2；Ⅲ14,9；Ⅲ15,5；Ⅲ27,9；Ⅲ29,3；Ⅲ30,3；Ⅲ35,2；Ⅲ39,6；Ⅲ40,2；Ⅲ76,6,8；Ⅲ95,1；Ⅲ96,6；Ⅲ97,5；Ⅳ28,1
イベーリアー　ἡ Ἰβηρία ………………………………………………………
Ⅰ10,5；Ⅰ13,1,4；Ⅱ1,6；Ⅱ13,1,2,3；Ⅱ22,7,9；Ⅱ36,1,3；Ⅲ3,1；Ⅲ10,5,6；Ⅲ11,5；Ⅲ13,2,3；Ⅲ15,1,13；Ⅲ17,1,3,5；Ⅲ21,4；Ⅲ27,9；Ⅲ33,17；Ⅲ34,1；Ⅲ35,1,6；Ⅲ39,4,；Ⅲ40,2；Ⅲ49,4；Ⅲ57,3；Ⅲ59,7；Ⅲ61,8；Ⅲ76,1,4；Ⅲ87,5；Ⅲ89,6；Ⅲ96,7；Ⅲ97,1,4；Ⅲ100,1；Ⅲ106,7；Ⅲ118,10Ⅴ1,4；Ⅴ33,4；Ⅳ28,1

イベーリアー人　οἱ Ἴβηρες ……………………………………………………………
Ⅰ16,4；Ⅲ33,5；Ⅲ36,6；Ⅲ39,4；Ⅲ56,4；Ⅲ72,8；Ⅲ76,4；Ⅲ79,1；Ⅲ83,2；Ⅲ94,6；Ⅲ98,6；Ⅲ99,7；Ⅲ113,7,8,9；Ⅲ114,2,4；Ⅲ115,2,5；Ⅴ13,5；
イリオン　τὸ Ἴλιον……………………………………………………………Ⅴ78,6；
イッリュリアー　Ἰλλυριόι……………………………………………………………
Ⅰ13,4；Ⅱ44,2；Ⅲ16,1,7；Ⅳ16,6；Ⅳ29,3；Ⅳ37,4；Ⅳ65,4；Ⅳ66,8；Ⅴ4,3；
イッリュリアー人　οἱ Ἰλλυριοί ……………………………………………………
3,3,5,6,8；Ⅱ6,3,4,9；Ⅱ8,1,3,5,8,11；Ⅱ9,3,5,7,8；Ⅱ10,1,3,8；Ⅱ65,4；Ⅱ66,5,10；Ⅱ67,7；Ⅱ68,9；Ⅱ70,1；Ⅲ16,3；Ⅲ19,6；Ⅲ107,8；Ⅳ55,2；Ⅴ7,11；Ⅴ22,9；Ⅴ23,3,4,6；
イレルゲータイ人　οἱ Ἰλεργῆται ……………………………………………Ⅲ33,15；
イルールゲータイ族　οἱ Ἰλουργῆται ……………………………………………Ⅲ35,2
インスブレス族　οἱ Ἴνσουβρες ……………………………………………………
Ⅱ22,1；Ⅱ23,2；Ⅱ28,3,7；Ⅱ30,6；Ⅱ32,2,5；Ⅱ34,3,5；Ⅱ35,1；Ⅲ56,3；Ⅲ60,8
インド人　Ἴνδοι ……………………………………………………Ⅰ40,15；Ⅲ46,11

ウ

ウーアカイ族　οἱ Οάκκαῖοι（イベリアの民族）　…………………Ⅲ5,1；Ⅲ15,1
ウァディスモニス湖　ἡ Ὀάδμων λίμνη（エトルリアの湖）………………Ⅱ20,2
ウァレリウス、マニウス　Οὐαλέριος, Μάνιος（前263年の執政官）　…………
Ⅰ16,1,5；；Ⅰ17,6
ウァレリウス、ルキウス　Οὐαλέριος, Λεύκιος（前261年の執政官）　……Ⅰ20,4
ウェスティニ人（イタリアの民族）　……………………………………Ⅱ24,12
ウェネウェンタネ　ἡ Οὐενεουεντανή（イタリアの民族）…………………Ⅲ90,8
ウェヌシア　Οὐενουςία（アプリアの町）……………………Ⅲ116,13；Ⅲ117,2,
ウェネティ族　Οἐένετοι（アルプスのこちら側のガリアの民族）…………………
Ⅱ17,5；Ⅱ18,3；Ⅱ23,2；Ⅱ24,7
美しい岬……………………………………………………Ⅲ22,5；Ⅲ23,1；Ⅲ24,2,4
ウティカ　ἡ Ἰτύκη,ἡ τῶν Ἰτυκαίων πόλις（カルタゴの近くのアフリカの都市）
Ⅰ70,9；Ⅰ73,5；Ⅰ76,1；Ⅰ76,9；
ウティカ人　οἱ Ἰτυκαῖοι ……………………………………………………………
Ⅰ73, 3, 5；Ⅰ74, 3；Ⅰ75, 3；Ⅰ76, 1, 9；Ⅰ82, 8；Ⅰ83, 11；Ⅰ88, 2；Ⅲ24, 1, 3
ウンブリア　ἡ τῶν Ὄμβρών χώρα ……………………………………………Ⅲ86,9

エ

エレウテルナイオス人　οἱ Ἐλευθεναῖοι……………………………Ⅳ53,2；Ⅳ55,4
エッレポロス川　ὁ Ἐλλέπορος ποταμός ……………………………………Ⅰ6,2
エンナ　ἡ Ἔννα（シケリアの町）……………………………………Ⅰ24,12,
エンポリア　Ἐμπόρια（アフリカのカルタゴ人支配下の町）　Ⅰ82,6；Ⅲ23,2；
エンポリオン　Ἐμπόριον（イベリアの町）……………………Ⅲ39,7；Ⅲ76,1

オ

オイアンテイア　Οἰάνθεια（アイトリア人支配の町）……………………Ⅳ57,2,
オイニアダイ　Οἰνιάδαι（アカルナニアの端の沿岸の町）………………Ⅳ65,2,5
オイヌース川　ὁ Οἰνοῦς ποταμός ………………………………Ⅱ65,8；Ⅱ66,7
オイボーニオン　τὸ Οἰβώνιον（ブルッティウムの町）……………………Ⅲ88,6
オイニス　Οἶνις（メッセニアの監督官）…………………………………Ⅳ31,2
オーギュゴス　Ὤγυγος（アカイア人の最後の王）…………………Ⅱ41,5；Ⅳ1,5
オタキリス、マニウス……………………………………………………………Ⅰ16.1
オタキリス、ティトゥス…………………………………………………………Ⅰ20,4
オネイア山　τὰ Ὄνεια（コリントスのイストモス付近）…………………Ⅱ52,5
オーミアス　Ὠμίας（ラケダイモン人のフィリッポス５世への使節団長）………
Ⅳ23,4；Ⅳ24.8
オラナ　Ὄλανα（パドゥス川の古代の河口）……………………………Ⅱ16,10
オリュギュルトス　ὁ Ὀλύγυρτος（アルカディアの山）………Ⅳ11,5,6；Ⅳ70,1
オルコメノス　ὁ Ὀρχομενός（オルコメノス人の町）……………………………
Ⅱ46,2；Ⅱ54,10；Ⅳ6,5；Ⅳ11,3；
ὁ ὀρχομένιος ………………………………………………………………Ⅳ11,13
オレイコン山　τὸ καλούμενον Ὀρεικόν ……………………………Ⅴ52,3；
オレステース　Ὀρέστης（ティッサメノスの父）…………………Ⅱ41,4；Ⅳ1,5
オレーテス人　Ὀρῆτες（イベリアの住民）……………………………Ⅲ33,9,
オロフェルネース　Ὀροφέρνης（デメトゥリオス４世の助けを借りてアリアラッテ５世を追放）……………………………………………………Ⅲ5,2
オロンテース川　ὁ Ὀρόντης ποταμός ………………………………Ⅴ59,10；

カ

カイローネイア　Χαιρώνεια（ボイオティアの町、そこでアテネ人がフィリッポス２世によって敗れる）……………………………………………Ⅴ10,1；
カウァロス　Καύαρος（ビュザンティオンに住むガリア人の王、彼の治世の時

にトラキア人によって征圧）……………………………………Ⅳ46,4；Ⅳ52,1；
カエキリウス、ルキウス …………………………Ⅰ39,7；Ⅰ40,1,4,5,16；Ⅰ19,8
ガイサタイ人　οἱ Γαισάται（アルプスおよびロダヌス河畔に住むガッリア人）
…………………………………Ⅱ22,1,2；Ⅱ28,3,8；Ⅱ30,2；Ⅱ34,2；Ⅱ23,1；
ガイサタイ・ガリア人……………………………………………………………Ⅱ23.1
ガザ　Γάζα（ガザイオス人の町）…………………………Ⅴ68,2；Ⅴ86,4；Ⅴ80,4
カシオン山　τὸ Κάσιον（ペルシウム近くの山）…………………………Ⅴ80,2；
カスピ人の城門　αἱ Κάσπιαι πύλαι ……………………………………Ⅴ44,5；
カッサンドゥロス１　Κάσσανδρος（アンティパトロスの息子）…………………
Ⅱ41,10；Ⅴ67,8
カッサンドゥロス２　Κάσσανδρος…………………………………………Ⅴ95,3；
ガダラ　τά Γάδαρα（デカポリスの有名な町、スキュトポリスからは16マイル）
Ⅴ71,3；
カドゥーシオイ人　Καδούσιοι（アジアの民族）………………Ⅴ44,9；Ⅴ79,7；
カドゥメイア　ἡ Καδμεία（テーバイ人の要塞）…………………………Ⅳ27,4
カニュシオン　Κανύσιον（アプリアの町）……………………………Ⅲ107,3
カノーボス　Κάνωβος（エジプトの町）…………………………………Ⅴ39,1；
カッパドキア　ἡ Καππαδοκία ……………………………………………Ⅲ5,2
カピトリウム　τὸ Καπετώριον ………………Ⅰ6,2；Ⅱ18,2；Ⅱ31,5；Ⅵ19,6
カヒュアイ　αἱΚαφύαι（アルカディアの町）…………………………………
Ⅱ52,2；Ⅳ11,2；Ⅳ12,13,14；Ⅳ13,3；Ⅳ68,6；Ⅳ70,1
カピュエー　ἡ Καπύη……………………Ⅱ17,1；Ⅲ90,10；Ⅲ91,2；Ⅲ118,3
カピュエー人 ……………………………………………………………………Ⅲ118,2
カマリナ人　οἱ Καμαριναῖοι（シケリアの町）……………Ⅰ24,12；；Ⅰ37,1
カムース　Καμοῦς ………………………………………………………Ⅴ70,12；
カメルティアイ人　ἡ Καμερτίων χώρα ……………………………………Ⅱ19,5
ガラティス　ἡ Γαλᾶτις パレスティナの地域……………………………Ⅴ71,2；
ガラトス　Γάλατος ……………………………………………………………Ⅱ21,5
カラマイ　αἱ Καλάμαι ………………………………………………………Ⅴ92,4；
カラモス　Κάλαμος …………………………………………………………Ⅴ68,8；
カリア　Καρία………………………………………………Ⅲ2,8；Ⅴ36,5；Ⅴ41,2
ガリア……………………Ⅱ19,12；Ⅱ22.6；Ⅲ40,3；Ⅲ59.7；Ⅲ87,2；Ⅲ118,6
ガッリア人１　οἱ Γαλάται（ヨーロッパのガリア人、他の箇所ではκελτοιと呼ばれている）……………………………………………………………………………
Ⅰ6,3,5；Ⅰ77,1,4；Ⅰ79,8；Ⅰ80,1Ⅱ5,4；Ⅱ7,5；Ⅱ18,3；Ⅱ19,4,7,12；
Ⅱ20,7,8,10；Ⅱ21,1,3,8,9；Ⅱ22,1；Ⅱ23,7,13；Ⅱ24,8；Ⅱ26,4；Ⅱ31,5；Ⅱ33,5；Ⅱ34,10；Ⅱ35,3,9；Ⅱ36,1；Ⅲ16,2；Ⅲ50,6；Ⅲ54,3；Ⅲ67,8；Ⅳ38,6；Ⅳ45,9；Ⅳ52,1

ガッリア人２　（アジアのガリア人、彼らは決してΚελτοιとは呼ばれない）……
Ⅱ65,2；Ⅲ3,5；Ⅴ3,2；Ⅴ17,4；Ⅴ53,3,8；Ⅴ65,10；Ⅴ79,1；Ⅴ82,5；Ⅴ77,2—78,6；Ⅴ111,2,4,5,7；
ガッリア人３　（デルフォイで抹消された）……………………………………
Ⅰ6,5；Ⅱ20,6；Ⅱ35,7,9；Ⅳ38,6；Ⅳ45,9；Ⅳ46,1,4；
ガッリア人４　ἡ Γαλατία（アルプスのこちら側のガリア人）…………………
Ⅱ19,9,12；Ⅱ21,7；Ⅱ24,8；Ⅲ40,3；Ⅲ87,2；Ⅲ106,6；Ⅲ118,6
ガッリア人５　ἡ Γαλατία（一部はアルプスのこちら側の、一部はあちら側のガリア人）…………………………………………………Ⅱ22,6；Ⅲ59,7；
ガッリア部族……………………………………………………………………Ⅲ41,6
ガッリア平原……………………………………………………………………Ⅲ86,2
カリアー　Καρία………………………………………………………………Ⅴ35,5；
カッリゲイトーン　Καλλιγείτων ……………………………………………Ⅳ52,5,
カリクセノス　Χαρίξενος（アイトリア人の支配者）……………………Ⅳ34,9
カッリステネース　Καλλισθένης ……………………………………………Ⅳ33,2
カリュネイア　ἡ Καρύνεια（アカイアの町）…………Ⅱ41,8；Ⅱ41,14　Ⅱ43,2
カリュネイア人　οἱ Καρυνεῖς ………………………Ⅱ10,5；Ⅱ41,14；Ⅱ43,2；
カリュドーニア　ἡ Καλυδωνία（アイトーリア人の地域）……Ⅳ65,6；Ⅴ95,11
カルキオイコスの神域　τὸ τῆς Χαλκιοίκου τέμενος（コリントスのアテネ神殿）
……………………………………………………………………………Ⅳ22.8：
カルキオイコスのアテネ神殿　τὸν τῆς Ἀθηνᾶς τῆς Χαλκιοίκου νεῶν …Ⅳ35,2
カルキス　ἡ Χάλκις（エウボイアの町）……………………Ⅴ2,8,9；Ⅴ26,2,3；
カルキディコン山　τὸ Χαλκιδικοςν ὄρος（シケリアの山）……………Ⅰ11,8、
カルケイア　τὰ Χάλκεια（アイトリアの沿岸の町）……………………Ⅴ94,8；
カルケードン　ἡ Καλχηδών（プロポンティスおよびボスポロス・トラキアにある町）…………………………………………Ⅳ39,5；Ⅳ43,8；Ⅳ44,10；
カルケードン人　οἱΚαλκηδόνιοι ……………………………………………Ⅳ43,10
カルサローン　Καρθάλων（カルタゴ人、アドヘルバルと同僚の司令官）………
Ⅰ53,2；Ⅰ54.6
ガルシュエリス　Γαρσύηρις（アカイオスによってペドネリッソスの住民へ送られた救援隊の指揮官）…………………………………………………………
Ⅴ72,3,5,6,8；Ⅴ73,3,5,8,13；Ⅴ74,1,7,8；Ⅴ76,2,6,8；
カルセイス　Καρσεῖς（ミュシアイに隣接している町で、テミストクレスによってアッタロス１世に手渡される）…………………………………………Ⅴ77,7
カルダケス人　Κάρδακες（アンティオコス３世の軍隊の傭兵）…………………
Ⅴ79,11；Ⅴ82,11
カルターゴー人　οἱΚαρχηδόνιοι第一次ポエニ戦争……………………………
Ⅰ3,6；Ⅰ8,1—64,6；Ⅱ1,2；Ⅱ43,6；傭兵戦争Ⅰ65,3—88,8；Ⅱ1,3；サル

ディニアをローマ人に譲るⅠ88,8；Ⅲ10,3；Ⅲ27,7；イベリアを従属させるⅡ1,5—13,7；ハンニバル戦争Ⅰ3,2；Ⅱ37,2；Ⅱ71,7；Ⅲ2,1；Ⅲ3,1；Ⅲ6,1—15；Ⅲ17—21；Ⅲ29—118；Ⅳ1,1；Ⅳ2,11；Ⅳ66,9；彼らのマシニッサとの戦いⅢ5,1；彼らの神々Ⅲ5,1；彼らの国家Ⅰ3,7；Ⅵ43,1；Ⅵ43,1；Ⅵ47,9；Ⅵ51；Ⅵ52；Ⅵ56；彼らの王Ⅲ33,3；Ⅲ42,6；Ⅵ51,2；彼らの元老院Ⅰ21,6；Ⅰ68,5；彼らの議会Ⅰ31,8；
カルターゴー　ἡ Καρχηδών, ἡ Καρχηδονίων πόλις ……………………………
Ⅰ67,13；Ⅰ73,4；Ⅰ75,4；Ⅲ23,1；
カルタゴの周りの湾　ὁ περὶ τὴν Καρχηδόνα κόλπος ……………………Ⅰ29,2
新カルターゴー　η Καρχὴδων ……………………………………………Ⅰ73,3、
カルターゴー・ノウァ　Νέα Καρχηδών ……………………………………………
Ⅲ13,7；Ⅲ15,3；Ⅲ17,1；Ⅲ33,5；Ⅲ39,6；Ⅲ56,3；Ⅲ76,11；Ⅲ95,12
カルタゴ人の王　ὁ βασιλεύς τῶν Καρχηδονίων ……………………………Ⅲ33,3
カルニオン　τὸ Κάρνιον（ラコニアのアポロンに捧げられた場所）……Ⅴ19,4；
カルプロス川　ὁ Κάπρος（アッシリアの川）…………………………………Ⅴ51,4
カルペータニ　οἱ Καρπητανοί（イベリアの民衆、彼らの町をタグス川が境界線として流れている）……………………………………………………………Ⅲ14,3
カルマニア　ἡ Καρμανία（アジアの地域、そこでアンティオコス3世が越冬した）…………………………………………………………Ⅴ79,3,7；Ⅴ82,12；
カレス人　Καληνοί…………………………………………………………………Ⅲ91,5
カンナエ　ἡ Κάννα, Κάνναι（アプリアの町）………………………………………
Ⅲ107,2；Ⅲ115—117,4；Ⅳ1,2；Ⅴ105,10；Ⅴ110,10；Ⅵ11,2；
カンパニア　Καμπανοί Ⅰ7,2；Καμπανία ……………………………ＸＸＸⅣ11,5
カンパニア人　οἱ Καμπανοί …………………Ⅰ7,7；Ⅰ8,1エ；Ⅰ69,4；Ⅱ24,14

キ

キオス人　οἱ Χῖοι（キオス島の住民）…………………………Ⅴ24,11；Ⅴ28,1；
キッサ　Κίσσσα（イベリアの町）…………………………………………………Ⅲ76,5
キッシア人　Κίσσιοι（アンティオコス3世の遠征軍の中のスシアナの人）……
Ⅴ79,7；Ⅴ82,12；
キュアモソーロス川　ὁ Κυαμόσωρος ποταμός（シケリアの川）…………Ⅰ9,4
キュクラデス群島　αἱ Κυκλάδες（νησοι）…………Ⅰ16,3；Ⅳ16,8；Ⅳ19,7
キュジコス人　οἱ Κυζικηνοί ……………………………………………………Ⅴ63,5；
ギュティオン　Γύθιον（ラコニアの港）…………………………Ⅱ69,11；Ⅴ19,6；
キュテーラ島　Κύθηρα ………………………………………………………………Ⅳ6,1
キュドニア人　οἱ Κυδωνιᾶται ………………………………………………………Ⅳ55,4

キュナイタ　ἡ Κύναιθα（アルカディアの町）……………………………………
Ⅳ16,11；Ⅳ17,3；Ⅳ18,9,10；Ⅳ29,6
キュナイタ人　οἱ Κυναιθεῖς　……………………………………………………
Ⅳ16,11；Ⅳ17,4,9；Ⅳ18,8；Ⅳ19,13；Ⅳ20,2；Ⅳ21,7
キューノス　Κῦνος（ロクリス　オプスの商業地）……………………………Ⅳ67,7
キュパリッサ　οἱ Κυπαρισσεῖς（メッセニアの町）　……………………Ⅴ92,5；
キュファンタ　Κύφαντα（ラコニアの町）………………………………………Ⅳ36,5
キュメー　Κύμη（アエオリアの町）　……………………………………………Ⅴ77,4
ギュリダス　Γυρίδας（アイトリア人の陰謀で殺された長老）……………Ⅳ35,5
キュリティ人　οἱ Κύρτιοι（モロンの投石兵）…………………………………Ⅴ52,5；
キュレースタイ人　οἱ　Κυρρησταί（アンティオコス3世の軍隊の中のシリアの民族）………………………………………………………………Ⅴ50,7；Ⅴ57,4；
キュッレーネー　ἡ Κυλλήνη（ルカニアのエレアの港）…………Ⅳ9,9；Ⅴ3,1；
キュローン　Χυρῶν（メッシニアの近くの町）　………………………………Ⅳ4,1
キッラ　Κίρρα（フォーキス人の町）……………………………………………Ⅴ27,3；
キリキア人　Κίλικες　……………………………………Ⅴ59,3；Ⅴ79,3；Ⅴ82,10；
ギリシア　ἡ Ἑλλάς…………………………………………………………………………
Ⅰ2,4；Ⅰ3,1,4,6；Ⅰ13,5；Ⅰ32,1；Ⅰ42,1；Ⅰ9,1；Ⅱ37,3；Ⅱ39,4；Ⅱ49,3；Ⅱ62,2；Ⅱ71,8；Ⅲ3,4；Ⅲ5,6；22,2；Ⅲ118,11；Ⅳ28,2；Ⅴ10,8；Ⅴ31,2,3；Ⅴ33,5；Ⅴ64,5；Ⅴ65,6；
ギリシア人　οἱ Ἕλληνες　…………………………………………………………………
Ⅰ3,7；Ⅰ6,2；Ⅰ48,3；Ⅱ7,4；Ⅰ8,4；Ⅱ16,13；Ⅱ35,7；Ⅱ39,3,8,9,10Ⅱ56,6；Ⅲ6,9,13：Ⅲ7,3；Ⅲ52,3；Ⅲ58,5；Ⅲ59,3；Ⅳ16,4；Ⅳ20,1；Ⅳ27,2；Ⅳ30,4；Ⅳ33,9；Ⅳ38,6；Ⅳ38,10；Ⅳ45,9；Ⅳ46,5；Ⅳ73,10；Ⅳ74,5；Ⅴ10,8；Ⅴ53,3；Ⅴ64,5；Ⅴ65,3；82,10；Ⅴ84,9；Ⅴ85,2；Ⅴ90,6,8；
キルカイイタイ人　Κιρκαίται（ラティウムの部族）　…………Ⅲ22,11；Ⅲ24,16
キンメリコス・ボスポロス　Κιμμερικὸς Βόσπορος　…………………………Ⅳ39,3

ク

クサンティッポス　Ξάνθιππο（スパルタ人。第一次ポエニ戦争で、カルタゴ軍に指揮官として招かれ、ローマの執政官レグルスに勝利する）………………
Ⅰ32,1.3,7；Ⅰ33,4,5；Ⅰ34,1；Ⅰ36,2,4
クセノイタス　Ξενοίτας（謀反を起こしたモロンに対するアンティオコス3世の軍の将軍）……………………Ⅴ45,6；Ⅴ46,5,6,8；Ⅴ47,3,4,5；Ⅴ48,10,
クセノイタス軍………………………………………………………………………Ⅴ47,2；
クセノフォン　Ξενοφῶν（『アナバシス』の作者）　…………………………Ⅲ6,10

クセノファントス　Ξενόφαντος（ビュザンティオン人に対する戦いでのロドス人の艦隊司令官）……………………………………………………………………Ⅳ50,5
クセノーン　Ξένων（ヘルミオネ人、独裁政治を廃止し、アカイア同盟に加わる）……………………………………………………………………………………Ⅱ44,6；
クセルクセース　Ξέρξης（ギリシャに遠征したペルシア王）…Ⅲ22,2；Ⅵ11,1
クテーシフォーン　Κτησιφῶν（ティグリス河畔の町）…………………Ⅴ45,4；
クノッソス人　οἱ Κνώσιοι………………Ⅳ53,1,2,4,6,7,8；Ⅳ54,1,5；Ⅳ55,4,5
クノーピアース　Κνωπίας（アッラリア人の）………………Ⅴ63,13；Ⅴ65,7；
クラウディウス、アッピウス………………………………Ⅰ11,3；Ⅰ12,4；Ⅰ16,1
クラウディウス、プブリウス………………………………Ⅰ49,3；Ⅰ50,1；Ⅰ52,1
クラウディウス、マルクス…………………………………………………Ⅱ34,1,6；
クラスティディオン　Κλαστίδιον（アルプス南側のガリア人の町）……………Ⅱ34,5,6；Ⅲ69,1
クラリオン　Κλάριον（メガロポリス領域の砦）………………………………Ⅳ25,4
クリノーン　Κρίνων（アラトスの同僚、立腹したフィリッポス王によって牢に入れられる）……………………………………………………………Ⅴ15,7；Ⅴ16,8
クリュセーイス　Χρυσηΐς（アンティゴノス3世ドソンの妻）……………Ⅴ89,7
クリュソゴノス　Χρυσόγονος（フィリッポスの幕友サモスの父）………………Ⅴ9,4；Ⅴ17,6；Ⅴ97.3
クリュソポリス　ἡ Χρυσόπολις（ビュザンティオンの真向かいの岬にある村）Ⅳ44,3,
グリュンペイス　Γλυμπεῖς（アルゴスとラコニアの国境にある砦）……………Ⅳ36,5；Ⅴ20,4；
クリマックス山　Κλίμαξ（リュキアの山）…………………………………Ⅴ72,4；
クルーシオス川　ὁ Κλούσιος ποταμός（インスブレス族とケノマニ族の間のアルプス南側のガリア人の領域を流れている）………………………………Ⅱ32,4
クレイトール　Κλείτωρ（アルカディアの町）………………………………………Ⅳ10,6；Ⅳ11,2；Ⅳ18,10,12；Ⅳ19,3；Ⅳ25,4,9；；Ⅳ70,2（Κλειτορια）
クレイトル人　οἱ Κλειτόριοι……………………………………………………Ⅱ55,9
クレイトリアー　ἡ Κλειτορία ………………………Ⅳ10,6；Ⅳ11,2；Ⅳ70,2
クレオーナイ　Κλεωναί（ペロポネソスの町）…………………………………Ⅱ52,2
クレオーニュモス　Κλεώνυμος（フリウス人の独裁制を廃止し、アカイア同盟に加わる）………………………………………………………………………Ⅱ44,6
クレオメネース3世　Κλεομένης Ⅲ ………………………………………………Ⅱ45,2；Ⅱ46,2,3,5；Ⅱ47,3；Ⅱ49,2,7；Ⅱ50,5；Ⅱ51,3；Ⅱ52,1,9；Ⅱ53,2,3；Ⅱ54,9；Ⅱ55,1；Ⅱ57,1；Ⅱ58,7；Ⅱ60,5；Ⅱ61,4,9；Ⅱ62,1；Ⅱ62,1；Ⅱ63,2,5；Ⅱ64,7；Ⅱ65,6,9,11；Ⅱ66,3,8；Ⅱ69,6；Ⅲ16,3；Ⅲ32,3；Ⅳ1,8；Ⅳ7,7；Ⅳ35,8,9；Ⅳ37,6；Ⅳ69,5；Ⅳ81,2；Ⅴ9,8；Ⅴ24,8；Ⅴ

35,1,2,6,9；Ⅴ36,2,3, Ⅴ37,2,3,6,7,9,11,12；Ⅴ38,1,5,8；Ⅴ39,6；Ⅴ93,2；
クレオメネース戦争 ……………………………Ⅰ13,5；Ⅱ56,4；Ⅳ6,5；Ⅳ60,2
クレオンブロトス　Κλεόμβροτος（ラケダイモン人の王、アゲシポリスの父）…Ⅳ35,10,
クレーテー　ἡ Κρήτη ……………………………Ⅳ53,2,3,4；Ⅳ56,1；Ⅴ36,4；
クレーテー人　οἱ Κρήτες ……………………………
Ⅱ66,6；Ⅲ75,6；Ⅳ55,6；Ⅳ67,6；Ⅳ68,3；Ⅳ71,10；Ⅳ80,6；Ⅴ3,1；Ⅴ14,1,4；Ⅴ53,3；Ⅴ65,7；Ⅴ79,10；Ⅴ82,10；
新クレタ人 ……………………………Ⅴ65,7；Ⅴ79,10；
クレタ海　τὸ Κρητικὸν πέλαγος ……………………………Ⅴ19,5；
クレモーネー　Κρεμώνη（パドゥス河畔のローマ人の殖民都市）…………Ⅲ40,5
クロトーン　Κρότων（マグナ・グラキアの町）……………………………Ⅱ39,6

ケ

ケイローン　Χείλων（ラケダイモン人。リュクールゴス２に対抗して王位に立とうと革命を起こそうとするが失敗する）……………………………Ⅳ81,1,6,8,
ゲスコーン　Γέσκων（第一次ポエニ戦争の終結の際に、傭兵隊員をシケリアからリビュアに輸送する任務を負ったカルタゴの最高司令官）……………
Ⅰ66,1,4；Ⅰ68,13；Ⅰ69,1,4；Ⅰ70,1；Ⅰ79,10,13；Ⅰ80,4；Ⅰ81,3
ケスベディオン　τό Κεσβέδιον（セルゲ人のゼウス神殿）…………Ⅴ76,2,3,6；
ゴノマノイ族　Γονομάνοι（ガリア人の一部族）……………………………
Ⅱ17,4；；Ⅱ23,2；Ⅱ24,7Ⅱ32,4
ゲフルース　Γεφροῦς（パレスティナの町）……………………………Ⅴ70,12；
ケファレーニア　Κεφαλληνία（コリントス湾の前、シケリア海の方向にある島）
……………………………Ⅳ6,2Ⅴ3,3,7,9；Ⅴ5,3,11；Ⅳ109,5；Ⅳ110,5；
ケファレーニア人　Κεφαρήνες ……………………………Ⅲ3,6；Ⅳ6,8；Ⅴ3,7
οἱ Κεφαλήνιοι ……………………………Ⅳ6,2
ゲッラ　Γέρρα　コイレ・シリアの砦 ……………………………Ⅴ46,1,3；Ⅴ61,7；
ケライアース　Κεραίας（プトレマイオス４世の将校）…………………Ⅴ71,11；
ケラス（角《つの》）　Κέρας（ビュザンティオンの近く）……………………………Ⅳ43,7
ケルキダス　Κερκιδᾶς（メガロポリス人、同盟に参加するときのアラトスへの使節）……………………………Ⅱ48,4；Ⅱ50,3；Ⅱ65,3
ケルキナ人の島　ἡ τῶν Κερκινητῶν νῆσος ……………………………Ⅲ96,12
ケルキュラ　ἡ Κέρκυρα島 ……………………………Ⅱ9,2,7,8,9；Ⅱ11,2,3；Ⅱ12,6
ケルキュラ人　οἱ Κερκυραῖοι……………………………Ⅱ9,8；Ⅱ10,8；Ⅱ11,5

ケルティベーリア　ἡ Κελτιβηρία（北東イベリア）……………………Ⅲ17,2
ケルティベーリア人　Κελτίβηρες………………………………………Ⅲ5,1
ゲルーニオン　Γερούνιον（アプリア人の町）………………………………
Ⅲ100,1,3；Ⅲ101,2；Ⅲ102,10；Ⅲ107,
ケレアイ人……………………………………………………………………Ⅳ53,6
ゲローン　Γέλων（シュラクサイの僭主）……………………………Ⅴ88,5；
ケンクレアイ　αἱ Κεγχρεαὶ（コリントス人の商業地）…………………
Ⅱ59,1；Ⅳ19,7；Ⅴ29,5；Ⅴ101,4
ケンテニウス、ガイウス　Κενντήνιος, Γάιος……………………………Ⅲ86,3
ケントリパ　αἱ Κεγχρεαί（シケリアの町）…………………………………Ⅰ9,4

コ

コイレー・シュリアー　Κοίλη Συρία……………………………………………
Ⅰ3,1；Ⅲ1,1；Ⅲ12,3；Ⅳ2,11；Ⅳ37,5；；Ⅴ1,5；Ⅴ29,8；Ⅴ31,1Ⅴ34,6；Ⅴ40,1,2,3；Ⅴ42,5；Ⅴ42,9；Ⅴ48,17；Ⅴ49,4；Ⅴ58,2,4；Ⅴ61,3；Ⅴ63,3；Ⅴ66,6；；Ⅴ67,4,6；Ⅴ68,1；Ⅴ80,3；Ⅴ86,7,10；Ⅴ87,3；
コキュントス　Κόκυνθος（イタリアの南の突出部で、イオニア海とシケリア海を分けている）……………………………………………………………Ⅱ14,5
黒海………………………………………………Ⅳ39,1；Ⅳ44,5；Ⅳ50,6Ⅴ55,7；
コッサイオイ人　Κοσςῖιοι（アジアの民族）……………………………Ⅴ44,7；
コッシュラ人の島　Κόσσυρος…………………………………………Ⅲ96,13
コートーン　Κώθων（ビュザンティオンの神事官）……………………Ⅳ52,4
コーノーペー　ἡ Κωνώπη（アイトリア人の町）……………………………
Ⅳ64,3,4；Ⅴ6,6；Ⅴ7,7；Ⅴ13,9；
コモントリオス　Κομοντόριος（ビュザンティオンに隣接しているガリア人の指導者）…………………………………………………Ⅳ45,10；Ⅳ46,3
コーライオス　Κωλαιός（メガロポリス人の地方）………………………Ⅱ55,4
コリュファイオン　Κορυφαῖον（セレウケイアの近く、キリキアとフェニキアの間で海に迫っている山）…………………………………………Ⅴ59,4；
コリントス　ἡ Κόρινθος…………………………………………………………
Ⅱ51,6；Ⅱ52,2；Ⅱ54,1,5；Ⅳ6,5；Ⅳ13,6；Ⅳ19,9；Ⅳ22,2；Ⅳ24,9；Ⅳ25,1；Ⅳ66,5；Ⅳ67,7；Ⅳ69,8；Ⅳ72,8；Ⅴ2,7；Ⅴ17,8；Ⅴ18,1；Ⅴ24,10；Ⅴ26,8；Ⅴ27,3；Ⅴ28,5；Ⅴ29,4；Ⅴ102,5；
コリントス人　οἱ Κορίνθιοι…………………………………………………
Ⅱ42,8；Ⅱ43,4；Ⅱ51,6；Ⅱ52,3；Ⅳ13,7；Ⅴ95,3；Ⅵ11,7
コリントス湾　ὁ Κορινθιακὸς κόλπος…………………Ⅳ57,5；Ⅳ65,9；Ⅴ3,9；

コルキス　Κόλχοι（イアソンが帰還する場所）……………………………Ⅳ39,6
ゴルギュロス川　ὁ Γορηύλος ποταμός　ラコニアの川…………………Ⅱ66,1,10
ゴルゴス　Γόργος（メッセニア人）……………………………………Ⅴ5,4,5；
ゴルテュナ　Γόρτυνα（テルフサの領域にあるアルカディア人の町）……Ⅳ60,3
ゴルテュン　οἱ Γόρτυνιοι（クレタ島の町）………………………Ⅳ53,6；Ⅳ55,6
ゴルテュン人　οἱ Γορτύνιοι ……………………………Ⅳ53,4；Ⅴ79,10；
キュルトーニオン（コルトナ）Κυρτώνιον（エトルリアの町）…………Ⅲ82,9
コルネリウス、グナエウス ……………………Ⅰ38,6；Ⅱ34,1；Ⅱ34,11,13,15；
コルネリウス、ププリウス …………………………………………Ⅳ66,9Ⅴ1,4；
コルブレーナイ人　Κορβρῆναι（アジア人の民族）………………………Ⅴ44,7；
コルンカニウス、ルキウス ………………………………………………………Ⅱ8,3
コロフォン　Κολοφώνιοι（イオニアの町）…………………………………Ⅴ77,5；
コンコリターノス　Κονγκολιτάνος（ガリア人、ガイサタイ族の王）……………
Ⅱ22,2；Ⅱ31,1

サ

ザキュントス　Ζάκυνθος ………………………………島Ⅴ4,2；Ⅴ102,10
ザグロス山　ὁ Ζάγρὸ, τὸ Ζάγρον ὄρος（メディアの山）…………………………
Ⅴ44,7；Ⅴ54,7；Ⅴ55,6；
ザカンタ　Ζάκανθα, ἡ Ζανκανθαίων πόλις（イベリア東岸の町）………………
Ⅲ6,1；Ⅲ8,1,7；；Ⅲ15,5；Ⅲ16,5；Ⅲ17,1,4；Ⅲ20,1,2,6Ⅲ21,5；Ⅲ30,1,2,3；Ⅲ37,4；Ⅲ61,8；Ⅲ98,1,7；Ⅲ99,5；Ⅳ28,1；Ⅳ37,4；Ⅳ66,8,9
ザカンタ人　Ζακανθαῖοι人 ……………………………………………………………
Ⅲ8,1,7；Ⅲ14,9；Ⅲ15,1,7,8；Ⅲ16,5；Ⅲ20,1；Ⅲ21,6；Ⅲ29,1；Ⅲ30,1；Ⅲ97,6；Ⅲ98,1；Ⅳ28,1；Ⅳ66,9
サトラップ…………………………………Ⅴ43,5,6；Ⅴ46,3；Ⅴ54,9；Ⅴ55,1,2；
上部サトラップ……………………………………………………Ⅴ48,12；Ⅴ54,13；
サトラップ人　Σατραπεῖο …………………………………………………Ⅴ44,8；
サビニー人　οἱ Σαβῖνοι（ガリア戦争に対してのローマの同盟国）……Ⅱ24,5；
ザブディベーロス　Ζαβδίβηλος（アンティオコス軍の中でのアラビア人の指揮官）……………………………………………………………………………Ⅴ79,8；
サポドゥラ　ἡ ἐπὶ Σαπόδρα εἰσβολή ………………………………………Ⅴ72,4；
サマレイア地方　ἡ Σαμάρεια　パレスティナの地域……………………Ⅴ71,11；
サミコン　τὸ Σαμικόν（チュリヒュリアの町）…………Ⅳ77,9；Ⅳ80,6,9,12；
サムニテス　ἡ Σαυνῖτες χώρα（サムニウム、中部イタリア）……………………
Ⅲ90,7；Ⅲ91,9；Ⅲ92,1

サムニウム人　οἱ Σαυνῖται ……………………………Ⅰ6,4,6；Ⅱ19,5；Ⅱ24,10
サモス ………………………………………………………………………Ⅴ9,4；
サモス島　ἡ Σάμος　…………………………………………Ⅲ2,8；Ⅴ35,11；
タラマイ　Θαλάμαι（エリス人の砦）　………………………Ⅳ75,2；Ⅳ84,2；
ザラクス　Ζάραξ（ラコニアの町）……………………………………Ⅳ36,5
サラピエイオン　τὸ Σαπραπιεῖον（ボスポロス海峡）　…………………Ⅳ39,6,
ザルザース　Ζάρζας（傭兵戦争中のリュビア人の指揮官）　…………Ⅰ85,2；、
サルシナテス人　Σαρσινάτοι（アペンニヌス山脈に住むガリア人）　……Ⅱ24,7
サルディス　Σάρδεις（リュディアの町）　……………………………Ⅴ77,1；
サルディニア　ἡ Σαρδών ………………………………………………………
Ⅰ2,5；Ⅰ24,6,7；Ⅰ79,6；Ⅰ82,7；Ⅰ88,8,11；Ⅱ23,6；Ⅱ27,1；Ⅲ10,3；
Ⅲ13,1；Ⅲ15,10；Ⅲ22,8；Ⅲ23,4,5；Ⅲ24,11,14；Ⅲ27,8Ⅲ28,1,2；
サルディニア人……………………………………………………………Ⅰ79,5
サルディニア島…………………………………………………………Ⅰ79,1；
サルディニア海　τὸ Σαρδόνιον πέλαγος……………………………………
Ⅰ10,5；Ⅰ42,6；Ⅱ14,6；Ⅲ37,8；Ⅲ41,7；Ⅲ47,2；

シ

シキュオーン　Σικυών（アカイア人の町）　……………………………………
Ⅰ3,2；Ⅱ40,2；Ⅱ43,3；Ⅱ52,2；Ⅱ52,5；Ⅱ54,5；Ⅳ13,5；Ⅳ57,5Ⅳ67,
8；Ⅳ68,1,2Ⅳ72,9；Ⅴ1,9；Ⅴ27,3；
シッカ　ἡ Σίκκα（アフリカの町）　…………………………………Ⅰ66,6,10
シケリアー　ἡ Σικελία ………………………………………………………
Ⅰ2,6；Ⅰ5,2；Ⅰ8,1；Ⅰ10,6,7,8,；Ⅰ17,3；Ⅰ18,7；Ⅰ20,8；Ⅰ24,2；Ⅰ
29,2；Ⅰ36,12；Ⅰ37,4；Ⅰ38,2；Ⅰ55,7；Ⅰ62,8；Ⅰ68,7,12,13；Ⅰ71,3,
4；Ⅰ74,8；Ⅰ83,3；Ⅱ1,2；Ⅱ20,10；Ⅱ24,12；Ⅱ36,6；Ⅱ43,6；Ⅲ2.6：
Ⅲ9,7；Ⅲ13,1；Ⅲ21,2；Ⅲ22,10；Ⅲ23,4,5；Ⅲ24,12,15；Ⅲ26,3,4,6；Ⅲ
27,1；Ⅲ28,1；Ⅲ32,2；Ⅲ75,4；Ⅲ96,12；Ⅴ33,4；
シケリアー海　τὸ Σικελικὸν πέλαγος　…………………Ⅱ14,1,4；Ⅴ3,9；Ⅴ5,13
シケリアー戦争……………………………Ⅲ21,3；Ⅲ25,1；Ⅲ27,1；Ⅲ32,7；
シデー　Σίδη（小アジア南部ピシディア人の町）　……………………Ⅴ73,3,4；
シドーン　Σιδών（フェニキア人の町）　…………………………Ⅴ69,10；Ⅴ70,1；
セヌエサ人　Σενουεσανοί（カンパニア沿岸の住民）　…………………Ⅲ91,4,
シノーペ人　Σινωπεῖς（パフラゴニア人の黒海沿岸の町の住民）…………………
Ⅳ56,1,2,4,7；Ⅳ57,1
シノーペー　ἡ Σινώπη …………………………………………………Ⅳ56,5；Ⅳ57,1

シュネイス　αἱ Συνεῖς（シケリアーのメッセーネーの近くの町）……Ⅰ11,6；
シュバリス人　Συβαρῖται（マグナ　ガラキアの町、シュバリスの住民）………Ⅱ39,6
ジュピター・カピトリウムの神殿　Iovi Capitolini templum ………………Ⅲ26,1
ジュピター・ラピス（誓いの石）Διὰ λίθον ὀμνύναι……………………Ⅲ25,7
シュラクーサイ　αἱ Συράκουσαι………………………………………………
Ⅰ8,3；Ⅰ9,5；Ⅰ10,8；Ⅰ11,8,13,15；Ⅰ12,4；Ⅰ15,3,5,8,10；Ⅰ52,6,8；Ⅱ39,7；Ⅲ2,7；Ⅲ75,7；Ⅴ88,7
シュラクサイ人　οἱ Συρακόσιοι…Ⅰ8,1,2,3,4；Ⅰ9,1；Ⅰ12,1；Ⅰ15,1,5,10；
小シュルティス　ἡ μικρὰ Σύρτις　……………………………Ⅰ39,2；Ⅲ23,2
大シュルティス　ἡ μεγάλη Σύρτις ……………………………………Ⅲ39,2
シュチュンファリア　ὁ Στύμφαρος, ἡ τῶν Στυμφαλίων πόλις（アルカディアの町）……………………………………………………………Ⅳ68,1
シュリア　ἡ Συρία ………………………………………………………
Ⅱ71,4；Ⅳ2,7；Ⅳ48,5；Ⅴ34,6；Ⅴ36,5；Ⅴ57,4,7；Ⅴ58,11；Ⅴ67,8；Ⅴ85,10；Ⅴ87,6

ス

スキピオ、グナエウス　コルネリウス1　Σκίπιο, Γνάιος Κορνήλιος（前260/59執政官）………………………………………Ⅰ21,4,8；Ⅰ35,9；Ⅰ38,6
スキピオ、グナエウス　コルネリウス2　Γνάιος Κορνήλιος（前222執政官）…
Ⅱ34,1；Ⅲ49,4；Ⅲ56,5；Ⅲ76,1,5,12；Ⅲ95,4―96,6；Ⅲ97,2；Ⅲ98,5
スキピオ、プブリウス　コルネリウス3　Πόπλιος Κορνήλιος（前218執政官）
Ⅲ40,2,14；Ⅲ41,2,4,8；Ⅲ45,2,4；Ⅲ49,1；Ⅲ56,5,6；Ⅲ61,1,5；Ⅲ62,1；Ⅲ64,1,9；Ⅲ65,3,5；Ⅲ66,1,9；Ⅲ70,2,3,7,9,10；Ⅲ76,1；Ⅲ97,2,4；Ⅲ98,5；Ⅲ99,4
スキュタイ人　Σκύθαι ……………………………………………Ⅳ43,2
スキュトポリス　ἡ Σκυθῶν πόλις（ヨルダンの近く）　……………………Ⅴ70,4
スキューローン　Σκύρων（メッセニアの行政監督官）　…………Ⅳ4,3,4,6；Ⅳ5,2
スケルディライダス　Σκερδιλαίδας（イリュリア人の王、アグローンの兄弟）
Ⅱ5,6；Ⅱ6,3,6；Ⅳ16,6,9,11；Ⅳ29,2；Ⅴ3,3；Ⅴ4,3；Ⅴ95,1,3；Ⅴ101,1；Ⅴ108,1；Ⅴ110,8
スコパス　Σκόπας（アイトリア人の将軍アリストンの縁者で、ドリマコスの同僚）………………………………………………………………
Ⅳ5,1；9；Ⅳ6,7；Ⅳ9,8；Ⅳ10,3；Ⅳ14.4：Ⅳ16,11；Ⅳ19,12；Ⅳ27,1；Ⅳ37,2；Ⅳ62,1；Ⅴ3,1；Ⅴ11,2；Ⅴ95,1；

スーサ　Σοῦσα　スシアネーの首都 ……………………………………V 48, 13；
スーシアネー　ἡ Σουσιανή　セレウコス朝王国の州 V 46, 7；V 52, 4；V 54, 12；
スチュランギオン　ἡ Στυλάγγιον　チュリヒュリアの町………Ⅳ77, 9, Ⅳ80, 13；
スチュンファリア　ἡ Στυμφαλία　アルカディアの町…………………………Ⅳ48, 1
ἡ τῶν Στυμφαλίων πόλις ………………………………………………Ⅳ80, 13；Ⅳ69, 1
スチュンファリア人　οἱ Στυμφάλιοι ……………………………………………Ⅱ55. 8
スチュンファロス　ὁ Στύμφαλος ………………………………………………Ⅳ68, 6
ステネラオス　Σθενέλαος(ラコニア人で、アイトリア人の陰謀でころされる) …
Ⅳ22, 11
ストラトス　ὁ Στράτος　アカルナニアの町 ………………………………………
Ⅳ63, 10；Ⅳ64, 2；V 6, 6；V 7, 7；V 13, 10；V 14, 1；
スパルテー　ἡ Σπάρτη ……………………………………………………………
Ⅰ32, 1；Ⅱ41, 4；Ⅱ54, 6；Ⅱ65, 8；Ⅱ70, 1；Ⅳ2, 9；Ⅳ7, 723, 8；Ⅳ34, 9；Ⅳ36, 1；V 9, 8, 9；V 34, 11；V 37, 2, 4；V 92, 6；
スパルタ人………………………………………………………Ⅲ32, 3；Ⅳ80, 6；
スパルタの王 ……………………………………………………………………Ⅳ35, 14
スペンディオス　Σπένδιος　ローマ人から脱走したカンパニア人の奴隷 ………
Ⅰ69, 4, 6, 9, 10, 14；Ⅰ72, 6；Ⅰ76, 1；Ⅰ77, 1, 4, 7；Ⅰ78, 12；Ⅰ79, 8；Ⅰ80, 11；Ⅰ82, 11, 13；Ⅰ84, 1；Ⅰ85, 2, 5；Ⅰ86, 3, 6
スミュルナ　Σμύρνα ἡ τῶν Σμυρναίων πόλιςイオニアの町 ……………V 77, 4；
スミュルナ人　οἱ Σμυρναίοι………………………………………………………V 77, 6
スルピキウス、ガイウス……………………………………………………………Ⅰ24, 8；

セ

ゼウクシス　Ζεῦξις（アンティオコス３世の軍隊の指揮官）………………………
V 45, 4；V 46, 11；V 48, 10, 12；V 51, 5；V 52, 1；V 53, 6；V 54, 1, V 60, 4；
ゼウス（バルサメン）……………………………………………………………Ⅲ11, 5
ゼウス神殿（リュカイオンの）…………………………………………………Ⅲ33, 2
ゼウグマ　τὸ Ζεῦγμα（セレウコス　ニカトルによって築かれた町）…V 43, 1；
ゼウス・アマリウス…………………………………………………………………Ⅰ39, 6
セゲヘスタ　Σεγίστα ……………………………………………………………Ⅰ24, 2
テスティエイス　Θεστιεῖς（アイトリアの町）…………………………………V 7, 7；
セーストス　Σηστός（ヘレスポントス海峡にあるトラキア人の町）……Ⅳ44, 6
セーノーネス人　οἱ Σήνωνες Γαλάται（ガリア人の部族）………………………
Ⅱ17, 7；Ⅱ19, 10, 12；Ⅱ20, 1；Ⅱ21, 7
セッラシアー　ἡ Σελλασία（ラコニアの町）…………………………Ⅱ65, 6；Ⅳ69, 5

セリヌーンティアー　ἡ Σελλινουντία（シケリアにある場所）…………Ⅰ39,12
ゼリュス　Ζέλυς（アンティオコス３世軍のネオクレタ人のゴリュチュン人の指揮官）……………………………………………………………Ⅴ79,10；
セルウィリウス、グナエウス（前253/２執政官）…………………………Ⅰ39,1；
セルウィリウス、グナエウス（前217執政官）………………………………
Ⅲ75,5；Ⅲ77,1；Ⅲ86,1；Ⅲ88,7；Ⅲ96,11；Ⅲ97,1Ⅲ106,2；Ⅲ106,4,9；Ⅲ107,7；Ⅲ114,6；Ⅲ116,11Ⅲ
セルゲ人　Σελγεῖς（ピシディア地方の町セルゲの住民）………………………
Ⅴ72,1,4,7,10；Ⅴ73,5,7,8,14,16；Ⅴ74,3,6,9；Ⅴ75,7；Ⅴ76,7,9,11；
セルモス……………………………………………………………………Ⅴ7,6；
セレウケイア１　ἡ Σελεύκεια（シリアの町、キリキアとフェニキアの海沿い）
Ⅴ58,4,10；Ⅴ59,3；Ⅴ60,4；Ⅴ66,3；Ⅴ67,3；οἱ Σελευκεῖς Ⅴ59,5；Ⅴ61,2
セレウケイア２　ἡ Σελεύκεια（ティグリス川沿いの町）…………………………
Ⅴ45,3；Ⅴ46,7；Ⅴ48,11；Ⅴ54,9；οἱ Σελευκεῖς Ⅴ54,10
セレウケイア３（メソポタミアのゼウグマにある町）………………………Ⅴ43,1
セレウコス一世ニカノール　Σέλευκος Ⅰ Νικάνωρ…………………………………
Ⅱ41,2；Ⅱ71,5；Ⅴ67,6,7,8,10；
セレウコス二世カッリニコス（ポーゴーン）　Σέλευκοω Ⅱ Καλλίνικος καὶ Πώγων………………………………………………………………………………
Ⅱ71,4；セレウコス三世とアンティオコス三世の父Ⅱ71,4；Ⅳ48,6；Ⅴ40,5；Ⅴ89,8；ラオディケの夫Ⅳ51,4
セレウコス三世ケラウノス　Σέλευκος Ⅲ Κέραυνος ………………………………
Ⅱ71,4；Ⅳ2,7；Ⅳ48,6；Ⅴ34,2；Ⅴ40,5；Ⅴ41,2,4
センティヌム人……………………………………………………………Ⅰ19,6
センプロニウス、ガイウス１　Σεμπρώνιος, Γάιος（前253年の執政官）…Ⅰ39,1
センプロニウス、ティベリウス２　Σεμπρώνιος, τεβέριος（前218年の執政官）…
Ⅲ40,2；Ⅲ41,2；Ⅲ61,8,9；Ⅲ68,6,13；Ⅲ69,8；Ⅲ70,1,6,12；Ⅲ72,1,10,11；Ⅲ75；Ⅳ66,9；Ⅴ1,4；

ソ

ソークラテース　Σωκράτης（ボイオティア人の）Ⅴ63,12,13；Ⅴ65,2；Ⅴ82,4；
ソーシビオス　Σώσιβιος（プトレマイオス４世の宰相）…………………………
Ⅴ35,7；Ⅴ36,2,6；Ⅴ37,11,12；Ⅴ38,1,3,4,6；Ⅴ63,1,4；Ⅴ65,9；Ⅴ66,8；Ⅴ67,1,3；Ⅴ83,3；Ⅴ85,9；Ⅴ87,5,8；
ソーストゥラトス　Σώστρατος ………………………………………Ⅳ78,5

ソーテーリア　τὰ Σώτηρια（プルシアス一世が挙行して以来の祭り）…Ⅳ49, 3

タ

ダアイ人　Δάαι（アンティオコス三世軍の中の）……………………V 79, 3；
タイナロン岬　Ταίναρον（クレタ海に突き出ているラコニアの岬）…V 19, 5；
ダウニアー　ἡ Δαυνία（アプリアの一地方区）…………………………Ⅲ88, 4
ダウニア人　οἱ Δαύνιοι………………………………………………Ⅲ88, 4；Ⅲ91, 5
タウリオーン　Ταυρίων（フィリッポス5世の家臣）………………………………
Ⅳ6, 4；Ⅳ19, 7, 8；Ⅳ25, 2；Ⅳ80, 3；Ⅳ87, 1, 8；V 27, 4；V 92, 7；V 95, 3, 5；V 103, 1
タウリスキ族　οἱ Ταυρίσκοι（アルプスの斜面に住む異民族）…………………
Ⅱ15, 8；Ⅱ28, 4；Ⅱ30, 6
タウリニ族　οἱ Ταυρῖνοι（アルプスの山麓に住むガリア人）……………Ⅲ60, 8
タウロス山　ο Ταῦρος（小アジアの山）……………………………………………
Ⅳ2, 6；Ⅳ48, 3, 6, 8；V 40, 7；V 77, 1；V 107, 4；V 109, 5
タゴス川　ὁ Τάγος ποταμός（カルペタニ人の境界を流れる川）…………Ⅲ14, 5
タナイス川　ὁ Τάναις ποταμός（アジアをヨーロッパから分けている川）Ⅲ37, 7
タピュローン　τὰ Ταπύρων ὄρη（ヒュルカニアの海の近くの山）……V 44, 5；
ダムーラス川　ὁ Δαμούραω ποταμός（フェニキア）……………………V 68, 9；
タッラキニータイ　Ταρρακινῖται（ラティウムの住民）……Ⅲ22, 10；Ⅲ24, 16
タラマイ　αἱ Θαλάμαι（ラコニアの町）…………………………Ⅳ75, 2；Ⅳ84, 2
タッラコーン　ἡ Ταρράκων（イベリアの町）…………………Ⅲ76, 12；Ⅲ95, 5
タルセーイオン　ἡ　ταρσήιον（カルタゴ人とローマ人の間の第2条約で言及されている町）……………………………………………………………Ⅲ24, 2, 4
ダルダニオイ人　οἱ Δαρδάνιοι（イリュリア人の部族）………………………………
Ⅱ6, 4；Ⅳ66, 1, 6, 7；V 97, 1
ダーレイオス一世　Δαρεῖος……………………………………Ⅳ43, 2；V 43, 2；
タラス　ὁ Τάρας, ἡ τῶν Ταρεντίνων πόλις（イタリアの町、ラコニア人の植民地）………………………………………… I 20, 14；Ⅱ24, 13；Ⅲ75, 4；
タンタロスの復讐　τιμωρίαν Ταντάτειον……………………………………Ⅳ45, 6
タンネートス　Τάννητος（アルプスのこちら側に住むガリア人の村）…Ⅲ40, 13

テ

テアヌム人　Τιανῖται（カンパニアの町、Teanum Sidicumの住民）……Ⅲ91, 5

テアルケース　Θεάρχης（北部アルカディアの町クリトール人の裏切り者）
……………………………………………………………………………Ⅱ55,9
テイコス　τὸ Τεῖχος（デュメ人の砦）……………………………Ⅳ59,4；Ⅳ83,1
テイイー　Τήιοι（イオニアの町、テオスの住民）………………………Ⅴ77,5；
ディオゲネース　Διογένης（アンティオコス三世配下のスサの提督）……………
Ⅴ46,7；Ⅴ48,14；Ⅴ54,12；Ⅴ59,1
ディオゲネートス　Διόγενητος（アンティオコス三世配下の提督）………………
Ⅴ43,1；Ⅴ59,1；Ⅴ60,4,6；Ⅴ68,9；Ⅴ69,7；Ⅴ70,3
ディオクレース1　Διοκλῆς（デュメの人）……………………………………Ⅴ17,4
ディオクレース2　Διοκλῆς（アンティオコス三世配下のパラポタミアの将軍）…
Ⅴ69,5；
ディオスクーリオン　τὸ Διοσκούριον（ペロポネソスの町フリアシアの近く）…
Ⅳ67,9；Ⅳ68,2；Ⅳ73,5
ディオニュシオス1　Διονύσιος（シュラクサイの僭主）…………Ⅰ6,2；Ⅱ39,7
ディオニュシオス2　Διονύσιος（トラキア人、プトレマイオス四世の軍隊のトラキア人とガリア人の指揮官）…………………………………………Ⅴ65,10
ディオニュッソスの笛吹き　Διονυσιακοὶ αὐληταί（アルカディア人の）………
Ⅳ20,9；
ディオメドーン　Διομέδων（セレウケイアの司令官）…………………Ⅴ48,12；
デイオリュクトス　ὁ Διόρυκτος（アカルナニアとレウカスを結ぶ運河）………
Ⅴ5,12；
ディーオン　τὸ Δῖον（マケドニアの町）………Ⅳ62,1；Ⅴ9,2,6；；Ⅴ11,2,8；
ディカイアルケイア人　Δικαιαρχῖται（カンパニアの海沿いの町、その住民）…
Ⅲ91,4
ティキノス川　ὁ Τίκινος（アルプスのこちら側のガリア人の土地を流れる川）…
Ⅲ64,1
ティグリス川　ὁ Τίγρις………………………………………………………………
Ⅴ45,3；Ⅴ46,7,8；Ⅴ48,15；Ⅴ51,4,5,6,8；Ⅴ52,4；
ティサメノス　Τισαμενός（アガメムノンとヘルミオネの子）…Ⅱ41,4；Ⅳ1,5
ディデュマ　τὰ Δίδυμα τείχη（ミュシアの砦、テミストクレスによってアッタロスに渡される）…………………………………………………………Ⅴ77,8；
ティボイテース　Τιβοίτης（プルシアス一世の叔父）…………………………
Ⅳ50,1,；8；Ⅳ51,7；Ⅳ52,8；
ティマイオス　Τίμαιος（歴史家）………………………………Ⅰ5,1；Ⅱ16,15
ティマイオス　Τίμαιος（アイトリア人の指導者）…………………………Ⅳ34,9
ディマナイア……………………………………………………………………Ⅴ6,5；
ティモクセノス　Τιμόξενος（アカイア人の指揮官としてアルゴスを占拠する）
Ⅱ53,2；Ⅳ6,4,6,7；Ⅳ7,6,10；Ⅳ82,8；Ⅴ106,1

ティポイテース　Τιβοίτης ……………………………Ⅳ50,1；Ⅳ51,7；Ⅳ52,8
ディマレー　ἡ Διμάλη（イリュリアの要塞化された町）…………………Ⅲ18,1
ティマルコス　Τίμαρχος（クノッソスのエレウテルナの住民）…………Ⅳ53,2,
ティモテオス　Τιμόθεος ………………………………………………………Ⅳ20,9,
テウタ　Τεύτα（イリュリアの女王、夫のアグローン王を引き継いで王位に就く）
……………………Ⅱ4,6,7,8；Ⅱ5—6 Ⅱ8,4,7,9；Ⅱ11,4,9,10；Ⅱ12,1,3,
テオドトス・ヘーミオリオス　Θεόδοτος ὁ ἡμιόλιος ……………………………
Ⅴ42,5；Ⅴ43,7；Ⅴ46,4；Ⅴ59,2Ⅴ61,1,4；Ⅴ68,9,10；Ⅴ69,3,9；Ⅴ71,6,7；Ⅴ79,5；Ⅴ83,3；Ⅴ87,1；
テオドトス　Θεόδοτος（アイトリア人プトレマイオス四世配下の総督）………
Ⅳ37,5；Ⅴ40,1；Ⅴ66,5；Ⅴ79,4；Ⅴ81,1
デキオス　Δέκιος（カンパニア人の指揮官）………………………………Ⅰ7,7、
テゲアー　ἡ Τεγέα（アルカディアの町）…………………………………………
Ⅱ24,3；Ⅱ46,2；Ⅱ54,6；Ⅱ58,13；Ⅳ22,3；Ⅳ82,1；Ⅴ17,1,9；Ⅴ18,1；Ⅴ20,2,7；Ⅴ24,3,7,10；Ⅴ92,7
テゲアー人　οἱ Τεγεᾶται …………………Ⅱ54,6；Ⅱ58,13；Ⅴ17,1,9；Ⅴ92,8；
テッサリアー　ἡ Θετταλία ………………………………………………………
Ⅱ49,6；Ⅱ52,7；Ⅱ57,1；Ⅳ57,1；Ⅳ61,1,5；Ⅳ66,5,7；Ⅳ67,7；Ⅴ5,1,7；Ⅴ17,5；Ⅴ26,5；Ⅴ29,5；Ⅴ99,3；Ⅴ100,7
テッサリアー人　Θετταλοί ………………………………………………………
Ⅱ52,7；Ⅳ9,4；Ⅳ57,1；Ⅳ61,1；Ⅳ62,1,5；Ⅳ66,5,7；Ⅳ67,7；ⅣⅣ76,1；Ⅴ26,5；Ⅴ29,5；Ⅴ99,3；Ⅴ100,7
テーバイ　αἱ Θῆβαι（テッサリアの町）………Ⅴ99,6,8；Ⅴ100,7,8；Ⅴ101,3
テーバイ人　Θηβαῖοι ………………………………………………………………
Ⅱ39,8,9；Ⅳ23,8；Ⅳ27,4；Ⅴ10,6；Ⅴ27,2；Ⅴ28,6；Ⅵ43,1
テミストクレース1　Θεμιστοκλῆς（アカイア人の指揮者で、ディデュマの要塞をアッタロスに引き渡す）………………………………………………Ⅴ77,9
テミストクレース2 ……………………………………………………………Ⅵ44,2
テミソーン　Θεμίσων（アッタロス軍の中で騎兵を指揮）……Ⅴ82,11；Ⅴ79,12
デーメートゥリアス　ἡ Δημητριάς（マグネシアの町）…………………………
Ⅲ6,4；Ⅲ7,3；Ⅴ29,5；Ⅴ99,3
デーメートゥリオス一世ポリオルケテース　Δημήτριος Πολιορκέτης …………
63,7；Ⅱ41,10
デーメートゥリオス二世（フィリッポス五世の父）…………………………,
Ⅰ3,1；Ⅱ2,5；Ⅱ44,1,2,3,4,5；Ⅱ46,1；Ⅱ49,7；Ⅱ60,4；Ⅳ24,7；Ⅱ70,8；Ⅳ2,5；Ⅳ25,6；Ⅴ63,13
デーメートゥリオス（ファロス）　Δημήτριος ὁ Φάριος ……………………………
Ⅱ10,8；Ⅱ11,15；Ⅱ65,4；Ⅱ66,5；Ⅲ16,2,4；Ⅲ18,7；Ⅲ19,4,7；Ⅳ16,6,

8；Ⅳ19,8；Ⅳ37,4；Ⅳ66,4；Ⅴ12,5,7：Ⅴ63,13；
デーメートゥリオス１世ソテル Δημήτριος Σότερ ……………………………Ⅲ5,3
デーメートゥリオス戦争……………………………………………………………Ⅱ46,1
デーモドコス Δημόδοκος（アイトリア人の騎兵隊の指揮官）…………Ⅴ95,7；
テュパネイアイ Τυπάνεαι（トゥリヒュリアの町） ……………………………Ⅳ77,9
テュエステース Θυέστης（フィリッポス五世に好意をもっているが、アイトリア人の陰謀で殺される） ………………………………………………………Ⅳ22,11
テュネース ὁ Τύνης（アフリカの町） ……………………………………………
Ⅰ30,15；Ⅰ67,13；Ⅰ69,1；Ⅰ73,3,6；Ⅰ76,10；Ⅰ77,4；Ⅰ79,10,14；Ⅰ84,12；Ⅰ85,1；Ⅰ86,2
テュパネアイ αἱ Τυπανέαι（トゥリヒュリアイ人の町） ………………Ⅳ79,2,4
テュッレイオン Θύρρειον（アカルナニアの町） …………………Ⅳ6,2；Ⅳ25,3
デュメー ἡ Δύμη（デュメー人の町） ……………………………………………
Ⅱ41,1,8,12；Ⅱ51,3；Ⅳ59,1,2,4；Ⅳ60,1.4；Ⅳ65,10；Ⅳ83,1,5；Ⅳ86,4；Ⅴ3,.2：Ⅴ17,3,4；Ⅴ30,2Ⅴ91,8；ἡ Δυμαία Ⅱ51,3；Ⅴ17,8
デュメ人 οἱ Δυμαῖοι………………………………Ⅳ59,2；Ⅳ83,1,2,5Ⅴ95,7；
テュレニア海 τὸ Τυρρηνικὸν πέλαγος ……………………………………Ⅰ10,5；
テュレニア海 τὸ Τυρρηνικὸν πέλαγος ……Ⅰ10,5；Ⅱ14,4；Ⅲ61,3；Ⅲ110,9
テュロス Τύρος（フェニキアの町） ……………………………………………
Ⅲ24,1,3；Ⅳ37,5；Ⅴ61,5；Ⅴ62,2；Ⅴ70,3；
テュロス人 οἱ Τύριοι ……………………………………………………………Ⅲ24,1
テュンダリス ἡ Τυνδαρίς（シケリアの町） ……………………Ⅰ25,1；Ⅰ27,6
ドゥーラ１ Δοῦρα（メソポタミアの町） ……………………………………Ⅴ48,16；
ドゥーラ Δοῦρα（アッシリアの町）…………………………………………Ⅴ52,2；
テラモーン Τελαμών（エトルリアの町）…………………………………Ⅱ27,2；,
テルシータイ人 Θερσῖται（ハンニバルがイベリアからリビュアへ送った部族）
Ⅲ33,9
デルフォイ Δελφοί（神殿） …………………………Ⅰ6,5；Ⅱ20,6；Ⅳ46,1；
テルフーサ τέλφουσα（アルカディアの町）…………Ⅱ54,12；Ⅳ60,3；Ⅳ77,5
テルマイ Θέρμα αἱ Θερμαί（シケリアの町） …………………Ⅰ24,4；Ⅰ39,13
テルマ τὰ Θέρμα ……………………………………………………………Ⅴ6,6；Ⅴ7,2
テルモス ὁ Θέρμος……………………7,1,8；Ⅴ8,1,3,4,；Ⅴ13,1,3；Ⅴ18,5；
テルモス人 οἱ Θέρμιοι ……………………………………………………………Ⅴ6,6；
テレンティウス、ガイウス ……………Ⅲ106,1；Ⅲ112,4；Ⅲ114,6；Ⅲ116,13
デンタトゥス、マニウス クリウス……………………………………………Ⅱ19,8

ト

トゥリガボロイ　οἱ Τριγάβολοι（パドス川が二つの河口に分かれる場所）……
Ⅱ16,11,
ドードーネー　Δωδώνη（エピルスの町）……Ⅳ67,3；Ⅴ9,2；Ⅴ11,2,8；，Ⅴ8
ドーラ　δῶρα（フォイニケーの町）……………………………………………Ⅴ66,1
トゥラケー　ἡ Θρᾴκη………………Ⅳ39,6；Ⅳ45,1；Ⅳ66,6；Ⅴ34,8；Ⅴ74,4；
トゥラケー人　οἱ Θρᾴκες ……………………………………………………………
Ⅳ45,2,8；Ⅳ46,2；Ⅳ51,8；Ⅴ7,11；Ⅴ65,10；Ⅴ79,6；
トゥラキア・ボスポロス　Θρᾴκιος Βόσπορος ……………………………Ⅳ39,4；
トゥラシュメネ湖　ἡ Ταρσιμένη λίμνη………………………………………………
Ⅲ82,9；Ⅲ108,9；Ⅴ101,3,6；
トランスアルピーノス・ガッリア人　Τραυσάλπιυοι Κελτοί………Ⅱ15,8；21,5
トゥリエーレース　Τριήρης（フェニキア人の町、アンティオコス3世によって焼き払われる）………………………………………………………………Ⅴ68,8；
トゥリコーニオン　Τριχώνιον（アイトリア人の町）　……………………Ⅴ7,7
トゥリコーネウス　Τριχωνιεύς（アイトリア人の町）　…………………Ⅳ3,5；
トゥリコニス湖　ἡ τριχωνὶς λίμνη ………………………………………Ⅴ7,8；
トゥリタイア　Τριταία（アカイアの町）…………………………………………
Ⅱ41,8；Ⅱ41,12；Ⅳ6,9；Ⅳ59,1；Ⅳ60,1,4,9；Ⅴ95,6；、
トゥリヒュリアー　Τριφυλία（ペロポネソスの一地方、エリスとメッセニアの間、次の人からその名を得ている）…………………………………………………
Ⅳ77,7；Ⅳ79,5；Ⅳ80,14,15；Ⅳ81,1；Ⅴ27,4；
トゥリヒュロス　Τριφύλος（アルカスの息子）　……………………………Ⅳ77,8
トゥリポリス　ἡ Τρίπολις（ラコニアの一地方、そこにペッレネがある）………
Ⅳ81,7；
ドーリマコス　Δωρίμαχος（トゥリコーネウス人、ニコストラトスの子）　……
Ⅳ3,5,11；Ⅳ5,1,2；Ⅳ6,7；Ⅳ10,3；Ⅳ14,4；Ⅳ16,11；Ⅳ17,3；Ⅳ19,12；Ⅳ57,2,4,6,7；Ⅳ58,5；Ⅳ67,1；Ⅳ77,6；Ⅴ1,2；Ⅴ3,1；Ⅴ5,1,2,9；Ⅴ6,4；Ⅴ11,2；Ⅴ17,5；
ドリュメネース　Δορυμένης（アイトリア人、プトレマイオスの将軍ニコラオスに命じられて、アンティオコス三世に対してベリュトスの山道で隘路を守ろうとするが、敗走させられる）……………………………………………Ⅴ61,9；
ドゥレパナ　τὰ Δρέπανα（シケリアの町、リリュバエムから120スタディオン離れている）………………………………………………………………………………
Ⅰ41,6；Ⅰ46,2；Ⅰ49,4；Ⅰ55,7,10；Ⅰ56,7；Ⅰ55,7,10；Ⅰ56,7；Ⅰ59,

4, 9, 10；Ⅰ61, 2
トゥレビア川　ὁ Τρεβίας ποταμός（アルプスのこちら側に住むガリア人の居住する川、P. スキピオがそこに陣を張る）……………………………………
Ⅲ67, 9；Ⅲ68, 4；Ⅲ69, 5, 9；(そこでの騎兵戦でハンニバルがセンプロニウスに勝利する）Ⅲ72, 4；Ⅲ74, 7；Ⅲ108, 8
トゥローアース　Τρῳάς（アレクサンドレイアの住民の町）　Ⅴ78, 6；Ⅴ111, 2—4
トゥロイゼーン　Τροίζην（アルゴス人の町、クレオメネスによって占拠される）……………………………………………………………………Ⅱ52, 2

ナ

ナウパクトス　Ναύπακτος（アイトリア人の町）…Ⅳ16, 9；Ⅴ95, 11, 12；Ⅴ103, 2
ナラウァース　Ναραύας（ヌミディア人、アフリカ戦争で司令官ハミルカルバルカスと同盟を結ぶ）…………………………78, 1, 5, 9, 11；Ⅰ82, 13；Ⅰ84, 4
ナルボーン川　ὁ Νάρβων（アルプスの向こう側のガリア人の川、それは，西で、マッシリアとロダヌス川がサルディニア海に注ぐ河口からそれほど離れていない所を流れている）………………………………Ⅲ37, 8, 9；Ⅲ38, 2；Ⅲ39, 7
ナルニア　ἡ Ναρνία（ウンブリア人の町、そこでファビウスが自分の軍隊をアリミヌムからの部隊と合流させる）…………………………………Ⅲ88, 8；

ニ

ニカゴラース　Νικαγόρας（メッセニア人、父の代からラケダイモン人の王アルキダモスの客人）…………………………Ⅴ37, 1, 2, 3, 4, 5, 6, 7, 11；Ⅴ38, 2, 3, 4,
ニカシッポス　Νικάσιππος（エリス人、リュコスによって捕虜とされる）…Ⅴ94, 6
ニカルゴス　Νίκαργος（テオドトスと共にアンティオコス三世軍の指揮官）…
Ⅴ68, 9, 10, 11；Ⅴ71, 6, 7, 11；Ⅴ79, 5；Ⅴ83, 3；Ⅴ85, 10
ニッキポス　Νίκκιπος（メッセニア人の行政監督官）　……………………Ⅳ31, 2
ニコストラトス　Νικόστρατος（ドゥーリマコスの父）　……………………Ⅳ3, 5
ニコファネース　Νικοφάνης（メガロポリス人、アンティゴノスへの使節）……
Ⅱ48, 4；Ⅱ50, 3；, 5
ニコラオス　Νικόλαος（プトレマイオス4世配下の将軍）　………………………
Ⅴ61, 8, 9；Ⅴ68, 2, 3, 4, 9, 10；Ⅴ69, 2, 9, 9；Ⅴ70, 10

ヌ

ヌーケリア人　τὸ τῶν Νουκερίων ἔθνος（沿岸に住むカンパニア人） …Ⅲ91,4
ヌートゥリアー　Νουτρία（イリュリア人の町、ローマ人に占拠される） Ⅱ11,13

ネ

ネア　ポリス　Νέα πόλις（パノルモスの一部） ……………………………Ⅰ38,9；
ネアポリス人　Νεαπολῖται（カンパニアの町の市民） ……………………Ⅲ91,4,
ネイロス川　ὁ Νεῖλος ……………………………………………………………Ⅲ37,4；
ネオクレタ人　Νεόκρητες（クレタ人によって新たに市民権を与えられた傭兵）… Ⅴ3,1；Ⅴ65,7；Ⅴ79,10
ネオラオス　Νεόλαος（モロスの兄弟、アンティゴノス三世の軍のモロスの部隊の左翼の指揮官） ……………………………………………………………Ⅴ53,11；

ノ

ノマディア騎兵　οἱ Νομαδικοὶ ἱππεῖς ………………………………………… Ⅰ19,2；Ⅲ44,3；Ⅲ65,6；Ⅲ72,1；Ⅲ113,7；
ノマディア人　οἱ Νομάδες ………………………………………………………… Ⅰ31,2；Ⅰ65,3；Ⅰ74,7；Ⅰ77,3,6,7；Ⅰ78,1,2；Ⅲ33,15；Ⅲ45,1；Ⅲ55,8；Ⅲ68,2；Ⅲ69,9；Ⅲ71,10；Ⅲ72,10Ⅲ73,3,7；Ⅲ74,1；Ⅲ112,3,4；Ⅲ116,5,6,7；Ⅲ116,12
ノーラノイ人　Νωλανοί ……………………………………………………………Ⅲ91,5.,
ノーレー　Νώλη（カンパニアの町） ………………………………………Ⅱ17,1

ハ

パイアニオン　τὸ　παιάνιον（イトリア川の左岸にあって、アケロイオス川とマストゥル村の間にある丘） ……………………………………Ⅳ66,3,11
パエトーン　Φαέθων（パエトーンの墜落） ………………………………Ⅱ16,13
パキュノス岬　ὁ Πάχυνος（シケリアの岬、南に位置し、シケリア海に突き出している） ……………………………………………Ⅰ25,8；Ⅰ42,4；Ⅰ54,1,6

パクソス島 οἱ Παξοί(ケルキュラの南五マイル、パクソスとアンティパクソスの二つの島)……Ⅱ10,1
パーシス川 ὁ Φᾶσις(コルキスの川)……Ⅳ56,5;Ⅴ55,7
ハスドゥルーバル1 Ἀσδρούβας(ハンノの息子)……
Ⅰ30,1,2;Ⅰ38,2,4;Ⅰ40,1—16
ハスドゥルーバル2(ハミルカルの娘の夫)……
Ⅰ13,3;Ⅱ1,9;Ⅱ13,1,6;,7;Ⅱ22,11;Ⅱ36,1,3;Ⅲ6,2;Ⅲ13,3;Ⅲ15,5;Ⅲ21,1;Ⅲ27,9;Ⅲ29,2,3;Ⅲ30,3
ハスドゥルーバル3(ハンニバルの兄弟)……
Ⅲ33,6,14;Ⅲ76,8,11;Ⅲ96,1,2,6;Ⅲ98,5;
ハスドゥルーバル4(工作隊の指揮官)…Ⅲ66,6;Ⅲ102,5;Ⅲ114,7;Ⅲ116,6
パドア Παδόα……Ⅱ16,11
パドス川(ポー川) ὁ Πάδος ποταμός……
Ⅱ16,6,13,15;Ⅱ17,3,4,17;Ⅱ19,12;Ⅱ23,1;Ⅱ28,4;Ⅱ31,8;Ⅱ32,2;Ⅱ34,4,5;Ⅲ34,2;Ⅲ39,10;Ⅲ40,5;Ⅲ42,2;Ⅲ44,5;Ⅲ47,4;Ⅲ48,6;Ⅲ54,3;Ⅲ56,3,6;Ⅲ61,1;Ⅲ64,1;Ⅲ66,1,5,6,9;Ⅲ69,5;Ⅲ75,3;Ⅴ29,7;
パトゥライ αἱ Πάτραι(アカイアの町)……
Ⅱ41,,8,12;Ⅳ7,2;Ⅳ10,2;Ⅳ25,4;Ⅳ83,1;Ⅴ2,11;Ⅴ28,3,;Ⅴ30,3;Ⅴ91,8;Ⅴ95,7;Ⅴ101,4
パトライ人 Πατρεῖς……
Ⅱ41,1,12;Ⅳ6,9;Ⅳ7,2;Ⅳ25,4;Ⅴ30,3;Ⅴ95,7
アドゥレーネー Ἀδρήνη(ピケヌム地方)……Ⅲ88,3
パナイトーロス Παναίτωλος(テオドトスの仲間、アンティオコス三世にチュロスを引き渡す)……Ⅴ61,5;Ⅴ62,2;
パノルモス ὁ Πάνορμος(シケリアの町)……
Ⅰ21,6;Ⅰ24,3,9;Ⅰ38,7;Ⅰ39,5;Ⅰ40,2,4;Ⅰ56,3,11
バビュルタス Βαβύρτας(メッセニアのならず者)……Ⅳ4,5,6
バビュローン Βαβυρών(モロンがそこに滞在する)……Ⅴ48,13;Ⅴ52,4;
ハミルカル1 Ἀμίλκας(第一次ポエニ戦争中、パノルモスに滞在していたカルタゴの将軍)……Ⅰ24,3,5;Ⅰ27,6—28,6;Ⅰ30,1;1,44,1
ハミルカル2(ハンニバルの父でバルカスと呼称されている)……
Ⅰ56,1;Ⅰ60,3;Ⅰ62,3;Ⅰ64,6;Ⅰ66,1;Ⅰ68,12;Ⅰ74,9;Ⅰ75,1,8;Ⅰ76,3,10;Ⅰ77,6,7;Ⅰ78,1,4,7,8,10,11,13;Ⅰ81,1;Ⅰ82,1,13;Ⅰ84,2,7;9;Ⅰ85,2,4,5,7;Ⅰ86,1,8;Ⅰ87,3,5;Ⅰ88,4;Ⅱ1,5;Ⅲ13,3
ハミルカル3(イベリアにおけるハスドゥルバル軍の艦隊司令官)……Ⅲ95,1
ハミルカル軍……Ⅰ84,3,4;
バラス Βάραθρα(エジプトの地方)……Ⅴ80,2;

バリア人　οἱ Βαρλιαρεῖς（投石者を意味する。カルタゴ軍の傭兵）……………
Ⅰ67,7；Ⅲ33,11,16；Ⅲ72,7；Ⅲ83,3；Ⅲ113,6
バルグーシ族　οἱ Βαργούσιοι（イベリアの民族）………………………Ⅲ35,2,4
パルトス人　οἱ Παρθῖνοι（イリュリア人の町、パルトスの住民）……Ⅱ11,11；
パライア　ἡ Παλαιὰ πόλις（パノルモの）……………………………………Ⅰ38,9
パライエイス　οἱ Παλαιεῖς（ケファレニアの町）…………………………Ⅴ3,4；
パルティア　Παρθίαια（カスピ海東南の住民パルティア人の国）……Ⅴ44,4；
パルテニオン山　τὸ Παρθένιον ὄρος（ペロポネソスの山）………………Ⅳ23,2
パルナッソス　ὁ Παρνασσός（アイゲイラを見下ろす山）………………Ⅳ57,5,
パンアカイア山　τὸ Παναχαικὸν ὄρος（アカイアの町パトラに張り出している山）………………………………………………………………………Ⅴ30,4；
パンタレオーン　Πανταλέων（アルキダモスの父）………………………Ⅳ57,7
パンテウス　Παντεύς（追放されたクレオメネス三世がアレクサンドレイアで暮らしていたときの仲間）………………………………………………Ⅴ37,8；
ハンニバル1　Ἀννίβας（メッサナでローマ軍に攻囲された時の司令官で、前258年にサルディニアで戦死）……………………………………………………
Ⅰ18,7；Ⅰ19,6,12,14；Ⅰ21,8,9；Ⅰ23,4,7；Ⅰ24,5；Ⅰ43,4
ハンニバル2（三段櫂船の艦長、アドヘルバルの友）…………………………
Ⅰ44,1,2,6；Ⅰ46,1；Ⅰ82,12,13；Ⅰ86,1,3,5
ハンニバル3（第2次ポエニ戦争を起こした）…………………………………
Ⅱ1,6Ⅱ24,1；Ⅱ36,3；Ⅲ6,1；Ⅲ8,5,7,8,9,11；Ⅲ11,1,2,3,4；Ⅲ12,3,4；Ⅲ14,5；Ⅲ15,3,6；Ⅲ16,5；Ⅲ17,4；Ⅲ20,8；Ⅲ30,1；Ⅲ33,5,18；Ⅲ36,1；Ⅲ40,1；Ⅲ41,1,5,6,7；Ⅲ42,1,5；Ⅲ43,2,6,11；Ⅲ44,10；Ⅲ45,5；Ⅲ47,1,5,7；Ⅲ48,1,6,10；Ⅲ49,5；Ⅲ50,1,3,5,7；Ⅲ51,6,7Ⅲ52,4,6；Ⅲ53,5；Ⅲ54,8；Ⅲ56,1；Ⅲ60,1,7；Ⅲ61,5,6,8；Ⅲ62,1；Ⅲ63,1；Ⅲ64,8；Ⅲ65,6；Ⅲ66,3,8,10；Ⅲ67,7；Ⅲ68,1,7,8；Ⅲ69,1,12；Ⅲ70,9,12；Ⅲ71,5；Ⅲ77,3；Ⅲ79,1,12；Ⅲ80,4；Ⅲ81,12；Ⅲ82,9；Ⅲ83,5；Ⅲ84,1,3；Ⅲ85,1,2；Ⅲ86,3,4,8；Ⅲ88,1；Ⅲ89,1；Ⅲ90,10；Ⅲ91,1；Ⅲ92,1,8；Ⅲ93,3,10；Ⅲ94,1,5,7；Ⅲ98,1；Ⅲ100,1；Ⅲ102,3,5,10；Ⅲ104,1；Ⅲ105,2；Ⅲ106,6；Ⅲ107,1；Ⅲ110,5；Ⅲ111,1；Ⅲ112,3；Ⅲ113,6；Ⅲ114,1,7；Ⅲ115,11；Ⅲ116,4；Ⅲ117,6,9,11Ⅲ118,3,5Ⅳ1,1；Ⅳ2,9；Ⅳ28,1,2；Ⅳ37,4；Ⅳ66,8；Ⅴ1,1；Ⅴ29,7；
ハンニバル戦争……………………………………………………………………
Ⅰ3,2；Ⅱ37,2；Ⅲ8,1；Ⅲ12,7；Ⅲ30,3；Ⅲ32,7；Ⅲ95,7；Ⅴ33,4；155,162,181,184,
ハンニバル軍……………………………………Ⅲ50,3,4；Ⅲ53,1；Ⅲ96,9；200,243,
ハンニバル4　Ἀννιβας ἐπικαλούμενος Ῥόδιος（ロドス人と呼ばれている）……
Ⅰ46,4；Ⅰ47,10

パンヒュリアー　ἡ Παμφυλία（ここからヘレスポントスまでのアジアのすべての海岸地帯がエジプト人の所有地）……………… V 34,7；V 72,9；V 77,1；
ハンノーン1　Ἄννων（カルタゴ人の指揮官、ヘルベソスを占拠）………………
Ⅰ18,8；19,1,4,5,7；Ⅰ28,1,8；Ⅰ60,3,4,7；
ハンノーン2（ヘカトンピュロスを占拠、司令官）………………………………
Ⅰ72,3；Ⅰ73,1；Ⅰ66,13；Ⅰ74,7,12；Ⅰ79,2,3；Ⅰ81,1；Ⅰ82,1,11；Ⅰ87,3,5；Ⅰ88,4；
ハンノーン3（ボミルカルの息子、ハンニバル軍の指揮官）………………………
Ⅲ42,6；Ⅲ76,5；Ⅲ114,7
パンフィアー　ἡ Παμφία（テルモンの近くのアイトリア人の村）V 8,1；V 13,7

ヒ

ヒエラ　ἡ Ἱερὰ νῆσος（聖島、エーゲ海の島の一つ）…………Ⅰ60,3；Ⅰ61,7
ヒエローン　Ἱέρων（シュラクサイの王）…………………………………………
Ⅰ8,3；Ⅰ9,2,3；Ⅰ11,15；Ⅰ15,3；Ⅰ16,4,8,10；Ⅰ17,1,3；Ⅰ18,11；Ⅰ62,8；Ⅰ83,2；Ⅱ1,2；Ⅲ1,7；Ⅲ75,7；
ヒエロン　τὸ Ἱερόν（黒海入口にある、「神聖な場所」）…………………………
Ⅳ39,6；Ⅳ43,1；Ⅳ49,1；Ⅳ52,7；V 88,5；
ピケンティネー　ἡ Πικεντίνη, ἡ τῶν Πικέντων χώρα（征服されたセノネス人からローマ市民に分割された地域）………………………………Ⅱ21,7；Ⅲ86,9
ピサ　Πίσα（エトルリアの町）………………………………………………………
Ⅱ16,2；Ⅱ27,1；Ⅱ28,1；Ⅲ41,4；Ⅲ56,5；Ⅲ96,9
ピシディケー　ἡ Πισιδική（小アジアの町）…………V 57,7；V 72,9；V 73,3；
ビテュニア　οἱ Βιθυνοί ……………………………………………Ⅳ50,9；Ⅳ52,9,
ヒッパクリタイ　ἡ τῶν Ἱππακριτῶν πόλις…………………………………………
Ⅰ70,9；Ⅰ73,3；Ⅰ77,1；Ⅰ77,1；Ⅰ82,8；Ⅰ88,2
ヒッパクリタイ人　οἱ Ἱππακρίται ……………………………Ⅰ70,9；Ⅰ73,3；
ヒッピタース　Ἱππίτας（クレオメネス三世の友）…………………………V 37,8
ヒッポメドーン　Ἱππομέδων（アゲシラオスの息子、エウダミダスの孫）………
Ⅳ35,13,
ヒッポロコス　Ἱππόλοχος（テッサリア出身、プトレマイオス四世軍の指揮官だったが、アンティオコス三世の軍に寝返る）………………………………
V 70,11；V 71,11；V 79,9；
ヒミルコーン　Ἱμίλκων………………………………………Ⅰ45,1；Ⅰ53,5、
ビュッサティス　Βυσσάτις……………………………………………………Ⅲ23,2,
ビュザンティオン　Βυζάντιον, ἡ τῶν Βυζαντίων πόλις……………………………

Ⅳ39,5；Ⅳ43,1,3,6,；Ⅳ46,1；；Ⅳ52,1,4；
ビュザンティオン人　οἱ Βυζάντιοι……………………………………………………
Ⅳ38,3,6；Ⅳ45,1；Ⅳ46,3；Ⅳ47,1,4,6,7；Ⅳ48,1,3；Ⅳ49,1,3,5；Ⅳ50,1,4,6,8,10；Ⅳ51,1,6,7,8；Ⅳ52,1,5,6,7,9,10；Ⅴ63,5
ピュッシアス　Φυσσίας（エリス人）……………………………………Ⅴ94,5；
ピュティアデース　Πυθιάδης（アンティオコス三世配下の紅海沿岸地方の司令官）……………………………………………………………………Ⅴ46,7,11；
ヒュタイオン　Φύταιον（アイトリアの町）………………………………Ⅴ7,7；
ビュッタコス　Βύττακος（アンティオコス三世軍のマケドニア人の指揮官）…Ⅴ79,3；Ⅴ82,10；
ピュタゴラス教団　τὰ συνέδρια τῶυ Πνθαγορείωυ………………………………Ⅱ39,1
ピュティアス　Πυτίας（ペレネ人、アカイア軍の指揮官）………………Ⅳ72,9
ヒュパナ　Ὕπανα（トゥリヒュリアの町）………………………Ⅳ77,9；Ⅳ79,5
ヒュラルコス　Φυλάρχος（歴史家）…………………………………………………
Ⅱ56,1,3,6,13；Ⅱ58,11；Ⅱ59,1；Ⅱ60,8；Ⅱ61,11；Ⅱ62,11；Ⅱ63,1,2,6139,140,142,144,145,147,
ピュリアス　Πύρριας（エリスに派遣されていたアイトリア人の指揮官、アカイアを荒らす）………………………Ⅴ30,2；Ⅴ91,3；Ⅴ92,2,5,6；；Ⅴ94,2；
ヒュルカニア海　Ὑρκανία θάλαττα（カスピ海、その近くにタピュリ山がある）……………………………………………………………………………Ⅴ44,5；
ピュルゴス　Πύργος（トゥリヒュリアの町）…………………Ⅳ77,9；Ⅳ80,13；
ピュレーナイア山脈　τὰ Πυρηναῖα ὄρη……………………………………………
Ⅲ35,2,7；Ⅲ37,9,10；Ⅲ39,4；Ⅲ40,1；Ⅲ41,6
ピュッロス　Πύρρος（エピルスの王）……………………………………………
Ⅰ6,5,7；Ⅰ7,6；Ⅰ23,4；Ⅱ20,6；Ⅱ41,11；Ⅲ25,1,3；Ⅲ32,2
ピュロス　ἡ Πύλος（メッセニアの海の要塞、スケルディライダスとファロスのデメトゥリオスによって襲撃される）…………………………Ⅳ16,7；Ⅳ25,4
ピュロスの陣地　ὁ Πύρρου χάραξ（ラコニアの地）…………………Ⅴ19,4；
ビリウス、ガイウス……………………………………………………Ⅰ22,1；Ⅰ23,1；
ヒルピナー地方　οἱ Ἱρπῖνοι（カプアの一地方）………………………Ⅲ91,9
ピンダロス　Πίνδαρος（古典期の詩人）………………………………Ⅳ31,5

フ

ファイスティ　οἱ Φαίστιοι（クレタ島の町）………………………………Ⅳ55,6
ファエスラエ　Φαισόλα（エトルリアの町）…………………………Ⅱ25,6；Ⅲ82,1
ファシス川　ὁ Φᾶσις Ⅳ56,5；（コルキスの川）………………………………Ⅴ55,7；

ファビウス・ピクトル　Fabius Pictor（ローマ人の最古の歴史家）……………
Ⅰ14,1；Ⅰ15,12；Ⅲ8,1,8；
ファビウス、クイントゥス　Φάβιος,Κόιντος Μάξιμος ……………………………
Ⅲ87,6；Ⅲ88,7；Ⅲ89,1,2,7；Ⅲ90,6,10；Ⅲ92,3,5,10；Ⅲ93,1；Ⅲ94,4,8；Ⅲ101,1；Ⅲ103,3；Ⅲ105,5；Ⅲ106,1
ファライ　Φαραί（アカイア人の町）………………………………………………………
Ⅱ41,8,12；Ⅳ6,9；Ⅳ7,2；Ⅳ25,4；Ⅳ59,1；Ⅳ60,1,4；Ⅳ77,5；Ⅳ82,8；Ⅴ30,3,4；Ⅴ94,1,3；Ⅴ95,7；
ファリスキ族　Φαλίσκοι（イタリアの部族）……………………………Ⅰ65,2
ファルナケース　Φαρνάκης（ポントスの王、B.C. 185—160）……………Ⅲ3,6
ファレルヌム　ὁ Φαλέρνος（カンパニアの地方）……Ⅲ90,10；Ⅲ92,6；Ⅲ94,7
ファロス人　η Φάρος（デーメートゥリオスが支配している町の住民）…………
Ⅱ11,15；Ⅲ18,2
フィガレイア　ἡ Φιγάλεια, ἡ Φιάλεια（アルカディアの町）……………………
Ⅳ3,5；,8Ⅳ3,8；Ⅳ6,10；Ⅳ31,1；Ⅳ79,5,6；Ⅳ80,3；Ⅴ4,5；
フィガレイア人　Φιαλεις ……………………………………………………………Ⅳ79,5
フィライノスの祭壇　οι Φιλαινου βωμοι ………………………………………Ⅲ39,2
フィッリダース　Φιλλίδας（将軍ドゥリマコスの配下でアイトリア人とエリス人の指揮官としてフィリッポス五世と戦う）………………………………
Ⅳ77,6；Ⅳ78,1；Ⅳ79,2；Ⅳ80,5,7,8,9；
フィリノス　Φίλινος（シケリアのアグリゲントゥム出身の歴史家）……………
Ⅰ14,1,3；Ⅰ15,1,12；Ⅲ26,2,5
フィリッポス２世　ΦίλιπποςⅡ（アミュンタスの摂政、アレクサンドロス大王の父）……………………………………Ⅱ41,6；Ⅱ48,2；Ⅲ6,5,12；Ⅴ10,1；
フィリッポス５世　ΦίλιπποςⅤ ………………………………………………………
Ⅰ3,1；Ⅱ2,5；Ⅱ37,1；Ⅱ41,6；Ⅱ45,1；Ⅱ70,8；Ⅲ2,3；,7；Ⅲ3,2；Ⅳ2,5；Ⅳ3,3；Ⅳ5,3；Ⅳ9,3；Ⅳ19,1；Ⅳ22,2；Ⅳ22,5,6,7；Ⅳ23,1,6,8；Ⅳ24,1,4；Ⅳ26,3,8；Ⅳ29,1,6；Ⅳ30,1,6,8；Ⅳ34,10；Ⅳ36,8；Ⅳ37,1；Ⅳ55,5；Ⅳ57,1；Ⅳ61,8；Ⅳ63,1；Ⅳ64,3,4,9,10；Ⅳ65,8；Ⅳ66,1,2；Ⅳ66,5,7；Ⅳ67,5,6；Ⅳ68,1,2；Ⅳ70,5,6；Ⅳ71,5,6；Ⅳ75,1,7；Ⅳ77,1,5；Ⅳ79,1,2,4,8；Ⅳ80,2,7,11；Ⅳ81,1,11；Ⅳ82,1,3,5,7；Ⅳ83,3；Ⅳ84,1,3,7,8,9；Ⅳ85,1；Ⅳ86,3,4,6；Ⅳ87,139；Ⅴ2,8；Ⅴ3,1,2；5,2,5,7；Ⅴ6,3；Ⅴ7,1,2；Ⅴ10,9,7,8；Ⅴ12,1,5,7；Ⅴ13,1,3,5,8；Ⅴ14,5；Ⅴ16,10；Ⅴ17,5；Ⅴ18,5；Ⅴ19,1；Ⅴ20,1,2,3,11；Ⅴ22,5,8,10；Ⅴ23,1,3,4,6,8,10；Ⅴ24,1,6；Ⅴ25,1,4；Ⅴ26,6,7；Ⅴ27,4；Ⅴ28,2,3,4；Ⅴ29,2,4；Ⅴ95,1；
フィリッポス王 …………Ⅱ37,1；Ⅳ13,7；Ⅳ55,1；Ⅴ1,6；Ⅴ16,1,3,5；Ⅴ30,1
フィリッポス戦争………………………………………………………………Ⅲ32,7

フィリッポス軍……………………………………………………………………Ⅳ68,3
フィロクセノス　Φίλοξενος（キュテラ出身、ディテュランボスの詩人、B.C. 435—380）……………………………………………………………………Ⅳ20,9
フィロテリア　ἡ Φιλοτερία（コイレー　シリアの町、そこをヨルダン川が流れている）……………………………………………………………Ⅴ70,3,4；
フィロポイメーン　ἡ　Φιλοποίμηυ（メガロポリス出身、アカイア同盟の促進者、完成者）…………………………………………Ⅱ40,2；Ⅱ67,4,8；Ⅱ69,2
フィロン　Φίλων（クノッソス人、ネオクレタ人、プトレマイオス4世軍の指揮官）……………………………………………………………………Ⅴ65,7
フェイアス　ἡ Φειάς（エリスの港）……………………………………Ⅳ9,9
フェニケー　ἡ Φενική（フェネオス近辺の地）……………………………Ⅳ68,1
フォイニケー1　ἡ Φοινίκη（アジアの地帯、時々その中にこいれー・シリアが包含される）…Ⅲ2,8；Ⅴ59,4,5；Ⅴ66,6；Ⅴ67,7,10；Ⅴ79,1；Ⅴ87,6,8；
フォイニケー人　Φοίνικες ……………………………………Ⅰ19,10；Ⅵ52,10
フェニキア語　Φοινικιστί……………………………………………………Ⅰ80,6
フォイニケー2　ἡ Φοινίκη（エピルスー現アルバニアーの町）…………………
Ⅱ5,3,4,5；Ⅱ6,3Ⅱ8,2,4；
フェネオス　Φενεός（アルカディアの町）……………………………………Ⅱ52,2
フォイティアイ　αἱ Φοιτίαι（アカルナニアの町）…………………………Ⅳ63,10
フォイビダース　Φοιβίδας（欺瞞でカドメイアを占拠）……………………Ⅳ27,4
フォーカイ人　Φωκαιεῖα…………………………………………………………Ⅳ9,4、
フォーカイア　Φώκαια ……………………………………………………………Ⅴ77,4；
フォーカイア　Φώκαια（イオニアの町）………………………………………
Ⅴ77,4；ἡ Φωκίς Ⅴ24,12；Ⅴ26,1,16；οἱ Φωκεῖς Ⅳ9,4；Ⅳ15,1；Ⅳ25,2；Ⅳ55,2；Ⅴ24,12；Ⅴ26,1,16；Ⅴ28,4；Ⅴ96,4；
フォクシダース　Φοξίδας（メリタイア出身、プトレマイオス4世軍の指揮官）
………………………………Ⅴ63,11,13；Ⅴ65,3,4；Ⅴ82,6；Ⅴ85,2,4,
ブース　ἡ Βοῦς（ボスポラス・トラキアのアジアの地）………Ⅳ44,3；Ⅳ44,6
プソーフィス　ἡ Ψωφίς（アルカディアの町）…………………………………
Ⅳ68,1；Ⅳ69,2；Ⅳ70,3,6；Ⅳ73,1
プソーフィス人　οἱ Ψωφίδιοι………………………………………Ⅳ71,13；Ⅳ72,8
プトレマイオス・ケラウノス　Πτολεμαῖος ὁ Κεραυνός（トラキアの王）………
Ⅱ41,1
プトレマイオス1世　Πτολεμαῖοι ὁ Λάγου …………Ⅰ63,7Ⅰ71,5；Ⅴ67,7,10；
プトレマイオス3世エウエルゲテス　Πτολεμαῖοι ὁ Εὐεργέτης ………………
Ⅱ47,2；Ⅱ51,2；Ⅱ71,5；Ⅳ1,9；Ⅴ35,1；Ⅴ58,10；Ⅴ89,1；
プトレマイオス4世フィロパトル　Πτολεμαῖοι ὁ Φιλοπάτωρ ……………………
Ⅰ3,1；Ⅱ71,3；Ⅲ2,3；Ⅳ2,8；Ⅳ30,8；Ⅴ25,1；Ⅴ26,8；Ⅴ31,1,8；Ⅴ34,

1；Ⅴ39,3；Ⅴ42,4；Ⅴ42,7；Ⅴ45,5；Ⅴ55,3；Ⅴ57,1；Ⅴ58,1,4；Ⅴ61,4,8；Ⅴ62,4,7；63,2,3；Ⅴ65,11；Ⅴ66,2,3,4,7；Ⅴ67,6,12,13；Ⅴ68,4,5；Ⅴ70,10,11；Ⅴ79,1,2；Ⅴ80,1,6；Ⅴ81,2,5,7；Ⅴ82,2,3,7,8；Ⅴ83,1；Ⅴ84,1,2,5,7,9；Ⅴ85,8；Ⅴ86,1,6,8,11；Ⅴ87,1,3；
プトレマイオス５世エピファネス　Πτολεμαῖο ὁ Ἐπιφανής ……Ⅳ37,5；Ⅳ303,5
プトレマイオス　Πτολεμαῖος（トラセウスの子、プトレマイオス４世軍の中で密集隊隊の指揮官）……Ⅴ65,3,4，；
プトレマイス　ἡ Πτολεμαΐς（フェニキアの町）……Ⅳ37,5；Ⅴ61,5；Ⅴ62,2；Ⅴ71,12
フュクシオン　Φύξιου ……Ⅴ95,8；
ブーラ　ἡ Βοῦρα（アカイア人の町、12の同盟国の一つ）……Ⅱ41,8,14Ⅱ
ブーラ人　Βούριοι……Ⅱ41,13
プライテッテイアネー地方　ἡ Πραιτεττιανὴ χώρα（ピケヌムの一部族の土地）Ⅲ88,3
プラシアイ　Πραςίαι（アルゴス人の町）……Ⅳ36,5
プラタノス　τὰ κατὰ πλάτανον στενά（フェニキアの）……Ⅴ68,6；
プラトル……Ⅳ55,2
フラニミニウス、ガイウス　Φλαμίνιος, Γάιος ……Ⅱ21,8；Ⅱ32,1；Ⅱ33,7；Ⅲ75,5；Ⅲ77,1；Ⅲ78,6；Ⅲ80,1,3,4,5；Ⅲ82,2,11；Ⅲ84,5；Ⅲ86,3Ⅲ106,2
フリアシアー　ἡ Φλιασία……Ⅳ67,9
フリウース　Φλιοῦς（ペロポネソスの町）……Ⅱ44,6；Ⅱ52,2；
フルウィウス、セルウィウス１　Φόλουιος,Σέρουιος ……Ⅰ36,10, Ⅰ37,6
フルウィウス、グナイウス　Φόλουιος, Γναιός ……Ⅱ11,1；Ⅱ12,1
フルウィウス、コイントス　Φόλουιος, Κόιντος ……Ⅱ31,8
プリオーン　ὁ Φρίων（アフリカ、カルタゴの近くの地）……Ⅰ85,7
フリクサ　Φρίξα（トゥリヒュリアの町）……Ⅳ77,9
フリュギア　Φρυγία（ラオディケが居住していた所）……Ⅴ57,5；
プリュタニス　Πρυτανίς（逍遥派の哲学者）……Ⅴ93,8；
プルーシアース１世　Προυσίας Ⅰ（ビチュニアの王）……Ⅲ2,5；Ⅳ47,7；Ⅳ48,4,13；Ⅳ49,1；Ⅳ50,1,2.9；Ⅳ51,8；Ⅳ52,1,6,7,8,9,10；Ⅴ77,1；Ⅴ90,1；Ⅴ111
ブルートゥス、ルキウス　ユニウス　Βρούτος（ローマの王追放後最初の執政官）……Ⅲ22,1；Ⅴ46,1,3；Ⅴ61,8
ブレタニケー　ἡ Βρετανίκη……Ⅲ57,3
ブレンテシオン　τὸ Βρεντέσιον（カラブリアの町）……Ⅱ11,7Ⅲ69,1,4
プレイアデス星団　ἡ Πλειάς ……Ⅲ54,1；Ⅳ37,2；Ⅴ1,1；
プレウラートス　Πλευρᾶτος（アグローンの父）……Ⅱ2,4

プレグライア平原　τὰ Φλεγραῖα πεδία（カプアとノラの近く）……………………
Ⅱ17,1；Ⅲ91,7
ブレンノス　Βρέννος（ガリア人の指揮官、デルフォイでの大敗を逃れ、ヘレスポントスに到達）……………………………………………………………Ⅳ46,1
フレンタノイ人　Φρεντανοί（サムニウムの部族）………………………Ⅱ24,12
ブロコイ　οἱ Βρόχοι（コイレーシリアの隘路の要塞）……Ⅴ46,1,3；Ⅴ61,8；
プロスラオス　Πρόσλαος（シキュオンの人、プソフィスの要塞で、アカイア人から指揮官に任命される）……………………………………………Ⅳ72,9
プロプス「前足」ὁ Πρόπους（アルカディアの山、オリュギュストの丘）…Ⅳ11,6
プロポンティス海（マルマラ海）ἡ Προποντίς（ボスポロス・トラキアを通って黒海と結ばれる）………………………Ⅳ39,1；Ⅳ43,1；Ⅳ44,6293,296,
プロンノイ　Πρόννοι（ケファレニアの小さな町）………………………Ⅴ3,3；

へ

ヘイルクタイ　αἱ Εἰρκταί（エリュクスと海沿いのパノルモスの間）…Ⅰ56,3,4
ペウケティイ人　Πευκέτιοι（アプリアの一部に居住する人々）…………Ⅲ88,4
ヘカトドロス　Ἑκατόδωρος………………………………………………Ⅳ47,4；Ⅳ78,5
ヘカトンバイオン　τὸ Ἑκατόμβαιον ………………………………………Ⅱ51,3
ヘカトンタピュロス　ἡ Ἑκατοντάπυλος（アフリカの町、………………Ⅰ73,1
ヘシオドス …………………………………………………………………Ⅴ2,5；
ヘスティアイ岬　τὰ περὶ τὰς Ἑστίας ἄκρα …………………………………Ⅳ43,5
ヘタイロス　οἱ Ἑταῖροι…………………………………………………………Ⅴ53,4；
ペドネリッソス　Πεδνηλισσεῖς（ピシディアの町）……………………………
Ⅴ72,1,3,10；Ⅴ73,5,6,15；Ⅴ76,10；
ペトライオス　Πετραῖος ……………………………………………Ⅳ24,8；Ⅴ17,6；
ベネウェントゥム族　Οὐευευονευταυή ……………………………………Ⅲ90,8
ペッラ　Πέλλα 1（マケドニアの町）………………………………………Ⅳ66,6
ペッラ　Πέλλα（コイレー・シュリアの町）………………………………Ⅴ70,12
ヘーライアー　ἡ Ἡραία（アルカディアの町）Ⅱ54,12；Ⅳ77,5；Ⅳ78,2Ⅳ80,15；
ヘーラクレイア　ἡ Ἡράκλεια（シケリアの町）…………………………………
Ⅰ18,2,9；Ⅰ19,2,11；Ⅰ25,9；Ⅰ30,1；Ⅰ38,2；Ⅰ53,7
ヘーラクレイトス　Ἡράκλιτος ………………………………………………Ⅳ40,3
ヘーラクレースの後裔　Ἡρακλῆς …………………；Ⅳ35,14；Ⅳ59,5；Ⅵ11,1
ヘーラクレスの柱　Ἡρακλέους στῆλαι ……Ⅱ1,6；Ⅲ37,3,5；Ⅲ39,2；Ⅲ57,2
ヘリクラノン　Ἑλίκρανον（エピルスの要塞、そこへアイトリア人とアカイア

人がイリュリア人に対して援助に来る)　……………………………………Ⅱ6,2
ペリゲネース　Περιγένης (アンティオコス3世配下の提督)　……………………
Ⅴ68,3；Ⅴ69,7,11；,
ベーリュトス　Βηρυτός (フェニキアの町)　…………………………Ⅴ61,9；Ⅴ68,8；
ペルガモン　Πέργαμον (アッタロス王家の座)　………………………Ⅳ48,2；Ⅴ78,6；
ペルゲー　ἡ Πέργη (パンヒュリアの町)　……………………………………Ⅴ72,9；
ペルシア　οἱ Πέρσαι ……………………………………………………………………
Ⅰ2,2,5；Ⅰ63,8；Ⅱ35,7；Ⅱ6,4；Ⅳ31,5；Ⅴ10,8；Ⅴ43,2；Ⅴ55,9；Ⅴ79,6；Ⅵ49,4,5,10
ペルシス　ἡ　Περσίς (シュリア王家の地方、南に位置し、メソポタミアとアポロニアに延びている)　……………………………………Ⅴ40,7；Ⅴ44,4,6,10；
ペールーシオン　τὸ Πηλούσιον (エジプトの町)　…………Ⅴ62,4,5；Ⅴ80,1；
ペルセウス　Περσεύς (マケドニア王、フィリッポス5世の長男)　………………
Ⅰ3,1；Ⅲ3,8；Ⅲ5,4
ヘルベーソス　Ἐρβησός ἡ Ἐρβησέων πόλις (シケリアの町)　…………Ⅰ18,9
ヘルマイオン　Ἑρμαῖον (ボスポラス　トラキアのヨーロッパの海岸にある。そこには最も狭い海峡があり、ダレイオスによって橋がかけられた)…Ⅳ43,2
ヘルマエウム岬　ἡ Ἑρμαία, ἡ ἄκρα ἡ Ἑρμαία (カルタゴの近くの岬)　………
Ⅰ29,2；Ⅰ36,11
エルマンティケー　ἡ Ἑλμαντική (イベリアのウアッカエイ族の町、現サラマンカ)　……………………………………………………………………Ⅲ14,1
ヘルミオーン　Ἑρμιών (アルゴス人の町)　…………………………Ⅱ44,6；Ⅱ52,2
ベルミナティス　ἡ Βελμινᾶτις (アルカディアの町)　…………………………Ⅱ54,3
ヘルメイアース　Ἑρμείας　…………………………………………………………
Ⅴ41,1,2；Ⅴ42,1；Ⅴ45,6；Ⅴ49,2,7；Ⅴ50,2,5,9；Ⅴ51,4,5；Ⅴ53,6；Ⅴ54,11；Ⅴ55,3；Ⅴ56,1,2,4,9,10,13,14,15；
ペレカス山岳地帯　τὸ ὄρος Πελεκᾶς ……………………………………Ⅴ77,9；
ヘッレースポントス　Ἑλλησπόυτος …………………………………………………
Ⅳ44,5,6,8；Ⅳ46,1；Ⅳ50,5；Ⅴ34,7；Ⅴ78,6；
ベレニケー1　Βερενίκη (プトレマイオス2世の娘、アンティオコス2世の妻)
……………………………………………………………………Ⅴ58,11；
ベレニケー2　Βερενίκη (プトレマイオス3世の妻)　…………………Ⅴ36,1,6
ペッレーネー　ἡ Πελλήνη (アカイアの町)　…………Ⅱ41,8；Ⅱ52,2；Ⅳ8,4；
ペッレーネー人　οἱΠελληνεῖς　…………………………………………Ⅳ8,4；
ペッレーネー　ἡ Πελλήνη (トゥリポリのラコニアの町)　…………………Ⅳ81,7
ヘレイアー　ἡ Ἑλεία (ラコニアの町)　………………………………Ⅴ19,7；Ⅴ20,12
ペロポンネーソス　ἡ Πελοπόννησος ……………………………………………
Ⅰ42,1；Ⅱ37,11；Ⅱ49,3；Ⅱ52,9；Ⅱ54,1；Ⅱ60,8；Ⅱ62,3,8；Ⅳ1,7；Ⅳ

3,3；Ⅳ6,3,4,6,8；Ⅳ8,6；Ⅳ14,4；Ⅳ22,1,5；Ⅳ32,3,9；Ⅳ57,5；Ⅳ62,5；Ⅳ65,8,10；Ⅳ77,8；Ⅳ82,5；Ⅳ87,1,2,8；Ⅴ3,7,9；Ⅴ36,4；Ⅴ92,9；
ペロポンネーソス人……………………………………………………………………
Ⅱ37,9；Ⅱ38,7,9；Ⅱ42,5；Ⅱ43,4；Ⅱ44,3；Ⅱ49,8；Ⅲ3,7；Ⅳ7,7；Ⅳ67,7；Ⅳ69,8；Ⅳ84,8；Ⅴ2,3；
ペローリアス岬　Πελωριάς（シケリアの岬）…………………Ⅰ11,6；Ⅰ42,5、

ホ

ボイオイ１　οἱ Βοιοί（ラコニアの町）……………………………………Ⅴ19,8；
ボイオイ２　οἱ Βοιοί（イリュリアの砦）………………………………Ⅴ108,8
ボイイ族　οἱ Βοῖοι（アルプスのこちら側のガリア人の部族）…………………
Ⅱ17,7；Ⅱ20,3；Ⅱ21,9；Ⅱ24,8；Ⅱ28,4；Ⅱ30,5；Ⅱ31,4,9；Ⅲ40,6,9,12,13,14；Ⅲ56,6；Ⅲ67,6
ボイオーティア　ἡ Βοιώτια ……………………………………………Ⅳ67,7
ボイオーティアー人　οἱ Βοιωτοί………Ⅱ49,6；Ⅱ65,4；Ⅳ3,5；Ⅳ9,4；Ⅳ25,2
ポーキス　Φωκίς ……………………………………………………Ⅴ24,12；Ⅴ26,1；
ボーラクス　Βώλαξ ……………………………………………………………Ⅳ77,9
ボースタロス　Βώσταρος ………………………………………………………Ⅰ30,1,2
ボーストール　Βώστωρ …………………………………………………………Ⅲ98,5
ポストミウス、ルキウス　Ποστόμιος Λεύκιος（b.c. 262/1の執政官官、アルギゲントゥムを占拠）……………………………………………………Ⅰ17,6—19,5；
ポストミウス、ルキウス　アルビヌス　Ποστόμιος Λεύκιος Ἄλβινυς（b.c. 229/1の執政官、イリュリア人の多くの市民を従属させ、テウタと和平を結ぶ）…
Ⅱ11,1,7；Ⅱ12,2,4；Ⅲ118,6
ボスポロス　トラキオス　Βόσπορος Θρᾴκιος ……………………Ⅳ39,4；Ⅳ43,2
ボスポロス　キンメリコス　Βόσπορος Κιμμερικός……………………………Ⅳ39,3
ボオーデス　Βοώδης（カルタゴ人、元老院の議員）……………………Ⅰ21,6,
ホマーリオンの祭壇　Ὁμάριον（アカイアの海港アイギオンの近くの聖所）…
Ⅴ93,10；
ホメーロス　Ὅμηρος ……………………………………………………………Ⅲ94,4,
ボーラクス　Βῶλαξ（トゥリヒュリアの町）………………………Ⅳ80,13；
ホーラティウス、マルクス　Ὡράτιος, Μάρκος（王追放後最初のローマの執政官）……………………………………………………………………Ⅲ22,1
ホリオイ人　Ὅριοι（クレタ人、クノッソス人から離れてリュットス人と友好関係を結ぶ）……………………………………………………………Ⅳ53,6
ポリクナ　Πολίχνα（アルゴス人の町）………………………………Ⅳ36,5

ポリュクラテース Πολυκράτης（アルゴス出身、プトレマイオス4世軍の指揮官）……………………………………V64,4,6；V65,5；V82,3；V84,8；
ポリュメーデース Πολυμήδης（アイギオン人） ……………………………V17,4；
ポリュヒュレオーン Πορυφρεών（フェニキアの町） ……………………V68,6；
ポリュフォンタス Πολυφόντας（ラコニアの殺戮の際にフィリッポス5世の下へ逃げる） ……………………………………………………………………Ⅳ22,11
ポリュレニア人 οἱ Πολυρρήνιοι（クレタ人で、クノッソス人からリュットス人へ転ずる） ………………………………………………………………Ⅳ53,6,,

マ

マイオティス海（アゾフ海） ἡ Μαιῶτις ………………………………………………
Ⅳ39,1,2,3；Ⅳ40,4,8,9；Ⅳ42,3；Ⅳ44,10；V44,10
マウルシ οἱ Μαυρούσιοι（アフリカ西北の国マウリタニアニに居住する民族で、ハンニバルがイベリアに連れていった兵の一部を構成する） ……Ⅲ33,15；
マガス Μάγας（プトレマイオス・フィロパトルの兄弟）……V34,1；V36,1；
マカタース Μαχατᾶς（アイトリア人のラケダイモニオン人への使節） ………
Ⅳ34,4,5,6,7,11；Ⅳ36,1,3,6
マカラス川 ὁ Μακάρας ποταμός（アフリカ、カルタゴ近くの川） ……………
Ⅰ75,5,7；Ⅰ86,9
マギロス Μάγιλος（アルプスのこちら側のガリア人の王）………………Ⅲ44,5
マクシムス Μάξιμοι（ファビウス家の家名） ………………………………Ⅲ87,6
マグナ・グラエキア magna Graecia ἡ Μεγάλη Ἑλλάς ………Ⅰ6,2；Ⅱ39,1,4
マケドニアー ἡ Μακεδονία………………………………………………………………
Ⅰ2,4；Ⅱ37,7；Ⅱ40,5；Ⅱ42,9,13；Ⅱ51,2；Ⅱ54,7,12,14；Ⅱ62,3；Ⅱ70,1；Ⅱ71,1,7；Ⅲ2,3；Ⅳ2,5；Ⅳ19,6；Ⅳ22,6；Ⅳ23,1；Ⅳ24,8；Ⅳ27,9；Ⅳ29,1；Ⅳ34,7,10；Ⅳ37,7；Ⅳ50,1,8；Ⅳ57,1；Ⅳ62,1；Ⅳ63,1；Ⅳ66,5,6；Ⅳ77,7Ⅳ85,3；Ⅳ87,13；V2,7；V4,6；V6,2；V26,5；V30,1；V34,8；
マケドニアー人 οἱ Μακεδόνες ……………………………………………………………
Ⅱ39,12；Ⅱ43,8；Ⅱ45,2,3；Ⅱ48,2；Ⅱ49,5,6；Ⅱ56,6；Ⅱ66,5,8；Ⅱ67,7；Ⅱ69,8；Ⅲ5,6；Ⅳ1,5；Ⅳ3,2；Ⅳ5,3,8,10；Ⅳ9,4；Ⅳ22,10；Ⅳ34,9；Ⅳ64,5；Ⅳ65,7；Ⅳ66,7；Ⅳ71,3,10,11；Ⅳ73,1；Ⅳ76,2；Ⅳ78,1；2Ⅳ80,5；Ⅳ84,7,9；V2,11；V3,4；V4,6,7,13；V7,1；V8,1；V29,5,6；V35,2；V79,3；V82,10；
マケドニア軍…………………………………Ⅳ37,7；Ⅳ72,1；V17,7；V25,1,5；
マケドニア王国 ………………………………………………………Ⅲ1,9；155,157,

マケドニア王 ……………………………………………………………………Ⅳ62,2,
マケドニア流 ………………………………Ⅱ65,3Ⅴ79,4；Ⅴ82,2,4,10；
マケッラ Μάκελλα ……………………………………………………………Ⅰ24,2
マゴーン Μάγων（ハンニバルの兄弟） ……………Ⅲ71,5,6；Ⅲ79,4；Ⅲ114,7
マゴス ὁ μάγος（七人のペルシア人によって殺された偽のスメルディス） ……
Ⅴ43,2；
マッコイオス人 Μακκοῖοι（ハンニバルによってイベリアに残されたアフリカ民族の傭兵） ……………………………………………………………Ⅲ33,15
マッサイシュリオス Μασσαισύλιοι（ハンニバルによってイベリアに残されたアフリカ民族の傭兵） ……………………………………………………Ⅲ33,15
マッサリアー Μασσαλία（ガリアのポリス） ……………………………………
Ⅱ14,6,8；Ⅱ16,1；Ⅱ32,1；Ⅲ41,4,5,9；Ⅲ47,4；Ⅲ95,6,7
マッサリア人 Μασσαλιῶται ………………………………Ⅲ41,9；Ⅲ95,6,7
マッサリアのそれ στόμα τοῦ Ροδάνου τὸ Μασσαλιώτιοκον προσαγορευόμενον（マッサリアのと呼ばれるロダヌス川の河口） ……………………Ⅲ41,5
マシニッサ Μασαννάσας（ヌミディア人の王） …………………………Ⅲ5,1
マシュリ人 Μασύλιοι（ハンニバルによってイベリアに残されたアフリカ民族の傭兵）……………………………………………………………………Ⅲ33,1
マスティア Μαστία（アフリカのポリス） ……………………………………Ⅲ24,5
マスティアノス人 （ハンニバルによってイベリアからアフリカへ移されたイベリアの民族）………………………………………………………………Ⅲ33,9
マティアノス人 Μαστιανοί（メディアの民族）………………………………Ⅴ44,9；
マトース Μάθως（アフリカ戦争で傭兵人叛徒の指導者） ………………………
Ⅰ69,6；,14；Ⅰ70,3,5,8；Ⅰ72,6；Ⅰ73,3；Ⅰ77,1；Ⅰ79,1,8；Ⅰ82,11,13；Ⅰ84,1；Ⅰ86,2,7；Ⅰ87,10；Ⅰ88,6
マハルバル Μαάρβας（ハンニバル軍のイペリア人および第一戦列の指揮官）
Ⅲ84,11-14；Ⅲ86,4
マミリウス、クウィントゥス……………………………………………………Ⅰ17,6
マメルティニ人 οἱ Μαμερτῖνοι（メッサナを占領したカンパニア人） …………
Ⅰ7,2,8；Ⅰ8,1；Ⅰ10,5,7；Ⅰ11,1,4,11；Ⅰ20,1；Ⅲ26,6
マラトス Μάραθος（フェニキア人のポリス） ………………………………Ⅴ68,7；
マルシ人 Μάρσοι（アルプスのこちら側のガリア人との戦いで、ローマ人の同盟国） ……………………………………………………………Ⅱ24,12；Ⅲ88,3
マルゴス Μάργος（カリュネイアの亡命者）………Ⅱ10,5；Ⅱ41,14；Ⅱ43,2；
マルシュアース ὁ αὐλὼν ὁ Μαρσύας（レバノンとアンティレバノンの間） …
Ⅴ45,8—46,2；Ⅴ61,7；
マレアー Μαλέα（ラコニアの岬） ………………Ⅴ95,4；Ⅴ101,1,4；Ⅴ109,5
マローネイア ἡ Μαρώνεια（エジプトの支配下にあるトラキアのポリス） ……

Ⅴ34,8；
マンティネイア　ἡ Μαντίνεια（アルカディアで最も大きなポリス）……………
Ⅱ46,2；Ⅱ53,6；Ⅱ56,6；Ⅱ57,1；Ⅱ58,4,12Ⅳ12,25；Ⅳ21,9；Ⅳ27,6；Ⅳ33,8；Ⅵ43,1
マンティネイア人　οἱ Μαντινεῖς　…………………………………………………
Ⅱ54,11；Ⅱ56,6；Ⅱ57,1；Ⅱ58,2,3,4.12..14；Ⅱ61,1；Ⅱ62,11；Ⅳ21,9；Ⅳ27,6；Ⅵ43,1
マンリウス、ルキウス　Μάλιος, Λεύκιος（前250/49の執政官）…………………
Ⅰ26,11；Ⅰ28,7；Ⅰ29,10；Ⅰ39,15；Ⅰ41—48
マンリウス、ティトゥス　Μάλιος, Τίτος（前224/3の執政官）…………Ⅱ31,8

ミ

ミッコス　Μίκκος（デュメ人、アカイア人の副将軍）……………………Ⅳ59,2
ミトゥリダテース4世　Μιθριδάτης（黒海のカッパドキア人の王）……………
Ⅳ56,1,7；Ⅴ43,1,2；Ⅴ74,5；Ⅴ90,1；
ミヌキウス、マルクス　Μινύκιος Μάρκος ……………………………………………
Ⅲ87,9；Ⅲ90,6；Ⅲ92,4；Ⅲ94,9；Ⅲ101,1,6；Ⅲ102,1,8；Ⅲ103,3,7,8；Ⅲ104,2,3,6；Ⅲ105,9；Ⅲ106,1；
ミュイスコス　Μυΐσκος（アンティオコス3世の小姓）………………Ⅴ82,13；
ミュシアー　ἡ Μυσία………………………………………………………Ⅳ50,4；Ⅳ52,9
ミュシアー人　οἱ Μυσοί ……………………Ⅳ50,4；Ⅳ52,9；Ⅴ76,7；Ⅴ77,7；
ミュッティストラトン　τὸ Μυττίστρατον（シケリアのポリス）………Ⅰ24,11
ミュライ地方　ἡ Μυλαΐτις χώρα ……………………………………………Ⅰ23,2
ミュライオン平原　τὸ Μυλαῖον πεδίον（シケリア、そこにはロンガノス川が流れている）…………………………………………………………………ⅤⅠ9,7
ミノーア　ἡ Μινῴα（シケリアのポリス）……………………………………………
Ⅰ18,2,9；Ⅰ19,2；Ⅰ25,9；Ⅰ30,1；Ⅰ38,2；Ⅰ53,7
ミリュアース地方　ἡ Μιλυάς（小アジア）……………………Ⅴ72,5；Ⅴ77,1；

ム

ムナシアデース　Μνασιάδης（ポリュクラテースの父）………………Ⅴ64,6；

メ

メガレアース　Μεγαλέας（フィリッポス５世の官房長）……………………………
Ⅳ87,8,9；Ⅴ2,8；Ⅴ14,11；Ⅴ16,2,5,7,8；Ⅴ25,1；Ⅴ26,8,14；Ⅴ27,1,7；Ⅴ28,4,6,7；
メガロポリス　ἡ Μεγάλη πόλις, ἡ τῶν Μεγαλοπολιτῶν πόλις（アルカディアのポリス）………………………………………………………………………………………
Ⅱ44,5；Ⅱ46,5；Ⅱ48,1,2,5；Ⅱ50,2；Ⅱ51,3；Ⅱ54,3；Ⅱ55,1,3,5,8；Ⅱ61,2；Ⅱ64,1；Ⅱ65,3；Ⅳ7,10；Ⅳ9,1,6；Ⅳ25,4；Ⅳ32,10；Ⅳ33,7；Ⅳ69,5；Ⅳ77,10；Ⅳ80,16；；Ⅳ81,11；Ⅳ82,1；Ⅴ91,7Ⅴ92,3,9；Ⅴ93,2,3,10；
メガロポリス人　οἱΜεγαλοπολῖται………………………………………………
Ⅱ40,2；Ⅱ44,5；Ⅱ46,5；Ⅱ48,1,4；Ⅱ50,2；Ⅱ54,3；Ⅱ55,4,6,8；Ⅱ61,2,4,5；Ⅱ65,3；Ⅱ66,7；Ⅱ67,4；Ⅳ6,3；Ⅳ9,6；Ⅳ13,1；Ⅳ25,4；Ⅳ32,10；Ⅳ33,9；Ⅳ37,6；Ⅳ60,3；Ⅳ69,5；Ⅳ77,10；Ⅳ81,11；Ⅴ91,7；Ⅴ92,8；Ⅴ93,1；Ⅵ11,1
メガロポリス地方　ἡ Μεγαλοπολῖτις χώρα……………Ⅱ51,3；Ⅳ10,10；Ⅳ25,4
メガロポリスの　Μεγαλοπολιτικός　……………………………………………Ⅱ68,2
メギストス川　ὁ Μέγιστος ποταμός（ミュシアの近く、そこにアッタロス１世が要塞を築く）……………………………………………………………Ⅴ77,9；
メッセーネー　ἡ Μεσσήνη, ἡ Μεσσηνίων πόλις（シケリアのポリス）…………
Ⅰ7,1,2；Ⅰ8,1；Ⅰ9,3；Ⅰ10,1；Ⅰ11,3,4；Ⅰ15,1；Ⅰ20,13；Ⅰ25,7；Ⅰ38,7；Ⅰ52,6,8；Ⅲ26,6
メッセーネー人　οἱ Μεσσήνιοι　…………………………………Ⅰ10,4；Ⅲ26,6
メッセーネー地方……………………………………………………………Ⅰ15,3；
メッサピイ人　Μεσσάπιοι（アプリアの民族）…………………Ⅱ24,11；Ⅲ88,4
メッセーニアー人　οἱ Μεσσήνιοι（ペロポネソス地方の住民）……………………
Ⅲ19,10；Ⅳ3,6,9,11,12；Ⅳ4,3,9；Ⅳ5,2,3,8,10；Ⅳ11,12；Ⅳ7,3,5；Ⅳ9,2,7；Ⅳ15,2,3,5,6,8,9,10；Ⅳ16,1,6；Ⅳ19,1；Ⅳ31,1；Ⅳ32,10；Ⅳ33,1,9,11；Ⅳ36,8；Ⅴ4,5；Ⅴ5,4,11；Ⅴ9,8；Ⅴ20,1,6,7,10；Ⅴ37,1；Ⅴ92,3,4,7,8；,
メッセーニアー　ἡ Μεσσήνη, ἡ τῶν Μεσσηνίων πόλις…………………………
Ⅱ55,3；Ⅱ61,4；Ⅱ62,10；Ⅲ19,11；Ⅳ3,12；Ⅳ4,1,5；Ⅳ33,3,7；Ⅵ49,2；Μεσσήνη,　Ⅱ5,1；Ⅳ5,4；Ⅳ6,8；Ⅳ33,8；Ⅳ79,6；Ⅳ80,6；Ⅴ5,1；Ⅴ17,1；Ⅴ37,2；Ⅴ91,3；Ⅴ92,2,5
メソポタミアー　ἡ Μεσοποταμία………………………………Ⅴ44,6；Ⅴ48,16

メタゴニーニア　τὰ Μεταγώνια（リビュアの地方）…………………………Ⅲ33,12
メタゴニオン人　οἱ Μεταγωνῖται ……………………………………………Ⅲ33,13
メタパ　ἡ Μέταπα（アイトリア人のポリス）……………………Ⅴ7,8；Ⅴ13,8；
メーディアー　ἡ Μηδία……………………………………………………………
Ⅴ40,7；44,1,11；Ⅴ47,4；Ⅴ51,10；Ⅴ52,4；Ⅴ54,6,8；Ⅴ54,12；Ⅴ55,7；
メーディアー人　οἱ Μῆδοι ……………………………Ⅴ79,7；Ⅴ82,12；Ⅴ85,4；
メディオラヌム　τὸ Μεδιόλανον（インスブル族のポリス）　……………Ⅱ34,15
メディオーン人　οἱ Μεδιώνιοι（アイトリアのメディオーンの住民）……………
Ⅱ2,5—4,5；
メテュドゥリオン　τὸ Μεθύδριον（メガロポリスの地方のポリス）　……………
Ⅳ10,10；Ⅳ11,3；Ⅳ13,1
メトロポリス　ἡ Μητρόπολις（アカルナニアのポリス）　…………………Ⅳ64,3
メネデーモス　Μενέδημος（アンティオコス３世軍のアラバンダ人の指揮官）……
Ⅴ69,4；Ⅴ79,6；Ⅴ82,11；
メネライオン　τὸ Μενελάιον（ラケダイモンの近くの山）　………………………
Ⅴ18,3,10；Ⅴ21,1；Ⅴ22,3,8；
メリタイア　Μελίτεια, ἡ τῶν Μελαιῶν πόλις（フティオティス人のポリス）　…
Ⅴ63,11；Ⅴ97,5,6
メルガネー　ἡ Μεργάνη（シケリアのポリス）　………………………………Ⅰ8,3
メンフィス　ἡ Μέμφις（エジプトのポリス）　………Ⅴ62,4；Ⅴ63,3；Ⅴ66,8；

モ

モリュクリア　Μολυκρία（アイトリア人のポリス）……………………Ⅴ94,7；
モローン　Μόλων（アンティオコス３世配下の地方総督）　…………………………
Ⅴ40,7；Ⅴ42,4；Ⅴ43,5,8；Ⅴ45,1,5,6；Ⅴ46,5,8,9,11；Ⅴ47,1,3,4,5,6；Ⅴ48,2,10；Ⅴ49,16；Ⅴ50,11,12；Ⅴ51,3,8,9；Ⅴ52,2,4,6,9,14；Ⅴ53,7；Ⅴ54,1,2,3,6,8；Ⅴ54,13；Ⅴ61,4；

ユ

ユニウス、ルキウス　Ἰούνιος Λεύκιος Βροῦτος（ローマの王追放後、最初の執政官）………………………………………………………………Ⅲ22,1
ユニウス、ルキウス　Ἰούνιος Λεύκιος Πυλλυς（前249/８の執政官）　…………
Ⅰ52,5；Ⅰ54,3；Ⅰ55,5

ヨ

ラ

ラドケイア　τὰ Λαδόκεια（メガロポリスの地方、そこでアカイオスがクレオメネス3世によって敗れる）……………………………Ⅱ51,3；Ⅱ55,2
ラッパ　ἡ τῶν Λαππαίων πόλις ……………………………………………Ⅳ54,4
ラッパ人　οἱ Λαππαῖοι（クレタ人、クノッソス人からリュットス人へと転ずる）……………………………………………………Ⅳ53,6；Ⅳ54,4；Ⅳ55,1
ラッバタマナ　τὰ Ῥαββατάμανα（アラビア、現代の首都アンマン）……………Ⅴ71,4,11；
ラフィアー　Ῥαφία ……………………………………………Ⅴ85,13；Ⅴ86,2；
ラフィアー　ἡ Ῥαφία（コイレーシリアのポリス）…………Ⅴ80,3；Ⅴ86,7,8；
ラリサ　ἡ Λάρισα（テッサリアのポリス）…………………………Ⅳ66,7；Ⅳ67,6
ランプサコス人　οἱ Λαμψακηνοί（ヘレスポントス、ミュシアの町の住民）…Ⅴ78,6；

リ

リオン1　τὸ Ῥίον（アカイアのリオンと向かい合っているアイトリアの岬）…Ⅳ6,8；Ⅴ94,8
リオン2　（アカイアのリオン岬）…………Ⅳ10,4；Ⅳ26,5；Ⅴ28,2；Ⅴ29,3；
リオン3　（二つの岬の間の海峡）……………………………………………Ⅳ64,2
リグリア人　οἱ Λιγυστῖνοι ……………………Ⅰ17,4；Ⅰ67,7；Ⅱ16,1；Ⅲ33,16
リグリア　ἡ Λιγυστική Ⅱ31,4, ἡ Λιγυστίνη ……………………………………Ⅲ41,4
リシュマコス　Λυςίμαχος（トラキアの王）……………Ⅱ41,2；Ⅱ71,5；Ⅴ67,8
リッソス　ὁ Λίσσος（イリュリアのポリス）…………Ⅱ12,3；Ⅲ16,3；Ⅳ16,6
リゾン　ὁ Ῥίζον（イリュリアの川、城砦）…………………………………Ⅱ11,16
リッバ　Λίββα（チグリス川沿いのメソポタミアのポリス）……………Ⅴ51,2；
リパラ　Λιπάρα, ἡ τῶν Λιπαρίων πόλις（シケリア北海岸沖の島、同盟のポリス）……………………………………………Ⅰ21,5,7；Ⅰ24,13；Ⅰ39,13
リパラ人　οἱ Λιπαραῖοι ……………………………………………Ⅰ21,5；Ⅰ24,13
リパライアイ　αἱ Λιπαραῖαι νῆσος（そこで、ローマの執政官ドゥイリウスが海戦でカルタゴ人に初めて勝利した—前260）……………………………Ⅰ25,4
リビュエー　ἡ Λιβύη ……………………………………………………………Ⅰ2,6；Ⅰ3,4；Ⅰ10,5；Ⅰ26,4；Ⅰ29,1；Ⅰ36,5；Ⅰ39,1；Ⅰ41,4；Ⅰ65,4；Ⅰ70,7；Ⅰ71,1；Ⅰ72,1；Ⅰ73,1,3；Ⅰ75,4；Ⅱ1,5；Ⅱ13,2；Ⅱ37,2；Ⅲ3,1；Ⅲ5,1；Ⅲ8,4；Ⅲ22,9；Ⅲ23,4；Ⅲ24,11,14；Ⅲ32,2；Ⅲ33,8,9；Ⅲ34,1；Ⅲ35,1；Ⅲ37,2,5；Ⅲ38,1；Ⅲ39,2；Ⅲ40,2；Ⅲ41,2；Ⅲ57,2；Ⅲ59,7；Ⅲ61,8Ⅴ1,4；Ⅴ33,4；Ⅴ65,5；Ⅴ82,4；
リビュア人　οἱ Λίβυες ……………………………………………………………

Ⅰ19,4；Ⅰ70,3,9；Ⅰ73,3；Ⅰ76,9；Ⅰ77,7；Ⅲ33,16；Ⅲ72,8；Ⅲ74,4；Ⅲ79,1；Ⅲ83,2；Ⅲ87,3；Ⅲ113,7；Ⅲ114,1；Ⅲ115,11；Ⅲ117,6；Ⅴ65,8；
リビュ・フェニキア人 ……Ⅲ33,15
リビュア海　τὸ Λιβυκὸν πέλαγος ……Ⅰ37,4；Ⅰ42,6,8；Ⅳ77,8
リビュア戦争　ὁ Λιβυκὸς πὸλεμος …Ⅰ13,2；Ⅰ70,7；Ⅱ1,3；Ⅲ27,7；Ⅲ28,4
リムナイア　ἡ Λιμναία（アカルナニアのポリス）……Ⅴ5,14；Ⅴ14,2
リムナイオス　Λιμναῖος（アジアの王、同定されていない）……Ⅴ90,1；
リュカイオン　τὸ Λύκαιον（アルカディアの山、そこでアカイア人がクレオメネスに負かされる）……Ⅱ51,3；Ⅱ55,2；Ⅳ33,2
リュカオニア　Λυκαονία（小アジアの地方、そこでアカイオスの軍隊が反乱を起こす）……Ⅴ57,6；
リュコス川1　ὁ Λύκος ποταμός（アッシリア）……Ⅴ51,4；
リュコス川2　（フェニキア）……Ⅴ68,9
リュコス川3　（小アジア、アッタロス1世がアイオリスからその川を渡ってミュシアへ移動する）……Ⅴ77,7
リュクールゴス1　Λυκοῦργος（ラコニアの立法者）……Ⅳ81,12；Ⅵ3,8
リュクールゴス2　Λυκοῦργος（クレオメネス3世を引き継いだラコニアの王）Ⅳ2,9；Ⅳ35,14；Ⅳ37,6；Ⅳ60,3；Ⅳ81,1,4；Ⅴ5,1,4；Ⅴ17,1；Ⅴ18,5；Ⅴ20,6,9,11；Ⅴ21,1,3；Ⅴ23,1,4；Ⅴ29,8,9；Ⅴ91,1,2, Ⅴ92,2,6；
リュコルタス　Λυκόρτας（ポリュビオスの父）……Ⅱ40,2
リュサニアス　Λυσανίας（小アジアの王、ロドス人に贈物を送る）…Ⅴ90,1；
リュシマケイア　ἡ Λυσιμάχεια（ケルソネス　トラキアのポリス）……Ⅴ7,7；Ⅴ34,7；
リュシマコス　Λυσίμαχος（アレクサンドロス大王死後、トラキアの王）……Ⅱ41,2；Ⅱ71,5；Ⅴ67,8；
リュディア　Λυδία（アカイオスが支配した地）
リュディア人　Λυδοί（アンティオコス3世軍の投槍兵）…Ⅴ79,11；Ⅴ82,11；
リュディアダス　Λυδιάδας（メガロポリスの僭主、エリス人にアリフェイラを与えた）……Ⅱ44,5；Ⅱ51,3；Ⅳ77,10
リュットス　ἡ Λύττος, ἡ τῶν Λυττίων πόλις（クレタの最も重要なポリス）……Ⅳ54,1
リュットス人　οἱ Λύττιοι ……Ⅳ53,3,4；Ⅳ54,1,6
リムナイア　ἡ Λιμναία（アカルナニア人のポリス、そこの港をフィリッポス5世が奪う）……Ⅴ5,14；Ⅴ6,5；Ⅴ14,2
リリュバイオン　Λιλύβαιον（シケリアの岬）……Ⅰ42,6
リリュバイオン　τὸ Λιλύβαιον（シケリアのポリス）……Ⅰ25,9；Ⅰ38,4；Ⅰ39,5,12；Ⅰ40,2；Ⅰ41,4；Ⅰ42,7,12；Ⅰ48,11；Ⅰ52,

5；Ⅰ53,2,3,5Ⅰ54,1,3；Ⅰ55,3,5；Ⅰ60,4；Ⅰ66,1；Ⅲ41,3；Ⅲ68,14；Ⅲ96,12；Ⅲ106,7；Ⅴ109,6；Ⅴ110,9
リンゴネス族　Λίγγονες（アルプスのこちら側のガリア人）……………Ⅱ17,7
リノコルーラ　Ῥινοκόλουρα（エジプトとコイレーシリアの境のポリス）Ⅴ80,3；

ル

ルカニア人　Λευκανοί（ローマ人の同盟軍）……………………………Ⅱ24,12,
ルカリア　ἡ Λουκαρία（ダウニアにおけるローマの殖民都市）…………………
Ⅲ88,5；Ⅲ100,1
ルシ　Λοῦσοι（アルカディアのポリス）…………………………Ⅳ18,9；Ⅳ25,4
ルシ人　οἱ Λουσιᾶται ……………………………………………………Ⅳ18,11
ルタティウス、ガイウス　Λυτάτιος, Γάιος 1（前242/1の執政官）……………
Ⅰ59,8,9；Ⅰ60,4；Ⅰ61,7；Ⅰ62,7；Ⅲ21,2；Ⅲ29,3；Ⅲ30,3；
ルタティウス、ガイウス　Λυτάτιος,Γάιος 2（前220年の執政官）………Ⅲ40,9

レ

レウカス島　ἡ Λευκάς …………………………………………………………
Ⅴ5,11；Ⅴ16,5；Ⅴ17,8；Ⅴ18,8；Ⅴ95,2,4；Ⅴ101,1；Ⅴ109,5
レウクトラ　Λεῦκτρα（ボイオティアの都市）……………………………………
Ⅰ6,1；Ⅱ41,7；Ⅱ39,8；Ⅳ81,12
レオニーデース　Λεωνίδης（ラケダイモン人の王）……………………Ⅳ39,11
レオンティオス　Λεόντιος（アンティゴノス2世の遺言で、盾兵の指揮官とされる）…………………………………………………………………………
Ⅳ87,8,9；Ⅴ1,7；Ⅴ2,8；Ⅴ4,9,10；Ⅴ5,5,10；Ⅴ7,1,3,4,5；Ⅴ14,11；Ⅴ15,1；Ⅴ16,2,4,6,8；Ⅴ25,1；Ⅴ26,2,7,8；Ⅴ27,1,4,5,8；Ⅴ29,3；Ⅴ29,3,6；Ⅴ60,9,10；Ⅴ94,4；Ⅴ100,7
レカイオン　τὸ Λέχαιον（コリントスの港）…………………………………
Ⅴ2,4；Ⅴ17,9；Ⅴ18,9；Ⅴ24,12；Ⅴ25,4；Ⅴ26,16；Ⅴ28,3；Ⅴ101,4
レーギオン　τὸ Ῥήγιον, ἡ Ῥηγίων πόλις ……………………………………
Ⅰ6,2,8；Ⅰ7,1,6,8,13,；Ⅰ10,1,4；Ⅲ26,6Ⅴ110,3,9
レーギオン人　οἱ Ῥηγῖνοι ……………………………Ⅰ7,6,12；，Ⅰ10,4；Ⅲ26,6
リバノス　ὁ Λίβανος（山、それとアンティリバノスの山麓の間にマルシュアの陣地がある）…………………………Ⅴ45,8,9；Ⅴ59,10；Ⅴ69,1,3；
レプティス　ἡ Λέπτις（アフリカのポリス）……………………………Ⅰ87,7

レプティネース　Λεπτίνης（シュラクーサイ、ヒエローン王のしゅうと）　……
　Ⅰ9,2,
レプレオン人　oi Λεπρεαται ……………………………………Ⅳ80,1,3,5,15,7
レプレオン　τὸ Λέπρεον（トゥリヒュリアの都市）…………………………………
　Ⅳ77,9；Ⅳ78,1；Ⅳ79,2；Ⅳ80,3,8,10,14；
レベキイ族　Λεβέκιοι（パドゥス川の源流に住むゲリア人の部族）………Ⅱ17,4

ロ

ログバシス　Λόγβασις（アンティオコス3世の友）　…………………………………
　Ⅴ74,4,9；Ⅴ75,8；Ⅴ76,1,3,4,11；
ロクリス　ἡ Λοκρίς ……………………………………………………………Ⅰ56,3
ロダヌス川（ローヌ川）　ὁ Ῥοδανὸς ποταμὸς ………………………………………
　Ⅱ15,8；Ⅱ22,1；Ⅱ34,2；Ⅲ35,7；Ⅲ37,8；Ⅲ39,8,9；Ⅲ41,5,7；Ⅲ42,1—
　44,4；Ⅲ47,2,4；Ⅲ48,6；Ⅲ49,6；Ⅲ60,5；Ⅲ61,1,2Ⅲ76,1,
ロドス　ἡ Ῥόδος ……………………………………………Ⅳ50,7；Ⅴ24,11；Ⅴ88,1
ロドス人　οἱ Ῥόδιοι ……………………………………………………………………
　Ⅰ59,8；Ⅲ2,5；Ⅲ3,7；Ⅳ19,8；Ⅳ37,8；Ⅳ47,1,3,4,5；Ⅳ48,13；Ⅳ50,5,
　10；Ⅳ52,2,5；Ⅴ28,1；Ⅴ63,5；Ⅴ88,4；Ⅴ89,9；Ⅴ90,5；
；ロートパゴイ　oI Λωτοφάγοι（彼らの島、メニンクス）…………………Ⅰ39,2
ロンガノス川　ὁ Λογγανός ποταμός（シケリア）……………………………Ⅰ9,7

訳編者略歴

竹《たけ》島《しま》俊《とし》之《ゆき》

1941年　広島県に生れる
現　在　広島大学教授総合科学部
　　　　広島大学大学院文学研究科教授
　　　　日本ギリシア語ギリシア文学会会長
訳　書　ハラルト・ヴァインリヒ『時制論』共訳書 1982年（紀伊国屋書店刊）

ポリュビオス　世界史（I）

2004年11月25日　第1版第1刷

税込価格　16,500円
（税抜価格　15,000円）

著　者　ポリュビオス
訳編者　竹島俊之
装　丁　三谷靱彦
発行者　北村正光
発行所　龍溪書舎

〒173－0027
東京都板橋区南町 43 － 4 － 103
電話03(3554)8045　振替 00130-1-76123
FAX03(3554)8444

ISBN4-8447-5486-6
（揃：ISBN4-8447-0465-6）

印刷：勝美印刷
製本：高橋製本